KB183383

2025

9·7급 공무원 시험대비

박문각
공무원

기출문제

New
강세진
국어

강세진 편저

문법, 어문규정, 문학, 독해, 어휘 국어 전 영역 총망라

영역별·회차별(70회분) 문제 구성

기출문제집
All In One

앤써맨앤써 www.pmg.co.kr

이 책의 머리말
PREFACE

안녕하세요. 세진쌤입니다!

국어 시험을 분석하여 어떻게 하면 더 빨리 문제를 풀 수 있는지를 연구하는 선생님이지요!
이번 'NEW 강세진 국어 기출문제집 ALL-IN-ONE'은 최신 문제로 전면 개정하였습니다.
특히 단원별뿐만 아니라 문제 유형별로 구성하여, 문제를 대비하기 위한 방식으로 진행하였
습니다.
아무래도 기출을 분석해야 한다고는 하는데,
어떻게 시작해야 할지, 어디서부터 시작해야 할지 막막하다면, 세진쌤을 찾아오시면 좋습니다!

<u>최소의 시간으로 최대의 효과를 위해,</u>
라는 슬로건으로 여러분의 시선을 바꾸어 주기 위해 기출문제집에 온 힘을 다했습니다.
최신 문제라고 해서, 연도별로 나열한 것은 아닙니다!
반드시 풀어야 하는 내용 위주로 배치하였다는 의미이지요!
그리고 기본서부터 따라왔다면, 이미 이 교재에 들어오기 전에 기출 2회독이 끝난 상태입
니다! 기출문제집으로 마지막 3회독을 진행하여, 문제 유형과 함께 문제 풀이법을 확실하게
배워가도록 해요!
'9급 국가직·지방직, 7급 지방직, 국회직, 법원직, 군무원 등' 국어를 준비하는 학생들을
위하여 기출을 철저히 분석하고 문제 유형을 분류한 후, 공통된 내용만을 골라 교재를
재구성하였습니다.
또한 특정 직렬에 치우치지 않게 내용을 균형 있게 배분하였습니다.

내년에 시험이 바뀐다고 하여 국어 전반적인 내용이 바뀐 것은 아닙니다!
그리고 타 직렬은 이미 문법과 독해 문제 유형이 강화되어 고난도 문제가 개발되어 있지요.
그런 점을 고려하여 회차마다 10문제씩 배분하였고, 또 특정 직렬이 바로 알 수 있도록
'고전 문법, 로마자 표기법, 외래어 표기법' 등 제목을 정확하게 달아놨습니다!

따라서 국가직 9급, 지방직 9급, 지역인재 9급을 준비하는 학생들뿐만 아니라
'지방직 7급, 국회직 9급, 법원직, 군무원, 서울시 등'을 준비하는 학생들도 완벽하게 준비할
수 있는 문제집으로 개발했습니다!
따라서 우선순위를 정하여 공무원 시험을 준비하시면 됩니다!

암기를 위한 콘텐츠, 응용을 위한 콘텐츠 역시 개발된 상태입니다.
기출문제와 더불어 하프 모의고사, 동형 모의고사, 실전을 위한 강세진 국어 전문반 특강까지,
기본서와 함께 콘텐츠를 같이 이어 가시면 지식과 응용력 모두 갖출 수 있을 것입니다.
더불어 밴드에 가입하시면 영혼까지 함께하는 듯한 느낌을 받는 상담 창구도 이용하실 수
있습니다.

저는 여러분이 최상의 실력으로 시험을 볼 수 있도록 함께할 것입니다.
국어 문법, 어문 규정, 문학, 독서, 어휘 등 어느 분야도 놓치지 않도록 같이할 것입니다.

우리 모두 확실한 방법으로 문제를 풀어내는 힘을 길러 보아요! 감사합니다.

강세진 올림

이 책의 차례
CONTENTS

Part 03   어휘

정답 및 해설

Part 01

국어 문법과
어문 규정

CHAPTER **01** 음운론

제1회

01 음운체계

1 음운 개념

01 ————————————————— 2019년 서울시 9급

음운의 개념에 대한 설명으로 가장 옳지 **않은** 것은?

① 소리의 강약이나 고저 등은 분절되지 않으므로 음운이라고 할 수 없다.

② 음운은 의미를 구별해 주는 최소의 단위이므로 최소 대립쌍을 통해 한 언어의 음운 목록을 확인할 수 있다.

③ 음운은 몇 개의 변이음으로 구성되어 있어서 실제로 들리는 소리가 다른 경우에도 하나의 음운으로 인정할 수 있다.

④ 음운은 실제적인 소리라기보다는 관념적이고 추상적인 기호라고 보아야 한다.

2 자음 체계

02 ————————————————— 2020년 군무원 7급

다음 중 '잇몸소리'이면서 '파열음'인 것은?

① ㄴ   ② ㄷ
③ ㅅ   ④ ㅈ

03 ————————————————— 2020년 해경

다음 〈보기〉의 조건을 모두 충족한 음운이 포함된 단어는?

———————— [보기] ————————
• 예사소리이다.
• 공기를 막았다가 터트리면서 내는 소리이다.
• 여린입천장에서 나는 소리이다.
————————————————————

① 기관   ② 항해
③ 수사   ④ 행정

04 ————————————————— 2017년 사복직 9급

주어진 단어의 자음 두 개를 〈보기〉의 조건에 따라 순서대로 나타낼 때, 모두 옳은 것은?

———————— [보기] ————————
하나의 음운이 가진 조음 위치의 특성을 +라고 하고, 가지고 있지 않은 특성을 −로 규정한다. 예컨대 'ㅌ'은 [+치조음, −양순음, −경구개음, −연구개음, −후음]으로 나타낼 수 있다.
————————————————————

① 가로 : [+경구개음], [−후음]
② 미비 : [−경구개음], [+후음]
③ 부고 : [+양순음], [−치조음]
④ 효과 : [−후음], [−연구개음]

3 모음 체계

05 ————————————————— 2020년 경찰

〈보기〉의 조건에 따라서 국어의 단모음을 나눈다면 가장 맞지 **않는** 것은?

———————— [보기] ————————
국어의 단모음은 '혀의 앞뒤(앞, 뒤)'와 '혀의 높낮이(높음, 중간, 낮음)', '입술의 둥긂(둥긂, 안 둥긂)'에 따라 나눈다.
————————————————————

① ㅣ : 앞, 높음, 안 둥긂
② ㅓ : 뒤, 중간, 둥긂
③ ㅜ : 뒤, 높음, 둥긂
④ ㅚ : 앞, 중간, 둥긂

06 ━━━━━━━━━━━━━━━━━━━ 2017년 지방직 7급

다음은 일부 지역과 계층에서 '애'와 '에'를 잘 구분하지 못하는 이유를 설명한 것이다. 빈칸에 들어갈 말로 적절한 것은?

> '애'와 '에'를 구별하는 [ ]이 불분명하기 때문이다.

① 혀의 앞뒤 관련 자질
② 혀의 높낮이 관련 자질
③ 소리의 강약 관련 자질
④ 소리의 장단 관련 자질

4 음운체계

07 ━━━━━━━━━━━━━━━━━━━ 2020년 경찰

다음 중 국어의 특질에 대한 설명으로 가장 적절한 것은?

① 국어의 마찰음은 '예사소리 − 된소리 − 거센소리'의 3항 대립을 보인다.
② 국어의 단모음은 'ㅏ, ㅓ, ㅗ, ㅜ, ㅡ, ㅣ, ㅔ, ㅐ'로 모두 8개이다.
③ 국어는 조사와 어미로 다양한 문법적 기능을 수행하는 교착어적 특성을 가진다.
④ 국어의 어두(語頭)에는 '끝'과 같이 둘 이상의 자음이 올 수 있다.

5 음절 구조

08 ━━━━━━━━━━━━━━━━━━━ 2023년 군무원 7급

다음은 현대 한국어의 발음 특성을 설명한 것이다. 맞지 않는 것은?

① '알'의 'ㅇ'과 '강'의 'ㅇ'은 음운론적으로 동일한 가치를 갖는다.
② 초성에서 발음되는 모든 자음이 종성에서 발음되는 것은 아니다.
③ 종성에서 발음되는 모든 자음이 초성에서 발음되는 것은 아니다.
④ 모음과 모음 사이에 자음은 최대 2개까지 발음된다.

09 ━━━━━━━━━━━━━━━━━━━ 2020년 지역인재 9급

실제 발음을 고려할 때, 국어의 음절 구조에 관한 설명으로 옳지 않은 것은?

① 초성이든 종성이든 2개의 자음이 올 수 없다.
② 종성에 위치할 수 있는 자음의 수는 7가지뿐이다.
③ 반모음도 모음이므로 단독으로 음절을 구성할 수 있다.
④ 자음은 반드시 모음과 결합해야만 음절을 구성할 수 있다.

6 최소 대립쌍

10 ━━━━━━━━━━━━━━━━━━━ 2024년 국회직 9급

다음 글에 대한 이해로 옳지 않은 것은?

> 어떤 소리가 음운인지 아닌지를 알기 위해서는 최소 대립쌍(minimal pair)을 찾아보는 것이 편리하다. 최소 대립쌍이란 오로지 같은 자리에 오는 하나의 음운만 차이가 남으로써 그 뜻이 구별되는 단어의 쌍을 말한다. 최소 대립쌍을 만들어 주는 두 소리는 모두 별개의 음운에 속한다.
> 최소 대립쌍을 설정할 때 주의해야 할 기준으로 '양적 대등성'과 '질적 대등성'의 두 가지를 들 수 있다. '양적 대등성'은 최소 대립쌍을 이루는 두 단어의 음운 개수가 동일해야 한다는 조건이고, '질적 대등성'은 최소 대립쌍을 만드는 두 소리의 성질이 동질적이어야 한다는 조건이다.

① '고리'와 '오리'는 2음절로 이루어진 최소 대립쌍이다.
② '일'과 '길'은 양적 대등성의 조건에서 볼 때 최소 대립쌍이 아니다.
③ '사이'와 '살'은 질적 대등성의 조건에서 볼 때 최소 대립쌍이 아니다.
④ '물'과 '불'은 하나의 음운만 차이가 남으로써 그 뜻이 구별되는 최소 대립쌍이다.
⑤ 'ㅂ'과 'ㅎ'을 별개의 음운으로 설명하는 최소 대립쌍의 예로 '박'과 '학'을 들 수 있다.

CHAPTER **01** **음운론**

🔔 제한 시간: 10분(총 10문제)
⏱ 실제 걸린 시간: _____분 _____초
🔍 어려웠던 문제 번호: _____

제2회

02 음운 변동 ①

1 교체

01 ━━━━━━━━━━━━━━ 2024년 서울시 9급

음운 변동 가운데 음운의 교체가 일어나지 <u>않는</u> 것은?

① '낮'이 [낟]으로 발음될 때
② '줍다'가 [줍 : 따]로 발음될 때
③ '많다'가 [만 : 타]로 발음될 때
④ '나뭇잎'이 [나문닙]으로 발음될 때

2 동화

02 ━━━━━━━━━━━━━━ 2022년 서울시 9급

음운 규칙 중 동화의 예로 옳지 <u>않은</u> 것은?

① 권력(權力) → [궐력]
② 래일(來日) → [내일]
③ 돕는다 → [돔는다]
④ 미닫이 → [미다지]

03 ━━━━━━━━━━━━━━ 2021년 의무소방원

㉠에 해당하는 예로 옳지 <u>않은</u> 것은?

> 대표적인 ㉠ <u>음의 동화</u>에는 비음화(鼻音化)와 유음화(流音化)가 있다. 파열음 'ㄱ, ㄷ, ㅂ'이 비음 앞에서 'ㄴ, ㅁ, ㅇ'으로 교체되는 현상이 비음화이고, 'ㄴ'이 'ㄹ'의 앞이나 뒤에서 'ㄹ'로 교체되는 현상이 유음화이다.

① 난로   ② 담요
③ 국물   ④ 앞마당

3 탈락

04 ━━━━━━━━━━━━━━ 2024년 서울시 9급

음운 탈락의 유형이 <u>다른</u> 것은?

① <u>사노라면</u> 언젠가는 좋은 날도 오겠지.
② 부엌에서 분주히 음식을 <u>만드시던</u> 어머니께서 말씀하셨다.
③ 한번 <u>들러서</u> 힘이 되는 말이라도 건네고 싶다.
④ 인성이 뛰어난 사람은 <u>드뭅니다</u>.

05 ━━━━━━━━━━━━━━ 2018년 지방교행 9급

다음의 음운 현상이 일어난 사례는?

> 어간 '가-'에 어미 '-아서'가 결합하면 '가서'가 된다. 이러한 사례처럼 어간과 어미가 결합할 때, 동일한 모음이 연속되면 그중 하나가 탈락한다.

① 봄이 <u>가고</u> 여름이 온다.
② 집에 <u>가니</u> 벌써 밤이었다.
③ 우리만 먼저 <u>가도</u> 괜찮을까?
④ 학교에 <u>가면</u> 친구들을 만난다.

④ 첨가

06

〈보기〉에서 음의 첨가 현상이 일어나지 <u>않는</u> 것을 모두 고른 것은?

┌──────── [보기] ────────┐
ⓐ 등용문   ⓑ 한여름
ⓒ 눈요기   ⓓ 송별연
└────────────────────────┘

① ⓐ, ⓒ   ② ⓐ, ⓓ
③ ⓑ, ⓒ   ④ ⓑ, ⓓ

⑤ 음운 변동 유형

07

다음 중 음운 변동의 유형이 <u>다른</u> 하나는?

① 솜이불 → [솜니불]
② 잎 → [입]
③ 꽃 위 → [꼬뒤]
④ 걷고 → [걷꼬]

08

다음 〈보기〉의 ⓐ에 해당하지 <u>않는</u> 것은?

┌──────── [보기] ────────┐
　음운 변동의 유형으로는 교체, 탈락, 축약, 첨가가 있다. 한 단어가 발음될 때, 이러한 음운 변동 유형들 중 한 가지 유형만 나타나는 경우가 있고, ⓐ <u>두 가지 이상의 유형이 나타나는 경우</u>가 있다.
└────────────────────────┘

① 끊어[끄너]
② 흙하고[흐카고]
③ 밤윷[밤뉻]
④ 숱하다[수타다]

09

다음 〈보기〉 중 동일한 음운 현상이 나타나는 것끼리 묶인 예로 가장 옳지 <u>않은</u> 것은?

┌──────────── [보기] ────────────┐
ⓐ 굳이   ⓑ 끊더라   ⓒ 뒷일
ⓓ 무릎   ⓔ 물난리   ⓕ 잡히다
└──────────────────────────────┘

① ⓐ, ⓓ   ② ⓑ, ⓕ
③ ⓒ, ⓔ   ④ ⓓ, ⓔ

10

다음 중 음운 변동 현상에 대한 설명으로 옳지 <u>않은</u> 것은?

① 신라[실라] : 동화 현상이 있다.
② 할는지[할른지] : 동화 현상이 있다.
③ 앓다[알타] : 탈락, 동화 현상이 있다.
④ 긁는[긍는] : 탈락, 동화 현상이 있다.
⑤ 광한루[광 : 할루] : 동화 현상이 있다.

CHAPTER **01** 음운론

제3회

02 음운 변동 ②

6 종합

---

01 ━━━━━━━━━━━━ 2024년 지방직 9급

㉠~㉣을 활용하여 음운 변동을 설명한 것으로 적절한 것은?

> ㉠ 교체: 한 음운이 다른 음운으로 바뀌는 현상
> ㉡ 탈락: 한 음운이 없어지는 현상
> ㉢ 첨가: 없던 음운이 새로 생기는 현상
> ㉣ 축약: 두 음운이 합쳐져 제삼의 음운으로 바뀌는 현상

① '색연필'의 발음에서는 ㉠과 ㉢이 나타난다.
② '외곬'의 발음에서는 ㉠과 ㉣이 나타난다.
③ '값지다'의 발음에서는 ㉡과 ㉢이 나타난다.
④ '깨끗하다'의 발음에서는 ㉢과 ㉣이 나타난다.

---

02 ━━━━━━━━━━━━ 2024년 국회직 9급

㉠과 ㉡의 밑줄 친 부분의 발음이 같지 <u>않은</u> 것은?

	㉠	㉡
①	<u>맛난</u> 음식을 사 먹자.	그 친구를 <u>만난</u> 것이 언제였지?
②	오늘 하늘이 참 <u>맑다</u>.	태풍에 쓰러진 나무가 길을 <u>막다</u>.
③	흙을 <u>밟고</u> 다니지 마라.	조명이 <u>밝고</u> 실내가 화사하다.
④	언제 이 일을 <u>할는지</u> 모르겠다.	강아지가 왜 이리 <u>핥는지</u> 모르겠다.
⑤	이 책을 아직 다 <u>읽지</u> 못했다.	고구마가 푹 <u>익지</u> 않았다.

---

03 ━━━━━━━━━━━━ 2023년 서울시 9급

〈보기〉의 밑줄 친 부분에서 공통으로 일어나는 음운 현상에 대한 설명으로 가장 옳지 <u>않은</u> 것은?

> ━━━ [보기] ━━━
> 이는 국회가 <u>국민</u>을 대변하는 기관으로서 정부에 책임을 <u>묻는</u> 것이다.

① 조음 위치가 바뀌는 음운 현상이다.
② 비음 앞에서 일어나는 음운 현상이다.
③ 동화 현상이다.
④ '읊는'에서도 일어나는 음운 현상이다.

---

04 ━━━━━━━━━━━━ 2022년 법원직 9급

[A]와 [B]에서 일어난 음운 변동의 공통점으로 가장 적절한 것은?

> [A] 복면[봉면], 받는[반는], 잡목[잠목]
> [B] 난로[날로], 권리[궐리], 신라[실라]

① 앞에 오는 자음의 조음 위치에 동화되는 음운 변동이다.
② 앞에 오는 자음의 조음 방법에 동화되는 음운 변동이다.
③ 뒤에 오는 자음의 조음 위치에 동화되는 음운 변동이다.
④ 뒤에 오는 자음의 조음 방법에 동화되는 음운 변동이다.

---

05 ━━━━━━━━━━━━ 2022년 법원직 9급

〈보기〉의 ㉠~㉣에 대한 설명으로 가장 적절하지 <u>않은</u> 것은?

> ━━━ [보기] ━━━
> 음운의 변동은 한 음운이 다른 음운으로 바뀌는 교체, 한 음운이 없어지는 탈락, 새로운 음운이 생기는 첨가, 두 음운이 하나의 음운으로 합쳐지는 축약으로 구분된다. 한 단어가 발음될 때 이 네 가지 변동 중 둘 이상이 나타나는 경우도 있고 하나의 음운이 두 번 이상의 음운 변동을 겪기도 한다.
>
> ㉠ 꽃잎[꼰닙]　　　㉡ 맏며느리[만며느리]
> ㉢ 닫혔다[다쳗따]　㉣ 넓죽하다[넙쭈카다]

① ㉠~㉣은 모두 음운이 교체되는 현상이 일어난다.
② ㉠과 ㉡에서는 공통적으로 음운의 첨가가 일어난다.
③ ㉢에서는 두 개의 음운이 하나로 축약되는 현상이 일어난다.
④ ㉣에서는 음운의 탈락과 축약이 일어난다.

06 _____ 2019년 국회직 9급

다음 〈보기〉와 같이 국어의 음운 변동 현상을 유형화할 때, 각 단어에 나타난 음운 변동 현상에 대한 설명으로 옳은 것은?

[보기]
┌───┐
│ ㉠ 대치 : XaY → XbY ………… 예 국물[궁물]   │
│ ㉡ 축약 : XabY → XcY ………… 예 국화[구콰]   │
│ ㉢ 탈락 : XaY → XY ………… 예 좋으니[조으니] │
│ ㉣ 첨가 : XY → XaY ………… 예 솜이불[솜니불] │
└───┘

① '물난리'를 발음할 때에는 ㉠과 ㉡이 모두 일어난다.
② '짧다'를 발음할 때에는 ㉠과 ㉢이 모두 일어난다.
③ '몫값'을 발음할 때에는 ㉡과 ㉢이 모두 일어난다.
④ '막일'을 발음할 때에는 ㉡과 ㉣이 모두 일어난다.
⑤ '따뜻하다'를 발음할 때에는 ㉢과 ㉣이 모두 일어난다.

7 음운의 개수

07 _____ 2022년 국회직 9급

밑줄 친 ㉠과 ㉡의 음운 변동에 대한 설명으로 옳은 것은?

┌───┐
│ 한 단어 내의 음운 변동은 여러 유형이 함께 나타날 수도 │
│ 있다. ㉠ 따뜻하다[따뜨타다]와 ㉡ 삯일[상닐]에 일어나는 │
│ 음운 변동에는 공통점과 차이점이 존재한다.   │
└───┘

① ㉠과 ㉡ 중 ㉠에만 음운의 탈락 현상이 일어난다.
② ㉠과 ㉡ 중 ㉠에만 음운의 첨가 현상이 일어난다.
③ ㉠과 ㉡ 모두 음운의 축약 현상이 일어난다.
④ ㉠과 ㉡ 모두 음운의 대치 현상이 일어난다.
⑤ ㉠과 ㉡ 모두 음운 변동을 거치며 음운의 개수가 줄어든다.

08 _____ 2020년 지방직 7급

㉠ ~ ㉣의 음운 변동에 대한 설명으로 옳지 않은 것은?

┌───┐
│ ㉠ 식용유   ㉡ 헛걸음   │
│ ㉢ 안팎일   ㉣ 입학생   │
└───┘

① ㉠과 ㉢은 각각 음운의 첨가가 나타난다.
② ㉠과 ㉣은 각각 음운 변동 전과 후의 음운 개수가 같다.
③ ㉡과 ㉢은 각각 음운의 대치가 나타난다.
④ ㉡과 ㉣은 같은 유형의 음운 변동이 있다.

09 _____ 2020년 국회직 9급

다음 중 음소의 개수가 나머지 넷과 다른 하나는?

① 닭장   ② 맨입   ③ 쥐덫
④ 값어치   ⑤ 웅덩이

10 _____ 2019년 서울시 7급

〈보기〉의 음운 변동 사례 중 옳은 것은?

[보기]
┌───┐
│ 교체, 탈락, 축약, 첨가의 음운 변동이 일어나는 경우 음운 │
│ 개수의 변화가 나타나기도 한다. 먼저 ㉠ '집일[짐닐]'은 첨 │
│ 가 및 교체가 일어나 음운의 개수가 늘었다. 그런데 ㉡ '닭만 │
│ [당만]'은 탈락만 일어나 음운의 개수가 줄었고, ㉢ '뜻하다 │
│ [뜨타다]'는 축약만 일어나 음운의 개수가 줄었다. 한편 ㉣ │
│ '맡는[만는]'은 교체가 두 번 일어나 음운의 개수가 2개 증가 │
│ 하였다.   │
└───┘

① ㉠   ② ㉡
③ ㉢   ④ ㉣

CHAPTER 02 형태론

제4회

01 9품사 ①

1 조사

01 　　　　　　　　　　　　　　　　2022년 국회직 8급

밑줄 친 말 중 문법적 기능이 <u>다른</u> 것은?

① 그것참, 신기하군<u>그래</u>.
② 그를 만나야<u>만</u> 모든 원인을 밝힐 수 있다.
③ 그것이 금덩이<u>라도</u> 나는 안 가진다.
④ 얼마 되겠느냐<u>마는</u> 살림에 보태어 쓰도록 해.
⑤ 용서해 주시기만 하면<u>요</u> 정말 감사하겠습니다.

02 　　　　　　　　　　　　　　　　2021년 지방직 9급

밑줄 친 조사의 쓰임이 옳은 것은?

① 언니는 아버지의 딸<u>로써</u> 부족함이 없다.
② 대화<u>로서</u> 서로의 갈등을 풀 수 있을까?
③ 드디어 오늘<u>로써</u> 그 일을 끝내고야 말았다.
④ 시험을 치는 것이 이<u>로서</u> 세 번째가 됩니다.

2 명사

03 　　　　　　　　　　　　　　　　2023년 군무원 9급

**"그렇게 하면 무릎에 무리가 갈텐데 괜찮을까요?"에서의
'-ㄹ텐데'를 국어사전에서 찾으니 표제어가 존재하지 않는
다고 나왔다. 이에 대해 가장 적절하게 설명한 것은?**

① '-ㄹ텐데'가 방언이기 때문에 표준어인 표제어가 실려
　있지 않은 것이다.
② '-ㄹ텐데'를 '-ㄹ테'와 '-ㄴ데'로 분석해서 각각 찾으면
　된다.
③ 기본형 '-ㄹ테다'를 찾아야 한다.
④ 의존명사 '터'를 찾아야 한다.

3 대명사

04 　　　　　　　　　　　　　　　　2022년 서울시 9급

밑줄 친 '당신' 중에서 인칭이 <u>다른</u> 것은?

① 할아버지께서는 생전에 <u>당신</u>의 장서를 소중히 다루셨다.
② <u>당신</u>에게 좋은 남편이 되도록 노력하겠소.
③ <u>당신</u>의 희생을 잊지 않겠습니다.
④ 이 일을 한 사람이 <u>당신</u>입니까?

05 　　　　　　　　　　　　　　　　2022년 소방

밑줄 친 ㉠~㉣에 대한 설명으로 적절하지 <u>않은</u> 것은?

> 1990년생 스페인 청년 보나르도, ㉠ <u>그</u>는 어린 나이에
> ㉡ <u>아무나</u> 조각할 수 없는 훌륭한 작품을 창작하였다. 장애
> 를 지니고 있는 그는 9살 때 처음 조각을 시작했고, 이후
> ㉢ <u>자기</u>만의 재능을 꽃피웠다. 과연 그의 천재성은 ㉣ <u>어디</u>
> 에서 비롯된 것일까?

① ㉠: 3인칭 대명사, 가리키는 대상은 보나르도.
② ㉡: 부정칭 대명사, 가리키는 대상은 특정되지 않음.
③ ㉢: 재귀 대명사, 가리키는 대상은 보나르도.
④ ㉣: 미지칭 대명사, 가리키는 대상은 천재성.

④ 부사

06　　　　　　　　　　　　　　　2024년 군무원 9급

아래의 설명에 가장 부합하는 문장은?

> 　부사는 주로 뒤에 오는 용언을 꾸며 줍니다. 그런데 부사
> 중에는 '다행히 우리는 기차를 놓치지 않았다.'의 '다행히'
> 처럼 문장 전체를 꾸며 주면서 말하는 사람의 심리적인 태
> 도를 나타내는 종류도 있어요.

① 설마 학교에 가지 않은 건 아니지?
② 차가 빨리 달린다.
③ 공을 멀리 던졌다.
④ 책이 가지런히 놓여 있다.

⑤ 관형사 vs. 다른 품사

07　　　　　　　　　　　　　　　2022년 군무원 7급

다음 중 수사(數詞)가 쓰이지 않은 것은?

① 사과 하나를 집었다.
② 열의 세 곱은 서른이다.
③ 한 사람도 오지 않았다.
④ 영희가 첫째로 도착하였다.

08　　　　　　　　　　　　　　　2022년 군무원 7급

다음 중 아래의 특징을 모두 만족하는 단어가 아닌 것은?

> • 어떤 경우에도 조사와 결합하지 않는다.
> • 독립된 품사로 단어와 띄어 쓴다.
> • 주로 체언을 꾸며 준다.

① 달리　　　　　　② 서너
③ 어떤　　　　　　④ 갖은

09　　　　　　　　　　　　　　　2022년 군무원 7급

다음 밑줄 친 단어 중에서 품사가 다른 것은?

① 그 사람 이름은 잊었지만
② 천 년의 바람이 흐른다.
③ 여기 그 사람의 뼈를 묻고
④ 의 물건 말고 다른 것 주세요.

10　　　　　　　　　　　　　　　2022년 간호직 8급

밑줄 친 단어의 품사가 형용사인 것은?

① 다른 사람들은 어디 있지?
② 편식하지 말고 다른 음식도 먹어라.
③ 그는 자기 일 밖의 다른 일에는 관심이 없다.
④ 나와 생각이 다른 사람은 함께 가지 않아도 좋다.

CHAPTER 02 형태론

제5회

01 9품사 ②

6 종합

01 ━━━━━━━━━━━━ 2024년 국회직 9급

밑줄 친 부분에 대한 설명으로 옳은 것은?

> 다들 모이셨나요? 안녕들 하세요?

① '들판'에 쓰인 '들'처럼 명사로 쓰였다.
② 문장의 주어가 복수임을 나타내는 보조사이다.
③ 열거한 사물 모두를 가리키는 의존명사로 쓰였다.
④ '너희들'의 '들'처럼 복수의 뜻을 더하는 접미사이다.
⑤ '들쑤시다'라는 단어에서 쓰인 것처럼 접두사로 쓰였다.

02 ━━━━━━━━━━━━ 2022년 국회직 8급

〈보기〉의 ㉠ ~ ㉢에 대한 설명 중 옳지 <u>않은</u> 것은?

> ──── [보기] ────
> ㉠ 우리 사무실은 도심에 있어 비교적 교통이 편리하다.
> ㉡ 천세나 만세를 누리소서!
> ㉢ 그 일은 어제 끝냈어야 했다.
> ㉣ 넷에 넷을 더하면 여덟이다.
> ㉤ 한창 크는 분야라서 지원자가 많다.

① ㉠의 '비교적'은 관형사이다.
② ㉡의 '만세'는 명사이다.
③ ㉢의 '어제'는 부사이다.
④ ㉣의 '여덟'은 수사이다.
⑤ ㉤의 '크는'은 동사이다.

03 ━━━━━━━━━━━━ 2021년 경찰

다음 〈보기〉를 참고하였을 때 ㉠ ~ ㉢의 예로 적절하지 <u>않은</u> 것은?

> ──── [보기] ────
> ㉠ 들¹ 「의존명사」 ((명사 뒤에 쓰여)) 두 개 이상의 사물을 나열할 때, 그 열거한 사물 모두를 가리키거나, 그 밖에 같은 종류의 사물이 더 있음을 나타내는 말.
> ㉡ 들⁴ 「조사」 ((체언, 부사어, 연결 어미 '-아, -게, -지, -고', 합성 동사의 선행 요소, 문장의 끝 따위의 뒤에 붙어)) 그 문장의 주어가 복수임을 나타내는 보조사.
> ㉢ -들⁸ 「접사」 ((셀 수 있는 명사나 대명사 뒤에 붙어)) '복수(複數)'의 뜻을 더하는 접미사.

① 책상 위에 놓인 공책, 신문, 지갑 ㉠들을 가방에 넣었다.
② 거기 ㉡앉아서들 이야기하세요.
③ ㉢다들 떠나갔구나.
④ 나는 "㉡어서들 오세요."라고 ㉢그들에게 말했다.

7 명사의 개수

04 ━━━━━━━━━━━━ 2016년 지방직 9급

명사의 개수가 가장 많은 것은?

① 타율에 관한 한 독보적인 기록도 깨졌다.
② 상자에 이런 것이 깔끔하게 정돈되어 있었다.
③ 친구 외에는 다른 사람에게 항상 못되게 군다.
④ 저 모퉁이에서 얼굴이 하얀 이가 걸어오고 있다.

8 품사의 통용

05 2024년 서울시 9급

두 문장에서 밑줄 친 단어의 품사가 동일한 것은?

① 하늘 높은 줄 모르고 날뛴다. / 어머니의 사랑이 하늘에 닿았다.
② 오늘이 바로 내가 태어난 날이다. / 오늘 해야 할 일을 내일로 미루지 말자.
③ 나는 네가 하라는 대로 다 했다. / 나는 네 말대로 다 했다.
④ 그는 낭만적 성향을 지닌 사람이다. / 그는 낭만적인 사람이다.

06 2022년 소방

㉠, ㉡의 밑줄 친 단어의 품사가 동일한 것은?

① ㉠: 집에 가 있어라. / ㉡: 나에게는 꿈이 있다.
② ㉠: 해가 내일은 뜰 것이다. / ㉡: 내일의 희망이 나를 부른다.
③ ㉠: 합리적 판단이 중요하다. / ㉡: 인간은 합리적인 이성을 가지고 있다.
④ ㉠: 물이 맑고 깨끗하다. / ㉡: 맑은 하늘에 해가 떴다.

07 2021년 법원직 9급

〈보기〉의 ㉠의 사례로 가장 적절하지 않은 것은?

[보기]

하나의 단어는 보통 하나의 품사 부류에 속한다. 하지만 하나의 단어가 문장에서의 쓰임에 따라 여러 가지 품사의 역할을 할 때가 있다. 이런 단어는 사전에서도 두 가지 이상의 품사로 처리된다. 예를 들어 "마라톤을 좋아하는 사람 다섯이 대회에 참가했다."에서의 '다섯'은 수사이지만 "마라톤을 좋아하는 다섯 사람이 대회에 참가했다."에서의 '다섯'은 관형사이다. 이처럼 하나의 단어가 두 가지 이상의 품사로 처리되는 것을 ㉠ 품사의 통용이라고 한다.

① 나도 철수만큼 잘할 수 있다. / 각자 먹을 만큼 먹어라.
② 뉴스에서 내일의 날씨를 예보하고 있다. / 오늘은 이만하고 내일 다시 시작합시다.
③ 어느새 태양이 솟아 밝은 빛을 비춘다. / 벽지가 밝아 집 안이 환해 보인다.
④ 키가 큰 나무는 우리에게 그늘을 주었다. / 철수야, 키가 몰라보게 컸구나.

08 2021년 경찰

다음 중 ㉠과 ㉡의 밑줄 친 단어의 품사가 같은 것은?

① ㉠: 그는 하는 시합마다 백이면 백 모두 승리했다. / ㉡: 열 사람이 백 마디의 말을 한다.
② ㉠: 오늘이 첫 출근 날입니다. / ㉡: 오늘 해야 할 일을 다음 날로 미루어서는 안 된다.
③ ㉠: 오늘은 달이 매우 밝다. / ㉡: 우리는 날이 밝는 대로 떠나기로 했다.
④ ㉠: 높이가 100미터인 바위산에 올라갔다. / ㉡: 나무가 벌써 어른의 키 높이 정도로 자랐다.

09 2019년 서울시 7급

밑줄 친 부분의 품사가 옳지 않은 것은?

① 오늘이 3월 1일입니다. [명사] / 오늘 할 일을 내일로 미루지 마라. [부사]
② 자기가 먹을 만큼 먹어라. [의존 명사] / 나도 철수만큼 잘할 수 있다. [조사]
③ 그곳은 비교적 교통이 편리하다. [부사] / 이 연구는 비교적인 관점에서 이루어졌다. [명사]
④ 혀가 굳어 말이 잘 나오지 않는다. [형용사] / 그는 사람됨이 굳고 인색해서 함부로 돈을 빌려 주지 않는다. [동사]

10 2018년 서울시 7급

'의존 명사 – 조사'의 짝이 아닌 것은?

① 할 만큼 했다. / 나는 밥통째 먹으리만큼 배가 고팠다.
② 들어오는 대로 전화 좀 해 달라고 전해 주세요. / 네 멋대로 일을 처리하면 안 된다.
③ 10년 만에 우리는 만났다. / 너만 와라.
④ 시키는 대로 할 뿐이다. / 그래야 우리는 다섯뿐이다.

CHAPTER 02 형태론

제6회

02 용언 ①

1 동사 vs. 형용사

01 2024년 서울시 9급

밑줄 친 단어의 품사가 나머지와 다른 것은?

① 선생님께서는 한동안 집에 <u>머무르셨다</u>.
② 사진으로 <u>젊은</u> 시절의 어머니 모습을 보았다.
③ 음식에는 간을 <u>알맞게</u> 하는 것이 가장 중요하다.
④ 오랜 시간 항상 나에게 힘이 되어 주어서 <u>고맙다</u>.

02 2020년 경찰

〈보기〉의 ㉠과 같은 품사인 것은?

[보기]
나에게 ㉠ <u>놀라운</u> 일이 벌어졌다.

① 내가 <u>만난</u> 사람은 키가 컸다.
② <u>너무</u> 매운 음식은 건강에 안 좋다.
③ 그는 신이 <u>닳도록</u> 열심히 뛰어다녔다.
④ 이 집은 <u>맛있기로</u> 유명한 순댓국을 판다.

03 2019년 국가직 9급

밑줄 친 단어의 품사를 같은 것끼리 묶은 것은?

- 쌍둥이도 서로 성격이 ㉠ <u>다른</u> 법이다.
- 날씨가 건조하면 나무가 잘 ㉡ <u>크지</u> 못한다.
- 남부 지방에 홍수가 ㉢ <u>나서</u> 많은 수재민이 생겼다.
- 그 사람이 농담은 하지만 ㉣ <u>허튼</u> 말은 하지 않는다.
- 상대에게 자유를 주는 것이 진정한 사랑이 ㉤ <u>아닐까</u>?

① ㉠, ㉡
② ㉡, ㉢
③ ㉢, ㉣
④ ㉣, ㉤

04 2023년 군무원 9급

다음 중 '쓰다'의 품사가 나머지 셋과 다른 하나는?

① 양지바른 곳을 묏자리로 <u>썼다</u>.
② 그는 취직 기념으로 친구들에게 한턱을 <u>썼다</u>.
③ 여러 번 실패를 경험했지만 언제나 그 맛은 <u>썼다</u>.
④ 그 사람은 억울하게 누명을 <u>썼다</u>.

05 2019년 서울시 9급

밑줄 친 부분의 품사가 다른 하나는?

① 옷 색깔이 아주 <u>밝구나</u>!
② 이 분야는 전망이 아주 <u>밝단다</u>.
③ 내일 날이 <u>밝는</u> 대로 떠나겠다.
④ 그는 예의가 <u>밝은</u> 사람이다.

06 2019년 서울시 7급

밑줄 친 부분이 〈보기〉의 ㉠에 해당하지 않는 것은?

[보기]
국어의 '있다'는 경우에 따라 ㉠ <u>동사적인 모습</u>을 보여 주기도 하고 형용사적인 모습을 보여 주기도 한다.

① 나는 오늘 집에 <u>있는다</u>.
② 할아버지는 재산이 많이 <u>있으시다</u>.
③ 눈이 그칠 때까지 가만히 <u>있어라</u>.
④ 비도 오니 그냥 집에 <u>있자</u>.

07

다음 밑줄 친 어휘 중 품사가 <u>다른</u> 하나는?

① 우리는 정말 폭염이 <u>너무하다</u> 싶었다.
② 이번 여름 이렇게 날이 덥다니 <u>너무하군</u>.
③ <u>너무하건</u> 말건 안 되는 것은 안 되는 것이네.
④ 빙수 한 그릇에 만 원은 <u>너무하지</u> 않으냐고 사정사정했다.
⑤ 동네에서 다 아는 처지에 정말 <u>너무하신</u> 처삽니다.

08

다음의 ㉠에 해당하는 것은?

> 국어에는 ㉠ <u>자동사와 타동사의 기능을 모두 가지고 있는 동사</u>가 있다. '눈물이 그치다/눈물을 그치다'의 '그치다'가 이러한 예이다.

① 뱉다
② 쌓이다
③ 움직이다
④ 읽다

---

2 어간과 어미

09

밑줄 친 어미의 문맥상 의미로 적절하지 <u>않은</u> 것은?

> 할아버지께서 그 일을 하<u>셨겠더</u>구나.

① 추측
② 진행
③ 회상
④ 주체 높임

10

㉠ ~ ㉣을 활용하여 사례의 밑줄 친 부분을 분석한 것으로 옳지 <u>않은</u> 것은?

> 어간과 결합하는 어미는 다음과 같이 분류될 수 있다. 먼저 실현되는 위치에 따라 ㉠ <u>선어말 어미</u>와 어말 어미로 나뉜다. 다음으로 어말 어미는 그 기능에 따라 ㉡ <u>연결 어미</u>, ㉢ <u>종결 어미</u>, ㉣ <u>전성 어미</u>로 나뉜다.

	사례	분석
①	형이 어머니를 잘 <u>모시겠지만</u> 조금은 걱정돼.	어간+㉠+㉡
②	많은 사람들이 <u>오갔기</u> 때문에 소독을 해야 해.	어간+㉠+㉣
③	어머니께서 할머니께 전화를 <u>드리셨을</u> 텐데.	어간+㉠+㉠+㉡
④	아버지께서 지난주에 편지를 <u>보내셨을걸</u>.	어간+㉠+㉠+㉢

CHAPTER **02** 형태론

⏰ 제한 시간: 10분(총 10문제)
🕐 실제 걸린 시간: _____분 _____초
🔍 어려웠던 문제 번호: _____

제7회

02 용언 ②

3 용언의 활용

01 ━━━━━━━━━━ 2023년 지역인재 9급

다음에 대한 설명으로 적절하지 않은 것은?

> • 곱다¹ 이익을 보려다 도리어 손해를 입게 되다.
> • 곱다² 모양, 생김새, 행동거지 따위가 산뜻하고 아름답다.
> • 곱다³ 손가락이나 발가락이 얼어서 감각이 없고 놀리기가 어렵다.

① '곱다¹'은 동사이고, '곱다²'와 '곱다³'은 형용사이다.
② '곱다¹'은 규칙 용언이고 '곱다²'와 '곱다³'은 불규칙 용언이다.
③ '곱다¹'은 '주식에 손을 대었다가 도리어 곱고 말았다.' 처럼 쓸 수 있다.
④ '곱다²'의 반대말은 '밉다'이다.

02 ━━━━━━━━━━ 2023년 국회직 9급

밑줄 친 단어의 불규칙 활용 종류가 다른 것은?

① 따뜻한 국을 그릇에 가득 퍼 담았다.
② 얼음에 물을 부으니 금세 녹아 버렸다.
③ 여의도역에서 국회의사당까지는 걸어서 갈 수 있다.
④ 비 온 뒤 신록이 푸르러 풍경이 아름답다.
⑤ 도공은 경건한 마음으로 도자기를 구워 냈다.

03 ━━━━━━━━━━ 2021년 국가직 9급

㉠, ㉡의 사례로 옳은 것만을 짝 지은 것은?

> 용언의 불규칙활용은 크게 ㉠ 어간만 불규칙하게 바뀌는 부류, ㉡ 어미만 불규칙하게 바뀌는 부류, 어간과 어미 둘 다 불규칙하게 바뀌는 부류로 나눌 수 있다.

	㉠	㉡
①	걸음이 빠름	꽃이 노람
②	잔치를 치름	공부를 함
③	라면이 불음	합격을 바람
④	우물물을 품	목적지에 이름

04 ━━━━━━━━━━ 2020년 국가직 7급

밑줄 친 말이 불규칙 활용 용언이 아닌 것은?

① 카페에는 조용한 음악이 흘렀다.
② 하늘이 맑고 파래 한참 동안 바라보았다.
③ 그들은 자정에 이르러서야 집에 도착했다.
④ 외출할 때는 반드시 가스 밸브를 잠가야 한다.

05 ━━━━━━━━━━ 2019년 국가직 7급

밑줄 친 단어의 기본형이 옳지 않은 것은?

① 아침이면 얼굴이 부어서 늘 고생이다. (→ 붓다)
② 개울물이 불어서 징검다리가 안 보인다. (→ 불다)
③ 은행에 부은 적금만도 벌써 천만 원이다. (→ 붓다)
④ 물속에 오래 있었더니 손과 발이 퉁퉁 불었다. (→ 붇다)

06 ━━━━━━━━━━━━━━ 2019년 서울시 9급

밑줄 친 단어의 형태가 옳지 않은 것은?

① 멀리서 보기와 달리 산이 <u>가팔라서</u> 여러 번 쉬었다.
② 예산이 100만 원 이상 <u>모잘라서</u> 구입을 포기해야 했다.
③ 영혼을 <u>불살라서</u> 이룬 깨달음이니 더욱 소중하다.
④ 말이며 행동이 모두 <u>올발라서</u> 흠잡을 데 없는 사람이다.

4 용언의 구조

07 ━━━━━━━━━━━━━━ 2022년 서울시 9급

밑줄 친 단어의 품사가 <u>다른</u> 것은?

① 이야기를 들어 <u>본다</u>.
② 일을 하다가 <u>보면</u> 요령이 생겨서 작업 속도가 빨라진다.
③ 이런 일을 당해 <u>보지</u> 않은 사람은 내 심정을 모른다.
④ 식구들이 모두 집에 돌아왔나 <u>보다</u>.

08 ━━━━━━━━━━━━━━ 2018년 서울시 9급

'본용언 + 보조 용언' 구성이 <u>아닌</u> 것은?

① 영수는 쓰레기를 <u>주워서 버렸다</u>.
② 모르는 사람이 나를 <u>아는 척한다</u>.
③ 요리 맛이 어떤지 일단 <u>먹어는 본다</u>.
④ 우리는 공부를 할수록 더 많은 것을 <u>알아 간다</u>.

09 ━━━━━━━━━━━━━━ 2018년 서울시 7급

밑줄 친 단어의 문법적 기능이 나머지 셋과 <u>다른</u> 하나는?

① 어머니가 바구니를 들고 <u>가셨다</u>.
② 나는 그 일을 끝내지 <u>못했다</u>.
③ 새 옷을 입어 <u>보았다</u>.
④ 그는 나를 놀려 <u>대고</u> 했다.

10 ━━━━━━━━━━━━━━ 2017년 사복직 9급

짝지어진 두 문장의 밑줄 친 부분이 모두 보조 용언인 것은?

① ┌ 이 책도 한번 읽어 <u>보거라</u>.
  └ 밖의 날씨가 매우 더운가 <u>보다</u>.

② ┌ 야구공으로 유리를 깨 <u>먹었다</u>.
  └ 여름철에는 음식물을 꼭 끓여 <u>먹자</u>.

③ ┌ 이것 좀 너희 아버지께 가져다 <u>드리렴</u>.
  └ 나는 주말마다 어머니 일을 거들어 <u>드린다</u>.

④ ┌ 이것 <u>말고</u> 저것을 주시오.
  └ 게으름을 피우던 그가 시험에 떨어지고 <u>말았다</u>.

CHAPTER 02 형태론

제8회

03 단어 형성 ①

1 합성어 vs. 파생어

01 ▬▬▬▬▬▬▬▬ 2024년 군무원 7급

다음 밑줄 친 말 중 통사적 합성어에 해당하는 것은?

① 네가 해준 음식이 보기만 해도 <u>배부르네</u>.
② 올해는 <u>늦더위</u>가 유독 심할 거라니 걱정이야.
③ 아이들이 <u>뛰노는</u> 소리는 언제 들어도 기분이 좋아져.
④ <u>군세어라</u> 금순아! 당시 사람들의 애환이 담겨 있는 말이지.

02 ▬▬▬▬▬▬▬▬ 2022년 군무원 9급

다음 중 파생법으로 만들어진 단어가 아닌 것은?

① 교육자답다　　　② 살펴보다
③ 탐스럽다　　　　④ 순수하다

03 ▬▬▬▬▬▬▬▬ 2021년 지역인재 9급

밑줄 친 단어에 대한 설명으로 적절하지 않은 것은?

> 형성 방식에 따라 우리말 단어는 단일어와 복합어로 나눌 수 있다. 후자는 다시 합성어와 파생어로 나눌 수 있다. 또한, 합성어는 통사적 합성어와 비통사적 합성어로, 파생어는 접두 파생어와 접미 파생어로 나눌 수 있다.

① '아이가 <u>예쁘다</u>.'의 '예쁘다'는 어근이 하나인 단일어이다.
② '아기를 <u>재우다</u>.'의 '재우다'는 파생 접미사가 포함된 파생어이다.
③ '꽃이 <u>피었다</u>.'의 '피었다'는 둘 이상의 형태소로 구성된 복합어이다.
④ '색깔이 <u>검붉다</u>.'의 '검붉다'는 연결 어미가 없는 비통사적 합성어이다.

04 ▬▬▬▬▬▬▬▬ 2020년 법원직 9급

〈보기〉의 밑줄 친 부분에 해당하는 예로 가장 옳은 것은?

> ──────[보기]──────
> 국어의 단어 형성 방식을 보면, 실직적인 의미를 갖는 어근들끼리 만나 새말을 만들기도 하지만, 특정한 뜻을 더하는 접사가 어근 앞에 붙어 새말을 만들기도 한다. 전자의 예로는 어근 '뛰다'가 어근 '놀다'를 만나 '뛰놀다'를 만드는 것을 들 수 있고, <u>후자의 예</u>로는 '군'이 어근 '살' 앞에 붙어 '쓸데없는'의 뜻을 더하면서 '군살'을 만드는 것을 들 수 있다.

① '강'은 '마르다' 앞에 붙어 '심하게'의 뜻을 더하면서 '강마르다'를 만든다.
② '첫'은 '눈' 앞에 붙어 '처음의'의 뜻을 더하면서 '첫눈'을 만든다.
③ '새'는 '해' 앞에 붙어 '새로운'의 뜻을 더하면서 '새해'를 만든다.
④ '얕'은 '보다' 앞에 붙어 '얕게'의 뜻을 더하면서 '얕보다'를 만든다.

05 ▬▬▬▬▬▬▬▬ 2018년 법원직 9급

〈보기〉의 ㉠~㉣에 대한 설명으로 적절하지 않은 것은?

> ──────[보기]──────
> • 그는 ㉠ <u>슬픔</u>에 젖어 말을 잇지 못했다.
> • 간호사는 환자의 팔뚝에 붕대를 ㉡ <u>휘감았다</u>.
> • 그 사이 한 해가 저물고 ㉢ <u>새해</u>가 왔다.
> • 그의 집은 인근에서 ㉣ <u>알부자</u>로 소문난 집이다.

① ㉠은 어근과 접미사의 결합으로 이루어진 파생어로 품사가 형용사에서 명사로 바뀌었다.
② ㉡은 접두사와 어근의 결합으로 만들어진 파생어이다.
③ ㉢은 어근과 어근의 결합인 '관형사＋명사' 형태의 통사적 합성어이다.
④ ㉣은 어근과 어근의 결합인 '명사＋명사' 형태의 통사적 합성어이다.

06 ─────────────── 2024년 국회직 8급

파생어로만 묶인 것은?

① 잠, 덮개, 굳세다, 덧나다
② 기쁨, 크기, 밀치다, 어린이
③ 보기, 접칼, 곁눈질, 좁히다
④ 웃음, 밝히다, 어녹다, 여닫이
⑤ 많이, 알밤, 돋보기, 철렁거리다

07 ─────────────── 2023년 국회직 9급

다음 대화를 참고할 때 파생어가 아닌 것은?

> 학생 : 선생님! 합성어와 파생어의 구분이 어려워요. 어떻게 구분하면 쉬울까요?
> 교사 : 어근끼리 결합해 형성된 단어를 '합성어'라고 해. 그리고 어근에 접사가 붙어서 형성된 단어를 '파생어'라고 해.
> 학생 : 그러면 논밭은 합성어인가요?
> 교사 : 그렇지! 논과 밭 모두 실질적인 의미를 갖고 있는 어근이기 때문에, 어근과 어근이 결합한 합성어야.
> 학생 : 그러면 덮밥은요?
> 교사 : 덮밥도 실질적인 의미를 가지고 있는 용언 어간 '덮'과 어근 '밥'이 합쳐져 만들어진 합성어야.
> 학생 : 그러면 풋사랑은요?
> 교사 : 풋사랑은 '처음 나온', 또는 '덜 익은' 정도의 의미를 가지는 접사 '풋'과 어근 '사랑'이 결합해 만들어진 단어이기 때문에 파생어야.

① 애당초　　② 말벌　　③ 날짐승
④ 맨발　　　⑤ 내분비

08 ─────────────── 2020년 국회직 8급

〈보기〉의 ㉠ ~ ㉤에 대한 설명 중 옳지 않은 것은?

> ──────── [보기] ────────
> ㉠ 나는 봄꽃이 좋다.
> ㉡ 그 사람은 감발을 벗었다.
> ㉢ 그는 진짜 거짓말을 못한다.
> ㉣ 그 왕고집을 누가 당하겠어?
> ㉤ 나는 가슴을 두근두근하며 발표를 기다렸다.

① ㉠의 '봄꽃'과 ㉢의 '거짓말'은 단어 형성 방법이 같다.
② ㉡의 '감발'과 '독서', '검붉다'는 단어 형성 방법이 같다.
③ ㉢의 '진짜'와 '코뿌레', '집게'는 단어 형성 방법이 같다.
④ ㉣의 '왕고집'과 '범민족', '최고참'은 단어 형성 방법이 같다.
⑤ ㉤의 '두근두근하며'와 '빛나다', '잘되다'는 단어 형성 방법이 같다.

② 합성어

09 ─────────────── 2022년 지역인재 9급

㉠, ㉡에 해당하는 단어를 바르게 연결한 것은?

> 우리 국어의 합성어는 형성 방법에 따라 ㉠ 통사적 합성어와 ㉡ 비통사적 합성어로 나눌 수 있다. 통사적 합성어란 국어의 일반적인 문장 구성 방법과 일치하는 방식으로 형성되는 합성어를 의미하며, 비통사적 합성어는 일반적인 문장 구성 방법과 어긋나는 방법으로 형성되는 합성어를 의미한다.

	㉠	㉡
①	굶주리다	곧잘
②	뛰놀다	덮밥
③	큰집	굳세다
④	힘들다	여름밤

10 ─────────────── 2021년 경찰

다음 〈보기〉를 참고하였을 때 올바르지 않은 것은?

> ──────── [보기] ────────
> 파생 접사 없이 어근과 어근이 직접 합쳐져서 만들어진 단어를 합성어라고 한다. 어근과 어근의 연결이 문장에서와 같은 방식으로 이루어진 것을 통사적 합성어, 단어 형성에서만 나타나는 방식으로 이루어진 것을 비통사적 합성어라고 한다.

① 타고나다 - 통사적 합성어
② 붉돔 - 비통사적 합성어
③ 돌보다 - 통사적 합성어
④ 높푸르다 - 비통사적 합성어

CHAPTER **02** 형태론

제한 시간: 10분(총 10문제)
실제 걸린 시간: ____분 ____초
어려웠던 문제 번호: _____

제9회

03 단어 형성 ②

3 파생어

01 　　　　　　　2023년 군무원 7급

〈보기〉는 단어에 결합되어 사용된 '대'의 특성을 설명한 것이다. 맞지 않는 것은?

[보기]
大, 「명사」 (수를 나타내는 말 뒤에 쓰여) 규모나 가치 면에서 그 수 안에 꼽힘을 이르는 말.
對, 「의존 명사」 사물과 사물의 대비나 대립을 나타내는 말.
代, 「접사」 (물건을 나타내는 일부 명사 뒤에 붙어) '물건값으로 치르는 돈'의 뜻을 더하는 접미사.
臺, 「접사」 (값이나 수를 나타내는 대다수 명사 또는 명사구 뒤에 붙어) '그 값 또는 수를 넘어선 대강의 범위'의 뜻을 더하는 접미사.
帶, 「접사」 (일부 명사 뒤에 붙어) '띠 모양의 공간' 또는 '일정한 범위의 부분'의 뜻을 더하는 접미사.

① '기후대, 무풍대'에 사용된 '대'는 접사 '帶'이다.
② '도서대, 신문대'에 사용된 '대'는 접사 '代'이다.
③ '만 원대, 백삼십만 원대'에 사용된 '대'는 접사 '臺'이다.
④ '세계 7대 불가사의, 한국 30대 기업'에 사용된 '대'는 의존 명사 '對'이다.

02 　　　　　　　2023년 법원직 9급

〈보기〉의 ㉠과 ㉡을 모두 충족하는 예로 가장 적절한 것은?

[보기]
파생어는 어근에 파생접사가 결합하여 만들어진다. 이때 접사가 어근의 앞에 결합하는 경우도 있고, ㉠ 접사가 어근의 뒤에 결합하는 경우도 있다. 또한 어근에 파생접사가 결합하여 새로운 단어가 형성될 때 ㉡ 어근의 품사가 바뀌는 경우도 있고, 바뀌지 않는 경우도 있다.

① 오늘따라 저녁노을이 유난히 새빨갛다.
② 아군의 사기를 높여야 승산이 있습니다.
③ 무엇보다 그 책은 쉽고 재미있게 읽힌다.
④ 나는 천천히 달리기가 더 어렵다.

03 　　　　　　　2022년 국회직 9급

㉠~㉤의 파생어에 대한 설명으로 옳은 것은?

㉠ 어른스럽다, 슬기롭다　　㉡ 끓이다, 높이다
㉢ 짓밟다, 짓누르다　　㉣ 착하다, 아름답다
㉤ 먹이, 덮개

① ㉠에서 어근의 품사와 파생어의 품사는 서로 다르다.
② ㉡에서 어근의 품사와 파생어의 품사는 서로 같다.
③ ㉢에서 접두사는 명사 어근에 붙어 '함부로', '마구'의 뜻을 더한다.
④ ㉣은 홀로 쓰일 수 있는 명사에 접미사가 결합한 파생어이다.
⑤ ㉤에서 접미사는 형용사 어근에 붙어 명사를 파생한다.

4 직접 구성 성분

04 ━━━━━━━━━━ 2024년 국가직 9급

다음을 참고할 때, 단어의 종류가 같은 것끼리 짝지어진 것은?

> 어떤 구성을 두 요소로만 쪼개었을 때, 그 두 요소를 직접구성요소라 한다. 직접구성요소가 어근과 어근인 단어는 합성어라 하고 어근과 접사인 단어는 파생어라 한다.

① 지우개 – 새파랗다 ② 조각배 – 드높이다
③ 짓밟다 – 저녁노을 ④ 풋사과 – 돌아가다

05 ━━━━━━━━━━ 2019년 국가직 7급

밑줄 친 부분이 ⊙의 예에 해당하는 것은?

> 어근의 앞이나 뒤에 파생 접사가 결합된 것을 파생어라 한다. 파생 접사는 그 위치에 따라 접두사와 접미사로 나누는데 접두사는 어근의 품사를 바꿀 수 없지만, ⊙ 접미사는 어근의 품사를 바꾸기도 한다.

① 황금을 보기를 돌같이 하라.
② 세 자매가 정답게 앉아 있다.
③ 옥수수 알이 크기에는 안 좋은 날씨이다.
④ 그곳은 낚시질하기에 가장 좋은 자리였다.

06 ━━━━━━━━━━ 2018년 서울시 9급

단어 형성 원리에 대한 설명으로 가장 옳은 것은?

① 형용사 '기쁘다'에 동사 파생접미사 '-하다'가 붙으면 동사 '기뻐하다'가 생성된다.
② '시누이'와 '선생님'은 접미파생명사들이다.
③ '빗나가다'와 '공부하다'는 합성동사들이다.
④ '한여름'은 단일명사이다.

07 ━━━━━━━━━━ 2017년 국가직 9급

단어에 대한 설명으로 옳지 <u>않은</u> 것은?

① '바다', '맑다'는 어근이 하나인 단일어이다.
② '회덮밥'은 파생어 '덮밥'에 새로운 어근 '회'가 결합된 합성어이다.
③ '곁눈질'은 합성어 '곁눈'에 접미사 '-질'이 결합된 파생어이다.
④ '웃음'은 어근 '웃-'에 접미사 '-음'이 붙어 명사가 된 파생어이다.

08 ━━━━━━━━━━ 2016년 서울시 9급

다음 중 단어의 짜임이 〈보기〉와 같은 것은?

> ─── [보기] ───
> 놀리- + -ㅁ
> ↓(파생)
> 손 + 놀림
> ↓(합성)
> 손놀림

① 책꽂이 ② 헛소리
③ 가리개 ④ 흔들림

5 지문형

09 2025년 국가직 9급 예비 문제

다음 글에서 추론한 내용으로 적절하지 않은 것은?

'밤하늘'은 '밤'과 '하늘'이 결합하여 한 단어를 이루고 있는데, 이처럼 어휘 의미를 띤 요소끼리 결합한 단어를 합성어라고 한다. 합성어는 분류 기준에 따라 여러 방식으로 나눌 수 있다. 합성어의 품사에 따라 합성명사, 합성형용사, 합성부사 등으로 나누기도 하고, 합성의 절차가 국어의 정상적인 단어 배열법을 따르는지의 여부에 따라 통사적 합성어와 비통사적 합성어로 나누기도 하고, 구성 요소 간의 의미 관계에 따라 대등합성어와 종속 합성어로 나누기도 한다.

합성명사의 예를 보자. '강산'은 명사(강)＋명사(산)로, '젊은이'는 용언의 관형사형(젊은)＋명사(이)로, '덮밥'은 용언 어간(덮)＋명사(밥)로 구성되어 있다. 명사끼리의 결합, 용언의 관형사형과 명사의 결합은 국어 문장 구성에서 흔히 나타나는 단어 배열법으로, 이들을 통사적 합성어라고 한다. 반면 용언 어간과 명사의 결합은 국어 문장 구성에 없는 단어 배열법인데 이런 유형은 비통사적 합성어에 속한다. '강산'은 두 성분 관계가 대등한 관계를 이루는 대등합성어인데, '젊은이'나 '덮밥'은 앞 성분이 뒤 성분을 수식하는 종속합성어이다.

① 아버지의 형을 이르는 '큰아버지'는 종속 합성어이다.
② '흰머리'는 용언 어간과 명사가 결합한 합성명사이다.
③ '늙은이'는 어휘 의미를 지닌 두 요소가 결합해 이루어진 단어이다.
④ 동사 '먹다'의 어간인 '먹'과 명사 '거리'가 결합한 '먹거리'는 비통사적 합성어이다.

10 2024년 지역인재 9급

다음 글의 내용을 적용한 것으로 적절하지 않은 것은?

합성어는 구성 요소(어근＋어근)의 의미 관계에 따라 대등 합성어, 종속 합성어, 융합 합성어로 분류된다. 대등 합성어는 '손발'처럼 두 어근의 의미가 어느 한쪽으로 치우치지 않고, 그 의미가 대등한 또는 병렬적인 합성어이다. 이에 비해 종속 합성어는 '손수레'처럼 두 어근 중 어느 하나가 의미의 중심을 이루고, 다른 하나는 그것의 의미를 보충하는 관계이다. 마지막으로 융합 합성어는 두 어근 중 어느 쪽의 의미도 아닌 제3의 의미일 때를 말한다. 대부분의 융합 합성어는 대등 합성어나 종속 합성어의 의미가 변화한 것이다. 예를 들어 합성어 '뛰어나다'는 구성 요소인 '뛰다'나 '나다'의 의미를 벗어나 '남보다 월등히 훌륭하거나 앞서 있다.'라는 새로운 의미를 획득한 것이다.

① '손가락이 길다.'에서 '손가락'은 종속 합성어이다.
② '논밭에 씨를 뿌린다.'에서 '논밭'은 대등 합성어이다.
③ '가을 하늘이 높푸르다.'에서 '높푸르다'는 대등 합성어에서 의미가 변화한 융합 합성어이다.
④ '미안한 마음은 쥐꼬리만큼도 안 든다.'에서 '쥐꼬리'는 종속 합성어에서 의미가 변화한 융합 합성어이다.

CHAPTER 03 통사론

🔔 제한 시간: 10분(총 10문제)
🕐 실제 걸린 시간: _____분 _____초
🔍 어려웠던 문제 번호: _____

제10회

01 문장 성분

1 주성분

01 2022년 서울시 9급

밑줄 친 부분의 문장 성분이 나머지 셋과 다른 것은?

① 입은 비뚤어져도 <u>말은</u> 바로 해라.
② <u>호랑이도</u> 제 말 하면 온다.
③ 아니 땐 굴뚝에 <u>연기</u> 날까?
④ <u>꿀도</u> 약이라면 쓰다.

02 2020년 서울시 9급

밑줄 친 부분의 문장 성분이 나머지 셋과 다른 하나는?

① 이 물건은 <u>시장에서</u> 사 왔다.
② 고마운 <u>마음에서</u> 드리는 말씀입니다.
③ <u>이에서</u> 어찌 더 나쁠 수가 있겠어요?
④ <u>정부에서</u> 실시한 조사 결과가 발표되었다.

03 2021년 국회직 9급

밑줄 친 부분의 문장 성분이 다른 것은?

① <u>정부에서</u> 실시한 조사 결과가 발표되었다.
② <u>우리 회사에서</u> 수소 자동차가 개발되었다.
③ <u>할아버지께서</u> 지금 막 돌아오셨다.
④ 이번 춘계 대회는 <u>우리 학교에서</u> 전국을 제패하였다.
⑤ <u>우리 학교가</u> 운동장이 좁다.

2 부속 성분

04 2021년 서울시 9급

밑줄 친 부분의 문장 성분이 관형어가 아닌 것은?

① 아기가 <u>새</u> 옷을 입었다.
② <u>군인인</u> 형이 휴가를 나왔다.
③ 친구가 <u>나에게</u> 선물을 주었다.
④ 소녀는 <u>시골의</u> 풍경을 좋아한다.

05 2021년 경찰

다음 중 설명이 올바르지 않은 것은?

① '동창회에서 장학금을 모교에 전달했다.'의 '동창회에서'는 주어이지만, '어느 학교 동창회에서 있었던 일이다.'의 '동창회에서'는 부사어이다.
② '물이 얼음이 되었다.'와 '물이 얼음으로 되었다.'의 의미는 크게 다르지 않지만, '얼음이'는 보어이고 '얼음으로'는 부사어이다.
③ '민주는 엄마와 진학 문제를 의논했다.'의 '와'는 부사격 조사이지만 '엄마와 민주는 민하를 기다렸다.'의 '와'는 접속 조사이다.
④ '배하고 사과하고 감을 가져오너라.'의 '하고'와 '너는 성적이 누구하고 같으냐?'의 '하고'는 모두 부사격 조사이다.

3 서술어 자릿수

06 2021년 경찰

다음 〈보기〉의 ㉠ ~ ㉣의 서술어에 대한 설명으로 적절하지 않은 것은?

─────── [보기] ───────
㉠ 바퀴가 빨리 <u>돈다</u>.
㉡ 모은이가 복숭아를 <u>집었다</u>.
㉢ 목걸이가 주아에게 <u>어울린다</u>.
㉣ 세은이가 노래를 예쁘게 <u>부른다</u>.

① ㉠: '…가 돌다'라는 문장 형식으로 쓰이므로 한 자리 서술어이다.
② ㉡: '…가 …을 집다'라는 문장 형식으로 쓰이므로 두 자리 서술어이다.
③ ㉢: '…가 …에게 어울리다'라는 문장 형식으로 쓰이므로 두 자리 서술어이다.
④ ㉣: '…가 …를 …게 부르다'라는 문장 형식으로 쓰이므로 세 자리 서술어이다.

④ 종합형

07

⊙ ~ ㉣을 설명한 내용으로 적절하지 <u>않은</u> 것은?

- ⊙ <u>지원은</u> 자는 동생을 깨웠다.
- 유선은 도자기를 ⓒ <u>만들었다.</u>
- 물이 ⓒ <u>얼음이</u> 되었다.
- ㉣ <u>어머나,</u> 현지가 언제 이렇게 컸지?

① ⊙: 동작의 주체를 나타내는 주어이다.
② ⓒ: 주어와 목적어를 요구하는 서술어이다.
③ ⓒ: 서술어를 꾸며주는 부사어이다.
④ ㉣: 문장의 다른 성분과 직접적으로 관련을 맺지 않는 독립어이다.

08

(가)와 (나)가 모두 포함된 문장은?

(가) 명사가 관형어로 쓰인 경우
(나) 형용사가 부사어로 쓰인 경우

① 두려운 마음을 버리고 새 시대를 맞이하자.
② 나는 호수 주변을 산책하며 깊은 상념에 잠겼다.
③ 아이들조차 학교 운동장에 무심코 쓰레기를 버린다.
④ 그는 시험 날짜가 다가올수록 차분하게 행동하였다.

09

〈보기〉를 바탕으로 아래 ⊙ ~ ⓒ을 분석한 내용으로 가장 적절하지 <u>않은</u> 것은?

─── [보기] ───
　문장 성분은 문장의 주된 골격을 이루는 주성분, 주로 주성분의 내용을 수식하는 부속 성분, 다른 문장 성분과 관계를 맺지 않는 독립 성분으로 나누어진다. 주성분에는 주어, 서술어, 목적어, 보어가 있고, 부속 성분에는 부사어, 관형어가 있으며, 독립 성분에는 독립어가 있다.

⊙ 아이가 작은 침대에서 예쁘게 잔다.
ⓒ 그는 친구의 딸을 며느리로 삼았다.
ⓒ 앗, 영희가 뜨거운 물을 엎질렀구나!

① ⊙ ~ ⓒ은 모두 관형어가 존재한다.
② ⊙ ~ ⓒ의 주성분의 개수가 일치한다.
③ ⊙의 부속성분의 개수는 ⓒ, ⓒ보다 많다.
④ ⓒ은 ⊙과 달리 필수적 부사어가 존재한다.

10

〈보기〉의 ⊙ ~ ⓒ에 들어갈 내용으로 가장 적절한 것은?

─── [보기] ───
• 학습 활동
　주어와 서술어의 관계가 두 번 이상 나타난 문장을 겹문장이라고 한다. 홑문장보다 복잡한 겹문장의 구조를 잘 파악하려면 각 절의 주어와 서술어를 잘 파악하는 것이 중요하다. 이를 바탕으로 아래 문장의 구조를 파악해 보자.

　형이 저지른 잘못이 빌미가 되었음을 동생이 밝혔다.

• 학습 활동 수행 결과
　문장 전체에 주어와 서술어의 구조는 3회 나타난다. 먼저 문장 전체의 서술어는 '밝혔다'이고, 이에 해당하는 주어는 (⊙)이다. 명사절의 서술어는 '되었음'이고, 이에 해당하는 주어는 (ⓒ)이다. 관형사절의 서술어는 '저지른'이고, 이에 해당하는 주어는 (ⓒ)이다.

	⊙	ⓒ	ⓒ
①	동생이	잘못이	형이
②	동생이	빌미가	형이
③	형이	잘못이	빌미가
④	형이	빌미가	잘못이

CHAPTER 03 통사론

제11회

02 홑문장과 겹문장 ①

1 홑문장과 겹문장

01   2024년 서울시 9급

문장의 짜임이 다른 것은?

① 예쁜 꽃이 피었네.
② 누가 그런 일을 한다고 그래.
③ 그 집에서 오늘 돌잔치가 있어.
④ 모두가 따뜻한 봄이 오기를 기다리고 있지.

02   2020년 국가직 9급

안긴문장이 없는 것은?

① 나는 동생이 시험에 합격하기를 고대한다.
② 착한 영호는 언제나 친구들을 잘 도와준다.
③ 해진이는 울산에 살고 초희는 광주에 산다.
④ 아버지께서는 나에게 내일 가족 여행을 가자고 말씀하

03   2020년 군무원 9급

홑문장에 해당하는 것은?

① 어제 빨간 모자를 샀다.
② 봄이 오니 꽃이 피었다.
③ 남긴 만큼 버려지고, 버린 만큼 오염된다.
④ 우리 집 앞마당에 드디어 장미꽃이 피었다.

04   2020년 군무원 7급

문장의 확장 방식이 다른 것은?

① 담배를 피우는 사람이 점점 줄어들고 있다.
② 철수가 말도 없이 가버렸다.
③ 나는 그가 귀국했다고 들었다.
④ 봄이 오면 꽃이 핀다.

2 안긴문장

05   2021년 의무소방원

㉠에 해당하는 예를 포함하고 있는 문장으로 옳은 것은?

> 다른 문장 속에 들어가 하나의 성분처럼 쓰이는 문장을 안긴문장이라고 하며, 안긴문장을 포함한 문장을 안은문장이라고 한다. 안긴문장은 하나의 '절'이 되는데, 이는 명사절, ㉠ 관형절, 부사절, 서술절, 인용절의 다섯 가지로 나뉜다.

① 그 친구는 마음이 참 예쁘다.
② 나는 그 문제가 해결되었음에 기뻐했다.
③ 나는 그가 착한 사람이라는 생각이 들었다.
④ 그분은 나에게 희망을 가지라고 말씀하셨다.

06   2021년 경찰

다음 중 두 번 이상 안긴 절이 있는 문장이 아닌 것은?

① 철수는 문제를 적극적으로 해결할 용기가 부족하다.
② 누구나 자기 현실을 불변의 것으로 생각하는 것은 아니다.
③ 누구도 그가 이번 대회에서 우승할 후보자임을 의심치 않았다.
④ 그는 비가 소리 없이 내리는 모습을 조용히 바라보았다.

07 　　　　　　　　　　　　　　　2021년 소방

〈보기〉에 대한 설명으로 옳지 **않은** 것은?

──────[보기]──────
㉠ 우리 고양이는 머리가 좋다.
㉡ 우리는 그가 옳았음을 깨달았다.
㉢ 강아지가 소리도 없이 들어왔다.
㉣ 지영이는 나에게 어디를 가냐고 물었다.

① ㉠은 서술절을 안은 문장이다.
② ㉡은 명사절을 안은 문장이다.
③ ㉢은 관형절을 안은 문장이다.
④ ㉣은 인용절을 안은 문장이다.

3 관형절

08 　　　　　　　　　　　　　　　2022년 서울시 9급

〈보기〉의 ㉠을 포함하고 있는 안은문장은?

──────[보기]──────
　관형사가 문장에 쓰이면 관형어로 기능한다. 그래서 관형사는 항상 관형어로 쓰인다. 즉 관형사는 문장에서 관형어로서 체언을 수식한다. 그런데 관형사만 관형어로 쓰이는 것이 아니라, ㉠ 관형사절이 관형어로 쓰이기도 한다. 즉 관형사절이 체언을 수식한다.

① 그는 갖은 양념으로 맛을 내었다.
② 꽃밭에는 예쁜 꽃이 활짝 피었다.
③ 오랜 가뭄 끝에 비가 내렸다.
④ 사무실 밖에서 여남은 명이 웅성대고 있었다.

09 　　　　　　　　　　　　　　　2020년 국가직 7급

밑줄 친 부분의 문법적 성격이 **다른** 하나는?

① 내가 어제 책을 산 서점은 우리 집 옆에 있다.
② 저는 제가 직접 그분을 만난 기억이 없습니다.
③ 그 화가는 붓을 놓고 이마에 흐르는 땀을 씻었다.
④ 햇불을 추켜든 사람들이 골짜기를 샅샅이 뒤졌다.

10 　　　　　　　　　　　　　　　2021년 국회직 8급

밑줄 친 관형절의 성격이 **다른** 것은?

① 우리는 급히 학교로 돌아오라는 연락을 받았다.
② 내가 어제 책을 산 서점은 바로 우리 집 앞에 있다.
③ 충무공이 만든 거북선은 세계 최초의 철갑선이었다.
④ 우리는 사람이 살지 않는 그 섬에서 하룻밤을 지냈다.
⑤ 수양버들이 서 있는 돌각담에 올라가 아득히 먼 수평선을 바라본다.

CHAPTER 03 통사론

제12회

02 홑문장과 겹문장 ②

4 인용절

01 　　　　　　　　　　　　　　　　2022년 법원직 9급

다음 ㉠~㉣을 통해 인용절에 대해 탐구한 내용으로 가장 적절하지 않은 것은?

> ㉠ 성민이 승아에게 "밥을 먹거라"라고 말했다.
> 　성민이 승아에게 밥을 먹으라고 말했다.
> ㉡ 성민은 "나는 승아를 만나고 싶다"라고 말했다.
> 　성민은 자기가 승아를 만나고 싶다고 말했다.
> ㉢ 성민은 승아에게 "먼저 들어갑니다"라고 말했다.
> 　성민은 승아에게 먼저 들어간다고 말했다.
> ㉣ 성민은 어제 "오늘 떠나고 싶어"라고 말했다.
> 　성민은 어제 떠나고 싶다고 말했다.

① ㉠을 통해 직접인용절에서 사용된 명령형 종결 어미가 간접인용절에서는 다른 형태로 나타남을 알 수 있다.

② ㉡을 통해 직접인용절에 사용된 인칭대명사는 간접인용절에서 지시대명사로 달라짐을 알 수 있다.

③ ㉢을 통해 직접인용절에서 사용된 상대 높임 표현이 간접인용절에서는 나타나지 않음을 알 수 있다.

④ ㉣을 통해 직접인용절의 시간 표현이 간접인용절에서 해당 문장을 발화하는 시점을 기준으로 달라짐을 알 수 있다.

5 종합형

02 　　　　　　　　　　　　　　　　2022년 법원직 9급

〈보기〉의 문장에 대한 설명으로 가장 적절하지 않은 것은?

> ── [보기] ──
> • 나는 ㉠ 동생이 산 사탕을 먹었다.
> • ㉡ 철수가 산책했던 공원은 부산에 있다.
> • 민경이는 ㉢ 숙소로 돌아가기를 원한다.
> • 지금은 ㉣ 학교에 가기에 늦은 시간이다.

① ㉠은 안은문장의 목적어를 수식하는 관형절이다.

② ㉡은 안은문장의 주어를 수식하는 부사절이다.

③ ㉢은 조사 '를'과 결합하여 안은문장의 목적어로 쓰이고 있다.

④ ㉣은 조사 '에'와 결합하여 안은문장의 부사어로 쓰이고 있다.

03 　　　　　　　　　　　　　　　　2022년 군무원 7급

다음 글을 이용하여 국어 문장 구조에 관한 수업을 진행하였다. 발표 내용으로 가장 적절하지 않은 것은?

> ㉠ 담징은 이마에 흐르는 땀을 씻었다.
> ㉡ 그가 착한 사람임을 모르는 사람은 거의 없다.
> ㉢ 그 사람은 아는 것도 없이 잘난 척을 해.

① 위 문장의 밑줄 친 부분은 모두 다른 문장 속에 안긴문장입니다.

② 그런데 ㉠, ㉡, ㉢에서 밑줄 친 부분은 각각 관형어, 목적어, 부사어의 구실을 하고 있습니다.

③ ㉠의 밑줄 친 부분에서 주어가 나타나 있지 않은데, 생략된 주어는 '담징'입니다.

④ ㉡에서는 밑줄 친 부분 뿐 아니라 '그가 착한'과 '그가 착한 사람임을 모르는'도 안긴문장입니다.

04 ▰▰▰▰▰▰▰▰▰▰▰▰▰▰▰▰▰▰▰ 2022년 국회직 9급

⊙, ⓒ의 문장에 대한 설명으로 옳은 것은?

> ⊙ 나는 그 사람이 정직함을 믿는다.
> ⓒ 그녀는 내가 모르는 노래를 불렀다.

① ⊙은 부사절이 안겨 있는 문장이다.
② ⊙의 안긴문장에는 서술어가 생략되어 있다.
③ ⓒ은 명사절이 안겨 있는 문장이다.
④ ⓒ의 안긴문장에는 목적어가 생략되어 있다.
⑤ ⊙과 ⓒ은 모두 서술절을 포함하고 있다.

05 ▰▰▰▰▰▰▰▰▰▰▰▰▰▰▰▰▰▰▰ 2022년 법원직 9급

〈보기〉는 이어진 문장과 안은문장에 대해 정리한 것이다. 탐구의 결과로 가장 적절하지 않은 것은?

─────── [보기] ───────

- 이어진 문장: 둘 이상의 홑문장이 대등하거나 종속적으로 이어진 문장
  ⊙ 동생은 과일은 좋아하지만, 야채는 싫어한다.
  　동생은 야채는 싫어하지만, 과일은 좋아한다.
  ⓒ 철수가 오면 그들은 출발할 것이다.
  　그들이 출발하면 철수가 올 것이다.
- 안은문장: 홑문장을 전체 문장의 한 성분으로 안고 있는 문장
  ⓒ 언니는 그 아이가 학생임을 알았다.
  ⓔ 책을 읽던 영수가 수지에게 다가왔다.
※ ⓒ과 ⓔ의 밑줄 친 부분은 안긴 문장임.

① 이어진 문장은 두 문장이 '대조'나 '조건'의 의미 관계로 연결되기도 하는군.
② 이어진 문장은 앞뒤 문장의 순서가 바뀌어도 동일한 의미를 나타내는군.
③ 안긴 문장은 안은 문장에서 명사처럼 쓰이거나 명사를 꾸미는 등 다양한 역할을 하는군.
④ 안긴 문장과 안은 문장의 주어는 같을 수도 있고 서로 다를 수도 있군.

⑥ 접사와 어미

06 ▰▰▰▰▰▰▰▰▰▰▰▰▰▰▰▰▰▰▰ 2023년 지방직 7급

밑줄 친 부분의 '-기'의 문법적 성격이 다른 것은?

① 수진이는 돌연 허공을 <u>보기</u> 시작했다.
② 경주마는 속도는 둘째치고 <u>크기</u>도 놀라웠다.
③ 나무가 <u>굵기</u>는 했지만 열매는 얼마 안 달렸다.
④ 토끼가 너무 빨리 <u>달리기</u> 때문에 따라잡을 수 없었다.

07 ▰▰▰▰▰▰▰▰▰▰▰▰▰▰▰▰▰▰▰ 2018년 법원직 9급

다음 중 〈보기 1〉을 바탕으로 〈보기 2〉에 대해 탐구한 것 중에서 올바른 것은?

─────── [보기 1] ───────

'-(으)ㅁ'에 대하여

- 명사형 어미: 동사의 어간 뒤에 붙어서 동사를 명사형이 되게 하는 역할을 한다. 동사의 명사형은 서술성이 있어 주어를 서술하며 품사가 변하지 않는다. 앞에 부사적 표현이 쓰일 수 있다.
- 접미사: 동사의 어간 뒤에 붙어서 동사를 명사로 파생시킨다. 파생된 명사는 서술성이 없으므로 앞에 부사적 표현이 쓰일 수 없고, 관형어가 올 수 있다.

─────── [보기 2] ───────

⊙ 그의 선조들은 불우한 <u>삶</u>을 살았다.
ⓒ 겨울이어서 노면에 <u>얼음</u>이 자주 얼었다.
ⓒ 영희는 깊은 <u>잠¹</u>을 <u>잠²</u>으로써 피로를 풀었다.
ⓔ 진행자가 크게 <u>웃음</u>으로써 분위기를 바꾸었다.

① ⊙의 '삶'의 '-ㅁ'은 명사형 어미이다.
② ⓒ의 '얼음'은 '얼다'라는 동사에서 파생된 명사이다.
③ ⓒ의 '잠¹'의 '-ㅁ'은 명사형 어미이고, '잠²'의 '-ㅁ'은 접미사이다.
④ ⓔ의 '웃음'은 '크게'의 수식을 받으므로 '웃음'의 '-음'은 접미사이다.

08 ▨▨▨▨▨▨▨▨▨▨▨▨▨▨▨ 2017년 지방직 9급

밑줄 친 부분에 해당하는 것은?

> '-(으)ㅁ'은 'ㄹ'을 제외한 받침 있는 용언의 어간이나 어미 '-었-', '-겠-' 뒤에 붙어, 그 말이 <u>명사 구실을 하게 하는 어미</u>로 쓰이는 경우와, 어간 말음이 자음인 용언 어간 뒤에 붙어 명사를 만드는 접미사로 쓰이는 경우가 있다.

① 그는 <u>수줍음</u>이 많은 사람이다.
② 그는 <u>죽음</u>을 각오하고 일에 매달렸다.
③ 태산이 <u>높음</u>을 사람들은 알지 못한다.
④ 나라를 위해 <u>젊음</u>을 바친 사람이 애국자다.

09 ▨▨▨▨▨▨▨▨▨▨▨▨▨▨▨▨▨▨▨▨▨▨▨ 2023년 국회직 8급

안긴문장의 유형이 다른 것은?

① 아이들은 장난을 좋아하기 마련이에요.
② 이러다가는 버스를 놓치기 십상이다.
③ 공부가 어렵기는 해도 결국 저 하기 나름이에요.
④ 비가 많이 오기 때문에 공사를 할 수 없다.
⑤ 나는 하루도 달리기를 거른 기억이 없다.

10 ▨▨▨▨▨▨▨▨▨▨▨▨▨▨▨▨▨▨▨▨▨▨ 2014년 서울시 7급

다음 밑줄 친 단어 중 품사가 다른 하나는 무엇인가?

① 순철이는 학교에서 주최한 '일년 동안 책 많이 <u>읽기</u>' 시합에서 일등을 했다.
② 순영이는 바닷가에서 살아서 물 속에서 숨 안 쉬고 오래 <u>참기</u>를 잘 한다.
③ 지난 주말에는 온 가족이 '봄맞이 함께 <u>걷기</u>' 대회에 참석했다.
④ 우리말에서 정확한 <u>띄어쓰기</u>는 참 어렵다.
⑤ 사람이라면 치타보다 빨리 <u>달리기</u>가 쉽지 않다.

CHAPTER **03** 통사론

제13회

03 피동문과 사동문

1 피동 표현

01 ━━━━━ 2024년 법원직 9급

〈보기〉를 참고하여 능동문을 피동문으로 바꾼 결과로 가장 적절하지 <u>않은</u> 것은?

[보기]

주어가 다른 주체에 의해서 어떤 동작을 당하거나 영향을 받는 문장을 피동문이라고 한다. 피동문을 만들 때에는 능동사 어근에 피동 접미사 '-이-, -히-, -리-, -기-'를 붙이거나, '-되다' 혹은 '-아지다/-어지다'를 사용한다.

	능동문	피동문
①	내가 웃었다.	민수가 나를 웃겼다.
②	모기가 나를 물었다.	내가 모기에게 물렸다.
③	정부가 회담을 진행하였다.	회담이 정부에 의해 진행되었다.
④	나는 바라던 것을 이루었다.	바라던 것이 이루어졌다.

02 ━━━━━ 2024년 군무원 7급

다음 중 '능동 표현'을 '피동 표현'으로 바꿀 수 있는 것은?

① 진이가 칭찬을 들었다.
② 미나가 미라를 잡았다.
③ 나무에 열매가 열렸다.
④ 선생님이 학생을 가르친다.

03 ━━━━━ 2023년 지역인재 9급

㉠의 예시로 적절한 것은?

국어에서 동사나 형용사에 붙어 새로운 단어를 형성하는 접미사는 다양한 문법적 특징을 지닌다. 첫째, 동사나 형용사에 붙어 새로운 어간을 형성하기도 한다. 둘째, 동사나 형용사의 어근에 붙어 품사를 바꾸기도 한다. 셋째, 동사나 형용사에 붙어 사동의 의미를 더하기도 한다. 넷째, ㉠ <u>타동사에 붙어 피동의 의미를 더하기도 한다.</u>

① 소음이 <u>섞여</u> 주위가 시끄러웠다.
② 따스한 햇살이 고드름을 <u>녹였다.</u>
③ 친구에게 예쁜 꽃을 <u>들려</u> 보냈다.
④ 이 옷에 풀을 <u>먹이면</u> 상하기 쉽다.

04 ━━━━━ 2022년 군무원 7급

다음 중 '피동 표현'에서 '능동 표현'으로 바꿀 수 <u>없는</u> 것은?

① 그 문제가 어떤 수학자에 의해 풀렸다.
② 그 책은 많은 사람들에게 읽혔다.
③ 철수가 감기에 걸렸다.
④ 아이가 어머니에게 안겼다.

05 ━━━━━ 2023년 국회직 8급

밑줄 친 피동 표현이 옳지 <u>않은</u> 것은?

① 이 글은 두 문단으로 <u>나뉜다.</u>
② 들판이 온통 눈으로 <u>덮인</u> 광경이 장관이었다.
③ 벌목꾼에게 <u>베인</u> 나무가 여기저기에 쌓여 있다.
④ 아무리 생각해 보아도 <u>짚히는</u> 바가 없다.
⑤ 안개가 <u>걷히고</u> 파란 하늘이 나타났다.

② 사동 표현

06 ▬▬▬▬▬▬▬ 2022년 지역인재 9급

다음 설명에 해당하지 <u>않는</u> 문장은?

> 사동주가 피사동주로 하여금 어떤 행위를 하게 하거나 어떤 상황에 처하게 하는 표현법을 사동이라 하고, 사동이 표현된 문장을 사동문이라고 한다.

① 도둑이 경찰에게 잡혔다.
② 철호가 몸짓으로 나를 웃겼다.
③ 영애가 민수를 기쁘게 하였다.
④ 어머니가 아이에게 새 옷을 입혔다.

07 ▬▬▬▬▬▬▬ 2022년 서울시 9급

〈보기〉에서 ㉠과 같은 문법 범주에 속하는 문장은?

> ─────── [보기] ───────
> (가) 온난화로 북극 빙하가 다 녹는다.
> (나) 온난화가 북극 빙하를 다 녹인다.
>
> '온난화'라는 사태와 '북극 빙하가 녹는 사태' 간에는 의미적으로 인과 관계가 성립하는데, (가)에서는 이 인과 관계를 드러내는 표지로 부사격조사 '로'가 쓰였다. (나)는 '녹이다'라는 ㉠ <u>사동사를 사용한</u> 문장이다. 주동문일 때 부사어 위치에 있던 '온난화'가 사동문에서는 주어 자리를 차지함으로써 '온난화'라는 현상이 '북극 빙하'라는 대상이 '녹도록' 힘을 가하는 의미로 읽힌다. 이로써 '북극 빙하가 녹는 사태'에 대하여 '온난화'가 온전히 책임을 져야 할 것처럼 보인다.

① 회사는 이것이 전파 인증을 받은 제품이라고 우긴다.
② 사장이 사장실을 넓히기 위해 직원 회의실을 좁힌다.
③ 온갖 공장에서 폐수를 정화하지도 않고 강에 버린다.
④ 이산화탄소가 적외선을 흡수하여 열이 대기에 모인다.

③ 종합형

08 ▬▬▬▬▬▬▬ 2022년 소방

다음 문장 중 사동 표현인 것은?

① 쥐가 고양이를 물었다.
② 모닥불이 눈을 녹인다.
③ 장난감이 잘 정리되었다.
④ 정우에게 아름다운 경치가 보였다.

09 ▬▬▬▬▬▬▬ 2021년 법원직 9급

빈칸에 들어갈 문장으로 가장 적절한 것은?

> 교사 : 능동문의 목적어가 피동문의 주어가 되는 것이니까 피동문에는 목적어가 없는 것이 원칙이야. 그건 너도 잘 알고 있지?
> 학생 : 예, 선생님. 그런데 '원칙'이라고 하셨으면, 원칙의 예외가 되는 문장도 있다는 말씀이신가요?
> 교사 : 응, 그래. 드물지만 피동문에 목적어가 나타날 때가 있어. 어떤 문장이 있을지 한번 말해 볼래?
> 학생 : "〔   〕"와 같은 문장이 그 예에 해당하겠네요.

① 형이 동생에게 짐을 안겼다.
② 동생은 집 밖으로 짐을 옮겼다.
③ 동생이 버스 안에서 발을 밟혔다.
④ 그 사람이 동생에게 상해를 입혔다.

10 ▬▬▬▬▬▬▬ 2020년 법원직 9급

〈보기〉의 ㉠, ㉡에 해당하는 것은?

> ─────── [보기] ───────
> 우리말의 용언 중에는 피동사와 사동사의 형태가 동일한 것이 있다. 예를 들어, '글을 보고 거기에 담긴 뜻을 헤아려 알다.'의 뜻인 '읽다'에서 파생된 사동사와 피동사의 형태는 모두 '읽히다'로, 그 형태가 같다.
>
> ┌ 사동사 : '부하 장수들에게 병서를 읽혔다.'
> └ 피동사 : '이 책은 비교적 쉽게 읽힌다.'
>
> 이때 ㉠ <u>사동사인지</u>, ㉡ <u>피동사인지</u>의 구별은 문장에서의 의미와 쓰임을 통해 이루어진다.

	㉠	㉡
①	성탄절에는 교회에서 종을 <u>울렸다</u>.	형이 장난감을 뺏어 동생을 <u>울렸다</u>.
②	동생이 새 시계를 내게 <u>보였다</u>.	멀리 건물 사이로 하늘이 <u>보였다</u>.
③	우리는 난로 앞에서 몸을 <u>녹였다</u>.	따스한 햇살이 고드름을 서서히 <u>녹였다</u>.
④	나는 손에 짐이 <u>들려</u> 문을 열 수가 없다.	부부 싸움을 한 친구에게 꽃을 <u>들려</u> 집에 보냈다.

CHAPTER **03** **통사론**

⏰ 제한 시간: 10분(총 10문제)
🕐 실제 걸린 시간: _____분 _____초
🔍 어려웠던 문제 번호: _____

제14회

04 높임법

1 주체 높임법

01 ─────────────────────── 2022년 군무원 9급

다음 중 아랫글의 내용을 포괄하여 설명하기에 가장 적절한 것은?

> 주체 경어법은 용언에 선어말 어미 '-시-'를 넣음으로써 이루어진다. 만약 여러 개의 용언이 함께 나타나는 경우라면 일률적인 규칙을 세우기는 어렵지만 대체로 문장의 마지막 용언에 선어말어미 '-시-'를 쓴다. 또한 여러 개의 용언 가운데 어휘적으로 높임의 용언이 따로 있는 경우에는 반드시 그 용언을 사용해야 한다.

① 할머니, 어디가 어떻게 편찮으세요?
② 어머님께서 돌아보시고 주인에게 부탁하셨다.
③ 선생님께서 책을 펴며 웃으셨다.
④ 할아버지께서 주무시고 가셨다.

2 간접 높임법

02 ─────────────────────── 2025년 국가직 9급 예비 문제

다음 글의 ⊙의 사례가 포함되어 있지 않은 것은?

> 존경 표현에는 주어 명사구를 직접 존경하는 '직접존경'이 있고, 존경의 대상과 긴밀한 관련을 가지는 인물이나 사물 등을 높이는 ⊙'간접존경'도 있다. 전자의 예로 "할머니는 직접 용돈을 마련하신다."를 들 수 있고, 후자의 예로는 "할머니는 용돈이 없으시다."를 들 수 있다. 전자에서 용돈을 마련하는 행위를 하는 주어는 할머니이므로 '마련한다'가 아닌 '마련하신다'로 존경 표현을 한 것이다. 후자에서는 용돈이 주어이지만 할머니와 긴밀한 관련을 가진 사물이라서 '없다'가 아니라 '없으시다'로 존경 표현을 한 것이다.

① 고모는 자식이 다섯이나 있으시다.
② 할머니는 다리가 아프셔서 병원에 다니신다.
③ 언니는 아버지가 너무 건강을 염려하신다고 말했다.
④ 할아버지는 젊었을 때부터 수염이 많으셨다고 들었다.

③ 주체 높임법 vs. 객체 높임법

03 ━━━━━━━━━━━━━ 2023년 법원직 9급

ㄱ~ㄹ 중 〈보기〉의 밑줄 친 부분에 해당하지 않는 것은?

━━━━ [보기] ━━━━

　높임 표현은 높임의 대상에 따라 주체 높임, 객체 높임, 상대 높임으로 나눌 수 있다. 이 중 객체 높임은 목적어나 부사어가 나타내는 대상, 즉 서술의 객체를 높이는 방법으로 주로 특수 어휘나 부사격 조사 '께'에 의해 실현된다.

━━━━━━━━━━━━━━━━━━

지우: 민주야, 너 내일 뭐 할 거니?
민주: 응, 내일 할머니 생신이라서 할머니 ㉠ 모시고 영화관에 가기로 했어.
지우: 와, 오랜만에 할머니도 뵙고 좋겠다.
민주: 응, 그렇지. 오늘은 할머니께 편지도 써야 할 것 같아.
지우: ㉡ 할머니께 드릴 선물은 샀어?
민주: 응, 안 그래도 할머니가 허리가 아프셔서 엄마가 안마의자를 사서 ㉢ 드린대. 나는 용돈을 조금 보태기로 했어.
지우: 아, 할머니께서 ㉣ 편찮으셨구나.

① ㉠　　　　　　　　② ㉡
③ ㉢　　　　　　　　④ ㉣

04 ━━━━━━━━━━━━━ 2022년 소방

ㄱ~ㄷ 중 객체 높임에 해당하는 것은?

민수: 저기 영선이가 선생님을 ㉠ 모시고 온다.
정희: 정말 선생님께서 ㉡ 오시네.
민수: 선생님, 어서 ㉢ 오세요. 영선아, 너도 어서 와.

① ㉠　　　　　　　　② ㉡
③ ㉢　　　　　　　　④ ㉠, ㉡

05 ━━━━━━━━━━━━━ 2020년 소방

높임법의 쓰임이 다른 것은?

① 내일은 잊지 않고 어머니께 편지를 보내 드려야겠다.
② 오늘도 할머니께서는 경로당에서 시간을 보내셨다.
③ 선생님께서 누나와 함께 와도 좋다고 하셨다.
④ 큰아버지께서는 나를 무척 아끼셨다.

06 ━━━━━━━━━━━━━ 2020년 경찰

다음 〈보기〉의 ㄱ~ㄹ에 대한 높임 표현의 설명으로 가장 적절하지 않은 것은?

━━━━ [보기] ━━━━

영이: 철수야, 선생님께서 내일 오전에 ㉠ 오시라고 하셔.
철수: 왜? 무슨 일이 있어?
영이: 선생님이 너에게 ㉡ 물을 일이 있다고 ㉢ 하셔.
철수: 언제 가면 돼?
영이: 몰라. 선생님께 직접 ㉣ 물어봐.

━━━━━━━━━━━━━━━━━━

① ㉠: 서술어의 주체가 '철수'이므로 '오라고'로 고쳐야 한다.
② ㉡: 서술어의 주체가 '선생님'이므로 '물으실'로 고쳐야 한다.
③ ㉢: 인용 동사 '하다'의 주체가 '철수'이므로 '해'로 고쳐야 한다.
④ ㉣: 서술어의 객체가 '선생님'이므로 '여쭤봐'로 고쳐야 한다.

07 ━━━━━━━━━━━━━ 2023년 국회직 9급

밑줄 친 서술어가 높임말이 아닌 것은?

① 사돈어른께 안부를 여쭈었다.
② 매일 아침 할아버지께서는 진지를 잡수신다.
③ 어머니의 얼굴에 눈물이 가실 날이 없다.
④ 말씀으로만 듣던 분을 뵙게 되어 영광입니다.
⑤ 이 회사는 고객을 정성껏 모시도록 사원 교육을 실시한다.

4 상대 높임법

08 ━━━━━━━━━━━━━━━━ 2023년 군무원 7급

〈보기〉는 우리말 높임법에 관한 설명이다. ㉠ ~ ㉣에 들어갈 용례로 맞지 <u>않는</u> 것은?

━━━━━━━━━━ [보기] ━━━━━━━━━━
- 상대 높임법: 말하는 이가 상대, 곧 듣는 이(청자)를 높이는 높임법. 일정한 종결 어미의 사용에 의해서 실현됨.
  (1) 격식체: 공식적이고 의례적인 표현으로, 심리적 거리감을 나타냄.
    ① 해라체: 아주 낮춤
    ② 하게체: 예사 낮춤 ·················· (㉠)
    ③ 하오체: 예사 높임 ·················· (㉡)
    ④ 합쇼체: 아주 높임
  (2) 비격식체: 비공식적이며, 부드럽고 친근감을 나타냄.
    ① 해체: 두루 낮춤 ····················· (㉢)
    ② 해요체: 두루 높임 ················· (㉣)

① ㉠: 내가 말을 함부로 했던 것 같네.
② ㉡: 이게 꿈인지 생신지 모르겠구려.
③ ㉢: 계획대로 밀고 나가.
④ ㉣: 선생님 안녕히 계십시오.

5 종합형

09 ━━━━━━━━━━━━━━━━ 2020년 국회직 9급

〈보기 1〉을 참고할 때, 〈보기 2〉의 ㉠ ~ ㉢에 대한 설명으로 옳은 것은?

━━━━━━━━━━ [보기 1] ━━━━━━━━━━
　우리말의 높임법은 화자가 서술의 주체에 대하여 높임의 태도를 나타내는 주체 높임법, 문장의 목적어나 부사어가 지시하는 대상을 높이는 객체 높임법, 청자인 상대방을 높여 말하는 상대 높임법 등이 있다.

━━━━━━━━━━ [보기 2] ━━━━━━━━━━
㉠ 할아버지께서는 귀가 어두우시다.
㉡ 저는 그 책을 선생님께 선물로 드렸습니다.
㉢ 지금 대통령께서는 각 부처 담당자들과 회의 중이십니다.

① ㉠에는 주체 높임법과 객체 높임법이 사용되었다.
② ㉠과 ㉡에는 주체 높임법이 사용되었다.
③ ㉠과 ㉢에는 상대 높임법이 사용되었다.
④ ㉡에는 객체 높임법과 상대 높임법이 사용되었다.
⑤ ㉡과 ㉢에는 객체 높임법이 사용되었다.

10 ━━━━━━━━━━━━━━━━ 2020년 의무소방원

〈보기〉의 ㉠ ~ ㉣에 대한 설명으로 옳지 <u>않은</u> 것은?

━━━━━━━━━━ [보기] ━━━━━━━━━━
　높임법은 화자가 높이려는 대상이 누구인지에 따라 주체 높임법, 객체 높임법, 상대 높임법으로 구분된다. 주체 높임법은 주어의 지시 대상을 높이는 것이며, 객체 높임법은 문장의 목적어나 부사어의 지시 대상을 높이는 것이며, 상대 높임법은 말을 듣는 상대인 청자를 높이거나 낮추는 것이다.

동생 : (현관문 열며) 친구랑 영화 잘 보고 왔습니다.
형　: 이제 ㉠ <u>들어오는구나.</u>
동생 : 형만 집에 있어? ㉡ <u>어머니는 안 계신 거야?</u>
형　: 응, 우리끼리 피자 주문해서 먹자. ㉢ <u>아까 어머니께 말씀 드렸어.</u>
동생 : 근데 돈은 있어?
형　: 응, 있지. ㉣ <u>어머니께서 너랑 같이 피자 먹으라고 카드 주셨어.</u>

① ㉠은 '-는구나'를 사용해 상대인 동생을 낮추고 있다.
② ㉡은 '계시다'를 사용해 주체인 어머니를 높이고 있다.
③ ㉢은 '께'를 사용해 객체인 어머니를 높이고 있다.
④ ㉣은 '께서'를 사용해 객체인 어머니를 높이고 있다.

CHAPTER 03 통사론

🔔 제한 시간: 10분(총 10문제)
⏱ 실제 걸린 시간: _____분 _____초
🔍 어려웠던 문제 번호: _____

제15회

05 문법 요소, 기타 ①

1 문장의 종류

01 ─────────────────── 2018년 지방교행 9급

청유형 종결 어미가 포함된 것은?

① 이따가 <u>가세</u>.
② 자리에 <u>앉아라</u>.
③ 자네 이것 좀 <u>먹게</u>.
④ 옷이 무척 <u>예쁘구려</u>.

2 부정 표현

02 ─────────────────── 2018년 서울시 7급

밑줄 친 단어 중 그 의미가 나머지 셋과 가장 <u>다른</u> 것은?

① 그는 음식이 너무 매워 거의 먹지 <u>못했다</u>.
② 장군은 흐르는 눈물 때문에 말을 잇지 <u>못했다</u>.
③ 그 아이는 부모의 바람만큼 똑똑하지 <u>못했다</u>.
④ 오늘은 너무 바빠서 동창회에 가지 <u>못했다</u>.

3 시제 '-았/었-'

03 ─────────────────── 2021년 서울시 9급

밑줄 친 부분의 시제가 나머지 세 문장과 <u>다른</u> 것은?

① 세월이 많이 흐르긴 흘렀네, 너도 많이 <u>늙었다</u>.
② 너는 네 아버지 어릴 때를 꼭 <u>닮았어</u>.
③ 그 사람은 작년에 부쩍 <u>늙었어</u>.
④ 고생해서 그런지 많이 <u>말랐네</u>.

04 ─────────────────── 2019년 의무소방원

〈보기〉를 참고하여 알 수 있는 밑줄 친 선어말 어미 '-았/었-'의 의미는?

[보기]
경택: 내일 새벽에 야구 대표팀 결승전 있는 거 알지?
수환: 당연하지. 우리 오늘 잠은 다 <u>잤다</u>.

① 과거의 사건이 현재까지 지속됨을 나타낸다.
② 미래의 사건을 이미 정해진 사실로 표현한다.
③ 과거의 사건과 강하게 단절되어 있음을 표현한다.
④ 화자의 과거 회상을 통해 경험한 사실을 드러낸다.

05 ─────────────────── 2018년 경찰

다음은 『표준국어대사전』에서 가져온 것이다. 빈칸에 들어갈 예문으로 가장 적절하지 <u>않은</u> 것은?

-았- 「어미」 (끝음절의 모음이 'ㅏ, ㅗ'인 용언의 어간 뒤에 붙어), (다른 어미 앞에 붙어)
「1」 이야기하는 시점에서 볼 때 사건이 이미 일어났음을 나타내는 어미.
¶ 예전에는 명절에 선물로 설탕을 받았다./동생은 어제 하루 종일 텔레비전을 보았다.
「2」 이야기하는 시점에서 볼 때 완료되어 현재까지 지속되거나 현재에도 영향을 미치는 상황을 나타내는 어미.
¶ 야, 눈이 왔구나./물건 값이 많이 올랐다.
「3」 이야기하는 시점에서 볼 때 미래의 사건이나 일을 이미 정하여진 사실인 양 말할 때 쓰는 어미.
¶

① 비가 와서 내일 소풍은 다 갔네.
② 빚쟁이가 도망가고 없네. 돈은 이제 다 받았군.
③ 안 본 사이에 그 증상에서 말끔히 벗어났구나.
④ 서재가 왜 이리 어지럽니? 넌 이제 아버지께 혼났다.

4 시제 '-겠-'

06 ━━━━━━━━━━━━━━━━━━ 2019년 서울시 7급

밑줄 친 부분에서 선어말 어미 '-겠-'의 기능이 나머지 셋과 다른 하나는?

① 구름이 몰려오는 것을 보니 조만간 비가 <u>오겠다</u>.
② 지금쯤 철수가 집에 도착하여 밥을 <u>먹겠다</u>.
③ 철수가 이번에는 자기가 <u>가겠다</u>고 하였다.
④ 8시에 출발하면 10시쯤에 <u>도착하겠구나</u>.

07 ━━━━━━━━━━━━━━━━━━ 2018년 지역인재 9급

㉠과 문맥적 의미가 가장 가까운 것은?

> 그는 낚시하러 가㉠<u>겠</u>다고 한사코 우겼다.

① 참 특이한 사람 다 <u>보겠군</u>.
② 지금 떠나면 내일 새벽에 <u>도착하겠지</u>.
③ 이번 달까지 꼭 목표량을 <u>달성하겠다</u>.
④ 대통령 내외분이 식장으로 <u>입장하시겠</u>습니다.

5 상대 시제

08 ━━━━━━━━━━━━━━━━━━ 2020년 경찰

〈보기〉는 국어의 시제에 대한 설명이다. ㉠의 예로 가장 적절한 것은?

> ━━━━━━ [보기] ━━━━━━
> 절대 시제란 발화시를 기준으로 한 시제이고, ㉠ <u>상대 시제</u>란 발화시가 아닌 다른 시점을 기준으로 한 시제이다.

① 공원에는 <u>운동하는</u> 사람들이 많이 보였다.
② 철수는 다음 달에 유학을 <u>간다</u>.
③ 넌 이제 큰일 <u>났다</u>.
④ 내일은 비가 <u>오겠다</u>.

6 국어의 특징 ①

09 ━━━━━━━━━━━━━━━━━━ 2021년 국회직 9급

띄어쓰기 원칙에 대한 이해로 옳지 <u>않은</u> 것은?

① 조사는 단어가 아니므로 앞말과 띄어 쓰지 않는다.
② 어미는 단어가 아니므로 앞말과 띄어 쓰지 않는다.
③ 접미사는 단어가 아니므로 앞말과 띄어 쓰지 않는다.
④ 파생어는 한 단어이므로 구성 요소를 띄어 쓰지 않는다.
⑤ 합성 명사는 한 단어이므로 구성 요소를 띄어 쓰지 않는다.

10 ━━━━━━━━━━━━━━━━━━ 2018년 서울시 7급

국어 품사에 대한 설명으로 가장 옳지 <u>않은</u> 것은?

① 관형사는 체언만 수식할 수 있다.
② 명사가 다른 명사를 수식하는 경우도 있다.
③ 부사가 체언을 수식하는 경우는 없다.
④ 부사 뒤에 조사가 오는 경우도 있다.

CHAPTER 04 국어 문법 종합

제16회

01 형태소, 기타 ②

1 형태소 개념

01   2018년 서울시 9급

국어의 형태소에 대한 설명으로 가장 옳지 않은 것은?

① 조사는 앞말에 붙어서 나타난다는 점에서 '의존 형태소'이다.

② 동사의 어간은 스스로 실질적인 단어이므로 명사와 더불어 '자립 형태소'이다.

③ 명사는 실제적인 의미를 가지고 있다는 면에서 동사의 어간과 더불어 '실질 형태소'이다.

④ 어미는 조사와 마찬가지로 문법적 기능을 하므로, '문법 형태소'이다.

2 형태소의 종류

02   2022년 법원직 9급

다음 문장에 대한 설명으로 가장 적절하지 않은 것은?

> 눈이 녹으면 남은 발자국 자리마다 꽃이 피리니.

① 자립 형태소는 5개이다.

② 의존 형태소는 9개이다.

③ 실질 형태소는 8개이다.

④ 7개의 어절, 19개의 음절로 이루어진 문장이다.

03   2020년 의무소방원

〈보기〉에서 ㉠의 예로 옳은 것은?

> ─── [보기] ───
> 형태소는 일정한 뜻을 지닌 최소 단위이다. 형태소 중에는 다른 말의 도움 없이 홀로 쓰일 수 있는 형태소도 있고, 반드시 다른 말에 기대어 쓰이는 형태소도 있다. 즉 ㉠ 자립 형태소는 앞뒤에 다른 형태소가 직접 연결되지 않아도 문장에서 쓰일 수 있지만, 의존 형태소는 앞뒤에 적어도 하나의 형태소가 연결되어야만 문장에서 쓰일 수 있다.

① 그는 점순이가 준 햇감자를 먹지 않았다.

② 그들은 손을 맞잡은 채로 등산을 시작했다.

③ 지희는 그 사람 됨됨이 하나만 믿고 결혼을 했다.

④ 떡볶이를 먹고 혀가 얼얼해서 물을 한 모금 머금고 있다.

3 형태소와 단어

04

〈보기〉의 밑줄 친 부분에 대한 설명으로 가장 적절한 것은?

[보기]
- ㉠ 그는 자기 일 밖의 <u>다른</u> 일에는 관심이 <u>없다</u>.
- ㉡ 한밤중에 그가 나에게 전화 <u>할</u> 줄 몰랐다.
- ㉢ 노력한 <u>만큼</u> 대가가 있을 테니 선생님<u>만큼</u>만 공부하길 바란다.
- ㉣ 형님께는 <u>햇</u>사과를, 동생에게는 <u>햅</u>쌀을 선물로 보냈다.

① ㉠: 두 개의 형태소가 결합된 하나의 단어이다.
② ㉡: 단어의 자격을 가지고 반드시 다른 말과 결합하여 쓰인다.
③ ㉢: 다른 형태소와 결합하지 않으면 쓰일 수 없고 형식적 의미만을 나타낸다.
④ ㉣: 음운 환경에 따라 형태가 바뀌고 실질적 의미가 아닌 문법적인 뜻을 갖는다.

05

〈보기〉를 참고할 때, 다음 중 형태소의 교체에 관한 설명으로 가장 옳은 것은?

[보기]
형태소의 교체는 자동적 교체와 비자동적 교체로 나눌 수 있다. 자동적 교체는 필수적으로 일어나야 하는 교체를 말하며, 비자동적 교체는 반드시 일어나야 할 필연적 이유가 없는 교체를 말한다.

(가) 알-: 알 + 는 → [아ː는]
(나) 안-: 안 + 고 → [안ː꼬]
(다) 아름답-: 아름답 + 은 → [아름다운]
(라) 먹-: 먹 + 는 → [멍는]

① (가)는 국어에 'ㄹ'과 'ㄴ'이 연속될 때 'ㄹㄴ'이 함께 발음될 수 없다는 제약으로 인해 예외 없이 용언 어간의 종성 'ㄹ'이 탈락하는 자동적 교체의 예이다.
② (나)는 국어에 'ㄴ'과 'ㄱ'이 연속될 때 'ㄱ'이 경음으로 발음된다는 제약으로 인해 예외 없이 어미 '-고'는 [꼬]로 발음되는 자동적 교체의 예이다.
③ (다)는 국어에 'ㅂ'과 '은'이 연속될 때 '븐'이 아니라 [운]으로 발음된다는 제약으로 인해 어미 '-은'이 [운]으로 발음되는 자동적 교체의 예이다.
④ (라)는 국어에 'ㄱ'과 'ㄴ'이 연속될 때 'ㄱ'이 비음 'ㅇ'으로 발음되는 것은 반드시 일어나야 하는 규칙은 아니므로 비자동적 교체의 예이다.

4 형태소의 개수

06

형태소의 개수가 가장 많은 것은?

① 떠내려갔다　　② 따라 버렸다
③ 빌어먹었다　　④ 여쭈어봤다

5 사전

07

〈보기〉는 단어의 사전적 정의이다. 〈보기〉를 참고할 때 밑줄 친 부분이 문법적으로 가장 옳지 <u>않은</u> 것은?

[보기]
-던「어미」
1) 앞말이 관형어 구실을 하게 하고, 과거의 어떤 상태를 나타내는 어미.
2) 앞말이 관형어 구실을 하게 하고 어떤 일이 과거에 완료되지 않고 중단되었다는 미완(未完)의 의미를 나타내는 어미.

-던지「어미」
막연한 의문이 있는 채로 그것을 뒤 절의 사실과 관련시키는 데 쓰는 연결 어미.

-든「어미」
'-든지'의 준말.

-든지「어미」
1) 나열된 동작이나 상태, 대상들 중에서 어느 것이든 선택될 수 있음을 나타내는 연결 어미.
2) 실제로 일어날 수 있는 여러 가지 중에서 어느 것이 일어나도 뒤 절의 내용이 성립하는 데 아무런 상관이 없음을 나타내는 연결 어미.

① <u>싫든 좋든</u> 이 길로 가는 수밖에 없다.
② 밥을 <u>먹던지</u> 말던지 네 맘대로 해라.
③ 어제 같이 <u>봤던</u> 영화는 참 재밌었다.
④ 집에 <u>가든지</u> 학교에 <u>가든지</u> 해라.

6 국어의 특징 ②

08

한국어의 특성에 대한 설명으로 옳지 않은 것은?

① 높임법이 발달하였다.
② 접속사와 관계 대명사가 있다.
③ '주어-목적어-서술어'의 어순을 가지고 있다.
④ 문법적인 의미를 나타내는 문법 형태소가 발달하였다.

10

국어 문법의 특징으로 옳지 않은 것은?

① 어미가 발달되어 있다.
② 이중 주어 구문이 발달되어 있다.
③ 비교적 어순이 자유로운 언어에 속한다.
④ 공손성을 표현하는 수단이 발달했다.
⑤ 꾸미는 말이 꾸밈을 받는 말 뒤에 온다.

09

국어의 특징으로 가장 옳지 않은 것은?

① 조사와 어미가 발달한 교착어적 특성을 보여 준다.
② '값'과 같이 음절 말에서 두 개의 자음이 발음될 수 있다.
③ 담화 중심의 언어로서 주어, 목적어 등이 흔히 생략된다.
④ 가족 관계를 나타내는 친족어가 발달해 있다.

CHAPTER 05 표준 발음법

🔔 제한 시간: 10분(총 10문제)
⏱ 실제 걸린 시간: _____분 _____초
🔍 어려웠던 문제 번호: _____

제17회

01 규정

01

다음은 받침 'ㅎ'의 발음에 대한 자료이다. 이를 바탕으로 이끌어 낸 규칙으로 옳지 않은 것은?

자료 1. 놓고 → [노코] 않던 → [안턴] 닳지 → [달치]
자료 2. 않네 → [안네] 뚫는 → [뚤른 → 뚤른]
자료 3. 닿소 → [다 : 쏘] 많소 → [만 : 쏘] 싫소 → [실쏘]
자료 4. 놓는 → [논는] 쌓네 → [싼네]
자료 5. 낳은 → [나은] 않은 → [아는] 싫어도 → [시러도]

① 'ㅎ(ㄶ, ㅀ)' 뒤에 'ㅅ'이 결합되는 경우에는, 'ㅅ'을 [ㅆ]으로 발음한다.

② 'ㄶ, ㅀ' 뒤에 'ㄴ'이 결합되는 경우에는, 'ㅎ'을 발음하지 않는다.

③ 'ㅎ' 뒤에 'ㄴ'이 결합되는 경우에는, 'ㅎ'을 발음하지 않는다.

④ 'ㅎ(ㄶ, ㅀ)' 뒤에 모음으로 시작된 어미나 접미사가 결합되는 경우에는, 'ㅎ'을 발음하지 않는다.

⑤ 'ㅎ(ㄶ, ㅀ)' 뒤에 'ㄱ, ㄷ, ㅈ'이 결합되는 경우에는, 뒤 음절 첫소리와 합쳐서 [ㅋ, ㅌ, ㅊ]으로 발음한다.

02

㉠ ~ ㉣에 해당하는 예로 옳지 않은 것은?

표준 발음법 제29항
합성어 및 파생어에서, 앞 단어나 접두사의 끝이 자음이고 뒤 단어나 접미사의 첫음절이 '이, 야, 여, 요, 유'인 경우에는, 'ㄴ' 음을 첨가하여 [니, 냐, 녀, 뇨, 뉴]로 발음한다.
예 색-연필[생년필]
• 다만, 다음과 같은 말들은 'ㄴ' 음을 첨가하여 발음하되, 표기대로 발음할 수 있다. ……………… ㉠
예 야금-야금[야금냐금/야그먀금]
• [붙임 1] 'ㄹ' 받침 뒤에 첨가되는 'ㄴ' 음은 [ㄹ]로 발음한다. ……………… ㉡
예 서울-역[서울력]
• [붙임 2] 두 단어를 이어서 한 마디로 발음하는 경우에도 이에 준한다. ……………… ㉢
예 잘 입다[잘립따]
• 다만, 다음과 같은 단어에서는 'ㄴ(ㄹ)' 음을 첨가하여 발음하지 않는다. ……………… ㉣
예 3.1절[사밀쩔]

① ㉠: 혼합약   ② ㉡: 휘발유

③ ㉢: 열여덟   ④ ㉣: 등용문

02 단어형

03 _____ 2024년 군무원 9급

다음 중 발음의 표기가 가장 적절한 것은?

① 뚫는 : [뚤는]
② 넓다 : [널따]
③ 끝으로 : [끄츠로]
④ 젖먹이 : [점머기]

04 _____ 2024년 서울시 9급

단어의 표준 발음으로 가장 옳지 <u>않은</u> 것은?

① 장대비 : [장대삐/장댇삐]
② 장맛비 : [장마삐/장맏삐]
③ 안간힘 : [안깐힘/안간힘]
④ 효과 : [효 : 과/효 : 꽈]

05 _____ 2022년 서울시 9급

표준 발음법에 따라 옳지 <u>않은</u> 것은?

① 금융 : [금늉/그뮹]
② 샛길 : [새 : 낄/샏 : 낄]
③ 나뭇잎 : [나묻닙/나문닙]
④ 이죽이죽 : [이중니죽/이주기죽]

06 _____ 2021년 군무원 7급

단어의 발음이 <u>잘못</u> 표기된 것은?

① 태권도 : [태꿘도]
② 홑이불 : [혼니불]
③ 홑옷 : [호돋]
④ 공권력 : [공꿜력]

07 _____ 2021년 군무원 9급

다음 한자어의 발음 중 표준 발음으로 옳지 <u>않은</u> 것은?

① 마천루(摩天樓) : [마천누]
② 공권력(公權力) : [공꿘녁]
③ 생산력(生産力) : [생산녁]
④ 결단력(決斷力) : [결딴녁]

08 _____ 2021년 소방

단어의 발음이 옳은 것은?

① 굵다 : [굴따]
② 넓다 : [넙따]
③ 맑다 : [막따]
④ 얇다 : [얍따]

09 _____ 2020년 서울시 9급

표준 발음으로 가장 옳지 <u>않은</u> 것은?

① 풀꽃아 : [풀꼬다]
② 옷 한 벌 : [오탄벌]
③ 넓둥글다 : [넙뚱글다]
④ 늙습니다 : [늑씀니다]

10 _____ 2023년 국회직 9급

다음 단어의 표준 발음이 <u>아닌</u> 것은?

① 깃발 : [기빨/긷빨]
② 뱃머리 : [밴머리]
③ 줄넘기 : [줄럼끼]
④ 술잔 : [술짠]
⑤ 결단력 : [결딴녁]

CHAPTER 05 표준 발음법

⏱ 제한 시간: 10분(총 10문제)
⏰ 실제 걸린 시간: ____분 ____초
🔍 어려웠던 문제 번호: _____

제18회

03 밑줄형

01 ━━━━━━━ 2024년 시울시 9급

표준 발음으로 옳지 않은 것은?

① 꽃이 피었다[피얻따].
② 늑막염[능마겸]은 가슴막염을 뜻한다.
③ 금융[그뮹] 기관에 문의했다.
④ 방이 넓고[널꼬] 깨끗하다.

02 ━━━━━━━ 2023년 지역인재 9급

표준 발음으로 적절한 것은?

① 그는 흙과[흘꽈] 함께 살고자 했다.
② 어제는 교통 체증[체쯩]이 심각했다.
③ 한국 사람의 인사말[인산말]에는 정겨움이 담겨 있다.
④ 물질적 재화를 만들어 낼 수 있는 능력을 생산력[생산녁]이라고 한다.

03 ━━━━━━━ 2021년 지역인재 9급

밑줄 친 부분의 표준 발음이 올바른 것은?

① 작년까지만 해도 빚이[비시] 있었는데 지금은 다 갚았다.
② 이 이야기의 끝을[끄츨] 지금은 누구도 예상할 수가 없다.
③ 당연한 일을 했을 뿐인데 뜻있는[뜨딘는] 상을 받게 되었다.
④ 큰누나가 요리를 하는지 부엌에서[부어게서] 소리가 들렸다.

04 ━━━━━━━ 2021년 의무소방원

밑줄 친 단어의 발음을 올바르게 표기하지 않은 것은?

① 오늘은 날씨가 참 맑다[말따].
② 우리 집에서 나는 맏이[마지]이다.
③ 세월이 물과 같이[가치] 빠르게 흐른다.
④ 시간이 가면 늙지[늑찌] 않는 사람이 없다.

05 ━━━━━━━ 2021년 경찰

다음 중 표준 발음으로 적절하지 않은 것은?

① 그는 나에게 돈을 맡기고[마끼고] 고향으로 돌아갔다.
② 그는 이 문서를 통해서 세상에 진실을 밝혔다[발켣따].
③ 바닷가에 도착한 아이들은 모두 아홉이 아닌 여덟이다[여덜비다].
④ 그녀는 그만둘지언정[그만둘찌언정] 우리에게는 일을 하도록 했다.

06 ━━━━━━━ 2020년 국회직 8급

밑줄 친 부분의 표준 발음이 옳지 않은 것은?

① 그래도 일사병[일사뼝]에 쓰러진 대원이 없었다.
② 올여름에는 납량[남냥] 드라마가 줄을 잇고 있다.
③ 그는 시조 한 수를 처량하게 읊고[읍꼬] 길을 떠났다.
④ 그들은 불법적[불뻡쩍] 방법으로 돈을 엄청나게 벌었다.
⑤ 아직 저학년의 글이라 띄어쓰기[띠여쓰기]가 미흡하다.

04 설명형

07 2023년 군무원 7급

'의'의 표준 발음에 대한 설명 중 맞지 <u>않는</u> 것은?

① '회의, 민주주의'와 같이 단어의 2음절 이하에 사용된 '의'는 [ㅢ]로 발음하는 것이 원칙이고, [ㅣ]로 발음하는 것도 허용된다.

② '우리의 마음, 반의 반'과 같이 조사로 사용된 '의'는 [ㅢ]로 발음하는 것이 원칙이고, [ㅔ]로 발음하는 것도 허용된다.

③ '희망, 무늬'와 같이 자음을 첫소리로 가지고 있는 음절의 'ㅢ'는 [ㅢ]로 발음하는 것이 원칙이고, [ㅣ]로 발음하는 것도 허용된다.

④ '의사, 의자'와 같이 단어의 첫음절에 사용된 '의'는 [ㅢ]로 발음한다.

05 보기형

08 2021년 서울시 9급

〈보기〉에서 (가), (나)에 해당하는 예로 가장 옳은 것은?

─ [보기] ─
(가) 어간 받침 'ㄴ(ㄵ), ㅁ(ㄻ)' 뒤에 결합되는 어미의 첫소리 'ㄱ, ㄷ, ㅅ, ㅈ'은 된소리로 발음한다.
(나) 어간 받침 'ㄼ, ㄾ' 뒤에 결합되는 어미의 첫소리 'ㄱ, ㄷ, ㅅ, ㅈ'은 된소리로 발음한다.

	(가)	(나)
①	(신을) 신기다	여덟도
②	(나이가) 젊지	핥다
③	(신을) 신기다	핥다
④	(나이가) 젊지	여덟도

09 2021년 군무원 7급

다음 중 밑줄 친 단어의 표준 발음이 옳은 것을 모두 고른 것은?

• ㉠ <u>창고[창꼬]</u>에 처박혀 있던 고문서 더미를 발견했다.
• 아무도 없이 혼자 산다고 이렇게 ㉡ <u>홀대[홀때]</u>를 하면 안 되지.
• 같은 약이라도 환자의 상태에 따라 치료 ㉢ <u>효과[효 : 꽈]</u>가 다를 수 있다.
• 책꽂이에는 ㉣ <u>교과서[교 : 꽈서]</u> 외에도 소설책과 시집이 빽빽이 꽂혀 있었다.

① ㉠, ㉡   ② ㉢, ㉣
③ ㉠, ㉢, ㉣   ④ ㉡, ㉢, ㉣

10 2021년 국회직 8급

밑줄 친 단어의 표준 발음이 옳은 것만을 〈보기〉에서 모두 고르면?

─ [보기] ─
• 마치 ㉠ <u>계절병[계 : 절뼝]</u>을 앓는 것 같았다.
• ㉡ <u>신윤복[신뉸복]</u>은 조선 후기의 풍속화가이다.
• 이 신문의 ㉢ <u>논조[논쪼]</u>는 매우 보수적이다.
• 참석자의 ㉣ <u>과반수[과 : 반쑤]</u>가 그 안건에 찬성하였다.
• 정부는 수입 상품에 높은 ㉤ <u>관세[관세]</u>를 물렸다.

① ㉠, ㉡   ② ㉠, ㉢
③ ㉠, ㉤   ④ ㉡, ㉣
⑤ ㉡, ㉤

CHAPTER 06 로마자 표기법

⏱ 제한 시간: 10분(총 10문제)
🕐 실제 걸린 시간: _____분 _____초
🔍 어려웠던 문제 번호: _____

제19회

01 규정

01 2021년 국회직 8급

『로마자 표기법』의 각 조항에 들어갈 예를 바르게 짝지은 것은?

제3장 표기상의 유의점

제1항 음운 변화가 일어날 때는 변화의 결과에 따라 다음 각 호와 같이 적는다.

1. 자음 사이에서 동화 작용이 일어나는 경우
   예(㉠)
2. 'ㄴ, ㄹ'이 덧나는 경우
   예(㉡)
3. 구개음화가 되는 경우
   예(㉢)
4. 'ㄱ, ㄷ, ㅂ, ㅈ'이 'ㅎ'과 합하여 거센소리가 나는 경우
   다만, 체언에서 'ㄱ, ㄷ, ㅂ' 뒤에 'ㅎ'이 따를 때에는 'ㅎ'을 밝혀 적는다.
   예(㉣)
   [붙임] 된소리되기는 표기에 반영하지 않는다.
   예(㉤)

---

① ㉠: '학여울'은 [항녀울]로 발음되므로 'Haknyeoul'로 쓴다.
② ㉡: '왕십리'는 [왕심니]로 발음되므로 'Wangsimni'로 쓴다.
③ ㉢: '해돋이'는 [해도지]로 발음되므로 'haedoji'로 쓴다.
④ ㉣: '집현전'은 [지편전]으로 발음되므로 'Jipyeonjeon'으로 쓴다.
⑤ ㉤: '팔당'은 [팔땅]으로 발음되므로 'Palddang'으로 쓴다.

02 2021년 법원직 9급

〈보기〉를 참고하여 『로마자 표기법』을 적용할 때 가장 옳지 **않은** 것은?

[보기]

1. 『로마자 표기법』의 주요내용
   (1) 'ㄱ, ㄷ, ㅂ'은 모음 앞에서는 'g, d, b'로, 자음 앞이나 어말에서는 'k, t, p'로 적는다.
   (2) 'ㄹ'은 모음 앞에서는 'r'로, 자음 앞이나 어말에서는 'l'로 적는다. 단, 'ㄹㄹ'은 'll'로 적는다.
      예 알약[알략] allyak
   (3) 자음동화, 구개음화, 거센소리되기는 변화가 일어난 대로 표기함.
      예 왕십리는 [왕심니] Wangsimni
      예 놓다[노타] nota
   ─ 다만, 체언에서 'ㄱ, ㄷ, ㅂ' 뒤에 'ㅎ'이 따를 때에는 'ㅎ'을 밝혀 적는다.
      예 묵호 Mukho
   (4) 된소리되기는 표기에 반영하지 않는다.
   (5) 고유명사는 첫 글자를 대문자로 적는다.

2. 표기 일람

ㅏ	ㅓ	ㅗ	ㅜ	ㅡ	ㅣ	ㅐ	ㅔ	ㅚ	ㅟ
a	eo	o	u	eu	i	ae	e	oe	wi

ㅑ	ㅕ	ㅛ	ㅠ	ㅒ	ㅖ	ㅘ	ㅙ	ㅝ	ㅞ	ㅢ
ya	yeo	yo	yu	yae	ye	wa	wae	wo	we	ui

ㄱ	ㄲ	ㅋ	ㄷ	ㄸ	ㅌ	ㅂ	ㅃ	ㅍ
g, k	kk	k	d, t	tt	t	b, p	pp	p

ㅈ	ㅉ	ㅊ	ㅅ	ㅆ	ㅎ	ㄴ	ㅁ	ㅇ	ㄹ
j	jj	ch	s	ss	h	n	m	ng	r, l

---

① '해돋이'는 [해도지]로 구개음화가 되므로 그 발음대로 haedoji로 적어야 해.
② '속리산'은 [송니산]으로 발음되지만 고유명사이므로 Sokrisan으로 적어야 해.
③ '울산'은 [울싼]으로 된소리로 발음되지만 표기에는 반영하지 않고 Ulsan으로 적어야 해.
④ '집현전'은 [지편전]으로 거센소리로 발음되지만 체언이므로 'ㅂ'과 'ㅎ'을 구분하여 Jiphyeonjeon으로 적어야 해.

02 이름

03 2022년 군무원 9급

다음 중 ㉠ ~ ㉣을 『로마자 표기법』에 맞게 표기한 것은?

> • 내 이름은 ㉠ 복연필이다.
> • 어제 우리는 ㉡ 청와대를 다녀왔다.
> • 작년에 나는 ㉢ 한라산을 등산하였다.
> • 다음 주에 나는 ㉣ 북한산을 등산하려고 한다.

① ㉠: Bok Nyeonphil
② ㉡: Chungwadae
③ ㉢: Hanrasan
④ ㉣: Bukhansan

03 주소

04 2024년 군무원 7급

다음 중 『로마자 표기법』에 맞는 것은?

① 신설동: Shinseol-dong
② 정읍시: Jeongeub-si
③ 태평로: Taepyeongno
④ 김포시: Kimpo-si

05 2023년 군무원 9급

다음 중 밑줄 친 표기가 국어의 『로마자 표기법』 규정에 어긋난 것은?

① 경기도 의정부시: Uijeongbu-si
② 홍빛나 주무관님: Hong Binna
③ 서울시 종로구 종로 2가: Jongno 2(i)-ga
④ 부석사 무량수전 앞에 서서: Muryangsujeon

06 2021년 군무원 7급

지명을 로마자로 표기한 것이 옳은 것은?

① 가평군: Gapyeong-goon
② 갈매봉: Galmaibong
③ 마천령: Macheollyeong
④ 백령도: Baeknyeongdo

04 다양한 예들

07 2021년 군무원 9급

다음 『로마자 표기법』 중 옳은 것은?

① 순대: sundai
② 광희문: Gwanghimun
③ 왕십리: Wangsibni
④ 정릉: Jeongneung

08 2024년 국회직 9급

로마자 표기가 옳지 <u>않은</u> 것은?

① 종로: Jongno
② 백마: Baengma
③ 학여울: Hagyeoul
④ 신문로: Sinmunno
⑤ 왕십리: Wangsimni

09 2023년 국회직 8급

다음 단어의 로마자 표기로 옳은 것은?

	종로	여의도	신라
①	Jongro	Yeouido	Silla
②	Jongno	Yeouido	Silla
③	Jongro	Yeoeuido	Sinla
④	Jongno	Yeoeuido	Silla
⑤	Jongno	Yeoeuido	Sinla

10 2020년 국회직 9급

다음 중 국어의 로마자 표기가 옳지 <u>않은</u> 것은?

① 희망: huimang
② 맏형: mathyeong
③ 함경북도: Hamgyeongbuk-do
④ 음력: eumnyeok
⑤ 먹거리: meokkeori

CHAPTER 07 한글 맞춤법

제20회

01 규정 ①

1 제1항

01 _____ 2022년 서울시 9급

〈보기〉의 밑줄 친 ⊙과 ⓒ의 사례로 옳지 <u>않게</u> 짝지은 것은?

— [보기] —
제1항 한글 맞춤법은 표준어를 ⊙ <u>소리대로 적되</u>, ⓒ <u>어법에 맞도록 함</u>을 원칙으로 한다.

	⊙	ⓒ
①	마감	무릎이
②	며칠	없었고
③	빛깔	여덟에
④	꼬락서니	젊은이

2 제5항

02 _____ 2023년 군무원 7급

다음 중 밑줄 친 단어의 표기가 어법에 맞지 <u>않는</u> 것은?

① 무를 <u>싹둑</u> 잘라 버렸네.
② 남북 교류의 <u>물고</u>를 텄어.
③ 벌써 <u>깍두기</u>가 다 익었어.
④ 물이 <u>따듯해서</u> 목욕하기에 좋아.

3 제7항

03 _____ 2020년 경찰

다음 〈보기〉의 『한글 맞춤법』 규정이 적용된 단어가 <u>아닌</u> 것은?

— [보기] —
제7항 'ㄷ' 소리 나는 받침 중에서 'ㄷ'으로 적을 근거가 없는 것은 'ㅅ'으로 적는다.
📖 덧저고리, 자칫하면, 돗자리

① 무릇   ② 엇셈
③ 웃어른   ④ 훗일

4 제10항 ~ 제12항

04 _____ 2024년 국회직 8급

어법에 맞는 문장은?

① 올해 경제 성장율은 작년에 비해 소폭 상승할 것으로 예상된다.
② 밤이 되면서 구름양이 점점 많아져서 자정쯤부터 비가 내리겠습니다.
③ 우리나라의 회계년도는 1월 1일부터 12월 31일까지입니다.
④ 예전에는 잡지에 펜팔란이 있어서 외국인과도 편지를 주고받았다고 합니다.
⑤ 친구가 긴 머리를 싹뚝 자르고 나타나서 깜짝 놀랐습니다.

⑤ 제23항

05 　　　　　　　　　　　　　2024년 서울시 9급

〈보기〉의 『한글 맞춤법』 규정에 해당하지 <u>않는</u> 것은?

——— [보기] ———
제23항 '-하다'나 '-거리다'가 붙는 어근에 '-이'가 붙어서
명사가 된 것은 그 원형을 밝히어 적는다.

① 꿀꿀이　　　　　　② 삐죽이
③ 얼룩이　　　　　　④ 홀쭉이

⑥ 제25항, 제51항

06 　　　　　　　　　　　　　2024년 군무원 9급

다음 낱말 중 맞춤법이 <u>틀린</u> 것은?

① 깨끗히　　　　　　② 가득히
③ 조용히　　　　　　④ 고스란히

07 　　　　　　　　　　　　　2022년 서울시 9급

〈보기〉의 밑줄 친 부분의 사례로 옳지 <u>않은</u> 것은?

——— [보기] ———
제51항 부사의 끝음절이 분명히 '이'로만 나는 것은 '-이'로
적고, '히'로만 나거나 <u>'이'나 '히'로 나는 것은 '-히'로
적는다</u>.

① 꼼꼼히　　　　　　② 당당히
③ 섭섭히　　　　　　④ 정확히

08 　　　　　　　　　　　　　2021년 지역인재 9급

밑줄 친 부분의 표기가 <u>틀린</u> 것은?

① 그녀는 자기가 보고 들은 일을 <u>세세히</u> 기록했다.
② 그는 일을 하면서도 <u>틈틈히</u> 외국어 공부를 했다.
③ 우리는 회사에서 보내온 계약서를 <u>꼼꼼히</u> 검토했다.
④ 형은 내 친구의 태도를 <u>섭섭히</u> 여겼다고 나에게 말했다.

09 　　　　　　　　　　　　　2021년 국회직 9급

밑줄 친 부분의 표기가 옳지 <u>않은</u> 것은?

① 이 자료를 <u>꼼꼼이</u> 정리해 두었다.
② 장군의 죽음을 <u>헛되이</u> 하지 않겠다.
③ 이웃들은 나를 <u>따뜻이</u> 반겨주었다.
④ 그는 우리 어머니를 매번 <u>깍듯이</u> 대했다.
⑤ 내가 놓친 것은 없는지 <u>샅샅이</u> 살펴보았다.

⑦ 제29항

10 　　　　　　　　　　　　　2024년 국회직 9급

한글 맞춤법에 맞는 것은?

① 반짓고리　　　　　② 사흘날
③ 삼짓날　　　　　　④ 이틀날
⑤ 푿소

CHAPTER 07 한글 맞춤법

제한 시간: 10분(총 10문제)
실제 걸린 시간: _____ 분 _____ 초
어려웠던 문제 번호: _____

제21회

01 규정 ②

8 제30항

01 ━━━━━━━━━━━━━━━ 2024년 서울시 9급

〈보기〉의 맞춤법 규정에 해당하지 **않는** 것은?

──── [보기] ────
제30항 사이시옷은 다음과 같은 경우에 받치어 적는다.
1. 순우리말로 된 합성어로서 앞말이 모음으로 끝난 경우

① 뱃길   ② 잇자국
③ 잿더미   ④ 핏기

02 ━━━━━━━━━━━━━━━ 2024년 군무원 7급

다음 중 '합성어에서 뒤에 나오는 단어의 첫소리가 된소리로 나는 경우는 사이시옷을 넣어 준다'는 규칙 적용이 적절하지 **않은** 것은?

① 시곗바늘   ② 북엇국
③ 예삿일   ④ 공붓벌레

03 ━━━━━━━━━━━━━━━ 2022년 국가직 9급

다음 규정에 근거할 때 옳지 **않은** 것은?

──────────────────────
한글 맞춤법 제30항

사이시옷은 다음과 같은 경우에 받치어 적는다.
(가) 순우리말로 된 합성어로서 앞말이 모음으로 끝나면서 뒷말의 첫소리가 된소리로 나는 것
(나) 순우리말과 한자어로 된 합성어로서 앞말이 모음으로 끝나면서 뒷말의 첫소리가 된소리로 나는 것
──────────────────────

① (가)에 따라 '아래＋집'은 '아랫집'으로 적는다.
② (가)에 따라 '쇠＋조각'은 '쇳조각'으로 적는다.
③ (나)에 따라 '전세＋방'은 '전셋방'으로 적는다.
④ (나)에 따라 '자리＋세'는 '자릿세'로 적는다.

04 ━━━━━━━━━━━━━━━ 2022년 군무원 9급

밑줄 친 말의 표기가 **잘못된** 것은?

① 배가 고파서 <u>공기밥</u>을 두 그릇이나 먹었다.
② 선출된 임원들이 차례로 <u>인사말</u>을 하였다.
③ 사고 <u>뒤처리</u>를 하느라 골머리를 앓았다.
④ 이메일보다는 손수 쓴 <u>편지글</u>이 더 낫다.

05 ━━━━━━━━━━━━━━━ 2021년 서울시 9급

밑줄 친 단어의 표기가 옳은 것은?

① 이 책은 <u>머릿말</u>부터 마음에 들었다.
② 복도에서 <u>윗층</u>에 사는 노부부를 만났다.
③ <u>햇님</u>이 방긋 웃는 듯하다.
④ <u>북엇국</u>으로 든든하게 아침을 먹었다.

06 ━━━━━━━━━━━━━━━ 2024년 국회직 9급

사이시옷 표기가 옳지 **않은** 것은?

① 고양잇과   ② 감잣국
③ 막냇동생   ④ 순댓국
⑤ 전셋방

07

다음 설명을 참고하여 ㉠～㉢에 해당하는 사례들로 바르게 연결한 것은?

『한글 맞춤법』 제30항은 사이시옷과 관련된 조항이다. 순우리말로 된 합성어 또는 순우리말과 한자어가 결합하여 만들어 진 합성어에서 앞말이 모음으로 끝날 때에, ㉠ 뒷말의 첫소리가 된소리로 나는 경우, ㉡ 뒷말의 첫소리 'ㄴ, ㅁ' 앞에서 'ㄴ' 소리가 덧나는 경우, ㉢ 뒷말의 첫소리 모음 앞에서 'ㄴㄴ' 소리가 덧나는 경우에 사이시옷을 받쳐 적는다. 이때 뒷말의 첫소리가 거센소리이거나 된소리일 경우에는 사이시옷을 표기하지 않는다.

	㉠	㉡	㉢
①	귓병	잇몸	웃어른
②	덧저고리	툇마루	깻잎
③	돗자리	뒷머리	베갯잇
④	부싯돌	빗물	훗일
⑤	절댓값	도리깻열	가욋일

08

밑줄 친 단어의 표기가 맞지 않는 것은?

① 그들은 서로 인사말을 주고받았다.
② 아이들은 등굣길이 마냥 즐거웠다.
③ 빨랫줄에 있는 빨래를 걷어라.
④ 마굿간에는 말 두 마리가 있다.
⑤ 요즘은 셋방도 구하기 힘들다.

9 제32항 ～ 제40항

09

㉠～㉣ 중 한글 맞춤법에 맞게 쓰인 것만을 모두 고르면?

• 혜인 씨에게 ㉠ 무정타 말하지 마세요.
• 재아에게는 ㉡ 섭섭치 않게 사례해 주자.
• 규정에 따라 딱 세 명만 ㉢ 선발토록 했다.
• ㉣ 생각컨대 그의 보고서는 공정하지 못했다.

① ㉠, ㉡   ② ㉠, ㉢
③ ㉡, ㉣   ④ ㉢, ㉣

10

다음 『한글 맞춤법』의 규정에 근거할 때 본말과 준말의 짝이 옳지 않은 것은?

제32항 단어의 끝모음이 줄어지고 자음만 남은 것은 그 앞의 음절에 받침으로 적는다.
제39항 어미 '-지' 뒤에 '않-'이 어울려 '-잖-'이 될 적과 '-하지' 뒤에 '않-'이 어울려 '-찮-'이 될 적에는 준대로 적는다.
제40항 어간의 끝음절 '하'의 'ㅏ'가 줄고 'ㅎ'이 다음 음절의 첫소리와 어울려 거센소리로 될 적에는 거센소리로 적는다.

① 어제그저께 - 엊그저께
② 그렇지 않은 - 그렇잖은
③ 만만하지 않다 - 만만찮다
④ 연구하도록 - 연구토록

CHAPTER **07** 한글 맞춤법

🔔 제한 시간: 10분(총 10문제)
⏱ 실제 걸린 시간: _____분 _____초
🔍 어려웠던 문제 번호: _____

제22회

02 띄어쓰기

1 조사/어미 vs. 다른 품사

01 ━━━━━━━━━━━━━ 2024년 군무원 7급

다음 중 띄어쓰기한 것으로 가장 올바른 것은?

① 하늘이 맑군그래.
② 손이 그렇게 작은 지 몰랐다.
③ 약속 장소에 나온 사람은 우리 셋 뿐이었다.
④ 쌀, 보리, 콩, 조, 기장들을 오곡이라 한다.

02 ━━━━━━━━━━━━━ 2023년 서울시 9급

밑줄 친 부분의 띄어쓰기가 가장 옳지 <u>않은</u> 것은?

① 포기는 생각해 <u>본바가</u> 없다.
② 모두 자기 <u>생각대로</u> 결정하자.
③ 결국 돌아갈 곳은 <u>고향뿐이다</u>.
④ <u>원칙만큼은</u> 양보하기가 어렵다.

03 ━━━━━━━━━━━━━ 2023년 군무원 7급

다음 중 밑줄 친 부분이 '띄어쓰기' 규정에 따른 것은? ('∨'는 '띄어 쓴다'는 표시임)

① 그는 재산이 <u>많을∨뿐더러</u> 재능도 엄청 많다.
② 선물을 <u>주기는∨커녕</u> 쳐다보지도 않더라.
③ 원서를 <u>넣는∨족족</u> 합격을 하네.
④ 기분이 좋아 <u>보이는구면∨그래</u>.

2 조사/접사 vs. 명사

04 ━━━━━━━━━━━━━ 2024년 군무원 9급

다음 중 띄어쓰기가 <u>틀린</u> 것은?

① 집 밖에 눈이 쌓였다.
② 공부 밖에 모르는 학생이군.
③ 맨손으로 땅을 팠다.
④ 한겨울에 얇은 옷만 입은 채,

05 ━━━━━━━━━━━━━ 2024년 국회직 9급

띄어쓰기가 옳은 것은?

① 비행시에는∨휴대폰을∨꺼∨두시기∨바랍니다.
② 정부가∨그∨동안∨준비해∨왔던∨대책을∨발표했다.
③ 매년∨총∨매출액의∨1%씩∨기부하기로∨하였습니다.
④ 8월∨1일∨자∨신문에∨제가∨쓴∨글을∨한∨편∨실었습니다.
⑤ 인터넷∨상에∨공개된∨정보라도∨함부로∨활용할∨수∨없다.

3 본용언과 보조 용언

06 ━━━━━━━━━━━━━ 2024년 법원직 9급

〈보기〉에 대한 설명으로 가장 적절하지 <u>않은</u> 것은?

┌─────────── [보기] ───────────┐

제3절 보조 용언
제47항 보조 용언은 띄어 씀을 원칙으로 하되, 경우에 따라 붙여 씀도 허용한다.
다만, 앞말에 조사가 붙거나 앞말이 합성 용언인 경우, 그리고 중간에 조사가 들어갈 적에는 그 뒤에 오는 보조 용언은 띄어 쓴다.

└──────────────────────────────┘

① "그 일은 할 만하다."는 "그 일은 할만하다."와 같이 붙여 쓰는 것도 가능하다.
② '제47항 다만'에 따르면 "비가 올 듯도 하다."와 같이 띄어 쓰는 것만이 옳다.
③ '제47항 다만'에 따르면 "떠내려가버렸다."와 같이 적는 것은 옳지 않다.
④ '제47항 다만'에 따르면 "잘도 놀아만 나는구나!"는 앞말이 합성 용언이므로 띄어 쓴 경우에 해당한다.

④ 설명형

07 ━━━━━━━━━━━━━━━━━ 2023년 국회직 9급

〈보기〉에 제시된 띄어쓰기에 대한 설명으로 옳지 <u>않은</u> 것은?

━━━━━━ [보기] ━━━━━━

ㄱ ┌ 내가 고향에 간 <u>지</u> 한참 되었다.
　 └ 오늘 신문에서 보도한 내용이 <u>맞는지</u> 모르겠다.

ㄴ ┌ 그는 얼굴을 가린 <u>채</u> 갑자기 방에서 뛰어나왔다.
　 └ 나는 내일 일정은 <u>커녕</u> 오늘 일정도 기억하지 못했다.

ㄷ ┌ 동생이 상처<u>투성이</u>가 되어 집으로 돌아왔다.
　 └ 나는 시장에서 콩나물 천 <u>원어치</u>를 샀다.

ㄹ ┌ 결혼한 아들네가 독립을 한다니 <u>시원섭섭하겠구먼그려.</u>
　 └ 아침에도 <u>늑장 부리는</u> 바람에 지각을 하고야 말았다.

ㅁ ┌ 예선전에서 우리 팀이 <u>여지없이</u> 지고 말았다.
　 └ 텔레비전을 보고 <u>있는데</u> 전화벨이 울렸다.

① ㄱ의 '지'가 어떤 일이 있었던 때로부터 지금까지의 동안을 나타내는 경우에는 의존 명사이므로 띄어 쓴다.

② ㄴ의 '채'와 '커녕'은 모두 의존 명사로 항상 띄어 써야 한다.

③ ㄷ의 '-투성이'와 '-어치'는 모두 접사이므로 항상 앞말에 붙여 써야 한다.

④ ㄹ의 '그려'는 조사이므로 앞말에 붙여 쓰고, '늑장 부리는'은 하나의 단어가 아니기 때문에 띄어 써야 한다.

⑤ ㅁ에서 부사로 쓰인 '여지없이'는 한 단어이므로 붙여 쓰고, 두 문장을 이어주는 연결어미 '-는데'는 동사나 형용사에 붙여 쓴다.

⑤ 종합형

08 ━━━━━━━━━━━━━━━━━ 2023년 군무원 9급

다음 중 밑줄 친 부분의 띄어쓰기가 적절하지 <u>않은</u> 것은?

① 가진 게 없으면 <u>몸이나마</u> 건강해야지.

② 그 책을 다 <u>읽는데</u> 삼 일이 걸렸다.

③ 그는 그런 비싼 차를 살 <u>만한</u> 형편이 못 된다.

④ 그 고통에 비하면 내 <u>괴로움 따위는</u> 아무것도 아니었다.

09 ━━━━━━━━━━━━━━━━━ 2023년 국회직 9급

띄어쓰기가 맞는 것만을 〈보기〉에서 모두 고르면?

━━━━━━ [보기] ━━━━━━

㉠ 그는∨어려운∨공부한다고∨매일∨도서관에∨가요.
㉡ 끊임없는∨연구와∨투자로∨신제품을∨개발하였다.
㉢ 그와∨결혼을∨결심한∨것은∨만난∨지∨다섯∨번만이다.
㉣ 그는∨연수차∨도미를∨하게∨되었다.

① ㉠, ㉡　　　　　　　② ㉠, ㉢
③ ㉡, ㉢　　　　　　　④ ㉡, ㉣
⑤ ㉢, ㉣

10 ━━━━━━━━━━━━━━━━━ 2022년 국회직 8급

밑줄 친 부분의 띄어쓰기가 옳지 <u>않은</u> 것은?

① 비가 <u>올성싶다.</u>

② 자네가 이야기를 좀 <u>하게나그려.</u>

③ 집을 <u>떠나온 지</u> 어언 3년이 지났다.

④ 복도에서 친구가 먼저 나에게 <u>알은척했다.</u>

⑤ 그는 불황을 타개하기 위해 <u>사업 차</u> 외국에 나갔다.

CHAPTER 07 한글 맞춤법

제한 시간: 10분(총 10문제)
실제 걸린 시간: ____분 ____초
어려웠던 문제 번호: _____

제**23**회

03 혼동 어휘 ①

1 제57항

01 2024년 서울시 9급

밑줄 친 말의 쓰임이 가장 적절하지 <u>않은</u> 것은?

① 오늘도 우체국에 와 너에게 편지를 <u>부친다</u>.
② 그는 쓸데없는 조건을 <u>부쳐</u> 흥정을 해 왔다.
③ 나는 아직도 그에게는 실력이 <u>부친다</u>.
④ 식목일에 <u>부치는</u> 글을 써서 신문에 실었다.

02 2021년 국회직 9급

밑줄 친 부분의 표기가 한글 맞춤법에 맞지 <u>않는</u> 것은?

① 제안을 표결에 <u>붙여</u> 결정하자.
② 지나가는 사람이 말을 <u>붙여</u> 왔다.
③ 무조건 <u>밀어붙인다</u>고 되는 일이 아니다.
④ 소대장이 대대장에게 경례를 <u>올려붙였다</u>.
⑤ 모두 바지를 <u>걷어붙이고</u> 개울로 뛰어들었다.

03 2024년 국회직 9급

다음 ㉠, ㉡에 들어갈 말을 바르게 연결한 것은?

• 고무줄을 (㉠).
• 바짓단을 (㉡).

	㉠	㉡
①	늘이다	늘리다
②	늘이다	늘이다
③	늘리다	늘이다
④	늘리다	늘리다
⑤	늘리다	넓히다

04 2023년 국회직 8급

밑줄 친 동사의 쓰임이 옳지 <u>않은</u> 것은?

① 씻어 놓은 상추를 채반에 <u>받쳤다</u>.
② 마을 이장이 소에게 <u>받쳐서</u> 꼼짝을 못 한다.
③ 그녀는 세운 무릎 위에 턱을 <u>받치고</u> 앉아 있었다.
④ 양복 속에 두꺼운 내복을 <u>받쳐서</u> 입으면 옷맵시가 나지 않는다.
⑤ 고추가 워낙 값이 없어서 백 근을 시장 상인에게 <u>받혀</u>도 변변한 옷 한 벌 사기가 힘들다.

05 2022년 국가직 9급

밑줄 친 말의 쓰임이 옳지 <u>않은</u> 것은?

① 그는 아까운 능력을 <u>썩히고</u> 있다.
② 음식물 쓰레기를 <u>썩혀서</u> 거름으로 만들었다.
③ 나는 이제까지 부모님 속을 <u>썩혀</u> 본 적이 없다.
④ 그들은 새로 구입한 기계를 창고에서 <u>썩히고</u> 있다.

2 제57항 – 종합편

06   2024년 지역인재 9급

밑줄 친 부분의 쓰임이 적절한 것은?

① 요즘 앞산에는 진달래가 <u>한참</u>이다.
② 사업 결과 발표는 보고서로 <u>가름</u>합니다.
③ 호수에 돌을 던지면 동그란 파문이 <u>인다</u>.
④ 강연장에 <u>걷잡아서</u> 백 명이 넘게 온 듯하다.

07   2023년 지방직 9급

밑줄 친 단어의 쓰임이 올바르지 않은 것은?

① 이 일은 정말 힘에 <u>부치는</u> 일이다.
② 그와 나는 전부터 <u>알음</u>이 있던 사이였다.
③ 대문 앞에 서 있는데 대문이 저절로 <u>닫혔다</u>.
④ 경기장에는 <u>걷잡아서</u> 천 명이 넘게 온 듯하다.

08   2022년 지역인재 9급

밑줄 친 부분의 쓰임이 옳지 않은 것은?

① 손님이 상인에게 흥정을 <u>부쳤다</u>.
② 여자친구와 우산을 함께 <u>받치고</u> 걸었다.
③ 옆 사람과 <u>부딪히지</u> 않게 조심조심 이동하였다.
④ 동생이 행인과 싸움을 <u>벌여서</u> 일이 커지고 말았다.

09   2021년 서울시 9급

밑줄 친 단어의 사용이 옳지 않은 것은?

① 예산을 대충 <u>걷잡아서</u> 말하지 말고 잘 <u>뽑아</u> 보시오.
② 돌아가신 어머니의 모습이 <u>방불하게</u> 눈앞에 떠오른다.
③ 정작 일을 <u>서둘고</u> 보니 당초의 예상과는 딴판으로 돈이 잘 걷히지 않았다.
④ 여러분과 여러분 가정에 행운이 가득하기를 기원하는 것으로 치사를 <u>갈음합니다</u>.

10   2024년 국회직 8급

밑줄 친 단어의 쓰임이 옳지 않은 것은?

① 생선을 <u>졸인다</u>.
② 고무줄을 <u>늘인다</u>.
③ 안건을 회의에 <u>부치다</u>.
④ 매달 회비가 잘 <u>걷힌다</u>.
⑤ 지금 바쁘니까 <u>이따가</u> 오너라.

CHAPTER 07 한글 맞춤법

🔔 제한 시간: 10분(총 10문제)
🕐 실제 걸린 시간: ____분____초
🔍 어려웠던 문제 번호: _____

제24회

03 혼동 어휘 ②

③ 빈칸형

01 ━━━━━━━━━━ 2024년 지역인재 9급

㉠ ~ ㉢에 들어갈 말로 올바른 것은?

> • 선생님의 이론을 받들어 ㉠ 했다.
> • 축제 분위기에 ㉡ 옷차림이 필요하다.
> • 신축 청사의 공사 기간을 일주일 더 ㉢.
> • 시대의 변화에 ㉣ 않게 대응해야 한다.

① ㉠: 쫓기로   ② ㉡: 걸맞은
③ ㉢: 늘였다   ④ ㉣: 뒤쳐지지

02 ━━━━━━━━━━ 2022년 국가직 9급

㉠ ~ ㉢에 들어갈 말로 가장 적절한 것은?

> • 그들의 끈기가 이 경기의 승패를 ㉠ 했다.
> • 올해 영화제 시상식은 11개 ㉡ 으로 나뉜다.
> • 그 형제는 너무 닮아서 누가 동생이고 누가 형인지 ㉢ 할 수 없다.

	㉠	㉡	㉢
①	가름	부문	구별
②	가름	부분	구분
③	갈음	부문	구별
④	갈음	부분	구분

4 다양한 혼동어휘

03 ━━━━━━━━━━ 2024년 지방직 9급

밑줄 친 단어의 쓰임이 올바른 것은?

① 가슴을 <u>옥죄는</u> 아픔이 밀려왔다.
② 나는 해마다 양력과 음력으로 설을 <u>쇤다</u>.
③ 퇴근하는 길에 포장마차에 <u>들렸다가</u> 친구를 만났다.
④ 바지의 해어진 부분에 <u>짜깁기</u>를 했다.

04 ━━━━━━━━━━ 2024년 서울시 9급

밑줄 친 단어의 쓰임이 가장 적절하지 않은 것은?

① 한참을 웃었더니 수술한 자리가 <u>땅겼다</u>.
② 다 된 혼사를 중간에서 <u>뻐개지</u> 마라.
③ 그 애는 조금만 <u>추어올리면</u> 기고만장해진다.
④ 뜨겁게 <u>작렬하는</u> 태양 아래 두 사람이 걷고 있다.

05 ━━━━━━━━━━ 2024년 군무원 9급

아래의 밑줄 친 단어 중 맞춤법에 어긋난 것은?

① <u>설거지</u>는 내가 할게.
② 파란불이 빨간불로 <u>바꼈다</u>.
③ 잠시 후 <u>산등성이</u>가 보였다.
④ 저기에 <u>돌무더기</u>가 쌓여 있어요.

06 ━━━━━━━━━━━━ 2024년 군무원 7급

다음 중 제시된 맞춤법의 ○, ×를 잘못 표기한 것은?

① 꾀죄죄하다(○), 꽤재재하다(×)

② 헤매다(○), 헤메이다(×)

③ 쩨쩨하다(○), 째째하다(×)

④ 얇다랗다(○), 얄따랗다(×)

09 ━━━━━━━━━━━━ 2021년 지방직 7급

밑줄 친 부분이 어법상 맞는 것은?

① 어머니는 밥을 하려고 솥에 쌀을 <u>앉혔다</u>.

② 요리사는 마른 멸치와 고추를 간장에 <u>조렸다</u>.

③ 다른 사람에 비해 실력이 <u>딸리니</u> 더 열심히 노력해야겠다.

④ 오랫동안 나를 기다리던 친구는 화가 나서 잔뜩 <u>불어</u> 있었다.

07 ━━━━━━━━━━━━ 2022년 지방직 9급

밑줄 친 말의 쓰임이 올바른 것은?

① 습관처럼 중요한 말을 <u>되뇌이는</u> 버릇이 있다.

② 나는 친구 집을 찾아 골목을 <u>헤매이고</u> 다녔다.

③ 너무 급하게 밥을 먹으면 목이 <u>메이기</u> 마련이다.

④ 그는 어린 시절 기계에 손가락이 <u>끼이는</u> 사고를 당했다.

10 ━━━━━━━━━━━━ 2022년 국회직 9급

밑줄 친 부분의 맞춤법이 옳지 않은 것은?

① 붉은빛을 <u>띤</u> 장미가 아름답다.

② 얼음이 얼어서 넘어지기 <u>십상</u>이다.

③ 지난 일을 다시 생각해 보니 <u>섧고</u> 분했다.

④ 그녀는 예의가 <u>발라서</u> 보기 좋다.

⑤ 그는 분노를 <u>삭히려고</u> 노력했다.

08 ━━━━━━━━━━━━ 2022년 지역인재 9급

밑줄 친 부분의 표기가 옳은 것은?

① 우리 집은 일 년에 두 번씩 김치를 <u>담궜다</u>.

② 새로운 회사에서 <u>희한한</u> 소문이 나돌기 시작했다.

③ 우리는 범죄 <u>발생율</u>을 줄이기 위한 대책을 마련하였다.

④ 세탁소에서 양복바지의 해어진 부분에 <u>짜집기</u>를 하였다.

CHAPTER **07** 한글 맞춤법

제**25**회

04 용언의 활용, 종합

1 용언의 활용

01 ━━━━━━━━━━━ 2023년 지방직 7급

밑줄 친 단어의 쓰임이 어법에 맞지 <u>않는</u> 것은?

① 벌에 쏘여 얼굴이 <u>부어</u> 있었다.
② 석공은 망치와 정으로 바위를 <u>부쉈다</u>.
③ 소가 내 엉덩이를 <u>받아</u> 크게 다칠 <u>뻔했다</u>.
④ 요즘 운동을 못 해서 체중이 계속 <u>불고</u> 있다.

02 ━━━━━━━━━━━ 2020년 지방직 7급

밑줄 친 활용형 중 옳은 것은?

① 식은 국을 따뜻하게 <u>데서</u> 먹었다.
② 아이가 소란을 <u>펴서</u> 정신이 없다.
③ 어린이가 한시를 줄줄 <u>왜서</u> 놀랐다.
④ 나는 뜬눈으로 밤을 <u>새서</u> 너무 피곤하다.

03 ━━━━━━━━━━━ 2020년 서울시 9급

밑줄 친 부분의 맞춤법이 가장 옳지 <u>않은</u> 것은?

① 남에게 존경 받는 사람이 <u>돼라</u>는 아버지의 유언
② 존경 받는 사람이 <u>되었다</u>.
③ 남에게 존경 받는 사람이 <u>돼라</u>.
④ 존경 받는 사람이 <u>되고</u> 있다.

04 ━━━━━━━━━━━ 2022년 국회직 8급

밑줄 친 용언의 활용이 옳은 것은?

① 벼가 익으니 들판이 <u>누래</u>.
② 그는 시장에 <u>드르지</u> 않고 집에 왔다.
③ 아이들은 <u>기단</u> 작대기 끝에 헝겊을 매달았다.
④ 추위에 손이 <u>고와서</u> 글씨를 제대로 쓸 수가 없다.
⑤ 그가 내 옆구리를 냅다 <u>질르는</u> 바람에 눈을 떴다.

05 ━━━━━━━━━━━ 2020년 국회직 9급

다음 중 밑줄 친 부분이 바르게 쓰이지 <u>않은</u> 것은?

① 이 손 <u>놔</u>!
② 내 동생은 한글을 스스로 <u>깨우쳤다</u>.
③ 그들은 우리에게 반역자의 누명을 <u>씌우려</u> 했다.
④ 가슴을 <u>에는</u> 듯한 슬픔이었다.
⑤ 자네 덕에 생일을 잘 <u>쇄서</u> 고맙네.

② 종합형

06

밑줄 친 부분의 맞춤법이 틀린 것은?

① 그는 절호의 기회를 <u>번번이</u> 놓쳤다.

② <u>싫던지</u> 좋던지 간에 따를 수밖에 없다.

③ 기다리던 해가 뜨자 <u>금세</u> 주변이 환해졌다.

④ 경찰이 오자 그의 행동은 눈에 <u>띄게</u> 달라졌다.

07

맞춤법에 맞는 것만으로 묶은 것은?

① 돌나물, 꼭지점, 페트병, 낚시꾼

② 흡입량, 구름양, 정답란, 칼럼난

③ 오뚝이, 싸라기, 법석, 딱다구리

④ 찻간(車間), 홧병(火病), 셋방(貰房), 곳간(庫間)

08

〈보기〉의 밑줄 친 말 중에서 맞춤법에 맞게 쓰인 것을 옳게 짝지은 것은?

[보기]

휴일을 ⊙ <u>보내는 데에는</u> ⓒ <u>책만 한</u> 것이 없다. 책을 읽다 보면 삶이 풍요로워짐을 느낀다. 독서의 중요성을 강조한 ⓒ <u>김박사님</u>의 말씀이 떠오른다. 그런데 ② <u>솔직이</u> 말하면 이런 즐거움을 느끼게 된 것은 그다지 오래되지 않았다. 여태까지는 시험 문제의 답을 잘 ⓜ <u>맞추기</u> 위한 목적에서 책을 읽는 것이 대부분이었기 때문이다. 이제부터는 지식과 지혜를 ⓑ <u>늘리고</u> 삶을 윤택하게 하려는 목적에서 책을 ⊗ <u>읽으므로써</u> 나 자신을 성장시키도록 ◎ <u>해야 겠다.</u>

① ⊙, ⓜ

② ⓒ, ⓑ

③ ⓒ, ⊗

④ ②, ◎

09

어문 규범에 맞는 표기로만 이루어진 것은?

① 아버님께서는 동생의 철없는 행동을 들으시고는 대노(大怒)하셨다.

② 차림새만 봐서는 여자인지 남자인지 갈음이 되지 않는다.

③ 새로 산 목거리가 옷과 잘 어울린다.

④ 욜로 가면 지름길이 나온다.

10

어법에 맞지 <u>않는</u> 문장은?

① 독감 유행이 지나가는 대로 다시 올게.

② 우리는 서로 걸맞는 짝이 아니라는 데 의견이 일치했다.

③ 컴퓨터에 익숙지 않으면 인공지능 시대를 살아가는 데 어려움이 크다.

④ 돌이켜 생각건대, 김 선생님은 정말 누구에게나 존경받을 만한 분이오.

⑤ 저는 솔직히 기대치도 않은 선물을 받아서 고마웠어요.

CHAPTER 08 표준어

🔔 제한 시간: 10분(총 10문제)
🕐 실제 걸린 시간: _____분 _____초
🔍 어려웠던 문제 번호: _____

제26회

01 표준어 규정 ①

1 규정

01 ━━━━━━━━━━━━━━━━━ 2022년 서울시 9급

『표준어 규정』에 맞지 않는 단어로만 짝지은 것은?

① 숫양, 숫기와
② 숫병아리, 숫당나귀
③ 수퇘지, 숫은행나무
④ 수캉아지, 수탉

02 ━━━━━━━━━━━━━━━━━ 2022년 소방

표준어로만 묶인 것은?

① 웃돈, 위어른, 윗옷
② 윗배, 윗쪽, 윗마을
③ 윗니, 윗입술, 위층
④ 윗넓이, 웃목, 윗자리

2 단어형

03 ━━━━━━━━━━━━━━━━━ 2022년 군무원 9급

다음 중 표준어가 <u>아닌</u> 것은?

① 발가숭이　　② 깡충깡충
③ 뻗정다리　　④ 오뚝이

3 밑줄형

04 ━━━━━━━━━━━━━━━━━ 2024년 국가직 9급

밑줄 친 부분이 표준어로 쓰인 것은?

① 그 친구는 <u>허구헌</u> 날 놀러만 다닌다.
② 닭을 <u>통째로</u> 구우니까 더 먹음직스럽다.
③ 발을 잘못 디더서 <u>하마트면</u> 넘어질 뻔했다.
④ 언니가 허리가 <u>잘록하게</u> 들어간 코트를 입었다.

05 ━━━━━━━━━━━━━━━━━ 2023년 국가직 9급

밑줄 친 단어가 『표준어 규정』에 맞게 쓰인 것은?

① 저기 보이는 게 암염소인가, <u>수염소</u>인가?
② 오늘 <u>윗층</u>에 사시는 분이 이사를 가신대요.
③ 봄에는 여기저기에서 <u>아지랭이</u>가 피어오른다.
④ 그는 수업을 마치면 <u>으레</u> 친구들과 운동을 한다.

06

밑줄 친 말이 어문 규범에 맞는 것은?

① <u>옛부터</u> 김치를 즐겨 먹었다.

② <u>궁시렁거리지</u> 말고 빨리 해 버리자.

③ 찬물을 한꺼번에 <u>들이키지</u> 말아라.

④ 상처가 <u>곰겨서</u> 병원에 가야겠다.

07

다음 중 밑줄 친 부분의 표기가 옳은 것은?

① 출산 후 <u>붓기</u>가 안 빠진다고 해서 제가 먹었던 건강식품을 권했어요.

② 유명 할리우드 스타들이 마신다고 해서 <u>유명세를 타기</u> 시작한 건강음료랍니다.

③ <u>어리버리해 보이는</u> 친구가 한 명 있었는데 사실은 감기 때문에 몸이 안 좋았다더군요.

④ 사실 이번 일의 책임을 누구에게 묻기란 참 어렵지만 <u>아무튼지</u> 그는 책임을 면할 수 없게 되었다.

08

밑줄 친 어휘의 쓰임이 의미상 적절하지 않은 것은?

① 자네 덕에 생일을 잘 <u>쇠어서</u> 고맙네.

② 그동안의 노고에 <u>심심한</u> 경의를 표하는 바입니다.

③ 나는 식탁 위에 밥을 차릴 겨를도 없이 닥치는 대로 <u>게걸스럽게</u> 식사를 해치웠다.

④ 아이가 밖에서 제 물건을 잃어버리고 들어온 날이면 어머니는 애가 <u>칠칠맞다고</u> 타박을 주었다.

09

밑줄 친 부분이 바르게 쓰이지 않은 것은?

① 바쁘다더니 여긴 <u>웬일</u>이야?

② 결혼식이 몇 월 <u>몇</u> 일이야?

③ 굳은살이 <u>박인</u> 오빠 손을 보니 안쓰럽다.

④ 그는 주말이면 <u>으레</u> 친구들과 야구를 한다.

10

밑줄 친 부분의 어법이 맞지 않는 것은?

① 주전 선수들의 <u>잇딴</u> 부상으로 선수가 부족하다.

② 그녀는 얼굴에 미소를 <u>띠고</u> 우리에게 다가왔다.

③ 우리는 음식을 <u>만들려고</u> 재료를 다듬기 시작했다.

④ 오랜만에 선생님을 뵐 생각에 벌써 마음이 <u>설렌다</u>.

CHAPTER 08 표준어

제한 시간: 10분(총 10문제)
실제 걸린 시간: _____분 _____초
어려웠던 문제 번호: _____

제27회

01 표준어 규정 ②

4 고난도

01 ━━━━━━━━━━ 2024년 군무원 7급

다음 중 『표준어 규정』에 <u>어긋나는</u> 말이 있는 것은?

① 네 깜냥으로 뭘 안다고 그래?
② 일을 하다 말았더니 기분이 왠지 찜찜하다.
③ 다리를 건다가 핸드폰을 웅덩이 속에 빠뜨렸다.
④ 그는 여지껏 본 적 없는 이국적 풍광 속에서 들떴다.

02 ━━━━━━━━━━ 2022년 지방직 7급

밑줄 친 말이 표준어가 <u>아닌</u> 것은?

① 그는 구멍 난 양말을 <u>꼬매고</u> 있다.
② 그는 자동차에 대해서 <u>빠삭한</u> 편이다.
③ 그는 나를 보고 <u>계면쩍게</u> 웃기만 했다.
④ 밥을 제대로 차려 먹기에는 <u>어중된</u> 시간이다.

5 나열형

03 ━━━━━━━━━━ 2023년 서울시 9급

표준어끼리 묶었을 때 가장 옳지 <u>않은</u> 것은?

① 가엽다, 배냇저고리, 감감소식, 검은엿
② 눈짐작, 세로글씨, 푸줏간, 가물
③ 상관없다, 외눈퉁이, 덩쿨, 귀퉁배기
④ 겉창, 뚱딴지, 툇돌, 들랑날랑

04 ━━━━━━━━━━ 2022년 서울시 9급

어문 규범에 맞는 단어로만 묶은 것은?

① 곰곰이, 간질이다, 닥달하다
② 통채, 발자욱, 구렛나루
③ 귀뜸, 핼쓱하다, 널찍하다
④ 대물림, 구시렁거리다, 느지막하다

05 ━━━━━━━━━━ 2023년 국회직 9급

올바른 표준어 표기로만 묶은 것은?

① 가위표, 반딧불이, 숙맥
② 개거품, 개똥벌레, 고수머리
③ 갈치, 개비, 꼼장어
④ 자투리, 공기밥, 곱빼기
⑤ 세째, 겨우살이, 개펄

06 ━━━━━━━━━━ 2020년 국회직 9급

다음 중 표준어로만 묶인 것은?

① 놀놀하다, 숙덕이다, 볍씨, 너부렁이
② 누누이, 깜짝이다, 댑싸리, 땟갈
③ 꺼름하다, 번득이다, 수탉, 겸연쩍다
④ 쓱싹쓱싹, 새벽별, 안팎, 익살꾼
⑤ 짭잘하다, 헐떡이다, 접때, 뒤꿈치

6 복수 표준어

07

다음 중 표준어끼리 짝지어진 것이 <u>아닌</u> 것은?

① 만날 – 맨날
② 가엾다 – 가엽다
③ 멀찌감치 – 멀찌가니
④ 구레나룻 – 구렛나루

09

복수 표준어로 인정된 단어들의 짝이 <u>아닌</u> 것은?

① 굽신거리다 – 굽실거리다
② 꺼림직하다 – 꺼림칙하다
③ 남사스럽다 – 남우세스럽다
④ 두루뭉술하다 – 두리뭉실하다
⑤ 야무지다 – 야물딱지다

08

밑줄 친 말이 복수 표준어가 <u>아닌</u> 것은?

① 화단에 있는 흙이 <u>찰지다/차지다</u>.
② 글을 <u>읽으려야/읽을래야</u> 읽을 수가 없다.
③ 너무 어지러워서 하늘이 다 <u>노라네/노랗네</u>.
④ 누가 그런 <u>주책없는/주책인</u> 소리를 하더냐?

10

〈보기〉에서 맞춤법에 맞는 문장은 모두 몇 개인가?

─────[보기]─────
㉠ 앞집 사는 노부부는 여전히 금실이 좋다.
㉡ 빈칸을 다 메워서 제출하세요.
㉢ 언덕바지에서 뛰놀던 꿈을 꾸었다.
㉣ 동생은 부모님의 주의에도 불구하고 여전히 짖궂은 장난을 친다.
㉤ 실내에서는 흡연을 삼가하시기 바랍니다.

① 1개   ② 2개
③ 3개   ④ 4개
⑤ 5개

외래어 표기법, 어문 규정 종합

⏰ 제한 시간: 10분(총 10문제)
🕐 실제 걸린 시간: _____분 _____초
🔍 어려웠던 문제 번호: _____

제**28**회

01 외래어 표기법 ①

1 규정

01 ━━━━━━━━━━━━━━━━━━ 2022년 서울시 9급

『외래어 표기법』의 기본 원칙으로 옳지 <u>않은</u> 것은?

① 외래어는 국어의 현용 24자모만으로 적는다.
② 외래어의 1음운은 원칙적으로 1기호로 적는다.
③ 받침에는 'ㄱ, ㄴ, ㄷ, ㄹ, ㅁ, ㅂ, ㅅ, ㅇ'만을 적는다.
④ 파열음 표기에는 된소리를 쓰지 않는 것을 원칙으로 한다.

2 단어형

02 ━━━━━━━━━━━━━━━━━━ 2022년 국회직 9급

『외래어 표기법』이 옳지 <u>않은</u> 것은?

① 프로포즈(propose)
② 플랫폼(platform)
③ 레이다(radar)
④ 장르(genre)
⑤ 배지(badge)

3 문장형

03 ━━━━━━━━━━━━━━━━━━ 2024년 군무원 9급

다음 중 외래어 표기가 <u>잘못된</u> 것은?

① 집에 가는 길에 <u>슈퍼마켓</u>에 들러 휴지를 샀다.
② 생일을 맞은 친구에게 축하 <u>메세지</u>를 보냈다.
③ 동네 아이들이 길가에서 <u>초콜릿</u>을 나눠 먹고 있었다.
④ 요즘에는 <u>디지털</u>보다 오히려 <u>아날로그</u> 감성이 인기이다.

04 ━━━━━━━━━━━━━━━━━━ 2023년 서울시 9급

외래어 표기에 대한 설명으로 가장 옳지 <u>않은</u> 것은?

① 짧은 모음 다음의 어말 무성 파열음 [t]는 '보닛(bonnet)' 처럼 받침으로 적는다.
② 어말의 [ʃ]는 '브러쉬(brush)'처럼 '쉬'로 적는다.
③ 중모음 [ou]는 '보트'처럼 '오'로 적는다.
④ 어말 또는 자음 앞의 [f]는 '그래프(graph)'처럼 '으'를 붙여 적는다.

05 ━━━━━━━━━━━━━━━━━━ 2023년 군무원 7급

다음 밑줄 친 단어 중 『외래어 표기법』에 맞는 것은?

① 화재의 위험을 방지하기 위하여 <u>휴즈</u>를 부착하였습니다.
② <u>커텐</u>에 감겨 넘어질 수 있으니 유의하시기 바랍니다.
③ 기둥을 조립할 때 <u>헹거</u>가 넘어질 수 있습니다.
④ 스위치의 뒤쪽을 누르면 <u>윈도</u>가 열립니다.

06 ━━━━━━━━━━━━━━━━━ 2021년 군무원 9급

밑줄 친 단어 중 『외래어 표기법』이 모두 맞는 문장으로 옳은 것은?

① 리모콘에 있는 버턴의 번호를 눌러주세요.
② 벤젠이나 시너, 알코올 등으로 닦지 마세요.
③ 전원 코드를 컨센트에 바르게 연결해 주세요.
④ 썬루프 안쪽은 수돗물을 적신 스폰지로 닦아냅니다.

07 ━━━━━━━━━━━━━━━━━ 2023년 국회직 8급

밑줄 친 외래어 표기가 옳은 것은?

① 송년(送年) 모임이 회사 앞 부페 식당에서 있을 예정이다.
② 저 남자 배우는 애드립에 능해서 연기가 자연스럽게 느껴진다.
③ 점심시간이 끝나자 사람들은 재스민 차를 마시기 시작했다.
④ 여행 정보 팜플렛을 얻으러 회사 근처의 여행사 사무실에 다녀왔다.
⑤ 유머가 있고 내용이 가벼운 꽁트 프로그램을 한 편 보기로 했다.

④ 개수형

08 ━━━━━━━━━━━━━━━━━ 2024년 국회직 8급

〈보기〉에서 외래어 표기가 옳은 것은 모두 몇 개인가?

┌─────────── [보기] ───────────┐
│ 마르세이유, 밸런타인데이, 비젼, 엠블런스, 엔도르핀, 윈도, │
│ 플루트, 코즈모폴리턴, 크리스찬 │
└─────────────────────────────┘

① 3개　　　　　　　② 4개
③ 5개　　　　　　　④ 6개
⑤ 7개

⑤ 보기형

09 ━━━━━━━━━━━━━━━━━ 2021년 국회직 9급

외래어 표기가 옳은 것만을 모두 고르면?

┌─────────────────────────┐
│ ㉠ gap : 갭 │
│ ㉡ bridge : 브릿지 │
│ ㉢ headlight : 해드라이트 │
│ ㉣ barricade : 바리케이드 │
│ ㉤ top class : 톱 크래스 │
└─────────────────────────┘

① ㉠, ㉡　　　　　　② ㉠, ㉢
③ ㉠, ㉣　　　　　　④ ㉡, ㉤
⑤ ㉣, ㉤

10 ━━━━━━━━━━━━━━━━━ 2021년 서울시 9급

〈보기〉의 외래어 표기가 옳은 것을 모두 고른 것은?

┌─────────────── [보기] ───────────────┐
│ ㉠ 아젠다(agenda)　　　　㉡ 시저(Caesar) │
│ ㉢ 레크레이션(recreation)　㉣ 싸이트(site) │
│ ㉤ 팜플릿(pamphlet)　　　㉥ 규슈(キュウシュウ, 九州) │
└──────────────────────────────────┘

① ㉠, ㉢, ㉣　　　　　② ㉡, ㉤, ㉥
③ ㉠, ㉡, ㉢, ㉥　　　④ ㉡, ㉢, ㉣, ㉤

CHAPTER 09 외래어 표기법, 어문 규정 종합

🔔 제한 시간: 10분(총 10문제)
⏱ 실제 걸린 시간: _____분 _____초
🔍 어려웠던 문제 번호: _____

제29회

01 외래어 표기법 ②

6 나열형

01 2022년 서울시 9급

외래어 표기가 올바른 것으로만 묶은 것은?

① 플랭카드, 케익, 스케줄
② 텔레비전, 쵸콜릿, 플래시
③ 커피숍, 리더십, 파마
④ 캐비넷, 로켓, 슈퍼마켓

02 2023년 국회직 9급

올바른 외래어 표기로만 묶은 것은?

① 난센스, 코냑, 도넛
② 챔피언, 워크숍, 비전
③ 컨트롤, 알코올, 플래쉬
④ 캐리커처, 센티멘탈, 컨테이너
⑤ 카스텔라, 앙코르, 프리젠테이션

03 2021년 국회직 8급

외래어 표기가 모두 맞는 것은?

① 바통, 기브스, 디렉터리
② 도너츠, 래디오, 리포트
③ 리모콘, 렌트카, 메세지
④ 배터리, 바베큐, 심포지엄
⑤ 앙코르, 부티크, 앙케트

02 사전형

04 2020년 국가직 9급

㉠ ~ ㉣을 사전에 올릴 때 '한글 맞춤법 규정'에 따른 순서로 적절한 것은?

㉠ 곬	㉡ 규탄
㉢ 곳간	㉣ 광명

① ㉠ - ㉢ - ㉡ - ㉣
② ㉠ - ㉢ - ㉣ - ㉡
③ ㉢ - ㉠ - ㉡ - ㉣
④ ㉢ - ㉠ - ㉣ - ㉡

03 종합형

05 2024년 서울시 9급

〈보기〉의 대화에서 어법에 어긋나는 문장을 모두 고른 것은?

─── [보기] ───
㉠ A: 오늘 워크샵 가지? 준비는 잘 했어?
㉡ B: 어제 밤 샜어요. 안 졸리려면 커피라도 마셔야 할 거 같아요.
㉢ A: 내가 살게. 커피 마시고 가려면 서둘러.
㉣ B: 왠일이세요? 아무튼 감사히 마실게요.

① ㉣
② ㉠, ㉣
③ ㉡, ㉢
④ ㉠, ㉡, ㉣

06

어문 규범에 맞게 표기한 것은?

① 제작년까지만 해도 겨울이 그렇게 춥지 않았지요.
② 범인은 오랫동안 치밀하게 범행을 계획한 것으로 드러났습니다.
③ 욕구가 억눌린 사람들이 공격성을 띄는 경우가 있습니다.
④ 다른 사람의 진심 어린 충고를 겸허히 받아드리는 자세가 필요합니다.

07

어법에 맞는 문장만을 〈보기〉에서 모두 고르면?

[보기]
㉠ 최근 주식이 하락세로 치닫고 있습니다.
㉡ 언제까지 네 뒤치다꺼리를 해야 하니?
㉢ 비행기 안에서 담배를 필 수 없습니다.
㉣ 청소년에게 걸맞는 스토리가 필요합니다.
㉤ 이 꽃에게 물을 너무 많이 주지 마세요.

① ㉡
② ㉠, ㉡
③ ㉡, ㉢
④ ㉣, ㉤
⑤ ㉢, ㉣, ㉤

08

어문 규범에 맞는 문장은?

① 다음 주에 뵈요.
② 아이들이 오순도순 이야기를 나누었다.
③ 이 자리를 빌어 감사의 말씀을 드립니다.
④ 술을 마신 다음날 그는 북어국을 먹었다.
⑤ 네가 그 내용을 요약토록 해라.

04 **문장부호**

09

다음은 『한글 맞춤법』의 문장부호 사용법에 대한 설명이다. 이 설명에 어긋나는 예문은?

〈물음표(?)〉

⑴ 의문문이나 의문을 나타내는 어구의 끝에 쓴다.
[붙임 1] 한 문장 안에 몇 개의 선택적인 물음이 이어질 때는 맨 끝의 물음에만 쓰고, 각 물음이 독립적일 때는 각 물음의 뒤에 쓴다.

⑵ 특정한 어구의 내용에 대하여 의심, 빈정거림 등을 표시할 때, 또는 적절한 말을 쓰기 어려울 때 소괄호 안에 쓴다.

⑶ 모르거나 불확실한 내용임을 나타낼 때 쓴다.

① 너는 중학생이냐? 고등학생이냐?
② 이번에 가시면 언제 돌아오세요?
③ 주말 내내 누워서 텔레비전만 보고 있는 당신도 참 대단(?)하네요.
④ 노자(? ~ ?)는 중국 춘추 시대의 사상가로 도를 좇아서 살 것을 역설하였다.

10

대괄호의 사용이 적절하지 않은 것은?

① 말소리[音聲]의 특징을 알아보자.
② 모두가 건물[에, 로, 까지] 달려갔다.
③ 이윽고 겨울이 오면 초록은 실색한다.[이상 전집3(1958), 235쪽 참조]
④ 난 그 이야기[합격 소식]를 듣고 미소 짓기 시작했다.

CHAPTER **10** **고전 문법**

제**30**회

01 제자 원리

01   2024년 서울시 9급

훈민정음 제자 원리에 대한 설명으로 가장 옳지 <u>않은</u> 것은?

① 기본자와 가획자는 조음 기관의 모양을 공유한다.
② 순음은 가획될수록 음성학적 강도가 더 세진다.
③ 'ㅿ(반치음), ㄹ(리을)'은 가획자가 아닌 이체자이다.
④ 'ㆁ(옛이응), ㆆ(여린히읗)'은 조음 기관을 단순히 상형한 것이 아니라 그 자음이 발음되는 순간의 조음 기관을 상형한 것이다.

02   2021년 서울시 9급

한글의 창제 원리에 대한 설명으로 가장 옳지 <u>않은</u> 것은?

① 중성자는 발음 기관의 상형을 통해 만들어졌다.
② 같은 조음 위치에 속하는 자음자들은 형태상 유사성을 지닌다.
③ 중성자는 기본자를 조합하여 초출자와 재출자를 만들었다.
④ 종성자는 따로 만들지 않았다.

03   2021년 국회직 8급

다음은 훈민정음의 제자 방법에 대한 설명이다. 이에 대한 예로 옳지 <u>않은</u> 것은?

> 훈민정음의 글자를 만드는 방법은 상형을 기본으로 하였다. 초성 글자의 경우 발음기관을 상형의 대상으로 삼아 ㄱ, ㄴ, ㅁ, ㅅ, ㅇ 기본 다섯 글자를 만들고 다른 글자들 중 일부는 '여(厲: 소리의 세기)'를 음성자질(音聲資質)로 삼아 기본 글자에 획을 더하여 만들었는데 이를 가획자라 한다.

① 아음 ㄱ에 획을 더해 가획자 ㅋ을 만들었다.
② 설음 ㄴ에 획을 더해 가획자 ㄷ을 만들었다.
③ 순음 ㅁ에 획을 더해 가획자 ㅂ을 만들었다.
④ 치음 ㅅ에 획을 더해 가획자 ㅈ을 만들었다.
⑤ 후음 ㅇ에 획을 더해 가획자 ㆁ(옛이응)을 만들었다.

02 형태론

04   2022년 서울시 9급

〈보기〉의 ㉠ ~ ㉣ 중 조사를 포함하고 있지 <u>않은</u> 것은?

> ──── [보기] ────
> 식미 ㉠ <u>기픈</u> ㉡ <u>므른</u> ㉢ <u>ᄀᆞᄆᆞ래</u> 아니 그츨씩, ㉣ <u>내히</u> 이러 바ᄅᆞ래 가ᄂᆞ니

① ㉠: 기픈   ② ㉡: 므른
③ ㉢: ᄀᆞᄆᆞ래   ④ ㉣: 내히

05 　　　　　　　　　　　　　　2022년 법원직 9급

㉠ ~ ㉢에 들어갈 중세국어의 형태를 가장 올바르게 짝지은 것은?

─────[보기]─────

현대국어 관형격 조사 '의'에 해당하는 중세국어 관형격 조사는 '의/의', 'ㅅ'이 있다. 선행체언이 무정물일 때는 'ㅅ'이 쓰이고, 유정물일 때는 모음조화에 따라 '의/의'가 쓰인다. 다만 유정물이라도 종교적으로 높은 대상 등 존칭의 대상일 때는 'ㅅ'가 쓰인다.

• (㉠) 말ᄊᆞ미 中國에 달아
  [현대어] 나라의 말이 중국과 달라
• (㉡) ᄠᅳ들 거스디 아니ᄒᆞ노니
  [현대어] 사람의 뜻을 거스르지 않는데
• 世尊(㉢) 神力으로 ᄃᆞ외의 ᄒᆞ샨 사ᄅᆞ미라
  [현대어] 세존*의 신통력으로 되게 하신 사람이다.

* 세존 : 석가모니의 다른 이름. 세상에서 가장 존귀한 존재라는 뜻이다.

	㉠	㉡	㉢
①	나라이	사ᄅᆞ미	의
②	나라의	사ᄅᆞ믜	ㅅ
③	나랏	사ᄅᆞ미	ㅅ
④	나랏	사ᄅᆞ믜	ㅅ

06 　　　　　　　　　　　　　　2021년 법원직 9급

〈보기 1〉을 바탕으로 〈보기 2〉의 ㉠ ~ ㉢을 이해한 것으로 가장 적절하지 <u>않은</u> 것은?

─────[보기 1]─────

[중세 국어 문장에서 목적어의 실현]

• 체언에 목적격 조사(을/를, 을/를, ㄹ)가 붙어서 실현됨.
• 체언에 목적격 조사 없이 체언 단독으로 실현됨.
• 체언에 목적격 조사 없이 보조사가 붙어서 실현됨.
• 명사구나 명사절에 목적격 조사가 붙어서 실현됨.

─────[보기 2]─────

㉠ 내 <u>太子</u>ᄅᆞᆯ 셤기ᅀᆞᄫᅩᄃᆡ (내가 태자를 섬기되)
㉡ 곶 됴코 <u>여름</u> 하ᄂᆞ니 (꽃 좋고 열매 많으니)
㉢ 됴ᄒᆞᆫ <u>고즈란</u> ᄑᆞ디 말오 (좋은 꽃일랑 팔지 말고)
㉣ 뎌 <u>부텻 像</u>을 ᄆᆡᇰᄀᆞ라 (저 부처의 형상을 만들어)

① ㉠: 체언에 목적격 조사 'ᄅᆞᆯ'이 붙어서 목적어가 실현되었군.
② ㉡: 체언에 목적격 조사 없이 단독으로 목적어가 실현되었군.
③ ㉢: 체언에 보조사 'ᄋᆞ란'이 붙어서 목적어가 실현되었군.
④ ㉣: 명사구에 목적격 조사 '을'이 붙어 목적어가 실현되었군.

07 　　　　　　　　　　　　　　2021년 경찰

다음 〈보기〉의 ㉠에 대한 설명으로 적절하지 <u>않은</u> 것은?

─────[보기]─────

㉠ :ᄲᅵ·미 기·픈·므·른 ·ᄀᆞᄆᆞ·래 아·니그·츨·ᄊᆡ
:내·히 이·러 바·ᄅᆞ래 ·가ᄂᆞ·니
　　　　　　　　　　　　　　ー「용비어천가」 제2장

① 형용사는 '그츨ᄊᆡ'이다.
② 조사는 '이', '은', '애'이다.
③ 명사는 'ᄲᅵ', '믈', 'ᄀᆞᄆᆞᆯ'이다.
④ 모두 9개의 단어로 구성되어 있다.

03 통사론

08 ▬▬▬▬▬▬▬▬▬▬▬▬▬▬▬▬▬ 2021년 지방직 7급

㉠ ~ ㉣ 중 문장 성분이 다른 하나는?

> 나랏 말ᄊᆞ미 中國에 달아 文字와로 서르 ᄉᆞᄆᆞᆺ디 아니홀ᄊᆞ 이런 젼ᄎᆞ로 어린 ㉠百姓이 니르고져 홇 ㉡배 이셔도 ᄆᆞᄎᆞᆷ내 ㉢제 ᄠᅳ들 시러 펴디 몯홇 노미 하니라 ㉣내 이를 爲ᄒᆞ야 어엿비 너겨 새로 스믈여듧 字ᄅᆞᆯ ᄆᆡᇰᄀᆞ노니 사ᄅᆞᆷ마다 ᄒᆡᅇᅧ 수비 니겨 날로 ᄡᅮ메 便安킈 ᄒᆞ고져 홇 ᄯᆞᄅᆞ미니라
> ─『훈민정음언해』

① ㉠   ② ㉡
③ ㉢   ④ ㉣

09 ▬▬▬▬▬▬▬▬▬▬▬▬▬▬▬▬▬ 2022년 법원직 9급

〈보기 1〉을 참고하여 〈보기 2〉의 ㉠ ~ ㉣에 대해 설명한 내용으로 가장 적절하지 않은 것은?

─[보기 1]─
> 중세국어에서 의문문은 해당 의문문이 의문사에 대한 대답을 요구하는 설명의문문인지, 가부(可否)에 대한 대답을 요구하는 판정의문문인지, 의문문의 주어가 몇 인칭인지, 상대 높임 등급이 어떠한지 등에 따라 다양한 방법으로 실현되었다.
> 예를 들어, 체언에 의문보조사가 붙는 경우 설명의문문이면 의문보조사 '고', 판정의문문이면 의문보조사 '가'가 결합되었다. 청자가 주어가 되는 2인칭 주어 의문문에서는 어미 '-ㄴ다'가 사용되었으며, ᄒᆞ라체 상대높임 등급에서 설명의문문은 '-뇨'가 사용되었다.

─[보기 2]─
> • ㉠: 이 ᄯᆞ리 너희 죠ᇰ가 (이 딸이 너희의 종인가?)
> • ㉡: 얻논 藥이 므스것고 (얻는 약이 무엇인가?)
> • ㉢: 네 信ᄒᆞᄂᆞᆫ다 아니 ᄒᆞᄂᆞᆫ다
>   (네가 믿느냐 아니 믿느냐?)
> • ㉣: 究羅帝가 이제 어듸 잇ᄂᆞ뇨
>   (구라제가 이제 어디 있느냐?)

① ㉠은 판정의문문이므로 의문 보조사 '가'가 사용되었다.
② ㉡은 설명의문문이므로 의문 보조사 '고'가 사용되었다.
③ ㉢의 주어는 2인칭 청자이므로 어미 '-ㄴ다'가 사용되었다.
④ ㉣은 판정의문문이므로 어미 '-뇨'가 사용되었다.

10 ▬▬▬▬▬▬▬▬▬▬▬▬▬▬▬▬▬ 2023년 법원직 9급

〈보기 1〉을 바탕으로 〈보기 2〉를 탐구한 내용으로 가장 적절하지 않은 것은?

─[보기 1]─
> ㉠ 시제 선어말 어미 없이 과거 시제를 표현하는 경우가 있었음.
> ㉡ 서술어의 주체를 높이는 방법 중 하나로 선어말 어미를 사용하였음.
> ㉢ 현대 국어에서 두음 법칙의 적용을 받는 단어들이 두음 법칙의 적용을 받지 않았음.
> ㉣ 특정 부류의 모음이 같이 나타나는 모음조화 현상이 엄격히 지켜졌음.
> ㉤ 주어의 인칭에 따라 의문형 어미가 달리 나타나는 경우가 있었음.

─[보기 2]─
> ⓐ 남ᄀᆡ 새 닢 나니이다
>   [나무에 새 잎이 났습니다.]
> ⓑ 이 사ᄅᆞ미 내 닐온 ᄠᅳ들 아ᄂᆞ녀
>   [이 사람이 내가 이른 뜻을 아느냐?]
> ⓒ 大王이 出令ᄒᆞ샤ᄃᆡ 뉘 바ᄅᆞ래 드러가려 ᄒᆞᄂᆞ뇨
>   [대왕이 출령하시되 "누가 바다에 들어가려 하느냐?"]

① ⓐ의 '나니이다'에서 ㉠을 확인할 수 있군.
② ⓒ의 '出令ᄒᆞ샤ᄃᆡ'에서 ㉡을 확인할 수 있군.
③ ⓑ의 '닐온'에서 ㉢을, 'ᄠᅳ들'에서 ㉣을 확인할 수 있군.
④ ⓑ의 '아ᄂᆞ녀'와 ⓒ의 'ᄒᆞᄂᆞ뇨'에서 ㉤을 확인할 수 있군.

Part

02

문학과 독해
(독서, 화법, 작문)

New 강세진 국어
기출문제집 All In One

CHAPTER **01**　운문 문학

제1회

01 현대시 ①

1 문학 이론

01

2021년 의무소방원

〈보기〉의 수사법이 가장 잘 나타난 것은?

── [보기] ──
이 수사법은 겉으로 드러나는 의미와 속에 담겨진 의도가 상반되게 표현하여 전달 효과를 높이는 기법을 말한다. 예컨대 이 소설의 제목인 '운수 좋은 날'은 이 표현 기법이 적용된 경우이다.

① 나 보기가 역겨워 / 가실 때에는 / 죽어도 아니 눈물 흘리우리다.　— 김소월, 「진달래꽃」
② 떠받는 명고(名鼓)인데 잔가락은 온통 잊으오 / 떡떡궁! 동중정(動中靜)이오 소란 속에 고요 있어 / 인생이 가을같이 익어 가오 / 자네 소리 하게 내 북을 치지　— 김영랑, 「북」
③ 내가 그의 이름을 불러 주기 전에는 / 그는 다만 / 하나의 몸짓에 지나지 않았다.　— 김춘수, 「꽃」
④ 유리(琉璃)에 차고 슬픈 것이 어른거린다. / 열없이 붙어 서서 입김을 흐리우니 / 길들은 양 언 날개를 파닥거린다.　— 정지용, 「유리창」

2 상황 판단형 ①

02

2024년 서울시 9급

〈보기〉의 시에 대한 설명으로 가장 옳지 <u>않은</u> 것은?

── [보기] ──
아무도 그에게 수심(水深)을 일러 준 일이 없기에
흰 나비는 도무지 바다가 무섭지 않다.

청(靑)무우밭인가 해서 내려갔다가는
어린 날개가 물결에 절어서
공주(公主)처럼 지쳐서 돌아온다.

삼월(三月)달 바다가 꽃이 피지 않아서 서글픈
나비 허리에 새파란 초생달이 시리다.
　　　　　　　　　　　　— 김기림, 「바다와 나비」

① 반어적인 표현을 통해 주제 의식을 강화하고 있다.
② 색채의 대비를 통해 주제를 형상화하고 있다.
③ '바다, 물결'은 냉혹한 세계를 상징한다.
④ 시각을 촉각화하여 공감각적으로 표현하고 있다.

03 ▨▨▨▨▨▨▨▨▨▨▨▨▨▨▨▨▨▨▨▨▨▨▨▨ 2024년 군무원 7급

다음 시에 대한 감상으로 가장 적절한 것은?

> 내 가슴에 독을 찬 지 오래로다
> 아직 아무도 해한 일 없는 새로 뽑은 독
> 벗은 그 무서운 독 그만 흩어버리라 한다
> 나는 그 독이 선뜻 벗도 해할지 모른다고 위협하고
>
> 독 안 차고 살아도 머지않아 너 나 마주 가버리면
> 억만세대가 그 뒤로 잠자코 흘러가고
> 나중에 땅덩이 모지라져 모래알이 될 것임을
> '허무한듸!' 독은 차서 무얼 하느냐고?
>
> 아! 내 세상에 태어났음을 원망 않고 보낸
> 어느 하루가 있었던가 '허무한듸!' 허나
>
> 앞뒤로 덤비는 이리 승냥이 바야흐로 내 마음을
> 노리매 내 산 채 짐승의 밥이 되어 찢기우고
> 할퀴우라 내맡긴 신세임을
>
> 나는 독을 차고 선선히 가리라
> 막음날 내 외로운 혼 건지기 위하여
>
> — 김영랑, 「독을 차고」

① 절제된 태도로 현실에 대한 대결 의지를 드러내고 있다.
② 시어들의 상징적인 의미를 통해 주제를 형성하고 있다.
③ 독은 순결한 내면을 위협하는 현실적 요소를 의미한다.
④ 자연적인 것과 인위적인 것의 대조로 시상을 전개하고 있다.

04 ▨▨▨▨▨▨▨▨▨▨▨▨▨▨▨▨▨▨▨▨▨▨▨▨ 2023년 서울시 9급

〈보기〉의 작품에서 밑줄 친 시어에 대한 해석으로 가장 옳지 않은 것은?

— [보기] —
> 바닷가 햇빛 바른 바위 위에
> 습한 <u>간(肝)</u>을 펴서 말리우자.
>
> 코카서스 산중(山中)에서 도망해 온 <u>토끼</u>처럼
> 들러리를 빙빙 돌며 간(肝)을 지키자.
>
> 내가 오래 기르던 여윈 <u>독수리</u>야!
> 와서 뜯어 먹어라. 시름없이
>
> 너는 살찌고
> 나는 여위어야지, 그러나
>
> <u>거북이</u>야!
> 다시는 용궁의 유혹에 안 떨어진다.
>
> 프로메테우스 불쌍한 프로메테우스
> 불 도전한 죄로 목에 맷돌을 달고
> 끝없이 침전하는 <u>프로메테우스</u>
>
> — 윤동주, 「간(肝)」

① '간(肝)'은 화자가 지켜야 하는 지조와 생명을 가리킨다.
② 코카서스 산중에서 도망해 온 '토끼'는 토끼전과 프로메테우스 신화를 연결한다.
③ '독수리'와 '거북이'는 이 시에서 유사한 의미를 갖는 존재이다.
④ '프로메테우스'는 끝없이 침전한다는 점에서 시대의 고통이 큼을 암시한다.

05 ━━━━━━━━━━━━━━━

〈보기〉의 ㉠ ~ ㉣에 대한 이해로 가장 적절하지 <u>않은</u> 것은?

> ━━━━━━━━ [보기] ━━━━━━━━
>
> 어미를 따라 잡힌
> 어린 게 한 마리
>
> 큰 게들이 새끼줄에 묶여
> 거품을 뿜으며 헛발질할 때
> 게장수의 ㉠ 구럭을 빠져나와
> 옆으로 옆으로 ㉡ 아스팔트를 기어간다.
> 개펄에서 숨바꼭질하던 시절
> 바다의 자유는 어디 있을까
> 눈을 세워 ㉢ 사방을 두리번거리다
> 달려오는 군용 트럭에 깔려
> 길바닥에 터져 죽는다
>
> ㉣ 먼지 속에 썩어가는 어린 게의 시체
> 아무도 보지 않는 찬란한 빛
> ― 김광규, 「어린 게의 죽음」

① ㉠ : 폭압으로 자유를 잃은 구속된 현실을 의미한다.
② ㉡ : 자유를 위해 도달하고자 하는 미래의 공간을 나타낸다.
③ ㉢ : 약자가 돌파구를 찾기 어려운 현실을 나타낸다.
④ ㉣ : 주목받지 못한 채 방치된 대상의 현실을 강조한다.

06 ━━━━━━━━━━━━━━━

다음 시에 대한 이해로 적절하지 <u>않은</u> 것은?

> 봄은
> 남해에서도 북녘에서도
> 오지 않는다.
>
> 너그럽고
> 빛나는
> 봄의 그 눈짓은,
> 제주에서 두만까지
> 우리가 디딘
> 아름다운 논밭에서 움튼다.
>
> 겨울은,
> 바다와 대륙 밖에서
> 그 매운 눈보라 몰고 왔지만
> 이제 올
> 너그러운 봄은, 삼천리 마을마다
> 우리들 가슴속에서
> 움트리라.
>
> 움터서,
> 강산을 덮은 그 미움의 쇠붙이들
> 눈 녹이듯 흐물흐물
> 녹여버리겠지.
> ― 신동엽, 「봄은」

① 현실을 초월한 순수 자연의 세계를 노래하고 있다.
② 희망과 신념을 드러내는 단정적 어조로 표현하고 있다.
③ 시어들의 상징적인 의미를 통해 주제를 형성하고 있다.
④ '봄'과 '겨울'의 이원적 대립으로 시상을 전개하고 있다.

07

㉠ ~ ㉣에 대한 이해로 가장 적절한 것은?

> ㉠ 산(山)새도 오리나무
> 위에서 운다
> 산새는 왜 우노, 시메산골
> 영(嶺) 넘어가려고 그래서 울지
>
> 눈은 내리네, 와서 덮이네
> 오늘도 하룻길은
> ㉡ 칠팔십 리(七八十里)
> 돌아서서 육십 리는 가기도 했소
>
> ㉢ 불귀(不歸), 불귀, 다시 불귀
> 삼수갑산에 다시 불귀
> 사나이 속이라 잊으련만
> 십오 년 정분을 못 잊겠네
>
> 산에는 오는 눈, 들에는 녹는 눈
> 산새도 오리나무
> ㉣ 위에서 운다
> 삼수갑산 가는 길은 고개의 길
>
> — 김소월, 「산」

① ㉠은 시적 화자와 상반되는 처지에 놓여 있다.
② ㉡은 시적 화자에게 놓인 방랑길을 비유한다.
③ ㉢은 시적 화자의 이국 지향 의식을 강조한다.
④ ㉣은 시적 화자가 지닌 분노의 정서를 대변한다.

08

다음 시에 대한 이해로 적절하지 <u>않은</u> 것은?

> 나무는 자기 몸으로
> 나무이다
> 자기 온몸으로 나무는 나무가 된다
> 자기 온몸으로 헐벗고 零下 十三度
> 零下 二十度 地上에
> 온몸을 뿌리박고 대가리 쳐들고
> 무방비의 裸木으로 서서
> 두 손 올리고 벌 받는 자세로 서서
> 아 벌 받은 몸으로, 벌 받는 목숨으로 起立하여, 그러나
> 이게 아닌데 이게 아닌데
> 온 魂으로 애타면서 속으로 몸속으로 불타면서
> 버티면서 거부하면서 零下에서
> 零上으로 零上 五度 零上 十三度 地上으로
> 밀고 간다, 막 밀고 올라 간다
> 온몸이 으스러지도록
> 으스러지도록 부르터지면서
> 터지면서 자기의 뜨거운 혀로 싹을 내밀고
> 천천히, 서서히, 문득, 푸른 잎이 되고
> 푸르른 사월 하늘 들이받으면서
> 나무는 자기의 온몸으로 나무가 된다
> 아아, 마침내, 끝끝내
> 꽃 피는 나무는 자기 몸으로
> 꽃 피는 나무이다
>
> — 황지우, 「겨울-나무로부터 봄-나무에로」

① 시적 대상을 의인화하여 시상을 전개하고 있다.
② 감탄사를 활용하여 화자의 정서를 표현하고 있다.
③ 시간의 흐름에 따른 시적 대상의 변화 과정을 드러내고 있다.
④ 공감각적 심상을 활용하여 시적 대상이 처한 상황을 보여주고 있다.

다음 글의 특징으로 가장 적절한 것은?

> 살아가노라면
> 가슴 아픈 일 한두 가지겠는가
>
> 깊은 곳에 뿌리를 감추고
> 흔들리지 않는 자기를 사는 나무처럼
> 그걸 사는 거다
>
> 봄, 여름, 가을, 긴 겨울을
> 높은 곳으로
> 보다 높은 곳으로, 쉬임 없이
> 한결같이
>
> 사노라면
> 가슴 상하는 일 한두 가지겠는가
>
> — 조병화, 「나무의 철학」

① 문답법을 통해 과거의 삶을 반추하고 있다.
② 반어적 표현을 활용하여 슬픔의 정서를 나타내고 있다.
③ 사물을 의인화하여 현실을 목가적으로 보여 주고 있다.
④ 설의적 표현을 활용하여 삶의 깨달음을 강조하고 있다.

(가)와 (나)에 대한 설명으로 적절하지 않은 것은?

> (가) 오백년 도읍지를 필마로 돌아드니
> 산천은 의구하되 인걸은 간 데 없네.
> 어즈버 태평연월이 꿈이런가 하노라.
>
> (나) 벌레먹은 두리기둥 빛 낡은 단청(丹靑) 풍경 소리 날
> 러간 추녀 끝에는 산새도 비둘기도 둥주리를 마구쳤
> 다. 큰 나라 섬기다 거미줄 친 옥좌(玉座) 위엔 여의주
> (如意珠) 희롱하는 쌍룡(雙龍) 대신에 두 마리 봉황
> (鳳凰)새를 틀어 올렸다. 어느 땐들 봉황이 울었으랴
> 만 푸르른 하늘 밑 추석을 밟고 가는 나의 그림자. 패
> 옥(佩玉) 소리도 없었다. 품석(品石) 옆에서 정일품
> (正一品) 종구품(從九品) 어느 줄에도 나의 몸둘 곳은
> 바이 없었다. 눈물이 속된 줄을 모를 양이면 봉황새야
> 구천(九泉)에 호곡(呼哭)하리라.

① (가)는 '산천'과 '인걸'을 대비함으로써 인생의 무상함을
드러내고 있다.
② (나)는 '쌍룡'과 '봉황'을 대비함으로써 사대주의적 역사
에 대한 비판적 시각을 드러내고 있다.
③ (가)와 (나) 모두 선경후정의 기법을 사용하고 있다.
④ (가)와 (나) 모두 정해진 율격과 음보에 맞춰 시상을 전
개하고 있다.

CHAPTER 01 운문 문학

제2회

01 현대시 ②

2 상황 판단형 ②

01 2021년 지방직 7급

다음 시에 대한 이해로 적절하지 <u>않은</u> 것은?

> 텔레비전을 끄자
> 풀벌레 소리
> 어둠과 함께 방 안 가득 들어온다
> 어둠 속에서 들으니 벌레 소리들 환하다
> 별빛이 묻어 더 낭랑하다
> 귀뚜라미나 여치 같은 큰 울음 사이에는
> 너무 작아 들리지 않는 소리도 있다
> 그 풀벌레들의 작은 귀를 생각한다
> 내 귀에는 들리지 않는 소리들이 드나드는
> 까맣고 좁은 통로들을 생각한다
> 그 통로의 끝에 두근거리며 매달린
> 여린 마음들을 생각한다
> 발뒤꿈치처럼 두꺼운 내 귀에 부딪쳤다가
> 되돌아간 소리들을 생각한다
> 브라운관이 뿜어낸 현란한 빛이
> 내 눈과 귀를 두껍게 채우는 동안
> 그 울음소리들은 수없이 나에게 왔다가
> 너무 단단한 벽에 놀라 되돌아갔을 것이다
> 하루살이들처럼 전등에 부딪쳤다가
> 바닥에 새카맣게 떨어졌을 것이다
> 크게 밤공기 들이쉬니
> 허파 속으로 그 소리들이 들어온다
> 허파도 별빛이 묻어 조금은 환해진다
> ― 김기택, 「풀벌레들의 작은 귀를 생각함」

① 문명과 자연의 호혜적 관계가 나타나고 있다.
② 자연의 실재감이 공감각적 이미지를 통해 부각되고 있다.
③ 텔레비전을 끄기 전후의 상황이 대조적으로 드러나고 있다.
④ 문명의 이기에 가려졌던 자연에 관심을 가지려는 태도가 나타나고 있다.

02 2024년 국회직 8급

다음 시에 대한 설명으로 적절하지 <u>않은</u> 것은?

> 순이(順伊) 벌레 우는 고풍(古風)한 뜰에
> 달빛이 밀물처럼 밀려 왔구나.
>
> 달은 나의 뜰에 고요히 앉아 있다.
> 달은 과일보다 향그럽다.
>
> 동해(東海)바다 물처럼
> 푸른
> 가을
> 밤
>
> 포도는 달빛이 스며 고웁다.
> 포도는 달빛을 머금고 익는다.
>
> 순이 포도 넝쿨 밑에 어린 잎새들이
> 달빛에 젖어 호젓하구나.
> ― 장만영, 「달·포도(葡萄)·잎사귀」

① 돈호법의 수사가 확인된다.
② 공감각적 심상을 통해 달빛의 이미지를 표현하고 있다.
③ 직유법을 통해 달빛을 형상화하고 있다.
④ 시적 화자는 가을밤에 동해 바다를 보며 생각에 잠겨 있다.
⑤ 시상 전개의 주요 소재들이 작품의 제목이 된 작품이다.

03

다음 시에 대한 이해로 적절한 것만을 〈보기〉에서 모두 고르면?

1

첫닭 울고 둘째 닭 울더니
작은 별 큰 별 떨어지는데
문을 들락거리며
살짝이 살짝이 행인은 길 떠날 채비하네

2

나그네 새벽 틈타 떠나렸더니
주인은 안 된다며 보내질 않네
채찍을 손에 쥔 채 못 이긴 척 돌아서니
닭만 괜스레 번거롭게 했구나

— 이병연, 「조발(早發)」

[보기]
㉠ '첫닭'은 시간적 배경을 드러낸다.
㉡ '나그네'와 '주인'의 관계가 닭 울음으로 인해 달라진다.
㉢ '살짝이 살짝이'는 '행인'의 조심스러운 심리를 나타내고 있다.
㉣ 화자는 '나그네'와 '주인'을 관찰의 대상으로 삼고 있다.

---

① ㉠
② ㉡
③ ㉡, ㉢
④ ㉠, ㉢, ㉣
⑤ ㉠, ㉡, ㉢, ㉣

04

다음 시에 대한 이해로 적절하지 <u>않은</u> 것은?

아버지는 두 마리의 두꺼비를 키우셨다

해가 말끔하게 떨어진 후에야 퇴근하셨던 아버지는 두꺼비부터 씻겨 주고 늦은 식사를 했다 동물 애호가도 아닌 아버지가 녀석에게만 관심을 갖는 것 같아 나는 녀석을 시샘했었다 한번은 아버지가 녀석을 껴안고 주무시는 모습을 보았는데 기회는 이때다 싶어서 살짝 만져 보았다 그런데 녀석이 독을 뿜어내는 통에 내 양 눈이 한동안 충혈되어야 했다 아버지, 저는 두꺼비가 싫어요

아버지는 이윽고 식구들에게 두꺼비를 보여주는 것조차 꺼리셨다 칠순을 바라보던 아버지는 날이 새기 전에 막일판으로 나가셨는데 그때마다 잠들어 있던 녀석을 깨워 자전거 손잡이에 올려놓고 페달을 밟았다

두껍아 두껍아 헌집 줄게 새집 다오

아버지는 지난 겨울, 두꺼비집을 지으셨다 두꺼비와 아버지는 그 집에서 긴 겨울잠에 들어갔다 봄이 지났으나 잔디만 깨어났다

내 아버지 양 손엔 우툴두툴한 두꺼비가 살았었다

— 박성우, 「두꺼비」

---

① 화자가 '아버지, 저는 두꺼비가 싫어요'라고 말한 것은 아버지의 고생스러운 삶에서 서러움과 연민을 느꼈기 때문이다.
② 이 시는 아이의 시선과 동요의 가사를 활용하여 아버지의 희생적인 삶을 돌아보게 하면서 감동을 주고 있다.
③ 이 시는 첫 줄과 마지막 줄에 제시된 아버지와 두꺼비의 호응 관계를 통해 시적 의미를 강조하고 있다.
④ 이 시에서 '두꺼비'는 아버지를 기다리는 자식들을 의미한다.
⑤ '아버지는 그 집에서 긴 겨울잠에 들어갔다'는 표현에서 아버지가 돌아가셨다는 것을 알 수 있다.

05 　　　　　　　　　　　　　　　　　2020년 국회직 9급

다음 시의 밑줄 친 ㉠ ～ ㉤에 대한 설명으로 적절하지 않은 것은?

> ㉠ 새벽마다 고요히 꿈길을 밟고 와서
> 머리맡에 찬물을 ㉡ 쏴아 퍼붓고는
> 그만 가슴을 디디면서 멀리 사라지는
> 북청 물장수.
>
> ㉢ 물에 젖은 꿈이
> 북청 물장수를 부르면
> 그는 ㉣ 삐걱삐걱 소리를 치며
> 온 자취도 없이 다시 사라져 버린다.
>
> 날마다 아침마다 기다려지는
> ㉤ 북청 물장수.
>
> ― 김동환, 「북청 물장수」

① ㉠: 대상의 행위가 반복적임을 알 수 있다.
② ㉡: 물 붓는 소리의 시원함을 감각적으로 표현한다.
③ ㉢: 현실과 꿈이 구분되지 않은 몽롱한 상태를 의미한다.
④ ㉣: 물장수의 단호한 태도에 대한 슬픔을 드러낸다.
⑤ ㉤: 명사구로 마무리함으로써 기다림이 계속되고 있음을 보여준다.

3 ㉠ ～ ㉣ 파악

06 　　　　　　　　　　　　　　　　　2023년 군무원 7급

다음 시구 중 함축하고 있는 의미가 가장 다른 것은?

> ㉠ 매운 계절의 챗죽에 갈겨
> 마츰내 北方으로 휩쓸려오다
>
> 하늘도 그만 ㉡ 지쳐 끝난 고원(高原)
> ㉢ 서리빨 칼날진 그우에 서다
>
> 어데다 무릎을 꾸러야 하나
> ㉣ 한발 재겨 디딜 곳조차 없다
>
> 이러매 눈깜아 생각해볼밖에
> 겨울은 강철로 된 무지갠가 보다.
>
> ― 이육사, 「절정(絶頂)」
>
> *챗죽: 채찍
> *재겨: 비집고 들어

① ㉠　　　　　　　　　② ㉡
③ ㉢　　　　　　　　　④ ㉣

④ 세트형

[07 ~ 09] 다음 글을 읽고 물음에 답하시오.

창밖에 밤비가 속살거려
㉠ 육첩방(六疊房)은 남의 나라,

시인이란 슬픈 천명인 줄 알면서도
㉡ 한 줄 시를 적어 볼까,

땀내와 사랑내 포근히 품긴
보내주신 학비 봉투를 받아

대학 노트를 끼고
늙은 교수의 강의 들으러 간다.

생각해 보면 어린 때 동무를
하나, 둘, 죄다 잃어버리고

ⓐ 나는 무얼 바라
ⓑ 나는 다만, 홀로 침전하는 것일까?

인생은 살기 어렵다는데
시가 이렇게 쉽게 씌어지는 것은
㉢ 부끄러운 일이다.

육첩방은 남의 나라
창밖에 밤비가 속살거리는데,

등불을 밝혀 어둠을 조금 내몰고,
시대처럼 올 아침을 기다리는 최후의 ⓒ 나,

ⓓ 나는 ⓔ 나에게 작은 손을 내밀어
눈물과 위안으로 잡는 ㉣ 최초의 악수.
　　　　　　　　　　　－ 윤동주, 「쉽게 씌어진 시」

㉠ ~ ㉣에 대한 설명으로 가장 적절하지 <u>않은</u> 것은?

① ㉠은 조선인으로서의 정체성에 대한 인식을 드러낸다.
② ㉡은 식민지 지식인으로서의 소명 의식을 드러낸다.
③ ㉢은 친일파 지식인에 대한 비판 정신을 보여준다.
④ ㉣은 어두운 현실을 극복하려는 화자의 의지이다.

ⓐ ~ ⓔ에 대한 설명으로 가장 적절한 것은?

① ⓐ, ⓑ, ⓔ는 현실적 자아이고, ⓒ, ⓓ는 성찰적 자아이다.
② ⓐ, ⓑ는 현실적 자아이고, ⓒ, ⓓ, ⓔ는 성찰적 자아이다.
③ ⓐ, ⓑ, ⓔ는 이상적 자아이고, ⓒ, ⓓ는 현실적 자아이다.
④ ⓐ, ⓑ는 이상적 자아이고, ⓒ, ⓓ, ⓔ는 현실적 자아이다.

위 시의 제목에 대한 이해로 가장 적절한 것은?

① 시인의 평소 생각을 특별한 표현 기법 없이 소박하게 나타낸 작품이기에 쉽게 쓰인 시라고 하였다.
② 독립지사로서의 저항 정신을 시인의 시적 표현으로 여과 없이 옮긴 작품이기에 쉽게 쓰인 시라고 하였다.
③ 조선의 독립이 갑자기 쉽게 이루어질 것이라는 확고한 신념을 표현하려는 작품이기에 쉽게 쓰인 시라고 하였다.
④ 시인으로의 인간적 갈등과 자아 성찰을 담아 어렵게 쓴 작품이기에 반어적으로 표현하여 쉽게 쓰인 시라고 하였다.

⑤ 신유형

10 ━━━━━━━━━━━━━━━ 2025년 국가직 9급 예비 문제

다음 글을 이해한 내용으로 가장 적절한 것은?

> 이육사의 시에는 시인의 길과 투사의 길을 동시에 걸었던 작가의 면모가 고스란히 담겨 있다. 가령, 「절정」은 크게 두 부분으로 나누어지는데, 투사가 처한 냉엄한 현실적 조건이 3개의 연에 걸쳐 먼저 제시된 후, 시인이 품고 있는 인간과 역사에 대한 희망이 마지막 연에 제시된다.
>
> 우선, 투사 이육사가 처한 상황은 대단히 위태로워 보인다. 그는 "매운 계절의 채찍에 갈겨 / 마침내 북방으로 휩쓸려" 왔고, "서릿발 칼날진 그 위에 서" 바라본 세상은 "하늘도 그만 지쳐 끝난 고원"이어서 가냘픈 희망을 품는 것조차 불가능해 보인다. 이러한 상황은 "한발 제겨디딜 곳조차 없다"는 데에 이르러 극한에 도달하게 된다. 여기서 그는 더 이상 피할 수 없는 존재의 위기를 깨닫게 되는데, 이때 시인 이육사가 나서면서 시는 반전의 계기를 마련한다.
>
> 마지막 4연에서 시인은 3연까지 치달아 온 극한의 위기를 담담히 대면한 채, "이러매 눈감아 생각해" 보면서 현실을 새롭게 규정한다. 여기서 눈을 감는 행위는 외면이나 도피가 아니라 피할 수 없는 현실적 조건을 새롭게 반성함으로써 현실의 진정한 면모와 마주하려는 적극적인 행위로 읽힌다. 이는 다음 행, "겨울은 강철로 된 무지갠가보다"라는 시구로 이어지면서 현실에 대한 새로운 성찰로 마무리된다. 이 마지막 구절은 인간과 역사에 대한 희망을 놓지 않으려는 시인의 안간힘으로 보인다.

① 「절정」에는 투사가 처한 극한의 상황이 뚜렷한 계절의 변화로 드러난다.

② 「절정」에서 시인은 투사가 처한 현실적 조건을 외면하지 않고 새롭게 인식한다.

③ 「절정」은 시의 구성이 두 부분으로 나누어지면서 투사와 시인이 반목과 화해를 거듭한다.

④ 「절정」에는 냉엄한 현실에 절망하는 시인의 면모와 인간과 역사에 대한 희망을 놓지 않으려는 투사의 면모가 동시에 담겨 있다.

CHAPTER **01** 운문 문학

제3회

02 고전시가 ①

1 고대가요

01 ━━━━━━━━━━━━━━━ 2023년 지방직 7급

다음 글을 감상한 내용으로 적절하지 않은 것은?

> (가) 翩翩黃鳥　　펄펄 나는 꾀꼬리
> 　　　雌雄相依　　암수 서로 정다운데
> 　　　念我之獨　　외롭구나 이내 몸은
> 　　　誰其與歸　　누구와 함께 돌아갈까
> 　　　　　　　　　　　　　− 유리왕, 「黃鳥歌」
>
> (나) 秋風唯苦吟　　가을바람에 오직 애써 시만 읊을 뿐
> 　　　世路少知音　　세상길에 날 아는 이 거의 없는데
> 　　　窓外三更雨　　창밖에는 한밤중 하염없는 비
> 　　　燈前萬里心　　등불 앞엔 만리를 달리는 마음
> 　　　　　　　　　　　　　− 최치원, 「秋夜雨中」

① (가)의 '黃鳥'는 화자에게 외로움을 유발한다.
② (나)의 '秋風'은 화자에게 외로움과 고뇌를 불러일으킨다.
③ (가)의 화자는 '相依'를 바라고, (나)의 화자는 '知音'을 그리워한다.
④ (가)의 화자는 '與歸'를 지향하려 하고, (나)의 화자는 '萬里心'을 벗어나려 한다.

02 ━━━━━━━━━━━━━━━ 2020년 서울시 9급

〈보기〉에 대한 설명으로 가장 옳지 않은 것은?

> ────── [보기] ──────
> 거북아 거북아
> 머리를 내어 놓아라.
> 만약 내어 놓지 않으면
> 굽고 구워 먹겠다.
> 　　　　　　　　　− 작자 미상, 「구지가」

① 향가 발생 이전의 고대시가이다.
② 환기, 명령, 가정의 어법을 지닌 주술적 노래이다.
③ 음악, 시가, 무용이 모두 어우러진 종합 예술의 성격을 띠고 있다.
④ 고조선 곽리자고의 아내 여옥이 지었다고 전해지는 순수 서정시가이다.

2 향가

03 ━━━━━━━━━━━━━━━ 2022년 지역인재 9급

다음 작품에 대한 이해로 적절하지 않은 것은?

> 흐느끼며 바라보매
> 이슬 밝힌 달이
> 흰 구름 따라 떠간 언저리에
> 모래 가른 물가에
> 기랑(耆郎)의 모습이올시 수풀이여.
> 일오(逸烏)내 자갈 벌에서
> 낭(郎)이 지니시던
> 마음의 갓을 좇고 있노라.
> 아아, 잣나무 가지가 높아
> 눈이라도 덮지 못할 고깔이여.
> 　　　　　　　　　− 충담사, 「찬기파랑가」

① 기파랑의 부재로 인한 화자의 신세를 한탄하고 있다.
② 10구체 향가로서 내용상 세 부분으로 구성되어 있다.
③ 기파랑의 고매한 인품을 구체적인 자연물에 비유하고 있다.
④ 낙구의 감탄사를 통해 감정을 집약하면서 시상을 마무리하고 있다.

04

(가)의 내용을 참고하여 (나)를 감상할 때 가장 적절한 것은?

(가) 월명사의 「제망매가」는 사랑하는 혈육과의 사별에서 오는 인간적인 슬픔을 드러내면서도 애통해하는 것에 그치지 않고, 윤회 사상을 바탕으로 재회를 기약함으로써 슬픔을 정화하고 극복하려는 선인들의 정신세계를 보여주고 있다.

(나) ㉠ 생사(生死) 길은
예 있으매 머뭇거리고,
나는 간다는 말도
못다 이르고 어찌 갑니까.
㉡ 어느 가을 이른 바람에
이에 저에 떨어질 잎처럼,
㉢ 한 가지에 나고
가는 곳 모르온저.
아아, ㉣ 미타찰(彌陀刹)에서 만날 나
도(道) 닦아 기다리겠노라.

　　　　　　　　　　　－ 월명사, 「제망매가(祭亡妹歌)」

① ㉠은 사랑하는 사람을 떠나보낸 인간적인 슬픔을 나타내는 것이로군.
② 윤회 사상을 바탕으로 재회를 기약하고 있음을 ㉡에서 알 수 있겠군.
③ ㉢에서 추모하는 대상이 혈육이라는 것을 알 수 있겠군.
④ 사별을 애통해하지 않는 이유는 시적 화자가 ㉣에 있기 때문이군.

05

다음 작품에 대한 설명으로 적절한 것은?

생사(生死) 길은
예 있으매 머뭇거리고
나는 간다는 말도
못다 이르고 어찌 갑니까.
어느 가을 이른 바람에
이에 저에 떨어질 잎처럼
한 가지에 나고
가는 곳 모르온저.
아아, 미타찰(彌陀刹)에서 만날 나
도(道) 닦아 기다리겠노라.

　　　　　　　　　　　－ 월명사, 「제망매가(祭亡妹歌)」

① 시적 대상과의 재회에 대한 소망을 담고 있다.
② 반어적 표현을 통해 화자의 정서를 부각하고 있다.
③ 세속의 인연에 미련을 두지 않은 구도자의 자세를 드러내고 있다.
④ 상황 인식 － 객관적 서경 묘사 － 종교적 기원의 3단 구성으로 되어 있다.

③ 고려가요

06

다음 글을 감상한 내용으로 적절하지 않은 것은?

> 내 님믈 그리ᅀ와 우니다니
> 산(山) 졉동새 난 이슷ᄒ요이다
> 아니시며 거츠르신 ᄃᆞᆯ 아으
> 잔월효성(殘月曉星)이 아ᄅᆞ시리이다
> 넉시라도 님은 ᄒᆞᆫᄃᆡ 녀져라 아으
> 벼기더시니 뉘러시니잇가
> 과(過)도 허믈도 천만(千萬) 업소이다
> ᄆᆞᆯ힛 마리신뎌
> ᄉᆞᆯ읏븐뎌 아으
> 니미 나ᄅᆞᆯ ᄒᆞ마 니ᄌᆞ시니잇가
> 아소 님하 도람 드르샤 괴오쇼셔.
>
> — 정서, 「정과정곡」

① 자연물을 통해 화자의 처지를 드러내고 있다.
② 천상의 존재를 통해 화자의 결백함을 나타내고 있다.
③ 설의적 표현을 활용하여 화자의 정서를 부각하고 있다.
④ 큰 숫자를 활용하여 임을 향한 화자의 그리움을 강조하고 있다.

07

㉠ ~ ㉣의 의미로 적절하지 않은 것은?

> 二月ㅅ 보로매 아으 노피 ㉠ 현 燈ㅅ블 다호라
> 萬人 비취실 즈ᅀᅵ샷다 아으 動動다리
> 三月 나며 開ᄒᆞᆫ 아으 滿春 ᄃᆞᆯ욋고지여
> ᄂᆞ믹 브롤 ㉡ 즈슬 디녀 나샷다 아으 動動다리
> 四月 아니 ㉢ 니저 아으 오실셔 곳고리새여
> ㉣ 므슴다 錄事니ᄆᆞᆫ 녯 나ᄅᆞᆯ 닛고신뎌 아으 動動다리
>
> — 작자 미상, 「動動」

① ㉠은 '켠'을 의미한다.
② ㉡은 '모습을'을 의미한다.
③ ㉢은 '잊어'를 의미한다.
④ ㉣은 '무심하구나'를 의미한다.

[08~10] 다음 글을 읽고 물음에 답하시오.

(가) 가시리 가시리잇고 나는
　　부리고 가시리잇고 나는
　　위 증즐가 大平盛代(대평셩딕)

　　날러는 엇디 살라 ᄒ고
　　부리고 가시리잇고 나는
　　위 증즐가 大平盛代(대평셩딕)

　　잡亽와 두어리마ᄂᆞᆫ
　　㉠ 선ᄒ면 아니 올셰라
　　위 증즐가 大平盛代(대평셩딕)

　　㉡ 셜온 님 보내ᅀᆞᆸ노니 나는
　　가시ᄂᆞᆫ 듯 도셔 오쇼셔 나는
　　위 증즐가 大平盛代(대평셩딕)

　　　　　　　　　　－ 작자 미상, 「가시리」

(나) 나 보기가 역겨워
　　가실 때에는
　　말없이 고이 보내 드리우리다.

　　영변(寧邊)에 약산(藥山)
　　㉢ 진달래꽃
　　아름 따다 가실 길에 뿌리우리다.

　　가시는 걸음걸음
　　놓인 그 꽃을
　　사뿐히 즈려밟고 가시옵소서.

　　나 보기가 역겨워
　　가실 때에는
　　㉣ 죽어도 아니 눈물 흘리우리다.

　　　　　　　　　　－ 김소월, 「진달래꽃」

08

(가)와 (나)의 공통점으로 가장 적절한 것은?
① 임과의 재회를 희망하는 화자의 의지가 드러나고 있다.
② 구체적인 지명을 통해 이별의 상황을 구체화하고 있다.
③ 이별 상황에 대한 체념과 화자의 자기 희생적 태도가 드러나고 있다.
④ 이별의 원인을 외부에서 찾음으로써 임에 대한 원망을 드러내고 있다.

09

㉠ ~ ㉣에 대해 나눈 대화로 가장 적절하지 않은 것은?
① ㉠에선 화자가 임을 떠나보내는 이유가 드러나며 서러움을 절제하는 화자의 모습이 느껴져.
② ㉡에서 '셜온'의 주체를 화자로 본다면 임 역시 이별 상황을 아쉬워하고 있음을 알 수 있군.
③ ㉢은 임을 향한 변함없는 사랑을 상징하는 소재로, 화자의 분신으로도 볼 수 있겠군.
④ ㉣은 인고의 자세가 드러나는 부분으로 이별 상황에 대한 화자의 슬픔을 반어적으로 강조하고 있군.

10

(가)와 (나)의 형식상의 특징에 대한 설명으로 가장 적절한 것은?
① (가)는 (나)와 달리 수미상관의 형식을 보이고 있다.
② (나)는 (가)와 달리 시어의 반복을 통해 운율을 형성하고 있다.
③ (가)와 (나) 모두 전통적인 3·3·2조의 3음보 율격을 보이고 있다.
④ (가)와 (나) 모두 기－승－전－결의 4단 구성을 통해 시상을 전개하고 있다.

CHAPTER **01** 운문 문학

제**4**회

02 고전시가 ②

1 한 작품 구성

01

2021년 지방직 7급

다음 시조에 대한 이해로 적절하지 않은 것은?

> 흔 손에 막딕 잡고 또 흔 손에 가싀 쥐고
> 늙는 길 가싀로 막고 오는 백발(白髮) 막딕로 치려터니
> 백발(白髮)이 제 몬져 알고 즈럼길노 오더라
>
> — 우탁

① 인생의 덧없음을 관조적으로 표현하고 있다.
② 대상을 의인화하여 생동감 있게 표현하고 있다.
③ 거스를 수 없는 자연의 섭리를 해학적으로 표현하고 있다.
④ 인간의 한계를 드러내어 운명은 거부할 수 없음을 표현하고 있다.

02

2024년 국회직 9급

다음 글에 대한 설명으로 옳지 않은 것은?

> 風霜이 섯거 친 날에 굿 픠온 黃菊花를
> 金盆에 고득 담아 玉堂에 보닉오니,
> 桃李야, 곳이온 양 마라, 님의 뜻을 알괘라.
>
> — 송순, 「自上特賜黃菊玉堂歌」

① '風霜'은 바람과 서리로서 시련을 의미한다.
② '黃菊花'는 지조와 절개를 지키는 신하를 비유한다.
③ '金盆'은 임금의 자애로운 마음을 보여 준다.
④ '玉堂'은 임금이 머무는 처소를 의미한다.
⑤ '桃李'는 임금에게 교언영색하는 존재를 비유한다.

03

2022년 국회직 9급

다음 시조에 대한 설명으로 옳지 않은 것은?

> 이화(梨花)에 월백(月白)하고 은한(銀漢)이 삼경(三更)인 제
> 일지춘심(一枝春心)을 자규(子規)야 알랴마난
> 다정(多情)도 병(病)인 양(樣)하여 잠 못 들어 하노라

① '이화'는 배나무 꽃을 말한다.
② '은한'은 은하수를 말한다.
③ '삼경'은 해 질 무렵의 시간을 말한다.
④ '일지'는 한 나뭇가지를 말한다.
⑤ '자규'는 소쩍새를 말한다.

04

2021년 국회직 9급

다음 글에 대한 이해로 적절하지 않은 것은?

> 연못에 비오는 소리 그 무엇이 놀랍관대
> 임 보러 가던 꿈이 못 보고 깨듯던고
> 잎 위에 구슬만 담겨 눈물 듣듯 하더라

① 임과 헤어져 있는 괴로움이 해소되고 있다.
② 초·중장에 비와 서정 자아 사이의 대립이 있다.
③ 종장에 와서 초·중장의 시상이 전환하고 있다.
④ 비와 서정 자아의 눈물이 직유로 맺어져 있다.
⑤ 임을 그리는 정서를 표현하고 있다.

② (가), (나) 구성

05 ▭▭▭▭▭▭▭▭ 2024년 서울시 9급

〈보기〉의 작품에 대한 설명으로 가장 옳지 <u>않은</u> 것은?

──── [보기] ────
(가) 말 업슨 청산(靑山)이오 태(態) 업슨 유수(流水)ㅣ로다
갑 업슨 청풍(淸風)이오 님ᄌ 업슨 명월(明月)이라
이 즁에 병(病) 업슨 이 몸이 분별(分別) 업시 늘그리라

(나) 내 벗이 몇이나 하니 수석(水石)과 송죽(松竹)이라
동산(東山)에 달 오르니 긔 더욱 반갑고야
두어라 이 다섯밖에 또 더하여 무엇하리

① (가)와 (나) 두 작품 모두 자연과 인생의 조화를 노래하고 있다.
② (가)의 경우, 자연은 대가를 요구하지 않으니 그 속에서 아무 근심 없이 살아가고자 하는 작자의 마음이 나타난다.
③ (나)는 현실적 자연관을 바탕으로 세속적 욕망을 드러내고 있다.
④ (가)와 (나) 모두 자연과 더불어 살고자 하는 시적 화자의 태도를 확인할 수 있다.

06 ▭▭▭▭▭▭▭▭ 2023년 지방직 9급

(가)와 (나)를 이해한 내용으로 적절하지 <u>않은</u> 것은?

(가) 청산(靑山)은 내 뜻이오 녹수(綠水)ᄂ 님의 정(情)이
녹수(綠水)ㅣ 흘너간들 청산(靑山)이야 변(變)홀손가
녹수(綠水)도 청산(靑山)을 못 니저 우러 녜여 가ᄂ고

(나) 청산(靑山)ᄂ 엇뎨ᄒ야 만고(萬古)애 프르르며
유수(流水)ᄂ 엇뎨ᄒ야 주야(晝夜)애 긋디 아니ᄂ고
우리도 그치디 마라 만고상청(萬古常靑)호리라.

① (가)는 '청산'과 '녹수'의 대조를 활용하여 화자가 처한 상황을 제시하고 있다.
② (나)는 시각적 심상과 청각적 심상을 활용하여 주제를 강조하고 있다.
③ (가)와 (나) 모두 대구를 활용하여 시상을 전개하고 있다.
④ (가)와 (나) 모두 설의적 표현을 활용하여 화자의 정서를 드러내고 있다.

3 (가)~(다) 구성

07 ━━━━━━━━━━━━━━━━━ 2023년 국회직 9급

다음 글에 대한 설명으로 옳지 <u>않은</u> 것은?

> (가) 興亡이 有數ᄒ니 滿月臺도 秋草ㅣ로다.
> 　　五百年 王業이 牧笛에 부쳐시니,
> 　　夕陽에 지나는 客이 눈물계워 ᄒ노라.
>
> (나) 仙人橋 나린 물이 紫霞洞에 흘너 드러,
> 　　半千年 王業이 물소ᄅᆡᄲᅳᆫ이로다.
> 　　아희야, 故國興亡을 무러 무엇ᄒ리오.
>
> (다) 五百年 都邑地를 匹馬로 도라드니,
> 　　山川은 依舊ᄒ되 人傑은 간 ᄃᆡ 업다.
> 　　어즈버, 太平烟月이 ᄭᅮᆷ이런가 ᄒ노라.

① (가)~(다)는 동일한 역사적 사건을 슬퍼하고 있다.
② (가)~(다) 각각에 나타난 '五百年', '半千年', '五百年'은 동일한 뜻을 지니고 있다.
③ (가)의 '牧笛'은 목동이 부는 피리를 의미하며, 흥망성쇠의 무상함에 대한 청각적 상징의 표현이다.
④ (가)의 '부쳐시니'는 '깃들여 있으니', (나)의 '무엇ᄒ리오'는 '무엇 하겠는가', (다)의 '人傑'은 '뛰어난 인재'라는 뜻을 지니고 있다.
⑤ (가)~(다)와 같은 문학 장르는 고려 말기부터 발달한, 우리나라 고유의 정형시로 초장, 중장, 종장의 3장 6구 4음보의 형태를 가진 평시조이다.

4 (가)~(라) 구성

08 ━━━━━━━━━━━━━━━━━ 2024년 지방직 9급

㉠ ~ ㉣에 대한 이해로 적절하지 <u>않은</u> 것은?

> (가) 추강(秋江)에 밤이 드니 물결이 ᄎᆞ노ᄆᆡ라
> 　　낙시 드리치니 고기 아니 무노ᄆᆡ라
> 　　무심(無心)ᄒᆞᆫ 들빗만 싯고 ㉠ <u>뷘 빈</u> 저어 오노라.
>
> (나) 이런들 엇더ᄒᆞ며 뎌런들 엇더ᄒᆞ료
> 　　㉡ <u>초야우생(草野愚生)</u>이 이러타 엇더ᄒᆞ료
> 　　ᄒᆞ믈며 천석고황(泉石膏肓)을 고텨 므슴ᄒᆞ료.
>
> (다) 십 년을 경영ᄒᆞ여 초려삼간 지여 내니
> 　　나 ᄒᆞᆫ 간 ᄃᆞᆯ ᄒᆞᆫ 간에 청풍 ᄒᆞᆫ 간 맛뎌 두고
> 　　㉢ <u>강산</u>은 들일 ᄃᆡ 업스니 둘러 두고 보리라.
>
> (라) 말 업슨 청산이오 태 업슨 유수로다
> 　　갑 업슨 청풍이오 님ᄌᆞ 업슨 명월이로다
> 　　이 즁에 병 업슨 ㉣ <u>의 몸</u>이 분별 업시 늘그리라.

① ㉠에서 욕심 없는 화자의 모습을 볼 수 있다.
② ㉡에서 속세를 그리워하는 화자의 모습을 볼 수 있다.
③ ㉢에서 자연의 일부가 되어 살아가는 화자의 모습을 볼 수 있다.
④ ㉣에서 현실의 근심으로부터 초탈한 화자의 모습을 볼 수 있다.

09 2022년 국가직 9급

(가)～(라)의 ㉠～㉣에 대한 설명으로 적절하지 않은 것은?

(가) 간밤의 부던 ᄇᆞ람에 눈서리 치단 말가
㉠ <u>낙락장송(落落長松)</u>이 다 기우러 가노ᄆᆡ라
ᄒᆞ믈며 못다 퓐 곳이야 닐러 무슴 ᄒᆞ리오.

(나) 철령 노픈 봉에 쉬여 넘ᄂᆞᆫ 져 구룸아
고신원루(孤臣寃淚)ᄅᆞᆯ 비 사마 ᄯᅴ여다가
㉡ <u>님</u> 계신 구중심처(九重深處)에 ᄲᅮ려 본들 엇ᄃᆞ리.

(다) 이화우(梨花雨) 흣ᄲᅮ릴 제 울며 잡고 이별ᄒᆞᆫ 님
추풍낙엽(秋風落葉)에 ㉢<u>저</u>도 날 ᄉᆡᆼ각ᄂᆞᆫ가
천리(千里)에 외로온 ᄭᅮᆷ만 오락가락 ᄒᆞ노매.

(라) 삼동(三冬)의 뵈옷 닙고 암혈(巖穴)의 눈비 마자
구롬 ᄭᅵᆫ 볏뉘도 ᄶᅬᆫ 적이 업건마ᄂᆞᆫ
서산의 ㉣ <u>ᄒᆡ</u> 디다 ᄒᆞ니 그ᄅᆞᆯ 셜워 ᄒᆞ노라.

① ㉠은 억울하게 해를 입은 충신을 가리킨다.
② ㉡은 궁궐에 계신 임금을 가리킨다.
③ ㉢은 헤어진 연인을 가리킨다.
④ ㉣은 오랜 세월을 함께한 벗을 가리킨다.

10 2021년 국가직 9급

(가)～(라)에 대한 이해로 적절하지 않은 것은?

(가) 반중(盤中) 조홍(早紅)감이 고아도 보이ᄂᆞ다
유자 안이라도 품엄즉도 ᄒᆞ다마ᄂᆞᆫ
품어 가 반기리 업슬새 글노 설워ᄒᆞᄂᆞ이다

(나) 동짓ᄃᆞᆯ 기나긴 밤을 한 허리를 버혀 내여
춘풍 니불 아래 서리서리 너헛다가
어론 님 오신 날 밤이여든 구뷔구뷔 펴리라

(다) 말 업슨 청산(青山)이오 태(態) 업슨 유수(流水)로다
갑 업슨 청풍(淸風)이오 님ᄌᆞ 업슨 명월(明月)이로다
이 중에 병 업슨 이 몸이 분별 업시 늘그리라

(라) 농암(籠巖)에 올라보니 노안(老眼)이 유명(猶明)이로다
인사(人事)이 변ᄒᆞᆫ들 산천이ᄯᆞᆫ 가샐가
암전(巖前)에 모수 모구(某水 某丘)이 어제 본 ᄃᆞᆺᄒᆞ예라

① (가)는 고사의 인용을 통해 돌아가신 부모님에 대한 그리움을 표현하고 있다.
② (나)는 의태적 심상을 통해 임에 대한 기다림을 표현하고 있다.
③ (다)는 대구와 반복을 통해 자연에 귀의하려는 의지를 표현하고 있다.
④ (라)는 자연과의 대조를 통해 허약해진 노년의 무력함을 표현하고 있다.

CHAPTER **01** 운문 문학

제5회

02 고전시가 ③

1 사설시조

01 ─────────── 2023년 국가직 9급

다음 글을 감상한 내용으로 가장 적절한 것은?

> 어이 못 오던가 무슴 일로 못 오던가
> 너 오는 길 위에 무쇠로 성(城)을 쓰고 성안에 담 쓰고
> 담 안에란 집을 짓고 집 안에란 뒤주 노코 뒤주 안에 궤를
> 노코 궤 안에 너를 결박(結縛)호여 너코 쌍(雙)비목 외걸쇠
> 에 용(龍)거북 조물쇠로 수기수기 줌갓더냐 네 어이 그리
> 아니 오던가
> 흔 둘이 서른 날이여니 날 보라 올 하루 업스랴
> ─ 작자 미상, 「어이 못 오던가」

① 동일 구절을 반복하여 '너'에 대한 섭섭한 감정을 표출하고 있다.

② 날짜 수를 대조하여 헤어진 기간이 길다는 것을 강조하고 있다.

③ 동일한 어휘를 연쇄적으로 나열하여 감정의 기복을 표현하고 있다.

④ 단계적으로 공간을 축소하여 '너'를 만날 수 있다는 희망을 표현하고 있다.

02 ─────────── 2023년 국회직 9급

다음 글에서 ⓒ의 '白松鶻'이 ⓐ의 '두터비'에게 할 수 있는 말로 적절한 것은?

> ⓐ <u>두터비</u> 프리를 물고 두험 우희 치드라 안자
> 건넛山 브라보니 ⓒ <u>白松鶻</u>이 써잇거늘
> 가슴이 금즉호여 풀덕 쮜여 내둧다가 두험 아래 쟛바지거고
> 모쳐라 눌랜 낼싀만졍 에헐질 번호괘라

① 고인도 날 못 보고 나도 고인 못 뵈 / 고인을 못 뵈도 녀던 길 앞에 있네 / 녀던 길 앞에 있거든 아니 녀고 어쩔고

② 굼벵이 매미가 되어 나래 돋쳐 날아올라 / 높으나 높은 나무 소리는 좋거니와 / 그 위에 거미줄 있으니 그를 조심하여라

③ 바람이 눈을 몰아 산창에 부딪치니 / 찬 기운 새어 들어 잠든 매화를 침노한다 / 아무리 얼리려 한들 봄뜻이야 빼앗을소냐

④ 청산리 벽계수야 수이 감을 자랑 마라 / 일도창해하면 돌아오기 어려우니 / 명월이 만공산하니 쉬어 간들 어떠리

⑤ 재 너머 성권롱 집에 술 익닷 말 어제 듣고 / 누은 소 발로 박차 언치 놓아 지즐 타고 / 아이야 네 권롱 계시냐 정 좌수 왔다 하여라

03

〈보기〉의 ㉠~㉢ 중 가리키는 대상이 나머지 셋과 <u>다른</u> 것은?

───── [보기] ─────

댁들아 ㉠ <u>동난지이</u> 사오 저 장사야 네 ㉡ <u>물건</u> 그 무엇이라 외치는가 사자

외골내육(外骨內肉) 양목(兩目)이 상천(上天) 전행후행(前行後行), 소(小)아리 팔족(八足) 대(大)아리 이족(二足) ㉢ <u>청장</u> 아스슥하는 동난지이 사오

장사야 너무 거북하게 외치지 말고 ㉣ <u>게젓</u>이라 하려무나

① ㉠   ② ㉡
③ ㉢   ④ ㉣

04

다음 시조에 대한 이해로 적절하지 <u>않은</u> 것은?

─────────────────

한숨아 셰 한숨아 네 어늬 틈으로 드러온다
고모장즈 셰살장즈 가로다지 여다지에 암돌져귀 수돌져귀 비목걸새 쑥닥 박고 용(龍) 거북 즈물쇠로 수기수기 츠엿ᄂᆞ듸 병풍(屛風)이라 덜걱 져븐 족자(簇子)ㅣ라 ᄃᆡᄃᆡ글 믄다 네 어늬 틈으로 드러온다
어인지 너 온 날 밤이면 줌 못 드러 ᄒᆞ노라

　　　　　　　　　　　　　 – 작자 미상, 「한숨아 셰 한숨아」

① 부사어를 활용하여 시적 대상의 존재를 부각하고 있다.
② 의인화한 시적 대상과의 대화를 통해 시상을 전개하고 있다.
③ 동일한 구절을 반복하여 시적 대상에 대한 화자의 감정을 강조하고 있다.
④ 유사한 종류의 사물들을 열거하여 시적 대상을 향한 화자의 의지를 나타내고 있다.

05

다음 시조에 대한 설명으로 가장 적절한 것은?

> 썻썻 常 평홀 平 통홀 通 보뷔 寶字
>
> 구멍은 네모지고 四面이 둥그러셔 썩듸글 구으러 간 곳마두 반기는고나
>
> 엇더타 죠고만 金죠각을 두챵이 닷토거니 나는 아니 죠해라

① 조선 후기의 첨예한 신분 갈등이 제재를 통해 드러나고 있다.

② 의인화된 제재와 대화하는 형식을 통해 주제를 표현하고 있다.

③ 제재에 대한 일반적 반응과 시적 화자의 반응이 대조되고 있다.

④ 화자의 심화된 내적 갈등을 보여 주기 위해 대립적 성격의 소재를 활용하고 있다.

2 연시조

06

다음 작품에 대한 감상으로 적절하지 않은 것은?

> (가) 슬프나 즐거오나 옳다 하나 외다 하나
>   내 몸의 해올 일만 닦고 닦을 뿐이언정
>   그 밧긔 여남은 일이야 분별(分別)할 줄 이시랴
>
> (나) 내 일 망녕된 줄 내라 하여 모랄손가
>   이 마음 어리기도 님 위한 탓이로세
>   아뫼 아무리 일러도 임이 혜여 보소서
>
> (다) 추성(秋城) 진호루(鎭胡樓) 밧긔 울어 예는 저 시내야
>   무음 호리라 주야(晝夜)에 흐르는다
>   님 향한 내 뜻을 조차 그칠 뉘를 모르나다
>
> (라) 뫼흔 길고 길고 물은 멀고 멀고
>   어버이 그린 뜻은 많고 많고 하고 하고
>   어디서 외기러기는 울고 울고 가느니
>
> — 윤선도, 「견회요」

① (가)에서 슬프든 즐겁든 자신의 할 일만 닦을 뿐이라는 것으로 보아 화자의 강직한 태도를 엿볼 수 있군.

② (나)에서 자신의 잘못을 잘 안다고 한 것으로 보아 타인을 원망하기보다는 화자 스스로의 잘못을 더 뉘우치고 있군.

③ (다)에서 임을 향한 뜻을 밤낮 흐르는 시냇물에 비유한 것으로 보아 화자가 지닌 변함없는 연군의 심정을 느낄 수 있군.

④ (라)에서 어버이를 그리는 절절한 정이 표현되는 것으로 보아 화자의 인간적인 면모를 짐작할 수 있군.

③ 한시

07

㉠ ~ ㉣에 대한 이해로 적절하지 <u>않은</u> 것은?

> 有此茅亭好 이 멋진 ㉠ <u>초가 정자</u> 있고
> 綠林細徑通 수풀 사이로 오솔길 나 있네
> 微吟一杯後 술 한 잔 하고 시를 읊조리면서
> 高座百花中 온갖 꽃 속에서 ㉡ <u>높다랗게</u> 앉아 있네
> 丘壑長看在 산과 계곡은 언제 봐도 그대로건만
> 樓臺盡覺空 ㉢ <u>누대</u>는 하나같이 비어 있구나
> 莫吹紅一點 붉은 꽃잎 하나라도 흔들지 마라
> 老去惜春風 늙어갈수록 ㉣<u>봄바람</u>이 안타깝구나
> ― 심환지, 「육각지하화원소정염운(六閣之下花園小亭拈韻)」

① ㉠: 시간적 흐름에 따른 시상 전개를 매개하고 있다.
② ㉡: 시적 화자의 초연한 태도를 드러내고 있다.
③ ㉢: 자연에 대비되는 쇠락한 인간사를 암시하고 있다.
④ ㉣: 꽃잎을 흔드는 부정적 이미지로 기능하고 있다.

08

㉠ ~ ㉣ 중 적절하지 <u>않은</u> 것은?

> 寂寞荒田側 적막한 묵정밭 가에
> 繁花壓柔枝 만발한 꽃이 보드라운 가지를 누르네
> 香經梅雨歇 향기는 장맛비 지나면 엷어지고
> 影帶麥風欹 그림자는 보리바람 맞으면 흔들리겠지
> 車馬誰見賞 수레 탄 사람들이 누가 보아 주리
> 蜂蝶徒相窺 벌과 나비만 기웃거리는구나
> 自慙生地賤 천한 땅에 태어난 것 부끄러우니
> 堪恨人棄遺 사람들에게 버림받은 것 어찌 원망하리오
> ― 최치원, 「촉규화(蜀葵花)」

> 이 시는 최치원이 당나라 유학 시절, 관직에 오르기 전에 지은 것으로 추정된다. 길가의 촉규화에 자신을 투영하여 출중한 능력에도 원하는 바를 성취할 수 없었던 서글픈 처지를 노래하였다. ㉠ <u>이 시에서 "만발한 꽃"은 작가 자신이 지니고 있는 빼어난 능력을 가리킨다고 할 수 있다.</u> 그러나 능력이 있다고 해서 곧바로 등용될 수 있는 것은 아니었는데, ㉡ <u>그에게는 자신의 능력을 알아보고 등용의 기회를 부여해 줄 "수레 탄 사람들"이 필요했다.</u> 뿐만 아니라 ㉢ <u>"수레 탄 사람들"과 자신을 이어줄 수 있는 "벌과 나비" 역시 절실했다.</u> 이 작품에서 ㉣ <u>"천한 땅"은 시적 대상인 촉규화가 피어난 곳을 의미하기도 하고 작가 자신이 태어난 땅을 의미하기도 한다.</u>

① ㉠ ② ㉡
③ ㉢ ④ ㉣

09 〓〓〓〓〓〓〓〓〓〓〓〓〓 2020년 국가직 9급

〈보기〉는 다음 한시에 대한 감상이다. ㉠~㉣ 중 적절하지 않은 것은?

> 白犬前行黃犬隨
> 흰둥이가 앞서고 누렁이는 따라가는데
> 野田草際塚纍纍
> 들밭머리 풀섶에는 무덤이 늘어서 있네
> 老翁祭罷田間道
> 늙은이가 제사를 끝내고 밭 사이 길로 들어서자
> 日暮醉歸扶小兒
> 해 저물어 취해 돌아오는 길을 아이가 부축하네
>
> — 이달, 「제총요(祭塚謠)」

─ [보기] ─

이달(李達, 1561~1618)이 살았던 시기를 고려할 때, 시인은 임진왜란을 겪었을 것이라 추정된다. ㉠ 이 시는 해질 무렵 두 사람이 제사를 지낸 뒤 집으로 돌아오는 상황을 노래하고 있다. ㉡ 이 시에서 무덤이 들밭머리에 늘어서 있다는 것은 전란을 겪은 마을에서 많은 이들이 갑작스러운 죽음을 맞이했음을 의미한다고 할 것이다. 여기 등장하는 늙은이와 아이는 할아버지와 손자의 관계로 파악할 수 있다. 아마도 이들은 아이의 부모이자 할아버지의 자식에 해당하는 이의 무덤에 다녀오는 길일 것이다. ㉢ 할아버지가 취한 까닭도 죽은 이에 대한 안타까움과 속상함 때문일 것이다. ㉣ 이 시는 전반부에서는 그림을 그리듯이 장면을 묘사하고 후반부에서는 정서를 표출하는 선경후정의 형식을 취하고 있다.

① ㉠
② ㉡
③ ㉢
④ ㉣

④ 가사

10 〓〓〓〓〓〓〓〓〓〓〓〓〓 2020년 지방직 7급

다음 글의 화자에 대한 설명으로 가장 적절한 것은?

> 열 두 째 김도 길샤 설흔 날 지리(支離)ᄒ다. 옥창(玉窓)에 심근 매화(梅花) 몃 번이나 픠여진고. 겨울 밤 차고 찬 제 자최눈 섯거 치고, 여름날 길고 길 제 구준 비는 므스 일고. 삼춘 화류(三春花柳) 호시절(好時節)의 경물(景物)이 시름업다. 가을 둘 방에 들고 실솔(蟋蟀)이 상(床)에 울 제, 긴 한숨 디는 눈물 속절 업시 혬만 만타. 아마도 모진 목숨 죽기도 어려울사. 도로혀 풀처 혜니 이리 ᄒ여 어이 ᄒ리. 청등(靑燈)을 돌라 노코 녹기금(綠綺琴) 빗기 안아, 벽련화(碧蓮花) 한 곡조를 시름 조ᄎ 섯거 타니, 소상(瀟湘) 야우(夜雨)의 댓소리 섯도는 듯, 화표(華表) 천년(千年)의 별학(別鶴)이 우니는 듯, 옥수(玉手)의 타는 수단(手段) 녯 소래 잇다마는, 부용장(芙蓉帳) 적막(寂寞)ᄒ니 뉘 귀에 들리소니. 간장(肝腸)이 구곡(九曲)되야 구븨구븨 쓴쳐서라. 출하리 잠을 드러 쑴의나 보려 하니, 바람의 디는 닢과 풀 속에 우는 즘생, 므스 일 원수로서 잠조차 쌔오는다. 천상(天上)의 견우 직녀(牽牛織女) 은하수(銀河水) 막혀셔도, 칠월 칠석(七月七夕) 일년 일도(一年一度) 실기(失期)치 아니거든, 우리 님 가신 후는 무슨 약수(弱水) 가렷관듸, 오거나 가거나 소식(消息)조차 쓰쳣는고. 난간(欄干)의 비겨 셔서 님 가신 듸 바라보니, 초로(草露)는 맷쳐 잇고 모운(暮雲)이 디나갈 제, 죽림(竹林) 푸른 고듸 새 소리 더욱 설다. 세상의 서룬 사람 수업다 ᄒ려니와, 박명(薄命)ᄒ 홍안(紅顔)이야 날 가트니 쏘 이실가. 아마도 이 님의 지위로 살동말동 ᄒ여라.
>
> — 허난설헌, 「규원가(閨怨歌)」

① 시간 변화를 통해 슬픔과 기쁨의 감정 변화를 나타내고 있다.
② 자신이 처한 상황과 그 심정을 자연물에 의탁해서 드러내고 있다.
③ 자신에게 가해지는 차별과 억압의 원인을 연인과의 이별에서 찾고 있다.
④ 운명에 순응하여 힘든 결혼 생활을 견뎌 온 것에 대해 자부심을 가지고 있다.

CHAPTER 02 산문 문학

제6회

01 현대소설

1 상황 판단형

01   2024년 국가직 9급

다음 글을 이해한 내용으로 가장 적절한 것은?

> 문득, 제비와 같이 경쾌하게 전보 배달의 자전거가 지나간다. 그의 허리에 찬 조그만 가방 속에 어떠한 인생이 압축되어 있을 것인고. 불안과, 초조와, 기대와…… 그 조그만 종이 위의, 그 짧은 문면(文面)은 그렇게도 용이하게, 또 확실하게, 사람의 감정을 지배한다. 사람은 제게 온 전보를 받아 들 때 그 손이 가만히 떨림을 스스로 깨닫지 못한다. 구보는 갑자기 자기에게 온 한 장의 전보를 그 봉함(封緘)을 떼지 않은 채 손에 들고 감동하고 싶은 충동을 느꼈다. 전보가 못 되면, 보통우편물이라도 좋았다. 이제 한 장의 엽서에라도, 구보는 거의 감격을 가질 수 있을 게다.
>
> 흥, 하고 구보는 코웃음쳐 보았다. 그 사상은 역시 성욕의, 어느 형태로서의, 한 발현에 틀림없었다. 그러나 물론 결코 부자연하지 않은 생리적 현상을 무턱대고 업신여길 의사는 구보에게 없었다. 사실 서울에 있지 않은 모든 벗을 구보는 잊은 지 오래였고 또 그 벗들도 이미 오랫동안 소식을 전하여 오지 않았다. 그들은, 모두, 지금, 무엇들을 하고 있을꼬. 한 해에 단 한 번 연하장을 보내 줄 따름의 벗에까지, 문득 구보는 그리움을 가지려 한다. 이제 수천 매의 엽서를 사서, 그 다방 구석진 탁자 위에서…… 어느 틈엔가 구보는 가장 열정을 가져, 벗들에게 편지를 쓰고 있는 제 자신을 보았다. 한 장, 또 한 장, 구보는 재떨이 위에 생담배가 타고 있는 것도 깨닫지 못하고, 그가 기억하고 있는 온갖 벗의 이름과 또 주소를 엽서 위에 흘려 썼다 …… 구보는 거의 만족한 웃음조차 입가에 띠며, 이것은 한 개 단편소설의 결말로는 결코 비속하지 않다, 생각하였다. 어떠한 단편소설의—물론, 구보는, 아직 그 내용을 생각하지 않았다.
>
> — 박태원, 「소설가 구보 씨의 일일」

① 벗들과의 추억을 시간순으로 회상하고 있다.
② 주인공인 서술자가 주변 거리를 재현하고 있다.
③ 연상 작용에 의해 인물의 생각이 연속되고 있다.
④ 전보가 이동된 경로를 따라 사건이 전개되고 있다.

---

02   2024년 지방직 9급

다음 글의 '나'에 대한 이해로 가장 적절한 것은?

> 인도교와 거의 평행선을 지어 사람들의 발자국이 줄을 지어 얼음 위를 거멓게 색칠하였다. 인도교가 어엿하게 있음에도 불구하고 그들은 왜 얼음 위를 걸어가지 않으면 안 되었나? 그들은 그만큼 그들의 길을 단축하지 않으면 안 되도록 무슨 크나큰 일이 있었던 것일까?……
>
> 나는 그들의 고무신을 통하여, 짚신을 통하여, 그들의 발바닥이 감촉하였을, 너무나 차디찬 얼음장을 생각하고, 저 모르게 부르르 몸서리치지 않을 수 없었다.
>
> 가방을 둘러멘 보통학교 생도가 얼음 위를 지났다. 팔짱 낀 사나이가 동저고리 바람으로 뒤를 따랐다. 빵장수가 통을 둘러메고 또 뒤를 이었다. 조바위 쓴 아낙네, 감투 쓴 노인……. 그들의 수효는 분명히 인도교 위를 지나는 사람보다 많았다.
>
> 강바람은 거의 끊임없이 불어왔다. 그 사나운 바람은 얼음 위를 지나는 사람들의 목을 움츠리게 하였다. 목을 한껏 움츠리고 강 위를 지나는 그들의 모양은 이곳 풍경을 좀 더 삭막하게 하여 놓았다.
>
> 나는 그것에 나의 마지막 걸어갈 길을 너무나 확실히 보고, 그리고 저 모르게 악연*하였다……
>
> — 박태원, 「피로」

* 악연하다: 몹시 놀라 정신이 아찔하다.

① 얼음 위를 지나는 사람들에게 이질감을 느끼면서도 공감하고 있다.
② 대도시에서 마주하는 타인의 비정함 때문에 좌절하고 있다.
③ 인도교 위를 지나는 사람들의 어리석음을 비판적으로 바라보고 있다.
④ 생의 종말이 멀지 않았다는 사실을 확인하고 슬퍼하고 있다.

다음 작품에 대한 이해로 적절하지 않은 것은?

> 나는 거칠게 수화기를 내려놓았다. 뻔뻔스럽긴. 이젠 순 배짱이잖아. 소리 내어 욕설을 퍼부어도 화가 가라앉지 않았다. 그렇다고 언제까지 경비원을 사이에 두고 '하랍신다', '하신다더라' 하며 신경전을 펼 수도 없는 일이었다. 화가 날수록 침착하고 부드럽게 처신해야 한다는 것은 나이가 가르친 지혜였다. 지난겨울 선물로 받은, 아직 쓰지 않은 실내용 슬리퍼에 생각이 미친 것은 스스로도 신통했다. 선물도 무기가 되는 법, 발소리를 죽이는 푹신한 슬리퍼를 선물함으로써 소리를 죽이라는 메시지와 함께 소리로 인해 고통 받는 내 심정을 간접적으로 나타낼 수 있으리라. 사려 깊고 양식 있는 이웃으로서 공동생활의 규범에 대해 조곤조곤 타이르리라.
>
> 위층으로 올라가 벨을 눌렀다. 안쪽에서 누구세요, 묻는 소리가 들리고 십 분 가까이 지나 문이 열렸다. '이웃사촌이라는데 아직 인사도 없이……' 등등 준비했던 인사말과 함께 포장한 슬리퍼를 내밀려던 나는 첫마디를 뗄 겨를도 없이 우두망찰했다. 좁은 현관을 꽉 채우며 휠체어에 앉은 젊은 여자가 달갑잖은 표정으로 나를 올려다보았다.
>
> "안 그래도 바퀴를 갈아 볼 작정이었어요. 소리가 좀 덜 나는 것으로요. 어쨌든 죄송해요. 도와주는 아줌마가 지금 안 계셔서 차 대접할 형편도 안 되네요."
>
> 여자의 텅 빈, 허전한 하반신을 덮은 화사한 빛깔의 담요와 휠체어에서 황급히 시선을 떼며 나는 할 말을 잃은 채 슬리퍼 든 손을 등 뒤로 감추었다.
>
> — 오정희, 「소음 공해」

① '나'에게는 문제를 해결하려는 의지가 있다.
② '나'는 소음의 정체를 확인한 순간 부끄러움을 느끼고 있다.
③ 공동주택을 배경으로 소음 공해로 인한 갈등을 다루고 있다.
④ '슬리퍼'는 소음의 원인이자 극적 반전의 계기가 되는 소재이다.

다음 글을 감상한 내용으로 가장 적절한 것은?

> 슬프다! 여러 짐승의 연설을 듣고 가만히 생각하여 보니, 세상에 불쌍한 것이 사람이로다. 내가 어찌하여 사람으로 태어나서 이런 욕을 보는고! 사람은 만물 중에 귀하기로 제일이요, 신령하기도 제일이요, 재주도 제일이요, 지혜도 제일이라 하여 동물 중에 제일 좋다하더니, 오늘날로 보면 제일로 악하고 제일 흉괴하고 제일 음란하고 제일 간사하고 제일 더럽고 제일 어리석은 것은 사람이로다. 까마귀처럼 효도할 줄도 모르고, 개구리처럼 분수 지킬 줄도 모르고, 여우보담도 간사한, 호랑이보담도 포악한, 벌과 같이 정직하지도 못하고, 파리같이 동포 사랑할 줄도 모르고, 창자 없는 일은 게보다 심하고, 부정한 행실은 원앙새가 부끄럽도다. 여러 짐승이 연설할 때 나는 사람을 위하여 변명 연설을 하리라 하고 몇 번 생각하여 본즉 무슨 말로 변명할 수가 없고, 반대를 하려 하나 현하지변(懸河之辯)을 가지고도 쓸데가 없다. 사람이 떨어져서 짐승의 아래가 되고, 짐승이 도리어 사람보다 상등이 되었으니, 어찌하면 좋을꼬?
>
> — 안국선, 「금수회의록」

① 대화를 통해 대상을 입체적으로 그리고 있다.
② 감각적 묘사를 통해 대상을 개성적으로 나타내고 있다.
③ 우화 형식을 통해 대상의 양면성을 풍자적으로 그리고 있다.
④ 역전적 시간 구성을 통해 대상들의 갈등을 첨예하게 나타내고 있다.

05

다음 글에 대한 이해로 적절하지 <u>않은</u> 것은?

정거장에 나온 박은 수염도 깎은 지 오래어 터부룩한 데다 버릇처럼 자주 찡그려지는 비웃는 웃음은 전에 못 보던 표정이었다. 그 다니는 학교에서만 지싯지싯* 붙어 있는 것이 아니라 이 시대 전체에서 긴치 않게 여기는, 지싯지싯 붙어 있는 존재 같았다. 현은 박의 그런 지싯지싯함에서 선뜻 자기를 느끼고 또 자기의 작품들을 느끼고 그만 더 울고 싶게 괴로워졌다.

한참이나 붙들고 섰던 손목을 놓고, 그들은 우선 대합실로 들어왔다. 할 말은 많은 듯하면서도 지껄여 보고 싶은 말은 골라낼 수가 없었다. 이내 다시 일어나 현은,

"나 좀 혼자 걸어 보구 싶네."

하였다. 그래서 박은 저녁에 김을 만나 가지고 대동강가에 있는 동일관이란 요정으로 나오기로 하고 현만이 모란봉으로 온 것이다.

오면서 자동차에서 시가도 가끔 내다보았다. 전에 본 기억이 없는 새 빌딩들이 꽤 많이 늘어섰다. 그중에 한 가지 인상이 깊은 것은 어느 큰 거리 한 뿌다귀*에 벽돌 공장도 아닐 테요 감옥도 아닐 터인데 시뻘건 벽돌만으로, 무슨 큰 분묘와 같이 된 건축이 웅크리고 있는 것이다. 현은 운전사에게 물어보니, 경찰서라고 했다.

— 이태준, 「패강랭」

* 지싯지싯: 남이 싫어하는지는 아랑곳하지 아니하고 제가 좋아하는 것만 짓궂게 자꾸 요구하는 모양.
* 뿌다귀: '뿌다구니'의 준말로, 쑥 내밀어 구부러지거나 꺾여져 돌아간 자리.

① '현'은 예전과 달라진 '박'의 태도가 자신의 작품 때문이라고 생각하고 있다.
② '현'은 자신과 비슷한 처지에 있는 '박'을 통해 자신을 연민하고 있다.
③ '현'은 새 빌딩들을 보고 도시가 많이 변화하고 있음을 인지하고 있다.
④ '현'은 시뻘건 벽돌로 만든 경찰서를 보고 암울한 분위기를 느끼고 있다.

06

다음 작품에 대한 설명으로 적절한 것은?

창틀에 동그마니 올라앉은 그는, 등을 한껏 꼬부리고 무릎을 세운 자세 때문에 어린아이처럼, 혹은 늙은 꼽추처럼 보인다. 어쩌면 표면장력으로 동그랗게 오므라든 한 방울의 수은을 연상시켜 그 자체의 중량으로 도르르 미끄러져 내리지나 않을까 하는 아찔한 의구심을 갖게도 한다. 그러나 창에는 철창이 둘려 있기 때문에 나는 마치 렌즈의 핀을 맞출 때처럼 객관적인 거리를 유지하며 냉정한 눈으로 그를 살필 수 있다.

그의 살갗 밑을 흐르는 혈액 속에는 표면장력이 있어 그는 늘 그렇게 자신의 표면을 최소한으로 줄이려는 염원으로 잔뜩 웅크린 채 조심스럽게 살아가고 있는 것 같다. 미안합니다, 아주 죄송스럽군요, 하는 듯한 웃음을 언제든 필요할 때 즉시 내보낼 수 있도록 입 안쪽 어디쯤에 고여 두고 있는 것 같기도 하다.

허공을 정확히 정육각형으로 조각조각 가르고 있는 창살 너머 잔잔히 깔린 비늘구름에 노을빛이 묻어 붉그레하게 빛나고 있다. 나는 때때로, 특히 달 밝은 밤 창 바깥쪽에서 잠자리나 초파리의 수많은 겹눈이 안을 들여다보고 있는 듯한 느낌에 잠에서 깨어나 거의 유아적인 공포에 사로잡히곤 한다.

그는 여전히 웅크린 채 창틀에 앉아 휘익휘익 휘파람을 불고 있다. 바람 때문에 공기의 진동은 내가 있는 곳에 채 닿기도 전에 소리의 형태를 스러뜨리고 사라져버려 나는 그가 어떠한 곡조를 휘파람으로 불고 있는지 알 수 없다.

— 오정희, 「불의 강」

① '나'의 '냉정한 눈'을 통해 대상의 객관적 이미지를 형상화하고 있다.
② '나'를 통한 1인칭 서술 방식으로 초점화 대상의 심리를 직접적으로 드러내고 있다.
③ 사건을 압축적으로 요약함으로써 전체 서사의 배경을 제시하고 있다.
④ 사건의 서술이 없이 인물의 외양과 시공간에 대한 묘사에 치중하고 있다.
⑤ 작품 속 장면이 '그'를 초점화하는 '나'의 시선이 움직이는 동선에 따라 바뀌고 있다.

2 세트형

[07 ~ 08] 다음 글을 읽고 물음에 답하시오.

[앞부분 줄거리] '나'의 친정어머니는 넘어져 크게 다치는 바람에 수술을 받게 되고, '나'는 홀로 어머니의 병실을 지키게 된다. 아흔에 가까운 고령의 어머니는 수술 후 마취가 풀리면서 허공에 대고 소리치는 등 이상한 행동을 보인다.

"그놈 또 왔다. 뭘하고 있냐! 느이 오래빌 숨겨야지, 어서"
"엄마, 제발 이러시지 좀 마세요. 오빠가 어디 있다고 숨겨요?"
"그럼 느이 오래빌 벌써 잡아갔냐."
"엄마, 제발."
어머니의 손이 사방을 더듬었다. 그러다가 붕대 감긴 자기의 다리에 손이 닿자 날카롭게 속삭였다.
"가엾은 내 새끼 여기 있었구나. 꼼짝 말아. 다 내가 당할 테니."
어머니의 떨리는 손이 다리를 감싸는 시늉을 했다. ㉠그때부터 어머니의 다리는 어머니의 아들이었다. 어머니는 온몸으로 그 다리를 엄호하면서 어머니의 적을 노려보았다. 어머니의 적은 저승의 사자가 아니었다.
"군관 동무, 군관 선생님, 우리 집엔 여자들만 산다니까요."
어머니의 눈의 푸른 기가 애처롭게 흔들리면서 입가에 비굴한 웃음이 감돌았다. 나는 어머니가 환각으로 보고 있는 게 무엇이라는 걸 알아차렸다. 가엾은 어머니, 차라리 저승의 사자를 보시는 게 나았을 것을……
어머니는 그 다리를 어디다 숨기려는지 몸부림쳤다. 그러나 어머니의 다리는 요지부동이었다.
"군관 나으리, 우리 집엔 여자들만 산다니까요. 찾아보실 것도 없다니까요. 군관 나으리."
그러나 절대절명의 위기가 어머니에게 육박해오고 있음을 난들 어쩌랴. 공포와 아직도 한 가닥 기대를 건 비굴이 어머니의 얼굴을 뒤죽박죽으로 일그러뜨리고 이마에선 구슬 같은 땀이 송글송글 솟아오르고 다리를 감싼 손과 앙상한 어깨는 사시나무 떨듯 떨고 있었다.
가엾은 어머니, 하늘도 무심하시지, 차라리 죽게 하시지, 그 몹쓸 일을 두 번 겪게 하시다니……
"어머니, 어머니 이러시지 말고 제발 정신 차리세요."
나는 어머니의 어깨를 흔들면서 울부짖었다. 어머니는 어디서 그런 힘이 솟는지 나를 검부러기처럼 가볍게 털어내면서 격렬하게 몸부림쳤다.
"안된다. 안돼. 이 노옴. 안돼. 너도 사람이냐? 이 노옴, 이 노옴."
나는 벽까지 떠다밀린 채 와들와들 떨면서 점점 심해가는 어머니의 광란을 지켜볼 수밖에 없었다. 어머니의 몸에서 수술한 다리만 빼고는 온몸이 노한 파도처럼 출렁였다. 그래서 더욱 그 다리는 어머니의 몸이 아닌 이물질처럼 괴기스러워 보였다. 어머니의 그 다리와 아들과의 동일시가 나한테까지 옮아붙은 것처럼 나는 그 다리가 무서웠다.

"안된다 이 노옴"이라는 호통과 "군관 나으리, 군관 선생님, 군관 동무"라는 아부를 번갈아 하며 몸부림치는 서슬에 마침내 링거줄이 주사바늘에서 빠져 버렸다. 혈관에 꽂힌 채인 주사바늘을 통해 피가 역류해 환자복과 시트를 점점 물들였다. 피를 보자 어머니의 광란은 극에 달했다.

[중략 줄거리] '나'는 겨우 어머니를 진정시킨다. 과거 6·25 전쟁에서 '나'의 오빠는 인민군 치하에서 어쩔 수 없이 의용군에 지원했다가 겨우 탈출하여 돌아온다.

그런데 오빠는 속속들이 망가져 있었다.
전세가 불리해져 피란을 갈 상황에 처한 가족은 예전에 살던 동네에 숨어 지내게 된다. 그러던 어느 날, 집에 들어닥친 인민군 군관에게 발각된다.

다시 포성이 가까워지고 그들의 눈에 핏발이 서기 시작했다. 어머니는 앉으나서나 그들이 곱게 물러가기만을 축수했다.
"그저 내 자식 해코지만 마소서. 불쌍한 내 자식 해코지만 마소서."
마침내 보위군관이 작별하러 왔다. 그의 작별 방법은 특이했다.
"내가 동무들같이 간사한 무리들한테 끝까지 속을 것 같소. 지금이라도 바른 대로 대시오. 이래도 바른 소리를 못하겠소?"
그가 허리에 찬 권총을 빼 오빠에게 겨누며 말했다.
"안된다. 안돼. 이 노옴 너도 사람이냐? 이 노옴."
어머니가 외마디 소리를 지르며 그의 팔에 매달렸다. 오빠는 으, 으, 으, 으, 짐승 같은 소리로 신음하는 게 고작이었다. 그가 어머니를 획 뿌리쳤다.
"이래도 이래도 바른 말을 안할 테냐? 이래도."
총성이 울렸다. 다리였다. 오빠는 으, 으, 으, 으, 같은 소리밖에 못 냈다.
"좋다. 이래도 바른 말을 안할 테냐? 이래도."
또 총성이 울렸다. 같은 말과 총성이 서너 번이나 되풀이됐다. 잔혹하게도 그 당장 목숨이 끊어지지 않게 하체만 겨냥하고 쏴댔다.
오빠는 유혈이 낭자한 가운데 기절해 꼬꾸라지고 어머니도 그가 뿌리쳐 나동그라진 자리에서 처절한 외마디 소리만 지르다가 까무라쳤다.
"죽기 전에 바른말 할 기회를 주기 위해 당장 죽이진 않겠다."
그후 군관은 다시 나타나지 않았다. 며칠만에 세상은 또 바뀌었다.
오빠의 총상은 다 치명상이 아니었는데도 며칠만에 운명했다. 출혈이 심한데다 적절한 치료를 받을 수가 없었기 때문이다.

— 박완서, 「엄마의 말뚝 2」

07　

윗글의 서술상 특징으로 가장 적절한 것은?

① 서술자가 자신의 심리적 반응과 해석을 구체적으로 제시하고 있다.

② 서술자를 장면에 따라 전환하여 사건을 입체적으로 전달하고 있다.

③ 동시에 벌어진 사건을 병렬적으로 제시하여 사건의 단서를 암시하고 있다.

④ 과거의 사건을 요약적으로 제시하여 인물 간의 갈등이 해소되는 과정을 보여주고 있다.

08　

㉠과 관련해 작품의 구절을 이해한 내용으로 가장 적절하지 않은 것은?

① '어머니'가 '온몸으로 그 다리를 엄호'하는 것은, 과거 사건에서 '아들'을 지키고자 했던 '어머니'의 마음이 담긴 것이군.

② '어머니'가 환각 속에서 보고 있는 '군관'은, 과거 사건에서 '오빠'를 해친 존재로군.

③ '나'가 '차라리 죽게 하시지'라고 생각하는 이유는, '어머니'의 환각이 매우 고통스러움을 알고 있기 때문이군.

④ '어머니'가 '나'를 '털어내면서 격렬하게 몸부림'치는 이유는, 과거 '나'가 '오빠'를 지키지 못한 것에 대한 원망 때문이군.

---

③ 신유형

09　

다음 글의 ㉠ ~ ㉢에 들어갈 말을 적절하게 나열한 것은?

소설과 현실의 관계를 온당하게 살피기 위해서는 세계의 현실성, 문제의 현실성, 해결의 현실성을 구별해야 한다. 우리가 살고 있는 이 입체적인 시공간에서 특히 의미 있는 한 부분을 도려내어 서사의 무대로 삼을 경우 세계의 현실성이 확보된다. 그 세계 안의 인간이 자신을 둘러싼 세계와 고투하면서 당대의 공론장에서 기꺼이 논의해볼 만한 의제를 산출해낼 때 문제의 현실성이 확보된다. 한 사회가 완강하게 구조화하고 있는 '가능한 것'과 '불가능한 것'의 좌표를 흔들면서 특정한 선택지를 제출할 때 해결의 현실성이 확보된다.

최인훈의 「광장」은 밀실과 광장 사이에서 고뇌하는 주인공의 모습을 통해 '남(南)이냐 북(北)이냐'라는 민감한 주제를 격화된 이념 대립의 공론장에 던짐으로써 ⌐ ㉠ ⌐을 확보하였다. 작품의 시공간으로 당시 남한과 북한을 소설적 세계로 선택함으로써 동서 냉전 시대의 보편성과 한반도 분단 체제의 특수성을 동시에 포괄할 수 있는 ⌐ ㉡ ⌐도 확보하였다. 「광장」에서 주인공이 남과 북 모두를 거부하고 자살을 선택하는 결말은 남북으로 상징되는 당대의 이원화된 이데올로기를 근저에서 흔들었다. 이로써 ⌐ ㉢ ⌐을 확보할 수 있었다.

	㉠	㉡	㉢
①	문제의 현실성	세계의 현실성	해결의 현실성
②	문제의 현실성	해결의 현실성	세계의 현실성
③	세계의 현실성	문제의 현실성	해결의 현실성
④	세계의 현실성	해결의 현실성	문제의 현실성

10 ▓▓▓▓▓▓▓▓▓▓▓▓▓▓▓▓▓▓▓▓▓▓▓▓ 2025년 국가직 9급 예비 문제

다음 글에서 추론한 내용으로 가장 적절한 것은?

'크로노토프'는 그리스어로 시간과 공간을 뜻하는 두 단어를 결합한 것으로, 시공간을 통합적으로 이해하기 위한 개념이다. 크로노토프의 관점에서 보면 고소설과 근대소설의 차이를 명확하게 파악할 수 있다.

고소설에는 돌아가야·할 곳으로서의 원점이 존재한다. 그것은 영웅소설에서라면 중세의 인륜이 원형대로 보존된 세계이고, 가정소설에서라면 가장을 중심으로 가족 구성원들이 평화롭게 공존하는 가정이다. 고소설에서 주인공은 적대자에 의해 원점에서 분리되어 고난을 겪는다. 그들의 목표는 상실한 원점을 회복하는 것, 즉 그곳에서 향유했던 이상적 상태로 돌아가는 것이다. 주인공과 적대자 사이의 갈등이 전개되는 시간을 서사적 현재라 한다면, 주인공이 도달해야 할 종결점은 새로운 미래가 아니라 다시 도래할 과거로서의 미래이다. 이러한 시공간의 배열을 '회귀의 크로노토프'라고 한다.

근대소설 「무정」은 회귀의 크로노토프를 부정한다. 이것은 주인공인 이형식과 박영채의 시간 경험을 통해 확인된다. 형식은 고아지만 이상적인 고향의 기억을 갖고 있다. 그것은 박 진사의 집에서 영채와 함께하던 때의 기억이다. 이는 영채도 마찬가지기에, 그들에게 박 진사의 집으로 표상되는 유년의 과거는 이상적 원점의 구실을 한다. 박 진사의 죽음은 그들에게 고향의 상실을 상징한다. 두 사람의 결합이 이상적 상태의 고향을 회복할 수 있는 유일한 방법이겠지만, 그들은 끝내 결합하지 못한다. 형식은 새 시대의 새 인물이 되어야 한다고 생각하며 과거로의 복귀를 거부한다.

① 「무정」과 고소설은 회귀의 크로노토프를 부정한다는 점에서 공통적이다.
② 영웅소설의 주인공과 「무정」의 이형식은 그들의 이상적 원점을 상실했다는 공통점을 가지고 있다.
③ 「무정」에서 이형식이 박영채와 결합했다면 새로운 미래로서의 종결점에 도달할 수 있었을 것이다.
④ 가정소설은 가족 구성원들이 평화롭게 공존하는 결말을 통해 상실했던 원점으로의 복귀를 거부한다.

CHAPTER **02** **산문 문학**

제7회

02 **고전소설**

1 문학 이론

01   2021년 지방직 9급

㉠ ~ ㉣에 대한 설명으로 옳지 않은 것은?

> 이때는 오월 단옷날이렷다. 일 년 중 가장 아름다운 시절이라. ㉠ 이때 월매 딸 춘향이도 또한 시서 음률이 능통하니 천중절을 모를쏘냐. 추천을 하려고 향단이 앞세우고 내려올 제, 난초같이 고운 머리 두 귀를 눌러 곱게 땋아 봉황 새긴 비녀를 단정히 매었구나. (중략) 장림 속으로 들어가니 ㉡ 녹음방초 우거져 금잔디 쫘르르 깔린 곳에 황금 같은 꾀꼬리는 쌍쌍이 날아든다. 버드나무 높은 곳에서 그네 타려 할 때, 좋은 비단 초록 장옷, 남색 명주 홑치마 훨훨 벗어 걸어 두고, 자주색 비단 꽃신을 썩썩 벗어 던져두고, 흰 비단 새 속옷 턱밑에 훨씬 추켜올리고, 삼 껍질 그넷줄을 섬섬옥수 넌지시 들어 두 손에 갈라 잡고, 흰 비단 버선 두 발길로 홀쩍 올라 발 구른다. (중략) ㉢ 한 번 굴러 힘을 주며 두 번 굴러 힘을 주니 발밑에 작은 티끌 바람 쫓아 펄펄, 앞뒤 점점 멀어 가니 머리 위의 나뭇잎은 몸을 따라 흔들흔들. 오고갈 제 살펴보니 녹음 속의 붉은 치맛자락 바람결에 내비치니, 높고 넓은 흰 구름 사이에 번갯불이 쏘는 듯 잠깐 사이에 앞뒤가 바뀌는구나. (중략) 무수히 진퇴하며 한참 노닐 적에 시냇가 반석 위에 옥비녀 떨어져 쟁쟁하고, '비녀, 비녀' 하는 소리는 산호채를 들어 옥그릇을 깨뜨리는 듯. ㉣ 그 형용은 세상 인물이 아니로다.
>
> — 작자 미상, 「춘향전」

① ㉠: 설의적 표현을 통해 춘향이도 천중절을 당연히 알 것이라는 점을 서술하고 있다.

② ㉡: 비유법을 사용하고 음양이 조화를 이룬 아름다운 봄날의 풍경을 서술하고 있다.

③ ㉢: 음성 상징어를 사용하여 춘향의 그네 타는 모습을 시각적으로 서술하고 있다.

④ ㉣: 서술자의 편집자적 논평을 통해 춘향이의 내면적 아름다움을 서술하고 있다.

2 상황 판단형

02   2024년 국가직 9급

다음 글을 이해한 내용으로 가장 적절한 것은?

> 부사는 장화와 홍련이 꿈에 나타나 자신들의 원통한 사정에 대해 고한 말을 듣고 배 좌수를 관아로 불러들였다. 부사가 물었다. "딸들이 무슨 병으로 죽었소?" 배 좌수는 머뭇거리며 답하지 못했다. 그러자 후처가 엿보고 있다가 남편이 사실을 누설할까 싶어 곧장 들어와 답했다. "제 친정은 이곳의 양반 가문입니다. 장녀 장화는 음행을 저질러 낙태한 뒤 부끄러움을 못 이기고 밤을 틈타 스스로 물에 빠져 죽었습니다. 차녀 홍련은 언니의 일이 부끄러워 스스로 목숨을 끊었습니다. 이렇게 낙태한 증거물을 바치니 부디 살펴봐 주시기 바랍니다." 부사는 그것을 보고 미심쩍어하며 모두 물러가게 했다.
>
> 이날 밤 운무가 뜰에 가득한데 장화와 홍련이 다시 나타났다. "계모가 바친 것은 실제로 제가 낙태해서 나온 것이 아니라 계모가 죽은 쥐의 가죽을 벗겨 제 이불 안에 몰래 넣어 둔 것입니다. 다시 그것을 가져다 배를 갈라 보시면 분명 허실을 알게 되실 겁니다." 이에 부사가 그 말대로 했더니 과연 쥐가 분명했다.
>
> — 작자 미상, 「장화홍련전」

① 부사는 배 좌수의 후처가 제시한 증거를 보고 장화와 홍련의 말이 거짓이라고 확신했다.

② 배 좌수의 후처는 음행을 저지른 홍련이 스스로 물에 빠져 죽었다고 부사에게 거짓말을 하였다.

③ 장화는 배 좌수의 후처가 제시한 증거가 거짓임을 확인할 수 있는 계책을 부사에게 알려 주었다.

④ 배 좌수는 장화와 홍련이 스스로 목숨을 끊은 이유를 물어보는 부사에게 머뭇거리며 대답하지 못했다.

03 ▬▬▬▬▬▬▬▬▬▬▬

〈보기〉의 작품에 대한 설명으로 가장 옳지 <u>않은</u> 것은?

— [보기] —

광문은 사람됨이 외모는 극히 추악하고, 말솜씨도 남을 감동시킬 만하지 못하며, 입은 커서 두 주먹이 들락날락하고, 만석희(曼碩戲)*를 잘하고, 철괴무(鐵拐舞)*를 잘 추었다. 우리나라 아이들이 서로 욕을 할 때면, "니 형은 달문(達文)이다"라고 놀려 댔는데, 달문은 광문의 또 다른 이름이었다.

광문이 길을 가다가 싸우는 사람을 만나면 그도 역시 옷을 홀랑 벗고 싸움판에 뛰어들어, 뭐라고 시부렁대면서 땅에 금을 그어 마치 누가 바르고 누가 틀리다는 것을 판정이라도 하는 듯한 시늉을 하니, 온 저자 사람들이 다 웃어 대고 싸우던 자도 웃음이 터져, 어느새 싸움을 풀고 가 버렸다.

광문은 나이 마흔이 넘어서도 머리를 땋고 다녔다. 남들이 장가가라고 권하면, 하는 말이, "잘생긴 얼굴은 누구나 좋아하는 법이다. 그러나 사내만 그런 것이 아니라 비록 여자라도 역시 마찬가지다. 그러기에 나는 본래 못생겨서 아예 용모를 꾸밀 생각을 하지 않는다." 하였다.

— 박지원, 「광문자전」

* 만석희 : 개성 지방의 무언 인형극.
* 철괴무 : 중국 전설상의 팔선(八仙)의 하나인 이철괴(李鐵拐)의 모습을 흉내 내어 추는 춤.

① 외모, 말솜씨, 재주를 통해 인물이 소개되고 있다.
② 재치 있게 분쟁을 해결하는 상황이 제시되어 있다.
③ 인간의 본성에 대한 남녀의 차이가 드러나 있다.
④ 자신의 분수를 알고 욕심 없는 태도가 나타나 있다.

04 ▬▬▬▬▬▬▬▬▬▬▬

다음 글에 대한 설명으로 가장 거리가 <u>먼</u> 것은?

남원(南原)에 양생(梁生)이란 사람이 있었다. 어린 나이에 부모를 여의고 만복사(萬福寺) 동쪽에서 혼자 살았다. 방 밖에는 배나무 한 그루가 있었는데, 바야흐로 봄을 맞아 배꽃이 흐드러지게 핀 것이 마치 옥나무에 은이 매달린 듯하였다. 양생은 달이 뜬 밤이면 배나무 아래를 서성이며 낭랑한 목소리로 이런 시를 읊조렸다.

쓸쓸히 한 그루 나무의 배꽃을 짝해
달 밝은 이 밤 그냥 보내다니 가련도 하지.
청춘에 홀로 외로이 창가에 누었는데
어디서 들려오나 고운 님 피리 소리

외로운 비취새 짝없이 날고
짝 잃은 원앙새 맑은 강에 몸을 씻네.
내 인연 어딨을까 바둑알로 맞춰 보고
등불로 점을 치다 시름겨워 창에 기대네.

— 김시습, 「만복사저포기」

① 인물의 비과학적 면모를 엿볼 수 있다.
② 인생의 덧없음을 관조적으로 표현하고 있다.
③ 인물의 정서는 시간적 배경과 관련되어 표현되고 있다.
④ 대상에 빗대어 인물의 정서나 처지를 드러내고 있다.

05 ━━━━━━━━━━━━━━━━━━━━

다음 글을 이해한 내용으로 적절하지 <u>않은</u> 것은?

> 매우 치라 소리 맞춰, 넓은 골에 벼락치듯 후리쳐 딱 붙이니, 춘향이 정신이 아득하여, "애고 이것이 웬일인가?" 일자(一字)로 운을 달아 우는 말이, "일편단심 춘향이 일정지심 먹은 마음 일부종사 하겠더니 일신난처 이 몸인들 일각인들 변하리까? 일월 같은 맑은 절개 이리 힘들게 말으시오."
>
> "매우 치라." "꽤 때리오." 또 하나 딱 부치니, "애고." 이자(二字)로 우는구나. "이부불경 이내 마음 이군불사와 무엇이 다르리까? 이 몸이 죽더라도 이도령은 못 잊겠소. 이 몸이 이러한들 이 소식을 누가 전할까? 이왕 이리 되었으니 이 자리에서 죽여 주오."
>
> "매우 치라." "꽤 때리오." 또 하나 딱 부치니, "애고." 삼자(三字)로 우는구나. "삼청동 도련님과 삼생연분 맺었는데 삼강을 버리라 하소? 삼척동자 아는 일을 이내 몸이 조각조각 찢겨져도 삼종지도 중한 법을 삼생에 버리리까? 삼월삼일 제비같이 훨훨 날아 삼십삼천 올라가서 삼태성께 하소연할까? 애고애고 서러운지고."
>
> ─ 작자 미상, 「춘향전」

① 동일한 글자를 반복함으로써 리듬감을 조성하고 있다.
② 숫자를 활용하여 주인공이 처한 상황을 제시하고 있다.
③ 등장인물 간의 대화를 통해 주인공의 내적 갈등이 해결되고 있다.
④ 유교적 가치를 담고 있는 말을 활용하여 주인공의 의지를 드러내고 있다.

06 ━━━━━━━━━━━━━━━━━━━━

다음 글을 감상한 내용으로 적절하지 <u>않은</u> 것은?

> "여보, 영감. 중한 가장 매품 팔아먹고 산단 말은 고금천지 어디 가 보았소? 가지 마오. 불쌍한 영감아, 가지 마오. 하늘이 무너져도 솟아날 구멍이 있는 법이니 설마한들 죽사리까? 제발 가지 마오. 병영 영문 곤장 한 대를 맞고 보면 종신 골병이 든답디다. 불쌍한 우리 영감. 가지 마오." 흥보 자식들이 저의 어머니 울음소리를 듣고, 물소리 들은 거위처럼 고개 들고, "아버지, 병영 가시오?" "오냐." "아버지 병영 다녀오실 때 나 담뱃대 하나만 사다 주오." "이런 후레아들 같으니라구." 또 한 놈이 나오며, "아버지, 병영 다녀오실 때 나 풍안 하나 사다 주시오." "풍안은 무엇 하게?" "뒷동산에 가서 나무할 때 쓰면, 눈에 먼지 한 점 안 들고 좋답디다." 흥보 큰아들이 나와 앉으며, "아고, 아버지!" "너는 왜 또 부르느냐?" "아버지 병영 다녀오실 때, 나 각시 하나 사다 주시오." "각시는 무엇 하게?" "어머니 아버지 재산 없어 날 못 여위어주니, 데리고 막걸리 장사 할라요." 흥보가 병영 길을 허유허유 올라가며, 신세 한탄 울음 울며, "아고, 내 신세야. 누군 팔자 좋아 부귀영화 잘 사는데, 내 어이하여 이 지경인고?"
>
> ─ 작자 미상, 「흥보가」

① 흥보는 병영에 가서 매품팔이로 생계를 유지하려 한다.
② 아내의 말을 들은 흥보는 매품팔이하는 것을 유보하려 한다.
③ 흥보 자식들은 병영에 가는 아버지에게 태연히 부탁하고 있다.
④ 흥보는 병영으로 가는 길에 자신이 처한 현실을 한탄하고 있다.

다음 글에 대한 이해로 적절하지 <u>않은</u> 것은?

> 승상이 말을 마치기도 전에 구름이 걷히더니 노승은 간 곳이 없고 좌우를 돌아보니 팔낭자도 간 곳이 없었다. 승상이 놀라 어찌할 바를 모르는 중에 높은 대와 많은 집들이 한순간에 사라지고 자기의 몸은 작은 암자의 포단 위에 앉아 있었는데, 향로의 불은 이미 꺼져 있었고 지는 달이 창가에 비치고 있었다.
>
> 자신의 몸을 보니 백팔염주가 걸려 있고 머리를 손으로 만져보니 갓 깎은 머리털이 까칠까칠하더라. 완연한 소화상의 몸이요, 전혀 대승상의 위의가 아니었으니, 이에 제 몸이 인간 세상의 승상 양소유가 아니라 연화도량의 행자 성진임을 비로소 깨달았다.
>
> 그리고 생각하기를, '처음에 스승에게 책망을 듣고 풍도옥으로 가서 인간 세상에 환도하여 양가의 아들이 되었지. 그리고 장원급제를 하여 한림학사가 된 후 출장입상하고 공명신퇴하여 두 공주와 여섯 낭자로 더불어 즐기던 것이 다 하룻밤 꿈이었구나. 이는 필시 사부가 나의 생각이 그릇됨을 알고 나로 하여금 이런 꿈을 꾸게 하시어 인간 부귀와 남녀 정욕이 다 허무한 일임을 알게 하신 것이로다.'
>
> — 김만중, 「구운몽」

① '양소유'는 장원급제를 하여 한림학사가 되었다.
② '양소유'는 인간 세상에 환멸을 느껴 스스로 '성진'의 모습으로 되돌아왔다.
③ '성진'이 있는 곳은 인간 세상이 아니다.
④ '성진'은 자신의 외양을 통해 꿈에서 돌아왔음을 인식한다.

㉠과 ㉡에 대한 설명으로 가장 적절한 것은?

> (가)   ㉠ <u>계월</u>이 여자 옷을 벗고 갑옷과 투구를 갖춘 후 용봉황월(龍鳳黃鉞)과 수기를 잡아 행군해 별궁에 자리를 잡았다. 그리고 군사를 시켜 보국에게 명령을 전하니 보국이 전해져 온 명령을 보고 화가 머리끝까지 났다. 그러나 보국은 예전에 계월의 위엄을 보았으므로 명령을 거역하지 못해 갑옷과 투구를 갖추고 군문에 대령했다.
>
> 이때 계월이 좌우를 돌아보며 말했다.
>
> "보국이 어찌 이다지도 거만한가? 어서 예를 갖추어 보이라."
>
> 호령이 추상과 같으니 군졸의 대답 소리로 장안이 울릴 정도였다. 보국이 그 위엄을 보고 겁을 내어 갑옷과 투구를 끌고 몸을 굽히고 들어가니 얼굴에서 땀이 줄줄 흘러내렸다.
>
> — 작자 미상, 「홍계월전」
>
> (나)   장끼 고집 끝끝내 굽히지 아니하여 ㉡ <u>까투리</u> 홀로 경황없이 물러서니, 장끼란 놈 거동 보소. 콩 먹으러 들어갈 제 열두 장목 펼쳐 들고 꾸벅꾸벅 고개 조아 조츰조츰 들어가서 반달 같은 혀뿌리로 들입다 꽉 찍으니, 두 고패 둥그레지며 (중략) 까투리 하는 말이
>
> "저런 광경 당할 줄 몰랐던가. 남자라고 여자의 말 잘 들어도 패가하고, 계집의 말 안 들어도 망신하네."
>
> 까투리 거동 볼작시면, 상하평전 자갈밭에 자락머리 풀어 놓고 당굴당굴 뒹굴면서 가슴치고 일어앉아 잔디풀을 쥐어뜯어 애통하며, 두 발로 땅땅 구르면서 봉성지통(崩城之痛) 극진하니, 아홉 아들 열두 딸과 친구 벗님네들도 불쌍타 의논하며 조문 애곡하니 가련 공산 낙망천에 울음소리뿐이로다.
>
> — 작자 미상, 「장끼전」

① ㉠과 ㉡은 모두 상대에 비해 우월한 지위를 가지고 있다.
② ㉠이 상대의 행동을 비판하는 반면, ㉡은 옹호하고 있다.
③ ㉠이 갈등 상황을 타개하는 데 적극적인 반면, ㉡은 소극적이다.
④ ㉠이 주변으로부터 호의적인 반응을 얻은 반면, ㉡은 적대적인 반응을 얻는다.

3 ㉠, ㉡ 파악

09 ━━━━━━━━━━━━━━━━━ 2024년 지방직 9급

㉠과 ㉡에 대한 설명으로 가장 적절한 것은?

> (가) [중모리] 그 때여 승상 부인은 심 소저를 이별허시고 애석함을 못 이기어, 글 지어 쓴 심 소저의 ㉠화상 족자를 침상으 걸어두고 때때로 증험허시더니, 일일은 족자 빛이 홀연히 검어지며 귀에 물이 흐르거늘, 승상 부인 기가 맥혀, "아이고, 이것 죽었구나! 아이고, 이를 어쩔끄나?" 이렇듯이 탄식헐 적, 이윽고 족자 빛이 완연히 새로우니, "뉘라서 건져내어 목숨이나 살었느냐? 그러허나 창해 먼먼 길의 소식이나 알겠느냐?"
> ― 작자 미상, 「심청가」
>
> (나) [중중모리] 화공 불러들여 토끼 ㉡화상을 그린다. (중략) 거북 연적 오징어로 먹 갈아, 천하 명산 승지간의 경개 보던 눈 그리고, 난초 지초 왼갖 향초 꽃 따먹던 입 그리고, 두견 앵무 지지 울 제 소리 듣던 귀 그리고, 봉래방장 운무 중에 내 잘 맡던 코 그리고, 만화방창 화림 중 뛰어가던 발 그리고, 대한 엄동 설한풍 어한허든 털 그리고, 신농씨 상백초 이슬 떨던 꼬리라. 두 눈은 도리도리, 두 귀는 쫑긋, 허리 늘씬허고, 꽁지 묘뚝허여. (중략) "아나, 엿다. 별주부야. 네가 가지고 나가거라."
> ― 작자 미상, 「수궁가」

① ㉠은 분노의 정서를 유발하는 반면, ㉡은 유쾌한 정서를 유발한다.
② ㉠은 대상이 처한 상황을 암시하며, ㉡은 대상의 외양을 드러낸다.
③ ㉠과 ㉡은 현실 공간을 배경으로 일상적인 사건을 전개해 나간다.
④ ㉠과 ㉡은 역사적 인물과 사건을 인용하여 대상을 묘사하고 있다.

4 지시 대상

10 ━━━━━━━━━━━━━━━━━ 2023년 지역인재 9급

㉠~㉣ 중 지시하는 대상이 다른 하나는?

> 이때 전우치가 구름 속에서 도술을 행하여 몸을 왕연희로 바꾸고 궐문을 나오니, 하인들이 마부와 말을 대령했다가 모시고 왕연희의 집으로 돌아갔다. ㉠그는 바로 내당으로 들어가 왕연희의 부인과 말을 주고받았으나, 집안 사람 누구도 전우치인 줄 전혀 알지 못했다.
> 이때 진짜 왕연희가 궐에서 나와 하인을 찾았으나 아무도 없었다. 이상하게 여겨 동료의 말을 빌려 타고 집에 돌아오니 하인들이 문 앞에 있었다. 왕연희가 크게 화를 내면서 집에 와 있는 까닭을 묻자 하인들이 말하기를, "소인들이 아까 상공을 모셔왔는데 어찌 또 상공이 계십니까?" 하고 얼굴을 찬찬히 살펴보았다. (중략)
> 왕연희가 아무것도 모르고 침실로 들어가니, 과연 다른 왕연희가 부인과 이야기를 나누고 있었다. 왕연희가 크게 화를 내며 꾸짖어 말하기를, "㉡너는 어떤 놈이기에 감히 사대부 집에 들어와 내 부인과 말을 주고받고 있느냐?" 하고 종들에게 호령했다. "㉢저 놈을 빨리 결박하라!"
> 이에 전우치가 말하기를, "웬 놈이 내 얼굴을 하고 내당에 들어와 부인을 겁탈하려 하니, 이런 변이 어디 있느냐?" 하고 하인에게 호령하여, "㉣저 놈을 빨리 몰아 내쳐라." 라고 하였다.

① ㉠   ② ㉡
③ ㉢   ④ ㉣

CHAPTER **02** 　　**산문 문학**

제8회

03 극/수필/시나리오

1 가전체

01 ——————————————— 2020년 의무소방원

다음 글에 대한 이해로 옳지 않은 것은?

> 공방의 성질이 탐욕에 물들어서 부끄러운 구석이 별로 없었다. 재정을 도맡아 관리하게 되자 원금과 이자를 가볍게 했다 무겁게 했다 하는 등 법을 저울질해 분별하기를 좋아하였다. 그러면서 생각하기를, "나라를 편하게 해 주는 데는 꼭 예전처럼 흙을 굽거나 쇠를 부어 넣는 기술만 있는 것은 아니야." 하고, 백성을 상대로 사소한 이익을 다투게 되자 물가는 내리거니 오르거니 했다. 곡식을 천히 여기고 돈을 중히 생각하니 백성들로 하여금 근본을 버리고 말단을 따르게 함으로써 농사를 가로막게 되었다. 이때 간관들이 여러 번 상소하여 따지려 하였지만 위에서 들어 주지 아니하였다.
>
> 공방은 또 권세 있고 지체 귀한 자들을 수단 좋게 섬겼다. 그 문전에 드나들며 ⊙ 권력을 끌어들여 벼슬을 팔아넘겼으니 승진하고 쫓겨나는 일이 다 그의 손바닥 안에 달려 있었다. 공경들도 대부분 지조를 버리고 그를 섬기매 쌓이고 굵어모은 어음이 산과 같아 이루 헤아릴 수가 없었다. 그가 접촉하고 만나는 모든 대상에 있어서 그 잘나고 못나고를 묻지 않았으니, 아무리 시정에 물든 이라도 재산만 정말 넉넉한 사람 같으면 다 더불어 교제를 청하였으니, 이른바 '시정배의 사귐'이란 것이었다.
>
> 때로는 마을의 불량한 젊은 놈들과 상종하여 바둑을 두고 놀이를 일삼았다. 사람 사귀기를 자못 좋아하매 그때 사람들이 그것을 두고, "공방의 말 한마디는 황금 백 근의 무게와도 같다." 하고 말했던 것이다.
>
> [중략 부분의 줄거리] 공방이 죽은 뒤 당나라 이전 시기까지 공방의 무리를 다시 등용해야 한다는 여론이 종종 나타나기는 했지만, 실제 등용으로 이어지지는 못했다.
>
> 때는 공방이 몰락한 지 이미 오래라, 조정에서는 사방에 흩어져 옮겨 있던 그의 문도들을 물색하여 찾아서 다시 기용하였다. 그랬던 까닭에 그의 재간과 방법이 개원·천보의 사이에 크게 행하여졌고, 황제의 조서로 그에게 벼슬을 추증하였다.
>
> 사신(史臣)은 말한다.
>
> "남의 신하가 된 몸으로서 두 마음을 품고 큰 이익만을 좇는 자를 어찌 충성된 사람이라 고하랴. 공방이 올바른 법과

> 좋은 주인을 만나서, 정신을 집중시켜 자기를 알아주었던 나라의 은혜를 적지 않게 입었다. 그러면 의당 국가를 위하여 이익을 일으켜 주고, 해를 덜어 주어서 임금의 은혜로운 대우에 보답했어야 했다. 그런데도 공방은 나라의 권세를 독차지하고 사리사욕을 채웠으니, 이는 신하로서 지녀야 할 마음가짐에 어긋난다."
>
> ― 임춘, 「공방전」

① 의인화된 대상을 통해 주제를 드러내고 있다.
② 직접 제시를 통해 주인공의 성격을 드러내고 있다.
③ 주인공의 신이한 행적을 강조해 영웅적 면모를 드러낸다.
④ 사신(史臣)의 이야기를 통해 작가의 생각을 드러내고 있다.

2 설화

02 ——————————————— 2020년 지방직 9급

밑줄 친 부분에서 행위의 주체가 같은 것으로만 묶은 것은?

> 금와왕이 이상히 여겨 유화를 방 안에 가두어 두었더니 햇빛이 방 안을 비추는데 ⊙ 몸을 피하면 다시 쫓아와서 비추었다. 이로 해서 태기가 있어 알[卵] 하나를 낳으니, 크기가 닷 되들이만 했다. 왕이 그것을 버려서 개와 돼지에게 주게 했으나 모두 먹지 않았다. 다시 길에 ⓒ 내다 버리게 했더니 소와 말이 피해서 가고 들에 내다 버리니 새와 짐승들이 덮어 주었다. 왕이 쪼개 보려고 했으나 아무리 해도 쪼개지지 않아 그 어미에게 돌려주었다. 어미가 이 알을 천으로 싸서 따뜻한 곳에 놓아두었더니 한 아이가 ⓒ 껍질을 깨고 나왔는데, 골격과 외모가 영특하고 기이했다.
>
> 겨우 일곱 살이 되었을 때, 이미 기골이 뛰어나서 범인(凡人)과 달랐다. 스스로 활과 화살을 만들어 쏘았는데 백발백중이었다. 나라 풍속에 ⓔ 활 잘 쏘는 사람을 주몽이라고 하므로 그 아이를 '주몽'이라 했다.
>
> 금와왕에게는 일곱 아들이 있어 항상 주몽과 함께 놀았는데, 재주가 주몽을 따르지 못했다. 맏아들 대소가 왕에게 말했다. "주몽은 사람의 자식이 아닙니다. 일찍 ⓜ 없애지 않는다면 후환이 있을까 두렵습니다." 왕이 듣지 않고 주몽을 시켜 말을 기르게 하니 주몽은 좋은 말을 알아보고 적게 먹여서 여위게 기르고, 둔한 말을 ⓗ 잘 먹여서 살찌게 했다.

① ⊙, ⓒ 　　　　　　② ⓒ, ⓔ
③ ⓒ, ⓗ 　　　　　　④ ⓔ, ⓜ

3 고전 수필

03 ▨▨▨▨▨▨▨▨▨▨▨▨▨▨▨▨▨▨▨▨▨ 2024년 지역인재 9급

다음 글에 대한 이해로 적절한 것은?

> 수오재(守吾齋)라는 이름은 큰형님이 자기 집에 붙인 이름이다. 나는 처음에 이 이름을 듣고 이상하게 생각했다. "나와 굳게 맺어져 있어 서로 떨어질 수 없는 사물 가운데 내[吾]보다 더 절실한 것은 없다. 그러니 굳이 지키지 않아도 어디로 가겠는가. 이상한 이름이다."
>
> 내가 장기*로 귀양 온 뒤에 혼자 지내면서 곰곰이 생각해 보다가, 하루는 갑자기 이 의문점에 대해 해답을 얻게 되었다. 나는 벌떡 일어나서 말했다.
>
> "천하 만물 가운데 지킬 것은 하나도 없지만, 오직 내[吾]만은 지켜야 한다. 내 밭을 지고 달아날 자가 있는가. 밭은 지킬 필요가 없다. 내 집을 지고 달아날 자가 있는가. 집도 지킬 필요가 없다. 내 책을 훔쳐 없앨 자가 있는가. 내 옷이나 양식을 훔쳐서 나를 옹색하게 하겠는가. 도둑이 비록 훔쳐 간대야 한두 개에 지나지 않을 테니, 천하의 모든 옷과 곡식을 없앨 수 있겠는가. 그러니 천하 만물은 모두 지킬 필요가 없다."
>
> — 정약용, 「수오재기(守吾齋記)」

* 장기: 포항의 옛 지명

① 글쓴이는 '자신을 지키는 삶'의 의미를 깨달았다.
② 글쓴이는 큰형님 집에 '수오재'라는 이름을 붙였다.
③ 글쓴이는 장기로 귀양을 온 것에 억울함을 느꼈다.
④ 글쓴이는 큰형님과의 대화를 통해 의문을 해소하였다.

04 ▨▨▨▨▨▨▨▨▨▨▨▨▨▨▨▨▨▨ 2023년 지역인재 9급

다음 글에 대한 이해로 적절한 것은?

> 재물은 비유하자면 우물이다. 우물에서 물을 퍼내면 물이 가득 차지만, 길어 내지 않으면 물이 말라 버린다. 마찬가지로 비단옷을 입지 않으므로 나라에는 비단을 짜는 사람이 없고, 그 결과로 베를 짜는 여인의 모습을 볼 수 없게 되었다. 조잡한 그릇을 트집 잡지 않고 물건을 만드는 기교를 숭상하지 않기에 나라는 공장과 도공, 풀무장이가 할 일이 사라졌고, 그 결과 기술이 사라졌다. 나아가 농업은 황폐해져 농사짓는 방법이 형편없고, 상업을 박대하므로 상업 자체가 실종되었다. 사농공상 네 부류의 백성이 누구나 할 것 없이 다 가난하게 살기 때문에 서로를 구제할 길이 없다. 나라 안에 보물이 있어도 쓰지 않아 다른 나라로 흘러간다.
>
> — 박제가, 「시장과 우물」

① 농업의 성행과 비교하여 상업의 위축을 경고하고 있다.
② 상품 공급 부족으로 소비가 줄어드는 현상을 설명하고 있다.
③ 독자의 이해를 돕기 위해 경제 활동을 일상생활에 비유하고 있다.
④ 다른 나라와 교류하지 않아 기술이 실종되고 있음을 분석하고 있다.

다음 글에 대한 이해로 적절한 것은?

> 그때 조정에 있던 무장 중에서 신립과 이일의 명성이 가장 높았다. 경상우병사 조대곤은 늙고 용맹이 없었으므로 사람들은 그가 장수의 임무를 감당하지 못할 것이라고 걱정하였다. 나(류성룡)는 경연 자리에서 조대곤 대신 이일에게 그 임무를 맡길 것을 아뢰었는데, 병조판서 홍여순은
> "명성 있는 장군은 당연히 도읍에 있어야 하기에 이일을 파견하면 안 됩니다."
> 라고 말하였다. 나는 다시 아뢰었다.
> "무릇 일이란 미리 준비하는 것을 귀하게 여기는 법입니다. 하물며 군대를 다스리고 적을 막는 일은 절대로 급하게 처리할 수 없습니다. 하루아침에 난리가 나면 결국 이 일을 보낼 수밖에 없습니다. 어차피 보내야 한다면 하루라도 일찍 보내서 미리 난리에 대비하게 해야 이로울 것입니다. 그렇게 하지 않고 갑자기 다른 곳의 장수를 급히 내려 보낸다면, 그는 파견된 지방의 지리에 밝지 못하고 그 지방 병사들이 용맹한지 비겁한지도 알 수 없을 것입니다. 이는 병법에서 꺼리는 일이니 반드시 후회가 있을 것입니다."
> 그러나 임금께서는 아무런 대답이 없으셨다.
>
> — 류성룡, 「징비록」

① 당시 사람들은 조대곤이 장수로서 뛰어나다고 평가하였다.
② 홍여순은 도읍 방어를 지방 방어보다 중시하였다.
③ 류성룡은 지방 병사들의 훈련 부족을 지적하였다.
④ 임금은 류성룡의 주장을 긍정적으로 수용하였다.

다음 글에 대한 이해로 적절하지 않은 것은?

> 아아! 누님이 시집가던 날 새벽에 얼굴을 단장하던 일이 마치 엊그제 같다. 그때 나는 막 여덟 살이었는데, 발랑 드러누워 발버둥을 치다가 새신랑의 말을 흉내 내 더듬거리며 점잖은 어투로 말을 하니, 누님은 그 말에 부끄러워하다 그만 빗을 내 이마에 떨어뜨렸다. 나는 골이 나 울면서 분에다 먹을 섞고 침을 발라 거울을 더럽혔다. 그러자 누님은 옥으로 만든 자그만 오리 모양의 노리개와 금으로 만든 벌 모양의 노리개를 꺼내 나에게 주면서 울음을 그치라고 하였다. 지금부터 스물여덟 해 전의 일이다.
> 강가에 말을 세우고 멀리 바라보니 붉은 명정(銘旌)*이 펄럭이고 배 그림자는 아득히 흘러가는데, 강굽이에 이르자 그만 나무에 가려 다시는 보이지 않았다. 그때 문득 강 너머 멀리 보이는 산은 검푸른 빛이 마치 누님이 시집가는 날 쪽 찐 머리 같았고, 강물 빛은 당시의 거울 같았으며, 새벽달은 누님의 눈썹 같았다. 그 옛날 누님이 빗을 떨어뜨리던 걸 생각하니, 유독 어릴 적 일이 생생히 떠오른다.
>
> — 박지원, 「큰누님 박씨 묘지명」

*명정: 죽은 사람의 관직과 성씨 따위를 적은 기

① 자연물을 통해 누님의 모습을 연상하고 있다.
② 누님과의 영원한 이별에 대한 안타까움을 드러내고 있다.
③ 과거와 현재의 장면을 겹침으로써 상실의 감정을 나타내고 있다.
④ 누님의 결혼과 죽음에 대한 화자의 기쁨과 슬픔을 대조시켜 표현하고 있다.

4 현대 수필

07

다음 글에 대한 이해로 가장 적절한 것은?

암소의 뿔은 수소의 그것보다도 한층 더 겸허하다. 이 애상적인 뿔이 나를 받을 리 없으니 나는 마음 놓고 그 곁 풀밭에 가 누워도 좋다. 나는 누워서 우선 소를 본다.

소는 잠시 반추를 그치고 나를 응시한다.

'이 사람의 얼굴이 왜 이리 창백하냐. 아마 병인인가 보다. 내 생명에 위해를 가하려는 거나 아닌지 나는 조심해야 되지.'

이렇게 소는 속으로 나를 심리하였으리라. 그러나 오 분 후에는 소는 다시 반추를 계속하였다. 소보다도 내가 마음을 놓는다.

소는 식욕의 즐거움조차를 냉대할 수 있는 지상 최대의 권태자다. 얼마나 권태에 지질렸길래 이미 위에 들어간 식물을 다시 게워 그 시큼털털한 반소화물의 미각을 역설적으로 향락하는 체해 보임이리오?

소의 체구가 크면 클수록 그의 권태도 크고 슬프다. 나는 소 앞에 누워 내 세균 같이 사소한 고독을 겸손하면서 나도 사색의 반추는 가능한지 불가능한지 몰래 좀 생각해 본다.

— 이상, 「권태」

① 대상의 행위를 통해 글쓴이의 심리가 투사되고 있다.
② 과거의 삶을 회상하며 글쓴이의 처지를 후회하고 있다.
③ 공간의 이동을 통해 글쓴이의 무료함을 표현하고 있다.
④ 현실에 대한 글쓴이의 불만이 반성적 어조로 표출되고 있다.

08

다음 글에 대한 이해로 적절하지 <u>않은</u> 것은?

만주에 갈 때 십여 호 친족이 같이 갔다가 난리 중에 소식도 못 듣고 왔는데, 오랜 시일이 지나서야 친정 사람들 소식도 혹 오가는 편에 들을 수 있었다.

시인 이육사가 북경에서 총살당했다는 소문은 한심통박하였다. 아직 젊은 나이에, 또 그렇게 꿈꾸고 바라던 조국 광복도 보지 못한 채. 그러나 조국 광복의 간절한 소망을 시로 남겼으니 그나마 다행이다. 내 손녀가 읽어 준 육사의 시에는 그가 바라는 손님은 청포를 입고 찾아올 것이라고 하얀 모시수건을 은쟁반에 준비하라고 했다. 조국 광복을 얼마나 간절하고 애틋한 마음으로 기다렸을지를 나는 안다.

해방 이듬해 시월에 이육사의 동생들인 원일, 원조, 원창 삼 형제가 내가 살고 있는 돗질에 들렀다. 묘사(墓祀)를 지내러 안동에 오는 길에 외사촌 누나인 날 보러 왔던 것이다. "우리는 국수 좋아하는데 국수 좀 해 주시려는가?" 그들 중 누가 그랬다.

"국수 좋아하면 더 좋지. 반찬 따로 안 해도 되고"

대답해 놓고 밀가루 반죽해서 손으로 썰어 얼른 칼국수를 해 주었다. 한 그릇씩 먹고 더 먹는 걸 보고 어찌나 흐뭇했던지 모른다. 집 앞에 있는 정자에서 자고 아침에 일어나더니 벽계(碧溪) 소리 좋다고 찬사가 대단했다.

"원일이 너 거기서 시 하나 지어라." 했더니, 그렇잖아도 쓰려던 중이라 했다. 바위틈으로 졸졸 흐르는 도랑물이 큰 바위 석곽에 일단 고였다가 다시 떨어지는 그 석천(石泉)의 운치가 보통사람에게도 예사롭진 않았다.

육사 형제는 모두 여섯이다. 원기, 원삼, 원일, 원조, 원창, 원홍이다. 원삼이가 곧 육사인데, 아명은 원록이라고도 했다. 육사는 해방되기 얼마 전에 만주에서 돌아와 서울 들렀다 북경 갔다고 했다. 그 길로 붙잡혀 그 이듬해 사형당했다. 그가 바라던 청포 입은 손님도 맞이하지 못하고 마흔 살 나이에 아깝게 갔다.

원일이하고 남편하고는 동갑이라 집에 오면 늘 항렬 따지고 생일 따지며 서로 자기가 어른이라고 우기기도 했다. 고모(육사 어머니)가 안동으로 시집와 시어머니의 친정 질부가 된 때문에 양쪽으로 친척이라 항렬 따지기가 좀 복잡했다.

— 허은 구술, 「아직도 내 귀엔 서간도 바람소리가」

① 이육사는 서른아홉 살에 체포되었다.
② 이육사가 시를 지어 읊었던 추억을 회상하고 있다.
③ 이육사의 시에서 '청포 입은 손님'은 조국 광복을 의미한다.
④ 이육사의 어린 시절 이름은 '원록'이었다.
⑤ 이육사는 '나'의 남편보다 나이가 많았다.

5 현대 극

09 ━━━━━━━━━━━━━━ 2021년 지방직 9급

다음 글을 잘못 이해한 것은?

> 서연: 여보게, 동연이.
> 동연: 왜?
> 서연: 자네가 본뜨려는 부처님 형상은 누가 언제 그렸는지 몰라도 흔히 있는 것을 베껴 놓은 걸세. 그런데 자네는 그 형상을 또다시 베껴 만들 작정이군. 자넨 의심도 없는가? 심사숙고해 보게. 그런 형상이 진짜 부처님은 아닐세.
> 동연: 나에겐 전혀 의심이 없네.
> 서연: 의심이 없다니……?
> 동연: 무엇 때문에 의심해서 아까운 시간을 낭비해야 하는가?
> 서연: 음…….
> 동연: 공부를 하게, 괜히 의심 말고! (허공에 걸려 있는 탱화를 가리키며) 자넨 얼마나 형상 공부를 했는가? 이 십일면관세음보살의 머리 위에는 열한 개의 얼굴들이 있는데, 그 얼굴 하나하나를 살펴나 봤었는가? 귀고리, 목걸이, 손에 든 보병과 기현화란 꽃의 형태를 꼼꼼히 연구했었는가? 자네처럼 게으른 자들은 공부는 안 하고, 아무 의미 없다 의심만 하지!
> 서연: 자넨 정말 열심히 공부했네. 그렇다면 그 형태 속에 부처님 마음은 어디 있는지 가르쳐 주게.
>
> ─ 이강백, 「느낌, 극락 같은」

① 불상 제작에 대한 동연과 서연의 입장은 다르다.
② 서연은 전해지는 부처님 형상을 의심하는 인물이다.
③ 동연은 부처님 형상을 독창적으로 제작하는 인물이다.
④ 동연과 서연의 대화는 예술에 있어서 형식과 내용의 논쟁을 연상시킨다.

6 시나리오

10 ━━━━━━━━━━━━━━ 2018년 지방직 7급

다음 글의 등장인물에 대한 이해로 적절하지 않은 것은?

> S# 75. 북측 초소(밤)
> 성식: (우진에게 가서 무릎을 꿇고 워커 끈을 풀어서 다시 매 주며) 얌마, 군인이 한 번 가르쳐 주면 제대로 해야지. 언제까지 내가 매 줄 순 (씁쓸해지며) 없잖아. (워커 끈을 매 주는 안타까운 표정. 일어서며 분위기를 바꾸려는 듯) 참! (봉투에 싼 물건을 꺼내 들고 한 손으로 우진의 어깨를 짚으며 짐짓 느끼한 톤으로) 생일 축하해. 진.
>
> 또 한번 우엑! 하는 수혁. 너무 그러지 말라는 듯 옆에서 툭 치는 경필. 포장을 끄른 우진. 일제 수채화 물감 한 통과 붓 몇 자루를 내려다본다. (중략)
>
> 우진: (진정하고, 심각한 표정으로) 나도, 형들 줄려구 준비한 게 있어요.
> 수혁: 뭔데?
>
> 말없이 성식이 앉았던 자리로 와 앉는 우진. 모두들 궁금해하며 주목한다. 잠시 침묵. 주머니를 뒤지며 시간을 끄는 우진. 찾는 물건이 없다는 듯 고개를 갸우뚱한다. 몸을 한쪽으로 기울이더니, 큰 소리로 방귀를 뀌는 우진. 일동, 좌절하며 고개를 푹 숙인다. 낄낄대는 우진, 일어서서 테이블로 간다. 서랍을 열고 서류철을 꺼내 뭔가를 찾는 우진. 경필, 무표정한 얼굴에서 갑자기 오만상을 찡그리며 고개를 돌린다.
>
> 경필: (코를 막으며) 야아, 문 열어!
>
> 초소 문을 열러 가는 성식, 손을 내미는 순간 먼저 문이 열린다. 무심코 돌아본 경필, 굳어 버린다.
>
> ─ 박찬욱 외, 「공동경비구역 JSA」

① 성식은 인간적이고 성품이 따뜻하다.
② 우진은 장난스러운 행동으로 해학적인 상황을 만든다.
③ 수혁은 우진의 선물을 궁금해한다.
④ 경필은 참을성이 강하고 포용력이 있다.

CHAPTER **03** 독서 - 설명방식

제**9**회

01 이론형

01 　　　　　　　　　　　　　　　　　　　2020년 국가직 9급

다음에서 제시한 글의 전개 방식의 예로 가장 적절한 것은?

> '인과'는 원인과 결과를 서술하는 전개 방식이다. 어떤 현상이나 결과가 나타나게 된 원인이나 힘을 제시하고 그로 말미암아 초래된 결과를 나타내는 서술 방식이다.

① 온실 효과로 지구의 기온이 상승할 때 가장 심각한 영향은 해수면의 상승이다. 이러한 현상은 바다와 육지의 비율을 변화시켜 엄청난 기후 변화를 유발하며, 게다가 섬나라나 저지대는 온통 물에 잠기게 된다.

② 이 사회의 경제는 모두가 제로섬 요소로 구성되어 있다. 제로섬(zero-sum)이란 어떤 수를 합해서 제로가 된다는 뜻이다. 어떤 운동 경기를 한다고 할 때 이기는 사람이 있으면 반드시 지는 사람이 있게 마련이다.

③ 다음날도 찬호는 학교 담을 따라 돌았다. 그리고 고무신을 벗어 한 손에 한 짝씩 쥐고는 고양이 걸음으로 보초의 뒤를 빠져 팽이처럼 교문 안으로 뛰어들었다.

④ 벼랑 아래는 빽빽한 소나무 숲에 가려 보이지 않았다. 새털 구름이 흩어진 하늘 아래 저 멀리 논과 밭, 강을 선물 세트처럼 끼고 들어앉은 소읍의 전경은 적막해 보였다.

02 　　　　　　　　　　　　　　　　　　　2020년 서울시 9급

〈보기〉의 주된 설명 방식이 사용된 것으로 가장 옳은 것은?

> ─── [보기] ───
> 우리는 좋지 않은 사람을 곧잘 동물에 비유한다. 욕에 동물이 많이 등장하는 것도 동물을 나쁘게 보기 때문이다. 하지만 정말 인간이 동물보다 좋은(선한) 것일까? 베르그는 오히려 "나는 인간을 알기 때문에 동물을 사랑한다."고 말하며 이를 부정한다. 인간은 인간을 속이지만 동물은 인간을 속이지 않는다는 것을 알고 인간에게 실망한 사람들이 동물에게 더 많은 애정을 보인다. 인간보다 더 잔인한 동물이 없다는 것은 인간의 역사가 증명하고 있다. 필요 없이 다른 동물을 죽이는 일을 인간 외 어느 동물이 한단 말인가?

① 교사의 자기계발, 학부모의 응원, 교육 당국의 지원 등이 어우러져야 좋은 교육이 가능해진다. 이는 신선한 재료, 적절한 조리법, 요리사의 정성이 합쳐져 맛있는 음식이 만들어지는 것과 같다.

② 의미를 지닌 부호를 체계적으로 배열한 것을 기호라고 한다. 수학, 신호등, 언어 등이 모두 여기에 속한다. 꿀이 있음을 알리는 벌들의 춤사위도 기호라고 할 수 있는 것이다.

③ 바이러스는 세균에 비해 크기가 작으며 핵과 이를 둘러싼 단백질이 전부여서 세포라고 할 수 없다. 먹이가 있는 곳이라면 어디에서라도 증식할 수 있는 세균과 달리, 바이러스는 살아있는 생명체를 숙주로 삼아야만 번식을 할 수 있다.

④ 나물로 즐겨 먹는 고사리는 꽃도 피지 않고 씨앗도 만들지 않는다. 고사리는 홀씨라고도 하는 포자로 번식한다. 고사리와 고비 등을 양치식물이라 하는데 생김새가 양(羊)의 이빨과 비슷하다고 하여 붙은 이름이다.

02 단답형

03 ▨▨▨▨▨▨▨▨▨▨▨▨▨▨▨▨▨▨▨ 2023년 지역인재 9급

다음 글에 나타나는 서술 방식은?

> 우리는 웹을 더 이상 주체적으로 서핑하지 않는다. 웹에 올라탄 이들을 특정 방향으로 휩쓰는 어떤 조류에 올라탔을 뿐이다. 그 조류의 이름은 개인화 추천 알고리즘이다. 페이스북뿐만 아니라 우리가 대부분의 시간을 보내는 유튜브, 아마존, 인스타그램, 트위터 같은 인터넷 사이트는 우리가 누구인지를 읽어내고, 그것에 맞춰 특정한 방향으로 우리를 계속해서 끌고 간다.

① 예시
② 대조
③ 서사
④ 인용

04 ▨▨▨▨▨▨▨▨▨▨▨▨▨▨▨▨▨▨▨ 2022년 지방직 9급

다음 글의 주된 서술 방식은?

> 이지러는 졌으나 보름을 가제 지난달은 부드러운 빛을 흐뭇이 흘리고 있다. 대화까지는 칠십 리의 밤길. 고개를 둘이나 넘고 개울을 하나 건너고, 벌판과 산길을 걸어야 된다. 길은 지금 긴 산허리에 걸려 있다. 밤중을 지난 무렵인지 죽은 듯이 고요한 속에서 짐승 같은 달의 숨소리가 손에 잡힐 듯이 들리며, 콩 포기와 옥수수 잎새가 한층 달에 푸르게 젖었다.

① 묘사
② 설명
③ 유추
④ 분석

03 1문단 구성

05 ▨▨▨▨▨▨▨▨▨▨▨▨▨▨▨▨▨▨▨ 2024년 지방직 9급

다음 글의 글쓰기 방식에 대한 설명으로 가장 적절한 것은?

> 인간을 움직이게 하는 두 축은 당근과 채찍, 즉 보상과 처벌이다. 우리가 의욕을 갖는 것은 당근 때문이다. 채찍을 피하기 위해서 살아가는 것도 한 방법일 테지만, 그건 너무 가혹할 것이다. 가끔이라도 웃음을 주고 피로를 풀어 주는 당근, 즉 긍정적 보상물이 있기에 고단한 일상을 감수한다. 어떤 부모에게는 아이가 꾹꾹 눌러 쓴 "엄마 아빠, 사랑해요."라는 카드가 당근이다. 어떤 직장인에게는 주말마다 떠나는 여행이 당근이다.

① 예시를 사용하여 독자의 이해를 돕고 있다.
② 전문가의 의견을 인용하여 글의 신뢰성을 높이고 있다.
③ 묻고 답하는 형식을 사용해 독자의 관심을 끌고 있다.
④ 비유를 사용하여 문제의 심각성을 강조하고 있다.

06 ▨▨▨▨▨▨▨▨▨▨▨▨▨▨▨▨▨▨▨ 2021년 국가직 9급

다음 글의 설명 방식으로 적절하지 <u>않은</u> 것은?

> 빛 공해란 인공조명의 과도한 빛이나 조명 영역 밖으로 누출되는 빛이 인간의 건강하고 쾌적한 생활을 방해하거나 환경에 피해를 주는 상태를 말한다. 국제 과학 저널인 『사이언스 어드밴스』의 '전 세계 빛 공해 지도'에 따르면, 우리나라는 빛 공해가 심각한 국가이다. 빛 공해는 멜라토닌 부족을 초래해 인간에게 수면 부족과 면역력 저하 등의 문제를 유발하고, 농작물의 생산량 저하, 생태계 교란 등의 문제를 일으킨다.

① 빛 공해의 정의를 제시하고 있다.
② 빛 공해의 주요 요인인 인공조명의 누출 원인을 제시하고 있다.
③ 자료를 인용하여 빛 공해가 심각한 국가로 우리나라를 제시하고 있다.
④ 사례를 들어 빛 공해의 악영향을 제시하고 있다.

07

다음 글의 특징으로 옳은 것은?

'제일', '가장'과 같은 최상급을 쓰면 즐거울 때가 있다. 그때 나는 '무척' 진실한 거짓말을 하는 기분이 든다. 그래서 종종 다른 방법을 놔두고 단순하고 무능한 부사를 쓴다. 그의 무능에 머리를 기댄다. 부사는 점잖지가 않아서 금세 낯빛이 밝아진다. 조금 정직한 것도 같다. 부사는 싸움 잘하는 친구에게 다가가 팔짱을 끼는 중학생처럼 과장과 허풍, 거짓말 주위를 알찐거린다. 나는 거짓말을 쓰되 그것이 거짓말처럼 보이지 않기 위해 고심하다 겨우 부사 몇 개를 지운다. 누군가는 문장론에서 '부사는 지옥으로 가는 지름길'이라 썼다. 만일 지옥의 특징 중 하나가 '지루함'이라면 그것은 반만 맞는 표현일지 모른다. 부사는 세계를 우아하게 만들어주지는 못하지만 흥미롭고 맛깔나게 해 준다. 그러니 부사가 있을 곳은 지옥이 아니라 이 말도 안 되는 다급하고 복잡한 세상, 유려한 표현 대신 불쑥 부사를 내뱉을 수밖에 없는 속세, 그 속세에서 쓰이는 소설 안일 것이다. 부사를 변호했다. 기분이 '굉장히' 좋다.

① 정보를 전달하는 글이다.
② 누군가에게 설명하는 글이다.
③ 누군가를 설득하고자 하는 글이다.
④ 무언가를 주장하는 논리적인 글이다.
⑤ 마음을 나타내는 정서 표현의 글이다.

08

다음 글의 서술 방식에 대한 설명으로 적절한 것은?

그것은 알렉산드르 2세가 통치하던 최근의, 우리 시대의 일이었다. 그 시대는 문명과 진보의 시대이고, 제반 문제점들의 시대, 그리고 러시아의 부흥 등등의 시대였다. 또한 불패의 러시아 군대가 적군에게 내어준 세바스토폴에서 돌아오고, 전 러시아가 흑해 함대의 괴멸에 축전을 거행하고, 하얀 돌벽의 모스크바가 이 기쁜 사건을 맞이하여 이 함대 승무원들의 생존자들을 영접하고 경축하며, 그들에게 러시아의 좋은 보드카 술잔을 대령하며, 러시아의 훌륭한 풍습에 따라 빵과 소금을 대접하며 그들의 발 앞에 엎드려 절하던 때였다. 또한 그때는 형안의 신인 정치가와 같은 러시아가 소피아 사원에서 기도를 올리겠다는 꿈이 깨어짐에 슬퍼하고, 전쟁 중에 사망하여 조국의 가슴을 가장 미어지도록 아프게 한 위대한 두 인물(한 사람은 위에 언급된 사원에서 가능한 한 신속히 기도를 하고자 하는 열망에 불탔던 사람으로 발라히야 들판에서 전사했는데, 그 벌판에 두 기병중대를 남겼다. 다른 한 사람은 부상자들에게 차와 타인의 돈과 시트를 나누어주었지만 아무 것도 훔친 것은 없었던 훌륭한 사람이었다.)의 상실을 슬퍼하고 있을 때였다. 또한 그것은 위대한 인물들이, 이를테면 사령관들, 행정관들, 경제학자들, 작가들, 웅변가들, 그리고 특별한 사명이나 목적은 없지만 그래도 위대한 사람들이 사방에서, 인간 활동의 모든 분야에서 러시아에 버섯처럼 자라나고 있을 때였다. 또 모든 범죄자들을 응징하기 시작한 사회 여론이 모스크바의 배우를 기념하는 자리에서 축배사로 울려 퍼질 만큼 확고히 된 때이다. 페테르부르크에서 구성된 준엄한 위원회가 악덕 위원들을 잡아서 그들의 죄상을 폭로하고 처벌하기 위해 남쪽으로 달려가던 때이고, 모든 도시에서 세바스토폴의 영웅들에게 연설을 곁들여 오찬을 대접하고 팔과 다리를 잃은 그들을 다리 위나 거리에서 마주치면 코페이카 은화를 주곤 하던 때였다.

— 톨스토이, 「데카브리스트들」

① 두 개의 특수한 대상에서 어떤 징표가 일치하고 있음을 드러내고 있다.
② 시대적 상황을 서술하기 위해 다양한 사건을 나열하고 있다.
③ 어떤 일이나 내용을 이해시키기 위해서 구체적 사례를 들고 있다.
④ 인물의 행동 변화 과정을 통해서 사건의 진행 과정을 이야기하고 있다.
⑤ 저자의 판단이 참임을 구체적 근거를 들어 논리적으로 보여주고 있다.

04 다(多)문단 구성

〈보기〉에 대한 설명으로 가장 옳지 않은 것은?

— [보기] —

수렵과 채집을 생계 수단으로 삼던 우리 조상들은 대체로 무척 건강한 삶을 살았을 것으로 추정된다. 자연에 존재하는 다양하고 풍부한 동식물을 섭취했으므로 영양 상태도 좋았을 것이며, 주거지를 계속 옮겨 다녔으므로 배설물 같은 오염원을 피할 수도 있었다. 그들의 건강을 위협했던 것은 질병보다는 주로 사냥 중에 발생한 외상이나 열매를 따러 올라간 나무에서 떨어지는 것 같은 사고였을 것이다. 그와 같은 손상에 대한 대처 방법은 주로 직접적인 경험과 직관에 의존하는 것이어서 의학이 체계적으로 발달하기는 어려웠다.

하지만 농경 기술이 발달하고 사람들이 일정한 지역에 모여 살면서부터는 상황이 크게 달라진다. 몇 안 되는 종류의 작물과 길들여진 동물에 의존하여 살게 됨에 따라 비타민 같은 필수 영양소의 섭취가 어려워지자 영양실조가 늘어난다. 많은 사람이 모여 살면서 배설물과 폐수 같은 오염물질에 의해 전염병이 발생하고, 오랜 시간 일정한 자세로 단순작업을 반복하는 농사일 때문에 골관절계 질환도 많아진다.

① 생활 방식의 변화를 시간의 흐름에 따라 설명하고 있다.
② 생활 방식에 따라 건강 상태가 달라지는 이유를 설명하고 있다.
③ 생활 방식에 따른 건강 상태를 대조하여 설명하고 있다.
④ 생활 방식으로 인해 발생하는 문제와 해결 방안을 설명하고 있다.

다음 글의 글쓰기 전략으로 볼 수 없는 것은?

고전파 음악은 어떤 음악인가? 서양 음악의 뿌리는 종교 음악에서 비롯되었다. 바로크 시대까지는 음악이 종교에 예속되어 있었으며, 음악가들 또한 종교에 예속되어 있었다. 고전파는 이렇게 종교에 예속되었던 음악을, 음악을 위한 음악으로 정립하려는 예술 운동에서 출발하였다. 따라서 종래의 신을 위한 음악에서 탈피해 형식과 내용의 일체화를 꾀하고 균형 잡힌 절대 음악을 추구하였다. 즉 '신'보다는 '사람'을 위한 음악, '음악'을 위한 음악을 이루어 나가겠다는 굳은 결의를 보여 준 것이다.

또한 고전파 음악은 음악적 형식과 내용의 완숙을 이룬 음악이기도 하다. 이 시기에는 하이든, 모차르트, 베토벤 등 음악의 역사에서 가장 위대한 작곡가들이 배출되기도 하였다. 이때에는 성악이 아닌 기악만으로도 음악이 가능하게 되었으며, 교향곡의 기본을 이루는 소나타 형식이 완성되었다. 특히 옛 그리스나 로마 때처럼 보다 정돈된 형식을 가진 음악을 해 보자고 주장하였기에 '옛것에서 배우자는 의미의 고전'과 '청정하고 우아하며 흐림 없음, 최고의 예술적 경지에 다다름으로서의 고전'을 모두 지향하게 되었다.

이렇듯 역사적으로 고전파 음악은 종교의 영역에서 음악 자체의 영역을 확보하였으며 최고 수준의 음악적 내용과 형식을 수립하였다. 고전파 음악이 서양 전통 음악 전체를 대표하게 된 것은 고전파 음악이 이룩한 역사적인 성과에서 비롯된 것일지도 모른다. 따라서 고전 음악의 개념을 이해하기 위해서는 고전파 음악의 성격과 특질에 대한 이해가 선행되어야 할 것이다.

① 고전파 음악이 지닌 음악사적 의의를 밝힌다.
② 고전파 음악의 음악가를 예시하여 이해를 돕는다.
③ 고전파 음악의 특징이 형식과 내용의 분리에 있음을 강조한다.
④ 질문을 통해 화제를 제시함으로써 호기심을 유발한다.

CHAPTER 04 독서 - 전개 순서

제10회

01 3개 구성

01   2025년 국가직 9급 예비 문제

(가) ~ (다)를 맥락에 맞게 순서대로 나열한 것은?

> 북방에 사는 매는 덩치가 크고 사냥도 잘한다. 그래서 아시아에서는 몽골고원과 연해주 지역에 사는 매들이 인기가 있었다.
>
> (가) 조선과 일본의 단절된 관계는 1609년 기유조약이 체결되면서 회복되었다. 하지만 이때는 조선과 일본이 서로를 직접 상대했던 것이 아니라 두 나라 사이에 끼어있는 대마도를 매개로 했다. 대마도는 막부로부터 조선의 외교·무역권을 위임받았고, 조선은 그러한 대마도에게 시혜를 베풀어줌으로써 일본과의 교린 체계를 유지해 나가려고 했다.
>
> (나) 일본에서 이 북방의 매에 접근할 수 있는 길은 한반도를 통하는 것 외에는 없었다. 그래서 한반도와 일본 간의 교류에 매가 중요한 물품으로 자리 잡았던 것이다. 하지만 임진왜란으로 인하여 교류는 단절되었다.
>
> (다) 이러한 외교관계에 매 교역이 자리하고 있었다. 대마도는 조선과의 공식적, 비공식적 무역을 통해서도 상당한 이익을 취했다. 따라서 조선후기에 이루어진 매 교역은 경제적인 측면과 정치·외교적인 성격이 강했다.

① (가) - (다) - (나)   ② (나) - (가) - (다)
③ (나) - (다) - (가)   ④ (다) - (나) - (가)

02   2024년 서울시 9급

〈보기〉의 (가) ~ (다)를 문맥에 맞게 순서대로 바르게 나열한 것은?

> ──── [보기] ────
>
> (가) 비판적 사고를 수렴적 사고로 제한할 수 있을까? 존 듀이(John Dewey)는 비판적 사고를 반성적 사고, 즉 사고에 대한 사고인 '메타(meta) 사고'라고 강조한다. 메타 사고는 주어진 논의 체계를 반성한다는 의미에서 논의 밖의 관점을 취할 수밖에 없다. 따라서 비판적 사고는 좁은 의미에서 수렴적 사고에 해당하지만, 거기에만 한정되지는 않는다.
>
> (나) 이러한 비판은 비판적 사고를 수렴적 사고로 제한할 뿐만 아니라 발산적 사고인 창의적 사고를 수렴적 사고와는 전혀 무관한 사고라고 전제하는 데에서 발생한다. 이런 비판이 적절한지 판단하기 위해서는 전제에 대해 곰곰이 생각해 볼 필요가 있다.
>
> (다) 비판적 사고는 어떤 기준에 따라 개념, 판단, 논증을 평가하고 분석한다는 점에서 포괄적이다. 하지만 비판적 사고가 어떤 체계 내에서 이루어지는 수렴적 사고라는 점에서 현대 다원주의 사회에 부적합하다는 비판이 제기될 수 있다. 현대 다원주의 사회에서는 새로운 문제를 발견하고 대안을 모색하는 창의적 사고 능력이 요구된다. 그런데 기존의 주어진 논의 체계에만 국한된 비판적 사고는 시대적 요구에 둔감해 보인다.
> 비판적 사고를 통해서 논제에 대한 발상이 전환되기도 하고, 새로운 관점을 통해 새로운 문제를 발견하기도 하고, 새로운 대안을 제시하는 대안적 사고를 할 수도 있다. 비판적 사고는 대안 모색과 발상 전환 과정에서 논의 체계를 넘어설 수 있기 때문에 발산적 사고 일부를 포함한다.

① (가) - (나) - (다)   ② (가) - (다) - (나)
③ (다) - (가) - (나)   ④ (다) - (나) - (가)

03

다음 중 (가)~(다)를 문맥에 맞는 순서대로 나열한 것은?

> 사회 문제의 종류와 내용 및 그에 대한 관념은 시대와 사회에 따라 다르게 나타난다. 운명론을 예로 들어보자. 운명론은 한마디로 개인의 고통과 사회적 불평등을 하늘의 뜻으로 또는 당연히 주어진 것으로 받아들이는 태도이다.
>
> (가) 이러한 상황에서는 사람들이 겪는 고통이 '사회 문제'의 관념으로 발전하기 어렵다. 결과적으로 전통 사회에서는 기존 질서의 유지가 가장 중요한 사회적 관심사가 되고 따라서 '규범의 파괴'가 가장 핵심적인 사회 문제로 떠오르게 된다.
>
> (나) 한편, 오늘날 우리가 갖게 된 사회 문제의 관념은 운명론의 배격을 전제로 한다. 그것은 우선 사람의 고통은 여러 사람 공동의 노력으로 해결할 수 있다는 생각, 그것이 개인의 책임이 아니고 사회 제도와 체제의 책임이라는 관념, 나아가 모든 사람은 인간적인 대우를 받을 가치가 있다는 인식의 확산 없이는 이루어지지 못한다.
>
> (다) 따라서 운명론이 지배하는 사회에서는 개인이나 특정 집단이 겪는 고통은, 그것이 심한 사회적 통제와 불평등의 결과이기도 하지만, 사회의 잘못이 아닌 그들 개개인의 탓으로 돌려진다. '가난은 나라도 구제할 수 없다'는 생각이 그 단적인 예에 속한다.

① (나) − (가) − (다) ② (나) − (다) − (가)
③ (다) − (가) − (나) ④ (다) − (나) − (가)

04

다음 글에서 (가)~(다)의 순서를 자연스럽게 배열한 것은?

> 빅데이터가 부각된다는 것은 기업들이 빅데이터의 가치를 받아들이기 시작했다는 뜻이다. 여기에는 기업들이 데이터를 바라보는 시각이 변한 측면도 있다.
>
> (가) 기업들은 고객이 판촉 활동에 어떻게 반응하고 평소에 어떻게 행동하며 사물에 대해 어떤 태도를 보이는지 알기 위해 많은 돈을 투자해 마케팅 조사를 해 왔다.
>
> (나) 그런 상황에서 기업들은 SNS나 스마트폰 등 새로운 데이터 소스로부터 그러한 궁금증과 답답함을 해결할 수 있다는 것을 알게 되었다. 페이스북에 올리는 광고에 친구가 '좋아요'를 한 것에서 기업들은 궁금증과 답답함을 해결할 수 있다.
>
> (다) 그런데 기업들의 그런 노력이 효과가 있는 경우도 있었으나 아쉬운 점도 많았다. 쉬운 예로, 기업들은 많은 광고비를 쓰지만 그 돈이 구체적으로 어느 부분에서 효과를 내는지는 알지 못했다.
>
> 결국 데이터가 있는 곳에서 기업들은 점점 더 고객의 취향에 집중할 수 있게 되었으며, 이에 따라 기업들은 소셜 미디어의 빅데이터를 중요한 경영 수단으로 수용하기 시작한 것이다.

① (가) − (나) − (다) ② (가) − (다) − (나)
③ (나) − (가) − (다) ④ (다) − (나) − (가)

05

(가) ~ (다)를 맥락에 따라 가장 자연스럽게 배열한 것은?

> 독서는 아이들의 전반적인 뇌 발달에 큰 영향을 미친다.
>
> (가) 그에 따르면 뇌의 전두엽은 상상력을 관장하는데, 책을 읽으면 상상력이 자극되어 전두엽을 많이 사용하게 된다.
>
> (나) A 교수는 책을 읽을 때와 읽지 않을 때의 뇌 변화를 연구해서 세계적인 명성을 얻었다.
>
> (다) 이처럼 책을 많이 읽으면 전두엽이 훈련되어 전반적인 뇌 발달의 가능성이 높아지는데, 그 결과는 교육 현장에서 실증된 바 있다.
>
> 독서를 많이 한 아이는 학교에서 더 좋은 성적을 낼 뿐 아니라 언어 능력도 발달한다는 사실이 밝혀진 것이다.

① (나) - (가) - (다) ② (나) - (다) - (가)
③ (다) - (가) - (나) ④ (다) - (나) - (가)

---

02 4개 구성 ①

06

(가) ~ (라)를 맥락에 맞추어 가장 적절하게 나열한 것은?

> (가) 다음으로 시청자의 마음을 사로잡을 수 있는 참신한 인물을 창조해야 한다. 특히 주인공은 장애를 만나 새로운 목표를 만들고, 그것을 이루는 과정에서 최종적으로 영웅이 된다. 시청자는 주인공이 목표를 이루는 데 적합한 인물로 변화를 거듭할 때 그에게 매료된다.
>
> (나) 스토리텔링 전략에서 제일 먼저 해야 할 일이 로그라인을 만드는 것이다. 로그라인은 '장애, 목표, 변화, 영웅'이라는 네 가지 요소를 담아야 하며, 3분 이내로 압축적이어야 한다. 이를 통해 스토리의 목적과 방향이 마련된다.
>
> (다) 이 같은 인물 창조의 과정에서 스토리의 주제가 만들어진다. '사랑과 소속감, 안전과 안정, 자유와 자발성, 권력과 책임, 즐거움과 재미, 인식과 이해'는 수천 년 동안 성별, 나이, 문화를 초월하여 두루 통용된 주제이다.
>
> (라) 시청자가 드라마나 영화에 대해 시청 여부를 결정하는 데 걸리는 시간은 8초에 불과하다. 제작자는 이 짧은 시간 안에 시청자를 사로잡을 수 있는 스토리텔링 전략이 필요하다.

① (나) - (가) - (라) - (다)
② (나) - (다) - (가) - (라)
③ (라) - (나) - (가) - (다)
④ (라) - (나) - (다) - (가)

07

(가) ~ (라)를 맥락에 따라 가장 자연스럽게 배열한 것은?

> 약물은 질병을 치료하거나 예방할 목적으로 사용되는 의약품이다. 우리 주변에는 약물이 오남용되는 경우가 있다.
>
> (가) 더구나 약물은 내성이 있어 이전보다 더 많은 양을 사용하기 마련이므로 피해는 점점 커지게 된다.
>
> (나) 오남용은 오용과 남용을 합친 말로서 오용은 본래 용도와 다르게 사용하는 일, 남용은 함부로 지나치게 사용하는 일을 가리킨다.
>
> (다) 그러므로 약물을 사용할 때는 반드시 의사나 약사와 상의하고 설명서를 확인하여 목적에 맞게 적정량을 사용해야 한다.
>
> (라) 약물을 오남용하면 신체적 피해는 물론 정신적 피해를 입을 수 있다.

① (나) - (다) - (라) - (가)
② (나) - (라) - (가) - (다)
③ (라) - (가) - (나) - (다)
④ (라) - (다) - (나) - (가)

08

(가) ~ (라)의 전개 순서로 가장 자연스러운 것은?

> 청소년 노동자를 바라보는 시각에는 양극단이 존재한다. '경제적으로 어려운 아이들'이라는 시각과 '지나치게 돈을 좋아하는 아이들'이라는 시각이 그것이다.
>
> (가) 이런 시각은 비행만을 강조하기에 청소년들이 스스로 노동하고 있다는 사실을 부끄러워하거나 다른 사람들에게 숨기는 경우도 많이 발생한다.
>
> (나) 전자는 청소년이 노동을 선택하는 이유를 '생계비 마련' 하나만으로 축소해 버리고 피해자로만 바라본다는 점에서 문제가 있다.
>
> (다) 그러다 보니 생활비 마련뿐만 아니라 의미 있는 시간 활용, 부모의 눈치를 보지 않는 독립적인 생활, 진로 탐색 등 노동을 선택하는 복합적인 이유가 삭제돼 버린다.
>
> (라) 후자의 시각은 청소년 노동을 학생의 본분을 저버린 그릇된 행위로 만들어 버림으로써, 문제의 원인을 노동 현장의 구조적 문제가 아니라 '청소년이 노동하고 있다는 사실' 자체로 돌려 버린다.
>
> 두 시각 모두 도달하게 되는 결론은 청소년을 노동에서 빨리 구원해야 한다는 것이다.

① (나) - (가) - (다) - (라)
② (나) - (가) - (라) - (다)
③ (나) - (다) - (라) - (가)
④ (나) - (라) - (다) - (가)

(가) ~ (라)의 전개 순서로 가장 자연스러운 것은?

> (가) 방언도 다 그것대로 훌륭한 체계를 갖추고 있을 뿐 아니라 때에 따라서는 더 훌륭한 체계를 갖추고 있을 수도 있다.
>
> (나) 표준어가 특별 대접을 받은 방언이라 하여 표준어가 다른 방언보다 언어학적으로 더 우위에 있는 언어는 아니다. 이 점은 일반인들이 흔히 하는 오해로서, 방언은 체계가 없고 조잡한 언어이며 표준어는 올바르고 우수한 언어라고 생각하는 것이다.
>
> (다) 그러나 문명국의 언어가 더 체계적이고 미개국의 언어가 덜 체계적이라고 하는 사고가 잘못된 것임이 밝혀졌듯이 방언이 표준어보다 체계가 없고 덜 우수한 언어라는 생각 역시 잘못된 생각이다.
>
> (라) 표준어가 다른 방언보다 좋은 체계를 갖춘 언어라서가 아니라 가령 행정, 교통, 문화 등의 중심지에서 쓰이는 조건 등으로 그만큼 영향력이 크고 보급이 쉬운 이점이 있어 표준어의 자격을 얻게 된다는 점을 바로 인식할 필요가 있다.

① (나) - (라) - (다) - (가)
② (나) - (다) - (가) - (라)
③ (라) - (다) - (가) - (나)
④ (라) - (나) - (가) - (다)

〈보기 1〉의 문장에 이어질 〈보기 2〉의 (가) ~ (라)를 문맥에 맞게 순서대로 바르게 나열한 것은?

> ──────[보기 1]──────
> 법과 질서를 지키는 것은 시민의 의무일까?

> ──────[보기 2]──────
> (가) 이 역시 법의 외형을 띠었다. 국가의 안전과 공공의 질서를 유지한다는 정당해 보이는 이유가 있었다. 하지만 안전과 질서라는 말은 인권을 제한하는 만능 논리로 사용되었고 권력자의 뜻에 따른 통치를 용이하게 만들었다.
>
> (나) 한국도 그런 부정의한 시대를 겪었다. 대표적으로 헌법상 기본권을 무효화시키고 인혁당 사건을 비롯해 대규모 인권침해를 초래했던 유신시대의 헌법과 긴급조치를 떠올려보자.
>
> (다) 대체로 법과 질서를 따라야 하는 건 맞다. 하지만 언제나 그렇다고 말할 수는 없다. 부당한 법과 질서를 지키지 않는 것도 시민의 책무이기 때문이다.
>
> (라) 법이 부당할 수 있다는 사실은 나치의 반유대인 정책이나 남아프리카공화국의 아파르트헤이트 등 법을 통해 부정의한 사회질서가 만들어지고 집행된 경험을 통해 충분히 깨달았다. 역사는 그런 부정의한 법을 집행한 사람을 전범이라는 이름으로 재판하고 처벌하기도 했다.

① (나) - (가) - (다) - (라)
② (나) - (라) - (가) - (다)
③ (다) - (라) - (나) - (가)
④ (라) - (가) - (나) - (다)

CHAPTER **04** 독서 - 전개 순서

PART
02

제11회

02 4개 구성 ②

01 2023년 지역인재 9급

(가) ~ (라)의 전개 순서로 가장 자연스러운 것은?

> (가) 자기 재물을 혼자서 쓰는 것은 형체가 있는 재물을 형체가 있는 것으로 쓰는 것이요, 남에게 재물을 베푸는 것은 형체가 있는 재물을 형체가 없는 마음으로 쓰는 것이다.
>
> (나) 그렇다면 형체가 있는 것을 마음껏 쓰면서도 닳아 없어지지 않게 하는 방법으로는 남에게 베푸는 것만 한 것이 없을 테니, 이는 어째서인가?
>
> (다) 그런데 형체가 있는 것을 형체로 쓰면 다 닳아 없어지기에 이르나, 형체가 있는 것을 마음으로 쓰면 변하거나 없어지는 법이 없다.
>
> (라) 형체가 있는 것이 이미 다른 사람의 집에 있으니 도둑이 훔쳐갈까 염려하지도 않고, 불에 타 없어질까 걱정하지도 않으며, 소나 말에 실어 운반해야 하는 수고로움도 없다.
>
> 재물을 씀으로써 얻는 아름다운 이름은 죽고 난 뒤에도 없어지지 않고 천년토록 전해질 것이니, 천하에 이같이 큰 이익은 없다.

① (가) - (나) - (다) - (라)
② (가) - (다) - (나) - (라)
③ (라) - (가) - (나) - (다)
④ (라) - (나) - (가) - (다)

---

02 2023년 지방직 7급

다음 글의 전개 순서로 가장 자연스러운 것은?

> (가) 시가 마음을 담아내는 것이므로 시의 내용은 다양할 수밖에 없다. 사람의 마음은 매우 다양하기 때문이다.
>
> (나) 그러나 인간이라면 누구나 갖게 되는 마음이 있기에 자주 등장하는 내용도 있다. 대표적인 것이 바로 그리움이다.
>
> (다) 시는 사람의 내면에만 담아 둘 수 없는 간절한 마음을 말이나 글로 표현할 때 탄생한다는 견해가 있다. 이에 따르면 시를 감상하는 것은 시에 담긴 마음을 읽어 내는 것이다.
>
> (라) 그리움이 담겨 있는 시가 많은 것은 그리움이 그만큼 간절한 마음이기 때문이다. 이렇게 볼 때, 동서고금을 막론하고 그리움을 노래하는 시가 많은 것은 어쩌면 당연한 일이다.

① (가) - (나) - (라) - (다)
② (가) - (다) - (나) - (라)
③ (다) - (가) - (나) - (라)
④ (다) - (나) - (가) - (라)

03 ▬▬▬▬▬▬▬▬▬▬▬▬▬▬▬▬ 2022년 지방직 9급

다음 글의 전개 순서로 가장 자연스러운 것은?

(가) 과거에는 고통만을 안겨 주었던 지정학적 조건이 이제는 희망의 조건이 되고 있습니다. 이제 한반도는 사람과 물자가 모여드는 동북아 물류와 금융, 비즈니스의 중심지가 될 것입니다. 우리가 주도해서 평화와 번영의 동북아 시대를 열어 나가야 합니다.

(나) 100년 전 우리는 수난과 비극의 역사를 겪었습니다. 해양으로 나가려는 세력과 대륙으로 진출하려는 세력이 한반도를 가운데 놓고 싸움을 벌였습니다. 마침내 우리는 국권을 상실하는 아픔을 감수해야 했습니다.

(다) 지금은 무력이 아니라 경제력이 국력을 좌우하는 시대입니다. 우리나라는 전쟁의 폐허를 극복하고 세계적인 경제 강국을 건설하고 있습니다. 우수한 인력과 세계 선두권의 정보화 기반을 갖추고 있습니다. 바다와 하늘과 땅을 연결하는 물류 기반도 손색이 없습니다.

(라) 그 아픔은 분단으로 이어져서 오늘에 이르고 있습니다. 그 과정에서는 정의가 패배하고 기회주의가 득세하는 불행한 역사를 겪었습니다. 그러나 이제 우리에게도 새로운 희망의 시대가 열리고 있습니다. 세계의 변방으로 머물러 왔던 동북아시아가 북미·유럽 지역과 함께 세계 경제의 3대 축으로 떠오르고 있습니다.

① (가) - (나) - (다) - (라)
② (가) - (라) - (나) - (다)
③ (나) - (가) - (라) - (다)
④ (나) - (라) - (다) - (가)

04 ▬▬▬▬▬▬▬▬▬▬▬▬▬▬▬▬ 2023년 국회직 8급

(가) ~ (라)를 논리적 순서에 맞게 나열한 것은?

(가) 아동 정신의학자 존 볼비는 엄마와 아이 사이의 애착을 연구하면서 처음으로 이 현상에 관심을 갖게 되었다. 그가 처음 연구를 시작할 때만 해도 아이가 엄마와 계속 붙어 있으려고 하는 이유는 먹을 것을 얻기 위해서라는 생각이 지배적이었다.

(나) 아동 정신의학자로 활동하며 연구를 이어간 끝에, 볼비는 엄마와의 애착관계가 불안정한 아이는 정서 발달과 행동 발달에 큰 문제가 생길 수 있음을 알게 됐다. 또한 아이가 애착을 느끼는 대상이 아이를 세심하게 돌보고 보살필 때 아이는 보호받는 기분, 안전함, 편안함을 느끼고, 이는 아이가 건강하게 발달해서 생존할 확률을 높이는 요소라는 사실을 밝혀냈다.

(다) 애착이란 시간이 흐르고 멀리 떨어져 있어도 유지되는 강력한 정서적 유대감으로 정의할 수 있다. 특정한 사람과 어떻게든 가까이 있고 싶은 감정이 애착의 핵심이지만 상대가 반드시 똑같이 느껴야 하는 것은 아니다.

(라) 하지만 볼비는 아이가 엄마와 분리되면 엄청나게 괴로워하며, 다른 사람이 돌봐 주거나 먹을 것을 줘도 그러한 고통이 해소되지 않는다는 사실을 발견했다. 엄마와 아이의 유대에 뭔가 특별한 것이 있다는 의미였다.

① (가) - (나) - (다) - (라)
② (가) - (다) - (나) - (라)
③ (나) - (가) - (다) - (라)
④ (다) - (가) - (라) - (나)
⑤ (다) - (라) - (가) - (나)

03 5개 구성

05

다음 글의 전개 순서로 가장 자연스러운 것은?

(가) 이 기관을 잘 수리하여 정련하면 그 작동도 원활하게 될 것이요, 수리하지 아니하여 노둔해지면 그 작동도 막혀 버릴 것이니 이런 기관을 다스리지 아니하고야 어찌 그 사회를 고쳐서 발달케 하리오.

(나) 이러므로 말과 글은 한 사회가 조직되는 근본이요, 사회 경영의 목표와 지향을 발표하여 그 인민을 통합시키고 작동하게 하는 기관과 같다.

(다) 말과 글이 없으면 어찌 그 뜻을 서로 통할 수 있으며, 그 뜻을 서로 통하지 못하면 어찌 그 인민들이 서로 이어져 번듯한 사회의 모습을 갖출 수 있으리오.

(라) 그뿐 아니라 그 기관은 점점 녹슬고 상하여 필경은 쓸 수 없는 지경에 이를 것이니 그 사회가 어찌 유지될 수 있으리오. 반드시 패망을 면하지 못할지라.

(마) 사회는 여러 사람이 그 뜻을 서로 통하고 그 힘을 서로 이어서 개인의 생활을 경영하고 보존하는 데에 서로 의지하는 인연의 한 단체라.

– 주시경, 「대한국어문법 발문」

① (마) – (가) – (다) – (나) – (라)
② (마) – (가) – (라) – (다) – (나)
③ (마) – (다) – (가) – (라) – (나)
④ (마) – (다) – (나) – (가) – (라)

06

다음 글의 전개 순서로 가장 자연스러운 것은?

(가) 젊은이들 가운데 약삭빠르고 방탕하여 어딘가에 얽매이는 것을 싫어하는 자들이 이 말을 듣고 제 세상 만난 듯 기뻐하여 앉고 서고 움직이는 예절을 마음에 내키는 대로 한다.

(나) 성인께서도 사람을 가르치실 때 먼저 겉모습부터 단정히 해야만 바야흐로 자신의 마음을 안정시킬 수 있다고 하시었다. 세상에 비스듬히 눕고 기대서 멋대로 말하고 멋대로 보면서 주경존심(主敬存心)* 할 수 있는 사람은 없다.

(다) 근래 어떤 자가 반관(反觀)*으로 이름을 떨쳐 겉모습을 단정하게 꾸미는 것을 가식이요, 허위라고 한다.

(라) 나도 예전에 이 병에 깊이 걸렸던 터라 늙어서까지 예절을 익히지 못했으니 비록 후회해도 고치기가 어렵다.

(마) 지난번 너를 보니 옷깃을 가지런히 하여 똑바로 앉는 것을 즐기지 않아 장중하고 엄숙한 기색을 조금도 볼 수 없었는데, 이는 내 병통이 한 바퀴 돌아 네가 된 것이다.

– 정약용, 「두 아들에게 부침」

* 주경존심(主敬存心): 공경하는 마음을 간직함.
* 반관(反觀): 남들이 하는 대로 보지 않고 거꾸로 보거나 반대로 생각하는 것.

① (가) – (나) – (다) – (라) – (마)
② (나) – (라) – (마) – (다) – (가)
③ (다) – (가) – (라) – (마) – (나)
④ (마) – (라) – (가) – (나) – (다)

(가) ~ (마)를 문맥에 맞게 순서대로 나열한 것은?

> (가) 이러한 움직임을 이끌어 간 것은 서경덕(徐敬德), 이언적(李彦迪), 이황(李滉), 조식(曺植), 김인후(金麟厚), 기대승(奇大升), 성혼(成渾), 이이(李珥) 등 명망이 높았던 선비들이었다.
>
> (나) 이에 선비들은 정치 참여를 포기하고 산간 전야로 몸을 피하여 오로지 학문에만 힘쓰며, 뜻이 맞는 동료들과 자주 강학회를 가지면서 후진을 가르치기에 이르렀다.
>
> (다) 서원이 참교육의 장으로서 각광을 받게 된 데에는 16세기의 사화(士禍)가 큰 계기가 되었다.
>
> (라) 그들은 향촌의 유생들로부터 열렬한 환영을 받았으며 거리를 헤아리지 않고 많은 사람들이 그들을 찾아와 배움을 청하게 되니, 자연히 명망이 높은 선비들이 머물고 있는 곳은 배움의 장으로서 주목되었다.
>
> (마) 향촌에서 나름대로 공부를 하던 선비들이 중앙 정계에 진출하여 정치에의 참여를 시도하였으나, 그들은 당시 실권을 장악하고 있던 훈구 세력과 충돌했고 되풀이되는 사화 속에서 심한 타격을 입었다. 많은 선비들이 잡혀 죽거나 변방으로 귀양갔다.

① (다) − (가) − (마) − (나) − (라)
② (다) − (나) − (마) − (라) − (가)
③ (다) − (마) − (나) − (가) − (라)
④ (마) − (나) − (가) − (라) − (다)
⑤ (마) − (나) − (라) − (다) − (가)

(가) ~ (마)를 논리적 순서에 맞게 나열한 것은?

> (가) 앙리 르페브르가 묘사한 현대사회의 모습, 즉 일상이 지배하는 현대사회의 특징은 무엇인가? 현대사회는 덧없음을 사랑하고, 탐욕적이며, 생산적이고, 역동적이다. 그러나 사람들은 끊임없이 공허감을 느끼고, 뭔가 지속적인 것, 영원한 것, 균형 잡힌 것을 갈구하며, 소외감과 무력감을 느끼고 있다. 그것은 과거에 사람들을 견고하게 떠받쳐 주었던 양식(style)이 사라졌기 때문이라고 르페브르는 말한다. 그는 현대성(moernité), 즉 일상성(quotidienneté)의 제일 첫 번째의 특징으로 양식의 부재를 들었다.
>
> (나) 행동방식이라는 측면에서도 일상성은 양식을 완전히 추방해 버렸다. 그리고 이러한 양식에 대한 그리움은 한층 더 진하여, 그것을 되살리려는 노력은 거의 필사적이다. 우리의 추석 명절, 차례 풍습을 생각해 보자. 제기와 의복을 고루 갖춘 명문 선비가의 차례의식을 TV화면이 비추는 것은 이 양식에 대한 현대인의 강한 노스텔지어의 표현이다. (중략) 양식은 하찮은 물건, 하찮은 행위, 무의미한 제스처 하나하나에까지 의미를 부여한다. 옛날 사람들은 모든 것을 양식에 의거해서 행동했다. 자신의 행동에 의미를 부여해 줄 양식이 사라진 오늘날, 사람들이 공허감, 권태, 무기력을 느끼는 것은 너무나 당연하다.
>
> (다) 양식이란 무엇인가? 우선 예술분야에서 말해 본다면 한 작품을 만들기 위한 목적으로 어떤 소재와 형태를 다루는 특정의 개인적 또는 집단적 방법을 뜻한다. 이렇게 만들어진 작품은 그와 비슷한 성격의 다른 작품들과 함께 그 시대의 어떤 미학적 전형을 이룬다. 어떤 미술 유파의 양식이라든가, 또는 영국 양식의 가구라든가 하는 말이 그것이다.
>
> (라) 그러나 양식이 사라지면 사라질수록 그것에 대한 향수는 한층 더 짙어진다. 우리의 일상생활은 양식에 대한 노스텔지어와 그에 대한 악착같은 추구로 특징지어진다고 르페브르는 말한다. 1960년대의 프랑스를 묘사한 이와 같은 현상은 1980년대의 우리나라와 너무도 비슷하다. 19세기의 농민들이 마지못해 가졌을 시골 가구들이 현대 부르주아의 거실을 장식하고 있다고 르페브르가 말했듯이, 지금 서울의 상류층 가정들은 시골 행랑채에나 있었을 투박한 원목가구를 거실의 가장 중심부에 두고 애지중지하고 있다. 골동품이나 옛 양식의 가구에 대한 취미는 단순히 개인적인 여가선용이나 고가품에 대한 취미가 아니라 양식에 대한 노스텔지어, 그리고 일상과의 단절이라는 염원을 담고 있음을 그는 우리에게 깨우쳐 준다.

(마) 또 한편으로는 개인의 행동방식을 뜻하기도 한다. 생활양식이니 행동양식이니 하는 말들이 그것이다. 옛날에는 농부의 옷장에도 양식이 있었으나 지금은 비싼 가구에도 양식이 없다. 형태, 기능, 구조의 어떤 통일성이 양식을 형성하는 것인데, 현대에 와서는 이것들이 분리되거나 마구 뒤섞였다. 대중사회의 부상은 필연적으로 양식의 종말을 고한다. 대중의 수용에 부응하는 대량생산은 기능 이외의 것에 신경을 쓸 여유가 없기 때문이다.

① (가) - (다) - (라) - (마) - (나)
② (가) - (다) - (마) - (라) - (나)
③ (다) - (나) - (가) - (라) - (마)
④ (다) - (마) - (가) - (라) - (나)
⑤ (다) - (마) - (라) - (가) - (나)

09

다음 (가) ~ (마)를 논리적 순서대로 바르게 나열한 것은?

(가) 최근 여성가족부 통계를 보면 여성 고용률은 20대에 가장 높다가 30대에 추락하는 'M자형' 곡선을 그린다. 변곡점은 결혼과 출산이다. 여성이 출산과 함께 육아 부담을 떠안으면서 다니던 직장을 그만두는 것이다.

(나) 직장 여성이 출산과 육아로 인해 노동시장에서 이탈하는 경력단절, 이른바 '경단녀' 현상은 코로나19 사태를 거치면서 악화된 것으로 나타났다. 코로나19 3년간 여성이 직장을 그만둔 경력단절 경험 비율은 35.0%에서 42.6%로 뛰었고, 재취업까지 걸리는 기간은 7.8년에서 8.9년으로 늘어났다.

(다) 경단녀가 어렵게 구한 새 일자리는 전 직장에 비해 임금과 고용 안정성이 떨어지는 것으로 나타났다. 사업주가 경단녀 고용을 꺼리는 게 그 이유일 것이다.

(라) 한국의 성별 격차가 큰 것은 국가와 사회가 여성에게 계속 일할 수 있는 환경을 제공하지 못하기 때문이다.

(마) 현실이 이러니 임금이 낮아도 육아를 병행할 수 있는 시간제 근로자 등 비정규직 업종으로 여성이 몰리고, 일터로 복귀하더라도 저임금 탓에 직장을 관두는 상황으로 이어진다.

① (가) - (나) - (다) - (라) - (마)
② (가) - (나) - (다) - (마) - (라)
③ (가) - (라) - (나) - (다) - (마)
④ (라) - (가) - (나) - (다) - (마)
⑤ (라) - (가) - (다) - (나) - (마)

10

다음 (가) ~ (마)를 논리적 순서대로 바르게 나열한 것은?

한 사회가 공동체로서 유지되고 발전하는 데 필요한 것 중 하나가 사회 구성원 간의 의사소통이다.

(가) 그래서 언어는 지역이나 연령, 성별, 사회 집단 등에 따른 사회적 특성이 드러난다. 하지만 한국인이 사용하는 한국어라고 해서 모두 똑같은 것이 아니다.

(나) 예를 들어, '팽이'는 지역에 따라 '패이(강원)', '핑갱이(경북)', '팽데기(경남)', '도로기(제주도)', '뺑도리(전북)', '팽구래미(충북)', '세루(평안)', '뽀애(함경)' 등으로 불린다. 같은 '팽이'임에도 지역에 따라 그 형태가 조금씩 다르다.

(다) 또 같은 사회에 속한 사람들은 같은 말을 사용함으로써 공동체 의식을 강화하는 효과를 얻는다. 즉, 언어는 사회와 유기적인 관계를 맺고 있는 것이다.

(라) 언어는 이러한 의사소통의 수단이다. 인간은 언어를 사용하여 사회적인 관계를 형성하고 유지하며 사회를 발전시킨다.

(마) 또 지역이 같더라도 연령, 성별, 사회 집단 등의 차이로 인해 같은 뜻을 지닌 언어가 형태를 달리하는 예도 있다. 이는 개인의 언어 속에 그가 속한 공동체의 특성이 담겨 있기 때문이다. 같은 말을 사용하는 사람들은 같은 사회의 구성원이라는 공동체 의식을 공유한다.

① (가) - (나) - (라) - (다) - (마)
② (가) - (다) - (마) - (나) - (라)
③ (나) - (가) - (마) - (다) - (라)
④ (라) - (가) - (나) - (다) - (마)
⑤ (라) - (가) - (나) - (마) - (다)

CHAPTER 05 독서 - 이해와 추론

제12회

01 이해 ①

1 단문 구성

01　　　　　　　　　　　2024년 서울시 9급

〈보기〉에 대한 이해로 가장 옳은 것은?

[보기]

　예전에 농경사회에서 왜 아이를 많이 낳았을까? 아이들이 농사 짓는 노동력이 될 수 있고, 내가 늙으면 그들이 나를 부양해 줄 것이기 때문이다. 이처럼 부는 언제나 아래에서 위로 올라온다는 것이 부의 이전 이론의 골자다. 부모가 자녀에게 해 주는 것보다 자녀가 부모에게 해주는 것이 더 크다. 생각해 보면 부모는 자녀를 길어봐야 20년 남짓 키우면 끝이다. 그다음부터는 자녀가 부모를 부양한다. 그러므로 부모는 자식을 많이 낳는 것이 언제나 더 이득이었다. 부유한 가정에서 자녀를 덜 낳는 이유도 이런 맥락에서 생각해 볼 수 있다. 자녀가 훗날 나를 먹여 살려야 할 필요가 없으니 굳이 많이 낳지 않는 것이다.

① 농경사회에서 아이를 많이 낳은 이유는 피임이 불가능했기 때문이다.
② 농경사회에서 부모는 자녀를 양육했지만, 성장한 자녀 중의 일부는 부모를 부양하지 않았다.
③ 부유한 가정이 자녀를 덜 낳는 이유는 자녀에 대한 애정이 적기 때문이다.
④ 농경사회에서 아이를 많이 낳은 이유는 경제적 이해와 관련이 있다.

02　　　　　　　　　　　2024년 서울시 9급

〈보기〉의 내용에 대한 이해로 가장 옳지 <u>않은</u> 것은?

[보기]

　철은 세균을 포함한 거의 모든 생명체에 들어 있는 아주 중요한 물질이다. 하지만 사람의 몸 안에 든 철은 다 합쳐도 3g 정도에 불과하다. 철의 절반 이상은 적혈구에 분포하고 산소를 운반하는 중책을 맡고 있다. 간에도 1g 정도가 들어 있다. 해독 작용에 철 원소가 필요한 까닭이다. 오래된 적혈구를 깨는 비장에도 철이 많으리라 추측할 수 있다. 적혈구에서 나온 철은 혈액을 따라 골수로 운반되고 혈구 세포가 만들어질 때 거기에 다시 들어간다. 철은 쉼 없이 순환하지만 소화기관을 거쳐 몸 안으로 들어오는 철의 양은 하루 1~2mg에 불과하다. 마찬가지로 그만큼의 철이 매일 몸 밖으로 나간다. 하루에 빠져나가는 1.5g의 각질에도 철이 들어 있다.

① 세균에도 철이 들어 있다.
② 철은 주로 소화기관의 작용을 돕는다.
③ 간 속에 든 철은 해독 작용을 돕는다.
④ 적혈구 속의 철은 산소 운반에 관여한다.

03

〈보기〉에 대한 이해로 가장 옳지 <u>않은</u> 것은?

─── [보기] ───

번역에서 가독성이 높다는 것은 칭찬받아 마땅하지만 늘 미덕이 되는 것은 아니다. 정확성이 뒷받침되지 않는 가독성은 이렇다 할 의미가 없기 때문이다. 가독성을 높이려고 번역하기 어렵거나 제대로 이해하지 못하는 부분은 생략해 버리고 번역하는 번역가들이 의외로 많다. 또한 쉽게 읽히기만 하면 '좋은' 번역이라고 생각하는 독자들이 생각 밖으로 많다. 거추장스럽다고 잔가지를 제거해 버리고 큰 줄기만 남겨 놓으면 나무 모습은 훨씬 가지런하고 예쁘게 보인다. 그러나 그 잘라낸 잔가지 속에 작품 특유의 문체와 심오한 의미가 들어 있다면 어떻게 될까? 원문을 모르고 번역본만 읽는 독자들은 가독성에 속아 '좋은' 번역이라고 평가하기 십상이다.

① 가독성이 좋으면 좋은 번역이라고 생각하는 독자들이 많다.

② 번역가들은 가독성뿐 아니라 정확성도 중요하게 간주하여야 한다.

③ 번역 과정에서 생략된 부분에 심오한 의미가 들어 있을 수도 있다.

④ 번역가들은 정확성을 높이기 위해 원문의 내용을 생략하고 번역하기도 한다.

04

다음 글을 이해한 내용으로 적절하지 <u>않은</u> 것은?

사람의 '지각과 생각'은 항상 어떤 맥락, 관점 혹은 어떤 평가 기준이나 가정하에서 일어난다. 이러한 맥락, 관점, 평가 기준, 가정을 프레임이라고 한다. 지각과 생각은 인간의 모든 정신 활동을 뜻한다. 따라서 우리의 모든 정신 활동은 진공 상태에서 일어나는 것이 아니라, 어떤 맥락이나 가정하에서 일어난다. 한마디로 우리가 프레임이라는 안경을 쓰고 세상을 보고 있음을 의미한다. 간혹 어떤 사람이 자신은 어떤 프레임의 지배도 받지 않고 세상을 있는 그대로, 객관적으로 본다고 주장한다면, 그 주장은 진실이 아닐 것이다.

① 인간의 정신 활동은 프레임 없이 일어나지 않는다.

② 프레임은 인간이 세상을 바라볼 때 어떤 편향성을 가지게 한다.

③ 인간의 지각과 사고를 확장하는 과정에서 프레임은 극복해야 할 대상이다.

④ 프레임은 인간의 정신 활동에 영향을 미치는 어떤 맥락이나 평가 기준이다.

다음 글을 이해한 내용으로 가장 적절한 것은?

> 루카치는 그리스 세계를 신과 인간의 결합 정도를 가리키는 '총체성' 개념을 기준으로 세 시대로 구분하였다. 첫 번째 시대에서 후대로 갈수록 총체성의 정도는 낮아진다. 첫째는 총체성이 완전히 구현되어 있는 '서사시의 시대'이다. 호메로스의 『일리아드』와 『오디세이아』에서는 신과 인간의 세계가 하나로 얽혀 있다. 인간들이 그리스와 트로이 두 패로 나뉘어 전쟁을 벌일 때 신들도 인간의 모습을 하고 두 패로 나뉘어 전쟁에 참여했다. 둘째는 '비극의 시대'이다. 소포클레스나 에우리피데스의 비극에서는 총체성이 흔들려 신과 인간의 세계가 분리된다. 하지만 두 세계가 완전히 분리되지는 않고 신탁이라는 약한 통로로 이어져 있다. 비극에서 신은 인간의 행위에 직접 개입하지 않고 신탁을 통해서 자신의 뜻을 그저 전달하는 존재로 바뀐다. 셋째는 플라톤으로 대표되는 '철학의 시대'이다. 이 시대는 이미 계몽된 세계여서 신탁 같은 것은 신뢰할 수 없게 되었다. 신과 인간의 세계가 완전히 분리됨으로써 신의 세계는 인격적 성격을 상실하여 '이데아'라는 추상성의 세계로 바뀐다. 신의 세계와 인간의 세계는 그 사이에 어떤 통로도 존재할 수 없는, 절대적으로 분리된 세계가 되었다.

① 계몽사상은 서사시의 시대에서 철학의 시대로의 전환을 이끌었다.
② 플라톤의 이데아는 신탁이 사라진 시대의 비극적 세계를 표현한다.
③ 루카치는 각기 다른 기준에 따라 그리스 세계를 세 시대로 구분하였다.
④ 에우리피데스의 비극에 비해 『오디세이아』에서는 신과 인간의 결합 정도가 높다.

다음 글을 이해한 내용으로 적절한 것은?

> 디지털 트윈은 현실 세계와 똑같은 가상의 세계이다. 최근 주목받고 있는 메타버스와 개념은 유사하지만 활용 목적의 측면에서 구별된다. 메타버스는 가상 세계와 현실 세계가 융합된 플랫폼으로 이용자들에게 새로운 경제·사회·문화적 경험을 제공하는 데 목적을 둔다. 반면 디지털 트윈은 현실 세계에 존재하는 사물, 공간, 환경, 공정 등을 컴퓨터상에 디지털 데이터 모델로 표현하여 똑같이 복제하고 실시간으로 서로 반응할 수 있도록 한다. 그래서 디지털 트윈의 이용자는 가상 세계에서의 시뮬레이션을 통해 미래 상황을 예측할 수 있게 된다. 디지털 트윈에 대한 수요가 증가하면서 관련 시장도 확대되고 있으며, 국내외의 글로벌 기업들은 여러 산업 분야에서 디지털 트윈을 도입하여 사전에 위험 요소를 제거하고 수익 모델의 효율성을 높이고 있다. 디지털 트윈이 이렇게 주목받는 이유는 안정성과 경제성 때문인데 현실 세계를 그대로 옮겨 놓은 가상 세계에 데이터를 전송, 취합, 분석, 이해, 실행하는 과정은 실제 실험보다 매우 빠르고 정밀하며 안전할 뿐 아니라 비용도 적게 든다.

① 디지털 트윈을 활용함에 따라 글로벌 기업들의 고용률이 향상되었다.
② 디지털 트윈의 데이터 모델은 현실 세계의 각종 실험 모델보다 경제성이 낮다.
③ 디지털 트윈에서의 시뮬레이션으로 현실 세계의 위험 요소를 찾아내고 방지할 수 있다.
④ 디지털 트윈은 현실 세계의 이용자에게 새로운 문화적 경험을 제공하는 데 목적이 있다.

07

〈보기〉의 내용에 대한 이해로 가장 옳지 <u>않은</u> 것은?

> ───────────[보기]───────────
>
> 『훈민정음』 서문은 "우리나라의 말이 중국과 달라 문자로 서로 통하지 아니하므로"로 시작합니다. 말 그대로 세종대왕 당시의 말이 중국과 다르다는 것인데 '다름'에 대해 말하려면 '있음'이 전제가 되어야 합니다. 세종대왕 당시에 우리말이 있었고, 말은 하루아침에 생겨난 것이 아닐 테니 이전부터 계속 있어 왔던 것입니다. 우리에게도 말이 있고 중국에도 말이 있는데 이 둘이 서로 달라서 문자로 통하지 못한다는 것입니다. 이때의 문자는 당연히 한자입니다. 한자는 중국말을 적기 위한 것이어서 우리말을 적기에는 적합하지 않았습니다. 사실 한자로 우리말을 적는 것이 불가능한 것은 아닙니다. 고구려 때의 광개토대왕비를 보면 빼곡하게 한자가 기록되어 있는데 고구려 사람이 중국어를 적어 놓았을 리는 없습니다. 당시에 문자가 없으니 한자를 빌려 자신들이 남기고 싶은 기록을 남긴 것입니다. 한자는 뜻글자이니 한자의 뜻을 알고 문장이 어떻게 구성되는지 알면 그 뜻을 헤아려 자신의 말로 읽을 수 있습니다. (중략) 그런데 많은 이들이 세종대왕께서 우리글이 아닌 우리말을 만드신 것으로 오해하고 있습니다. 왜 그럴까요? 말과 글자를 같은 것으로 여기는 것은 흔한 일인데 유독 우리가 심합니다. 우리만 한글을 쓰는 것이 큰 이유입니다. 한자는 중국, 한국, 일본, 베트남 등 여러 곳에서 쓰이고 로마자는 훨씬 더 많은 나라에서 쓰입니다. 하지만 한글은 오로지 우리나라에서 우리말을 적는 데만 쓰입니다. 그러니 한글로 적힌 것은 곧 우리말이라는 등식이 성립되어 한글과 우리말을 같은 것으로 여기는 것입니다.
>
> ─ 한성우, 『말이 주인이 되는 시간』

① 한글은 언어가 아니라 문자를 가리키는 것이다.
② 세종대왕이 만드신 것은 우리말이 아니라 우리글이다.
③ 한국어는 오로지 한글로만 표기할 수 있다.
④ 한글이 오로지 한국어를 표기하는 데 사용되기 때문에 많은 사람이 한글과 한국어를 혼동한다.

08

다음 글에 대한 이해로 옳지 <u>않은</u> 것은?

> 스키마란 대상과 사건의 규칙성을 포착하는 지식의 구조를 말하는데, 이를 글 읽기에 적용하면 독자의 머릿속에 있는 스키마의 항목에 맞추며 글의 의미를 파악한다고 설명할 수 있다. 즉, 글의 내용에 대한 적절한 스키마가 있으면 글을 쉽고 빠르게 이해할 수 있고, 그렇지 못하면 글을 이해하는 것이 어렵다고 말할 수 있다. 이는 글을 이해하는 출발점이 바로 독자의 머릿속에 있는 스키마라고 보는 관점이다.

① 이 이론에 따르면 글에 담긴 의미를 정확하게 파악할수록 읽기에 능숙한 독자라고 볼 수 있다.
② 이 이론은 글의 의미는 글 속에 담겨 있는 것이라기보다 독자가 구성해야 하는 것임을 알려 준다.
③ 이 이론에 따르면 글에 대하여 서로 다른 스키마가 적용될 때 글의 의미가 다르게 이해된다고 볼 수 있다.
④ 이러한 시각에서는 독해의 과정에 선행 지식이나 경험을 최대한 활용하게 하는 읽기 지도를 강조할 것이다.
⑤ 이 이론을 확대 적용하면 아는 것은 더 잘 알게 되지만 모르는 것은 계속 잘 모른다는 논리도 가능할 것이다.

다음 글을 이해한 내용으로 적절하지 <u>않은</u> 것은?

현대 사회에서 많은 국가들이 정치적으로는 민주주의를, 경제적으로는 시장경제를 지향하고 있다. 이런 상황에서 경제활동의 주된 내용인 자원의 배분과 소득의 분배는 기본적으로 두 가지 형태의 의사 결정에 의해서 이루어진다. 하나는 시장 기구를 통한 시장적 의사 결정이며, 다른 하나는 정치 기구를 통한 정치적 의사 결정이다. 이 둘은 의사 결정 과정에서부터 분명한 차이를 보인다.

민주주의 사회에서 정치적 의사 결정은 투표에 의해서 이루어진다. 이 경우 구성원들은 자신의 경제력에 관계없이 똑같은 정도의 결정권을 가지고 참여한다. 즉 의사 결정 과정에서의 민주적 절차와 형평성을 중시하는 것이다. 그러나 시장적 의사 결정에서는 자신의 경제력의 크기에 따라 결정권을 행사하는 정도가 다르며, 철저하게 수요−공급의 원칙에 따라 의사 결정이 이루어진다. 경제적인 효율성이 중시되는 것이다. 이때의 의사 결정은 완전 합의와 자발성을 근간으로 한다.

① 자원의 배분은 정치적 의사 결정으로 이루어지고, 소득의 분배는 시장적 의사 결정으로 이루어진다.
② 시장적 의사 결정에서는 구성원의 경제력에 따라 행사하는 힘의 크기가 달라진다.
③ 정치적 의사 결정에서는 형평성이 중시되고, 시장적 의사 결정에서는 경제적 효율성이 중시된다.
④ 정치적 의사 결정은 투표에 의해 이루어지고, 시장적 의사 결정은 수요−공급의 원칙에 따라 이루어진다.

다음 글에 대한 이해로 적절한 것은?

표현적 글쓰기는 왜 그렇게 효과가 있을까? 우리가 흔히 경시하는 고통스러운 감정을 마주해야 되기 때문이다. 우리는 자수성가를 칭송하고 강인한 사람을 미화하는 세상에 살고 있다. 이 문화적 메시지와 그것이 우리에게 가하는 모든 압박 때문에 우리는 우리의 욕구를 간과하도록 배운다. 심지어 나약하다는 느낌을 갖거나 힘든 감정을 품었다고 스스로를 혐오하기도 한다. 표현적 글쓰기는 종일 꾹꾹 참고 발설하지 않은 취약한 측면을 찾아내고 그것에 대해 경청할 기회를 주기 때문에 효과가 있는 것이다.

또한 글쓰기 과정이 다른 사람을 염두에 두지 않았다는 점도 매우 중요하다. 우리는 보통 타인이 볼 글을 쓸 때, 스스로 검열하고 글이 충분히 좋은지에 관심을 두게 된다. 그러나 표현적 글쓰기는 그렇지 않다. 두서없고, 누가 읽기에도 적합하지 않은 글을 쓴 후 버리면 된다. 이것은 자신이 가진 모든 감정과 교감하는 데 도움을 줄 수 있다.

① 표현적 글쓰기는 고통스러운 감정을 피하는 데 효과가 있다.
② 표현적 글쓰기는 자수성가를 칭송하고 강인한 사람을 미화하는 데 필요하다.
③ 표현적 글쓰기는 타인을 의식하여 스스로 검열하는 특징을 지닌다.
④ 표현적 글쓰기는 참고 발설하지 않은 것에 대해 경청할 기회를 준다.
⑤ 표현적 글쓰기는 두서없이 편하게 써서 간직하도록 고안되었다.

CHAPTER 05 독서 – 이해와 추론

제13회

01 이해 ②

② 2문단 구성 ①

01   2025년 국가직 9급 예비 문제

다음 글을 이해한 내용으로 가장 적절한 것은?

> 언어의 형식적 요소에는 '음운', '형태', '통사'가 있으며, 언어의 내용적 요소에는 '의미'가 있다. 음운, 형태, 통사 그리고 의미 요소를 중심으로 그 성격, 조직, 기능을 탐구하는 학문 분야를 각각 '음운론', '문법론'(형태론 및 통사론 포괄), 그리고 '의미론'이라고 한다. 그 가운데서 음운론과 문법론은 언어의 형식을 중심으로 그 체계와 기능을 탐구하는 반면, 의미론은 언어의 내용을 중심으로 체계와 작용 방식을 탐구한다.
>
> 이처럼 언어학은 크게 말소리 탐구, 문법 탐구, 의미 탐구로 나눌 수 있는데, 이때 각각에 해당하는 음운론, 문법론, 의미론은 서로 관련된다. 이를 발화의 전달 과정에서 살펴보자. 화자의 측면에서 언어를 발신하는 경우에는 의미론에서 문법론을 거쳐 음운론의 방향으로, 청자의 측면에서 언어를 수신하는 경우에는 반대의 방향으로 작용한다. 의사소통의 과정상 발신자의 측면에서는 의미론에, 수신자의 측면에서는 음운론에 초점이 놓인다. 의사소통은 화자의 생각, 느낌, 주장 등을 청자와 주고받는 행위이므로, 언어 표현의 내용에 해당하는 의미는 이 과정에서 중심적 요소가 된다.

① 언어는 형식적 요소가 내용적 요소보다 다양하다.

② 언어의 형태 탐구는 의미 탐구와 관련되지 않는다.

③ 의사소통의 첫 단계는 언어의 형식을 소리로 전환하는 것이다.

④ 언어를 발신하고 수신하는 과정에서 통사론은 활용되지 않는다.

02   2024년 국가직 9급

다음 글을 이해한 내용으로 가장 적절한 것은?

> A가 주장한 다중지능이론은 기존 지능이론의 대안으로 제시되었다. 그는 기존 지능이론이 언어지능이나 논리수학지능 등 인간의 인지 능력에만 초점을 맞추고 있다고 비판하면서 이뿐 아니라 신체와 정서, 대인 관계의 능력까지 포괄한 총체적 지능 개념을 창안해 냈다. 다중지능이론은 뇌과학 연구에 일정 부분 영향을 받았는데, 뇌과학 연구에 따르면 인간의 좌뇌는 분석적, 논리적 능력을 담당하고, 우뇌는 창조적, 감성적 능력을 담당한다. 다중지능이론에서는 좌뇌의 능력에만 초점을 둔 기존의 지능 검사에 대해 반쪽짜리 검사라고 혹평한다.
>
> 그런데 다중지능이론에 대해 비판적인 연구자들은 다음과 같은 점들을 지적한다. 우선, 다중지능이론에서 주장하는 새로운 지능의 종류들이 기존 지능이론에서 주목했던 지능의 종류들과 상호 독립적일 수 있는가 하는 점이다. 그들에 따르면, 전자는 후자의 하위 영역에 속해 있고, 둘 사이에는 유의미한 상관 관계가 있으므로 서로 독립적일 수 없으며, 따라서 '다중'이라는 개념이 성립하지 않는다. 다음으로, 다중지능을 정확하게 측정할 수 있는 도구가 만들어질 수 있겠는가 하는 점이다. 그들은 지능이라는 말이 측정 가능한 인지 능력을 전제하는 것인데, 다중지능이론이 설정한 새로운 종류의 지능들을 정확하게 측정할 수 있는 도구가 만들어지기는 어려울 것이라 주장한다.

① 논리수학지능은 다중지능이론의 지능 개념에 포함되지 않는다.

② 대인 관계의 능력과 관련된 지능을 정확하게 측정할 수 있는 도구의 개발 가능성에 대해 회의적인 사람들이 있다.

③ 다중지능이론에서는 인간의 우뇌에서 담당하는 능력과 관련된 지능보다 좌뇌에서 담당하는 능력과 관련된 지능에 더 많이 주목한다.

④ 다중지능이론에 대해 비판적인 연구자들은 인간의 모든 지능 영역들이 상호 독립적이라는 이유에서 '다중' 개념이 성립하지 않는다고 주장한다.

03 ▬▬▬▬▬▬▬▬▬▬▬▬▬▬▬▬▬▬▬

다음 글을 이해한 내용으로 가장 적절한 것은?

전 세계를 대표하는 항공기인 보잉과 에어버스의 중요한 차이점은 자동조종시스템의 활용 정도에 있다. 보잉의 경우, 조종사가 대개 항공기를 조종간으로 직접 통제한다. 조종간은 비행기의 날개와 물리적으로 연결되어 있어서 어떤 상황에서도 조종사가 조작한 대로 반응한다. 이와 다르게 에어버스는 조종간 대신 사이드스틱을 설치하여 컴퓨터가 조종사의 행동을 제한하거나 조종에 개입할 수 있게 설계되었다. 보잉에서는 조종사가 항공기를 통제할 수 있는 전권을 가지지만 에어버스에서는 컴퓨터가 조종사의 조작을 감시하고 제한한다.

보잉과 에어버스의 이러한 차이는 기계를 다루는 인간을 바라보는 관점이 서로 다른 데서 비롯된다. 보잉사를 창립한 윌리엄 보잉의 철학은 "비행기를 통제하는 최종 권한은 언제나 조종사에게 있다."이다. 시스템은 불안정하고 완벽하지 않기 때문에 컴퓨터가 조종사의 판단보다 우선시될 수 없다는 것이다. 반면 에어버스의 아버지라고 불리는 베테유는 "인간은 실수할 수 있는 존재"라고 전제한다. 베테유는 이런 자신의 신념을 토대로 에어버스를 설계함으로써 조종사의 모든 조작을 컴퓨터가 모니터링하고 제한하게 만든 것이다.

① 보잉은 시스템의 불완전성을, 에어버스는 인간의 실수 가능성을 고려하여 설계되었다.
② 베테유는 인간이 실수할 수 있는 존재라고 보지만 윌리엄 보잉은 그렇지 않다고 본다.
③ 에어버스의 조종사는 항공기 운항에서 자동조종시스템을 통제하고 조작한다.
④ 보잉의 조종사는 자동조종시스템을 사용하지 않고 항공기를 조종한다.

04 ▬▬▬▬▬▬▬▬▬▬▬▬▬▬▬▬▬▬▬

다음 글을 이해한 내용으로 적절하지 <u>않은</u> 것은?

고소설의 유통 방식은 '구연에 의한 유통'과 '문헌에 의한 유통'으로 나눌 수 있다. 구연에 의한 유통은 구연자가 소설을 사람들에게 읽어 주는 방식으로, 글을 모르는 사람들과 글을 읽을 수 있지만 남이 읽어 주는 것을 선호하는 이들을 대상으로 이루어졌다. 구연자는 '전기수'로 불렸으며, 소설 구연을 통해 돈을 벌던 전문적 직업인이었다. 하지만 이 방식은 문헌에 의한 유통에 비해 시간과 공간의 제약이 많아서 유통 범위를 넓히는 데 뚜렷한 한계가 있었다.

문헌에 의한 유통은 차람, 구매, 상업적 대여로 나눌 수 있다. 차람은 소설을 소유하고 있는 사람에게 직접 빌려서 보는 것으로, 알고 지내던 개인들 사이에서 이루어졌다. 구매는 서적 중개인에게 돈을 지불하고 책을 사는 것인데, 책값이 상당히 비쌌기 때문에 소설을 구매할 수 있는 사람은 그리 많지 않았다. 상업적 대여는 세책가에 돈을 지불하고 일정 기간 동안 소설을 빌려 보는 것이다. 세책가에서는 소설을 구매하는 것보다 훨씬 적은 비용으로 빌려 볼 수 있었기 때문에 경제적으로 넉넉하지 않은 사람도 소설을 쉽게 접할 수 있었다. 이로 인해 조선 후기 사회에서 세책가가 성행하게 되었다.

① 전기수는 글을 모르는 사람들에게 소설을 구연하였다.
② 차람은 알고 지내던 사람에게 대가를 지불하고 책을 빌려 보는 방식이다.
③ 문헌에 의한 유통은 구연에 의한 유통에 비해 시간과 공간의 제약이 적었다.
④ 조선 후기에 세책가가 성행한 원인은 소설을 구매하는 비용보다 세책가에서 빌리는 비용이 적다는 데 있다.

다음 글을 이해한 내용으로 가장 적절한 것은?

『삼국사기』는 본기 28권, 지 9권, 표 3권, 열전 10권의 체제로 되어 있다. 이 중 열전은 전체 분량의 5분의 1을 차지하며, 수록된 인물은 86명으로, 신라인이 가장 많고, 백제인이 가장 적다. 수록 인물의 배치에는 원칙이 있는데, 앞부분에는 명장, 명신, 학자 등을 수록했고, 다음으로 관직에 있지는 않았으나 기릴 만한 사람을 실었다.

반신(叛臣)의 경우 열전의 끝부분에 배치되어 있다. 이들을 수록한 까닭은 왕을 죽인 부정적 행적을 드러내어 반면교사로 삼는 데에 있었으나, 그 목적에 부합하지 않는 내용이 있어 흥미롭다. 가령 고구려의 연개소문은 반신이지만, 당나라에 당당히 대적한 민족적 영웅의 모습도 포함되어 있다. 흔히 『삼국사기』에 대해, 신라 정통론에 기반해 있으며, 유교적 사관에 따라 당시의 지배 질서를 공고히 하고자 했다고 평가한다. 하지만 연개소문의 사례에서 볼 수 있듯 『삼국사기』는 기존 평가와 달리 다면적이고 중층적인 역사 텍스트라고 할 수 있다.

① 『삼국사기』 열전에 고구려인과 백제인도 수록되었다는 점은 이 책이 신라 정통론을 계승하지 않았다는 것을 보여준다.
② 『삼국사기』 열전에 수록된 반신 중에는 이 책에 대한 기존 평가를 다르게 할 수 있는 사례가 있다.
③ 『삼국사기』 열전에는 기릴 만한 업적이 있더라도 관직에 오르지 못한 사람은 수록되지 않았다.
④ 『삼국사기』의 체제 중에서 열전이 가장 많은 권수를 차지한다.

다음 글을 이해한 내용으로 가장 적절한 것은?

고려 시대에는 여러 차례의 전란을 겪으며 서적의 손실이 많았다. 이로 인해 서적을 대량으로 찍어낼 필요가 생겼고, 그 결과 자연스레 금속활자가 등장하게 되었다. 고려인은 청동을 녹여서 불상이나 범종 등을 만드는 기술이 탁월했다. 이러한 고려인에게 금속활자를 제조하는 일은 어려운 일이 아니었다.

고려인은 금속활자를 만들 때, 진흙에 가까운 고운 모래를 사용했다. 이 모래를 상자 속에 가득 채우고, 그 위에 목활자를 찍어 눌러서 틀을 완성했다. 그런 다음 황동 액체를 부어 금속활자를 만들었다. 이러한 과정에서 주목할 만한 것은 바로 고운 모래를 사용했다는 것이다. 그 모래는 황동 액체를 부을 때 거품이 생기는 것을 방지함으로써 활자가 파손되거나 조잡해지는 것을 막는 역할을 했다. 이렇게 만들어진 금속활자를 사용하여 인쇄할 때는 목활자의 경우와 달리 유성먹이 필요했다. 하지만 고려인은 이미 유성먹에 대해 잘 알고 있었기 때문에 금속활자를 사용한 인쇄도 큰 어려움 없이 해낼 수 있었다.

① 고려인은 범종을 만들 때 황동을 사용했다.
② 고려인은 금속활자를 만들 때 목활자를 사용했다.
③ 고려인은 금속활자를 만들 때 황동 틀을 사용했다.
④ 고려인은 금속활자를 만들 때 목활자와 달리 유성먹을 사용했다.

07

다음 글을 이해한 내용으로 가장 적절한 것은?

> 조선 시대에는 국가 체제를 정비하면서 무속을 탄압했다. 도성 내에 무당의 거주와 무업 행위를 금하고, 무당에게 세금을 부과하며, 의료기관인 동서활인서에서도 봉사하게 하였다. 이 중에서 무세(巫稅)는 고려 후기부터 확인되지만, 정식 세금으로 제도화해서 징수한 것은 조선 시대부터였다. 제도적 차원에서 실시한 무세 징수로 인해 무당에게는 많은 변화가 일어났다.
>
> 무세 징수의 효과는 컸지만, 본래의 의도와 다른 결과를 유발하기도 하였다. 무속을 근절한다는 명목에서 징수한 세금이 관에서 사용됨에 따라 오히려 관에서 무당을 하나의 직업으로 인정하게 되었던 것이다. 하지만 세금으로 인해 무당의 위세와 역할은 크게 축소되기에 이르렀다. 무당이 국가적 차원의 의례를 주관하던 전통은 사라졌고, 성황제를 비롯한 고을 굿은 음사(淫祀)로 규정되어 중단되었다.

① 무당은 관이 원래 의도했던 바와 다른 결과도 얻었다.
② 무당은 치유 능력을 인정받아 의료기관에서 일하였다.
③ 무당은 고려와 조선에 걸쳐 제도 내에서 세금을 납부하였다.
④ 무당은 국가 의례에서 배제되어 고을 의례를 주관하면서 권위가 약화되었다.

08

다음 글을 이해한 내용으로 가장 적절한 것은?

> 우리 옛 문헌은 한문이든 한글이든 지금과 같은 가로쓰기가 아닌 세로쓰기로 되어 있었다. 물론 외국인이 펴낸 대역사전이나 한국어 문법서의 경우, 알파벳을 쓰기 위해 가로쓰기를 택했다. 1880년에 리델이 편찬한 『한불자전』이나 1897년에 게일이 편찬한 『한영자전』은 모두 가로쓰기 책이다. 다만 푸칠로가 편찬한 『로조사전』은 러시아 문자는 가로로, 그에 대응되는 우리말 단어는 세로로 쓴 독특한 형태이다.
>
> 우리나라 사람이 쓴 최초의 가로쓰기 책은 1895년에 이준영, 정현, 이기영, 이명선, 강진희가 편찬한 국한 대역사전 『국한회어(國漢會語)』이다. 국문으로 된 표제어를 한문으로 풀이한 것은, 국한문혼용체의 사용 빈도가 높아진 시대적 분위기가 반영된 것이다. 서문에는 글자와 행의 기술 방식, 표제어 배열 방식 등을 설명하고, 이 방식이 알파벳을 사용하는 서양의 서적을 본뜬 것이라는 사실을 밝혀 놓았다. 주시경의 가로쓰기 주장이 1897년에 나온 것을 고려하면, 『국한회어』의 가로쓰기는 획기적이다. 1897년에 나온 『독립신문』은 띄어쓰기를 했으되 세로쓰기를 했고, 1909년에 발간된 지석영의 『언문』, 1911년에 편찬 작업을 시작한 국어사전 『말모이』 정도가 가로쓰기를 했다.

① 『한불자전』, 『로조사전』, 『언문』, 『말모이』는 가로쓰기 책이다.
② 1895년경에는 가로쓰기 사용이 늘어나는 분위기가 조성되었다.
③ 가로쓰기가 시행되면서 국한문 혼용과 띄어쓰기가 활성화되었다.
④ 『국한회어』는 가로쓰기 방식으로 표기한 서양 책의 영향을 받았다.

다음 글에 대한 이해로 옳지 <u>않은</u> 것은?

사진의 발명으로부터 200년이 채 안 되고 영화의 발명으로부터 100년이 조금 넘는 정도의 시간이 지났을 뿐이지만, 이후 토이기, 컬러 필름 등의 발명으로 영화는 획기적인 발전을 이룰 수 있었다. 또 과학기술의 발전으로 텔레비전, 비디오 등이 발명되어 대중들은 개인적인 공간에서 언제나 자유롭게 영화를 감상할 수 있게 된다. 더욱이 20세기 말에 비약적으로 발전한 컴퓨터와 인터넷의 영향으로 등장한 새로운 매체 환경에서 이미지는 이전과는 다른 형태로 대중들에게 보다 가까이 다가온다.

새로운 매체가 지닌 새로운 전달 방식은 단순한 이미지의 소비자였던 대중들을 이미지를 소비하면서 동시에 생산에 참여하는 작독자[prosumer (producer + consumer)]가 될 수 있게 했다. 소위 스마트폰의 등장으로 언제 어디서든 정보를 검색하고 이미지를 향유할 수 있는 진정한 유비쿼터스(ubiquitous) 환경이 이루어져 이미지는 더욱 우리들 가까이에 다가와 있다. 현대인들은 극장에서 영화를 감상하고, 거실에 앉아 텔레비전을 시청하고, 각자의 방에서 컴퓨터로 영상을 검색하고, 언제 어디서든 스마트폰을 꺼내 영상을 들여다본다. 현대인은 인류 역사의 어느 시기보다 이미지가 과잉된 시대에 이미지 속에 함몰되어 그것을 향유하고 창조하며 살아가고 있는 것이다.

① 새로운 매체로 인해 대중들은 작독자가 되었다.
② 과학기술의 발달로 새로운 매체 환경이 만들어졌다.
③ 사진보다 영화의 탄생이 더 중요한 역사적 의미를 갖는다.
④ 이미지 소비자였던 대중은 이미지를 창조하며 살아가고 있다.
⑤ 유비쿼터스 환경으로 대중들은 이미지 과잉 시대를 살아가고 있다.

〈보기〉의 내용에 대한 이해로 가장 옳지 <u>않은</u> 것은?

— [보기] —

밀의 알맹이는 배유, 껍질 그리고 배아로 구성돼 있다. 이 알맹이를 통곡물 그대로 빻아 만든 가루가 통밀가루이고, 알맹이에서 껍질과 배아를 제거한 후 오직 배유만 남겨 빻은 가루가 우리가 아는 하얀 밀가루다. 껍질과 배아만 제거했을 뿐인데, 두 가루로 만든 빵의 맛은 하늘과 땅 차이다. 왜 이렇게 차이가 나는 걸까?

이는 글루텐 때문이다. 글루텐은 빵의 식감을 결정하는 핵심 성분으로, 글루테닌과 글리아딘이 물과 함께 섞이면 만들어진다. 끈적한 성질이 있어, 반죽에 열을 가했을 때 효모(이스트)가 내뿜는 이산화탄소를 잘 포집할 수 있도록 도와준다. 이렇게 부풀어 오른 빵은 푹신푹신하고 쫄깃쫄깃하다. 글루텐의 재료가 되는 글루테닌과 글리아딘은 배유에 있다. 정제된 흰 밀가루는 배유만 있으니, 당연히 글루텐이 잘 생긴다. 하지만 통밀빵은 함께 갈린 껍질과 배아가 글루텐을 잘라내 빵 반죽이 잘 부풀어 오르지 못하게 한다. 100% 통밀가루로만 만든 빵은 반죽 밀도가 높아서 조직이 치밀하고 식감이 푸석푸석하다.

① 통밀가루로 만든 빵은 흰 밀가루로 만든 빵에 비해 조직이 치밀하다.
② 통밀가루에는 글루테닌과 글리아딘이 없다.
③ 배유의 성분이 빵이 부풀어 오르는 것에 영향을 준다.
④ 흰 밀가루로 만든 빵은 통밀가루로 만든 빵에 비해 글루텐의 함량이 높다.

CHAPTER 05 독서 – 이해와 추론

🔔 제한 시간: 20분(총 10문제)
⏱ 실제 걸린 시간: ＿＿＿분 ＿＿＿초
🔍 어려웠던 문제 번호: ＿＿＿＿＿

제14회

01 이해 ③

2 2문단 구성 ②

01 ──────────────────── 2023년 국회직 8급

다음 글에 대한 이해로 적절한 것은?

> 환경 보호는 정도의 차이는 있을지라도 모든 사람의 이익에 도움이 되는 일이라고 주장하는 사람도 있다. 초창기 환경 운동의 목표는 전통적인 자연 보호, 곧 특정 습지의 특정 조류를 보호하려는 좁은 생각을 극복하는 것이었다. 그렇지만 특정 종의 동물이나 식물에 대한 사랑에서는 열정적 투쟁 욕구가 생겨나는 반면, 대상을 특정하지 않은 자연 사랑은 어딘지 모르게 산만한 게 사실이다. 바로 그래서 생겨나는 것이 올슨 패러독스이다. 이것은 특별한 공동 이해관계로 묶인 소규모 그룹이 얼굴을 맞대고 단호히 일을 추진할 때, 대단히 애매한 일반적 이해를 가진 익명의 대규모 집단보다 훨씬 더 뛰어난 추진력을 보인다는 것이다. 이런 역설대로 소규모 그룹에는 로비할 좋은 기회가 주어지며, 마찬가지로 특정 사안을 반대하는 지역 저항 운동이 성공을 거둔다. 그렇기 때문에 포괄적 의미에서 환경 정책이 아주 까다로워진다.
>
> 무조건적인 타당성을 갖는 환경법을 요구하는 환경 정책은 애초부터 좌절될 수밖에 없다. 비록 나라와 문화마다 정도가 매우 다르기는 하지만, 현대화 과정에서 족벌에 대한 충성심을 넘어 서서 다른 가치를 더욱 중시하는 충성심이 발달했다. 환경 정책은 이 과정에서 중요한 기회를 얻는다. 이기적 이해관계를 넘어 서서 환경 전체를 바라보는 안목이 현대화 과정에서 발달했기 때문이다. 동시에 물론 자신의 직접적인 생활 환경을 지키려는 각오도 환경 정책에 결정적 영향을 미친다. 이처럼 환경 운동은 완전히 보편적 방향으로 발달하기는 힘들다. 우선 자신의 이해관계부터 생각하는 인간의 본성 탓에 근본적 긴장은 항상 사라지지 않기 때문이다.

① 현대화 과정에서 부각된 인간의 이기적 이해관계는 인간이 가진 자연 지배권에 대한 인식과 함께 발달하게 되었다.
② 환경 운동은 특정 생물 집단의 번식과 지속성을 보전하는 것에서 시작하여 궁극적으로 자연 경관의 보호를 목적으로 한다.
③ 환경 운동에서 발생하는 올슨 패러독스는 근본적으로 해소되기 어렵다.
④ 환경 운동은 대규모 집단의 이해관계가 소규모 집단의 이해관계와 일치할 때 이루어지는 과정이라고 할 수 있다.
⑤ 환경 운동은 생물학적 다양성을 위한 공리주의 원칙에 따라 진행되어야 하며, 이 과정에서 개인의 이기심은 환경 운동을 위한 직접적인 동기로 작용하지 않는다.

3 다(多)문단 구성

02

다음 글을 이해한 내용으로 적절하지 <u>않은</u> 것은?

조선 시대 기록을 보면 오늘날 급성전염병에 속하는 병들의 다양한 명칭을 확인할 수 있는데, 전염성, 고통의 정도, 질병의 원인, 몸에 나타난 증상 등 작명의 과정에서 주목한 바는 각기 달랐다.

예를 들어, '역병(疫病)'은 사람이 고된 일을 치르듯[役] 병에 걸려 매우 고통스러운 상태를 말한다. '여역(癘疫)'이란 말은 힘들다[疫]는 뜻에다가 사납다[癘]는 의미가 더해져 있다. 현재의 성홍열로 추정되는 '당독역(唐毒疫)'은 오랑캐처럼 사납고[唐], 독을 먹은 듯 고통스럽다[毒]는 의미가 들어가 있다. '염병(染病)'은 전염성에 주목한 이름이고, 마찬가지로 '윤행괴질(輪行怪疾)' 역시 수레가 여기저기 옮겨 다니듯 한다는 뜻으로 질병의 전염성을 크게 강조한 이름이다.

'시기병(時氣病)'이란 특정 시기의 좋지 못한 기운으로 인해 생기는 전염병을 말하는데, 질병의 원인으로 나쁜 대기를 들고 있는 것이다. '온역(溫疫)'에 들어 있는 '온(溫)'은 이 병을 일으키는 계절적 원인을 가리킨다. 이밖에 '두창(痘瘡)'이나 '마진(痲疹)' 따위의 병명은 피부에 발진이 생기고 그 모양이 콩 또는 삼씨 모양인 것을 강조한 말이다.

① '온역'은 질병의 원인에 주목하여 붙여진 이름이다.
② '역병'은 질병의 전염성에 주목하여 붙여진 이름이다.
③ '당독역'은 질병의 고통스러운 정도에 주목하여 붙여진 이름이다.
④ '마진'은 질병으로 인해 몸에 나타난 증상에 주목하여 붙여진 이름이다.

03

다음 글을 이해한 내용으로 적절하지 <u>않은</u> 것은?

한국 신화에 보이는 신과 인간의 관계는 다른 나라의 신화와 견주어 볼 때 흥미롭다. 한국 신화에서 신은 인간과의 결합을 통해 결핍을 해소함으로써 완전한 존재가 되고, 인간은 신과의 결합을 통해 혼자 할 수 없었던 존재론적 상승을 이룬다.

한국 건국신화에서 주인공인 신은 지상에 내려와 왕이 되고자 한다. 천상적 존재가 지상적 존재가 되기를 바라는 것인데, 인간들의 왕이 된 신은 인간 여성과의 결합을 통해 자식을 낳음으로써 결핍을 메운다. 무속신화에서는 인간이었던 주인공이 신과의 결합을 통해 신적 존재로 거듭나게 됨으로써 존재론적으로 상승하게 된다. 이처럼 한국 신화에서 신과 인간은 서로의 존재를 필요로 한다는 점에서 상호의존적이고 호혜적이다.

다른 나라의 신화들은 신과 인간의 관계가 한국 신화와 달리 위계적이고 종속적이다. 히브리 신화에서 피조물인 인간은 자신을 창조한 유일신에 대해 원초적 부채감을 지니고 있으며, 신이 지상의 모든 일을 관장한다는 점에서 언제나 인간의 우위에 있다. 이러한 양상은 북유럽이나 바빌로니아 등에 퍼져 있는 신체 화생 신화에도 유사하게 나타난다. 신체 화생 신화는 신이 죽음을 맞게 된 후 그 신체가 해체되면서 인간 세계가 만들어지게 된다는 것인데, 신의 희생 덕분에 인간 세계가 만들어질 수 있었다는 점에서 인간은 신에게 철저히 종속되어 있다.

① 히브리 신화에서 신과 인간의 관계는 위계적이다.
② 한국 무속신화에서 신은 인간을 위해 지상에 내려와 왕이 된다.
③ 한국 건국신화에서 신은 인간과의 결합을 통해 완전한 존재가 된다.
④ 한국 신화에 보이는 신과 인간의 관계는 신체 화생 신화에 보이는 신과 인간의 관계와 다르다.

다음 글을 이해한 내용으로 적절하지 <u>않은</u> 것은?

몸의 곳곳에 분포한 통점이 자극을 받아서 통각 신경을 통해 뇌로 통증 신호를 전달할 때 통증을 느낀다. 통점을 구성하는 세포의 세포막에는 통로라는 구조가 있다. 이 통로를 통해 세포의 안과 밖으로 여러 물질들이 오가면서 세포 사이에 다양한 신호를 전달한다.

통점의 세포에서 인식한 통증 신호는 통각 신경을 통해 뇌로 전달된다. 재미있는 사실은 통각 신경이 다른 감각 신경에 비해서 매우 가늘어 신호를 느리게 전달한다는 것이다. 예를 들어 몸길이가 30m인 흰긴수염고래는 꼬리에 통증이 생기면 최대 1분 후에 아픔을 느낀다.

통각 신경이 다른 감각 신경에 비해 가는 이유는 더 많이 배치되기 위해서다. 피부에는 1cm²당 약 200개의 통점이 빽빽이 분포하는데, 통각 신경이 굵다면 이렇게 많은 수의 통점이 배치될 수 없다. 이렇게 통점이 빽빽이 배치되어야 아픈 부위를 정확하게 알 수 있다. 반면 내장 기관에는 통점이 1cm²당 4개에 불과해 아픈 부위를 정확하게 알기 어렵다. 폐암과 간암이 늦게 발견되는 것도 폐와 간에 통점이 거의 없기 때문이다.

① 통로는 여러 물질들이 세포의 안팎으로 오가며 신호를 전달하는 구조이다.

② 통증을 느끼지 못하게 되면, 치명적인 질병에 걸려도 질병의 발견이 늦을 수 있다.

③ 통각 신경은 다른 감각 신경에 비해서 매우 가늘기 때문에, 신호의 전달이 빠르다.

④ 아픈 부위가 어디인지를 정확하게 알기 위해서는, 통점이 빽빽하게 배치되어야 한다.

다음 글에 대한 이해로 적절한 것은?

20세기 이후 선진국을 중심으로 영양의 과소비가 일어나면서 고도 비만이 문제가 되었다. 전체적으로 발육 상태가 좋아지고 영양분의 섭취는 필요 이상으로 많아졌다. 이에 대한 반작용으로 날씬함의 기준은 오히려 살과 뼈가 만나는 수준의 깡마른 체형으로 역주행하였다. 그러다 보니 다이어트에 집착하는 사람들이 갈수록 늘어나게 되었고, 급기야 지나친 다이어트의 한 극단인 '신경성 식욕 부진증', 즉 '거식증'이라는 병이 생기게 되었다.

신경성 식욕 부진증은 10대 전후에서 시작해서 20대에 가장 많이 발견된다. 인구의 4% 정도까지 이 병에 걸렸을 것이라고 추정된다. 흥미롭게도 이 병에 걸린 환자는 직접 요리를 해서 다른 사람을 먹이는 것을 좋아한다. 그리고 칼로리 소모를 위해 하루 종일 쉬지 않고 움직이고 음식물의 칼로리나 영양분에 대한 지식이 해박하다. 이들은 일반적으로 머리가 좋고 자신을 완벽하게 통제하려는 완벽주의적 성향이 강하다.

신경성 식욕 부진증의 근본적인 문제는 '나는 뚱뚱하다.'라고 자신의 신체 이미지를 심각하게 왜곡한다는 것이다. 아무리 거울을 보여주며 다른 사람과 비교해도 자신은 아직 뚱뚱하고 만족스럽지 않다고 여긴다. 깡말랐음에도 불구하고 1 ~ 2kg만 늘면 무척 불편해하고, 쓸데없는 살덩이가 몸 안에 들어와 있는 것처럼 힘들어한다. 주변에서 볼 때는 별다른 문제가 없는 사람으로 보이고, 특히 부모들은 다이어트를 열심히 하는 것뿐이라며 대수롭지 않게 여긴다. 그러나 10명 중에 1명의 환자는 결국 사망에 이르는 무서운 병이다.

① 신경성 식욕 부진증 환자는 스스로 식욕을 통제하는 데 어려움을 느낀다.

② 신경성 식욕 부진증에 걸리면 건강 악화로 생명을 잃을 확률이 4% 정도이다.

③ 신경성 식욕 부진증 환자는 영양분의 섭취뿐만 아니라 음식 냄새조차 맡기를 거부한다.

④ 신경성 식욕 부진증은 영양분과 칼로리에 대해 무지하기 때문에 발병한다.

⑤ 신경성 식욕 부진증 환자의 문제는 자신의 신체에 대해 왜곡된 이미지를 갖고 있다는 것이다.

다음 글에 대한 이해로 적절한 것은?

　자신들이 살고 있는 환경에 철저하게 적응하고 있는 각 종들은 유용한 과학 지식의 방대한 원천을 제공해 주는 진화의 걸작품이다. 오늘날 살아 있는 종들은 수천 년에서 수백만 년 정도 된 것들이다. 그들의 유전자는 수많은 세대를 거치며 역경을 견뎌 왔기 때문에 그 유전자를 운반하는 유기체의 생존과 번식을 돕기 위해 극도로 복잡한 일련의 생화학적 장치들을 솜씨 있게 작동시킨다.

　이것이 바로 야생종들이 인류가 살 만한 환경을 만들어 줄 뿐만 아니라 우리의 생명 유지를 도와주는 생성물들의 원천이 되는 이유이다. 이러한 산물들 중 적지 않은 부분이 약물에 관한 것들이다. 미국의 약국에서 구할 수 있는 약물의 40% 이상이 원래 식물, 동물, 곰팡이, 미생물 등에서 추출된 것이다. 예를 들어 세계에서 가장 널리 쓰이는 약인 아스피린은 살리실산에서 만들어 낸 것인데, 살리실산은 다시 톱니꼬리조팝나무의 한 종에서 발견된다. 하지만 약으로 쓰일 수 있는 자연 생성물이 들어 있는지 검사된 것은 그 종 중 극히 일부에 지나지 않는다.

　새로운 항생물질과 항말라리아제 발견을 서둘러야 할 필요가 있다. 오늘날 가장 널리 쓰이는 물질들은 질병 유기체가 약에 대한 유전적 저항성을 획득함에 따라 그 효과가 점점 줄어들고 있다. 예를 들어 보편적인 포도상구균 박테리아는 잠재적으로 치명적인 병원체로서 다시 등장했고 폐렴을 일으키는 미생물은 점점 더 위험해지고 있다. 의학 연구자들은 앞으로 더욱 격렬해질 것이 분명한, 빠르게 진화하는 병원체들과의 군비 경쟁에 붙잡혀 있다. 21세기 의학의 새로운 무기를 얻기 위해서는 더 광범위한 야생종들로 관심을 돌려야 한다.

① 인간의 생명 유지에도 도움이 될 수 있기 때문에 유기체의 생존과 번식을 돕는 야생종들의 유전자를 연구해야 한다.

② 유전자 자체의 진화보다 유전자를 작동시키는 생화학적 장치들이 야생종들의 현존에 더 크게 기여했다.

③ 현재 살아남은 종들은 철저하게 환경에 적응한 결과물이므로 인간이 처한 환경 문제와는 무관하다.

④ 인간이 질병 유기체에 대한 유전적 저항성을 획득하게 되었기 때문에 새로운 항생물질과 항말라리아제 발견이 시급하다.

⑤ 의학 연구자들에게 새로운 무기가 필요한 것은 잠재적으로 치명적인 병원체들이 새롭게 등장하기 때문이다.

다음 글에 대한 이해로 적절하지 <u>않은</u> 것은?

　왜 일반적으로 말은 쉽게 하는 사람이 많지만, 글은 쉽게 써내는 사람이 적은가? 거기에 말과 글이 같으면서도 다른 점이 존재하는 것이다. 말과 글이 같으면서 다른 점은 여러 각도에서 발견할 수 있다. 우선 말은 청각에 이해시키는 점, 글은 시각에 이해시키는 점이 다르다. 말은 그 자리, 그 시간에서 사라지지만 글은 공간적으로 널리, 시간적으로 얼마든지 오래 남을 수 있는 것도 다르다. 그러나 여기서 더 중요한 지적이 있다.

　먼저, 글은 말처럼 저절로 알게 되는 것이 아니라 일부러 배워야 글자도 알고, 글 쓰는 법도 알게 된다는 점이다. 말은 외국어가 아닌 이상엔 커가면서 거의 의식적인 노력 없이 배워지고, 의식적으로 연습하지 않아도 날마다 말하는 것이 절로 연습이 된다. 그래서 누구나 자기 생활만큼은 별 걱정 없이 말로 표현하고 있다. 그러나 글은 배워야 알고, 연습해야 잘 쓸 수 있다.

　또 말은 머리도 꼬리도 없이 불쑥 나오는 대로, 한 마디 혹은 한두 마디로 쓰이는 경우가 거의 전부다. 한두 마디만 불쑥 나오더라도 제3자가 이해할 수 있는 환경과 표정과 함께 지껄여지기 때문이다. 연설이나 무슨 행사에서 쓰는 말 외에는 앞에 할 말, 뒤에 할 말을 꼭 꾸며가지고 할 필요가 없다.

① 음성 언어가 청각에 기반하며 순간적으로 사라지는 특성을 지니는 반면 문자 언어는 시각에 기반하며 기록으로 전승된다.

② 말의 형식이 자유로운 것은 말하는 상황과 분위기, 표정과 몸짓 등 비언어적 표현의 효과 때문이기도 하다.

③ 말은 노력하지 않아도 저절로 배울 수 있지만 글은 의식적인 노력이 필요하기 때문에 더 큰 가치를 지닌다.

④ 글은 문자를 습득하고 글의 형식을 익히는 의식적인 노력이 필요하며 연습을 통해 이를 체화해야만 쓸 수 있다.

⑤ 외국어를 배우는 상황에서는 말도 글처럼 의식적인 노력과 연습이 필요할 수 있다.

다음 글에 대한 이해로 가장 거리가 먼 것은?

하이데거와 사르트르의 공통점은 인간 존재의 핵심을 타자와의 관계 즉 소통으로 본다는 것이다. 타인과의 소통이 끊긴 상태가 곧 즉자 존재이며, 이는 진정한 의미의 인간 존재가 아니다. 그저 살덩어리일 뿐이다. 다른 사람들과 지속적으로 소통하며 관계를 맺어야만 세계내적 존재가 될 수 있으며 진정한 의미의 인간이 될 수 있다. 하이데거의 관점으로 사르트르의 개념을 풀어보면, 사물인 즉자 존재가 곧 존재자이며, 인간인 대타 존재가 곧 현존재다.

마르틴 부버는 내가 대하는 대상에 따라서 '나'라는 존재의 성격이 규정된다고 보았다. 부버에 따르면 '나'는 서로 다른 성격을 지니기에 하나의 단어 '나(I)'로 표기하기가 곤란하다. 따라서 부버는 '나'를 두 종류로 구분해서 부르자고 제안한다. 사물을 대하는 '나'는 '나-그것(I-it)'으로, 사람을 대하는 '나'는 '나-너 (I-thou)'로 구분하자는 것이다. 내가 목이 말라서 물병을 집어 들 때 내 존재의 성격은 '나-그것(I-it)'이지만 내가 친구와 대화를 나눌 때 내 존재의 성격은 '나-너(I-thou)'가 된다.

사람과 관계를 맺는다는 것은 곧 소통을 한다는 뜻이다. 내가 진정한 '나너(I-thou)'가 되려면 대화가 필요하다. 즉 상대방을 '사람'으로서 존중과 배려의 마음으로 대해야 한다. 소통이라는 행위를 위해서는 자기 자신보다는 항상 상대방을 먼저 고려해야 한다. 타인에 대한 인식이 자기 자신에 대한 인식에 선행해야 한다.

① 하이데거의 개념에서 존재자는 사물, 현존재는 인간이다.
② 대화는 근본적으로 상대방을 우선시하는 윤리적인 행위이다.
③ '나'라는 존재의 성격은 내가 어떠한 대상과 관계를 맺느냐에 따라서 결정된다.
④ '나'라는 고정적 실체가 우선 존재하고 그 다음에 사물이나 사람과 관계를 맺는 것이다.

다음 글에 대한 이해로 적절한 것은?

현대에 들어서 성격에 대한 체계적인 접근은 프로이트를 중심으로 하는 정신역동학에서 이루어졌다. 지그문트 프로이트는 인간 행동에 미치는 무의식의 영향을 강조하면서 무의식이 억압된 욕구에 의해 형성된다고 주장했는데 개인이 스스로의 욕구를 조절하는 방식을 성격이라고 보았다. 어려서부터 자신의 욕구가 좌절되고 충족되는 과정을 통해 성격이 형성되고 그중에서 충족될 수 없는 욕구와 그를 둘러싼 갈등이 무의식으로 억압된다는 것이다. 그런데 정신역동학은 성격의 형성 과정과 성격이 개인행동에 미치는 영향에는 관심이 있었지만, 성격을 유형화하려는 시도는 하지 않았다. 융은 다른 정신역동학자와 달리 오랫동안 역사와 문화를 공유한 집단의 구성원들에게 존재하는 무의식을 강조했다. 이 때문에 융은 부모와 아이의 상호작용이라는 개인적 요인보다는 집단 무의식 수준의 보편적 원리들이 작동하여 성격이 형성된다고 보았다. 특히 융은 인간의 정신이 대립원리에 의해 작동한다고 주장했는데, 대립원리란 개인 내에 존재하는 대립 혹은 양극적인 힘이 갈등을 야기하고, 이 갈등이 정신 에너지를 생성한다는 것을 의미한다. 이 같은 융의 주장을 근거로 1940년대 MBTI와 같은 유형론적 성격 이론이 만들어지기도 하였다.

1980년대 이후 유전학과 뇌과학 등 생물학적 방법론이 크게 발전하면서 성격에 대한 접근은 새로운 전기를 마련한다. 부모의 양육 방식 등 환경을 강조한 정신역동학에 비해 유전적으로 타고나는 기질의 중요성을 뒷받침하는 증거들이 발견되기 시작한 것이다. 특히 내향성과 외향성은 성격 형성에 대한 기질의 영향을 잘 보여 주는 특성이다. 이처럼 인간의 행동에 영향을 미치는 보편적인 특성을 발견하려는 노력이 이어졌고 그 결과 성격 5요인 모델과 같은 특성론적 성격 이론이 확립되었다.

① 프로이트는 개인이 자신의 욕구를 적절한 방법으로 해결하는 데 관심을 두고, 이를 조절하는 방식을 유형화하였다.
② 생물학적 방법론은 정신역동학이 전제하는 욕구의 억압 조절 문제에 관심을 가지며 부모의 양육 태도를 강조했다.
③ 융 이전의 정신역동학자들은 집단의 구성원들에게 존재하는 무의식 수준의 보편적인 원리가 성격 형성에 영향을 미친다고 보았다.
④ 유전학의 발전에 따른 일련의 발견들은 인간이 지닌 보편적 특성들을 통해 개인의 성격을 설명하고자 하는 이론으로 발전하였다.
⑤ 외향성과 내향성은 서로 대립하며 정신적 에너지를 창출하는 일종의 정신 작용으로 받아들여지며, 유형론적 성격 이론이 해체되는 계기를 가져왔다.

10

다음 글에 대한 이해로 적절하지 <u>않은</u> 것은?

오픈AI사에서 개발해 내놓은 '챗지피티(chatGPT)'의 열기가 뜨겁다. 챗지피티는 인터넷에 존재하는 다양한 텍스트 데이터를 학습해 구축된 인공지능으로, 사용자와 채팅을 통해 상호작용하는 형식으로 사용자의 요구에 응답한다. 예를 들어 "3+4를 계산하는 파이썬 코드를 짜 줘"라고 요구하면, 챗지피티는 실제로 작동하는 코드를 출력해서 알려 준다. 뒤이어 "같은 작업을 R에서 사용하는 코드로 짜 줘"라고 말하면, 대화의 맥락을 파악하고 같은 기능의 R 코드를 제공한다.

우리는 어떻게 시시각각 신기술로 무장하는 인공지능과 '함께' 살아갈 수 있을까? 첫째, '인공지능이 해 줄 수 있는 일'과 '인간이 할 필요가 없는 일'이 동의어가 아니라는 점을 명확히 인지해야 한다. 다시 말해, 인공지능이 잘 할 수 있는 일이라고 해서 인간이 그것을 할 줄 몰라도 된다는 것이 아니라는 것이다. 둘째, 인공지능을 지혜롭게 사용하려면 인공지능이 가진 성찰성의 한계를 이해해야 한다. 챗지피티의 흥미로운 특징은 매우 성찰적인 인공지능인 척하지만, 사실은 매우 형편없는 자기반성 능력을 갖추고 있다는 데 있다.

인공지능의 기능에 대해 성찰하는 것은 결국 인간의 몫이지, 기계의 역할이 아니다. 물론 인공지능은 다양한 상호작용을 통해 스스로의 오류를 교정하고 최적화하는 기능을 탑재하고 있다. 머신러닝(machine learning)이라는 개념이 바로 그것이다. 그러나 이 메커니즘은 명백하게도 인간 사용자의 특성과 의사에 따라 좌우될 수 있다. 사용자 경험을 통해 성능을 향상시켜 가고 있는 구글 번역기는 영어-스페인어 사이의 전환은 훌륭하게 수행하지만 영어-한국어 사이의 전환은 그만큼 잘하지 못한다. 그 사용자의 수가 적기 때문이다. 사회의 소수자는 인공지능의 메커니즘에서도 소수자이다. 다시 말해, 인공지능에 대해 성찰하는 역할만큼은 인간이 인공지능에게 맡기지 말아야 할 영역이다.

인공지능의 범람 속에서 살아남는 방법은, 인공지능과 '함께 살아가는 인간'이 되는 것이다. 인공지능을 과소평가하지 않고, 또한 인간 스스로의 가치와 주체성도 과소평가하지 않는, 용감하고 당당한 인간으로 살아가고자 하는 태도가 필요하다.

① 인간은 인공지능과 공존하는 방법을 모색해 인공지능을 지혜롭게 사용해야 한다.
② 인공지능을 활용한 머신러닝에도 인간 사용자의 특성이 반영된다.
③ 인공지능이 글쓰기를 잘 수행하더라도 인간은 글쓰기 능력을 길러야 한다.
④ 인공지능을 지혜롭게 사용할 수 있으려면 인공지능이 가진 성찰성의 한계를 이해해야 한다.
⑤ 인공지능은 스스로 양질의 정보를 가려낼 수 있어 자신의 오류를 교정하고 최적화한다.

CHAPTER **05** 독서 - 이해와 추론

제15회

02 부합, 설명 등

1 부합

01 　　　　　　　　　　　　　　　　2023년 국가직 9급

다음 글의 내용과 부합하지 <u>않는</u> 것은?

> 과학 혁명 이전 아리스토텔레스 철학은 로마 가톨릭교의 정통 교리와 결합되어 있었기 때문에 오랜 시간 동안 지배적인 영향력을 발휘하였다. 천문 분야 또한 예외는 아니었다. 아리스토텔레스의 세계관을 따라 우주의 중심은 지구이며, 모든 천체는 원운동을 하면서 지구의 주위를 공전한다는 천동설이 정설로 자리 잡고 있었다. 프톨레마이오스가 천체들의 공전 궤도를 관찰하던 도중, 행성들이 주기적으로 종전의 운동과는 반대 방향으로 움직인다는 관찰 결과를 얻었을 때도 그는 이를 행성의 역행 운동을 허용하지 않는 천동설로 설명하고자 하였다. 그래서 지구를 중심으로 공전하는 원 궤도에 중심을 두고 있는 원, 즉 주전원(周轉圓)을 따라 공전 궤도를 그리면서 행성들이 운동한다고 주장하였다.
>
> 과학과 아리스토텔레스 철학의 결별은 서서히 일어났다. 그 과정에서 일어난 가장 중요한 사건은 1543년 코페르니쿠스가 행성들의 운동 이론에 관한 책을 발간한 일이다. 코페르니쿠스는 천체의 중심에 지구 대신 태양을 놓고 지구가 태양의 주위를 공전한다고 주장하였다. 태양을 우주의 중심에 둔 코페르니쿠스의 지동설은 행성들의 운동에 대해 프톨레마이오스보다 수학적으로 단순하게 설명하였다.

① 과학 혁명 이전 시기에는 천동설이 정설로 받아들여졌다.
② 프톨레마이오스의 주전원은 지동설을 지지하고자 만든 개념이다.
③ 천동설과 지동설은 우주의 중심을 어디에 두느냐에 따라 구분된다.
④ 행성의 공전에 대한 프톨레마이오스의 설명은 코페르니쿠스의 설명보다 수학적으로 복잡하였다.

02 　　　　　　　　　　　　　　　　2023년 국가직 9급

다음 글의 내용과 부합하지 <u>않는</u> 것은?

> 몽유록(夢遊錄)은 '꿈에서 놀다 온 기록'이라는 뜻으로, 어떤 인물이 꿈에서 과거의 역사적 인물을 만나 특정 사건에 대한 견해를 듣고 현실로 돌아온다는 특징이 있다. 이때 꿈을 꾼 인물인 몽유자의 역할에 따라 몽유록을 참여자형과 방관자형으로 구분할 수 있다. 참여자형에서는 몽유자가 꿈에서 만난 인물들의 모임에 초대를 받고 토론과 시연에 직접 참여한다. 방관자형에서는 몽유자가 인물들의 모임을 엿볼 뿐 직접 그 모임에 참여하지는 않는다. 16 ~ 17세기에 창작되었던 몽유록에는 참여자형이 많다. 참여자형에서는 몽유자와 꿈속 인물들이 동질적인 이념을 공유하고 현실의 고통스러운 문제에 대해 의견을 나누며 비판적 목소리를 낸다. 그러나 주로 17세기 이후에 창작된 방관자형에서는 몽유자가 꿈속 인물들과 함께 현실을 비판하는 것이 아니라 구경꾼의 위치에 서 있다. 이 시기의 몽유록이 통속적이고 허구적인 성격으로 변모하는 것은 몽유자의 역할 변화와 무관하지 않다.

① 몽유자가 꿈속 인물들의 모임에 직접 참여하는지, 참여하지 않는지에 따라 몽유록의 유형을 나눌 수 있다.
② 17세기보다 나중 시기의 몽유록에서는 몽유자가 현실을 비판하는 경향이 강하게 나타난다.
③ 몽유자가 모임의 구경꾼 역할을 하는 몽유록은 통속적이고 허구적인 성격이 강하다.
④ 몽유자가 꿈속 인물들과 함께 현실을 비판하는 몽유록은 참여자형에 해당한다.

2 설명

03 ▨▨▨▨▨▨▨▨▨▨▨▨▨▨▨▨▨▨▨▨▨ 2024년 지역인재 9급

다음 글에 대한 설명으로 적절한 것은?

> 케이팝이란 용어는 본디 대중음악이라는 영어 단어 'popular music'과 대한민국을 뜻하는 'K(Korean)'의 합성어로 한국의 대중가요를 뜻하는 단어입니다. 하지만 현실에서 이 표현은 해외에서 인기를 얻고 있는 아이돌 음악에 국한해서 사용되고 있는 실정입니다. 케이팝이라는 용어가 한류 열풍 이후에 생긴 것이라 어쩔 수 없는 측면도 있습니다. 하지만 이는 분명 잘못된 용례이며 고쳐야 할 부분입니다. 왜냐하면 케이팝을 아이돌 음악으로만 국한시켜 사용할 경우 한류의 확장 가능성을 스스로 제한하는 꼴이 되기 때문입니다. 따라서 아이돌 음악 이전의 한국 대중음악까지 포괄하여 케이팝의 개념을 확장하려는 노력이 필요합니다.
>
> 책의 제목을 『케이팝 인문학』이라 정한 것도 이러한 이유에서입니다. 책에서는 최근의 아이돌 음악만이 아니라 1950 ~ 1960년대 트로트에서부터 1970 ~ 1980년대 유행가, 1990년대 이후의 히트곡 등 한국의 대중가요를 폭넓게 다루고 있습니다. 그동안 사람들에게 사랑을 받았던 한국의 대중가요는 모두가 케이팝입니다. 이번 기회를 통해 '케이팝＝아이돌 음악'이라고 굳어진 인식을 바로잡고, 한국의 대중가요사에서 많은 사랑을 받았던 주옥같은 노래들을 당당히 케이팝의 반열에 올리고자 합니다.

① 케이팝이 대중에게 미친 영향을 사례를 들어 기술하고 있다.
② 케이팝에 대한 평가가 시대에 따라 달라진 이유를 설명하고 있다.
③ 케이팝의 특징을 아이돌 음악 이전과 이후로 나누어 대조하고 있다.
④ 케이팝에 대한 통념을 비판하면서 그 개념을 새롭게 규정하고 있다.

04 ▨▨▨▨▨▨▨▨▨▨▨▨▨▨▨▨▨▨▨▨▨ 2024년 군무원 7급

다음 글의 내용에 대한 설명으로 거리가 먼 것은?

> 우리나라 초광역권, 메가시티 전략은 규모의 경제를 통해 지역의 성장잠재력을 높이고 국제 경쟁력을 강화하는 의의가 있다. 국내적으로 초광역권은 수도권 과밀화와 지역 위기 확산, 지역 차별화와 청년인구의 이동 등을 완화하기 위한 강력한 대안이다.
>
> 수도권의 인구 및 경제 집중은 역으로 비수도권 지역경제 침체, 인재 유출, 지역대학 붕괴, 심지어 지방소멸 등 지역 위기를 악화한다. 4차 산업혁명 등 산업구조의 변화로 수도권의 승자독식 도시화(winner-take-all urbanism)가 더 강화된다. 비수도권은 수출 의존도가 높아 세계 경제 변동에 취약하며, 지역의 청년인구는 일자리를 찾아 수도권으로 이동하고 있다. 이러한 국토 불균형 현상을 바로잡고 장기적 국가 발전의 토대를 만들기 위해 경제, 행정, 문화, 사회기능을 공간적으로 광역화하여 통합하려는 초광역적 공간전략은 지역 균형발전 차원에서 필요하다.
>
> 초광역권은 초국가적 차원에서 강하게 연결된 공간 결절점이며, 글로벌 시스템의 엔진으로 기능한다. 초광역권은 글로벌 네트워크 내 특정 지역들이 더 큰 도시-지역의 스케일로 확장·재구조화된 것으로, 서로 높은 연결성과 함께 국제 경쟁력이 큰 공간 잠재력을 지닌다. 신지역주의와 지역분권화의 영향으로 글로벌 공간구조는 과거 정치나 문화의 지역주의와는 근본적으로 다르게 바뀌고 있다. 20세기 후반부터 아시아는 블록 경제권으로 재편되고 있으며, 국가 경쟁력보다 지역 경쟁력을 강화하기 위하여 지역분권으로 규모의 경제를 달성할 수 있도록 노력하고 있다.

① 초광역권 전략은 규모의 경제를 통해 잠재력과 경쟁력을 키우고자 한다.
② 초광역권 전략은 수도권 과밀화를 억제할 수는 있지만 지역 내 위기를 막을 수는 없다.
③ 초광역권 전략은 수도권의 승자독식 도시화를 막고 지역 균형발전을 촉진하게 된다.
④ 초광역권 전략은 경제, 행정, 문화, 사회기능을 공간적으로 광역화하여 통합하려고 한다.

05 〈2023년 국회직 8급〉

㉠에 대한 설명으로 적절한 것은?

> 일본 문학의 세계가 여자들에게 열려 있긴 했어도 ㉠헤이안 시대의 여성들은 그 시대 대부분의 책에서는 자신들의 목소리를 발견할 수 없었을 것이다. 그리하여 한편으로는 읽을거리를 늘리기 위해, 그리고 다른 한편으로는 그들만의 독특한 취향에 상응하는 읽을거리를 손에 넣기 위해 여성들은 그들만의 고유한 문학을 창조해 냈다. 그 문학을 기록하기 위해 여성들은 그들에게 허용된 언어를 음성으로 옮긴 가나분카쿠를 개발하기에 이르렀는데, 이 언어는 한자 구조가 거의 배제된 것이 특징이다. 이는 여성들에게만 국한되어 쓰이면서 '여성들의 글자'로 알려지게 되었다. 발터 벤야민은 "책을 획득하는 방법 중에서도 책을 직접 쓰는 것이야말로 가장 칭송할 만한 방법으로 평가받을 수 있다"라고 논평했던 적이 있다. 헤이안 시대의 여자들도 깨달았듯이 어떤 경우에는 책을 직접 쓰는 방법만이 유일한 길일 수가 있다. 헤이안 시대의 여자들은 그들만의 새로운 언어로 일본 문학사에서, 아마도 전 시대를 통틀어 가장 중요한 작품 몇 편을 남겼다. 무라사키 부인이 쓴 『겐지 이야기』와 작가 세이 쇼나곤의 『마쿠라노소시』가 그 예이다. 『겐지 이야기』, 『마쿠라노소시』 같은 책에서는 남자와 여자의 문화적·사회적 삶이 소상하게 나타나지만, 그 당시 궁정의 남자 관리들이 대부분 시간을 할애했던 정치적 술책에 대해서는 거의 관심을 보이지 않는다. 언어와 정치 현장으로부터 유리되어 있었기 때문에 세이 쇼나곤과 무라사키 부인조차도 이런 활동에 대해서는 풍문 이상으로 묘사할 수 없었다. 어떤 예이든 이런 여성들은 근본적으로 그들 자신을 위해 글을 쓰고 있었다. 다시 말해 그들 자신의 삶을 향해 거울을 받쳐 들고 있었던 셈이다.

① 읽을거리에 대한 열망을 문학 창작의 동력으로 삼았다.
② 창작 국면에서 자신들의 언어를 작품에 그대로 담아내지 못했다.
③ 궁정에서 일어나는 정치적 행위에 대하여 치밀하게 묘사하였다.
④ 한문학에 대한 지식을 바탕으로 문학 창작에 참여하였다.
⑤ 문필 활동은 남성의 전유물이었기 때문에 남성적 취향의 문학 독서를 수행하였다.

3 알 수 있는 내용

06 〈2024년 지방직 9급〉

다음 글에서 알 수 있는 내용이 아닌 것은?

> '저작권'이란 인간의 사상이나 감정을 창의적으로 표현한 저작물을 보호하기 위해 저작자에게 부여한 권리를 말한다. 저작물은 '인간의 사상 또는 감정을 표현한 창작물'이며 저작자란 저작 행위를 통해 저작물을 창작해 낸 사람'을 가리킨다. 그러므로 숨겨져 있던 다른 사람의 저작물을 발견했거나 발굴해 낸 사람, 저작물 작성을 의뢰한 사람, 저작에 관한 아이디어나 조언을 한 사람, 저작을 하는 동안 옆에서 도와주었거나 자료를 제공한 사람 등은 저작자가 될 수 없다. 저작물에는 1차적 저작물뿐만 아니라 2차적 저작물과 편집 저작물도 포함되어 있으므로 2차적 저작물 또는 편집 저작물의 작성자 또한 저작자가 된다.
> 저작권 보호와 관련하여 "거인의 어깨 위 난쟁이는 거인보다 멀리 볼 수 있다."라는 말이 있다. '거인'이란 현재의 저작자들보다 앞서 창작 활동을 통해 저작물을 남긴 선배 저작자를 가리키는 것인데, 이 말은 창작자는 다른 사람이 만들어 놓은 저작물을 모방하거나 인용할 수밖에 없다는 점을 강조한 것이다. 다만, 난쟁이가 거인의 어깨 위에 올라서는 특권을 누리기 위해서는 거인으로부터 허락을 받아야 하거나 거인에게 그에 따르는 대가를 지불해야 한다는 뜻도 내포하고 있다는 사실을 잊지 말아야 할 것이다.
> 창작물을 저작한 사람에게 저작권이라는 권리를 부여해서 보호하는 이유는 '저작물은 문화 발전의 원동력이 되므로 좋은 저작물이 많이 나와야 그 사회가 문화적으로 풍요로워질 수 있기 때문'이라고 할 수 있다. 그런데 만일 저작자에게 아무런 권리를 부여하지 않는다면 저작자가 장기간 노력해서 창작한 저작물을 누구든지 아무런 대가를 치르지 않고도 마음대로 이용하게 될 것이므로, 저작자로서는 창작 행위를 계속하지 않을 가능성이 높다.

① 저작물의 개념과 저작자의 정의
② 1차적 저작물과 2차적 저작물의 차이
③ 저작물에 대해 창작자가 지녀야 할 태도
④ 저작권을 보호해야 하는 이유

07 〰〰〰〰〰〰〰〰〰〰〰〰〰〰〰

〈보기〉를 통해 알 수 있는 내용으로 가장 적절하지 <u>않은</u> 것은?

─────[보기]─────

제2차 세계대전이 끝나고 디지털 컴퓨터가 발명되자, 학자들은 자연 언어와 인공 언어의 관계를 새로운 방식으로 이해했다. 현실의 뒤죽박죽인 자연 언어를 단순화하고 분명하게 해서 전반적으로 말끔하게 정돈하려는 노력에 더해, 수학적 논리로부터 얻은 아이디어를 도구 삼아 실제 인간 언어의 복잡성을 (단순히 제거하는 대신에) 분석하기 시작했다. 컴퓨터에 기반한 지능 모델 구축이 목표였던 인공지능이라는 새로운 학문 분야가 발전하면서 더 대담한 시도가 이루어졌다. 논리 그 자체가 우리의 이성을 작동하는 사고 언어의 기초가 되어야만 한다고 주장하기에 이른 것이다. 언어를 이해하거나 말하기 위해서는 명백히 무질서한 수천 개의 언어 각각을 인간 정신 속에 어떤 식으로든 내재된 하나의 단일한 논리 언어에 대응할 수 있어야만 한다.

① 인공지능의 목표는 지능 모델의 구축이었다.
② 인공지능은 사고 언어를 개발하는 출발이 되었다.
③ 언어의 이해는 언어와 논리 언어와의 대응을 통해 가능해진다.
④ 언어 복잡성의 분석은 수학적 논리를 바탕으로 수행되었다.

08 〰〰〰〰〰〰〰〰〰〰〰〰〰〰〰

다음 글에서 알 수 있는 내용으로 적절하지 <u>않은</u> 것은?

편의점이 동네를, 도시를, 그리고 세상을 덮고 있다. 인구 대비 편의점 밀도를 따질 경우 편의점의 최초 발상지인 미국은 물론 편의점의 최대 발흥지였던 일본과 대만을 제치고 대한민국이 목하 세계 최고 수준이다. 우리나라는 편의점 1개당 일일 평균 방문객이 359명이라는데, 이는 하루 평균 880만 명 이상이 출입한다는 것을 의미한다. 전국 방방곡곡으로 편의점이 확산되는 가운데, 웬만한 길가나 건물에서 편의점을 만나기란 파출소나 우체국 찾기보다 훨씬 쉬워졌다. 시나브로 편의점이 우리 일상에 성큼 들어와 있는 것이다.

현재 우리나라에서 아파트가 국민 주택이라면 편의점은 국민 점포라 해도 과언이 아니다. 그런데 편의점은 결코 단순한 점포에 그치는 것이 아니다. 편의점의 시작은 분명히 소매 유통업이었지만, 그 끝이 어디일지는 누구도 장담하지 못하는 상태다. 편의점은 일상에 필요한 대부분의 상품과 서비스를 판매하면서 주변 상권을 흡수 통일하고 있을 뿐 아니라 금융이나 치안, 복지 등에 관련된 공적 영역으로도 적극 진출하고 있다. 편의점이 자임하는 문화적 기능도 크게 확대되고 있다. 이제 일상 대화에서도 편의점 아르바이트나 편의점 창업이라는 말이 자연스럽게 오간다. 이처럼 언제부턴가 우리에게 편의점은 삶의 일부가 되었다.

① 편의점은 한국에서 일상에 가까운 시설이 되었다.
② 편의점은 한국에서 미국과 일본, 대만보다도 인구 대비 밀도가 높다.
③ 편의점은 한국에서 공적 영역으로 진출하면서 새로운 진입 장벽에 부딪혔다.
④ 편의점은 한국에서 일상 대화에서의 화제가 될 만큼 삶의 일부가 되었다.

다음 인용문의 내용에 대한 설명으로 가장 적절하지 않은 것은?

> 근대 이후 역사학자들은 역사의 거대한 흐름을 서술하는 것을 주된 과제로 삼았다. 즉, 거시적인 전망에서 경제·사회 구조의 변화 과정을 포괄적으로 서술하는 것을 목적으로 여겼다. 따라서 특정 지역의 역사를 자본주의 경제의 확립이나 민족국가의 성립과 같은 어떤 목표점을 향해 전개되어 온 도정으로 서술하거나, 장기간에 걸쳐 완만하게 변화하는 사회 경제 질서와 그 표면에서 거품처럼 끓어오르는 정치권력의 흥망성쇠를 입체적으로 기술한 것이 역사 서술의 주류를 형성해 왔다. 20세기 후반에 등장한 역사 서술인 미시사(微視史)는 이러한 역사 서술이 보통 사람들의 개별적인 삶을 통계 수치로 환원하여 거시적인 흐름으로 바꿔 버리거나 익명성의 바다 속으로 사라지게 한다고 비판한다.

① 이 글에는 역사를 바라보는 서로 상반된 입장이 나타난다.
② 종래 역사 서술의 주류를 형성해 온 것은 거시적인 전망에서 역사의 거대한 흐름을 서술하는 입장이었다.
③ 미시사적인 역사 서술은 보통 사람들의 개별적인 삶을 통계수치로 환원시켜 익명성의 바다 속으로 사라지게 한다.
④ 거시적인 역사 서술은 특정 지역의 역사를 어떤 목표점을 향해 전개되어 온 도정으로 서술한다.

다음 글에 나타나 있지 않은 내용은?

> 학자들의 연구에 따르면 돌봄 기간이 길수록 종(種)의 지능이 높다고 한다. 까마귀의 새끼 돌봄 기간은 4 ~ 6주로 다른 새들에 비해 긴데, 이 때문에 까마귀는 간단한 도구를 사용하는 등 그 지능이 월등히 높다. 호모 사피엔스가 이토록 번성할 수 있었던 것은 다른 어느 종보다도 긴 돌봄 기간을 통해 뇌의 용적과 육체를 발달시킬 수 있었기 때문이다. 돌봄은 인간을 인간답게 만든 인간의 가장 중요한 특성이다.
>
> 돌봄이란 나보다 약한 사람 혹은 주변 사람이 건강하고 잘 지낼 수 있도록 도움을 주는 행위를 말한다. 이러한 돌봄의 개념이 최근 극적으로 확장되고 있다. 건강이나 나이 때문에 자립하기 어려운 사람을 가족이나 주변 사람이 보살펴주는 것이 종전의 돌봄 개념이었다면, 이제는 장애가 없더라도 누구나 보살핌을 받을 수 있고, 가족이 아니더라도 누구든 돌볼 수 있는 시대가 됐다. 돌봄 활동이 가족의 경계를 넘어 사회적·기술적으로 확장되면서 패러다임의 전환을 맞고 있는 것이다.

① 돌봄의 개념
② 종전의 돌봄 개념과 최근의 돌봄 개념의 차이
③ 한 종의 새끼 돌봄 기간이 그 종에게 미치는 영향
④ 최근의 돌봄 활동이 선별적으로 이루어지고 있는 이유

CHAPTER **05** 독서 – 이해와 추론

제16회

03 추론 ①

1 단문 구성

01   2024년 지방직 9급

다음 글에서 추론한 내용으로 적절하지 <u>않은</u> 것은?

> 모든 문화가 감정에 관한 동일한 개념적 자원을 발전시켜 온 것은 아니다. 이를테면 미국인들은 보통 당혹감, 수치심, 죄책감, 수줍음을 구별하지만 자바 사람들은 이러한 감정을 하나의 단어로 표현한다. 감정 어휘들은 문화마다 다를 뿐만 아니라 역사적으로도 다르다. 중세 시대에는 우울감이 '검은 담즙(melanchole)'으로 인해 발생한다고 생각했기에 우울증을 '멜랑콜리(melancholy)'라고 불렀지만 오늘날 그렇게 생각하는 사람은 거의 없다. 또한 인터넷의 발명과 함께 감정 어휘는 이메일 보내기, 문자 보내기, 트위터하기에 스며든 관습에 의해서도 형성된다. 이제는 내 감정을 말로 기술하기보다 이모티콘이나 글자의 일부를 따서 표현하기도 한다. 이러한 기술 주도적인 상징의 창조와 확산은, 사람들이 자신의 감정을 묘사하기 위한 새로운 선택지를 만든다는 점에서 또 다른 역사의 발전일 것이다.

① 감정에 대한 개념적 자원은 문화에 따라 달리 형성된다.
② 동일한 감정이라도 그것을 표현하는 방식은 시대에 따라 다를 수 있다.
③ 감정 어휘를 풍부하게 갖고 있는 집단은 그렇지 않은 집단보다 기술 발전에 더 유연한 태도를 보인다.
④ 오늘날 인터넷에서 이모티콘을 사용하는 것과 같이 과거에는 없었던 감정 표현 방식이 활용되기도 한다.

02   2023년 국가직 9급

다음 글에서 추론한 내용으로 가장 적절한 것은?

> 공포의 상태와 불안의 상태를 구분하는 것은 쉽지 않다. 왜냐하면 두 감정을 함께 느끼거나 한 감정이 다른 감정을 유발할 때가 많기 때문이다. 가령, 무시무시한 전염병을 목도하고 공포에 빠진 사람은 자신도 언젠가 그 병에 걸릴지 모른다는 불안 상태에 빠지게 된다. 이처럼 두 감정은 서로 밀접하게 얽혀 있다는 점에서 혼동하기 쉽다. 하지만 두 감정을 야기한 원인을 따져 보면 두 감정을 명확하게 구분할 수 있다. 공포는 실재하는 객관적 위협에 의해 야기된 상태를 의미하고, 불안은 현재 발생하지 않았으며 미래에 일어날지 모르는 불명확한 위협에 의해 야기된 상태를 의미한다. 공포와 불안의 감정은 둘 다 자아와 관련되어 있지만 여기에서도 차이를 찾을 수 있다. 공포를 느끼는 것은 '나 자신'이 위험한 상황에 놓여 있다는 사실을 아는 것이고, 불안의 경험은 '나 자신'이 위해를 입을까 봐 걱정하는 것이다.

① 자신이 처한 위험한 상황을 정확히 인식하는 경우에는 공포감에 비해 불안감이 더 크다.
② 전기 · 가스 사고가 날까 두려워 외출하지 못하는 사람은 불안한 상태에 있는 것이다.
③ 시험에 불합격할 수 있다는 생각에 사로잡힌 사람은 공포감에 빠져 있는 것이다.
④ 과거에 큰 교통사고를 경험한 사람은 공포감은 크지만 불안감은 작다.

다음 글에서 추론한 내용으로 적절하지 <u>않은</u> 것은?

> 우리는 개별적으로 고립된 채 살아가는 존재일 수 없다. 사회 속에서 여럿이 모여 '복수(複數)'의 상태로 살아갈 수밖에 없는 존재라는 것이다. 복수의 상태로 살아가는 우리는 종(種)적인 차원에서 보면 보편적이고 동등한 존재이다. 그러나 우리는 각각 유일무이성을 지닌 '단수(單數)'이기도 하다. 즉 모든 인간은 개인으로서 고유한 인격체라는 특수성을 지닌다. 사회 속에서 우리는 보편적 복수성과 특수한 단수성을 겸비한 채 살아가고 있는 셈이다. 바로 이러한 이유로 우리는 다원적 존재이다. 이러한 존재들로 구성된 다원적 사회에서는 어떠한 획일화도 시도되어서는 안 된다. 우리가 이 같은 사회에서 살아가기 위해서는 타인을 포용하는 공존의 태도가 필요하다. 공동체 정화 등을 목적으로 개별적 유일무이성을 제거하는 것은 우리가 살아가는 사회의 다원성을 파괴하는 일이다.

① 우리는 고립된 상태에서 '단수'로 살아가는 존재가 아니다.
② 우리는 다원성을 지닌 존재로서 포용적으로 공존해야 한다.
③ 개인의 유일무이성을 보존하려는 제도는 개인의 보편적 복수성을 침해한다.
④ 개인의 특수한 단수성을 제거하려는 시도는 사회의 다원성을 파괴하는 결과로 이어질 수 있다.

다음 글에서 추론한 내용으로 적절하지 <u>않은</u> 것은?

> 한글은 소리를 나타내는 표음문자여서 한국어 문장을 읽는 데 학습해야 할 글자가 적지만, 한자는 음과 상관없이 일정한 뜻을 나타내는 표의문자여서 한문을 읽는 데 익혀야 할 글자 수가 훨씬 많다. 이러한 번거로움에도 한글과 달리 한자가 갖는 장점이 있다. 한글에서는 동음이의어, 즉 형태와 음이 같은데 뜻이 다른 단어가 많아 글자만으로 의미를 파악하지 못하는 경우가 많다. 하지만 한자는 그렇지 않다. 예컨대, 한글로 '사고'라고만 쓰면 '뜻밖에 발생한 사건'인지 '생각하고 궁리함'인지 구별할 수 없다. 한자로 전자는 '事故', 후자는 '思考'로 표기한다. 그런데 한자는 문맥에 따라 같은 글자가 다른 뜻으로 쓰이지는 않지만 다른 문장성분으로 사용되기도 해 혼란을 야기한다. 가령 '愛人'은 문맥에 따라 '愛'가 '人'을 수식하는 관형어일 때도, '人'을 목적어로 삼는 서술어일 때도 있는 것이다.

① 한문은 한국어 문장보다 문장성분이 복잡하다.
② '淨水'가 문맥상 '깨끗하게 한 물'일 때 '淨'은 '水'를 수식한다.
③ '愛人'에서 '愛'의 문장성분이 바뀌더라도 '愛'는 동음이의어가 아니다.
④ '의사'만으로는 '병을 고치는 사람'인지 '의로운 지사'인지 구별할 수 없다.

05 　　　　　　　　　　　　　　　　　　2023년 지역인재 9급

다음 글에서 추론한 것으로 적절하지 않은 것은?

　　도파민은 쾌락, 욕망, 동기 부여, 감정, 운동 조절 등에 영향을 미치는 뇌의 신경 전달 물질이다. 스웨덴 아르비드 칼손 박사는 도파민이 과다하면 조현병이 발생하고, 지나치게 적으면 우울증이 생기는 인간의 두뇌 현상을 의학적으로 규명한 바 있다. 도파민은 생명 유지에 필수적이지만, 끊임없이 더 많은 쾌락과 자극을 추구하게 하여 각종 중독과 병리적 현상을 유발하기도 한다. 어떤 행동을 할 때 일정한 감각적 자극을 받으면 도파민이 분비되면서 만족감을 느끼고, 그 행동이 습관화된다. 도파민에 휩싸인 뇌가 그 자극에 적응하면, 더 많은 자극을 요구하게 된다. 최근 미국에서는 소셜미디어나 게임 중독에서 벗어나기 위해 도파민 단식에 돌입하는 사람들이 나타났다. 인간의 심리적 본능과 취약점을 노린 디지털 서비스 이용 방식에 대한 성찰에서 출발한 도파민 단식 방법은 가능한 한 모든 감각적 자극을 최소화하기 위하여 디지털 기기의 사용은 물론 음악 감상이나 격렬한 운동 등의 활동을 전면 중단하고, 가벼운 독서와 간단한 스트레칭 그리고 실내 산책 등으로 소일하는 것이다.

① 도파민이 과다하면 우울증에 시달릴 수 있겠군.
② 도파민 단식 방법으로 격렬한 운동을 중단할 수도 있겠군.
③ 뇌가 감각적 자극에 적응하면 더 강력한 쾌락을 추구하겠군.
④ 디지털 서비스 이용 과정에서 인간의 심리적 본능과 취약점이 드러날 수도 있겠군.

2 2문단 구성 ①

06 　　　　　　　　　　　　　　　　2025년 국가직 9급 예비 문제

다음 글에서 추론한 내용으로 가장 적절한 것은?

　　방각본 출판은 책을 목판에 새겨 대량으로 찍어내는 방식이다. 이 경우 소수의 작품으로 많은 판매 부수를 올리는 것이 유리하다. 즉, 하나의 책으로 500부를 파는 것이 세 권의 책으로 합계 500부를 파는 것보다 이윤이 높다. 따라서 방각본 출판업자는 작품의 종류를 늘리기보다는 시장성이 좋은 작품을 집중적으로 출판하였다. 또한 작품의 규모가 커서 분량이 많은 경우에는 생산 비용이 올라가 책값이 비싸지기 때문에 자연스럽게 분량이 적은 작품을 선호하였다. 이에 따라 방각본 출판에서는 규모가 큰 작품을 기피하였으며, 일단 선택된 작품에도 종종 축약적 윤색이 가해지고는 하였다.

　　일종의 도서대여업인 세책업은 가능한 여러 종류의 작품을 가지고 있는 편이 유리하고, 한 작품의 규모가 큰 것도 환영할 만한 일이었다. 소설을 빌려 보는 독자들은 하나를 읽고 나서 대개 새 작품을 찾았으니, 보유한 작품의 종류가 많을수록 좋았다. 또한 한 작품의 분량이 많아서 여러 책으로 나뉘어 있으면 그만큼 세책료를 더 받을 수 있으니, 세책업자들은 스토리를 재미나게 부연하여 책의 권수를 늘리기도 했다. 따라서 세책업자들은 많은 종류의 작품을 모으는 데에 주력했고, 이 과정에서 원본의 확장 및 개작이 적잖이 이루어졌다.

① 분량이 많은 작품은 책값이 비싸기 때문에 세책가에서 취급하지 않았다.
② 세책업자는 구비할 책을 선정할 때 시장성이 좋은 작품보다 분량이 적은 작품을 우선하였다.
③ 방각본 출판업자들은 책의 판매 부수를 올리기 위해 원본의 내용을 부연하여 개작하기도 하였다.
④ 한 편의 작품이 여러 권의 책으로 나뉘어 있는 대규모 작품들은 방각본 출판업자들보다 세책업자들이 선호하였다.

07 ■■■■■■■■■■■■■■■■■■■■■

다음 글에서 추론한 내용으로 가장 적절한 것은?

> 진화 개념에 대해 흔히 오해되는 측면이 있다. 첫째, 인간의 행동은 철저하게 유전적으로 결정되어 있다는 생각이다. 그런데 진화 이론이 유전자 결정론을 주장하는 것은 아니다. 인간의 행동은 유전적인 적응 성향과 이러한 적응 성향을 발달시키고 활성화되게 하는 환경으로부터의 입력이 상호작용한 결과이다.
>
> 둘째, 현재 인간의 마음이나 행동 체계는 오랜 진화 과정에 의한 최적의 적응 방식이라는 생각이다. 그것이 항상 맞는 것은 아니다. 가령 구석기시대의 적응 방식을 오늘날 인간이 지니고 있어 생기는 문제점이 있다. 원시시대에 사용하던 인지적 전략 등이 현재 그대로 남아 있기 때문에 문제가 생길 수 있는 것이다. 우리가 복잡한 상황에 적응하는 데는 원시시대의 적응 방식이 부적절한 경우가 있을 수 있다.

① 인간의 행동은 환경의 영향으로, 마음은 유전의 영향으로 결정된다.

② 우리에게 주어진 상황의 복잡한 정도가 클수록 인지적 전략의 최적화가 이루어진다.

③ 같은 조상을 둔 후손이라도 환경에서 얻은 정보가 다르면 행동은 다르게 나타날 수 있다.

④ 조상의 유전적 성향보다 조상이 살았던 과거 환경이 인간의 진화 방향을 우선적으로 결정한다.

08 ■■■■■■■■■■■■■■■■■■■■■

다음 글에서 추론한 내용으로 적절하지 <u>않은</u> 것은?

> 오늘날 인터넷과 디지털 미디어를 통해 '온라인'에서의 '비대면' 접촉에 의한 상호 관계가 급속도로 확장되고 있다. '오프라인'이나 '대면'이라는 용어는 물리적 실체감이 있는 아날로그적 접촉을 가리킨다. 그런데 우리는 온라인과 오프라인을 함께 경험할 수도 있고, 이러한 이분법적인 용어로 명료하게 분리되지 않는 활동들도 많다. 예를 들어 누군가와 만나서 대화하는 중에 문자를 주고받음으로써 대면 상호작용과 온라인 상호작용을 동시에 할 수 있다.
>
> 한편 오프라인 대면 상호작용에서보다 온라인 비대면 상호작용에서 만난 사람들에게 더 끈끈한 유대감을 느끼기도 한다. 서로 관계를 형성하고 유지할 때 아날로그 상호작용 수단과 디지털 상호작용 수단을 동시에 활용할 수도 있다. 이처럼 오늘날과 같은 초연결 사회에서 우리의 경험은 비대면 혹은 대면, 온라인 혹은 오프라인 같은 이분법적 범주로 온전히 분리되지 않는다. 상호작용 양식들이 서로 겹치거나 교차하는 현상들을 이해하고자 할 때 이분법적인 범주는 심각한 한계를 지닌다.

① 이분법적 시각으로는 상호작용 양식이 교차하는 양상을 이해하기 어렵다.

② 비대면 온라인 상호작용으로는 사람들 간에 깊은 유대 관계를 형성할 수 없다.

③ 온라인 비대면 활동과 오프라인 대면 활동이 온전히 분리되어 있는 것은 아니다.

④ 오늘날에는 대면 상호작용 중에도 디지털 수단에 의한 상호 관계가 이루어질 수 있다.

09 ░░░░░░░░░░░░░░░░░░░░░░░░░ 2023년 지방직 9급

다음 글에서 추론한 내용으로 적절하지 <u>않은</u> 것은?

프랑스에서 의무교육 제도를 실시하면서 정규학교에 입학하기 어려운 지적장애아, 학습부진아를 가려내고자 하였다. 이에 기초 학습 능력 평가를 목적으로, 1905년 최초의 IQ 검사가 이루어졌다. 이 검사를 통해 비로소 인간의 지능을 구체적으로 수치화하고 객관적으로 비교할 수 있게 되었다.

이후 오랫동안 IQ가 높으면 똑똑한 사람, 그렇지 않으면 머리가 좋지 않고 학습에도 부진한 사람으로 판단했다. 물론 IQ가 높은 아이는 그렇지 않은 아이에 비해 읽기나 계산 등 사고 기능과 관련된 과목에서 높은 성취도를 보이는 경우가 많다. 이는 IQ 검사가 기초 학습에 필요한 최소 능력인 언어 이해력, 어휘력, 수리력 등을 측정하기 때문이다. 학습의 기초 능력을 측정하는 IQ 검사에서 높은 점수를 받은 아이는 동일한 능력을 측정하는 학업 평가에서도 높은 점수를 받을 가능성이 크다. 하지만 문제는 IQ 검사가 인간의 지능 중 일부만을 측정한다는 점이다.

① 최초의 IQ 검사는 학습 능력이 우수한 아이를 고르기 위해 시행되었다.

② IQ 검사가 만들어지기 전에는 인간의 지능을 수치로 비교할 수 없었다.

③ IQ가 높은 아이라도 전체 지능은 높지 않을 수 있다.

④ IQ가 높은 아이가 읽기 능력이 좋을 확률이 높다.

10 ░░░░░░░░░░░░░░░░░░░░░░░░░ 2023년 지방직 7급

다음 글에서 추론한 내용으로 가장 적절한 것은?

언어는 사회적 약속이기 때문에 개인이 함부로 바꿀 수 없다. 하지만 언어는 본질적으로 고정된 것이 아니기 때문에 살아있는 유기체처럼 변화 과정을 거친다. 언어의 변화 원인에는 언어적 원인, 역사적 원인, 사회적 원인, 심리적 원인 등이 있다. 이로 인해 단어의 의미 변화가 일어난다.

단어의 의미 변화는 대략 세 유형으로 나뉜다. '뫼(메)'는 '밥' 또는 '진지'를 뜻하였으나 오늘날에는 제사 때 신위 앞에 올리는 진지로 국한해서 쓰이고 있다. '지갑'은 원래 종이로 만든 것에만 사용하였지만 지금은 가죽이나 헝겊 따위로 만든 것도 모두 포함해서 사용한다. '어여쁘다'는 본래 '불쌍하다'라는 뜻이었으나 지금은 '아름답다'로 그 뜻이 바뀌었다.

① '지갑'의 의미가 변화한 것은 언어적 원인이 아니라 사회적 원인 때문이다.

② '얼굴'은 '형체'를 뜻하였으나 '안면'만을 가리키는 것으로 바뀐 것은 '지갑'의 의미 변화 유형과 같다.

③ '인정'은 '뇌물'을 뜻하였으나 '사람의 감정'을 뜻하는 것으로 바뀐 것은 '어여쁘다'의 의미 변화 유형과 같다.

④ '다리'는 원래 사람이나 동물의 신체 일부를 지시하였으나 무생물에도 사용하게 된 것은 '뫼(메)'의 의미 변화 유형과 같다.

독서 - 이해와 추론

제17회

03 추론 ②

2 2문단 구성 ②

01   2023년 지방직 7급

다음 글에서 추론한 내용으로 가장 적절한 것은?

> 미셸 교수는 '마시멜로 실험'을 하였다. 아동들에게 마시멜로를 하나씩 주고 15분간 먹지 않으면 하나 더 주겠다고 한 뒤 아이가 못 참고 먹는지 아니면 끝까지 참는지를 관찰하였다. 아이들이 참을성을 발휘한 시간은 평균 2분이었지만, 25%의 아이들은 끝까지 참아 내 마시멜로를 더 먹을 수 있었다. 흥미로운 점은 12년이 지나서 당시 실험에 참가했던 아이들을 추적 조사한 결과이다. 1분 이내에 마시멜로를 먹은 아이들은 학교나 가정에서 문제를 일으키는 경우가 많았지만, 15분간 참을성을 발휘한 아이들은 1분 이내에 마시멜로를 먹은 아이보다 대학 진학 시험 점수 평균이 훨씬 더 높았다. 이 실험 결과는 감정이나 욕망을 조절할 수 있는 자기 통제력이 큰 사람이 미래의 성공 가능성이 더 크다는 것을 보여 준다.
>
> 이후 비슷한 실험이 이루어졌다. 그러나 이 실험에서는 마시멜로에 뚜껑을 덮어 두고 기다리게 했다는 점에서 차이가 있었다. 실험 결과 뚜껑이 없이 기다리게 했던 경우보다 뚜껑을 덮었을 때 두 배 가까이 더 아이들이 잘 참을 수 있었다. 뚜껑 하나라는 아주 작은 차이가 아이들의 참을성을 크게 향상시킨 셈이다.

① 자기 통제력이 낮은 아동일수록 주변 환경이 열악하다.
② 자기 통제력은 선천적 요인보다 후천적 요인에 더 영향을 받는다.
③ 자기 통제력을 발휘하는 데에는 환경적 요인이 중요하게 작용한다.
④ 자기 통제력이 높은 아동은 유아기부터 가정과 학교에서 사랑과 관심을 많이 받는다.

02   2022년 지방직 9급

다음 글에서 추론한 내용으로 가장 적절한 것은?

> 논리실증주의자들에 따르면, 만약 어떤 것이 과학일 경우 거기에서 사용되는 문장은 유의미하다. 그들은 유의미한 문장의 기준으로 소위 '검증 원리'라고 불리는 것을 제안했다. 검증 원리란, 경험을 통해 참이나 거짓을 검증할 수 있는 문장은 유의미하고 그렇지 않은 문장은 유의미하지 않다는 것이다. 다음 두 문장을 예로 생각해 보자.
>
> (가) 달의 다른 쪽 표면에 산이 있다.
> (나) 절대자는 진화와 진보에 관계하지만, 그 자체는 진화하거나 진보하지 않는다.
>
> 위 두 문장 중 경험을 통해 검증할 수 있는 것은 무엇인가? 비록 현실적으로 큰 비용이 들기는 하지만 (가)는 분명히 경험을 통해 진위를 밝힐 수 있다. 즉 우리는 (가)의 진위를 확정하기 위해서 무엇을 경험해야 하는지 알고 있다는 것이다. 이런 점에 근거하여 논리실증주의자들은 (가)는 검증할 수 있고, 유의미한 문장이라고 판단한다. 그럼 (나)는 어떠한가? 우리는 무엇을 경험해야 (나)의 진위를 확정할 수 있는가? 논리실증주의자들은 그런 것은 없다고 주장하고, 이에 (나)는 검증할 수 없고 과학에서 사용될 수 없는 무의미한 문장이라고 말한다.

① 논리실증주의자들에 따르면 무의미한 문장을 사용하는 것은 과학이 아니다.
② 논리실증주의자들에 따르면 과학의 문장들만이 유의미하다.
③ 검증 원리에 따르면 아직까지 경험되지 않은 것을 언급한 문장은 무의미하다.
④ 검증 원리에 따르면 거짓인 문장은 무의미하다.

03 [2024년 국회직 8급]

다음 글을 읽고 추론한 내용으로 적절하지 않은 것은?

> 요즘 우리가 먹는 배추가 100여 년 전의 요리책에 나오는 배추와 같다고 누가 단언할 수 있겠는가? 옛 문헌에 나오는 '배추'와 오늘날의 배추가 같은 것이라 생각하고 조선 시대 배추 김치를 복원할 수 있을까? 만약 비슷하게 복원했더라도 당시 사람들의 생각까지 이 음식에 담을 수 있을까? 음식의 역사를 다루면서 어떤 문헌에 이러이러한 내용이 나온다는 식으로 단순 나열만 한다면 그것은 역사가 아니다. 당시 사람들이 왜 그러한 음식을 만들어 먹을 수밖에 없었는지를 밝혀야만 그 음식의 역사에 다가갈 수 있다. 음식의 역사는 결코 에피소드 모둠이 아니다. 그 속에는 경제와 정치와 사회가 있다. (중략)
> 음식의 역사는 거시적인 관점에서 접근하면 사소한 것처럼 보일 수도 있다. 하지만 음식의 역사만큼 거시사와 미시사를 아우르는 것도 없다. 사람은 잘났건 못났건 누구나 먹어야 살고, 먹기 위해 경제 활동은 물론이고 사회활동도 정치활동도 하기 때문이다. 그러니 한 개인이나 사회가 무엇을 어떻게 먹고 살아왔는지를 알면 그 사회의 역사가 보인다.

① '배추'와 '배추김치'는 음식의 역사 기술과 관련된 예시로서 언급되었고, 냉면, 잡채, 빈대떡 등 여러 예시로 확장될 수 있다.

② 음식에 관한 문헌학적 고증만으로는 음식의 역사를 설명하기에 부족하므로 정치, 사회, 경제적 맥락을 살피는 과정이 수반되어야 한다.

③ 식사라는 개인의 사적인 행위는 그가 속한 사회와 불가분의 관계를 맺고 있기 때문에 미시적인 차원에 머무르지 않는다.

④ 음식의 역사가 에피소드 모둠이 아니라는 점에서 특정 음식이 등장하는 사회적 기반과 경제적 여건 등을 통찰하는 시각이 필요하다.

⑤ 음식이라는 극히 구체적이고 현실적인 차원으로부터 한 개인이 속한 정치, 경제, 사회적 상황을 추론함으로써 거시적 관점이 지니는 추상적 한계를 극복할 수 있다.

③ 다(多)문단 구성

04 [2025년 국가직 9급 예비 문제]

다음 글에서 추론한 내용으로 가장 적절한 것은?

> 『성경』에 따르면 예수는 죽은 지 사흘 만에 부활했다. 사흘이라고 하면 시간상 72시간을 의미하는데, 예수는 금요일 오후에 죽어서 일요일 새벽에 부활했으니 구체적인 시간을 따진다면 48시간이 채 되지 않는다. 그렇다면 『성경』에서 3일이라고 한 것은 예수의 신성성을 부각하기 위한 것일까?
> 여기에는 수를 세는 방식의 차이가 개입되어 있다. 구체적으로 말하면 우리가 사용하는 현대의 수에는 '0' 개념이 깔려 있지만, 『성경』이 기록될 당시에는 해당 개념이 없었다. '0' 개념은 13세기가 되어서야 유럽으로 들어왔으니, '0' 개념이 들어오기 전 시간의 길이는 '1'부터 셈했다. 다시 말해 시간의 시작점 역시 '1'로 셈했다는 것인데, 금요일부터 다음 금요일까지는 7일이 되지만, 시작하는 금요일까지 날로 셈해서 다음 금요일은 8일이 되는 식이다.
> 이와 같은 셈법의 흔적을 현대 언어에서도 찾을 수 있다. 오늘날 그리스 사람들은 올림픽이 열리는 주기에 해당하는 4년을 'pentaeteris'라고 부르는데, 이 말의 어원은 '5년'을 뜻한다. '2주'를 의미하는 용도로 사용되는 현대 프랑스어 'quinze jours'는 어원을 따지자면 '15일'을 가리키는데, 시간적으로는 동일한 기간이지만 시간을 셈하는 방식에 따라 마지막 날과 해가 달라진 것이다.

① '0' 개념은 13세기에 유럽에서 발명되었다.

② 『성경』에서는 예수의 신성성을 부각하기 위해 그의 부활 시점을 활용하였다.

③ 프랑스어 'quinze jours'에는 '0' 개념이 들어오기 전 셈법의 흔적이 남아 있다.

④ 'pentaeteris'라는 말이 생겨났을 때에 비해 오늘날의 올림픽이 열리는 주기는 짧아졌다.

05 ━━━━━━━━━━━━━━━━━━━ 2025년 국가직 9급 예비 문제

다음 글에서 추론한 내용으로 가장 적절한 것은?

생물은 자신의 종에 속하는 개체들과 의사소통을 한다. 꿀벌은 춤을 통해 식량의 위치를 같은 무리의 동료들에게 알려주며, 녹색원숭이는 포식자의 접근을 알리기 위해 소리를 지른다. 침팬지는 고통, 괴로움, 기쁨 등의 감정을 표현할 때 각각 다른 소리를 낸다.

말한다는 것을 단어에 대해 소리 낸다는 의미로 보게 되면, 침팬지가 사람처럼 말하도록 하는 것은 불가능하다. 침팬지는 인간과 계놈의 98%를 공유하고 있지만, 발성 기관에 차이가 있다.

인간의 발성 기관은 아주 정교하게 작용하여 여러 소리를 낼 수 있는데, 초당 십여 개의 소리를 쉽게 만들어 낸다. 이는 성대, 후두, 혀, 입술, 입천장을 아주 정확하게 통제할 수 있기 때문에 가능한 것이다. 침팬지는 이만큼 정확하게 통제를 하지 못한다. 게다가 인간의 발성 기관은 유인원의 그것과 현저하게 다르다. 주요한 차이는 인두의 길이에 있다. 인두는 혀 뒷부분부터 식도에 이르는 통로로 음식물과 공기가 드나드는 길이다. 인간의 인두는 여섯 번째 목뼈에까지 이른다. 반면에 대부분의 포유류에서는 인두의 길이가 세 번째 목뼈를 넘지 않으며 개의 경우는 두 번째 목뼈를 넘지 않는다. 다른 동물의 인두에 비해 과도하게 긴 인간의 인두는 공명 상자 기능을 하여 세밀하게 통제되는 소리를 만들어 낸다.

① 개의 인두 길이는 인간의 인두 길이보다 짧다.
② 침팬지의 인두는 인간의 인두와 98% 유사하다.
③ 녹색원숭이는 침팬지와 의사소통을 할 수 있다.
④ 침팬지는 초당 십여 개의 소리를 만들어 낼 수 있다.

06 ━━━━━━━━━━━━━━━━━━━ 2024년 국가직 9급

다음 글에서 추론한 내용으로 적절하지 않은 것은?

새의 몸에서 나오는 테스토스테론은 구애 행위나 짝짓기와 밀접하게 관련된다. 따라서 번식기가 아닌 시기에는 거의 분비되지 않는데, 번식기에 나타나는 테스토스테론의 수치 변화 양상은 새의 종류에 따라 다르다.

노래참새 수컷의 테스토스테론 수치는 짝짓기에 성공하여 암컷의 수정이 이루어지는 시점을 전후하여 달라진다. 번식기가 되면 수컷은 암컷의 마음을 얻는 데 필요한 영역을 차지하려고 다른 수컷과 싸워야 한다. 이 시기 수컷의 테스토스테론 수치는 암컷의 수정이 이루어질 때까지 계속 높아진다. 그러다가 수정이 이루어지면 수컷은 곧바로 새끼를 돌볼 준비를 하게 되는데, 이때부터 그 수치는 떨어진다. 새끼가 커서 둥지를 떠나게 되면 수컷은 더 이상 영역을 지킬 필요가 없기 때문에 번식기가 끝나지 않았는데도 테스토스테론 수치는 좀 더 떨어지고, 번식기가 끝나면 테스토스테론은 거의 분비되지 않는다.

검정깃찌르레기 수컷은 테스토스테론 수치가 번식기가 되면 올라갔다가 암컷이 수정한 이후부터 번식기가 끝날 때까지 떨어지지 않는다. 이 수컷은 자신의 둥지를 지키면서 암컷과 새끼를 돌보는 대신 다른 암컷과의 짝짓기를 위해 자신의 둥지를 떠나 버린다.

① 노래참새 수컷은 번식기 동안 테스토스테론 수치가 새끼를 양육할 때보다 양육이 끝난 후에 높게 나타난다.
② 번식기 동안 노래참새 수컷의 테스토스테론 수치는 암컷의 수정이 이루어지기 전보다 이루어진 후에 낮게 나타난다.
③ 검정깃찌르레기 수컷은 암컷이 수정한 이후 번식기가 끝날 때까지 테스토스테론 수치가 떨어지지 않는다.
④ 노래참새 수컷과 검정깃찌르레기 수컷 모두 번식기의 테스토스테론 수치는 번식기가 아닌 시기의 테스토스테론 수치보다 높다.

07

다음 중 아래의 글을 읽고 추론한 라캉의 생각과 가장 거리가 먼 것은?

라캉에 의하면, 사회화 과정에 들어서기 전의 거울 단계에서, 자기와 자기 영상, 혹은 자기와 어머니 같은 양자 관계에 새로운 타인, 다시 말해 아버지, 곧 법으로서의 큰 타자가 개입하는 삼자 관계, 즉 상징적 관계가 형성된다. 이 형성은 제3자가 외부에서 인위적으로 비집고 들어섬을 뜻하는 것이 아니다. 인간이 상징적 질서를 생각하게 되는 것은, 이미 그 질서가 구조적으로 인간에게 기능하게끔 되어 있기 때문이다. 인간이 후천적, 인위적으로 그 구조를 만들었다고 생각하는 것은 잘못이다. 인간은 단지 구조되어 있는 그 질서에 참여할 뿐이다.

말하자면 구조란 의식되지 않는 가운데 인간 문화의 기저에서 인간의 행위를 규정함을 뜻하는 것이다. 그러므로 라캉에게 있어서, 주체의 존재 양태는 무의식적인 것을 바탕으로 해서 가능하다. 주체 자체가 무의식적인 것으로서 형성된다. 그러므로 주체는 무의식적 주체이다.

라캉에게 나의 사유와 나의 존재는 사실상 분리되어 있다. 그는 나의 사유가 나의 존재를 확인시켜 주지 못한다고 주장한다. 라캉의 경우, '나는 생각한다'라는 의식이 없는 곳에서 '나는 존재'하고, 또 '내가 존재하는 곳'에서 '나는 생각하지 않는다'. 라캉은 무의식은 타자의 진술이라고 말한다. 바꾸어 말한다면 언어 활동에서 우리가 보내는 메시지는 타자로부터 발원되어 우리에게 온 것이다. '무의식은 주체에 끼치는 기표의 영향'이라고 라캉은 말한다.

이런 연유에서 '인간의 욕망은 타자의 욕망'이라는 논리가 라캉에게 성립된다. 의식의 차원에서 '내가 스스로 주체적'이라고 말하는 것 같지만, 그것은 어디까지나 허상이다. 실상은, 나의 진술은 타자의 진술에 의해서 구성된다는 것이다. 나의 욕망도 타자의 욕망에 의해서 구성된다. 내가 스스로 원한 욕망이란 성립하지 않는다.

① 주체의 무의식은 구조화된 상징적 질서에 의해 형성된다.
② 주체의 의식적 사유와 행위에 의해 새로운 문화 질서가 창조된다.
③ 대중매체의 광고는 주체의 욕망이 형성되는 데 큰 영향을 미친다.
④ 데카르트의 '나는 생각한다. 고로 존재한다'라는 명제는 옳지 않다.

08

다음 글에서 추론한 내용으로 적절하지 않은 것은?

과학의 개념은 분류 개념, 비교 개념, 정량 개념으로 구분할 수 있다. 식물학과 동물학의 종, 속, 목처럼 분명한 경계를 가지고 대상들을 분류하는 개념들이 분류 개념이다. 어린이들이 맨 처음에 배우는 단어인 '사과', '개', '나무' 같은 것 역시 분류 개념인데, 하위 개념으로 분류할수록 그 대상에 대한 정보가 더 많이 전달된다. 또한, 현실 세계에 적용 대상이 하나도 없는 분류 개념도 있을 수 있다. 예를 들어 '유니콘'이라는 개념은 '이마에 뿔이 달린 말의 일종임' 같은 분명한 정의가 있기에 '유니콘'은 분류 개념으로 인정되는 것이다.

'더 무거움', '더 짧음' 등과 같은 비교 개념은 분류 개념보다 설명에 있어서 정보 전달에 더 효과적이다. 이것은 분류 개념처럼 자연의 사실에 적용되어야 하지만, 분류 개념과 달리 논리적 관계도 반드시 성립해야 한다. 예를 들면, 대상 A의 무게가 대상 B의 무게보다 더 무겁다면, 대상 B의 무게가 대상 A의 무게보다 더 무겁다고 말할 수 없는 것처럼 '더 무거움' 같은 비교 개념은 논리적 관계를 반드시 따라야 한다.

마지막으로 정량 개념은 비교 개념으로부터 발전된 것인데, 이것은 자연의 사실로부터 파악할 수 있는 물리량을 측정함으로써 만들어진다. 물리량을 측정하기 위해서는 몇 가지 규칙이 필요한데, 그 규칙에는 두 물리량의 크기를 비교하는 경험적 규칙과 물리량의 측정 단위를 정하는 규칙 등이 포함된다. 이러한 정량 개념은 자연에 의해서 주어지는 것이 아니라 우리가 자연현상에 수를 적용하는 과정에서 생겨나는 것이다. 정량 개념은 과학의 언어를 수많은 비교 개념 대신 수를 사용할 수 있게 하여 과학 발전의 기초가 되었다.

① '호랑나비'는 '나비'와 동일한 종에 속하지만, 나비에 비해 정보량이 적다.
② '용(龍)'은 현실 세계에 적용할 수 있는 지시물이 없더라도 분류 개념으로 인정된다.
③ '꽃'이나 '고양이'와 같은 개념은 논리적 관계를 따라야 하는 것은 아니기 때문에 비교 개념에 포함되지 않는다.
④ 물리량을 측정할 수 있는 'cm'나 'kg'과 같은 측정 단위는 자연현상에 수를 적용할 수 있게 해 주었다.

09

다음 글에서 추론할 수 있는 것은?

포도주는 유럽 문명을 대표하는 술이자 동시에 음료수다. 우리는 대개 포도주를 취하기 위해 마시는 술로만 생각하기 쉬우나 유럽에서는 물 대신 마시는 '음료수'로서의 역할이 크다. 유럽의 많은 지역에서는 물이 워낙 안 좋아서 맨 물을 그냥 마시면 위험하기 때문에 제조 과정에서 안전성이 보장된 포도주나 맥주를 마시는 것이다. 이런 용도로 일상적으로 마시는 식사용 포도주로는 당연히 고급 포도주와는 다른 저렴한 포도주가 쓰이며, 술이 약한 사람들은 여기에 물을 섞어서 마시기도 한다.

소비의 확대와 함께, 포도주의 생산을 다른 지역으로 확산시키려는 노력도 계속되어 왔다. 포도주 생산의 확산에서 가장 큰 문제는 포도 재배가 추운 북쪽 지역으로 확대되기 힘들다는 점이다. 자연 상태에서는 포도가 자라는 북방 한계가 이탈리아 정도에서 멈춰야 했지만, 중세 유럽에서 수도원마다 온갖 노력을 기울인 결과 포도 재배가 상당히 북쪽까지 올라갔다. 대체로 대서양의 루아르강 하구로부터 크림반도와 조지아를 잇는 선이 상업적으로 포도를 재배할 수 있는 북방한계선이다.

적정한 기온은 포도주 생산 가능 여부뿐 아니라 생산된 포도주의 질을 결정하는 중요한 요인이다. 너무 추운 지역이나 너무 더운 지역에서는 포도주의 품질이 떨어질 수밖에 없다. 추운 지역에서는 포도에 당분이 너무 적어서 그것으로 포도주를 담그면 신맛이 강하게 된다. 반면 너무 더운 지역에서는 섬세한 맛이 부족해서 '흐물거리는' 포도주가 생산된다(그 대신 이를 잘 활용하면 포르토나 셰리처럼 도수를 높인 고급 포도주를 만들 수 있다). 그러므로 고급 포도주 주요 생산지는 보르도나 부르고뉴처럼 너무 덥지도 않고 너무 춥지도 않은 곳이다. 다만 달콤한 백포도주의 경우는 샤토 디켐(Château d'Yquem)처럼 뜨거운 여름 날씨가 지속하는 곳에서 명품이 만들어진다.

포도주의 수요는 전 유럽적인 데 비해 생산은 이처럼 지리적으로 제한됐기 때문에 포도주는 일찍부터 원거리 무역 품목이 됐고, 언제나 고가품 취급을 받았다. 그런데 한 가지 기억해야 할 점은 이렇게 수출되는 고급 포도주는 오래된 포도주가 아니라 바로 그해에 만든 술이라는 점이다. 우리는 포도주는 오래될수록 좋아진다고 믿는 경향이 있지만, 대부분의 백포도주 혹은 중급 이하 적포도주는 시간이 지날수록 오히려 품질이 떨어진다. 시간이 흐를수록 품질이 개선되는 것은 일부 고급 적포도주에만 한정된 이야기이며, 그나마 포도주를 병에 담아 코르크 마개를 끼워 보관한 이후의 일이다.

① 고급 포도주는 모두 너무 덥지도 춥지도 않은 곳에서 재배된 포도로 만들어졌다.
② 루아르강 하구로부터 크림반도와 조지아를 잇는 선은 이탈리아보다 남쪽에 있을 것이다.
③ 유럽에서 일상적으로 마시는 식사용 포도주는 저렴한 포도주거나 고급 포도주에 물을 섞은 것이다.
④ 병에 담겨 코르크 마개를 끼운 고급 백포도주는 보관 기간에 비례하여 품질이 개선되지는 않을 것이다.

10

〈보기〉와 관련하여 다음 글을 읽고 추론한 내용으로 적절한 것은?

(가) 사람에게는 외형의 변화와 행동 발달을 조절하는 호르몬이 있다. 성장기에는 테스토스테론이 얼굴 길이와 눈썹활 돌출 정도를 조절한다. 사춘기에 테스토스테론이 많이 분비될수록 눈썹활이 두드러지며 얼굴이 길어진다. 따라서 남자가 여자보다 눈썹활이 더 두드러지고 얼굴이 약간 더 긴 경향이 있어서 이런 얼굴을 '남성적'이라고 말한다.

(나) 테스토스테론은 사춘기가 시작되게 하고 적혈구 세포를 생성하는 등 우리 몸에서 많은 역할을 담당한다. 하지만 가장 널리 알려진 특성은 공격성과의 관계다. 테스토스테론이 사람의 공격성을 직접적으로 유발하지는 않는다. 일부 동물에게서는 그런 효과가 확인되기도 하지만, 인위적으로 테스토스테론을 주입한다고 해서 그 사람이 더 높은 공격성을 보이는 것은 아니다. 다만 테스토스테론 수치와 다른 호르몬의 상호작용이 공격적 반응을 유발하며, 경쟁 상황에서는 특히 더 큰 효과가 나타나는 듯 보인다.

(다) 스티브 처칠과 그의 학생 밥 케이리는 20만 년 전에서 9만 년 전 사이인 플라이스토세 중기의 두개골 13점, 3만 8,000년 전에서 1만 년 전 사이인 플라이스토세 후기의 두개골 41점을 포함하여 총 1,421점 두개골의 눈썹활 돌출 정도와 얼굴 길이를 분석했다. 양 볼 사이의 거리, 코 상단에서 치아 상단까지의 길이를 측정해 얼굴의 너비와 길이를 분석했고 눈에서 눈썹활까지의 높이로 눈 위 뼈가 얼마나 돌출되어 있는지도 측정했다.

(라) 평균적으로 플라이스토세 후기의 두개골에서 눈썹활 높이가 이전 두개골에 비해 10% 낮아졌다. 또 플라이스토세 후기의 얼굴이 플라이스토세 중기보다 10% 더 짧아지고 5% 더 좁아졌다. 다양한 패턴을 띠면서도 변화는 계속되어 현대 수렵채집인과 농경인에 이르자 플라이스토세 후기인들의 얼굴보다도 한층 더 동안인 얼굴을 발견할 수 있었다.

──[보기]──
 사람 자기가축화 가설은 자연선택이 공격성이 낮고 다정하게 행동하는 개체들에게 우호적으로 작용하여 우리가 유연하게 협력하고 의사소통할 수 있는 능력을 향상시켰을 것이라고 가정한다. 친화력이 높아질수록 협력적 의사소통 능력이 강화되는 발달 패턴을 보이고 관련 호르몬 수치가 높은 개인들이 세대를 거듭하면서 더욱 성공하게 되었다고 보는 것이다.

① 경쟁 상황에서는 테스토스테론을 주입하는 것만으로도 공격성이 높아진다.

② 사람 자기가축화 가설을 전제할 때 테스토스테론은 친화력을 저해하는 요소로서 이를 감소시키기 위한 노력의 결과가 현생 인류이다.

③ 〈보기〉에서 언급한 '관련 호르몬'이란 (나)의 '다른 호르몬'과 같은 것으로 인간의 성공 욕구를 자극함으로써 발전을 도모하게 한다.

④ 연구자들이 1,421점에 달하는 두개골의 눈썹활 및 얼굴 길이와 폭을 조사한 것은 친화력이 증가하는 인간 진화의 방향을 확인하기 위해서이다.

⑤ (라)의 '동안인 얼굴'은 눈썹활이 낮고 얼굴이 짧고 좁은 여성적인 얼굴을 말하는 것으로 인류의 사회성 발달에 여성호르몬이 필수적인 역할을 했음을 나타낸다.

CHAPTER **06** # 독서 - 다양한 문제 유형

🔔 제한 시간: 15분(총 10문제)
⏱ 실제 걸린 시간: _____분 _____초
🔍 어려웠던 문제 번호: _____

제18회

01 빈칸 ①

1 단어형

01 ▨▨▨▨▨▨▨▨▨▨▨▨▨▨▨▨ 2025년 국가직 9급 예비 문제

다음 빈칸에 들어갈 말로 가장 적절한 것은?

> 로빈후드는 14세기 후반인 1377년경에 인기를 끈 작품 「농부 피어즈」에 최초로 등장한다. 로빈후드 이야기는 주로 숲을 배경으로 전개된다. 숲에 사는 로빈후드 무리는 사슴고기를 중요시하는데 당시 숲은 왕의 영지였고 사슴 밀렵은 범죄였다.
>
> 왕의 영지에 있는 사슴에 대한 밀렵을 금지하는 법은 11세기 후반 잉글랜드를 정복한 윌리엄 왕이 제정한 것이므로 아마도 로빈후드 이야기가 그 이전 시기로까지 거슬러 올라가지는 않을 것이다. 또한 이야기에서 셔우드 숲을 한 바퀴 돌고 로빈후드를 만났다고 하는 국왕 에드워드는 1307년에 즉위하여 20년간 재위한 2세일 가능성이 있다. 1세에서 3세까지의 에드워드 국왕 가운데 이 지역의 순행 기록이 있는 사람은 에드워드 2세뿐이다.
>
> 이러한 근거를 토대로 추론할 때, 로빈후드 이야기의 시대 배경은 아마도 □□□□□□□일 가능성이 가장 크다.

① 11세기 후반　　　② 14세기 이전
③ 14세기 전반　　　④ 14세기 후반

2 문장형

02 ▨▨▨▨▨▨▨▨▨▨▨▨▨▨ 2025년 국가직 9급 예비 문제

다음 글의 빈칸에 들어갈 결론으로 가장 적절한 것은?

> 신경과학자 아이젠버거는 참가자들을 모집하여 실험을 진행하였다. 이 실험에서 그의 연구팀은 실험 참가자의 뇌를 'fMRI' 기계를 이용해 촬영하였다. 뇌의 어떤 부위가 활성화되는가를 촬영하여 실험 참가자가 어떤 심리적 상태인가를 파악하려는 것이었다. 아이젠버거는 각 참가자에게 그가 세 사람으로 구성된 그룹의 일원이 될 것이고, 온라인에 각각 접속하여 서로 공을 주고받는 게임을 하게 될 것이라고 알려주었다. 그런데 이 실험에서 각 그룹의 구성원 중 실제 참가자는 한 명뿐이었고 나머지 둘은 컴퓨터 프로그램이었다. 실험이 시작되면 처음 몇 분 동안 셋이 사이좋게 순서대로 공을 주고받지만, 어느 순간부터 실험 참가자는 공을 받지 못한다. 실험 참가자를 제외한 나머지 둘은 계속 공을 주고받기 때문에, 실험 참가자는 나머지 두 사람이 아무런 설명 없이 자신을 따돌린다고 느끼게 된다. 연구팀은 실험 참가자가 따돌림을 당할 때 그의 뇌에서 전두엽의 전대상피질 부위가 활성화된다는 것을 확인했다. 이는 인간이 물리적 폭력을 당할 때 활성화되는 뇌의 부위이다. 연구팀은 이로부터는 □□□□□□□□□□ 결론을 내릴 수 있었다.

① 물리적 폭력은 뇌 전두엽의 전대상피질 부위를 활성화한다.
② 물리적 폭력은 피해자의 개인적 경험을 사회적 문제로 전환한다.
③ 따돌림은 피해자에게 물리적 폭력보다 더 심각한 부정적 영향을 미친다.
④ 따돌림을 당할 때와 물리적 폭력을 당할 때의 심리적 상태는 서로 다르지 않다.

03

다음 글의 빈칸에 들어갈 내용으로 가장 적절한 것은?

독자는 글을 읽을 때 생소하거나 이해하기 어려운 단어에 주시하는데, 이때 특정 단어에 눈동자를 멈추는 '고정'이 나타나며, 고정과 고정 사이에는 '이동', 단어를 건너뛸 때는 '도약'이 나타난다. 고정이 관찰될 때는 의미를 이해하려는 시도가 이루어지지만, 이동이나 도약이 관찰될 때는 이루어지지 않는다. 이를 바탕으로, K 연구진은 동일한 텍스트를 활용하여 읽기 능력 하위 집단(A)과 읽기 능력 평균 집단(B)의 읽기 특성을 탐색하는 연구를 진행하였다. 독서 횟수는 1회로 제한하되 독서 시간은 제한하지 않았다.

그 결과, 눈동자의 평균 고정 빈도에서 A 집단은 B 집단에 비해 약 2배 많은 수치를 보였다. 그런데 총 고정 시간을 총 고정 빈도로 나눈 평균 고정 시간은 B 집단이 A 집단에 비해 더 높게 나타났다. 읽기 후 독해 검사에서 B 집단은 A 집단보다 평균 점수가 높았고, 독서 과정에서 눈동자가 이전으로 돌아가거나 이전으로 건너뛰는 현상은 모두 관찰되지 않았다. 연구진은 이를 종합하여 읽기 능력이 부족한 독자는 읽기 능력이 평균인 독자에 비해 난해하다고 느끼는 단어들이 [   ]는 결론을 내렸다.

① 더 많지만 난해하다고 느끼는 각각의 단어를 이해하는 과정에 들이는 평균 시간은 더 적다

② 더 많고 난해하다고 느끼는 각각의 단어를 이해하는 과정에 들이는 평균 시간도 더 많다

③ 더 적지만 난해하다고 느끼는 각각의 단어를 이해하는 과정에 들이는 평균 시간은 더 많다

④ 더 적고 난해하다고 느끼는 각각의 단어를 이해하는 과정에 들이는 평균 시간도 더 적다

04

빈칸에 들어갈 내용으로 가장 적절한 것은?

프랑스에서 포도주는 간단한 식사에서 축제까지, 작은 카페의 대화에서 연회장의 교제에 이르기까지 언제 어디서나 함께한다. 포도주는 계절에 따른 어떤 날씨에도 분위기를 고양시킬 수 있어 추운 계절이 되면 따뜻한 분위기를 연출하고 한여름이 되면 서늘하거나 시원한 그늘을 떠올리는 분위기를 조성한다. 또한 배고프거나 지칠 때, 지루하거나 답답할 때, 심리적으로 불안할 때나 육체적으로 힘든 그 어느 경우에도 프랑스인들은 포도주가 절실하다고 느낀다. 프랑스에서 포도주는 장소와 시간, 상황에 관계없이 음식과 결부될 수 있는 모든 곳에 등장한다.

포도주가 일상의 세세한 부분에까지 결부된 탓에 프랑스 국민은 이제 포도주가 있어야 할 곳에 포도주가 없다는 사실만으로도 충격을 받는다. 르네 코티는 대통령 임기가 시작될 때 사적인 자리에서 사진을 찍은 적이 있는데 그 사진 속 탁자에는 포도주 대신 다른 술이 놓여 있었다. 이 때문에 온 국민이 들끓고 일어났다. 프랑스 국민에게 그들 자신과도 같은 포도주가 보이지 않는다는 사실은 참을 수 없는 일이었다. 결국 프랑스인에게 포도주란 [   ]

① 심신을 치유하는 신성한 물질과 같다.

② 자신들의 정체성을 나타내는 상징과도 같다.

③ 국가의 주요 행사에서 가장 주목받는 음료다.

④ 어느 계절에나 쉽게 분위기를 고양시킬 수 있는 음료다.

05

다음 글의 맥락을 고려할 때 빈칸에 들어갈 말로 가장 적절한 것은?

능숙한 필자와 미숙한 필자는 글쓰기 과정 중 '계획하기'에서 뚜렷한 차이를 보인다. 전자는 이 과정에 오랜 시간 공을 들이는 반면, 후자는 그렇지 않다. 글쓰기에서 계획하기는 글쓰기의 목적 수립, 주제 선정, 예상 독자 분석 등을 포함한다. 이 중 예상 독자 분석이 중요한 이유는 ⬚ 때문이다. 글을 쓸 때 독자의 수준에 비해 너무 어려운 개념과 전문용어를 사용한다면 독자가 글을 이해하기 어렵게 된다. 글쓰기는 필자가 글을 통해 자신의 메시지를 독자에게 전달하는 행위라는 점을 고려하면 계획하기 단계에서 반드시 예상 독자를 분석해야 한다.

① 계획하기 과정이 글쓰기 전체 과정의 첫 단계이기

② 글에 어려운 개념이나 전문용어를 어느 정도 포함해야 하기

③ 필자의 메시지를 독자에게 효과적으로 전달하는 데 도움이 되기

④ 독자의 배경지식 수준을 고려해야 글의 목적과 주제가 결정되기

06

다음 글의 맥락을 고려할 때 빈칸에 들어갈 내용으로 가장 적절한 것은?

사람들은 법을 자유와 대립하는 것으로 착각하여 법을 혐오하는 경향이 있다. 그러나 모든 국민이 법 없이 최대의 자유를 누리는 이상적인 사회질서를 주장했던 자유 지상주의는 환상에 지나지 않는다. 몽테스키외는 인간이 법과 동시에 자유를 가졌다고 말했다.

또한 인간이 법 밖에서 자유를 찾으려 한다면, 주인의 집을 도망쳐 나온 정처 없는 노예처럼 된다고 하였다. 자유는 정당한 행위를 할 수 있는 상태를 의미한다. 그렇다면 자유는 정의를 실현하는 올바른 사회질서에 의해서만 보장될 수 있다. 따라서 법이 없다면 자유도 없다고 할 수 있다. 왜냐하면 ⬚ 때문이다. 결국 자유와 법은 대립하는 것이 아니다.

① 법은 정당한 행위를 할 수 있는 상태의 실현 가능성을 높이기

② 자유가 없다면 정의를 실현하는 올바른 사회질서도 확립될 수 없기

③ 정의를 실현하는 올바른 사회질서는 법에 의해서만 확립될 수 있기

④ 법과 자유가 있다면 정의를 실현하는 올바른 사회질서가 확립될 수 있기

07 ▨▨▨▨▨▨▨▨▨▨▨▨▨▨▨▨▨▨▨▨▨▨▨▨▨▨▨▨▨ 2023년 군무원 7급

다음 기사의 빈칸에 들어갈 말로 가장 적절한 것은?

> 탄소중립을 실천하기 위해 우리가 할 수 있는 일은 무엇일까? 에너지 절약부터 친환경 제품 사용, 이면지 사용, 일회용품 사용하지 않기 등 다양한 방법들이 있다. 하지만 또 다른 방법이 있다고 산림청은 전한다. 먼저 우리 주변 나무를 잘 사용하는 것이다. 나무를 목재로 사용하면 된다. 목재 가공은 철강 생산보다 에너지를 85배 절감할 수 있다고 한다.
>
> 그렇다고 나무를 다 베어서는 안 된다는 우려도 존재한다. 하지만 걱정할 필요가 없다고 산림청은 말한다. _____ 특히 우리나라는 OECD 국가 중 산림 비율이 4위일 정도로 풍성한 숲을 보유하고 있다. 이를 잘 활용해서 환경 보호에 적극적으로 사용해야 하는 것이다.

① 목재를 보전하는 숲과 수확하는 숲을 따로 관리한다는 것이다.

② 나무가 잘 자라는 열대지역에서 목재를 수입한다는 것이다.

③ 버려지는 폐목재를 가공하여 재사용한다는 것이다.

④ 나무를 베지 않고 숲의 공간을 활용하여 주택을 짓는다는 것이다.

08 ▨▨▨▨▨▨▨▨▨▨▨▨▨▨▨▨▨▨▨▨▨▨▨▨▨▨▨▨▨ 2022년 지방직 7급

빈칸에 들어갈 말로 가장 적절한 것은?

> 자기지향적 동기와 타인지향적 동기는 행위의 적극성과 어떤 관계가 있을까? A는 자율 방범대원들에게 이 일의 자원 동기에 대해 물어보았다. 자기지향적 동기만 말한 사람과 타인지향적 동기만 말한 사람, 그리고 둘 다 말한 사람이 고르게 분포되었다. 그 후 설문에 참여한 사람들이 2개월간 방범 순찰에 참여한 횟수를 살펴보았다. 그 결과 자기지향적 동기를 말한 사람들 모두가 자기지향적 동기를 말하지 않은 사람들보다 순찰 횟수가 더 많은 것으로 나타났다. 그리고 전자 중 타인지향적 동기를 말한 사람들의 순찰 횟수가 그렇지 않은 사람들보다 유의미하게 많은 것으로 나타났다. A는 이를 토대로 _____고 추정하였다.

① 자기지향적 동기만 가진 사람은 타인지향적 동기만 가진 사람보다 행위의 적극성이 높다

② 타인지향적 동기를 가진 사람은 자기지향적 동기를 가진 사람보다 행위의 적극성이 높다

③ 자기지향적 동기는 행위의 적극성에 긍정적 영향을 주기도 하고 부정적 영향을 주기도 한다

④ 자기지향적 동기가 행위의 적극성에 긍정적 영향을 주는 경우 타인지향적 동기는 부정적 영향을 준다

다음 글의 빈칸에 들어갈 말로 옳은 것은?

> 지구 온난화를 주장하는 이들은 지구가 계속 더워질 경우 해수면이 즉각적이고 아주 높게 상승하는 것이 피할 수 없는 일이라 가정하는 것처럼 보인다. 그러나 해수면의 상승은 여러 가지 힘들이 맞부딪혀서 나온 산물이다.
>
> 더운 온도로 물의 부피는 상승한다. 더운 온도로 더 많은 빙하들이 녹는다. 그러나 더운 온도는 해양과 호수로부터 더 많은 수분을 증발시킨다. 구름이 증발한 수분을 세계의 빙하와 만년설에 옮기고 ⬚⬚⬚⬚⬚⬚ 빙하와 만년설은 더 커지게 될 것이다.
>
> 시간 또한 중요한 요소이다. 얼음은 천천히 녹는다. 빙하와 만년설은 매우 많은 양의 태양열을 표면으로 반사하기 때문에 녹으려면 수천 년이 걸린다. 워싱턴 대학의 존 스톤에 따르면, 이것이 서남극의 빙판이 빙하기가 끝나고 10,000년이 지났음에도 완전히 녹으려면 아직 7,000년의 기간을 필요로 하는 이유이기도 하다. 스톤 박사와 연구 팀은 얼음이 밀려나면서 남극 대륙의 포드 산맥에 남겨진 암석의 화학 성분을 조사하였다. 이 조사에 따르면 과거 지구의 역사를 고려할 때 서남극의 빙판이 사라지기 전에 또 다른 한랭기가 끼어들 확률이 크다.

① 충분한 시간이 확보되면
② 물의 부피가 계속해서 상승하면
③ 암석에 의해 얼음이 밀려나지 않으면
④ 해수면이 즉각적으로 상승하지 않으면
⑤ 그 지역의 온도가 얼음을 녹일 정도가 아니면

빈칸에 들어갈 내용으로 적절한 것은?

> 신석기 시대에 들어 농사가 시작되면서 여성의 역할은 더욱 증대되었다. 농사는 야생 곡물이 밀집한 지역에서 이를 인위적으로 재생산함으로써 시작되었다. 이처럼 농사는 채집 활동의 연장선상에서 발생하였기 때문에 처음에는 주로 여성이 담당하였다. 더욱이 당시 농업 기술은 보잘것 없었고, 이를 극복할 별다른 방법도 없었다. 이러한 단계에서 인간들이 풍요로운 생활을 누리기 위해서는 종족 번식, 곧 여성의 출산력이 무엇보다 중요하였다.
>
> 그러나 신석기 시대 중후반에는 농경이 본격적으로 발전하면서 광활한 대지의 개간이나 밭갈이에는 엄청난 노동력과 강한 근력이 요구되었다. 농사는 더 이상 여성의 섬세함만으로 해낼 수 없는 아주 고된 일로 바뀌었다. 마침 이 무렵, 집짐승 기르기가 시작되면서 남성들은 더 이상 사냥감을 찾아 산야를 헤맬 필요가 없게 되었다. 사냥 활동에서 벗어난 남성들은 생산 활동의 새로운 주인공이 되었다. 그리고 여성들은 보조자로 밀려나서 주로 집안일이나 육아를 담당하게 되었다. 이로써 남성이 주요 생산 활동을 담당하게 되고, ⬚⬚⬚⬚⬚⬚⬚

① 남성과 여성의 사회적 위상과 역할이 달라지게 되었다.
② 여성은 생산 활동에서 완전히 배제되기 시작하였다.
③ 남성이 남성으로서의 제 역할을 하게 되었다.
④ 남성은 여성을 씨족 공동체의 일원으로 인정하지 않게 되었다.
⑤ 사냥 활동에서 여성이 남성의 역할을 대체하게 되었다.

CHAPTER **06** 독서 - 다양한 문제 유형

제19회

02 빈칸 ②, ㄱ, ㄴ, ㄷ 판단

1 (가), (나)형

01   2024년 국가직 9급

다음 글의 (가)와 (나)에 들어갈 말로 적절한 것은?

> 채식주의자는 고기, 생선, 유제품, 달걀 섭취 여부에 따라 다섯 가지로 나뉜다. 완전 채식주의자는 이들 모두를 섭취하지 않으며, 페스코 채식주의자는 고기는 섭취하지 않지만 생선은 먹으며, 유제품과 달걀은 개인적 선호에 따라 선택적으로 섭취한다. 남은 세 가지 채식주의자는 고기와 생선 모두를 먹지 않되 유제품과 달걀 중 어떤 것을 먹느냐의 여부로 결정된다. 이들의 명칭은 라틴어의 '우유'를 의미하는 '락토(lacto)'와 '달걀'을 의미하는 '오보(ovo)'를 사용해 정해졌는데, 예를 들어, 락토오보 채식주의자는 고기와 생선은 먹지 않으나 유제품과 달걀은 먹는다. 락토 채식주의자는 　(가)　 먹지 않으며, 오보 채식주의자는 　(나)　 먹지 않는다.

① ┌ (가): 달걀은 먹지만 고기와 생선과 유제품은
   └ (나): 고기와 생선과 달걀은 먹지만 유제품은

② ┌ (가): 달걀은 먹지만 고기와 생선과 유제품은
   └ (나): 유제품은 먹지만 고기와 생선과 달걀은

③ ┌ (가): 유제품은 먹지만 고기와 생선과 달걀은
   └ (나): 고기와 생선과 유제품은 먹지만 달걀은

④ ┌ (가): 유제품은 먹지만 고기와 생선과 달걀은
   └ (나): 달걀은 먹지만 고기와 생선과 유제품은

02   2023년 국가직 9급

(가)와 (나)에 들어갈 말로 가장 적절한 것은?

> 특정한 작업을 수행하기 위해 신체 근육의 특정 움직임을 조작하는 능력을 운동 능력이라고 한다. 언어에 관한 운동 능력은 '발음 능력'과 '필기 능력' 두 가지인데 모두 표현을 위한 능력이다.
> 말로 표현하기 위해서는 발음 능력이 필요한데, 이는 음성 기관을 움직여 원하는 음성을 만들어 내는 능력이다. 이 능력은 영·유아기에 수많은 시행착오와 꾸준한 훈련을 통해 습득된다. 이렇게 발음 능력을 습득하면 음성 기관의 움직임은 자동화되어 음성 기관의 어느 부분을 언제 어떻게 움직일지를 화자가 거의 의식하지 않는다. 우리가 모어에 없는 외국어 음성을 발음하기 어려운 이유는 　(가)　 있기 때문이다.
> 글로 표현하기 위해서는 필기 능력이 필요하다. 필기에서는 글자의 모양을 서로 구별되게 쓰는 것은 기본이고 그 수준을 넘어서서 쉽게 알아볼 수 있는 모양으로 잘 쓰는 것도 필요하다. 글씨를 쓰기 위해 손을 놀리는 것은 발음을 하기 위해 음성 기관을 움직이는 것에 비해 상당히 의식적이라 할 수 있다. 그렇지만 개인의 의지와 관계없이 필체가 꽤 일정하다는 사실은 손을 놀리는 데에 　(나)　 의미한다.

① ┌ (가): 음성 기관의 움직임이 모어의 음성에 맞게 자동화되어
   └ (나): 무의식적이고 자동적인 면이 있음을

② ┌ (가): 낯선 음성은 무의식적으로 발음하도록 훈련되어
   └ (나): 유아기에 수행한 훈련이 효과적이지 않음을

③ ┌ (가): 음성 기관의 움직임이 모어의 음성에 맞게 자동화되어
   └ (나): 유아기에 수행한 훈련이 효과적이지 않음을

④ ┌ (가): 낯선 음성은 무의식적으로 발음하도록 훈련되어
   └ (나): 무의식적이고 자동적인 면이 있음을

다음 글의 맥락을 고려할 때 (가)와 (나)에 들어갈 내용으로 가장 적절한 것은?

> 육각형의 벌집 모양은 자연이 만든 경이로운 디자인이다. 이 벌집의 과학적인 구조는 역사적으로 경탄의 대상이었는데, 다윈은 벌집을 경이롭고 완벽한 과학이라고 평가했다. 벌집의 정육각형 구조는 구멍과 구멍 사이의 간격을 최소화하면서 공간을 최대화할 수 있는 가장 안정적인 형태이다. 이 구조는 [(가)]는 이점이 있다. 벌이 밀랍 1온스를 만들려면 약 8온스의 꿀을 먹어야 한다. 공간이 최적화됨으로써 필요한 밀랍의 양이 줄어, 벌집을 짓는 데 드는 노력과 에너지가 최소화된다. 이처럼 벌집은 과학적으로 탄탄하고 기술적으로 효율적인 디자인이다. 게다가 예술적으로 아름다운 것은 두말할 필요 없다. 견고하고 가볍고 실용적이면서 아름답기까지 한 이 구조를 닮은 건축 양식이나 각종 생활용품을 흔히 발견할 수 있다. 이는 [(나)]는 뜻이다.

① [(가): 벌집을 짓는 데 소요되는 노동량을 최대화한다
(나): 자연의 구조인 벌집이 인간의 창조 활동에 영감을 주었다]

② [(가): 벌집을 짓는 데 소요되는 노동량을 최대화한다
(나): 인간이 만든 디자인은 자연이 만든 디자인보다 뛰어날 수 없다]

③ [(가): 벌집을 짓기 위해 필요한 밀랍의 양이 적게 든다
(나): 자연의 구조인 벌집이 인간의 창조 활동에 영감을 주었다]

④ [(가): 벌집을 짓기 위해 필요한 밀랍의 양이 적게 든다
(나): 인간이 만든 디자인은 자연이 만든 디자인보다 뛰어날 수 없다]

(가)와 (나)에 들어갈 말로 가장 적절한 것은?

> A는 다음과 같은 실험을 진행했다. 먼저, 검은색 옷과 흰색 옷을 입은 6명이 두 개의 농구공을 가지고 패스를 주고받는 동안 고릴라 복장의 사람을 지나가게 하고 그 장면을 동영상으로 촬영했다. 그리고 실험 참가자들에게 이 동영상을 보여 주면서 흰색 옷을 입은 사람들이 몇 번 패스를 주고받았는지 세어 달라고 요청했다. 이에 대해 참가자들은 패스 횟수에 대해서는 각자의 답을 말했는데, 동영상 중간 중간에 출현한 고릴라 복장의 사람에 대해서는 하나같이 보지 못했다고 답했다. 참가자들이 패스 횟수를 세는 데 집중하느라 1분이 채 안 되는 동영상 가운데 9초에 걸쳐 등장하는 고릴라 복장의 사람을 인지하지 못한 것이다. A는 이 실험을 통해 다음의 결론을 도출했다. [(가)].
>
> 이 실험 결과를 우리의 일상에서도 확인해 볼 수 있다. 오토바이 운전자의 안전을 위해 눈에 잘 띄는 밝은색 옷을 입도록 권하는데, 밝은색 옷의 오토바이 운전자는 시각적으로 더 잘 보이고, 덕분에 더 쉽게 알아볼 수 있기 때문이다. 그렇다고 해도 모든 자동차 운전자가 밝은색 옷을 입은 오토바이 운전자를 다 알아보는 것은 아니다. 바라보는 행위는 인지의 [(나)] 없기 때문이다.

① [(가): 인간의 인지는 시각과 밀접하게 관련되어 있다
(나): 충분조건일 수는 있어도 필요조건일 수는]

② [(가): 인간의 인지는 시각과 밀접하게 관련되어 있다
(나): 필요조건일 수는 있어도 충분조건일 수는]

③ [(가): 인간은 중요하다고 생각하는 것 위주로 주의를 기울인다
(나): 충분조건일 수는 있어도 필요조건일 수는]

④ [(가): 인간은 중요하다고 생각하는 것 위주로 주의를 기울인다
(나): 필요조건일 수는 있어도 충분조건일 수는]

05 ━━━━━━━━━━━━━━━━━━━ 2023년 국회직 8급

(가), (나)에 들어갈 내용으로 적절한 것은?

    최후통첩 게임에서 두 참가자는 일정한 액수의 돈을 어떻게 분배할지를 놓고 각각 나름의 결정을 내리게 된다. 먼저 A에게 1,000원짜리 100장을 모두 준 다음 그 돈을 다른 한 사람인 B와 나누라고 지시한다. 이때 A는 자기가 제안하는 액수를 받아들일지 말지 결정할 권리가 B에게 있다는 사실을 알고 있다. 만약 B가 그 제안을 수용하면, 두 사람은 A가 제안한 액수만큼 각각 받는다. 만약 B가 그 제안을 거절하면, 아무도 그 돈을 받지 못한다. 이는 일회적 상호작용으로서, 결정할 수 있는 기회는 단 한 번뿐이고 두 사람은 서로에 대해서 전혀 모르는 사이이다. 그들은 어떤 결정을 내릴 것인가? 만약 두 사람이 모두 자기 이익에 충실한 개인들이라면, A는 아주 적은 액수의 돈을 제안하고 B는 그 제안을 받아들일 것이다. A가 단 1,000원만 제안하더라도, B는 그 제안을 받아들여야 한다. 왜냐하면 B는 [(가)] 둘 중 하나를 선택해야 하기 때문이다. 만약 상대방이 합리적 자기 이익에 충실하다고 확신한다면, A는 결코 1,000원 이상을 제안하지 않을 것이다. 그 이상을 제안하는 일은 상대방의 이익을 배려한 것으로 자신의 이익을 불필요하게 줄이기 때문이다. 이것이 이기적인 개인들에게서 일어날 상황이다.

    하지만 현실에서는 이런 상황은 절대 일어나지 않는다. 실험 결과에 따르면, 사람들은 낮은 액수의 제안을 받으면 거절하는 경향이 있다. 이 연구에서 나타난 명백한 결과에 따르면 총액의 25% 미만을 제안할 경우 그 제안은 거절당할 가능성이 상당히 높다. 비록 자기의 이익이 최대화되지 않더라도 제안이 불공평하다고 생각하면 거절하는 것으로 보인다. 액수를 반반으로 나누고자 하는 사람이 제일 많다는 점은 이를 지지해 준다. 결과적으로 이 실험은 [(나)] 는 것을 보여 준다.

① ┌ (가): 제안한 1,000원을 받든가, 한 푼도 받지 못하든가
   └ (나): 인간의 행동이 경제적 이득에 의해서 움직인다

② ┌ (가): 1,000원보다 더 적은 금액을 받든가, 제안한 1,000원을 받든가
   └ (나): 인간이 공정성과 상호 이득을 염두에 두고 행동한다

③ ┌ (가): 제안한 1,000원을 받든가, 한 푼도 받지 못하든가
   └ (나): 인간의 행동이 경제적 이득에 의해서만 움직이지 않는다

④ ┌ (가): 1,000원보다 더 적은 금액을 받든가, 제안한 1,000원을 받든가
   └ (나): 인간의 행동이 경제적 이득에 의해서만 움직이지 않는다

⑤ ┌ (가): 제안한 1,000원을 받든가, 한 푼도 받지 못하든가
   └ (나): 인간이 공정성과 상호 이득을 염두에 두고 행동하지 않는다

2 (가) ~ (다) 형

06

〈보기 1〉의 (가) ~ (다)에 들어갈 가장 적절한 문장을 〈보기 2〉에서 순서대로 바르게 나열한 것은?

──────[보기 1]──────

생존을 위해 진화한 우리 뇌는 본능적으로 생존에 이롭고 해로운 대상을 구분하는 능력이 있다. 단맛을 내는 음식은 영양분이 많을 가능성이 높고 역겨운 냄새가 나는 음식은 부패했거나 몸에 해로울 가능성이 높다. 딱히 배우지 않아도 우리는 자연적으로 선호하거나 혐오하는 반응을 보인다.

│   (가)   │

초콜릿 케이크를 한 번도 먹어보지 못한 사람이 있다고 해 보자. 처음 그에게 초콜릿 케이크의 냄새나 색은 전혀 '맛있음'과 연관이 없을 것이다. 하지만 일단 맛을 본 사람은 케이크 자체만이 아니라 케이크의 냄새, 색, 촉감 등도 무의식적으로 선호하게 된다. 그러면 밸런타인데이와 같이 초콜릿을 떠올릴 수 있는 신호만으로도 강한 반응을 이끌어 낼 수 있다.

│   (나)   │

인공지능과 달리 동물은 생존과 번식에 대한 생물학적 조건을 기반으로 진화했다. 생물은 생존을 위해 에너지를 구하고 환경에 반응하며 유전자를 남기기 위해 번식을 한다. 이런 본능적인 목적을 달성하기 위한 여러 종류의 세부 목표가 있다. 유념할 점은 한 기능적 영역에서 좋은 것(목적 달성에 유용한 행동과 자극)이 다른 영역에서는 전혀 도움이 되지 않고 오히려 해로울 수 있다는 사실이다.

한 여우가 있다. 왼편에는 어린 새끼들이 금세 강물에 빠질 듯 위험하게 놀고 있고 오른쪽에는 토끼 한 마리가 뛰고 있다. 새끼도 보호해야 하고 먹이도 구해야 하는 여우는 어떤 선택을 해야 할까.

│   (다)   │ 우리는 그 과정을 의사결정이라고 한다. 우리는 의사결정을 의식적으로 한다고 생각하지만 실제로는 선택지에 대한 계산의 상당 부분이 무의식적으로 빠르게 일어나기 때문에 다행히도 행동을 하는 데 어려움이나 갈등을 많이 느끼지 않는다. 그래서 위와 같은 상황에서 여우는 두 선택지의 중요도가 비슷하더라도 중간에 멍하니 서 있지 않고 재빨리 반응한다. 그래야 순간적인 위험을 피하고 기회를 잡을 수 있다.

──────[보기 2]──────

㉠ 이와 더불어 동물은 경험에 따라 좋고 나쁜 것을 학습하는 능력을 가지고 있다.

㉡ 뇌는 여러 세부적인 동기와 감정적, 인지적 반응을 합쳐서 선택지에 가치를 매긴다.

㉢ 이렇듯 우리는 타고난 기본 성향과 학습 능력을 통해 특정 대상에 대한 기호를 형성한다.

	(가)	(나)	(다)
①	㉠	㉡	㉢
②	㉠	㉢	㉡
③	㉡	㉠	㉢
④	㉢	㉠	㉡

3 ㉠, ㉡, ㉢ 판단

07

다음 글에서 추론할 수 있는 것만을 〈보기〉에서 모두 고르면?

컴퓨터에는 자유의지가 있을까? 나아가 컴퓨터에 도덕적 의무를 귀속시킬 수 있을까? 컴퓨터는 다양한 전기회로로 구성되어 있고, 물리법칙, 프로그래밍 방식, 하드웨어의 속성 등에 따라 필연적으로 특정한 초기 상태로부터 다음 상태로 넘어간다. 마찬가지로 두 번째 상태에서 세 번째 상태로 이동하고, 이러한 과정이 계속해서 이어진다. 즉 컴퓨터는 결정론적 법칙의 지배를 받는 시스템이라는 것이다. 그럼 이러한 시스템에는 자유의지가 있을까?

결정론적 법칙의 지배를 받는 시스템의 중요한 특징은 주어진 조건에 따라 결과가 하나로 고정된다는 점이다. 다시 말해, 이러한 시스템에는 항상 하나의 선택지만 있을 뿐이다. 그런 뜻에서 결정론적 지배를 받는다는 것과 자유의지를 가진다는 것은 양립할 수 없음이 분명하다. 어떤 선택을 할 때 그것과 다른 선택을 할 수도 있다는 것은 자유의지의 필요조건이기 때문이다. 결국 결정론적 법칙의 지배를 받는 시스템은 자유의지를 가지지 않는다. 또한 자유의지를 가지지 않는 시스템에 도덕적 의무를 귀속시킬 수 없음은 당연하다.

──────[보기]──────

㉠ 컴퓨터는 자유의지를 가지지 않으며 도덕적 의무의 귀속 대상일 수도 없다.

㉡ 도덕적 의무를 귀속시킬 수 있는 시스템은 결정론적 법칙의 지배를 받지 않는다.

㉢ 어떤 선택을 할 때 그것과 다른 선택을 할 수 없는 시스템은 자유의지를 가지지 않는다.

① ㉠, ㉡   ② ㉠, ㉢
③ ㉡, ㉢   ④ ㉠, ㉡, ㉢

갑~병에 대한 평가로 적절한 것만을 〈보기〉에서 모두 고르면?

> 갑 : 일상적인 언어생활에서 가족이 아닌 이들과 대화할 때 '우리 엄마'라는 표현을 자주 쓰곤 하는데, 좀 이상하지 않아? '우리 동네'라는 표현과 비교하면 무엇이 문제인지 분명하게 알 수 있어. '우리 동네'는 화자의 동네이기도 하면서 청자의 동네이기도 한 특정한 하나의 동네를 지칭하잖아. 그런 식이라면 '우리 엄마'는 형제가 아닌 화자와 청자가 공유하는 엄마를 지칭하는 이상한 표현이 되는 셈이지. 그러니까 이 경우의 '우리 엄마'는 잘못된 어법이고 '내 엄마'라고 하는 것이 올바른 어법이라고 할 수 있어.
>
> 을 : 청자가 사는 동네와 화자가 사는 동네가 다른 경우에도 '우리 동네'라는 표현을 쓸 수 있어. 물론 이 표현이 의미하는 것은 청자가 사는 동네와 다른, 화자가 사는 동네가 되겠지. 이 경우 '우리 동네'라는 표현은 '그 표현을 말하는 사람이 사는 동네' 정도를 의미할 거야. 갑이 문제를 제기한 '우리 엄마'의 경우도 마찬가지라고 볼 수 있어.
>
> 병 : '우리 엄마'와 '내 엄마'가 같은 뜻을 갖는 것은 아니야. '내 동네'라고 하지 않고 '우리 동네'라고 하는 것은 동네를 공유하는 공동체가 존재하기 때문이겠지. 마찬가지로 '내 엄마'라고 하지 않고 '우리 엄마'라고 하는 것은 우리가 늘 가족 공동체 속에서의 엄마를 생각하기 때문일 거야. 즉, 가족 구성원 중의 한 명인 엄마를 공유하는 공동체가 존재한다는 것이지.

[보기]

ⓐ 갑은 '우리 엄마'라는 표현이 화자와 청자 모두의 엄마를 가리킨다고 보는 입장이다.

ⓑ 형제가 서로 대화하면서 '우리 엄마'라는 표현을 쓸 때 이 표현이 형과 동생 모두의 엄마를 가리킨다는 것은 을의 입장을 약화한다.

ⓒ 무인도에 혼자 살아온 사람이 그 섬을 '우리 마을'이라고 말하면 어색하게 느껴진다는 것은 병의 입장을 약화하지 않는다.

① ⓐ
② ⓐ, ⓒ
③ ⓑ, ⓒ
④ ⓐ, ⓑ, ⓒ

A와 B의 주장에 대한 평가로 적절한 것만을 〈보기〉에서 모두 고르면?

> A는 아동의 사고와 언어의 발달이 개인적 차원에서 사회적 차원으로 진행된다고 주장한다. 그에 따르면 말을 배우기 시작하는 2~3세경에 '자기중심적 언어'가 나타났다가 8세경에 학령이 되면서 자기중심적 언어는 소멸하고 '사회적 언어'의 단계로 진입한다고 주장한다.
>
> B는 A가 주장한 자기중심적 언어의 존재를 인정하면서도 그것의 성격에 있어서는 다른 견해를 지닌다. A와 달리 그는 자기중심적 언어가 문제에 대한 해결방법을 구안하는 데 중요한 사고의 도구가 된다고 주장한다. 그에 따르면 자기중심적 언어는 아동이 자기 자신과 대화할 때 나타나는데, 아동은 자신과 대화하는 방식으로 소리 내며 사고한다. 그는 자기중심적 언어가 자연적 존재를 문화적 존재로 변모시키는 기능을 하며, 학령이 되면서 소멸하는 게 아니라 내면화되어 소리 없는 '내적 언어'를 구성함으로써 정신 기능을 발달시킬 수 있는 원동력이 된다고 본다.
>
> 이러한 두 사람의 입장 차이는 자기중심적 언어의 전(前)단계에 대한 서로 다른 생각에서 기인한 것으로 보인다. A는 출생 이후 약 2세까지의 아이가 언어 이전의 '환상적 사고'의 단계에 머물러 있는 것으로 보는데, 여기서 환상적 사고는 자신과 대상 세계를 구분하지 못하는 것을 가리킨다. 자신과 대상 세계를 구분하지 못하면 의사소통 행위가 불가능하므로 A는 이 단계의 아이가 보여주는 타인과의 상호작용을 의사소통 행위가 아니라고 주장한다. 반면, B의 경우 출생 이후 약 2세까지의 상호작용을 의사소통 행위로 판단한다. 그에 따르면 이때의 의사소통 행위는 타자의 규제와 이에 따른 자기규제가 작동하는 대화적 상호작용의 일종으로, 사회적 언어를 통해 수행된다.
>
> B 역시 A와 마찬가지로 아동의 언어와 사고의 발달이 3단계로 진행된다고 보지만, 그 방향에 있어서는 사회적 언어에서 출발하여 자기중심적 언어를 거쳐 내적 언어 순으로 진행된다고 본다.

[보기]

ⓐ '자기중심적 언어'의 단계 전에 A는 의사소통 행위가 이루어지지 않는 것으로, B는 이루어지는 것으로 본다.

ⓑ A는 '자기중심적 언어'가 학령이 되면 없어지는 것으로 보는 반면, B는 없어지지 않는 것으로 본다.

ⓒ A와 B는 '사회적 언어'의 단계로 진입하는 시기에 대해 견해를 달리한다.

① ⓐ
② ⓐ, ⓑ
③ ⓑ, ⓒ
④ ⓐ, ⓑ, ⓒ

10

다음 글을 통해 추론할 수 있는 것만을 〈보기〉에서 모두 고르면?

'공정하다'는 말은 여러 가지 맥락에서 사용된다. 우리는 종종 어떤 법적 판단에 대해 공정성을 묻기도 하고, 스포츠 경기에서 심판의 판단에 대해서도 공정성을 묻는다. 공정성이 성립하기 위해서는 적어도 두 가지 조건을 충족해야 한다. 첫 번째는 판단의 결과가 가능한 결과들 중 일부분으로 특별히 치우쳐서는 안 된다는 것이다. 이런 조건은 '공평성'이라고 불린다. 두 번째 조건은 '독립성'으로, 이는 관련된 판단들이 외적인 것에 의해서 영향을 받지 않아야 한다는 것을 의미한다.

공정성의 두 조건은 동전 던지기 게임을 사례로 설명할 수 있다. 게임의 규칙은 동전을 던져 뒷면이 나온 사람이 승리하는 것이라고 해 보자. 이 게임이 공평하다는 것은 동전 던지기를 충분히 여러 번 진행했을 때의 가능한 결과, 즉 앞면과 뒷면이 나오는 횟수가 거의 같다는 것을 말한다. 공평성이 성립하지 않는다면 이 게임의 공정성이 성립하지 않는다는 것은 당연하다.

그러면 독립성이 공정성의 조건이 되는 이유는 무엇일까. 동전 던지기 게임이 독립적이라는 것은 동전 던지기의 결과가 동전 자체가 가진 특성 이외의 특별한 장치에 의해서 조작되지 않는다는 것을 말한다. 만일 게임에 사용된 동전이 특별한 외부 장치에 의해 조작되어서 앞면이 두 번 나온 뒤에는 항상 뒷면이 나온다고 가정해 보자. 이때 두 번 연속으로 앞면이 나온 뒤에 게임에 참여하고, 그렇지 않은 경우에는 게임에 참여하지 않는 전략을 채택한 사람은 언제나 패배하지 않을 수 있다. 이와 같이 동전이 외부 장치에 의해 조작될 경우에는 항상 게임에서 패배하지 않을 수 있는 전략을 만들어 낼 수 있다. 언제나 패배하지 않을 수 있는 전략을 만들어 낼 수 있는 게임은 공정하지 않은 게임이다. 이런 점을 생각할 때, 독립적이지 않은 것은 공정하지 않다고 할 수 있다.

─────[보기]─────
㉠ 패배하지 않을 수 있는 전략을 만들어 낼 수 없는 동전 던지기 게임은 독립적이다.
㉡ 앞면이 나온 바로 다음에는 반드시 뒷면이 나오고, 뒷면이 나온 바로 다음에는 반드시 앞면이 나오도록 장치가 된 동전 던지기 게임은 공평하지 않다.
㉢ 동전 자체의 무게중심이 한쪽으로 쏠려 있어 앞면이 나올 확률과 뒷면이 나올 확률의 차이가 클 때, 그 동전을 이용한 동전 던지기 게임은 공정하지 않다.

① ㉠, ㉡   ② ㉠, ㉢
③ ㉡, ㉢   ④ ㉠, ㉡, ㉢

CHAPTER 06 독서 - 다양한 문제 유형

제20회

03 중심 내용과 논지 등

1 중심 내용

01   2025년 국가직 9급 예비 문제

다음 글의 중심 내용으로 가장 적절한 것은?

플라톤의 『국가』에는 사람들이 살아가면서 가장 중요하게 생각하는 두 가지 요소에 대한 언급이 있다. 우리가 만약 이것들을 제대로 통제하고 조절할 수 있다면 좋은 삶을 살 수 있다고 플라톤은 말하고 있다. 하나는 대다수가 갖고 싶어하는 재물이며, 다른 하나는 대다수가 위험하게 생각하는 성적 욕망이다. 소크라테스는 당시 성공적인 삶을 살고 있다고 사람들에게 잘 알려진 케팔로스에게, 사람들이 좋아하는 재물이 많아서 좋은 점과 사람들이 싫어하는 나이가 많아서 좋은 점은 무엇인지를 물었다. 플라톤은 이 대화를 통해 우리가 어떻게 좋은 삶을 살 수 있는지를 보여 준다.

케팔로스는 재물이 많으면 남을 속이거나 거짓말하지 않을 수 있어서 좋고, 나이가 많으면 성적 욕망을 쉽게 통제할 수 있어서 좋다고 말한다. 물론 재물이 적다고 남을 속이거나 거짓말을 하는 것은 아니며, 나이가 적다고 해서 성적 욕망을 쉽게 통제할 수 없는 것은 아니다. 그렇지만 누구나 살아가면서 이것들로 인해 힘들어하고 괴로워하는 경우가 많다는 것은 분명하다. 삶을 살아가면서 돈에 대한 욕망이나 성적 욕망만이라도 잘 다스릴 수 있다면 낭패를 당하거나 망신을 당할 일이 거의 없을 것이다. 인간에 대한 플라톤의 통찰력과 삶에 대한 지혜는 현재에도 여전히 유효하다.

① 재물욕과 성욕은 과거나 지금이나 가장 강한 욕망이다.
② 재물이 많으면서 나이가 많은 자가 좋은 삶을 살 수 있다.
③ 성공적인 삶을 살려면 재물욕과 성욕을 잘 다스려야 한다.
④ 잘 살기 위해서는 살면서 가장 중요한 것이 무엇인지 알아야 한다.

02   2024년 지방직 9급

다음 글의 중심 내용으로 가장 적절한 것은?

범죄소설이 지닌 이데올로기의 뿌리는 죽음에 대한 공포이다. 범죄소설의 탄생은 자본주의의 출현이라는 사회적 조건과 맞물려 있다. 자본주의가 출현하자 죽음을 대하는 태도가 근본적으로 변화했다. 원시사회에서는 죽음이 자연스러운 결과로 받아들여졌다. 죽음은 사람들이 스스로 준비해야 하는 것이면서, 가족과 사회로부터의 관심과 도움이 필요한 것이었다. 그러나 부르주아 사회에서는 인간이 소외되고, 소외된 인간은 노동을 하고 돈을 버는 데 없어서는 안 될 도구인 육체에 얽매이게 된다. 그에 따라 인간은 죽음에 강박관념을 갖게 되었다. 게다가 죽음은 불가피한 삶의 종결이 아니라 파국적 사고라는 견해를 갖게 된다. 죽음은 예기치 않은 사고라고, 강박적으로 바라보게 되면 폭력에 의한 죽음에 몰두하게 되고, 결국에는 살인과 범죄에 몰두하게 된다. 범죄소설에서 죽음은 인간의 운명이나 비극이 아니라 탐구의 대상이 되어버린다.

① 범죄소설은 자본주의의 출현 이후 죽음에 대한 달라진 태도에 기반을 두고 있다.
② 범죄소설은 부르주아 사회의 인간소외와 노동 문제를 다루는 문학 양식이다.
③ 범죄소설은 원시사회부터 이어져 온 죽음에 대한 보편적 공포로부터 생겨났다.
④ 범죄소설은 죽음을 예기치 못한 사고가 아닌 자연스럽고 불가피한 것으로 받아들인다.

03

다음 글의 중심 내용으로 가장 적절한 것은?

> 교환가치는 거래를 통해 발생하는 가치이며, 사용가치는 어떤 상품을 사용할 때 느끼는 가치이다. 전자가 시장에서 결정된다는 점에서 객관적이라면, 후자는 개인에 따라 다르다는 점에서 주관적이다. 상품에는 사용가치와 교환가치가 섞여 있는데, 교환가치가 아무리 높아도 '나'에게 사용가치가 없다면 해당 상품을 구매하지 않을 것이다.
>
> 하지만 이 같은 상식이 통하지 않는 경우를 종종 볼 수 있다. 예를 들어 보자. 인터넷 커뮤니티에서 백만 원짜리 공연 티켓을 판매하는데, 어떤 사람이 "이 공연의 가치는 돈으로 환산할 수 없어요." 등의 댓글들을 보고서 애초에 관심도 없던 이 공연의 티켓을 샀다. 그에게 그 공연의 사용가치는 처음에는 없었으나 많은 댓글로 인해 사용가치가 있을 것으로 잘못 판단한 것이다. 안타깝게도, 그는 그 공연에서 조금도 만족하지 못했다.
>
> 이 사례에서 볼 때 건강한 소비를 위해서는 구매하려는 상품의 사용가치가 어떤 과정을 거쳐 결정된 것인지 곰곰이 생각해봐야 한다. '나'에게 얼마나 필요한가에 대한 고민 없이 다른 사람들의 말에 휩쓸려 어떤 상품의 사용가치가 결정될 때, 그 상품은 '나'에게 쓸모없는 골칫덩이가 될 수 있다.

① 사용가치보다 교환가치가 큰 상품을 구매해야 한다.
② 상품을 구매할 때 사용가치와 교환가치를 두루 고려해야 한다.
③ 상품에 대한 다른 사람들의 평가를 반영해서 상품을 구매해야 한다.
④ 상품을 구매할 때 사용가치가 자신의 필요에 의해 결정된 것인지 신중하게 따져야 한다.

2 핵심 내용

04

다음은 〈보기〉에 제시된 글의 핵심 내용을 정리한 것이다. 가장 잘 이해한 것은?

> ──────[보기]──────
>
> '무엇인가', '어떠한 것인가'라는 물음에 대응하는 내용이 '질'이고 '어느 정도'라는 물음에 대응하는 내용이 '양'이다. '책상이란 무엇인가' 또는 '책상이 어떠한 것인가'를 알기 위해 사전에서 '책상'을 찾으면, "책을 읽거나 글을 쓰는 상"으로 나와 있다. 이것이 책상을 의자와 찬장 및 그 밖의 유사한 사물들과 구분해 주는 책상의 '질'이다. 예를 들어 "이 책상의 높이는 어느 정도인가?" 라고 물으면 "70cm이다"라고 답한다. 이때 말한 '70cm'가 바로 '양'이다. 그런데 책상의 높이는 70cm가 60cm로 되거나 40cm로 된다고 하더라도 그것이 책상임에는 변함이 없다. 성인용 책상에서 아동용 책상으로, 의자 달린 책상에서 앉은뱅이책상으로 바뀐다고 하더라도 그것이 '책을 읽거나 글을 쓰는 상'으로서의 기능은 수행할 수 있기 때문이다. 그러나 책상의 높이를 일정한 한도가 넘는 수준, 예컨대 70cm를 1cm로 낮추어 버리면 그 책상은 나무판에 가까운 것으로 변하여 책상의 기능을 수행할 수 없게 되어 더 이상 책상이라 할 수 없게 될 것이다.

① 양의 변화는 질의 변화를 초래하고 질의 변화는 양의 변화를 이끈다.
② 양의 변화가 누적되면 질의 변화가 일어나므로 양의 변화는 변화된 양만큼 질의 변화를 이끈다.
③ 양의 변화는 일정한 한도 내에서 질의 변화를 이끌지 못하지만 어느 한도를 넘으면 질의 변화를 초래한다.
④ 양의 변화든 질의 변화든 변화는 모두 본래의 상태로 환원되는 과정이기 때문에 두 변화는 본질적으로 동일하다.

③ 핵심 논지

05   2025년 국가직 9급 예비 문제

다음 글의 핵심 논지로 가장 적절한 것은?

> 판타지와 SF의 차별성은 '낯섦'과 '이미 알고 있는 것'이라는 기준을 통해 드러난다. 이 둘은 일반적으로 상반된 의미를 갖는다. 이미 알고 있는 것은 낯설지 않고, 낯선 것은 새로운 것을 의미하기 때문이다.
>
> 판타지와 SF에는 모두 새롭고 낯선 것이 등장하는데, 비근한 예가 현실에 존재하지 않는 괴물의 출현이다. 판타지에서 낯선 괴물이 나오면 사람들은 '저게 뭐지?'하면서도 그 낯섦을 그대로 받아들인다. 그렇기에 등장인물과 독자 모두 그 괴물을 원래부터 존재했던 것으로 받아들이고, 괴물은 등장하자마자 세계의 일부가 된다. 결국 판타지에서는 이미 알고 있는 것보다 새로운 것이 더 중요한 의미를 갖는다. 이와 달리 SF에서는 '그런 괴물이 어떻게 존재할 수 있지?'라고 의심하고 물어야 한다. SF에서는 인물과 독자들이 작가의 경험적 환경을 공유하기 때문에 괴물은 절대로 자연스럽지 않다. 괴물의 낯섦에 대한 질문은 괴물이 존재하는 세계에 대한 지식, 세계관, 나아가 정체성의 문제로 확장된다. 이처럼 SF에서는 어떤 새로운 것이 등장했을 때 그 낯섦을 인정하면서도 동시에 그것을 자신이 이미 알고 있던 인식의 틀로 끌어들여 재조정하는 과정이 요구된다.

① 판타지와 SF는 모두 새로운 것에 의해 알고 있는 것이 바뀌는 장르이다.

② 판타지와 SF는 모두 알고 있는 것과 새로운 것을 그대로 인정하고 둘 사이의 재조정이 필요한 장르이다.

③ 판타지는 새로운 것보다 알고 있는 것이 더 중요하고, SF는 알고 있는 것보다 새로운 것이 더 중요한 장르이다.

④ 판타지는 알고 있는 것보다 새로운 것이 더 중요하고, SF는 알고 있는 것과 새로운 것 사이의 재조정이 필요한 장르이다.

④ 주장

06   2024년 지역인재 9급

글쓴이가 주장하는 놀이터의 모습으로 적절하지 않은 것은?

> 놀이는 도전을 의미한다. 하지 않던 것을 해 보거나 할 수 없었던 것을 날마다 조금씩 도전해 가는 과정 자체가 놀이인 것이다. 놀이터는 해보지 않던 것을 시도해 볼 수 있는 공간이어야 한다. 물론 놀이터에서 자주 다쳐서는 결코 안 된다. 하지만 아이들이 도전하는 과정에서 겪는 작은 부상들을 통해 무엇이 위험한지, 위험한 일을 겪지 않으려면 어떻게 조심해야 하는지를 스스로 깨닫게 된다. 초등학생들을 대상으로 하는 놀이터를 유아 수준의 놀이터로 만들어 놓고, 안전한 놀이터를 만들었다고 자만하는 것은 오히려 아이들에게 스스로 안전한 방법을 찾을 기회를 주지 않는 것이다.
>
> 이제 놀이터는 아이들이 진취적으로 행동하고 창의적으로 사고할 수 있는 공간이어야 한다. 그러기 위해서 놀이터는 도전하고 모험할 수 있는 공간으로 설계되어야 한다. '안전'이라는 기둥 옆에 '도전'과 '모험'이라는 기둥도 함께 세워 가야 할 때이다.

① 진취적으로 행동하고 모험하는 공간

② 작은 부상도 입지 않는 안전한 공간

③ 새로운 도전을 시도해 볼 수 있는 공간

④ 창의적인 사고를 키워 나갈 수 있는 공간

07 ━━━━━━━━━━━━━━ 2024년 군무원 7급

다음 글에서 글쓴이가 한 주장에 대한 설명으로 가장 적절한 것은?

열정과 역동성이 은근과 끈기의 민족이라는 우리의 모습과 전혀 다르며, 심지어 모순되거나 이율배반으로 보일 수 있다. 특히 한국인을 세계에 유명하게 만든 '빨리빨리'의 극단적인 속도 추구의 모습은 전통적인 은근과 끈기의 측면에서 본다면 매우 낯설어 보인다. 그래서 어떤 이는 은근과 끈기의 민족적 심성이 타락했다거나, 혹은 은근과 끈기의 민족적 심성이라는 관점은 우리를 소극적인 모습으로 왜곡한 것이라고 하기도 한다. 또한 어떤 이는 우리 민족의 진정한 성격은 '열정과 역동', '은근과 끈기'라는 두 극단을 수용할 수 있는 개방성이며 서로 반대되는 것의 '뒤섞임과 버무림'이라고 하기도 한다. 이러한 시각은 '은근과 끈기', '열정과 역동성'의 두 기질이 마치 쉽게 뜨거워지지만 반대로 쉽게 식어버리는 냄비와 은근하지만 쉽게 식지 않는 뚝배기처럼 전혀 다른 것이라고 보고 있다.

하지만 이 두 기질은 전혀 다른 것이 아니다. 은근과 끈기의 바닥에는 뜨거운 열정과 역동성이 용암처럼 흘러야만 하는 것이다. 그리고 열정과 격정은 다른 것이다. 금방 불같이 뜨거워지지만 또 언제 그랬냐는 듯이 쉽게 식어버리는 격정에는 없는 것이 바로 은근과 끈기의 일관성이다. 지금까지 우리 민족이 보여 주었던 '은근과 끈기'의 역사, '열정과 역동성'의 역사는 모순된 것이 아니라, 빛은 어둠이 있어야 빛나는 것처럼 변증법적으로 투영된 것이다. '은근과 끈기', '열정과 역동성'의 민족이라는 우리의 정체성은 과거가 된 역사의 화석이 아니라, 앞으로 우리가 현재의 고통과 부족함을 극복하기 위해 마음속 깊이 간직해야 할 나침반이 되어야 할 것이다.

① 은근과 끈기는 우리 민족만의 고유한 특성이다.
② 열정과 역동성은 쉽게 식지 않는 뚝배기와 같다.
③ 열정은 격정과 구분되며 은근의 일관성을 얻어야 한다.
④ 은근과 끈기라는 관점은 우리 민족을 소극적으로 왜곡한 결과이다.

08 ━━━━━━━━━━━━━━ 2021년 국가직 9급

하버마스의 주장에 부합하는 사례로 가장 적절한 것은?

하버마스는 18세기부터 현대까지 미디어의 등장 배경과 발전 과정을 분석하면서, 공공 영역의 부상과 쇠퇴를 추적했다. 하버마스에게 공공 영역은 일반적 쟁점에 대한 토론과 의견을 형성하는 공공 토론의 민주적 장으로서 역할을 한다.

하버마스는 17세기와 18세기 유럽 도시의 살롱에서 당시의 공공 영역을 찾았다. 비록 소수의 사람들만이 살롱 토론 문화에 참여했으나, 공공 토론을 통해 정치적 문제를 해결하는 논리를 도입할 수 있었기 때문에 살롱이 초기 민주주의 발전에 중요한 역할을 했다고 그는 주장한다. 적어도 살롱 문화의 원칙에서 공개적 토론을 위한 공공 영역은 각각의 참석자들에게 동등한 자격을 부여했다.

그러나 하버마스에 따르면, 현대 사회에서 민주적 토론은 문화 산업의 발달과 함께 퇴보했다. 대중매체와 대중오락의 보급은 공공 영역이 공허해지는 원인으로 작용했다. 상업적 이해관계는 공공의 이해관계에 우선하게 되었다. 공공 여론은 개방적이고 합리적 토론을 통해서가 아니라 광고에서처럼 조작과 통제를 통해 형성되고 있다.

미디어가 점차 상업화되면서 하버마스가 주장한 대로 공공 영역이 침식당하고 있다. 상업화된 미디어는 광고 수입에 기대어 높은 시청률과 수익을 보장하는 콘텐츠 제작만을 선호하게 되었다. 그 결과 공적 주제에 대한 시민들의 논의와 소통의 장이 줄어들어 결과적으로 공공 영역이 축소되었다. 많은 것을 약속한 미디어는 이제 민주주의 문제의 일부로 변해 버린 것이다.

① 살롱 문화에서 특정 사회 계층에 대한 비판적인 토론은 허용되지 않았다.
② 인터넷의 발달과 보급은 상업적 광고뿐만 아니라 공익 광고도 증가시켰다.
③ 글로벌 미디어가 발달하더라도 국제 사회의 공공 영역은 공허해지지 않는다.
④ 수익성 위주의 미디어 플랫폼과 콘텐츠가 더 많아지면서 민주적 토론이 감소되었다.

5 견해

09

글쓴이의 견해에 부합하는 것은?

> 문화란 공동체의 구성원들이 공유하는 생각과 행동 양식의 총체라고 할 수 있다. 문화를 연구하는 사람들의 주된 관심사는 특정 생각과 행동 양식이 하나의 공동체 안에서 전파되는 기제이다.
>
> 이에 대한 견해 중 하나는 문화를 생각의 전염이라는 각도에서 바라보는 것이다. 예컨대, 리처드 도킨스는 '밈(meme)'이라는 개념을 통해 생각의 전염 과정을 설명하고자 했다. 그에 따르면 문화는 복수의 밈으로 이루어져 있는데, 유전자에 저장된 생명체의 주요 정보가 번식을 통해 복제되어 개체군 내에서 확산되듯이, 밈 역시 유전자와 마찬가지로 공동체 내에서 복제를 통해 확산된다.
>
> 그러나 문화 전파의 기제를 설명하는 이론으로는 밈 이론보다 의사소통 이론이 더 적절해 보인다. 일례로, 요크셔 지역에 내려오는 독특한 푸딩 요리법은 누군가가 푸딩 만드는 것을 지켜본 후 그것을 그대로 따라 하는 방식으로 전파되었다기보다는 요크셔 푸딩 요리법에 대한 부모와 친척, 친구들의 설명을 통해 입에서 입으로 전파되고 공유되었을 가능성이 크다.
>
> 생명체의 경우와 달리 문화는 완벽하게 동일한 형태로 전파되지 않는다. 전파된 문화와 그것을 수용한 결과는 큰 틀에서는 비슷하더라도 세부적으로는 다를 수밖에 없다. 다시 말해 요크셔 지방의 푸딩 요리법은 다른 지방의 푸딩 요리법과 변별되는 특색을 지니는 동시에 요크셔 지방 내부에서도 가정이나 개인에 따라 약간씩의 차이를 보인다. 이는 푸딩 요리법의 수신자가 발신자가 전해 준 정보에다 자신의 생각을 덧붙였기 때문인데, 복제의 관점에서 문화의 전파를 설명하는 이론으로는 이와 같은 현상을 설명하기 어렵다. 반면, 의사소통 이론으로는 설명 가능하다. 이에 따르면 사람들은 자신이 들은 이야기를 남에게 전달할 때 들은 이야기에다 자신의 생각을 더해서 그 이야기를 전달하기 때문이다.

① 문화의 전파 기제는 밈 이론보다는 의사소통 이론으로 설명하는 것이 적절하다.
② 의사소통 이론에 따르면 문화의 수용 과정에는 수용 주체의 주관이 개입하지 않는다.
③ 의사소통 이론에 따르면 특정 공동체의 문화는 다른 공동체로 복제를 통해 전파될 수 있다.
④ 요크셔 푸딩 요리법이 요크셔 지방의 가정이나 개인에 따라 세부적인 차이를 보이는 현상은 밈 이론에 의해 설명할 수 있다.

10

글쓴이의 견해에 부합하지 않는 것은?

> 사물 인터넷(IoT, Internet of Things)의 정의로 '수십 억 개의 사물이 서로 연결되는 것'이라고 설명하는 것은 그리 유용하지 않다. 사물 인터넷이 무엇인지 이해하기 위해서는 '사물'에서 출발하기보다는 '인터넷'에서 출발하는 것이 좋다. 인터넷이 전 세계의 컴퓨터를 서로 소통하도록 만든다는 생각이 실현된 것이라면, 사물 인터넷은 이제 전 세계의 사물들을 '컴퓨터로 만들어' 서로 소통하도록 만든다는 생각을 실현하는 것이다. 컴퓨터는 본래 전원이 있고 칩이 있고, 이것이 통신 장치와 프로토콜을 갖게 되어 연결된 것이다. 그렇다면 이제는 전원이 있었던 전자 기기나 기계 등은 그 자체로, 전원이 없었던 일반 사물들은 새롭게 센서와 배터리, 통신 모듈이 부착되면서 컴퓨터가 되고 이렇게 컴퓨터가 된 사물들이 그들 간에 또는 인간의 스마트 기기와 네트워크로 연결되는 것이다.
>
> 현재의 인터넷과 사물 인터넷의 차이를, 혹자는 사람이 개입되는 것은 사물 인터넷이 아니라고 이야기하면서 엄격한 M2M(Machine to Machine)이라는 개념에 근거해 설명한다. 또 혹자는 사물 인터넷이 실현되려면 사람만큼 사물이 판단할 수 있어야 한다고 주장하면서 사물의 지능성을 중요시하는 경우도 있는데, 두 가지 모두 그릇된 것이다. 사물 인터넷을 제대로 이해하려면 기존 인터넷과의 차이점에 주목하기보다는 오히려 공통점을 인식하는 것이 더 중요하다. 컴퓨터를 서로 연결하는 수준에서 출발한 것이 기존의 인터넷이라면, 이제는 사물 각각이 컴퓨터가 되고, 그 사물들이 사람과 손쉽게 닿는 스마트폰, 스마트 워치 등과 서로 소통하는 것이다.

① 사물 인터넷의 개념을 파악하기 위해서는 기존 인터넷과의 공통점을 이해하는 것이 필요하다.
② 센서와 배터리, 통신 모듈 등을 갖춘 사물들이 네트워크로 연결되어 사물 인터넷으로 기능한다.
③ 사물 인터넷은 사람 수준의 지능을 가진 사물들이 네트워크 상에서 인간의 개입 없이 서로 소통하는 것으로 정의된다.
④ 사물 인터넷은 컴퓨터가 아니었던 사물도 네트워크로 연결될 수 있다는 점에서 기존의 인터넷과 다르다.

CHAPTER **06** **독서 - 다양한 문제 유형**

⏱ 제한 시간: 15분(총 10문제)
⏱ 실제 걸린 시간: _____분 _____초
🔍 어려웠던 문제 번호: _____

제21회

04 다양한 문제 유형

1 지시 대상

01 ▬▬▬▬▬▬▬▬▬▬▬▬▬ 2025년 국가직 9급 예비 문제

다음 글의 ㉠~㉮ 중 지시하는 바가 같은 것끼리 짝 지은 것은?

일반적으로 한 나라의 문학, 즉 '국문학'은 "그 나라의 말과 글로 된 문학"을 지칭한다. 그래서 우리나라에서 국문학에 대한 근대적 논의가 처음 시작될 무렵에는 국문학에서 한문으로 쓰인 문학을 배제하자는 주장이 있었다. 국문학 연구가 점차 전문화되면서, 한문문학 배제론자와 달리 한문문학을 배제하는 데 있어 신축성을 두는 절충론자의 입장이 힘을 얻었다. 절충론자들은 국문학의 범위를 획정하는 데 있어 종래의 국문학의 정의를 기본 전제로 하되, 일부 한문문학을 국문학으로 인정하자고 주장했다. 즉 한문으로 쓰여진 문학을 국문학에서 완전히 배제하지 않고, ㉠ 전자 중 일부를 ㉡ 후자의 주변부에 위치시키는 것으로 국문학의 영역을 구성한 것이다. 이에 따라 국문학을 지칭할 때에는 '순(純)국문학'과 '준(準)국문학'으로 구별하게 되었다. 작품에 사용된 문자의 범주에 따라서 ㉢ 전자는 '좁은 의미의 국문학', ㉣ 후자는 '넓은 의미의 국문학'이라고도 칭할 수 있다.

하지만 이런 절충안을 취하더라도 순국문학과 준국문학을 구분하는 데에는 논자마다 차이가 있다. 어떤 이는 국문으로 된 것은 ㉤ 전자에, 한문으로 된 것은 ㉥ 후자에 귀속시켰다. 다른 이는 훈민정음 창제 이전과 이후로 나누어 국문학의 영역을 구분하였다. 훈민정음 창제 이전의 문학은 차자표기건 한문표기건 모두 국문학으로 인정하고, 창제 이후의 문학은 국문문학만을 순국문학으로 규정하고 한문문학 중 '국문학적 가치'가 있는 것을 준국문학에 귀속시켰다.

① ㉠, ㉢
② ㉡, ㉣
③ ㉡, ㉥
④ ㉢, ㉤

02 ▬▬▬▬▬▬▬▬▬▬▬▬▬ 2025년 국가직 9급 예비 문제

㉠~㉣ 중 문맥상 (가)에 해당하는 의미로 사용되지 않은 것은?

생물은 자신의 종에 속하는 개체들과 의사소통을 한다. 꿀벌은 춤을 통해 식량의 위치를 같은 무리의 동료들에게 알려주며, 녹색원숭이는 포식자의 접근을 알리기 위해 소리를 지른다. 침팬지는 고통, 괴로움, 기쁨 등의 감정을 표현할 때 각각 다른 ㉠ 소리를 낸다.

말한다는 것을 단어에 대해 ㉡ 소리 낸다는 의미로 보게 되면, 침팬지가 사람처럼 말하도록 하는 것은 불가능하다. 침팬지는 인간과 게놈의 98%를 공유하고 있지만, 발성 기관에 차이가 있다.

인간의 발성 기관은 아주 정교하게 작용하여 여러 ㉢ 소리를 낼 수 있는데, 초당 십여 개의 (가) 소리를 쉽게 만들어 낸다. 이는 성대, 후두, 혀, 입술, 입천장을 아주 정확하게 통제할 수 있기 때문에 가능한 것이다. 침팬지는 이만큼 정확하게 통제를 하지 못한다. 게다가 인간의 발성 기관은 유인원의 그것과 현저하게 다르다. 주요한 차이는 인두의 길이에 있다. 인두는 혀 뒷부분부터 식도에 이르는 통로로 음식물과 공기가 드나드는 길이다. 인간의 인두는 여섯 번째 목뼈에까지 이른다. 반면에 대부분의 포유류에서는 인두의 길이가 세 번째 목뼈를 넘지 않으며 개의 경우는 두 번째 목뼈를 넘지 않는다. 다른 동물의 인두에 비해 과도하게 긴 인간의 인두는 공명 상자 기능을 하여 세밀하게 통제되는 ㉣ 소리를 만들어 낸다.

① ㉠
② ㉡
③ ㉢
④ ㉣

03 ████████████████ 2025년 국가직 9급 예비 문제

문맥상 ㉠ ~ ㉣ 중 지시 대상이 같은 것만으로 묶인 것은?

영국의 유명한 원형 석조물인 스톤헨지는 기원전 3,000년경 신석기시대에 세워졌다. 1960년대에 천문학자 호일이 스톤헨지가 일종의 연산장치라는 주장을 하였고, 이후 엔지니어인 톰은 태양과 달을 관찰하기 위한 정교한 기구라고 확신했다. 천문학자 호킨스는 스톤헨지의 모양이 태양과 달의 배열을 나타낸 것이라는 의견을 제시해 관심을 모았다.

그러나 고고학자 앳킨슨은 ㉠ <u>그들</u>의 생각을 비난했다. 앳킨슨은 스톤헨지를 세운 사람들을 '야만인'으로 묘사하면서, ㉡ <u>이들</u>은 호킨스의 주장과 달리 과학적 사고를 할 줄 모른다고 주장했다. 이에 호킨스를 옹호하는 학자들이 진화적 관점에서 앳킨슨을 비판하였다. ㉢ <u>이들</u>은 신석기시대보다 훨씬 이전인 4만 년 전의 사람들도 신체적으로 우리와 동일했으며 지능 또한 우리보다 열등했다고 볼 근거가 없다고 주장했다.

하지만 스톤헨지의 건설자들이 포괄적인 의미에서 현대인과 같은 지능을 가졌다고 해도 과학적 사고와 기술적 지식을 가지지는 못했다. ㉣ <u>그들</u>에게는 우리처럼 2,500년에 걸쳐 수학과 천문학의 지식이 보존되고 세대를 거쳐 전승되어 쌓인 방대하고 정교한 문자 기록이 없었다. 선사시대의 생각과 행동이 우리와 똑같은 식으로 전개되지 않았으리라는 점은 매우 중요하다. 지적 능력을 갖췄다고 해서 누구나 우리와 같은 동기와 관심, 개념적 틀을 가졌으리라고 생각하는 것은 잘못이다.

① ㉠, ㉢   ② ㉡, ㉣
③ ㉠, ㉡, ㉢   ④ ㉠, ㉡, ㉣

2 원인 파악

04 ████████████████ 2024년 지방직 9급

다음 글에서 ㉠의 원인으로 가장 적절한 것은?

급격하게 돌아가는 현대적 생활 방식은 종종 삶을 즐기지 못하게 방해한다. 추위가 한창 매섭던 1월의 어느 아침 한 길거리 음악가가 워싱턴시의 지하철역에서 바이올린을 연주했다. 그는 스트라디바리우스 바이올린으로 바흐의 「샤콘」을 비롯하여 여섯 곡의 클래식 음악을 연주했다. 출근길에 연주가를 지나쳐 간 대략 천여 명의 시민이 대부분 그에게 관심조차 주지 않았고, 단지 몇 사람만 걷는 속도를 늦추었을 뿐이다. 7분 정도가 지났을 무렵 한 중년 여인이 지나가면서 모자에 1달러를 던져 주었다. 한 시간 정도가 지났을 때 연주가의 모자에는 32달러 17센트가 쌓여 있었지만, ㉠ <u>연주를 듣기 위해 서 있는 사람은 아무도 없었다.</u> 그 음악가인 조슈아 벨은 전 세계적으로 유명한 바이올린 연주가였으며, 평상시 그의 콘서트 입장권은 백 달러가 넘는 가격에 판매되었다.

① 지하철역은 연주하기에 적절한 장소가 아니었기 때문이다.
② 연주하는 동안 연주가를 지나쳐 간 사람이 적었기 때문이다.
③ 출근하는 사람들이 연주를 감상할 여유가 없었기 때문이다.
④ 연주를 듣기 위해서는 백 달러의 입장권이 필요했기 때문이다.

3 독자 반응 파악

05

다음 글에 대한 독자의 반응으로 적절하지 <u>않은</u> 것은?

> 미국의 법학자 선스타인에 따르면, "나는 네 의견에 동의하지 않는다."라고 말하지 않는 사람들은 집단의 의견에 동조하거나 자기 의견을 강화하며 그곳에 안주한다. 그런 사람들은 자기 합리화에 몰두하거나 상호 비방만을 일삼게 된다. 이러한 상황에서 벗어나기 위해서는 반대 의견을 내고 기꺼이 논쟁하는 사람들이 필요하다. 생산적인 논쟁에 나서는 사람들이 많아진다면 우리 사회의 의견 스펙트럼은 지금보다 다양해질 것이다. 논쟁이 활발한 사회의 경우에는 의견 스펙트럼의 중간층이 두껍다. 반면에 의견 양극화와 쏠림 현상이 두드러진 사회에서는 의견 스펙트럼의 양극단만 보일 뿐 중간층은 보이지 않는다. 왜냐하면 그런 사회에서는 집단 간 공유되지 않는 정보가 많아지고 소수 의견을 가진 사람들은 침묵하게 되기 때문이다. 따라서 이러한 사회는 의견이 제시되지 않고 논쟁이 없는 곳이 되기 쉽다.

① 논쟁을 회피하는 사람들은 자기 합리화에 빠지기 쉽겠군.
② 의견 양극화가 심화되면 소수 의견을 가진 사람들은 침묵하겠군.
③ 의견 스펙트럼의 중간층이 좁다면 논쟁이 활발하게 이루어지지 않겠군.
④ 의견 양극화로 인한 갈등을 해소하기 위해서는 반대 의견 개진을 최소화해야 하겠군.

4 저자 의도 파악

06

다음 글에 나타난 저자의 의도를 가장 적절하게 설명한 것은?

> 인공지능은 컴퓨터 프로그램을 활용해 인간과 비슷한 인지적 능력을 구현한 기술을 말한다. 인공지능은 기본적으로 보고 듣고 읽고 말하는 능력을 갖춤으로써 인간과 대화할 수 있을 뿐만 아니라 지적 판단이 필요한 상황에서 합리적 결정을 내릴 수 있다. 인공지능이 인간의 말을 알아듣고 명령을 실행하는 똑똑한 기계가 되는 것은 반길 일인가, 아니면 주인과 노예의 관계를 역전시키는 재앙이라고 경계해야 할 일인가?

① 쟁점 제기 ② 정서적 공감
③ 논리적 설득 ④ 배경 설명

5 비판형

07 　　　　　　　　　　　　　　　　2022년 국회직 8급

〈보기〉의 관점에서 ㉠을 비판한 것으로 적절한 것은?

> 원칙적으로 사람들은 제1 언어 습득 연구에 대한 양극단 중 하나의 입장을 취할 수 있을 것이다. ㉠ 극단적 행동주의자적 입장은 어린이들이 백지 상태, 즉 세상이나 언어에 대해 아무런 전제된 개념을 갖지 않은 깨끗한 서판을 갖고 세상에 나오며, 따라서 어린이들은 환경에 의해 형성되고 다양하게 강화된 예정표에 따라 서서히 조건화된다고 주장하였다. 또 반대쪽 극단에 있는 구성주의의 입장은 어린이들이 매우 구체적인 내재적 지식과 경향, 생물학적 일정표를 갖고 세상에 나온다는 인지주의적 주장을 할 뿐만 아니라 주로 상호 작용과 담화를 통해 언어 기능을 배운다고 주장한다. 이 두 입장은 연속선상의 양극단을 나타내며, 그 사이에는 다양한 입장들이 있을 수 있다.

[보기]

> 생득론자는 언어 습득이 생득적으로 결정되며, 우리는 주변의 언어에 대해 체계적으로 인식할 수 있도록 되어 있어서 결과적으로 언어의 내재화된 체계를 구축하는 유전적 능력을 타고난다고 주장한다.

① 언어 습득에 대한 연구에서 실제적 언어 사용의 양상이 무시될 가능성이 크다.

② 아동의 언어 습득을 관장하는 유전자의 실체가 확인될 때까지는 행동주의는 불완전한 가설일 뿐이다.

③ 아동은 단순히 문법적으로 정확한 문장을 만드는 방법을 배우는 것이 아니라 의사소통 방법을 배우는 것이다.

④ 아동의 언어 습득은 특정 언어공동체의 일원이 되는 핵심 과정인데, 행동주의는 공동체 구성원들과의 상호 작용이 차지하는 중요성을 간과하고 있다.

⑤ 아동의 언어 습득이 외적 자극인 환경에 의해 전적으로 형성된다고 보는 행동주의 모델은 배우거나 들어본 적 없는 표현을 만들어내는 어린이 언어의 창조성을 설명하지 못한다.

6 제목형

08 　　　　　　　　　　　　　　　　2024년 군무원 9급

다음 글의 제목으로 가장 적절한 것은?

> 우리는 건축가가 된 다음에 집을 짓거나, 거문고 연주가가 된 다음에 거문고를 타게 되는 것은 아니다. 집을 지어 봄으로써 건축가가 되고, 거문고를 타봄으로써 거문고 연주가가 되는 것이다. 마찬가지로 우리는 옳은 행위를 함으로써 옳게 되고, 절제 있는 행위를 함으로써 절제 있게 되며, 용감한 행위를 함으로써 용감 하게 되는 것이다.
> 그런데 제비가 한 마리 날아왔다고 봄이 오는 것이 아니다. 실천은 성향이 되고 성향은 습관이 될 때 비로소 성품이 탄생하게 되는 것이다. 남과 사귀는 과정에서 우리가 늘 행하는 행위에 의해 우리는 올바른 사람이 되거나 옳지 못한 사람이 되며, 또 위험과 맞닥뜨렸을 때 무서워하거나 태연한 마음을 지니거나 하는 습관을 얻게 됨으로써 혹은 용감한 이가 되고 혹은 겁쟁이가 된다. 욕망이나 분노 같은 것도 이와 마찬가지이다. 즉 자기가 당한 처지에서 어떻게 행동하는가에 따라, 절제 있고 온화한 사람이 되기도 하고 혹은 방종하고 성미 급한 사람이 되기도 한다.

① 상황 판단의 합리성

② 올바른 성품의 중요성

③ 실천과 습관의 중요성

④ 자기반성과 자아실현의 의의

09 ████████████████████ 2023년 국회직 9급

다음 글의 제목으로 적절한 것은?

반대신문식 토론은 크게 입론 – 반대신문 – 반론의 순서로 이어진다. 토론에서 찬반 측이 처음으로 자신의 주장을 펼치는 입론은 앞으로 진행될 논의의 흐름을 제시한다는 점에서 매우 중요하다. 찬반 측은 토론을 준비하며 논제에 대한 찬반 의견을 모두 조사하고 이를 바탕으로 입론의 개요를 작성해야 한다. 입론에서 양측은 모두 토론에서 필수적으로 다루어야 하는 쟁점인 필수 쟁점과 관련하여 언급해야 한다. 찬성 측은 필수 쟁점을 바탕으로 현재 상태의 변화를 주장해야 하는 입증의 책임을 가지며 반대 측은 필수 쟁점을 바탕으로 현재 상태의 변화가 필요 없다는 주장을 펼쳐야 한다.

토론자는 상대측의 입론을 들으며 그에 나타난 주장과 이유, 근거를 정리하고 비판적으로 검토하며 오류를 검증하는 질문을 제시해야 한다. 이처럼 토론에서 상대측의 발언에 나타난 논리적 허점이 드러나도록 질문하고 이에 대해 상대측의 답변을 듣는 과정을 반대신문이라고 한다.

입론과 반대신문의 과정 후 토론자는 반박을 통해 자신의 주장을 정리하며 청중을 설득해야 한다. 반박 시 앞서 다룬 모든 쟁점을 언급하기보다 그중 자신에게 유리한 쟁점을 선별하여 정리하는 것이 자신의 주장을 강화하는 데에 효과적이다. 또 반박 단계에서는 새로운 주장을 펼쳐선 안 된다. 반박 단계는 찬반 측이 마지막으로 주장을 발언하는 단계이므로 새로운 주장에 대해 검토할 시간이 부족하기 때문이다.

① 토론의 과정
② 토론자의 태도
③ 입론과 반론의 방법
④ 반대 토론의 방법
⑤ 입론과 반대신문의 과정

7 사례형

10 ████████████████████ 2022년 국가직 9급

㉠ ~ ㉣의 사례로 적절하지 않은 것은?

단어의 의미가 변화하는 양상은 다양하다. 첫째, "아침 먹고 또 공부하자."에서 '아침'은 본래의 의미인 '하루 중의 이른 시간'을 가리키지 않고 '아침에 먹는 밥'이라는 의미로 쓰인다. '밥'의 의미가 '아침'에 포함되어서 '아침'만으로도 '아침밥'의 의미를 표현하게 된 것으로, ㉠ 두 개의 단어가 긴밀한 관계여서 한쪽이 다른 한쪽의 의미까지 포함하는 의미로 변화하게 된 경우이다. 둘째, '바가지'는 원래 박의 껍데기를 반으로 갈라 썼던 물건을 가리켰는데, 오늘날에는 흔히 플라스틱 바가지를 가리킨다. 이것은 ㉡ 언어 표현은 그대로인데 시대의 변화에 따라 지시 대상 자체가 바뀌어서 의미 변화가 발생한 경우이다. 셋째, '묘수'는 본래 바둑에서 만들어진 용어이지만 일상적인 언어생활에서도 '쉽게 생각해 내기 어려운 좋은 방안'이라는 의미로 사용된다. 이는 ㉢ 특수한 영역에서 사용되던 말이 일반화되면서 단어의 의미가 변화한 경우에 해당한다. 넷째, 호랑이를 두려워하던 시절에 사람들은 '호랑이'라는 이름을 직접 부르기 꺼려서 '산신령'이라고 부르기도 했는데, 이는 ㉣ 심리적인 이유로 특정 표현을 피하려다 보니 그것을 대신하는 단어의 의미에 변화가 생긴 경우이다.

① ㉠: '아이들의 코 묻은 돈'에서 '코'는 '콧물'의 의미로 쓰인다.
② ㉡: '수세미'는 원래 식물의 이름이었지만 오늘날에는 '그릇을 씻는 데 쓰는 물건'이라는 의미로 쓰인다.
③ ㉢: '배꼽'은 일반적으로 '탯줄이 떨어지면서 배의 한가운데에 생긴 자리'를 가리키지만 바둑에서는 '바둑판의 한가운데'라는 의미로 쓰인다.
④ ㉣: 무서운 전염병인 '천연두'를 꺼려서 '손님'이라고 불렀다.

CHAPTER 07 독서 - 종합

제22회

01 종합 ①

1 설명-이해 구성

[01 ~ 02] 다음 글을 읽고 물음에 답하시오.

프레임(frame)은 영화와 사진 등의 시각 매체에서 화면 영역과 화면 밖의 영역을 구분하는 경계로서의 틀을 말한다. 카메라로 대상을 포착하는 행위는 현실의 특정한 부분만을 떼어내 프레임에 담는 것으로, 찍은 사람의 의도와 메시지를 내포한다. 그런데 문, 창, 기둥, 거울 등 주로 사각형이나 원형의 형태를 갖는 물체들을 이용하여 프레임 안에 또 다른 프레임을 만드는 경우가 있다. 이런 기법을 '이중 프레이밍', 그리고 안에 있는 프레임을 '이차 프레임'이라 칭한다. 이차 프레임의 일반적인 기능은 크게 세 가지로 구분할 수 있다. 먼저, 화면 안의 인물이나 물체에 대한 시선 유도 기능이다. 대상을 틀로 에워싸기 때문에 시각적으로 강조하는 효과가 있으며, 대상이 작거나 구도의 중심에서 벗어나 있을 때도 존재감을 부각하기가 용이하다. 또한 프레임 내 프레임이 많을수록 화면이 다층적으로 되어, 자칫 밋밋해질 수 있는 화면에 깊이감과 입체감이 부여된다. 광고의 경우, 설득력을 높이기 위해 이차 프레임 안에 상품을 위치시켜 주목을 받게 하는 사례들이 있다.

다음으로, 이차 프레임은 작품의 주제나 내용을 암시하기도 한다. 이차 프레임은 시각적으로 내부의 대상을 외부와 분리하는데, 이는 곧잘 심리적 단절로 이어져 구속, 소외, 고립 따위를 환기한다. 그리고 이차 프레임 내부의 대상과 외부의 대상 사이에는 정서적 거리감이 조성되기도 한다. 어떤 영화들은 작중 인물을 문이나 창을 통해 반복적으로 보여 주면서, 그가 세상으로부터 격리된 상황을 암시하거나 불안감, 소외감 같은 인물의 내면을 시각화하기도 한다.

마지막으로, 이차 프레임은 '이야기 속 이야기'인 액자형 서사 구조를 지시하는 기능을 하기도 한다. 일례로, 어떤 영화는 작중 인물의 현실 이야기와 그의 상상에 따른 이야기로 구성되는데, 카메라는 이차 프레임으로 사용된 창을 비추어 한 이야기의 공간에서 다른 이야기의 공간으로 들어가거나 빠져 나온다.

그런데 현대에 이를수록 시각 매체의 작가들은 이차 프레임의 범례에서 벗어나는 시도들로 다양한 효과를 끌어내기도 한다. 가령 이차 프레임 내부 이미지의 형체를 식별하기 어렵게 함으로써 관객의 지각 행위를 방해하여, 강조의 기능을 무력한 것으로 만들거나 서사적 긴장을 유발하기도 한다. 또 문이나 창을 봉쇄함으로써 이차 프레임으로서의 기능을 상실시켜 공간이나 인물의 폐쇄성을 드러내기도 한다. 혹은 이차 프레임 내의 대상이 그 경계를 넘거나 파괴하도록 하여 호기심을 자극하고 대상의 운동성을 강조하는 효과를 낳는 사례도 있다.

01

2023년 법원직 9급

윗글에 대한 다음 설명 중 가장 적절하지 않은 것은?

① 이차 프레임의 기능을 병렬적으로 나열하고 있다.

② 이차 프레임이 사용되는 다양한 예시를 제시하고 있다.

③ 이차 프레임의 효과에 대한 전문가의 견해를 인용하고 있다.

④ 프레임, 이중 프레이밍, 이차 프레임의 개념을 정의하고 있다.

02

2023년 법원직 9급

윗글을 이해한 내용으로 가장 적절한 것은?

① 프레임 밖의 영역에는 찍은 사람의 의도와 메시지가 담긴다.

② 이차 프레임 안의 대상과 밖의 대상 사이에는 거리감이 조성되기도 한다.

③ 이차 프레임 내 대상의 크기가 작을 경우에는 대상의 존재감이 강조되기 어렵다.

④ 이차 프레임 안의 화면을 식별하기 어렵게 만들 경우, 역설적으로 대상을 강조하는 효과가 발생한다.

[03 ~ 04] 다음 글을 읽고 물음에 답하시오.

주자학이란 무엇일까? 주자학은 한마디로 주자(朱子, 1130 ~ 1200)가 새롭게 해석한 유학이라 할 수 있다. 공자와 맹자의 말씀은 "자신을 누르고 예의에 맞게 행동하라[극기복례(克己復禮)].", "사람들에게 진심으로 대하고 늘 배려하라[충서(忠恕)]." 처럼, 도덕 교과서에나 나올 법한 소박한 가르침에 지나지 않았다. 주자는 이를 철학적으로 훨씬 더 세련되게 다듬었다. 주자학에는 태극 이론, 음양(陰陽), 이기(理氣), 심성론(心性論) 등 어려운 용어가 많이 나온다. 이를 여기서 조목조목 풀어 설명할 필요는 없을 듯하다. 단지 주자가 이런 이론들을 만든 이유는 "자연 과학과 심리학의 도움으로 도덕 이론을 더 정확하게 설명하기 위해서"였다는 정도만 이해하면 될 것이다.

주자의 가르침 가운데 신진 사대부들의 마음을 사로잡았던 구절은 크게 두 가지다. 첫째는 위기지학(爲己之學)의 이념이다. 공부의 목적은 성인(聖人)이 되는 데 있지, 출세하여 부귀영화를 누리기 위함이 아니라는 뜻이다. 이러한 위기지학 정신은 신진 사대부들에게 큰 힘을 주었다. 음서(蔭敍)로 권력을 얻던 귀족 자제들과 달리, 그들은 피나는 '공부'를 거쳐 관직에 들어선 자들이다. 위기지학의 이념에 따르면, 이들이야말로 자신의 인품을 갈고닦은 사람들이 아닌가!

둘째는 주자가 강조한 격물치지(格物致知) 정신이다. 인격 수양을 위해서는 먼저 사물을 연구하고[격물(格物)] 세상 만물의 이치를 깨달아[치지(致知)] 무엇이 진정 옳고 그른지 명확히 알아야 한다. 이때 사물을 연구한다는 것은 사실을 잘 관찰하고 분석한다는 의미가 아니다. 이미 공자와 맹자 같은 옛 성현들이 이런 작업을 완벽하게 해 놓았으므로, 후대 사람들은 이들이 남긴 글을 깊이 되새기기만 하면 된다.

그렇다면 공자의 말씀을 가장 깊고 넓게 알고 있었던 사람들은 누구일까? 다름 아닌 신진 사대부로, 이들은 과거를 보기 위해 공자의 말씀을 새기고 또 새겼다. 결국 격물치지란 바로 신진 사대부들이 우월한 자들임을 보여 주는 핵심 이론이 되는 셈이다. 주자의 가르침은 이처럼 유학 사상으로 무장한 신진 사대부들이 사회 지도층이 되어야 함을 입증하는 강력한 근거가 되었다.

03

윗글의 설명 방식에 해당하는 것을 〈보기〉에서 골라 가장 바르게 묶은 것은?

― [보기] ―
㉠ 유추의 방법으로 대상의 특징을 밝히고 있다.
㉡ 묻고 답하는 방식을 통해 논의를 전개하고 있다.
㉢ 어려운 용어를 풀어 써서 독자의 이해를 돕고 있다.
㉣ 은유와 상징을 통해 자신의 생각을 드러내고 있다.

① ㉠, ㉢   ② ㉠, ㉣
③ ㉡, ㉢   ④ ㉡, ㉣

04

윗글로부터 알 수 있는 사실이 아닌 것은?
① 주자학은 위기지학과 격물치지의 학문이다.
② 주자학은 자연과학과 심리학의 영향을 받았다.
③ 신진 사대부는 관직에 진출하기 위해 주자학을 공부했다.
④ 주자학은 공자와 맹자의 말씀을 철학적으로 세련되게 다듬은 것이다.

[05 ~ 06] 다음 글을 읽고 물음에 답하시오.

전통적인 농업에서는 계절적으로 또는 공간적으로 매우 다양한 작물과 품종이 재배되는 윤작(輪作)과 복작(複作)이 주류를 이루었다. 그러나 지난 수십 년에 걸쳐서 점차 한 지역에 대단위로 1년에 한 작물만을 재배하는 단작(單作)이 증대되어 왔다. 단작은 김매기, 파종, 수확 등의 기계화가 용이하고 병충해 방제, 잡초 방제 등 생산 기술의 전문화(專門化)를 쉽게 할 수 있다. 따라서 생산 효율을 높이기 위하여 노동 투입은 줄이고 기술의 투입은 극대화하는 상업적 농업으로 전환되면서 단작이 증가하는 것은 당연한 추세였다. 한편 품종적인 측면에 있어서도 각 지역에 오랫동안 잘 적응해 온 토착 품종들은 사라지고 유전적으로 개량된 소수의 품종들이 들판을 차지하게 되었다. 예를 들면 전 세계적으로 단지 6개 품종이 옥수수 생산량의 70% 이상을 차지하고 있다.

그러나 현대 농업의 단작화와 품종의 단순화는 농경지 생태계를 매우 불안정하게 만들었다. 이처럼 생태계의 다양성이 줄어들면 병, 해충, 기후 변화, 환경 변화 등에 취약해지기 때문에 예기치 못한 막대한 피해를 가져올 수 있다. 이에 대한 예는 매우 많이 찾을 수 있는데 우리나라의 벼농사 경험이 그중 하나이다.

우리나라는 1970년대 초에 통일벼를 육성하고 대대적인 보급을 하여 1976년에는 국민의 염원인 쌀의 자급이 처음으로 이루어졌다. 1978년에는 우리나라 논 전체의 70% 이상에서 통일계 품종이 재배되었다. 통일계 품종이 처음 보급되었을 때에는 우리나라 논농사에서 가장 큰 문제가 되었던 도열병이 발생하지 않았다. 그러나 해가 거듭되고 유전적으로 매우 유사한 통일계 품종들이 점차 늘어나자 새로운 도열병 균계가 생겨나 통일계 품종의 저항성이 무너짐으로써 1973년에 전국적으로 이삭목 도열병이 발생하여 큰 피해를 주었다.

05 2024년 국회직 8급

윗글에 대한 설명으로 적절하지 않은 것은?

① 작물 재배와 관련된 여러 개념을 제시하고 있다.

② 구체적인 수치를 통해 내용의 객관성을 확보하고 있다.

③ 특정 재배 방식을 비판하며 대안을 제시하고 있다.

④ 과거와 현대의 재배 방식을 대비하여 설명하고 있다.

⑤ 여러 예시 중에서 하나를 선택하여 자세히 설명하고 있다.

06 2024년 국회직 8급

윗글에 대한 이해로 적절하지 않은 것은?

① '복작'과 '단작'은 서로 대비되는 재배 방식에 해당한다.

② 토착 품종보다는 유전적으로 개량된 소수의 품종들이 현대 농업의 주를 이루고 있다.

③ 농업의 단작화는 생태계의 불안정화를 촉진하는 등의 문제점이 있다.

④ 우리나라는 1970년대에 통일벼를 육성하여 쌀을 자급할 수 있게 되었다.

⑤ 통일계 품종들의 유전적 유사성이 커지면서 도열병에 대한 저항성이 더욱 강화되었다.

[07 ~ 08] 다음 글을 읽고 물음에 답하시오.

사람과 상황이 서로 영향을 미치는 방식들을 몇 가지 소개해 보도록 하겠다.

첫째는 상황이 사람을 선택하는 경우다. 모든 사람이 자신이 원하는 상황에 놓일 수는 없다. 제한된 상황은 우리로 하여금 '무엇'을 할 수 있는 기회를 박탈하기도 한다. 예를 들어 아무것도 선택할 수 없는 경제적 어려움에 처해 있거나 부모의 학대로 인해 지속적인 피해를 입고 있는 상황처럼 자신의 의지나 책임이 아닌 절대적 상황이 그런 경우다. 이때 사람들은 상대적 박탈감이나 무력감을 경험하게 된다.

둘째는 사람이 상황을 선택하는 경우다. 이때는 자신의 욕망이나 목표에 맞는 기회를 제공하는 상황을 선택할 수 있다. 우리는 일상을 살아가면서 굉장히 합리적인 판단을 한다. 예를 들어 몸이 아프면 상황을 설명하고 조퇴를 할 수도 있다. 그런데 사회적 압력이나 압박들이 단순히 직장에서 일어나는 상황이 아니고 보다 더 본질적인 경우가 있다.

예를 들어 경제적 불균형처럼 자기가 가지고 있는 아주 왜곡된 관념들로 치닫기 시작하면 상황이 사람을 지배할 수도 있다. 자신의 자존감을 지키기 위해서는 타인에게 해를 가해서라도 그런 상황을 유지하려는 것이다. 그러나 대부분의 사람들은 스스로 상황을 지배해 나가기 때문에 범죄를 저지르지 않는다. 그래서 상황이 사람을 선택하느냐, 아니면 사람이 상황을 선택하느냐에 따라 결과는 엄청나게 달라진다.

상황에 따라 사람의 다른 측면이 점화되기도 한다. 사람들이 공통적으로 갖고 있는 공손함이나 공격성 등은 상황에 따라 점화되는 것이 다르다. 우리가 읽거나 들었던 단어 또는 정보가 우리의 생각이나 행동에 미묘한 변화를 일으킬 수 있고 이러한 현상을 '점화 효과'라고 한다.

07
2023년 국회직 8급

윗글의 서술 방식에 대한 설명으로 적절하지 <u>않은</u> 것은?

① 설명하는 내용에 대한 예를 제시하고 있다.

② 서로 다른 내용을 대비하여 제시하고 있다.

③ 설명하는 내용에 대한 개념을 제시하고 있다.

④ 설명하는 내용을 병렬적 구조로 제시하고 있다.

⑤ 설명하는 내용에 대한 실험 결과를 제시하고 있다.

08
2023년 국회직 8급

윗글에 대한 이해로 적절하지 <u>않은</u> 것은?

① 사람과 상황은 서로 영향을 끼친다.

② 경제적 불균형에 처하면 대부분의 사람들은 스스로 상황을 지배할 수 없다.

③ 부모의 학대와 같은 상황은 선택할 수 없는 절대적 상황이다.

④ 몸이 아플 때 상황을 설명하고 조퇴하는 것은 합리적 판단의 일종이다.

⑤ 사람들이 공통적으로 가진 공격성이라도 상황에 따라 다르게 점화된다.

② 제목-이해 구성

[09~10] 다음 글을 읽고 물음에 답하시오.

2016년 3월을 생생히 기억한다. 알파고가 사람을 이겼다. 알파고가 뭔가 세상에 파란을 불러일으키지 않을까, 라고 상상하고 있던 시기였다. 이른바 '알파고 모멘텀' 이후 에이아이(AI) 산업은 발전했지만, 기대만큼 성장했다고 보긴 어렵다. 킬러 애플리케이션(Killer Application)이 나오지 않았기 때문이다. 에이아이(AI) 챗봇이 상용화됐지만, 알파고가 줬던 놀라움만큼은 아니다.

2022년 11월 또 다른 모멘텀이 등장했다. 오픈 에이아이(OpenAI)의 챗지피티(ChatGPT)다. 지금은 1억 명 이상이 챗지피티를 사용하고 있다. '챗지피티 모멘텀'이라고 불릴 만하다. 챗지피티가 알파고와 다른 점은 대중성이다. TV를 통해 알파고를 접했다면, 챗지피티는 내가 직접 체험할 수 있다.

많은 사람이 챗지피티는 모든 산업에 지각변동을 불러일으킬 것으로 기대한다. 챗지피티는 그 자체로 킬러 애플리케이션이다. 챗지피티는 알려진 바와 같이 2021년 9월까지 데이터만으로 학습했다. 그 이후 정보는 반영이 안 됐다. 챗지피티만으로는 우리가 원하는 답변을 얻기 힘들 수 있다. 오픈 에이아이는 챗지피티를 왜 이렇게 만들었을까?

챗지피티는 '언어 모델'이다. '지식 모델'은 아니다. 챗지피티는 정보를 종합하고 추론하는 능력은 매우 우수하지만, 최신 지식은 부족하다. 세상 물정은 모르지만, 매우 똑똑한 친구다. 이 친구에게 나도 이해하기 어려운 최신 논문을 주고, 해석을 부탁해 볼 수 있지 않을까? 챗지피티에 최신 정보를 전달하고, 챗지피티가 제대로 답변하도록 지시하는 일은 중요하다. 다양한 산업에 챗지피티를 적용하기 위해서도 그렇다. 챗지피티가 추론할 정보를 찾아오는 시맨틱 검색(Semantic Search), 정확한 지시를 하는 프롬프트 엔지니어링(Prompt Engineering), 모든 과정을 조율하는 오케스트레이터(Orchestrator), 챗지피티와 같은 대형 언어 모델(Large Language Model)을 필요에 맞게 튜닝하는 일 등 서비스 영역에서 새로운 사업 기회를 찾을 수 있다. 챗지피티와 같은 대형 언어 모델 기반의 에이아이 산업 생태계는 크게 세 개다. 첫째, 오픈에이아이, 마이크로소프트, 구글과 같이 대형 언어 모델 자체를 제공하는 원천기술 기업, 둘째, 대형 언어 모델이 고객 요청에 맞게 작동하도록 개선하는 서비스 기업, 셋째, 특정 도메인에서 애플리케이션을 제공하는 기업이다. 현재 대형 언어 모델을 만드는 빅테크 기업들이 주목받고 있지만, 실리콘밸리에서는 스케일에이아이(ScaleAI), 디스틸에이아이(Distyl AI), 퀀티파이(Quantiphi) 등 서비스 기업들이 부상 중이다. 실제 업무에 활용하기엔 원천기술만으로는 부족하기 때문이다. 엘지씨엔에스(LG CNS)도 서비스 기업이다. 우리나라에서도 많은 서비스 기업이 나와서 함께 국가 경쟁력을 높여 나가기를 기대해 본다.

09 　　　　　　　　　　　　　　2023년 군무원 9급

다음 중 윗글의 제목으로 가장 적절한 것은?

① 챗지피티, 이제 서비스다
② 알파고 모멘텀, 그 끝은 어디인가?
③ 챗지피티야말로 킬러 애플리케이션이다
④ 대형 언어 모델 자체를 제공하는 빅테크 기업에 주목하라

10 　　　　　　　　　　　　　　2023년 군무원 9급

다음 중 윗글의 내용에 대한 이해로 가장 적절하지 않은 것은?

① 챗지피티는 알파고보다 훨씬 더 대중적인 놀라움을 주고 있다.
② 많은 사람들은 챗지피티가 모든 산업에 지각 변동을 불러일으킬 것으로 기대한다.
③ 챗지피티는 정보를 종합하여 추론하는 언어 모델이 아니라 최신 정보를 축적하는 지식 모델이다.
④ 현재 대형 언어 모델이 고객 요청에 맞게 작동하도록 개선하는 여러 서비스 기업이 부상 중이다.

독서 - 종합

제23회

01 종합 ②

3 설명-㉠ 구성

[01 ~ 02] 다음 글을 읽고 물음에 답하시오.

우리는 거짓이 사실을 압도하는 사회에서 살고 있다. 사실에 사회적 맥락이 더해진 진실도 자연스레 설 자리를 잃었다. 2016년에 옥스퍼드 사전은 세계의 단어로 '탈진실'을 선정하며 탈진실화가 국지적 현상이 아니라 세계적으로 나타나는 시대적 특성이라고 진단했다. 탈진실의 시대가 시작된 것을 반증하기라도 하듯 '가짜 뉴스'가 사회적 논란거리로 떠올랐다. 가짜 뉴스의 정의와 범위에 대해선 의견이 여러 갈래로 나뉜다. 언론사의 오보에서부터 인터넷 루머까지 가짜 뉴스는 넓은 스펙트럼 안에서 혼란스럽게 사용되고 있다. 전문가들은 가짜 뉴스의 기준을 정하고 범위를 좁히지 않으면 비생산적인 논란만 가중될 수밖에 없다고 지적한다. 2017년 2월 한국언론학회와 한국언론진흥재단이 주최한 세미나에서는 가짜 뉴스를 '정치적·경제적 이익을 위해 의도적으로 언론 보도의 형식을 하고 유포된 거짓 정보'라고 정의하였다.

가짜 뉴스의 역사는 인류 커뮤니케이션의 역사만큼이나 길다. 백제 무왕이 지은 「서동요」는 선화 공주와 결혼하기 위해 그가 거짓 정보를 노래로 만든 가짜 뉴스였다. 1923년 관동 대지진이 났을 때 일본 내무성이 조선인에 대해 악의적으로 허위 정보를 퍼뜨린 일은 가짜 뉴스가 잔인한 학살로 이어진 사건이다. 이처럼 역사 속에서 늘 반복된 가짜 뉴스가 뜨거운 감자로 떠오른 것은 새삼스러운 것처럼 보이지만, 최근 일어나는 가짜 뉴스 현상을 돌아보면 이전의 사례와는 확연히 다른 점을 발견할 수 있다.

'21세기형 가짜 뉴스'의 특징은 논란의 중심에 글로벌 IT 기업이 있다는 점이다. 가짜 뉴스는 더 이상 동요나 입소문을 통해 퍼지지 않는다. 누구나 쉽게 이용하는 매체에 '정식 기사'의 얼굴을 하고 나타난다. 감쪽같이 변장한 가짜 뉴스들은 대중이 뉴스를 접하는 채널이 신문·방송 같은 전통적 매체에서 포털, SNS 등의 디지털 매체로 옮겨 가면서 쉽게 유통되고 확산된다. ㉠ 가짜 뉴스를 생산하는 이유는 '돈'이다. 뉴스와 관련된 돈은 대부분 광고에서 발생한다. 모든 광고는 광고 중개 서비스를 통하는데, 광고주가 중개업체에 돈을 지불하면 중개업체는 금액에 따라 광고를 배치한다. 높은 조회수가 나오는 사이트일수록 높은 금액의 광고를 배치하는 식이다. 뉴스가 범람하는 상황에서 이용자는 선택과 집중을 할 수밖에 없다. 그 때문에 눈길을

끄는 뉴스가 잘 팔리는 뉴스가 된다. 가짜 뉴스는 선택받을 수 있는 조건을 정확히 알고 대중을 치밀하게 속인다. 어떤 식으로든 눈에 띄고 선택받아 '돈'이 되기 위해 비윤리적이어도 개의치 않고 자극적인 요소들을 자연스럽게 포함한다. 과정이야 어떻든 이윤만 내면 성공이기 때문이다. 이런 이유로 가짜 뉴스는 혐오나 선동과 같은 자극적 요소를 담게 되고, 이렇게 만들어진 가짜 뉴스는 사회 구성원들의 통합을 방해하고 극단주의를 초래한다.

01 ――――――――――――――――――― 2023년 법원직 9급

㉠으로 인해 발생할 수 있는 사회적 문제로 가장 적절한 것은?

① 광고주와 중개 업체 사이에 위계 관계가 발생한다.
② 소비자가 선택과 집중을 통해 뉴스를 소비하게 된다.
③ 혐오와 선동을 담은 뉴스로 인해 극단주의가 발생한다.
④ 소비자가 높은 금액을 주고 읽어야 하는 가짜 뉴스가 생산된다.

02 ――――――――――――――――――― 2023년 법원직 9급

윗글에 대한 설명으로 가장 적절하지 않은 것은?

① 가짜 뉴스의 기준과 범위를 정하기 어려운 이유를 제시하고 있다.
② 전문성을 가진 단체가 주최한 세미나에서 정의한 가짜 뉴스의 개념을 제시하고 있다.
③ 가짜 뉴스가 논란거리로 떠오르게 된 시대의 특성을 제시하고 있다.
④ 사용 매체의 변화로 인해 발생한 가짜 뉴스의 특징을 제시하고 있다.

4 설명-일치-이해 구성

[03 ~ 05] 다음 글을 읽고 물음에 답하시오.

1980년대 심리학자들은 어떤 단어를 보았을 때 그것과 연관된 많은 단어 중에 어떤 단어가 쉽게 떠오르는지는 그때그때 다르고, 어떻게 다른지 측정할 수 있다는 것을 발견하였다. 이를테면 'SO_P'에서 빈칸을 채워 단어를 완성하라고 하면, 최근에 '먹다'라는 단어를 보았거나 들은 사람이라면 순간적으로 'SOAP(비누)'보다는 'SOUP(수프)'란 단어를 떠올리기 쉽다. 반면에 금방 '씻다'라는 단어를 본 사람이라면 '수프'보다 '비누'를 떠올릴 확률이 높다. 이런 현상을 '점화 효과'라 하고, '먹다'라는 말이 '수프' 생각을 점화 또는 촉발했다거나 그 말이 기폭제가 되어 '수프'가 떠올랐다고 설명한다.

점화 효과는 여러 형태로 나타난다. 머릿속에 '먹다'라는 개념이 있으면 '수프'란 말이 어렴풋이 들리거나 뿌옇게 보여도 평소보다 빨리 그 단어를 알아볼 것이다. 그리고 수프 외에도 '고기', '배고프다', '다이어트' 등 음식과 관련된 수많은 단어가 떠오른다. 여기에서 점화된 개념은 정도는 약할지라도 또다시 다른 개념을 점화할 수 있다. 이런 활성화는 호수에 물결이 일듯이 거대한 연상망의 한쪽에서 주위로 퍼져나간다. 이 현상은 현재 심리학에서 매우 흥미로운 연구 주제다.

기억 연구에서 또 하나의 큰 성과는 점화 효과가 개념이나 단어에만 국한하지 않는다는 사실을 발견한 것이다. 의식적으로 경험할 수는 없지만, 인지하지도 못한 사건이 행동과 감정을 촉발할 수 있다는 것이다. 심리학자 존 바그가 동료들과 실시한 실험은 이를 뒷받침한다. 이들은 대부분 18세에서 22세 사이인 뉴욕대학 학생들에게 단어 다섯 개가 뒤섞인 문장을 주고 거기서 단어 네 개를 뽑아 문장을 완성하라고 했다. 이때 한 집단에게는 문장 중 절반에 '깜빡하다', '대머리', '회색', '주름' 등 노인과 관련된 단어를 섞어 제시했다. 문제를 다 푼 학생은 복도 끝에 있는 실험실로 가서 다른 실험에 참여해야 했다. 이 짧은 순간이 바로 이 실험의 핵심이었다. 연구원들은 각 학생이 반대쪽 실험실까지 가는 데 걸리는 시간을 측정했다. 바그가 예상한 대로, 노인과 관련 있는 단어로 문장을 만든 학생은 그렇지 않은 학생보다 훨씬 느린 걸음으로 다른 실험실로 이동했다.

'관념운동 효과'로도 알려진 실험 결과는 점화 효과의 두 단계가 나타났다. 첫째, 주어진 단어 조합에는 '노인'이란 말이 전혀 등장하지 않았는데도 노인에 대한 개념을 점화했다. 둘째, 이런 생각이 행동을 촉발해, 노인처럼 느리게 걷게 했다. 이 모든 결과는 실험 참가자들이 전혀 인식하지 못한 채 일어났다. 실험이 끝나고 학생들에게 제시된 단어에 공통된 주제가 있었다는 사실을 알았냐고 묻자 하나같이 몰랐다고 대답하였고, 첫 번째 실험에서 본 단어가 그 뒤의 행동에 전혀 영향을 미치지 않았다고 주장했다.

관념운동 효과는 거꾸로 나타날 수도 있다. 독일의 어느 대학에서는 뉴욕 대학에서 바그가 했던 실험을 거꾸로 실시했다. 실험에서 학생들은 1분에 30걸음을 걷는 속도로 5분 동안 실험실 안을 걸어 다녀야 했는데, 평소 속도의 약 3분의 1 수준이었다. 이 짧은 실험이 끝난 뒤 참가자들은 '깜빡하다', '늙다', '외롭다' 등 노인과 관련된 단어를 훨씬 빨리 알아보았다. 점화 효과가 어느 방향으로 나타나든 모두 일관된 반응을 보인 것이다.

03 2024년 법원직 9급

윗글의 내용 전개 방식에 대한 설명으로 가장 적절한 것은?

① 현실적 사례를 중심으로 다양한 가설을 검증하고 있다.
② 설명 대상을 뒷받침하는 다양한 사례를 제시해 독자의 이해를 도모하고 있다.
③ 구체적인 사례를 제시하고 이와 관련되는 해결 방안과 한계를 설명하고 있다.
④ 논의 대상에 대해 구분되는 관점을 제시하고, 이에 어긋나는 반례를 분석하고 있다.

04 2024년 법원직 9급

윗글의 내용과 가장 일치하는 것은?

① 점화 효과는 단어와 관련된 개념만을 활성화시킨다.
② 점화 효과는 일정한 방향만으로 작용한다는 특징을 지닌다.
③ 점화 효과는 의식하지 못하는 사이에 행동과 감정을 촉발할 수 있다.
④ 점화 효과는 연상망의 확장을 유도함으로써 사유의 폭을 넓힐 수 있다.

05 2024년 법원직 9급

윗글을 바탕으로 〈보기〉의 내용을 이해한 것으로 가장 적절하지 <u>않은</u> 것은?

─── [보기] ───

우리는 투표를 정책에 대한 자신의 평가와 가치를 반영하는 의도적 행위로 보고, 정책과 무관한 것에 영향을 받지 않는다고 생각한다. 그래서 투표소의 위치 등에는 영향을 받지 않는다고 생각한다. 그러나 2000년 애리조나 선거구에서 투표 유형을 분석한 결과, 학교 재정 지원 증가안에 찬성한 비율은 학교 안에 투표소가 설치된 경우가 그렇지 않은 경우보다 훨씬 높았다.

① 투표소의 위치가 투표 행위를 점화했다고 볼 수 있겠군.
② 학교와 관련된 개념이나 단어를 활성화하는 것으로도 비슷한 효과를 관찰할 수 있겠군.
③ 의식적이고 자율적이라고 생각했던 판단이 실은 인지하지 못한 요인으로부터 촉발된 것일 수 있겠군.
④ 학교 재정 지원 증가안에 찬성한 사람들은 투표소 위치가 투표 행위에 영향을 미쳤다고 주장할 가능성이 크겠군.

5 이해-㉠-추론 구성

[06 ~ 08] 다음 글을 읽고 물음에 답하시오.

지구인들이 만들어 낸 플라스틱 양은 1950년부터 2015년까지 무려 약 83억 톤에 이른다. 2020년 유엔환경계획(UNEA)의 특별 보고서에 따르면 1950년 한 해 약 200만 톤이던 플라스틱 생산량은 갈수록 증가해 2020년에는 약 4억 톤이 되었다. 이 플라스틱은 잘 썩지 않아서 만들면 만드는 대로 지구에 쌓이고 있다.

심지어 이 플라스틱은 생산되는 순간부터 사라질 때까지 온갖 환경 호르몬과 유해 물질을 꾸준히 배출해서 더욱 문제가 된다. 특정한 종류의 플라스틱은 높은 열이나 전자레인지에 노출되면 환경 호르몬이 검출된다. 안전할 것 같은 종이컵도 안쪽에 플라스틱이 코팅되어 있어서 갑상선 호르몬에 영향을 주는 과불화화합물(PFAS)이 검출되기도 한다. 폴리스티렌(PS)으로 만들어진 음료 컵 뚜껑에서는 스타이렌 같은 휘발성 유기화합물(VOC)이 나와서 많은 나라에서 이를 폴리프로필렌(PP)으로 교체하기도 하였다. 그렇게 플라스틱에서는 듣기만 해도 머리가 아프고 이름도 복잡한 온갖 해로운 물질이 쏟아져 나온다.

한편 플라스틱이 마모되어 만들어지는 ㉠ 미세 플라스틱도 심각한 문제이다. 이는 플라스틱의 생산량과 폐기량을 비교했을 때 오차가 너무 크다는 점에서 시작된 연구를 통해 발견되었다. 리처드 톰슨의 연구 팀에서 나머지 플라스틱이 어디로 사라졌는지 조사한 결과, 어마어마한 양의 플라스틱이 눈에 안 보일 만큼 작은 알갱이로 부서져 바닷속을 떠돌고 있음을 밝혀냈다. 미세 플라스틱은 우리가 마시는 물과 소금으로 흘러들고, 물고기 먹이가 되어 식탁 위에 올라 우리 입속으로 들어오고, 수증기와 함께 하늘로 올라가 비와 눈이 되어 전 지구에 내리고 있다.

미세 플라스틱은 미세 섬유에서도 만들어진다. 나일론, 폴리에스터, 폴리우레탄, 아크릴 같은 합성 섬유로 만든 옷을 세탁기에 넣고 **빨면** 수십만 개의 미세 섬유가 빠져나온다. 너무 작아서 어디에도 걸러지지 않는 미세 섬유는 누구의 방해도 받지 않고 바다로 흘러든다. 세계자연보호연맹(IUCN)에 따르면 미세 플라스틱 오염의 약 1/3은 미세 섬유 때문이라고 한다. 이는 패스트 패션이 비판받는 이유이기도 하다. 패스트 패션은 유행하는 디자인의 옷을 마치 패스트푸드처럼 매우 신속하게 제작, 유통, 판매하는 패션 산업을 가리킨다. 누구나 부담 없이 빠르게 변하는 유행을 따라 쉽게 사 입고 쉽게 버릴 수 있도록 가격이 저렴한 합성 섬유를 많이 사용하게 된다.

플라스틱을 줄이는 것이 지구를 위해 무척 훌륭하고 중요한 일이라는 건 틀림없는 사실이다. 그러나 무턱대고 플라스틱 사용을 금지하기보다는 신중한 접근이 필요하다. 예를 들어 빨대가 문제라면 플라스틱 빨대만 금지할 것인지 빨대 자체를 금지할 것인지, 금지한다면 기업의 빨대 생산과 유통에 벌금을 물릴 것인지 소비자의 빨대 이용에 벌금을 물릴지, 그렇게 되면 아픈 사람이나 어린아이처럼 빨대가 꼭 필요한 사람들은 어떻게 할 것인지, 다른 재료로 빨대를 대신한다면 가장 편리하고 저렴하고 환경을 해치지 않는 게 무엇일지, 계속 묻고 또 물어야만 한다.

06

윗글을 이해한 내용으로 가장 적절하지 <u>않은</u> 것은?

① 2015년까지의 누적 플라스틱 양은 최소 약 83억 톤에 달한다.

② 플라스틱 생산량은 1950년 이후 지속적으로 증가하는 추세이다.

③ 저온에 노출되었을 때 환경 호르몬이 검출되는 플라스틱이 있다.

④ 패스트 패션은 빠르게 옷을 생산하고 판매하는 의류 산업이다.

07

㉠에 대한 이해로 가장 적절하지 <u>않은</u> 것은?

① 플라스틱 폐기량이 생산량보다 많은 이유에 해당한다.

② 사람이 먹는 음식에도 유입되고 있어 문제가 된다.

③ 의류를 세탁하는 과정에서 만들어지는 미세 섬유와도 관련이 있다.

④ 합성 섬유의 사용이 늘어나면 그 양이 증가할 수 있다.

08

윗글을 읽고 추론한 내용으로 가장 적절한 것은?

① 잘 썩는 플라스틱을 개발한다면 환경 호르몬 문제를 해결할 수 있을 것이다.

② 폴리프로필렌(PP)에서는 휘발성 유기화합물(VOC)이 검출되지 않을 것이다.

③ 바닷물과 달리 눈과 비에서는 미세 플라스틱이 검출되지 않을 것이다.

④ 환경 오염을 줄이려면 우선적으로 기업의 플라스틱 사용을 금지해야 한다.

6 추론-비판 구성

[09~10] 다음 글을 읽고 물음에 답하시오.

> 사람을 고용해 대리로 줄을 세우거나 암표를 파는 행동이 잘못일까? 대부분의 경제학자들은 "아니다."라고 말한다. 줄서기의 도덕성에 대해 거의 공감하지 않기 때문이다. 대리로 줄을 세우기 위해 노숙자를 고용하는 경우에, 경제학자는 "도대체 뭐가 불만이죠?"라고 묻는다. 입장권을 자신이 사용하지 않고 다른 사람에게 팔고 싶은 경우에도 그들은 "내가 그렇게 하겠다는데 왜 방해하죠?"라고 묻는다.
>
> 자유 시장 체제에서는 재화를 사고 파는 행위에 대해 사회 질서나 도덕성 여부와 상관없이 구매하는 사람이 지불하려는 가격과 판매하는 사람이 원하는 가격이 일치하면 거래가 이루어진다. 대리 줄서기에 관해 자유 시장 체제를 옹호하는 입장에는 두 가지 주장이 있다. 하나는 개인의 자유 존중에 대한 것이고, 다른 하나는 행복이나 사회적 효용의 극대화에 대한 주장이다. 첫 번째는 자유지상주의의 입장이다. 그들은 타인의 권리를 침범하지 않는 한, 원하는 재화는 무엇이든 자유롭게 사고 팔 수 있어야 한다고 주장한다. 자유지상주의자는 장기 매매 금지법에 반대하는 것과 같은 이유로 암표 매매 금지법에 반대한다. 이러한 법은 성인이 상호 동의에 따라 내린 선택을 방해함으로써 개인의 자유를 침해한다고 믿기 때문이다.
>
> 시장을 옹호하는 두 번째 주장은 경제학자에게 좀 더 친숙한 것으로 공리주의자의 입장이다. 공리주의자는 시장에서 거래가 구매자와 판매자에게 똑같이 이익을 제공하고, 결과적으로 집단의 행복이나 사회적 효용을 향상시킨다고 말한다. 돈을 지불한 사람과 돈을 받고 대리로 줄을 선 사람 사이에 거래가 성립했다는 것은 결과적으로 양측이 모두 이익을 얻었다는 뜻이다. 10만 원을 내고 대리로 줄서는 사람을 고용한 사람은 줄을 서지 않고 유명한 뮤지컬을 관람함으로써 틀림없이 행복을 느낀다. 그렇지 않다면 애당초 사람을 고용하지 않았을 것이다. 몇 시간 동안 줄을 서서 10만 원을 번 사람도 행복을 느낀다. 그렇지 않다면 애당초 그 일을 하지 않았을 것이다.

윗글을 읽고 추론한 내용으로 적절하지 않은 것은?

① 공리주의의 입장에서 암표 거래가 성사된다면 구매자와 판매자는 모두 행복해지고 효용은 증가한다.

② 자유지상주의자는 암표 매매가 궁극적으로 사회적 효용을 증가시키므로 암표 매매 금지법에 대하여 반대한다.

③ 자유 시장 체제를 옹호하는 주장에 따르면, 줄서기의 본질을 침범했다는 이유로 대리 줄서기를 하는 사람을 비난해서는 안 된다.

④ 자유 시장 체제에서는 사람들이 상호 유리한 방향으로 거래하는 것을 허용함으로써 재화에 가장 높은 가치를 매기는 사람에게 그 재화를 할당하게 된다.

⑤ 자유 시장 체제를 옹호하는 주장에 따르면, 시장에서의 거래는 재화를 가장 많은 대가를 지불하려는 사람에게 돌아가게 만들어 사회적 효용을 증가시킨다.

〈보기〉의 입장에서 윗글의 자유지상주의와 공리주의를 비판한 내용으로 적절한 것은?

> ─────── [보기] ───────
> 콘서트나 축구 경기를 가장 간절하게 보고 싶어 하는 사람이라도 입장권을 살 만한 경제적 여유가 없을 수 있다. 그리고 어떤 경우에는 최고 가격을 내고 입장권을 손에 넣은 사람이라도 그 경험의 가치를 전혀 높게 평가하지 않을 수도 있다. 오히려 콘서트나 축구 경기에 대한 열망으로 오랜 시간 줄을 서서 어렵게 입장권을 구한 사람이 그 경험에 대한 가치와 만족감을 훨씬 높게 평가할 수 있다.

① 재화의 가치를 재화에 대한 경제적 지불 능력이나 합의된 거래만으로 평가하는 것은 불완전하다.

② 재화의 가치는 자유 시장 체제의 수요와 공급에 절대적으로 의존하여 판단해야 한다.

③ 재화의 가치를 판단할 때 재화를 공급하는 판매자의 이익은 중요한 기준이 된다.

④ 재화의 가치를 판단할 때 구매자와 판매자가 모두 행복해지고 경제적 효용이 증가하는 것을 기준으로 삼아야 한다.

⑤ 재화의 경제적 가치는 재화에 대한 개인적 관심과 성향, 거래 경험에 대한 가치와 만족감에 의하여 정해진다.

CHAPTER **08** **독서 - 신유형**

제24회

01 참과 거짓

01 ━━━━━━━━━━━━ 2025년 국가직 9급 예비 문제

다음 진술이 모두 참일 때 반드시 참인 것은?

> • 오 주무관이 회의에 참석하면, 박 주무관도 참석한다.
> • 박 주무관이 회의에 참석하면, 홍 주무관도 참석한다.
> • 홍 주무관이 회의에 참석하지 않으면, 공 주무관도 참석하지 않는다.

① 공 주무관이 회의에 참석하면, 박 주무관도 참석한다.
② 오 주무관이 회의에 참석하면, 홍 주무관은 참석하지 않는다.
③ 박 주무관이 회의에 참석하지 않으면, 공 주무관은 참석한다.
④ 홍 주무관이 회의에 참석하지 않으면, 오 주무관도 참석하지 않는다.

02 ━━━━━━━━━━━━ 2025년 국가직 9급 예비 문제

다음 빈칸에 들어갈 말로 가장 적절한 것은?

> 갑, 을, 병, 정 네 학생의 수강 신청과 관련하여 다음과 같은 사실들이 알려졌다.
>
> • 갑과 을 중 적어도 한 명은 <글쓰기>를 신청한다.
> • 을이 <글쓰기>를 신청하면 병은 <말하기>와 <듣기>를 신청한다.
> • 병이 <말하기>와 <듣기>를 신청하면 정은 <읽기>를 신청한다.
> • 정은 <읽기>를 신청하지 않는다.
>
> 이를 통해 갑이 [   ]를 신청한다는 것을 알 수 있게 되었다.

① <말하기>   ② <듣기>
③ <읽기>   ④ <글쓰기>

02 전제와 결론

03 ━━━━━━━━━━━━ 2025년 국가직 9급 예비 문제

(가)와 (나)를 전제로 결론을 이끌어 낼 때, 빈칸에 들어갈 말로 가장 적절한 것은?

> (가) 축구를 잘하는 사람은 모두 머리가 좋다.
> (나) 축구를 잘하는 어떤 사람은 키가 작다.
>
> 따라서 [   ]

① 키가 작은 어떤 사람은 머리가 좋다.
② 키가 작은 사람은 모두 머리가 좋다.
③ 머리가 좋은 사람은 모두 축구를 잘한다.
④ 머리가 좋은 어떤 사람은 키가 작지 않다.

04 ━━━━━━━━━━━━ 2025년 국가직 9급 예비 문제

(가)와 (나)를 전제로 할 때 빈칸에 들어갈 결론으로 가장 적절한 것은?

> (가) 노인복지 문제에 관심이 있는 사람 중 일부는 일자리 문제에 관심이 있는 사람이 아니다.
> (나) 공직에 관심이 있는 사람은 모두 일자리 문제에 관심이 있는 사람이다.
>
> 따라서 [   ].

① 노인복지 문제에 관심이 있는 사람 중 일부는 공직에 관심이 있는 사람이 아니다
② 공직에 관심이 있는 사람 중 일부는 노인복지 문제에 관심이 있는 사람이 아니다
③ 공직에 관심이 있는 사람은 모두 노인복지 문제에 관심이 있는 사람이 아니다
④ 일자리 문제에 관심이 있지만 노인복지 문제에 관심이 없는 사람은 모두 공직에 관심이 있는 사람이 아니다

05 2025년 국가직 9급 예비 문제

다음 글의 밑줄 친 결론을 이끌어내기 위해 추가해야 할 것은?

> 문학을 좋아하는 사람은 모두 자연의 아름다움을 좋아하는 사람이다. 자연의 아름다움을 좋아하는 어떤 사람은 예술을 좋아하는 사람이다. 따라서 예술을 좋아하는 어떤 사람은 문학을 좋아하는 사람이다.

① 자연의 아름다움을 좋아하는 사람은 모두 문학을 좋아하는 사람이다.

② 문학을 좋아하는 어떤 사람은 자연의 아름다움을 좋아하는 사람이다.

③ 예술을 좋아하는 어떤 사람은 자연의 아름다움을 좋아하는 사람이다.

④ 예술을 좋아하지만 문학을 좋아하지 않는 사람은 모두 자연의 아름다움을 좋아하는 사람이다.

03 **강화와 약화**

06 2025년 국가직 9급 예비 문제

다음 글에 대해 평가한 내용으로 가장 적절한 것은?

> 영국의 유명한 원형 석조물인 스톤헨지는 기원전 3,000년경 신석기시대에 세워졌다. 1960년대에 천문학자 호일이 스톤헨지가 일종의 연산장치라는 주장을 하였고, 이후 엔지니어인 톰은 태양과 달을 관찰하기 위한 정교한 기구라고 확신했다. 천문학자 호킨스는 스톤헨지의 모양이 태양과 달의 배열을 나타낸 것이라는 의견을 제시해 관심을 모았다.
>
> 그러나 고고학자 앳킨슨은 그들의 생각을 비난했다. 앳킨슨은 스톤헨지를 세운 사람들을 '야만인'으로 묘사하면서, 이들은 호킨스의 주장과 달리 과학적 사고를 할 줄 모른다고 주장했다. 이에 호킨스를 옹호하는 학자들이 진화적 관점에서 앳킨슨을 비판하였다. 이들은 신석기시대보다 훨씬 이전인 4만 년 전의 사람들도 신체적으로 우리와 동일했으며 지능 또한 우리보다 열등했다고 볼 근거가 없다고 주장했다.
>
> 하지만 스톤헨지의 건설자들이 포괄적인 의미에서 현대인과 같은 지능을 가졌다고 해도 과학적 사고와 기술적 지식을 가지지는 못했다. 그들에게는 우리처럼 2,500년에 걸쳐 수학과 천문학의 지식이 보존되고 세대를 거쳐 전승되어 쌓인 방대하고 정교한 문자 기록이 없었다. 선사시대의 생각과 행동이 우리와 똑같은 식으로 전개되지 않았으리라는 점은 매우 중요하다. 지적 능력을 갖췄다고 해서 누구나 우리와 같은 동기와 관심, 개념적 틀을 가졌으리라고 생각하는 것은 잘못이다.

① 스톤헨지가 제사를 지내는 장소였다는 후대 기록이 발견되면 호킨스의 주장은 강화될 것이다.

② 스톤헨지 건설 당시의 사람들이 숫자를 사용하였다는 증거가 발견되면 호일의 주장은 약화될 것이다.

③ 스톤헨지의 유적지에서 수학과 과학에 관련된 신석기시대 기록물이 발견되면 글쓴이의 주장은 강화될 것이다.

④ 기원전 3,000년경 인류에게 천문학 지식이 있었다는 증거가 발견되면 앳킨슨의 주장은 약화될 것이다.

다음 글의 ㉠을 강화하는 것만을 〈보기〉에서 모두 고르면?

　신석기시대에 들어 인류는 제대로 된 주거 공간을 만들게 되었다. 인류의 초기 주거 유형은 특히 바닥을 어떻게 만드느냐에 따라 구분된다. 이는 지면을 다지거나 조금 파고 내려가 바닥을 만드는 '움집형'과 지면에서 떨어뜨려 바닥을 설치하는 '고상(高床)식'으로 나뉜다.

　중국의 고대 문헌에 등장하는 '혈거'와 '소거'가 각각 움집형과 고상식 건축이다. 움집이 지붕으로 상부를 막고 아랫부분은 지면을 그대로 활용하는 지붕 중심 건축이라면, 고상식 건축은 지면에서 오는 각종 침해에 대비해 바닥을 높이 들어 올린 바닥 중심 건축이라 할 수 있다. 인류의 주거 양식은 혈거에서 소거로 진전되었다는 가설이 오랫동안 지배했다. 바닥을 지면보다 높게 만드는 것이 번거롭고 어렵다고 여겼기 때문이다. 그런데 1970년대에 중국의 허무두에서 고상식 건축의 유적이 발굴되면서 새로운 ㉠ 주장이 제기되었다. 그것은 혈거와 소거가 기후에 따라 다른 자연환경에 적응해 발생했다는 것이다.

─────[보기]─────
㉠ 우기에 비가 넘치는 산간 지역에서는 고상식 주거 건축물 유적만 발견되었다.
㉡ 움집형 집과 고상식 집이 공존해 있는 주거 양식을 보여 주는 집단의 유적지가 발견되었다.
㉢ 여름에는 고상식 건축물에서, 겨울에는 움집형 건축물에서 생활한 집단의 유적이 발견되었다.

① ㉠, ㉡　　　　　② ㉠, ㉢
③ ㉡, ㉢　　　　　④ ㉠, ㉡, ㉢

다음 글의 (가)와 (나)의 주장에 대해 평가한 내용으로 가장 적절한 것은?

　일반적으로 한 나라의 문학, 즉 '국문학'은 "그 나라의 말과 글로 된 문학"을 지칭한다. 그래서 우리나라에서 국문학에 대한 근대적 논의가 처음 시작될 무렵에는 (가) 국문학에서 한문으로 쓰인 문학을 배제하자는 주장이 있었다. 국문학 연구가 점차 전문화되면서, 한문문학 배제론자와 달리 한문문학을 배제하는 데 있어 신축성을 두는 절충론자의 입장이 힘을 얻었다. 절충론자들은 국문학의 범위를 획정하는 데 있어 (나) 종래의 국문학의 정의를 기본 전제로 하되, 일부 한문문학을 국문학으로 인정하자고 주장했다. 즉 한문으로 쓰여진 문학을 국문학에서 완전히 배제하지 않고, 전자 중 일부를 후자의 주변부에 위치시키는 것으로 국문학의 영역을 구성한 것이다. 이에 따라 국문학을 지칭할 때에는 '순(純)국문학'과 '준(準)국문학'으로 구별하게 되었다. 작품에 사용된 문자의 범주에 따라서 전자는 '좁은 의미의 국문학', 후자는 '넓은 의미의 국문학'이라고도 칭할 수 있다.

　하지만 이런 절충안을 취하더라도 순국문학과 준국문학을 구분하는 데에는 논자마다 차이가 있다. 어떤 이는 국문으로 된 것은 전자에, 한문으로 된 것은 후자에 귀속시켰다. 다른 이는 훈민정음 창제 이전과 이후로 나누어 국문학의 영역을 구분하였다. 훈민정음 창제 이전의 문학은 차자표기건 한문표기건 모두 국문학으로 인정하고, 창제 이후의 문학은 국문문학만을 순국문학으로 규정하고 한문문학 중 '국문학적 가치'가 있는 것을 준국문학에 귀속시켰다.

① 국문으로 쓴 작품보다 한문으로 쓴 작품이 해외에서 문학적 가치를 더 인정받는다면 (가)의 주장은 강화된다.
② 국문학의 정의를 '그 나라 사람들의 사상과 정서를 그 나라 말과 글로 표현한 문학'으로 수정하면 (가)의 주장은 약화된다.
③ 표기문자와 상관없이 그 나라의 문화를 잘 표현한 문학을 자국 문학으로 인정하는 것이 보편적인 관례라면 (나)의 주장은 강화된다.
④ 훈민정음 창제 이후에도 차자표기로 된 문학작품이 다수 발견된다면 (나)의 주장은 약화된다.

09 ▨▨▨▨▨▨▨▨▨▨▨▨▨▨▨▨▨▨▨ 2025년 국가직 9급 예비 문제

ⓐ를 평가한 내용으로 적절한 것만을 〈보기〉에서 모두 고르면?

흔히 '일곱 빛깔 무지개'라는 말을 한다. 서로 다른 빛깔의 띠 일곱 개가 무지개를 이루고 있다는 뜻이다. 영어나 프랑스어를 비롯해 다른 자연언어들에도 이와 똑같은 표현이 있는데, 이는 해당 자연언어가 무지개의 색상에 대응하는 색채 어휘를 일곱 개씩 지녔기 때문이라고 할 수 있다.

언어학자 사피어와 그의 제자 워프는 여기서 어떤 영감을 얻었다. 그들은 서로 다른 언어를 쓰는 아메리카 원주민들에게 무지개의 띠가 몇 개냐고 물었다. 대답은 제각각 달랐다. 사피어와 워프는 이 설문 결과에 기대어, 사람들은 자신의 언어에 얽매인 채 세계를 경험한다고 판단했다. 이 판단으로부터, "우리는 모국어가 그어놓은 선에 따라 자연 세계를 분단한다."라는 유명한 발언이 나왔다. 이에 따르면 특정 현상과 관련한 단어가 많을수록 해당 언어권의 화자들은 그 현상에 대해 심도 있게 경험하는 것이다. 언어가 의식을, 사고와 세계관을 결정한다는 이 견해는 ⓐ 사피어 －워프 가설이라 불리며 언어학과 인지과학의 논란거리가 되어왔다.

[보기]

㉠ 눈[雪]을 가리키는 단어를 4개 지니고 있는 이누이트족이 1개 지니고 있는 영어 화자들보다 눈을 넓고 섬세하게 경험한다는 것은 ⓐ를 강화한다.

㉡ 수를 세는 단어가 '하나', '둘', '많다' 3개뿐인 피라하족의 사람들이 세 개 이상의 대상을 모두 '많다'고 인식하는 것은 ⓐ를 강화한다.

㉢ 색채 어휘가 적은 자연언어 화자들이 색채 어휘가 많은 자연언어 화자들에 비해 색채를 구별하는 능력이 뛰어나다는 것은 ⓐ를 약화한다.

① ㉠
② ㉠, ㉡
③ ㉡, ㉢
④ ㉠, ㉡, ㉢

10 ▨▨▨▨▨▨▨▨▨▨▨▨▨▨▨▨▨▨▨ 2025년 국가직 9급 예비 문제

다음 글의 ㉠과 ㉡에 대한 평가로 올바른 것은?

기업의 마케팅 프로젝트를 평가할 때는 유행지각, 깊은 사고, 협업을 살펴본다. 유행지각은 유행과 같은 새로운 정보를 반영했느냐, 깊은 사고는 마케팅 데이터의 상관관계를 분석해서 최적의 해결책을 찾아내었느냐, 협업은 일하는 사람들이 해결책을 공유하며 성과를 창출했느냐를 따진다. ㉠ 이 세 요소 모두에서 목표를 달성하는 것은 마케팅 프로젝트가 성공적이기 위해 필수적이다. 하지만 ㉡ 이 세 요소 모두에서 목표를 달성했다고 해서 마케팅 프로젝트가 성공한 것은 아니다.

① 지금까지 성공한 프로젝트가 유행지각, 깊은 사고 그리고 협업 모두에서 목표를 달성했다면, ㉠은 강화된다.

② 성공하지 못한 프로젝트 중 유행지각, 깊은 사고 그리고 협업 중 하나 이상에서 목표를 달성하는 데 실패한 사례가 있다면, ㉠은 약화된다.

③ 유행지각, 깊은 사고 그리고 협업 중 하나 이상에서 목표를 달성하는 데 실패했지만 성공한 프로젝트가 있다면, ㉡은 강화된다.

④ 유행지각, 깊은 사고 그리고 협업 모두에서 목표를 달성했지만 성공하지 못한 프로젝트가 있다면, ㉡은 약화된다.

CHAPTER **09** **화법**

제25회

01 화법 ① 화법 이론, 대화 종류

1 화법 이론

01 ▬▬▬▬▬▬▬▬▬▬▬▬▬ 2023년 지역인재 9급

(가) ~ (라)의 말하기 전략으로 적절하지 않은 것은?

> (가) 지난달 제 친구는 퇴근 후 오토바이를 타고 집으로 돌아가다가 사고를 당했습니다. 그 친구는 어떻게 사고가 일어났는지도 기억하지 못할 정도로 심한 뇌진탕을 입어 2개월 동안 병원에서 치료를 받았습니다.
>
> (나) 매년 2천여 명이 오토바이를 타다가 머리를 다쳐 심각한 정도의 두뇌 손상을 입고 고생합니다. 오토바이 사망 사고 원인의 80%가 두뇌 손상입니다. 콘크리트 지면에서는 30cm 이하의 높이에서도 뇌진탕을 일으킬 수 있습니다.
>
> (다) 오토바이를 타는 사람은 헬멧을 착용하여 머리를 보호할 수 있습니다. 헬멧의 착용은 두뇌 손상의 위험을 90% 정도 줄여 줍니다. 저는 헬멧을 쓰는 것이 보기에도 좋지 않고 거추장스럽다고 여겼습니다. 그렇지만 친구의 사고 후 헬멧을 쓰는 것이 현명한 일이라고 생각하여 오토바이를 탈 때면 항상 헬멧을 착용합니다.
>
> (라) 만약 오토바이를 타는 모든 사람이 헬멧을 착용한다면 오토바이 사고로 인한 신체 피해를 75% 줄일 수 있습니다. 여러분은 오토바이가 주는 즐거움과 편리함을 안전하게 누릴 수 있게 됩니다. 안전을 위해서 헬멧을 반드시 착용하시기 바랍니다.

① (가)는 실제 사건을 사례로 들어 청자의 주의를 끌고 있다.
② (나)는 통계 정보를 제시하여 문제의 심각성을 부각하고 있다.
③ (다)는 헬멧을 썼을 때의 긍정적인 면보다 부정적인 면을 강조하고 있다.
④ (라)는 문제 해결 방안에 따른 청자의 이익과 청자에게 요구하는 행동을 명확하게 제시하고 있다.

02 ▬▬▬▬▬▬▬▬▬▬▬▬▬ 2022년 국가직 9급

다음 글의 '동기화 단계 조직'에 따라 (가) ~ (마)를 배열한 것으로 가장 적절한 것은?

> 설득하는 말하기의 메시지를 조직하는 방법으로 '동기화 단계 조직'이 있다. 이 방법의 세부 단계는 다음과 같다.
>
> 1단계: 주제에 대한 청자의 주의나 관심을 환기한다.
> 2단계: 특정 문제를 청자와 관련지어 설명함으로써 청자의 요구나 기대를 자극한다.
> 3단계: 해결 방안을 제시하여 청자의 이해와 만족을 유도한다.
> 4단계: 해결 방안이 청자에게 어떤 도움이 되는지 구체화한다.
> 5단계: 구체적인 행동의 내용과 방법을 제시하여 특정 행동을 요구한다.

> (가) 지난주 제 친구는 일을 마친 후 자전거를 타고 집으로 돌아오다가 사고를 당해 머리를 다쳤습니다.
>
> (나) 여러분이 자전거를 탈 때 헬멧을 착용하면 머리를 보호할 수 있습니다.
>
> (다) 아마 여러분도 가끔 자전거를 타는 경우가 있을 것입니다. 그런데 매년 2천여 명이 자전거를 타다가 머리를 다쳐 고생한다고 합니다.
>
> (라) 만약 자전거를 타는 모든 사람이 헬멧을 착용한다면 자전거 사고를 당해도 뇌손상을 비롯한 신체 피해를 75% 줄일 수 있습니다. 또 자전거 타기가 주는 즐거움과 편리함을 안전하게 누릴 수 있습니다.
>
> (마) 자전거를 탈 때는 안전을 위해서 반드시 헬멧을 착용하시기 바랍니다.

① (가) - (나) - (다) - (라) - (마)
② (가) - (다) - (나) - (라) - (마)
③ (가) - (다) - (라) - (나) - (마)
④ (가) - (라) - (다) - (나) - (마)

② 대화

03

〈보기〉의 대화 내용을 이해한 것으로 가장 옳지 <u>않은</u> 것은?

[보기]

A : 이 건은 임대인이 임차인에게 땅을 잘못 빌려준 게 핵심인가요?

B : 아니요. 임대인이 임차인에게 토지를 빌려준 건 문제가 없어요. 임차인이 그 토지에 건물을 지을 수가 없다는 게 문제예요.

A : 왜요? 누가 지상권이라도 설정해 놓았나요?

B : 맞아요. 임차인이 등기부 등본을 떼어 보지 않고 계약을 했어요. 임대인이야 그 땅에 건물을 지으려고 하는지 농사를 지으려고 하는지 알 필요는 없었을 테니까요.

A : 그럼 토지를 빌려준 과정 자체에는 문제가 없었다는 거네요.

① '임대'는 남에게 물건을 빌려주는 것을 말하고, '임차'는 남의 물건을 빌려 쓰는 것을 말한다.

② B는 임차인과 임대인 모두에게 문제가 있다고 생각한다.

③ 문제는 임차인이 등기부 등본을 떼어 보지 않고 계약한 것에서 비롯하고 있다.

④ 지상권이 설정된 토지도 임차인에게 빌려줄 수 있다.

04

다음 대화에 나타난 말하기 방식을 설명한 것으로 적절하지 <u>않은</u> 것은?

백 팀장 : 이번 워크숍 장면을 사내 게시판에 올리는 게 좋겠어요. 워크숍 내용을 공유하면 좋을 것 같아서요.

고 대리 : 전 반대합니다. 사내 게시판에 영상을 공개하는 것은 부담스러워요. 타 부서와 비교될 것 같기도 하고요.

임 대리 : 저도 팀장님 말씀대로 정보를 공유한다는 취지는 좋다고 생각해요. 다만 다른 팀원들의 동의도 구해야 할 것 같고, 여러 면에서 우려되긴 하네요. 팀원들 의견을 먼저 들어 보고, 잘된 것만 시범적으로 한두 개 올리는 것이 어떨까요?

① 백 팀장은 팀원들에 대한 유대감을 드러내는 표현을 사용하며 자신의 바람을 전달하고 있다.

② 고 대리는 백 팀장의 제안에 반대하는 이유를 명시적으로 밝히며 백 팀장의 요청을 거절하고 있다.

③ 임 대리는 발언 초반에 백 팀장 발언의 취지에 공감하여 백 팀장의 체면을 세워 주고 있다.

④ 임 대리는 대화 참여자의 의견을 묻는 의문문을 사용하여 자신의 의견을 간접적으로 드러내고 있다.

05

㉠ ~ ㉣의 말하기 방식을 설명한 내용으로 가장 적절한 것은?

김 주무관 : AI에 대한 국민 이해도를 높이기 위해 설명회를 개최할 필요가 있다고 생각해요.

최 주무관 : ㉠ 저도 요즘 그 필요성을 절감하고 있어요.

김 주무관 : ㉡ 그런데 어떻게 준비해야 효과적으로 전달할 수 있을지 고민이에요.

최 주무관 : 설명회에 참여할 청중 분석이 먼저 되어야겠지요.

김 주무관 : 청중이 주로 어떤 분야에 관심이 있는지 알면 준비할 때 유용하겠네요.

최 주무관 : ㉢ 그럼 청중의 관심 분야를 파악하려면 청중의 특성 중에서 어떤 것들을 조사하면 좋을까요?

김 주무관 : ㉣ 나이, 성별, 직업 등을 조사할까요?

① ㉠: 상대의 의견에 대해 공감을 표현하고 있다.

② ㉡: 정중한 표현을 사용하여 직접 질문하고 있다.

③ ㉢: 자신의 반대 의사를 우회적으로 드러내고 있다.

④ ㉣: 의문문을 통해 상대의 의견을 반박하고 있다.

③ 인터뷰

06 ▩▩▩▩▩▩▩▩▩▩▩▩▩▩▩▩▩▩▩▩▩▩▩ 2024년 국가직 9급

진행자의 말하기 방식에 대한 설명으로 적절하지 <u>않은</u> 것은?

> 진행자 : 우리 시에서도 다음 달부터 시내 도심부에서의
> 제한 속도를 조정하기로 했습니다. 이와 관련하
> 여, 강□□ 교수님 모시고 말씀 듣겠습니다. 교수
> 님, 안녕하세요?
>
> 강 교수 : 네, 안녕하세요?
>
> 진행자 : 바뀌는 제도의 내용을 좀 더 구체적으로 설명해
> 주시죠.
>
> 강 교수 : 네, 시내 도심부 간선도로에서의 제한 속도를 기
> 존의 70km/h에서 60km/h로 낮추는 정책입니다.
>
> 진행자 : 시의회에서 이 정책 도입에 중요한 역할을 하신
> 것으로 아는데, 어떤 효과를 얻을 것이라고 주장
> 하셨나요?
>
> 강 교수 : 차량 간 교통사고 발생 가능성을 줄이고 보행자
> 안전을 확보할 수 있다고 했습니다.
>
> 진행자 : 그런데 일각에서는 그런 효과는 미미하고 오히
> 려 교통체증을 유발하여 대기오염이 심화될 것
> 이라며 이 정책에 반대합니다. 이에 대해 말씀해
> 주시겠어요?
>
> 강 교수 : 그렇지 않습니다. ○○시가 작년에 7개 구간을
> 대상으로 이 제도를 시험 적용해 보니, 차가 막
> 히는 시간은 2분 정도밖에 증가하지 않았습니다.
> 그런데 중상 이상의 인명 사고는 26.2% 감소했
> 습니다. 또 이산화질소와 미세먼지 같은 오염물
> 질도 각각 28%, 21% 가량 오히려 감소한다는 연
> 구 결과가 있습니다.
>
> 진행자 : 아, 그러니까 속도를 10 km/h 낮출 때 2분 정도
> 늦어지는 것이라면 인명 사고의 예방과 오염물
> 질의 감소를 위해 충분히 감수할 만한 시간이라
> 는 말씀이시군요.
>
> 강 교수 : 네, 맞습니다.
>
> 진행자 : 교통사고를 줄이고 보행자 안전을 확보할 수 있
> 다는 점, 교통체증 유발은 미미할 것이라는 점,
> 오염물질 배출이 감소할 것이라는 점에서 이번
> 의 제한 속도 조정 정책은 훌륭한 정책이라는 것
> 이군요. 맞습니까?
>
> 강 교수 : 네, 그렇게 정리할 수 있겠습니다.

① 상대방이 통계 수치를 제시한 의도를 자기 나름대로 풀
어 설명한다.

② 상대방의 견해를 요약하며 자신이 이해한 바가 맞는지
를 확인한다.

③ 상대방의 주장에 대한 이견을 소개하고 그에 대한 의견
을 요청한다.

④ 상대방이 설명한 내용을 뒷받침할 수 있는 자신의 경험
을 예시한다.

④ **발표**

07 _____ 2024년 지역인재 9급

다음 발표에 대한 설명으로 적절하지 <u>않은</u> 것은?

> 안녕하세요. 여러분 중에 혹시 독도가 우리 땅이라는 사실에 의문을 가진 친구가 있습니까? 네, 없군요. 그렇다면 독도가 우리 땅인 구체적인 근거를 자신 있게 말할 수 있는 친구가 있습니까? (청중의 반응을 보고) 역시 예상대로 우리는 독도에 대해 잘 모르고 있습니다. 그래서 저는 오늘 '소중한 우리 땅 독도'에 대해 이야기를 하려고 합니다.
> (화면을 제시하며) 준비한 자료를 보겠습니다. 이 자료는 대한 제국 칙령 제41호입니다. 내용을 해석하면 대한 제국은 울릉도를 울도군으로, 도감을 군수로 개칭 및 승격하고, 관할 구역에 석도, 즉 오늘날의 독도를 포함하는 것으로 규정하였습니다. 대한 제국은 1900년 10월 27일 관보에 이 칙령을 게재하고 독도가 우리의 영토라는 사실을 국내외에 천명했습니다. (중략)
> 지금까지 과거부터 오늘날까지 역사적으로 우리 민족이 독도를 어떻게 인식하고 있었는지, 오늘날 독도가 우리에게 어떤 가치와 의미가 있는지 알아보았습니다. 오늘 발표를 통해 여러분께서도 독도에 더욱 관심을 가졌으면 좋겠습니다. 그럼 오늘 발표를 마치겠습니다. 감사합니다.

① 화제에 대한 관심을 당부하면서 마무리하고 있다.
② 청중의 반응을 예상하고 질문하면서 화제를 제시하고 있다.
③ 발표 내용과 관련된 시각 자료를 보여주며 청중의 이해를 돕고 있다.
④ 발표 내용을 문제 – 해결 구조로 제시하여 발표 내용의 의의를 부각하고 있다.

08 _____ 2023년 지방직 7급

다음 발표에 대한 설명으로 가장 적절한 것은?

> 1학년 학생 여러분, 반갑습니다. 저는 교내 안전 동아리 '안전 지킴이' 대표 2학년 윤지수입니다. 우리 동아리에서 기획한 안전 캠페인 활동의 일환으로 오늘은 우리 학교 학생들에게 가장 자주 발생하는 교통사고 사례와 예방법을 안내하고자 합니다.
> 작년 한 해 우리 학교 학생들을 대상으로 조사한 교통사고 피해 통계에 따르면, 보행 중 자동차와 충돌하거나 자동차를 피하다가 다친 사례가 제일 많았습니다. 이러한 사고를 당한 학생들 절대다수가 사고 당시에 스마트폰을 보고 있었습니다.
> 요즘 길을 걸으면서 스마트폰을 보는 학생들이 많은데, 이렇게 되면 주변 상황을 제대로 살피기가 어려워 돌발 상황이 벌어졌을 때 반응 속도가 늦어져서 위험합니다. 따라서 보행 중 교통사고를 예방하기 위해서는 보행 중에는 스마트폰을 보지 말아야 합니다.

① 다양한 원인을 진단하여 해결책을 구체적으로 제시하고 있다.
② 실제 조사 내용을 근거로 제시하여 화자의 신뢰도를 높이고 있다.
③ 도입부에 사례를 제시하여 관심을 끈 후에 화제를 제시하고 있다.
④ 청자의 상황과 요구를 고려하여 청자가 관심 있는 정보를 제공하고 있다.

5 강연

강연자의 말하기 방식에 대한 설명으로 적절하지 <u>않은</u> 것은?

안녕하세요? 오늘 강연을 맡은 ○○○입니다. 저는 '사회역학'이라는 학문을 공부하고 있는데요, 혹시 '사회역학'이라는 단어를 들어 보신 적 있으신가요? 네, 별로 없네요. 간단히 말씀드리면, 질병 발생의 원인에 대한 사회적 요인을 탐구하는 분야입니다. 여러분들 표정을 보니 더 모르겠다는 표정인데요, 오늘 강연을 듣고 나면 제가 어떤 공부를 하는지 조금 더 알게 되실 겁니다.

흡연을 예로 들어서 말씀드릴게요. 저소득층에게 흡연은 적은 비용으로 스트레스를 해소할 수 있는 방편이 됩니다. 위험한 작업환경에서 일하는 노동자에게 담배를 피우면 10년 뒤에 폐암이 발생할 수 있으니 당장 금연해야 한다고 말한다면, 이 말은 그렇게 설득력이 있지는 않을 것입니다. 저소득층이 열악한 사회적 환경에서 살아남기 위해 나름의 이유로 흡연할 경우, 그 점을 고려하지 않은 금연 정책은 효과를 보기 어렵다는 의미입니다.

이러한 주장을 뒷받침하는 연구 결과가 있습니다. 하버드 보건대학원의 글로리안 소런슨 교수 팀은 제조업 사업체 15곳의 노동자 9,019명을 대상으로 연구를 진행하면서 다음과 같은 질문을 던집니다. "안전한 사업장에서 일하는 노동자가 금연할 가능성이 더 높지 않을까? 그렇다면 산업 안전 프로그램을 진행한 사업장의 금연율은 어떻게 다를까?" 이 프로그램이 진행되고 6개월 뒤에 흡연 상태를 측정했을 때 산업 안전 프로그램을 진행한 사업장의 금연율이, 금연 프로그램만 진행한 사업장 노동자들의 금연율보다 2배 가까이 높게 나타났습니다.

① 청중의 반응을 살피면서 발표를 진행하고 있다.
② 전문가의 연구 결과를 제시하여 신뢰성을 높이고 있다.
③ 시각 자료를 제시하여 청중의 주의를 끌고 있다.
④ 특정한 상황을 가정하여 내용의 이해를 돕고 있다.

다음 강연자의 말하기 방식으로 적절하지 <u>않은</u> 것은?

오늘 강연은 공부에 관한 이야기로 시작하려 합니다. 공부는 여행하는 것과 유사합니다. 공부라는 여행의 시작은 '머리에서 가슴으로 가는 것'입니다. 자신이 갖고 있던 낡은 고정 관념을 뛰어넘는 것이 바로 공부의 시작이라고 할 수 있습니다. 그만큼 자신이 갖고 있는 인식의 틀을 바꾸는 것은 쉽지 않습니다. 그래서 니체는 "철학은 망치로 한다."라고 했습니다. 우리가 갇혀 있는 완고한 인식의 틀을 깨뜨리는 것이 공부라는 뜻입니다.

공부라는 여행은 여기서 끝이 아닙니다. '가슴에서 발까지의 여행'이 남아 있습니다. 발은 우리가 발 딛고 있는 삶의 현장을 뜻합니다. 공부는 세계에 대한 인식과 인간에 대한 성찰을 넘어 세계를 변화시키고 자기를 변화시키는 것입니다. 따라서 공부는 '머리에서 가슴 그리고 발'로 이어져야 한다는 것을 기억해 주시기 바랍니다.

① 철학자의 말을 인용하여 강연 내용을 뒷받침하고 있다.
② 강연자의 경험을 제시하며 청중의 관심을 유도하고 있다.
③ 비유적 표현을 사용하여 강연에서 말한 내용을 강조하고 있다.
④ 공적 말하기인 담화 상황을 고려하여 청중에게 경어 표현을 사용하고 있다.

CHAPTER 09 화법

제한 시간: 15분(총 10문제)
실제 걸린 시간: _____분 _____초
어려웠던 문제 번호: _____

제26회

01 화법 ② 논제, 토론, 토의

6 논제

01 _____ 2024년 지역인재 9급

다음 내용을 적용한 것으로 가장 적절한 것은?

> • **사실 논제**: 참과 거짓으로 양립 가능한 사실에 대해 입증하고 반박하는 데 초점을 둔 논제
> • **가치 논제**: 어떤 가치가 다른 가치보다 더 중요함을 주장하는 데 초점을 둔 논제
> • **정책 논제**: 특정 정책을 시행해야 할지 말아야 할지 주장하는 데 초점을 둔 논제

① '화성에는 생명체가 살고 있다.'는 가치 논제이다.
② '환경 보존이 개발보다 더 중요하다.'는 사실 논제이다.
③ '드라마 속 간접 광고를 규제해야 한다.'는 정책 논제이다.
④ '사생활 보호가 공공의 알 권리보다 우선되어야 한다.'는 사실 논제이다.

02 _____ 2023년 지역인재 9급

다음 조건에 따라 토론 논제를 수정한 것으로 가장 적절한 것은?

> • 쟁점이 하나여야 한다.
> • 긍정과 부정의 입장을 명확히 구분할 수 있어야 한다.
> • 찬성 측의 입장을 담아 완결된 긍정문으로 진술해야 한다.
> • 범위를 특정하기 어려운 부정확한 표현을 사용해서는 안 된다.

① 주말에 운동장을 주민들에게 개방해야 한다.
  → 주말에 운동장을 주민들에게 개방하면 안 된다.
② 교내에서 무분별한 간식 소비를 금지해야 한다.
  → 교내에서 과도한 간식 소비를 금지해야 한다.
③ 청소년의 여가 활동으로 적절한 것은 무엇인가?
  → 청소년의 여가 활동으로 적절한 운동을 제안해 보자.
④ 학생들의 휴대폰 사용과 교복 착용에 관련된 규정을 개정해야 한다.
  → 학생들의 휴대폰 사용 규정을 개정해야 한다.

7 토론

03 ████████████████ 2025년 국가직 9급 예비 문제

갑~병의 주장을 분석한 내용으로 적절한 것만을 〈보기〉에서 모두 고르면?

갑 : 오늘날 사회는 계급 체계가 인간의 생활을 전적으로 규정하지 않는다. 실제로 많은 사람이 사회 이동을 경험하며, 전문직 자격증에 대한 접근성 또한 증가하였다. 인터넷은 상향 이동을 위한 새로운 통로를 제공하고 있다. 이에 따라서 전통적인 계급은 사라지고, 이제는 계급이 없는 보다 유동적인 사회 질서가 새로 정착되었다.

을 : 지난 30년 동안 양극화는 더 확대되었다. 부가 사회 최상위 계층에 집중되는 것에 대한 우려가 커지고 있다. 과거 계급 불평등은 경제 전반의 발전을 위해 치를 수밖에 없는 일시적 비용이었다고 한다. 하지만 경제 수준이 향상된 지금도 이 불평등은 해소되지 않고 있다. 오늘날 세계화와 시장 규제 완화로 인해 빈부 격차가 심화되고 계급 불평등이 더 고착되었다.

병 : 오랫동안 지속되었던 계급의 전통적 영향력은 확실히 약해지고 있다. 하지만 현대사회에서 계급 체계는 여전히 경제적 불평등의 핵심으로 남아 있다. 사회 계급은 아직도 일생에 걸쳐 개인의 삶에 큰 영향을 미친다. 특정 계급의 구성원이라는 사실은 수명, 신체적 건강, 교육, 임금 등 다양한 불평등과 관련된다. 이는 계급의 종말이 사실상 실현될 수 없는 현실적이지 않은 주장이라는 점을 보여 준다.

─────── [보기] ───────
㉠ 갑의 주장과 을의 주장은 대립하지 않는다.
㉡ 을의 주장과 병의 주장은 대립하지 않는다.
㉢ 병의 주장과 갑의 주장은 대립하지 않는다.

① ㉠   ② ㉡
③ ㉠, ㉢   ④ ㉡, ㉢

04 ████████████████ 2025년 국가직 9급 예비 문제

다음 대화를 분석한 내용으로 가장 적절한 것은?

갑 : 전염병이 창궐했을 때 마스크를 착용하는 것은 당연한 일인데, 그것을 거부하는 사람이 있다니 도대체 이해가 안 돼.

을 : 마스크 착용을 거부하는 사람들을 무조건 비난하지 말고 먼저 왜 그러는지 정확하게 이유를 파악하는 것이 필요해.

병 : 그 사람들은 개인의 자유가 가장 존중받아야 하는 기본권이라고 생각하기 때문일 거야.

갑 : 개인의 자유로운 선택이 타인의 생명을 위협한다면 기본권이라 하더라도 제한하는 것이 보편적 상식 아닐까?

병 : 맞아. 개인이 모여 공동체를 이루는데 나의 자유만을 고집하면 결국 사회는 극단적 이기주의에 빠져 붕괴하고 말 거야.

을 : 마스크를 쓰지 않는 행위를 윤리적 차원에서만 접근하지 말고, 문화적 차원에서도 고려할 필요가 있어. 어떤 사회에서는 얼굴을 가리는 것이 범죄자의 징표로 인식되기도 해.

① 화제에 대해 남들과 다른 측면에서 탐색하는 사람이 있다.
② 자신의 의견이 반박되자 질문을 던져 화제를 전환하는 사람이 있다.
③ 대화가 진행되면서 논점에 대한 찬반 입장이 바뀌는 사람이 있다.
④ 사례의 공통점을 종합하여 자신의 주장을 강화하는 사람이 있다.

05 ████████████████

다음 대화를 분석한 내용으로 가장 적절한 것은?

> 갑: 고대 노예제 사회나 중세 봉건 사회는 타고난 신분에 따라 사회적 지위가 결정되는 계급사회였지만, 현대 사회는 계급사회가 아니라고 많이들 말해. 그런데 과연 그런지 의문이야.
>
> 을: 현대 사회는 고대나 중세만큼은 아니지만 귀속지위가 성취 지위를 결정하는 면이 없다고 할 수 없어. 빈부 격차에 따라 계급이 나뉘고 그에 따른 불평등이 엄연히 존재하잖아. '금수저', '흙수저'라는 유행어에서 볼 수 있듯 빈부 격차가 대물림되면서 개인의 계급이 결정되고 있어.
>
> 병: 현대 사회가 빈부 격차로 인해 계급이 나누어지는 것처럼 보인다고 해서 계급사회라고 단정할 수는 없어. 계급사회라고 말하려면 계급 체계 자체가 인간의 생활을 전적으로 규정할 수 있어야 하는데, 오늘날 각종 문화나 생활 방식 전체를 특정한 계급 논리만으로는 설명할 수 없어. 따라서 현대 사회를 계급사회로 보기는 어려워.
>
> 갑: 현대 사회의 문화가 다양하다는 것은 맞아. 하지만 인간 생활의 근간은 결국 경제 활동이고, 경제적 계급 논리로 현대 사회의 문화를 충분히 설명하고 규정할 수 있어. 또한 현대 사회에서 인간의 사회적 지위는 부모의 경제력과 직결되기 때문에 계급사회라고 말할 수 있어.

① 갑은 을의 주장 중 일부는 수용하고 일부는 반박한다.
② 을의 주장은 갑의 주장과 대립하지 않는다.
③ 갑과 병은 상이한 전제에서 유사한 결론을 도출하고 있다.
④ 병의 주장은 갑의 주장과는 대립하지 않지만 을의 주장과는 대립한다.

06 ████████████████

다음 대화를 분석한 내용으로 적절하지 <u>않은</u> 것은?

> 은지: 최근 국민 건강 문제와 관련해 '설탕세' 부과 여부가 논란인데, 나는 설탕세를 부과해야 한다고 생각해. 그러면 당 함유 식품의 소비가 감소하게 되고, 비만이나 당뇨병 등의 질병이 예방되니까 국민 건강 증진에 도움이 되기 때문이야.
>
> 운용: 설탕세를 부과하면 당 소비가 감소한다고 믿을 만한 근거가 있니?
>
> 은지: 세계보건기구 보고서를 보면 당이 포함된 음료에 설탕세를 부과하면 이에 비례해 소비가 감소한다고 나와 있어.
>
> 재윤: 그건 나도 알아. 그런데 설탕세 부과가 질병을 예방한다는 것은 타당하지 않아. 여러 연구 결과를 보면 당 섭취와 질병 발생은 유의미한 상관관계가 없어.

① 은지는 첫 번째 발언에서 화제를 제시하고 있다.
② 운용은 은지의 주장에 반대하고 있다.
③ 은지는 두 번째 발언에서 자신의 주장에 대한 근거를 제시하고 있다.
④ 재윤은 은지가 제시한 주장의 근거를 부정하고 있다.

07

(가)에 들어갈 반대 신문으로 가장 적절한 것은?

> 찬반으로 나누어 토론을 진행하는 과정에서 반대 측의 반대 신문은 질문의 형식으로 이루어지는 것이 일반적이다. 이때, 찬성 측의 발언에 대한 검증의 역할을 해야 하기 때문에 반대 신문은 '예, 아니요'로 답할 만한 폐쇄형 질문으로 이루어진다. 또한, 반대 신문은 찬성 측 발언의 허점이나 오류를 짚어 내기 위한 내용이어야 한다.

찬성 측의 주장	국민 건강 증진을 위해 건강세를 도입해야 합니다.
반대 측의 반대 신문	(가)

① 건강세 이외에 국민 건강 증진을 위한 또 다른 효과적 대안은 무엇입니까?

② 건강세 도입의 경제성이나 효과성에 대해 찬성 측은 어떻게 생각하십니까?

③ 찬성 측에서 말씀하신 건강세 도입은 구체적으로 어디에 세금을 부과하는 것입니까?

④ 건강세 도입으로 제품의 가격이 인상되면 결국 국민들이 과세 부담을 안는 것 아닙니까?

08

다음 대화에 대한 설명으로 적절하지 않은 것은?

> **학생 대표:** 학교에 외부인이 아무 때나 드나들면, 소음이나 교통사고 등 예기치 못한 문제가 발생할 수 있습니다. 주민들의 학교 체육 시설 이용 시간을 오후 5시 이후로 제한했으면 합니다.
>
> **주민 대표:** 학생들의 수업권과 안전이 우선적으로 보장되어야 한다는 데 동의합니다. 그런데 많은 주민들이 아침에 운동하기를 선호하니 오전 9시 이전까지는 체육 시설 이용을 허용하면 어떨까요? 학생들의 수업 시간과 겹치지 않으면 수업권 보장과 안전에 큰 문제가 없으리라 봅니다.
>
> **학교장:** 알겠습니다. 주민들이 체육 시설 이용 시간을 잘 준수한다면 9시 이전에도 시설 이용을 허용하도록 하겠습니다. 이용 시간에 대해 주민들에게 잘 안내해 주시기를 부탁드립니다.
>
> **주민 대표:** 네. 주민 홍보 앱을 활용해서 널리 알리겠습니다. 하나 더 제안할 것이 있는데, 수업이 없는 방학 동안은 주민들이 체육 시설을 시간 제한 없이 이용할 수 있도록 해 주시면 좋겠습니다.

① 상대의 의견을 조건부로 수용하고 있다.

② 자신의 의견을 질문 형식으로 제안하고 있다.

③ 자신의 의견을 제안하기 전에 근거를 먼저 밝히고 있다.

④ 상대의 의견을 반박하여 새로운 제안의 근거를 확보하고 있다.

8 토의

09 ━━━━━━━━━━━━━━━━━━━━ 2024년 지방직 9급

다음 대화를 분석한 내용으로 적절하지 않은 것은?

박 과장:	오늘은 우리 시에서 후원하는 '벚꽃 축제'의 홍보 방법을 논의하겠습니다. 타 지역 사람들이 축제에 찾아오게 하는 홍보 방법을 제안해 주세요.
김 주무관:	지역 주민들이 SNS로 정보도 얻고 소통도 하니까 우리도 SNS를 통해 홍보하는 것은 어떨까요? 지역 주민들이 많이 가입한 SNS를 선별해서 홍보하면 입소문이 날 테니까요.
이 주무관:	파급력을 생각하면 지역 주민보다는 대중이 널리 이용하는 라디오 광고로 홍보하는 방법이 좋을 것 같습니다. 라디오는 다양한 연령과 계층이 듣기 때문에 광고 효과가 더 클 것입니다.
윤 주무관:	어떤 홍보든 간에 가장 쉬운 방법이 제일 좋습니다. 우리 기관의 누리집에 홍보 자료를 올리는 방법을 추천합니다.
박 과장:	네, 윤 주무관의 생각에 저도 동의합니다. 우리 기관의 누리집에 홍보 자료를 올리면 시간도 적게 들고 홍보 효과도 크겠네요.

① 축제의 홍보 방안에 대해 구성원들이 토의하는 과정을 보여 주고 있다.

② 김 주무관은 지역 주민들이 SNS를 즐겨 이용한다는 사실을 근거로 제시하고 있다.

③ 이 주무관은 라디오 광고가 SNS보다 홍보 효과가 클 것이라고 추측하고 있다.

④ 박 과장은 김 주무관, 이 주무관, 윤 주무관의 제안을 비교하여 의견을 절충하고 있다.

10 ━━━━━━━━━━━━━━━━━━━━ 2021년 국가직 9급

다음 토의에 대한 설명으로 적절하지 않은 것은?

사회자:	오늘의 토의 주제는 '통일 시대의 남북한 언어가 나아갈 길'입니다. 먼저 최○○ 교수님께서 '남북한 언어 차이와 의사소통'이라는 제목으로 발표해 주시겠습니다.
최 교수:	남한과 북한의 말은 비슷하지만 다른 점이 있습니다. 남한과 북한의 어휘 차이가 대표적입니다. 남한과 북한의 어휘 차이를 분석한 결과, (중략) 앞으로도 남북한 언어 차이에 대한 연구가 지속되어야 합니다.
사회자:	이로써 최 교수님의 발표를 마치겠습니다. 다음은 정○○ 박사님의 '남북한 언어의 동질성 회복 방안'에 대한 발표가 있겠습니다.
정 박사:	앞으로 통일을 대비해 남북한 언어의 다른 점을 줄여 나가는 노력이 필요합니다. 실제로도 남한과 북한의 학자들로 구성된 '겨레말큰사전 편찬위원회'에서는 남북한 공통의 사전인 『겨레말큰사전』을 만들며 서로의 차이를 이해하고 받아들이기 위한 노력을 하고 있습니다. (중략)
사회자:	그러면 질의응답이 있겠습니다. 시간상 간략하게 질문해 주시기 바랍니다.
청중 A:	두 분의 말씀 잘 들었습니다. 남북한 언어의 차이와 이를 극복하는 방안을 말씀하셨는데요. 그렇다면 통일 시대에 대비한 언어 정책에는 무엇이 있을까요?

① 학술적인 주제에 대해 발표 형식으로 진행되고 있다.

② 사회자는 발표자 간의 이견을 조정하여 의사결정을 유도하고 있다.

③ 발표자는 주제에 대한 자신의 견해를 밝혀 청중에게 정보를 제공하고 있다.

④ 청중 A는 발표자의 발표 내용을 확인하고 주제와 관련된 질문을 하고 있다.

CHAPTER **10** 작문

제27회

01 조건문, 개요, 내용 수정하기

1 조건문

01 ━━━━━━━━━ 2023년 국가직 9급

'해양 오염'을 주제로 연설을 한다고 할 때, 다음에 제시된 조건을 모두 충족한 것은?

- 해양 오염을 줄일 수 있는 생활 속 실천 방법을 포함할 것.
- 설의적 표현과 비유적 표현을 활용할 것.

① 바다는 쓰레기 없는 푸른 날을 꿈꾸고 있습니다. 미세 플라스틱은 바다를 서서히 죽이는 보이지 않는 독입니다. 우리의 관심만이 다시 바다를 살릴 수 있을 것입니다.

② 우리가 버린 쓰레기는 바다로 흘러갔다가 해양 생물의 몸에 축적이 되어 해산물을 섭취하면 결국 다시 우리에게 돌아오게 됩니다. 분리수거를 철저히 하고 일회용품을 줄이는 것이 바다도 살리고 우리 자신도 살리는 길입니다.

③ 여름만 되면 피서객들이 마구 버린 쓰레기로 바다가 몸살을 앓는다고 합니다. 자기 집이라면 이렇게 함부로 쓰레기를 버렸을까요? 피서객들의 양심이 모래밭 위를 뒹굴고 있습니다. 자기 쓰레기는 자기가 집으로 되가져가도록 합시다.

④ 산업 폐기물이 바다로 흘러가 고래가 죽어 가는 장면을 다큐멘터리에서 본 적이 있습니다. 이대로 가다간 인간도 고통받게 되지 않을까요? 정부에서 산업 폐기물 관리 지침을 만들고 감독을 강화하지 않는다면 바다는 쓰레기 무덤이 되고 말 것입니다.

02 ━━━━━━━━━ 2018년 지방직 9급

다음 조건을 모두 참조하여 쓴 글은?

- 대구(對句)의 기법을 사용할 것
- 삶에 대한 통찰을 우의적으로 표현할 것

① 낙엽: 낙엽은 항상 패배한다. 시간이 지나고 낙엽이 지는 것은 어쩔 수 없는 일이다. 그리고 계절의 객석에 슬픔과 추위가 찾아온다. 하지만 이 패배가 없더라면, 어떻게 봄의 승리가 가능할 것인가.

② 비: 프랑스어로 '비가 내린다'는 한 단어라고 한다. 내리는 것은 비의 숙명인 것이다. 세월이 아무리 흘러도, 비는 주룩주룩 내리고, 토끼는 깡충깡충 뛴다. 자연은 모두 한 단어이다. 우리의 삶도 자연을 닮는다면 어떨까.

③ 하늘: 하늘은 언젠가 자기 얼굴이 알고 싶었다. 하지만 어디에도 자신을 비춰줄 만큼 큰 거울을 발견할 수 없었다. 그러다 어느 날 어떤 소녀를 발견했다. 포근한 얼굴로 자신을 바라보는 소녀의 눈동자를 하늘은 바라보았다. 거기에 자신이 있었다.

④ 새: 높이 나는 새는 낮게 나는 새를 놀려 댔다. "어째서 그대는 멀리 보는 것을 선택하지 않는가? 기껏 날개가 있는 존재로 태어났는데." 그러자 낮게 나는 새가 대답했다. "높은 곳의 구름은 멀리를 바라보고, 낮은 곳의 산은 세심히 보듬는다네."

2 개요

03 ▨▨▨▨▨▨▨▨▨▨▨▨▨▨▨▨▨ 2025년 국가직 9급 예비 문제

〈지침〉에 따라 〈개요〉를 작성할 때 ㉠ ~ ㉢에 들어갈 내용으로 적절하지 <u>않은</u> 것은?

[지침]
- 서론은 중심 소재의 개념 정의와 문제 제기를 1개의 장으로 작성할 것.
- 본론은 제목에서 밝힌 내용을 2개의 장으로 구성하되 각 장의 하위 항목끼리 대응되도록 작성할 것.
- 결론은 기대 효과와 향후 과제를 1개의 장으로 작성할 것.

[개요]
- 제목 : 복지 사각지대의 발생 원인과 해소 방안
  Ⅰ. 서론
    1. 복지 사각지대의 정의
    2. _____㉠_____
  Ⅱ. 복지 사각지대의 발생 원인
    1. _____㉡_____
    2. 사회복지 담당 공무원의 인력 부족
  Ⅲ. 복지 사각지대의 해소 방안
    1. 사회적 변화를 반영하여 기존 복지 제도의 미비점 보완
    2. _____㉢_____
  Ⅳ. 결론
    1. _____㉣_____
    2. 복지 사각지대의 근본적이고 지속가능한 해소 방안 마련

① ㉠: 복지 사각지대의 발생에 따른 사회 문제의 증가
② ㉡: 사회적 변화를 반영하지 못한 기존 복지 제도의 한계
③ ㉢: 사회복지 업무 경감을 통한 공무원 직무 만족도 증대
④ ㉣: 복지 혜택의 범위 확장을 통한 사회 안전망 강화

04 ▨▨▨▨▨▨▨▨▨▨▨▨▨▨▨▨▨ 2024년 지역인재 9급

〈지침〉에 따라 〈보고서〉를 작성할 때, ㉠ ~ ㉣에 들어갈 내용으로 적절하지 <u>않은</u> 것은?

[지침]
- 서론은 중심 소재의 개념 정의와 문제 제기를 2개의 절로 작성할 것
- 본론은 2개의 장으로 구성하되 각 장의 하위 항목끼리 대응되도록 작성할 것
- 결론은 기대 효과와 향후 과제를 2개의 절로 작성할 것

[보고서]
디지털 격차 해소를 위한 방안
  Ⅰ. 서론
    1. 디지털 격차의 정의 및 구체적 사례
    2. _____㉠_____
  Ⅱ. 디지털 격차의 발생 원인
    1. _____㉡_____
    2. 경제 수준에 따른 디지털 기기 보급률 차이
  Ⅲ. 디지털 격차의 해소 방안
    1. 노인 맞춤형 디지털 기술 교육을 통한 역량 강화
    2. _____㉢_____
  Ⅳ. 결론
    1. 디지털 격차 완화로 인한 공동체 통합 효과
    2. _____㉣_____

① ㉠: 디지털 격차 심화에 따른 사회적 문제 증가
② ㉡: 고령 인구의 디지털 기술에 대한 이해 부족
③ ㉢: 공공기관을 통한 디지털 기술 활용 우수 사례 전파
④ ㉣: 디지털 격차의 해소를 위한 맞춤형 정책 발굴

3 내용 수정하기

다음 글의 ⑦ ~ ② 중 어색한 곳을 찾아 가장 적절하게 수정한 것은?

언어는 랑그와 파롤로 구분할 수 있다. 랑그는 머릿속에 내재되어 있는 추상적인 언어의 모습으로, 특정한 언어공동체가 공유하고 있는 기호체계를 가리킨다. 반면에 파롤은 구체적인 언어의 모습으로, 의사소통을 위해 랑그를 사용하는 개인적인 행위를 의미한다.

언어학자들은 흔히 ⑦ 랑그를 악보에 비유하고, 파롤을 실제 연주에 비유하곤 하는데, 악보는 고정되어 있지만 실제 연주는 그 고정된 악보를 연주하는 사람에 따라 달라지기 마련이다. 그러니까 ⑥ 랑그는 여러 상황에도 불구하고 변하지 않고 기본을 이루는 언어의 본질적인 모습에 해당한다. 한편 '책상'이라는 단어를 발음할 때 사람마다 발음되는 소리는 다르기 때문에 '책상'에 대한 발음은 제각각일 수밖에 없다. 여기서 ⑤ 실제로 발음되는 제각각의 소리값이 파롤이다.

랑그와 파롤 개념과 비슷한 것으로 언어능력과 언어수행이 있다. 자기 모국어에 대해 사람들이 내재적으로 가지고 있는 지식이 언어능력이고, 사람들이 실제로 발화하는 행위가 언어수행이다. ② 파롤이 언어능력에 대응한다면, 랑그는 언어수행에 대응한다.

① ⑦: 랑그를 실제 연주에 비유하고, 파롤을 악보에 비유하곤

② ⑥: 랑그는 여러 상황에 맞춰 변화하는 언어의 본질적인 모습

③ ⑤: 실제로 발음되는 제각각의 소리값이 랑그

④ ②: 랑그가 언어능력에 대응한다면, 파롤은 언어수행에 대응

다음 글의 ⑦ ~ ② 중 어색한 곳을 찾아 가장 적절하게 수정한 것은?

수명을 늘릴 수 있는 여러 방법 중 가장 좋은 방법은 노화 문제를 해결하는 것이다. 이 방법은 인간이 젊고 건강한 상태로 수명을 연장할 수 있다는 점에서 ⑦ 늙고 병든 상태에서 단순히 죽음의 시간을 지연시킨다는 기존 발상과 근본적으로 다르다. ⑥ 노화가 진행된 상태를 진행되기 전의 상태로 되돌린다거나 노화가 시작되기 전에 노화를 막는 장치가 개발된다면, 젊음을 유지한 채 수명을 늘리는 것은 충분히 가능하다.

그러나 노화 문제와 관련된 현재까지의 연구는 초라하다. 이는 대부분 연구가 신약 개발의 방식으로만 진행되어 왔기 때문이다. 현재 기준에서는 질병 치료를 목적으로 개발한 신약만 승인받을 수 있는데, 식품의약국이 노화를 ⑤ 질병으로 본 탓에 노화를 멈추는 약은 승인받을 수 없었다. 노화를 질병으로 보더라도 해당 약들이 상용화되기까지는 아주 오랜 시간이 필요하다.

그런데 노화 문제는 발전을 거듭하고 있는 인공지능 덕분에 신약 개발과는 다른 방식으로 극복될 수 있을지 모른다. 일반 사람들에 비해 ② 노화가 더디게 진행되는 사람들의 유전자 자료를 데이터화하면 그들에게서 노화를 지연시키는 생리적 특징을 추출할 수 있는데, 이를 통해 유전자를 조작하는 방식으로 노화를 막을 수 있다.

① ⑦: 늙고 병든 상태에서 담담히 죽음의 시간을 기다린다

② ⑥: 노화가 진행되기 전의 신체를 노화가 진행된 신체

③ ⑤: 질병으로 보지 않은 탓에 노화를 멈추는 약은 승인받을 수 없었다.

④ ②: 노화가 더디게 진행되는 사람들의 유전자 자료를 데이터화하면 그들에게서 노화를 촉진

07 　　　　　　　　　　　　　　　2023년 국가직 9급

㉠ ~ ㉣을 문맥에 맞게 수정하는 방안으로 적절한 것은?

　　난독(難讀)을 해결하려면 정독을 해야 한다. 여기서 말하는 정독은 '뜻을 새겨 가며 자세히 읽음', 즉 '정교한 독서'라는 뜻으로 한자로는 '精讀'이다. '精讀'은 '바른 독서'를 의미하는 '正讀'과 ㉠ 소리는 같지만 뜻이 다르다. 무엇이 정교한 것일까? 모든 단어에 눈을 마주치면서 제대로 인식하는 것이다. 이와 같은 ㉡ 정독(精讀)의 결과로 생기는 어문 실력이 문해력이다. 문해력이 발달하면 결국 독서 속도가 빨라져, '빨리 읽기'인 속독(速讀)이 가능해진다. 빨리 읽기는 정독을 전제로 할 때 빛을 발한다. 짧은 시간에 같은 책을 제대로 여러 번 읽을 수 있기 때문이다. 그래서 문해력의 증가는 '정교하고 빠르게 읽기', 즉 ㉢ 정속독(正速讀)에서 일어나게 되어 있다. 정독이 생활화되면 자기도 모르게 정속독의 경지에 오르게 된다. 그런 경지에 오른 사람들은 뭐든지 확실히 읽고 빨리 이해한다. 자연스레 집중하고 여러 번 읽어도 빠르게 읽으므로 시간이 여유롭다. ㉣ 정독이 빠진 속독은 곧 빼먹고 읽는 습관, 즉 난독의 일종임을 잊지 말아야 한다.

① ㉠을 '다르게 읽지만 뜻이 같다'로 수정한다.
② ㉡을 '정독(正讀)'으로 수정한다.
③ ㉢을 '정속독(精速讀)'으로 수정한다.
④ ㉣을 '속독이 빠진 정독'으로 수정한다.

08 　　　　　　　　　　　　　　　2023년 지방직 9급

㉠ ~ ㉣ 중 어색한 곳을 찾아 수정하는 방안으로 가장 적절한 것은?

　　조선 후기에 서학으로 불린 천주학은 '학(學)'이라는 말에서도 짐작할 수 있듯이 ㉠ 종교적인 관점에서보다 학문적인 관점에서 받아들여졌다. 당시의 유학자 중 서학 수용에 적극적인 이들까지도 서학을 무조건 따르자고 ㉡ 주장하지는 않았는데, 서학은 신봉의 대상이 아니라 분석의 대상이었기 때문이다. 그들은 조선 사회를 바로잡고 발전시키기 위해 새로운 학문과 지식이 필요하다고 생각했지만, 외부에서 유입된 사유 체계에는 양명학이나 고증학 등도 있어서 서학이 ㉢ 유일한 대안은 아니었다. 그들은 서학을 검토하며 어떤 부분은 수용했지만, 반대로 어떤 부분은 ㉣ 지향했다.

① ㉠: '학문적인 관점에서보다 종교적인 관점에서'로 수정한다.
② ㉡: '주장하였는데'로 수정한다.
③ ㉢: '유일한 대안이었다'로 수정한다.
④ ㉣: '지양했다'로 수정한다.

09 ━━━━━━━━━━━━━━

다음 글의 ㉠ ～ ㉣을 〈지침〉에 따라 수정하는 방안으로 적절하지 **않은** 것은?

제목: ㉠ △△시에서 개최하는 "△△시 취업 박람회"

1. 목적: ㉡ 지역 브랜드 홍보와 향토 기업 내실화로 지역
　　　　경제 활성화 도모
2. 행사 개요
　가. 일자: 2023. 11. 11.
　나. 장소: △△시청 세종홀
　다. 주요 행사: 구직자 상담 및 모의 면접, ㉢ △△시
　　　　취업 지원 센터 활동 보고
3. 신청 방식: ㉣ 온라인 신청서 접수

[지침]
- 제목을 중복된 표현 없이 간결하게 쓴다.
- 목적과 행사 개요를 행사의 주요 대상인 지역민과 지역 기업을 중심으로 작성한다.
- 신청할 수 있는 방식을 다양하게 제시한다.

---

① ㉠을 '△△시 취업 박람회 개최'로 수정한다.
② ㉡을 '지역민의 취업률 제고'로 수정한다.
③ ㉢을 '△△시 소재 기업의 일자리 홍보'로 수정한다.
④ ㉣을 '행사 10일 전까지 시청 누리집에 신청서 업로드'로 수정한다.

---

10 ━━━━━━━━━━━━━━

㉠ ～ ㉣을 문맥을 고려하여 수정한 것으로 가장 적절한 것은?

　농촌의 모습을 주된 소재로 삼는 A 드라마에 결혼이주 여성이 등장한다는 것은 그녀들이 직면한 여러 문제들을 다룰 기회가 마련되었다는 점에서 일단은 긍정적이다. 하지만 ㉠ 그녀들이 농촌에 정착하는 과정에서 경험하게 되는 다양한 문제들을 단순화할 수 있는 위험성도 내포하고 있다.
　이 드라마에는 모문화와 이문화 사이의 차이로 인해 힘겨워하는 여성, 민족적 정체성에 혼란을 겪는 여성, 아이의 출산과 양육 문제로 갈등을 겪는 여성 등이 등장한다. 문제는 이 드라마에서 이러한 갈등의 원인을 제대로 규명하는 것보다는 ㉡ 부부간의 사랑이나 가족애를 통해 극복하는 낭만적인 해결 방식을 주로 선택한다는 데에 있다.
　예를 들어, ○○화에서는 여성 주인공이 아이의 태교 문제로 내적 갈등을 겪다가 결국 자신의 생각을 포기함으로써 그 갈등이 해소된 것처럼 마무리된다. 태교에 대한 문화적 차이가 주된 원인이었지만, 이 드라마에서는 그것에 주목하기보다 ㉢ 남편과 갈등을 일으키는 여성 주인공의 모습을 부각하여 사랑과 이해에 기반한 순종과 순응을 결혼이주여성이 갖추어야 할 덕목으로 묘사한 것이다.
　이 드라마에서 ㉣ 이러한 강요된 선택과 해소되지 않은 심적 갈등이 사실대로 재현되지 않음으로써 실질적인 원인은 은폐되고 여성의 일방적인 양보와 희생을 통해 해당 문제들이 성급히 봉합된다. 이는 어디까지나 한국인의 시선으로만 결혼이주여성과 다문화가정을 바라보고 있기 때문이다.

---

① ㉠을 "그녀들이 농촌에 정착하는 과정에서 경험하게 되는 다양한 문제들을 탐색할 수 있는 가능성도"로 고친다.
② ㉡을 "시댁 식구를 비롯한 한국인들과의 온정적인 소통을 통해 극복하는 구체적인 해결 방식"으로 고친다.
③ ㉢을 "남편의 의견을 따르는 여성 주인공의 모습"으로 고친다.
④ ㉣을 "이러한 억압적 상황과 해소되지 않은 외적 갈등이 여과 없이 노출됨으로써"로 고친다.

CHAPTER **10** 작문

🔔 제한 시간: 15분(총 10문제)
🕐 실제 걸린 시간: _____분_____초
🔍 어려웠던 문제 번호: _____

제28회

02 문장 고치기 ①

1 조건형

01 ▨▨▨▨▨▨▨▨▨▨▨▨▨ 2025년 국가직 9급 예비 문제

〈공공언어 바로 쓰기 원칙〉에 따라 수정한 것으로 적절하지 **않은** 것은?

┌─────── [공공언어 바로 쓰기 원칙] ───────┐
• 주어와 서술어의 호응
　－ ㉠ 능동과 피동의 관계를 정확하게 사용함.
• 여러 뜻으로 해석되는 표현 삼가기
　－ ㉡ 중의적인 문장을 사용하지 않음.
• 명료한 수식어구 사용
　－ ㉢ 수식어와 피수식어의 관계를 분명하게 표현함.
• 대등한 구조를 보여 주는 표현 사용
　－ ㉣ '–고', '와/과' 등으로 접속될 때에는 대등한 관계를 사용함.
└──────────────────────────────────┘

① "이번 총선에서 국회의원 ○○○명을 선출되었다."를 ㉠에 따라 "이번 총선에서 국회의원 ○○○명이 선출되었다."로 수정한다.

② "시장은 시민의 안전에 관하여 건설업계 관계자들과 논의하였다."를 ㉡에 따라 "시장은 건설업계 관계자들과 시민의 안전에 관하여 논의하였다."로 수정한다.

③ "5킬로그램 정도의 금 보관함"을 ㉢에 따라 "금 5킬로그램 정도를 담은 보관함"으로 수정한다.

④ "음식물의 신선도 유지와 부패를 방지해야 한다."를 ㉣에 따라 "음식물의 신선도를 유지하고, 부패를 방지해야 한다."로 수정한다.

02 ▨▨▨▨▨▨▨▨▨▨▨▨▨ 2025년 국가직 9급 예비 문제

〈공공언어 바로 쓰기 원칙〉에 따라 〈공문서〉의 ㉠ ～ ㉣을 수정한 것으로 적절하지 **않은** 것은?

┌─────── [공공언어 바로 쓰기 원칙] ───────┐
• 중복되는 표현을 삼갈 것.
• 대등한 것끼리 접속할 때는 구조가 같은 표현을 사용할 것.
• 주어와 서술어를 호응시킬 것.
• 필요한 문장 성분이 생략되지 않도록 할 것.
└──────────────────────────────────┘

┌──────────────── [보고서] ────────────────┐
한국의약품정보원
수신 국립국어원
(경유)
제목 의약품 용어 표준화를 위한 자문회의 참석 ㉠ 안내 알림
─────────────────────────────────────
1. ㉡ 표준적인 언어생활의 확립과 일상적인 국어 생활을 향상하기 위해 일하시는 귀원의 노고에 감사드립니다.
2. 본원은 국내 유일의 의약품 관련 비영리 재단법인으로서 의약품에 관한 ㉢ 표준 정보가 제공되고 있습니다.
3. 의약품의 표준 용어 체계를 구축하고 ㉣ 일반 국민도 알기 쉬운 표현으로 개선하여 안전한 의약품 사용 환경을 마련하기 위해 자문회의를 개최하니 귀원의 연구원이 참석해 주시기를 바랍니다.
└──────────────────────────────────┘

① ㉠: 안내

② ㉡: 표준적인 언어생활을 확립하고 일상적인 국어 생활의 향상을 위해

③ ㉢: 표준 정보를 제공하고 있습니다.

④ ㉣: 의약품 용어를 일반 국민도 알기 쉬운 표현으로 개선하여

② 설명형

03 ───────────────── 2024년 지방직 9급

㉠~㉣을 고쳐 쓴 것으로 적절하지 <u>않은</u> 것은?

> 얼마 전 나는 유명 축구 선수의 성공 과정을 담은 다큐멘터리 프로그램을 시청했다. 방송을 본 대부분의 사람들은 ㉠ <u>괴로운 고난</u>을 이겨낸 그 선수의 노력과 집념에 감동을 받았을 것이다. ㉡ <u>그러므로</u> 나는 그 선수의 가족과 훈련 트레이너 등 주변 사람들에게 더 큰 감명을 받았다.
> 선수의 가족들은 선수가 전지훈련을 가거나 원정 경기를 할 때 묵묵히 뒤에서 응원하는 역할을 했고, 훈련 트레이너는 선수의 체력 증진은 물론 컨디션 조절 등에도 많은 역할을 하고 있었다. ㉢ <u>나는 그런 훈련 트레이너가 되는 과정이 궁금해졌다.</u> 비록 사람들의 관심이 최고의 자리에 오른 그 선수에게로 향하는 것은 당연한 ㉣ <u>일로</u>, 나는 그 가족과 훈련 트레이너의 도움이 주목받지 못하는 것 같아서 안타까웠다.

① ㉠은 의미가 중복되므로 '고난'으로 고친다.
② ㉡은 앞뒤 문장의 연결을 고려하여, '그러나'로 바꾼다.
③ ㉢은 글 전체의 흐름을 고려하여 삭제한다.
④ ㉣은 부사와의 호응을 고려하여, '일이라면'으로 수정한다.

04 ───────────────── 2022년 지역인재 9급

㉠~㉣에 대한 고쳐 쓰기 방안으로 적절하지 <u>않은</u> 것은?

> 미디어의 영향 아래에 ㉠ <u>놓여진</u> 대중은 자신의 신념과 사고 활동의 번거로움을 포기하고 모든 평가와 판단을 ㉡ <u>미디어에 맡긴다.</u> 자신의 평가와 판단을 미디어에 양도하는 사람은 시간을 효율적으로 사용할 수 있게 되어 더 빨리 성공할 수 있을지는 모른다. ㉢ <u>그래서</u> 그들은 세상 밖의 진실을 볼 수 있는 기회를 갖지 ㉣ <u>못할뿐만</u> 아니라 인생의 깊이도 얻지 못할 것이다.

① ㉠은 이중피동이 사용되었으므로 '놓인'으로 고쳐 쓴다.
② ㉡은 부적절한 표현이므로 '미디어를 배격한다'로 고쳐 쓴다.
③ ㉢은 접속부사가 잘못 사용되었으므로 '그러나'로 고쳐 쓴다.
④ ㉣은 띄어쓰기가 잘못되었으므로 '못할 뿐만'으로 고쳐 쓴다.

05 ───────────────── 2021년 지방직 9급

(가)~(라)의 고쳐 쓰기 방안으로 적절하지 <u>않은</u> 것은?

> (가) 현재 우리 구청 조직도에는 기획실, 홍보실, 감사실, 행정국, 복지국, 안전국, 보건소가 있었다.
> (나) 오늘은 우리 시청이 지양하는 '누구나 행복한 ○○시'를 실현하기 위한 추진 방안을 논의합니다.
> (다) 지난달 수해로 인한 준비 기간이 짧았기 때문에 지역 축제는 예년보다 규모가 줄어들었다.
> (라) 공과금을 기한 내에 지정 금융 기관에 납부하지 않으면 연체료를 내야 한다.

① (가): '있었다'는 문맥상 시제 표현이 적절하지 않으므로 '있다'로 고쳐 쓴다.
② (나): '지양'은 어떤 목표로 뜻이 쏠리어 향한다는 의미인 '지향'으로 고쳐 쓴다.
③ (다): '지난달 수해로 인한'은 '준비 기간'을 수식하는 절이 아니므로 '지난달 수해로 인하여'로 고쳐 쓴다.
④ (라): '납부'는 맥락상 금융 기관이 돈이나 물품 따위를 받아 거두어들인다는 '수납'으로 고쳐 쓴다.

3 중의문

06 ▬▬▬▬▬▬▬▬▬▬▬▬ 2024년 군무원 9급

다음 중 밑줄 친 부분의 설명이 적용될 수 있는 예로 가장 적절한 것은?

> 우리말 표현 중에는 문장의 의미가 두 가지 이상으로 해석될 수 있어 의사소통에 어려움을 초래하는 경우가 많다. 그중 하나가 비교 구문에서 나타나는 중의성(重義性)인데, 이는 비교 대상을 분명하게 하지 않아 발생하는 현상이다.

① 나는 내일 철수와 선생님을 만난다.
② 결혼식장에 손님들이 다 들어오지 않았다.
③ 그녀는 눈물을 흘리며 아버지의 그림을 어루만졌다.
④ 글쎄, 남편은 나보다 축구 중계를 더 좋아한다니까.

07 ▬▬▬▬▬▬▬▬▬▬▬▬ 2021년 서울시 9급

〈보기〉에서 중의성이 발생한 원인이 같은 것을 옳게 짝지은 것은?

> [보기]
> ㉠ 아버지께 꼭 차를 사드리고 싶습니다.
> ㉡ 철수는 아름다운 하늘의 구름을 바라보았다.
> ㉢ 철수는 아내보다 딸을 더 사랑한다.
> ㉣ 잘생긴 영수의 동생을 만났다.
> ㉤ 그것이 정말 사과냐?
> ㉥ 영희는 어제 빨간 모자를 쓰고 학교에 가지 않았다.

① ㉠, ㉡
② ㉡, ㉣
③ ㉢, ㉤
④ ㉣, ㉥

08 ▬▬▬▬▬▬▬▬▬▬▬▬ 2021년 소방

중의적인 문장이 아닌 것은?

① 사람들이 다 오지 않았다.
② 귀여운 영수의 동생을 만났다.
③ 그는 나보다 축구를 더 좋아한다.
④ 나는 사과 한 개와 배 두 개를 먹었다.

09 ▬▬▬▬▬▬▬▬▬▬▬▬ 2024년 국회직 8급

인용 부호 속 문장에 대한 문법적 설명으로 옳지 않은 것은?

> "동생은 어떤 사람이든지 만나려 한다."
>
> 이 문장은 ㉠ '만나다'의 주체가 누구냐에 따라 중의적으로 해석된다. 즉, ㉡ '동생'이 주체가 되는 경우 '어떤 사람이든지'는 대상으로서 목적어 역할을 하고, 반대로 ㉢ '어떤 사람이든지'가 주체가 되는 경우 '동생'은 서술어의 '대상'이 된다. ㉣ 이 문장에서 '어떤'은 부정칭의 의미를 갖는다. 그리고 ㉤ '하다'는 문장의 본동사로 사용되었다.

① ㉠
② ㉡
③ ㉢
④ ㉣
⑤ ㉤

10 ▬▬▬▬▬▬▬▬▬▬▬▬ 2020년 지방직 9급

다음에 해당하는 사례로 적절하지 않은 것은?

> '역전앞'과 마찬가지로 '피해(被害)를 당하다'에도 의미의 중복이 나타난다. '피해'의 '피(被)'에 이미 '당하다'라는 의미가 포함되어 있기 때문이다.

① 형부터 먼저 해라.
② 채훈이는 오로지 빵만 좋아한다.
③ 발언자마다 각각 다른 주장을 편다.
④ 그는 예의가 바를 뿐더러 무척 부지런하다.

CHAPTER **10** 작문

제**29**회

02 문장 고치기 ②

4 비교형

01 ━━━━━━━━━━ 2022년 국가직 9급

(가)~(라)를 고쳐 쓴 것으로 옳지 않은 것은?

> (가) 오빠는 생김새가 나하고는 많이 틀려.
> (나) 좋은 결실이 맺어졌으면 하는 바람입니다.
> (다) 내가 오직 바라는 것은 네가 잘됐으면 좋겠어.
> (라) 신은 인간을 사랑하기도 하지만 시련을 주기도 한다.

① (가): 오빠는 생김새가 나하고는 많이 달라.
② (나): 좋은 결실을 맺었으면 하는 바램입니다.
③ (다): 내가 오직 바라는 것은 네가 잘됐으면 좋겠다는 거야.
④ (라): 신은 인간을 사랑하기도 하지만 인간에게 시련을 주기도 한다.

5 문장 호응

02 ━━━━━━━━━━ 2024년 군무원 9급

다음 문장 중 문장성분 간의 호응이 가장 자연스러운 것은?

① 오늘은 잔디밭에서 책과 그림을 그렸다.
② 사람은 모름지기 욕심을 다스릴 줄 안다.
③ 이번 연극에서 영희는 주인공 역할을 맡았다.
④ 그녀는 초보치고는 운전을 썩 잘하지는 못한다.

6 높임법

03 ━━━━━━━━━━ 2024년 군무원 7급

다음 중 상황에 맞는 표현은?

① (부모가 자식에게) 얘, 할머니 보러 가자.
② (역사책에서) 충무공은 뛰어난 전략가였다.
③ (교사가 학생에게) 교장 선생님의 말씀이 계시겠습니다.
④ (아들이 아버지에게) 아버지, 둘째형이 오늘 서울에 도착하신대요.

04 ━━━━━━━━━━ 2022년 지방직 9급

언어 예절로 가장 적절한 것은?

① 지금부터 회장님의 말씀이 계시겠습니다.
② (시누이에게) 고모, 오늘 참 예쁘게 차려 입으셨네요?
③ (처음 자신을 소개하면서) 처음 뵙겠습니다. 박혜정입니다.
④ (다른 사람에게 자기 아내를 가리키며) 이쪽은 제 부인입니다.

7 종합형

05 2024년 국가직 9급

다음 글을 퇴고할 때, ㉠ ~ ㉣ 중 어법상 수정할 필요가 있는 것은?

주지하듯이 ㉠ 기후 위기는 날이 갈수록 심각해지고 있다. 극지방의 빙하가 녹고, 유럽에는 사상 최악의 폭염과 가뭄이 발생하고 그 반대편에서는 감당하기 어려울 정도의 폭우가 쏟아져 많은 사람이 고통받고 있다. ㉡ 우리의 삶을 지속적으로 위협하는 이러한 기상 재해 앞에서 기후학자로서 자괴감이 든다. 무엇이 문제인지, 상황이 얼마나 심각한지 잘 알고 있으면서도 지구의 위기를 그저 바라만 볼 수밖에 없다.

그러나 우리가 기후 문제에 관심을 가지고 적극적으로 대처한다면 아직 희망이 있다. 크게는 신재생 에너지와 관련하여 ㉢ 국가 정책 수립과 국제 협약을 체결하기 위해 힘을 기울여야 한다. 작게는 일상생활에서 불필요한 소비를 줄이고 에너지 절약을 습관화해야 한다. 만시지탄(晚時之歎)일 수는 있겠으나, ㉣ 지구가 파국으로 치닫는 것을 막을 기회는 아직 남아 있다. 우리 모두 힘을 모아 지구의 위기를 극복하여야 한다.

① ㉠
② ㉡
③ ㉢
④ ㉣

06 2024년 서울시 9급

가장 올바른 문장은?

① 그는 생명을 무릅쓰고 아이를 구했다.
② 아버지, 무슨 고민이 계신가요?
③ 네가 가리키는 곳은 서울역으로 보여진다.
④ 그의 간절한 소망은 입사 시험에 합격하는 것이다.

07 2022년 서울시 9급

가장 자연스러운 문장은?

① 지금부터 회장님의 말씀이 계시겠습니다.
② 당신이 가리키는 곳은 시청으로 보입니다.
③ 푸른 산과 맑은 물이 흐르는 계곡으로 가자!
④ 이런 곳에서 생활한다는 것이 믿겨지지 않았다.

08 2022년 간호직 8급

가장 자연스러운 문장은?

① 내가 가고 싶은 곳은 내 친구가 그곳을 방문했다.
② 이 시는 토속적인 시어의 사용과 현장감을 높이고 있다.
③ 사고 운전자가 구호 조치를 하지 않고 도주하면 가중 처벌을 받습니다.
④ 그 일이 설령 실패했지만 실패도 성공의 과정이므로 절대 실망할 필요가 없다.

09 2021년 국가직 9급

가장 자연스러운 문장은?

① 날씨가 선선해지니 역시 책이 잘 읽힌다.
② 이렇게 어려운 책을 속독으로 읽는 것은 하늘의 별 따기이다.
③ 내가 이 일의 책임자가 되기보다는 직접 찾기로 의견을 모았다.
④ 그는 시화전을 홍보하는 일과 시화전의 진행에 아주 열성적이다.

10 2021년 국회직 9급

우리말의 어법에 맞고, 의미가 정확한 문장은?

① 지하철 공사가 이제 시작됐으니, 언제 개통될지는 불투명하다.
② 수출 증대를 위해서는 이 제품의 장점과 단점을 보완해야 한다.
③ 그 문제를 논의하자면 오후에는 팀원 전체가 모여 회의를 가질 겁니다.
④ 다행히 비상문이 열려져 있어 인명 피해가 크지 않았습니다.
⑤ 선배가 농담으로 한 말이 그에게 큰 상처를 입혔습니다.

CHAPTER **10** 작문

제**30**회

03 작문 이론, 문장 삽입, 접속어 삽입

1 작문 이론

01 ▬▬▬▬▬▬▬▬▬▬▬▬▬▬ 2023년 국회직 8급

다음 글은 글쓰기의 자세에 대한 것이다. (가) ~ (마)에 대한 이해로 적절하지 않은 것은?

> (가) 이 세상 모든 사물 가운데 귀천과 빈부를 기준으로 높고 낮음을 정하지 않는 것은 오직 문장뿐이다. 그리하여 가난한 선비라도 무지개같이 아름다운 빛을 후세에 드리울 수 있으며, 아무리 부귀하고 세력 있는 자라도 문장에서는 모멸당할 수 있다.
> (나) 배우는 자는 마땅히 자기 역량에 따라 알맞게 쓸 뿐이다. 억지로 남을 본떠서 자기 개성을 잃어버리지 않도록 하는 것이야말로 글쓰기의 본령이다.
> (다) 글이란 것은 뜻을 나타내면 그만일 뿐이다. 제목을 놓고 붓을 잡은 다음 갑자기 옛말을 생각하고 억지로 고전의 사연을 찾으며 뜻을 근엄하게 꾸미고 글자마다 장중하게 만드는 것은 마치 화가를 불러서 초상을 그릴 적에 용모를 고치고 나서는 것과 같다.
> (라) 문장에 뜻을 두는 사람들이 첫째로 주의할 것은 자기를 속이지 않는 것이다. 자기를 속이지 않는 것에서 출발하면 마음이 이치에 통하고 온갖 관찰력이 환하게 밝아질 것이다.
> (마) 대체 글이란 조화다. 마음속에서 이루어진 문장은 반드시 정교하게 되나 손끝으로 이루어진 문장은 정교하게 되지 않으니, 진실로 그러하다.

① (가): 글쓰기에서 훌륭한 문장은 빈부귀천에 따라 높고 낮음이 정해진다.
② (나): 글쓰기에서 중요한 것은 남과는 다른 자기만의 개성을 표현하는 것이다.
③ (다): 글에서 중요한 것은 꾸미는 것보다 뜻을 정확하게 나타내는 것이다.
④ (라): 글쓰기에서 중요한 것은 진솔하게 표현하는 것이다.
⑤ (마): 글은 마음으로부터 이뤄져 조화를 이루는 것이 중요하다.

2 문장 삽입

02 ▬▬▬▬▬▬▬▬▬▬▬▬▬▬ 2024년 국가직 9급

다음 문장이 들어가기에 가장 적절한 곳을 ㉠ ~ ㉢에서 고르면?

> 나라에 위기가 닥쳤을 때 제 몸을 희생해 가며 나라 지키기에 나섰으되 역사책에 이름 한 줄 남기지 못한 이들이 이순신의 일기에는 뚜렷하게 기록된 것이다.

> 『난중일기』의 진면목은 7년 동안 전란을 치렀던 이순신의 인간적 고뇌가 가감 없이 드러나 있다는 데 있다. (㉠) 왜군이라는 외부의 적은 물론이고 임금과 조정의 끊임없는 경계와 의심이라는 내부의 적과도 싸우며, 영웅이기 이전에 한 사람의 인간으로서 느낀 극심한 심리적 고통이 잘 나타나 있다. (㉡) 전란 중 겪은 원균과의 갈등도 적나라하게 드러나 있어 그가 완벽한 인간이 아니라 감정에 휘둘리는 보통의 인간이었음을 보여 준다. (㉢) 그뿐만 아니라 이순신은 『난중일기』에서 사랑하는 가족의 이름과 함께 휘하 장수에서부터 병졸들과 하인, 백성들의 이름까지도 언급하고 있다. (㉣) 『난중일기』의 위대함은 바로 여기에 있다.

① ㉠   ② ㉡
③ ㉢   ④ ㉣

03 2024년 군무원 9급

다음 글이 〈보기〉의 ㉠~㉢ 중 들어가기에 가장 적절한 곳은?

서양인이나 중동인은 해부학적으로 측면의 얼굴이 인상적인 이미지를 남긴다. 그래서 서양미술에서는 사람의 측면만 그리는 '프로필(프로파일)'이라는 미술 장르가 발달했다. 프로필이라는 말이 인물 소개를 뜻하게 된 것도 이 때문이다.

[보기]

어떤 이집트 그림에서는 사람의 얼굴은 측면, 눈은 정면, 목은 측면, 가슴은 정면, 허리와 발은 측면으로 그려지곤 한다. 인간의 신체가 자연 상태에서 이렇게 보이는 경우란 있을 수 없다. 해부학적으로 불가능한 자세인 것이다.

그럼에도 이 그림을 처음 볼 때 우리는 별로 어색한 느낌이 들지 않는다. 왜 그럴까? 그것은 신체의 각 부위가 그 특징이 가장 잘 드러나는 부분 위주로 봉합되어 있기 때문이다. 넓은 가슴이나 눈은 정면에서 보았을 때 그 특징이 잘 살아난다. (㉠)

이렇게 각 부위의 중요한 면 위주로 조합된 인체상은 이상적인 부분끼리의 조합이므로 완전하고 완벽하며 장중한 형상이라는 느낌을 준다. 그러니까 흠 없는 인간, 영원히 썩지 않고 스러지지 않을 초월적 존재라는 인상을 준다. (㉡)

이집트 그림에서는 신과 파라오, 귀족만이 이렇게 그려지고 평범한 사람들은 곧잘 이런 법칙과 관계없이 꽤 사실적으로 그려졌다. (㉢) 이는 신과 파라오, 나아가 귀족은 오로지 '존재하는 자'이고, 죽을 운명의 범인들은 그저 '행위하는 자'라는 생각이 반영된 것이다.

범인들이 일하는 모습을 그릴 때 사실적으로, 그러니까 얼굴이 측면이면 가슴도 측면으로 자연스럽게 그리는 것은, 그들은 썩어 없어질 '찰나의 인생'이기 때문이다. (㉣) 반면 고귀한 신분은 삼라만상의 변화와 관계없이 영원한 세계의 이상을 반영하는 존재이므로 이상적 규범에 따라 불변의 양식으로 그려진다.

① ㉠
② ㉡
③ ㉢
④ ㉣

04 2023년 서울시 9급

〈보기 1〉을 〈보기 2〉에 삽입하려고 할 때 문맥상 가장 적절한 곳은?

[보기 1]

왜냐하면 학문의 세계에서는 하나의 객관적 진실이 백일하에 드러나 모든 다른 견해를 하나로 귀결시키는 일은 일어나지 않기 때문이다.

[보기 2]

민족이 하나로 된다면 소위 "민족의 역사"가 하나로 통합되는 것은 너무나 당연한 일이라고 생각할 수 있다. (㉠) 그러나 좀 더 곰곰이 생각해 보면 역사학을 포함한 학문의 세계에서 통합이란 말은 성립되기 어렵다. (㉡) 학문의 세계에서는 진실에 이르기 위한 수많은 대안이 제기되고 서로 경쟁하면서 발전이 이루어진다. (㉢) 따라서 그 다양한 대안들을 하나로 통합한다는 것은 학문을 말살하는 것이나 다름없다. (㉣) 학문의 세계에서는 통합이 아니라 다양성이 더 중요한 덕목인 것이다.

① ㉠
② ㉡
③ ㉢
④ ㉣

05 2024년 국회직 9급

㉠~㉤ 중 〈보기〉의 문장이 들어가기에 적절한 곳은?

[보기]

그러므로 어떤 종류의 일탈과 어떤 형태의 다름이 소속이나 존중이나 인정과 관련해 유의미한 것으로 제시되는지 주의 깊게 살펴봐야 한다.

표준에 부합하는 사람은 표준 같은 것은 존재하지 않는다고 착각할 수도 있다. (㉠) 다수와 비슷한 속성을 지닌 사람은 표준을 규정하는 다수와 닮았다는 것이 별 의미가 없다고 착각할 수 있다. (㉡) 표준에 부합하는 사람들은 흔히 자신이 다른 사람들을 어떻게 배제하거나 비하하는지 알아차리지 못한다. 그들은 자신이 용인되는 것을 당연한 일로 받아들이기 때문에 자신이 어떤 힘을 행사하는지 감도 잡지 못한다. (㉢) 하지만 인권이란 모든 사람에게 적용되는 것이다. 자신과 유사한 사람들에게만 적용되는 것이 아니다. (㉣) 또한 표준에서 벗어나는 사람들이 일상적으로 배제되고 멸시당하는 것이 어떤 기분인지 이야기할 때는 반드시 귀 기울여야 한다. (㉤) 자신에게는 결코 그런 일이 일어나지 않는다고 해도 한 번이라도 그런 경험을 하는 이들의 감정에 이입해 보아야 한다.

① ㉠
② ㉡
③ ㉢
④ ㉣
⑤ ㉤

06

아래 내용을 아랫글의 ㉠~㉣에 넣을 때 가장 적절한 위치는?

> 공감의 출발은 상대방의 이야기를 경청하면서 상대방의 감정과 느낌이 어떠했을까를 헤아리며 그것을 이해하도록 노력하는 것이다. 그리고 상대방의 입장을 이해한다는 것을 언어적, 비언어적으로 표현하는 것이 중요하다.

> (㉠) 공감은 상대방의 생각과 느낌을 자신의 생각과 느낌처럼 받아들이고 이해하는 것이다. (㉡) 상대방이 나를 분석하거나 판단하지 않고, 있는 그대로 나의 감정을 이해하고 있다고 느끼게 될 때 사람들은 그 상대방을 나를 이해하는 사람, 나를 알아주는 사람으로 여기게 된다. 판단 기준과 가치관이 다른 사람의 생각과 느낌을 공감을 하면서 이해하는 것은 여간 어려운 일이 아니다. (㉢) 사람은 누구나 자신의 느낌과 생각을 바탕으로 말하고 판단하고 일을 결정하게 되므로, 상대방의 입장을 헤아리고 그의 느낌과 생각을 내가 그렇게 생각하고 느끼는 것처럼 이해하기가 어렵다. (㉣) 상대방의 말투, 표정, 자세를 관찰하면서 그와 같은 관점, 심정, 분위기 또는 태도로 맞추는 것도 공감에 도움이 된다.

① ㉠
② ㉡
③ ㉢
④ ㉣

07

다음 문장이 들어가기에 가장 적절한 곳을 ㉠~㉣에서 고르면?

> 신분에 따라 문체를 고착화하는 것을 인정하지 않았던 것이다.

> 유럽이 교회로부터 정신적으로 해방된 것은 그리스와 로마의 고대 작가들에 대한 재발견을 통해서였다. (㉠) 그 이후 고대 작가들의 문체는 귀족 중심의 유럽 문화에서 모범으로 여겨졌다. (㉡) 이러한 상황은 대략 1770년대에 시작되는 낭만주의에서부터 변화하기 시작했다. (㉢) 이 낭만주의 시기에 평등과 민주주의를 꿈꿨던 신흥 시민계급은 문학에서 운문과 영웅적 운명을 귀족에게만 전속시키고 하층민에게는 산문과 우스꽝스러운 상황을 배정하는 전통 시학을 거부했다. (㉣) 고전 문학은 더 이상 문학의 규범이 아니었으며, 문학을 현실의 모방으로 인식하는 태도도 포기되었다.

① ㉠
② ㉡
③ ㉢
④ ㉣

3 접속어 삽입

08

㉠~㉢에 알맞은 말은?

> 비슷한 나이의 동료끼리 말을 주고받을 때는 '홍길동 씨, 경리과에 전화했어요?', '이 과장, 거래처에 다녀왔어요?'처럼 '해요체'를 주고받는 것이 일반적이다. (㉠) 같은 동료라 하더라도 상대방의 나이가 위이거나 공식적인 자리에서는 '합쇼체'를 써서 말할 필요가 있다. 곧 '홍길동 씨, 경리과에 전화했습니까?', '이 과장, 거래처에 다녀왔습니까?' 하고 말할 수 있는 것이다. 하지만 윗사람과 말을 주고받을 때에는 반드시 '합쇼체'를 써서 '이번 일은 제가 맡아 처리하겠습니다'와 같이 말해야 한다.
> (㉡) 가정에서라면 아랫사람과 대화를 주고받을 때는 상대방을 높이지 않기 때문에 '해체'나 '해라체' 정도를 사용할 수 있지만 직장에서는 사정이 조금 다르다. 아무리 자신보다 아랫사람이라 하더라도 가족 관계에서와는 달리 어느 정도 높게 대우해 주어야 하는 것이다. (㉢) 과장이 자신의 부하 직원에게 말을 할 때 '홍길동 씨, 업무 계획서 좀 빨리 작성해 줘요.' 하고 말할 수 있다.
> 그러나 아랫사람이 자신보다 매우 어리거나 친밀한 사이일 경우에는 '홍길동 씨, 업무 계획서 좀 빨리 작성해 줘' 하고 존대의 효과가 없는 '해체'를 사용할 수도 있고 '하게체'를 사용하여 상대를 조금 대우해 줄 수도 있다.

	㉠	㉡	㉢
①	그러나	한편	그래서
②	그러나	한편	그리고
③	그리고	따라서	그래서
④	그리고	따라서	그러나

09

다음 글의 ㉠과 ㉡에 들어갈 적절한 말을 순서대로 바르게 짝지은 것은?

> 비즈니스 화법에서는 상사에게 보고할 때 결론부터 말하라고 한다. 이것도 맞는 말이다. 그렇지 않아도 바쁜데 주저리주저리 이야기를 길게 늘어놓으면 짜증이 난다. (㉠) 현실은 인간관계의 미묘한 심리가 복잡하게 얽혀 있는 비즈니스 사회. 때로는 일부러 결론을 뒤로 미뤄 상대의 관심을 끌게 만들어야 할 때도 있다. 예를 들어, 회사에서의 라이벌 동료와의 관계처럼 자기와 상대의 힘의 균형이 미묘할 때이다.
>
> 당신과 상사, 당신과 부하라는 상하관계가 분명한 경우는 대응이 항상 사무적이 된다. 사무적인 관계에서는 쓸데없는 시간과 노력을 들이지 않아도 된다. (㉡) 같은 사내의 인간관계라도 라이벌 동료가 되면 일을 원활하게 해나가는 것만이 능사는 아니다. 권력 관계에서의 차이가 없는 만큼 미묘한 줄다리기가 필요하다. 이렇게 권력관계가 미묘한 상대와의 대화에서 탁월한 최면 효과를 발휘하는 것이 '클라이맥스 법'이다. 비즈니스 현장에서뿐만 아니라 미묘한 줄다리기를 요하는 연애 관계에서도 초기에는 클라이맥스 법이 그 위력을 발휘한다.

	㉠	㉡
①	그러므로	그러므로
②	하지만	하지만
③	하지만	그러므로
④	그러므로	하지만

10

㉠ ~ ㉣에 들어갈 말로 가장 적절한 것은?

> 정철, 윤선도, 황진이, 이황, 이조년 그리고 무명씨. 우리말로 시조나 가사를 썼던 이들이다. 황진이는 말할 것도 없고 무명씨도 대부분 양반이 아니었겠지만 정철, 윤선도, 이황은 양반 중에 양반이었다. (㉠) 그들이 우리말로 작품을 썼던 걸 보면 양반들도 한글 쓰는 것을 즐겨 했다는 것을 부정할 수는 없다. (㉡) 허균이나 김만중은 한글로 소설까지 쓰지 않았던가. (㉢) 이들이 특별한 취향을 가진 소수의 양반이었다면 이야기는 달라진다. 우리말로 된 문학 작품을 만들겠다는 생각을 가진 특별한 양반들을 제외하고 대다수 양반들은 한문을 썼기 때문에 한글을 모를 수도 있었기 때문이다. 실학자 박지원이 당시 양반 사회를 풍자한 작품 「호질」은 한문으로 쓰여 있다. (㉣) 한 가지 분명한 것은 양반 대부분이 한글을 이해하지 못하는 상황이었다면 정철도 이황도 윤선도도 한글로 작품을 쓰지는 않았을 것이란 사실이다.

	㉠	㉡	㉢	㉣
①	그런데	게다가	그렇지만	그러나
②	그런데	그리고	그래서	또는
③	그리고	그러나	하지만	즉
④	그래서	더구나	따라서	하지만

Part

03

어휘

CHAPTER 01 고유어

제1회

01 다의어 ①

01 　2025년 국가직 9급 예비 문제

다음 밑줄 친 표현이 문맥상 ㉠의 의미와 가장 가까운 것은?

> 작품의 규모가 커서 분량이 많은 경우에는 생산 비용이 ㉠올라가 책값이 비싸지기 때문에 자연스럽게 분량이 적은 작품을 선호하였다.

① 습도가 올라가는 장마철에는 건강에 유의해야 한다.
② 내가 키우던 반려견이 하늘나라로 올라갔다.
③ 그녀는 승진해서 본사로 올라가게 되었다.
④ 그는 시험을 보러 서울로 올라갔다.

02 　2025년 국가직 9급 예비 문제

문맥상 ㉠의 의미와 가장 가까운 것은?

> 그들의 목표는 상실한 원점을 회복하는 것, 즉 그곳에서 향유했던 이상적 상태로 ㉠돌아가는 것이다.

① 전쟁은 연합군의 승리로 돌아갔다.
② 사과가 한 사람 앞에 두 개씩 돌아간다.
③ 그는 잃어버린 동심으로 돌아가고 싶었다.
④ 그녀는 자금이 잘 돌아가지 않는다며 걱정했다.

03 　2024년 지방직 9급

㉠과 의미가 같은 것은?

> 아이가 말을 참 잘 ㉠듣는다.

① 이 약은 나에게 잘 듣는다.
② 학교에 가면 선생님 말씀을 잘 들어라.
③ 이번 학기에는 여섯 과목을 들을 계획이다.
④ 브레이크가 말을 듣지 않아 사고가 날 뻔했다.

04 　2022년 간호직 8급

㉠과 같은 의미로 쓰인 것은?

> 인내심을 ㉠기르다.

① 그녀는 아이를 잘 기른다.
② 그는 취미로 화초를 기르고 있다.
③ 병을 기르면 치료하기 점점 어렵다.
④ 나는 체력을 기르기 위해 매일 운동한다.

05 　2021년 국가직 9급

㉠의 단어와 의미가 같은 것은?

> 친구에게 줄 선물을 예쁜 포장지에 ㉠싼다.

① 사람들이 안채를 겹겹이 싸고 있다.
② 사람들은 봇짐을 싸고 산길로 향한다.
③ 아이는 몇 권의 책을 싼 보퉁이를 들고 있다.
④ 내일 학교에 가려면 책가방을 미리 싸 두어라.

06　　　　　　　　　　　　　　　　　　2021년 지역인재 9급

밑줄 친 부분의 의미가 ㉠의 '에'와 가장 가까운 것은?

> 우리는 더운 여름날이면 시냇가에서 미역을 감고 젖은 옷을 ㉠ 햇볕에 말리고는 했다.

① 매일 화분에 물을 주는 일은 동생의 몫이었다.
② 나는 요란한 소리에 잠을 깨서 한동안 뒤척였다.
③ 예전에는 등잔불에 책을 읽는 일이 흔했다고 한다.
④ 어머니께서 끓여 주신 차는 특히 감기에 잘 든다.

07　　　　　　　　　　　　　　　　　　2021년 법원직 9급

㉠의 문맥적 의미와 가장 가까운 것은?

> 나사의 우주 탐사 설계사인 게리 마틴은 "이 화물의 운반이 화성 유인 비행에서 가장 큰 ㉠ 문제일 것이다."라고 말했다.

① ㉠ 문제의 영화가 드디어 오늘 개봉된다.
② 그는 어디를 가나 문제를 일으키곤 했다.
③ 출산율 감소는 우리나라만의 문제가 아니다.
④ 연습을 반복하면 어려운 문제도 척척 풀게 된다.

08　　　　　　　　　　　　　　　　　　2020년 서울시 9급

〈보기〉의 ㉠과 문맥적 의미가 가장 가까운 것은?

> ── [보기] ──
> 현재 그녀는 건강이 매우 ㉠ 좋다.

① 그녀의 성격은 더할 수 없이 좋다.
② 서울 간 길에 한 번 뵈올 땐 혈색이 좋으셨는데?
③ 다음 주 토요일은 결혼식을 하기에는 매우 좋은 날이다.
④ 대화를 하는 그의 말투는 기분이 상쾌할 정도로 좋았다.

09　　　　　　　　　　　　　　　　　　2020년 소방

㉠의 문맥적 의미와 가장 가까운 것은?

> 문화의 특성도 인간의 성격도 크게 나누어 보면 '심근성(深根性)'과 '천근성(淺根性)'으로 ㉠ 나누어 볼 수 있다. 심근성의 문화는 이념이나 정통에 깊이 뿌리를 박고 있는 대륙형 문화이며, 천근성의 문화는 이식과 수용·적응이 잘되는 해양성 섬 문화이다. 소나무 가지는 한번 꺾이고 부러지면 재생 불가능이지만 버들은 아무 데서나 새 가지가 돋는다. 이렇게 고지식하고 융통성이 없는 깐깐한 소나무 문화와는 달리 버드나무는 뿌리가 얕으므로 오히려 덕을 본다.

① 우리는 그 문제에 대해서 의견을 나누었으나 결론을 내지는 못했다.
② 학생들은 청군과 백군으로 나누어 편을 갈랐다.
③ 형제란 한 부모의 피를 나눈 사람들이다.
④ 이 사과를 세 조각으로 나누자.

10　　　　　　　　　　　　　　　　　　2021년 국회직 9급

㉠과 의미가 같은 것은?

> 그 녀석은 생긴 ㉠ 품이 제 아버지를 닮았다.

① 허름한 옷을 입은 여인의 품에는 두어 살 가량 난 애가 안겨 있었다.
② 겨울옷은 품이 넉넉해야 다른 옷을 껴입을 수 있다.
③ 이 마을의 모든 머슴들은 품 갚기를 함으로써 일을 줄여 나가고 싶어 한다.
④ 옷 입는 품을 보면 그 사람을 알 수 있다.
⑤ 어머니는 이 집 저 집에 품을 팔아 우리 가족의 생계를 꾸려 나가셨다.

CHAPTER 01 고유어

제2회

01 다의어 ②

01 ▭▭▭▭▭▭ 2022년 군무원 9급

밑줄 친 '보다'의 활용형이 지닌 의미가 나머지 셋과 <u>다른</u> 것은?

① 어쩐지 그의 행동을 실수로 <u>볼</u> 수가 없었다.
② 손해를 <u>보면서</u> 물건을 팔 사람은 없다.
③ 그는 상대를 만만하게 <u>보는</u> 나쁜 버릇이 있다.
④ 날씨가 좋을 것으로 <u>보고</u> 우산을 놓고 나왔다.

02 ▭▭▭▭▭▭ 2021년 서울시 9급

밑줄 친 의미가 나머지 셋과 <u>다른</u> 것은?

① 연이 바람을 <u>타고</u> 하늘로 올라간다.
② 부동산 경기를 <u>타고</u> 건축 붐이 일었다.
③ 착한 일을 한 덕분에 방송을 <u>타게</u> 됐다.
④ 그녀는 아버지의 음악적 소질을 <u>타고</u> 태어났다.

02 ㉠ ~ ㉣ 형

03 ▭▭▭▭▭▭ 2024년 국가직 9급

다음은 다의어 '알다'의 뜻풀이 중 일부이다. ㉠ ~ ㉣의 예로 적절하지 <u>않은</u> 것은?

> ㉠ 어떤 일을 할 능력이나 소양이 있다.
> ㉡ 다른 사람과 사귐이 있거나 인연이 있다.
> ㉢ 어떤 일에 대하여 관여하거나 관심을 가지다.
> ㉣ 어떤 일을 어떻게 할지 스스로 정하거나 판단하다.

① ㉠: 그 외교관은 무려 7개 국어를 할 줄 <u>안다</u>.
② ㉡: 이 두 사람은 서로 <u>알고</u> 지낸 지 오래이다.
③ ㉢: 그 사람이 무엇을 하든 내가 <u>알</u> 바 아니다.
④ ㉣: 나는 그 팀이 이번 경기에서 질 줄 <u>알았다</u>.

04 ▭▭▭▭▭▭ 2021년 지방직 7급

다음에 제시된 단어의 의미에 맞게 쓴 문장으로 적절하지 <u>않은</u> 것은?

단어	의미	문장
풀다	모르거나 복잡한 문제 따위를 알아내거나 해결하다.	㉠
	어려운 것을 알기 쉽게 바꾸다.	㉡
	긴장된 분위기나 표정 따위를 부드럽게 하다.	㉢
	금지되거나 제한된 것을 할 수 있도록 터놓다.	㉣

① ㉠: 나는 형이 낸 수수께끼를 <u>풀다가</u> 결국 포기하고 말았다.
② ㉡: 선생님은 난해한 말을 알아들을 수 있게 <u>풀어</u> 설명하셨다.
③ ㉢: 막내도 잘못을 뉘우치니, 아버지도 그만 얼굴을 <u>푸세요</u>.
④ ㉣: 경찰을 <u>풀어서</u> 행방불명자를 백방으로 찾으려 하였다.

05 ▭▭▭▭▭▭ 2021년 국회직 8급

〈보기〉에서 밑줄 친 어휘의 의미가 유사한 것끼리 묶인 것은?

> ——— [보기] ———
> ㉠ 농촌 생활에 제법 <u>길</u>이 들었다.
> ㉡ 그 먼 <u>길</u>을 뚫고 고향으로 돌아가겠다고?
> ㉢ <u>길</u>이 많이 막혀서 대중교통을 이용하는 편이 빠르다.
> ㉣ 서랍은 <u>길</u>이 들지 않아 잘 열리지 않았다.
> ㉤ 통나무 굵기가 한 아름이 넘고, <u>길</u>이는 열 <u>길</u>이 넘었다.

① (㉠, ㉡), (㉢, ㉣, ㉤)
② (㉠, ㉢), (㉡, ㉣, ㉤)
③ (㉠, ㉢), (㉡, ㉣), (㉤)
④ (㉠, ㉣), (㉡, ㉢, ㉤)
⑤ (㉠, ㉣), (㉡, ㉤), (㉢)

03 다의어 vs 동음이의어

06 ⟨2022년 지방직 7급⟩

밑줄 친 단어가 다의어 관계로 묶인 것은?

① ┌ 무를 강판에 <u>갈아</u> 즙을 내었다.
   └ 고장 난 전등을 새것으로 <u>갈아</u> 끼웠다.

② ┌ 안개에 <u>가려서</u> 앞이 잘 안 보인다.
   └ 음식을 <u>가리지</u> 말고 골고루 먹어야 한다.

③ ┌ 긴장이 되면 입술이 바짝바짝 <u>탄다</u>.
   └ 벽난로에서 장작불이 활활 <u>타고</u> 있다.

④ ┌ 이 경기에서 <u>지면</u> 결승 진출이 좌절된다.
   └ 모닥불이 <u>지면</u> 한기가 느껴지기 시작한다.

07 ⟨2020년 국가직 7급⟩

밑줄 친 단어가 다의어로 묶인 것은?

① ┌ 그는 의심하는 <u>눈</u>으로 나를 쳐다보았다.
   └ 봄이 오니 나뭇가지에 <u>눈</u>이 튼다.

② ┌ 애가 글씨를 또박또박 잘 <u>쓴다</u>.
   └ 어른에게는 존댓말을 <u>써야</u> 한다.

③ ┌ 어머니가 아끼시던 화초가 <u>죽었다</u>.
   └ 아저씨의 거칠던 성질이 요즈음은 많이 <u>죽었다</u>.

④ ┌ 폭풍우가 <u>치는</u> 바람에 배가 출항하지 못한다.
   └ 나무가 가지를 많이 <u>쳐서</u> 제법 무성하다.

08 ⟨2022년 국회직 9급⟩

밑줄 친 ㉠, ㉡에 해당하는 예로 옳은 것은?

┌─────────────────────────────────────┐
│ 어휘는 ㉠ <u>물리적 공간과 관련된 중심적 의미를 지니는</u> │
│ 것이 ㉡ <u>추상화되어 주변적 의미도 지니게 되는</u> 경우가 │
│ 있다.   │
└─────────────────────────────────────┘

	㉠	㉡
①	물은 <u>낮은</u> 지대로 흐른다.	환경에 대한 관심도가 <u>낮다</u>.
②	내 <u>좁은</u> 소견을 말씀드렸다.	마음이 <u>좁아서는</u> 곤란하다.
③	우리는 <u>넓은</u> 공터에 모였다.	우리집 마당은 꽤 <u>넓다</u>.
④	그녀는 성공할 가능성이 <u>크다</u>.	힘든 만큼 기쁨도 <u>큰</u> 법이다.
⑤	형의 말은 거의 사실에 <u>가깝다</u>.	집결 장소는 <u>가까운</u> 곳이다.

04 뜻풀이

09 ⟨2024년 군무원 9급⟩

다음 중 빈칸에 들어갈 우리말로 가장 적절한 것은?

┌─────────────────────────────────────┐
│ 어둠 속에 눈을 뜬 강실이한테 무참히 끼쳐든 것은 생전 │
│ 처음 맞닥뜨린 낯섦의 스산하고 [   ] 기운이었다. │
│   ─ 최명희, 「혼불」 │
└─────────────────────────────────────┘

① 성마른   ② 돈바른
③ 살천스러운   ④ 암상스러운

10 ⟨2022년 국회직 8급⟩

밑줄 친 단어의 뜻풀이가 옳지 <u>않은</u> 것은?

① 그는 <u>줄목</u>을 무사히 넘겼다.
   → 일의 진행 과정에서 가장 중요한 대목

② 그 사람들도 <u>선걸음</u>으로 그리 내달았다.
   → 이미 내디뎌 걷고 있는 그대로의 걸음

③ 겨울 동안 <u>갈무리</u>를 했던 산나물을 팔았다.
   → 물건 따위를 잘 정리하거나 간수함

④ 그는 인물보다 <u>맨드리</u>가 쓰레기꾼 축에 섞이기는 아까웠다.
   → 옷을 입고 매만진 맵시

⑤ 그녀는 <u>잔입</u>으로 출근 시간이 되기만을 기다렸다.
   → 음식을 조금만 먹음

CHAPTER **02** **사자성어**

제3회

01 뜻풀이

01 ━━━━━━━━━━━━ 2024년 국회직 9급

한자성어의 뜻이 옳지 않은 것은?

① 九曲肝腸: 깊은 마음속 또는 시름이 쌓인 마음속을 이름.
② 讀書三昧: 다른 생각은 전혀 하지 아니하고 오직 책 읽기에만 몰두함.
③ 磨斧爲針: 아무리 어려운 일이라도 끊임없이 노력하면 반드시 이룰 수 있음.
④ 臥薪嘗膽: 원수를 갚으려고 온갖 괴로움을 참고 견딤.
⑤ 兎死狗烹: 방자하고 교만하여 다른 사람을 업신여김.

02 ━━━━━━━━━━━━ 2022년 국회직 9급

한자성어와 뜻의 연결이 옳지 않은 것은?

① 股肱之臣: 다리와 팔과 같이 중요한 신하.
② 狐假虎威: 남의 권세를 빌려 위세를 부림.
③ 要領不得: 말이나 글의 목적이나 의미가 분명치 않음.
④ 牽强附會: 세상과 타협하고 권력에 굴복함.
⑤ 肝膽相照: 서로 속마음을 털어놓고 친하게 사귐.

02 문학 작품

03 ━━━━━━━━━━━━ 2024년 서울시 9급

〈보기〉의 ㉠과 가장 잘 어울리는 사자성어는?

━━━━━ [보기] ━━━━━
한숨아 셰 한숨아 네 어닉 틈으로 드러온다
고모장즈 셰살장즈 가로다지 여다지에 암돌져귀 수돌져귀
비목걸새 쑥닥 박고 용(龍) 거북 즈물쇠로 수기수기 츠엿눈
듸 병풍(屛風)이라 덜걱 져븐 족자(簇子) ㅣ 라 딕딕글 믄다 네
어닉 틈으로 드러온다
어인지 너 온 날 밤이면 ㉠ 줌 못 드러 흐노라

① 狐假虎威   ② 目不忍見
③ 輾轉反側   ④ 刻舟求劍

04 ━━━━━━━━━━━━ 2024년 서울시 9급

〈보기〉에 드러난 화자의 태도로 가장 적절한 것은?

━━━━━ [보기] ━━━━━
보리밥 픗ᄂᆞ믈을 알마초 머근 후(後)에
바횟긋 믉ᄀᆞ의 슬ᄏᆞ지 노니노라
그 나믄 녀나믄 일이야 부룰 줄이 이시랴

① 不立文字   ② 緣木求魚
③ 言語道斷   ④ 安貧樂道

05

〈보기〉의 빈칸에 들어갈 사자성어로 가장 적절한 것은?

—— [보기] ——

□□□□, 오로지 베스 놈의 투지와 용맹을 길러서 금옥이네 누렁이를 꺾고 말겠다는 석구의 노력은 다시 열을 올리기 시작했다. 뿐만이 아니었다. 그는 전보다도 더 주의 깊게 베스 놈을 위해 주었고 그런 그의 정표 하나로 베스를 위해 암캐 한 마리를 더 얻어 들였을 만큼 따뜻한 배려를 아끼지 않았다.

— 이청준, 「그 가을의 내력」

① 泥田鬪狗   ② 吳越同舟
③ 臥薪嘗膽   ④ 結草報恩

06

㉠, ㉡에 들어갈 한자성어로 적절한 것은?

김 첨지도 이 불길한 침묵을 짐작했는지도 모른다. 그렇지 않으면 대문에 들어서자마자 전에 없이, "이 난장맞을 년, 남편이 들어오는데 나와 보지도 않아, 이 오라질 년." 이라고 고함을 친게 수상하다. 이 고함이야말로 제 몸을 엄습해 오는 무시무시한 증을 쫓아 버리려는 (㉠)인 까닭이다. 하여간 김 첨지는 방문을 왈칵 열었다. 구역을 나게 하는 추기 — 떨어진 삿자리 밑에서 나온 먼지내, 빨지 않은 기저귀에서 나는 똥내와 오줌내, 가지각색 때가 켜켜이 앉은 옷 내, 병인의 땀 썩은 내가 섞인 추기가 무딘 김 첨지의 코를 찔렀다.

방 안에 들어서며 설렁탕을 한구석에 놓을 사이도 없이 주정꾼은 목청을 있는 대로 다 내어 호통을 쳤다. "이런 오라질 년. (㉡) 누워만 있으면 제일이야! 남편이 와도 일어나지를 못해?"라는 소리와 함께 발길로 누운 이의 다리를 몹시 찼다. 그러나 발길에 차이는 건 사람의 살이 아니고 나뭇등걸과 같은 느낌이 있었다.

— 현진건, 「운수 좋은 날」

	㉠	㉡
①	노심초사(勞心焦思)	주야불식(晝夜不息)
②	허장성세(虛張聲勢)	전전반측(輾轉反側)
③	절치부심(切齒腐心)	전전반측(輾轉反側)
④	노심초사(勞心焦思)	주야장천(晝夜長川)
⑤	허장성세(虛張聲勢)	주야장천(晝夜長川)

03 상황 판단

07

다음 중 ㉠을 대신할 수 있는 사자성어로 적절하지 <u>않은</u> 것은?

앞서 도공은 지난 주 경영회의에서 고속도로 통행료 전자지불시스템으로 기존 전자화폐나 교통카드 겸용 신용카드 대신 새로운 스마트카드를 도입하고 이의 발급을 도공 자신이 주관키로 결정했다. 도공 관계자는 20일 "기존 전자화폐 5종의 경우 ㉠ 우열을 가리기 힘들고 교통카드 겸용 신용카드도 각 지역별로 호환이 안 되는 상황에서 한 해 2조원에 달하는 고속도로 통행료를 공사가 직접 관리, 운용하는 편이 충실한 경영에 도움이 된다고 판단해 이같이 결정했다"고 밝혔다.

① 막역지우(莫逆之友)   ② 백중지세(伯仲之勢)
③ 난형난제(難兄難弟)   ④ 막상막하(莫上莫下)

08

㉠에 어울리는 한자성어로 가장 적절한 것은?

추사 김정희의 '세한도'는 글씨를 쓰다 남은 먹을 버리기 아까워 그린 듯이 갈필(渴筆)의 거친 선 몇 개로 이루어져 있다. 정말 큰 기교는 겉으로 보기에는 언제나 서툴러 보이는 법이다. 그러나 대가의 덤덤한 듯, ㉠ 톡 던지는 한마디는 예리한 비수가 되어 독자의 의식을 헤집는다.

① 巧言令色   ② 寸鐵殺人
③ 言行一致   ④ 街談巷說

09

다음 글의 상황에 어울리는 한자성어로 적절한 것은?

> 우리나라 축구 대표팀은 올림픽 예선에서 놀라운 성과를 거두었다. 예선이 있기 전 주전 선수들의 부상과 감독의 교체 등으로 대표팀 내부가 어수선했지만, 우리 대표팀은 하루도 쉬지 않고 훈련을 계속하여 조 1위라는 좋은 성적으로 올림픽 본선행을 결정지었다. 우리 대표팀은 국민들의 찬사와 응원 속에 메달권을 향해 더 강도 높은 훈련을 이어가며 경기력 향상에 매진하고 있다.

① 走馬加鞭
② 走馬看山
③ 切齒腐心
④ 見蚊拔劍

10

〈보기〉의 밑줄 친 부분을 한자성어로 바꾸었을 때 적절하지 않은 것은?

> ─────[보기]─────
> 무릇 지도자는 항상 귀를 열어 두어야 한다. 만약 정치를 행하는 데 ㉠ 문제가 있는데도 주위의 충고를 귀 기울여 듣지 않는다면 아집의 정치를 행하는 잘못을 저지를 수 있다. 만약 자신의 아집으로 잘못을 저지르게 된다면 자신의 과오를 인정하고 이를 바로잡도록 노력해야 한다. 왜냐하면 ㉡ 진실은 숨길 수 없고 거짓은 드러나기 마련이기 때문이다.
> 자신의 과오를 인정하지 않고 주변의 충고를 듣지 않는 지도자는 결국 ㉢ 순리와 정도에서 벗어나 잘못된 판단을 내리거나 시대착오적인 결정을 강행하는 우를 범하기가 쉽다. 대개 이런 지도자 주변에는 충직한 사람이 별로 없고, ㉣ 지도자의 눈을 가린 채 지도자에게 제멋대로 조작되거나 잘못된 내용을 전달하고 지도자의 힘을 빌려 권세를 휘두르려고만 하는 무리만이 판을 칠 뿐이다. 만약 이런 상태가 지속된다면 결국 그 나라는 ㉤ 혼란과 무질서와 불의만이 판을 치는 혼탁한 상태가 될 것임이 자명하다.

① ㉠: 호질기의(護疾忌醫)
② ㉡: 장두노미(藏頭露尾)
③ ㉢: 도행역시(倒行逆施)
④ ㉣: 지록위마(指鹿爲馬)
⑤ ㉤: 파사현정(破邪顯正)

CHAPTER 02 사자성어

제4회

04 밑줄형

01   2023년 지역인재 9급

사자성어의 쓰임이 적절하지 <u>않은</u> 것은?

① 그 일은 우리가 할 수 없는 <u>緣木求魚</u>와 같은 일이다.

② 그의 말은 <u>羊頭狗肉</u> 같아서 도무지 신뢰할 수가 없다.

③ <u>刻舟求劍</u>과 같은 시대착오적인 어리석음을 범하지 맙시다.

④ <u>亡羊之歎</u>이라고 부모님이 돌아가신 후 후회해도 소용없다.

02   2022년 국가직 9급

사자성어의 쓰임이 적절하지 <u>않은</u> 것은?

① 그는 <u>구곡간장(九曲肝腸)</u>이 끊어지는 듯한 슬픔에 빠졌다.

② 학문의 정도를 걷지 않고 <u>곡학아세(曲學阿世)</u>하는 이가 있다.

③ 이유 없이 친절한 사람은 <u>구밀복검(口蜜腹劍)</u>일 수 있으니 조심해야 한다.

④ 신중한 태도로 문제의 본질에 접근하는 <u>당랑거철(螳螂拒轍)</u>의 자세가 필요하다.

03   2024년 서울시 9급

〈보기〉에서 맥락에 적절하지 <u>않은</u> 사자성어는?

[보기]
인생사 ㉠ <u>새옹지마(塞翁之馬)</u>라는 말이 있습니다. 국가에도 같은 말을 적용할 수 있을 것입니다. 지금 경제가 아무리 어려워도 새로운 기술을 개발하고 준비하면 언젠가 우리에게도 기회가 올 것입니다. 뒤늦게 땅을 치며 ㉡ <u>만시지탄(晚時之歎)</u>하지 맙시다. ㉢ <u>견위수명(見危授命)</u>의 자세로 국가의 부름에 헌신해 주십시오. 아울러 우리는 항시 조그만 일에 경거망동하지 않는 ㉣ <u>견문발검(見蚊拔劍)</u>의 자세로 나아가야 할 것입니다.

① ㉠   ② ㉡

③ ㉢   ④ ㉣

05 빈칸형

04   2024년 지역인재 9급

㉠, ㉡에 들어갈 사자성어로 적절한 것은?

- 나는 힘든 일이 닥칠 때마다 ㉠ (이)라는 말을 떠올리며 어려움을 이겨냈다.
- 어린 시절에 뛰놀던 고향은 ㉡ (이)라는 말이 어울릴 만큼 큰 변화가 있었다.

	㉠	㉡
①	고진감래	상전벽해
②	고진감래	오매불망
③	결초보은	상전벽해
④	결초보은	오매불망

05   2024년 군무원 7급

다음 중 빈칸에 들어갈 사자성어로 가장 적절한 것은?

요즘 드라마에서는 [＿＿＿]의 전형을 보여 주는 인물들이 많이 등장해. 이들은 돈이나 권력을 위해서는 동료, 친구는 물론 가족을 배신하는 일도 서슴지 않아.

① 居安思危   ② 見利忘義

③ 濫竽充數   ④ 磨斧作鍼

06   2023년 국가직 9급

다음 글의 빈칸에 들어갈 사자성어로 적절한 것은?

세상에는 어려운 일들이 많지만 외국 여행 다녀온 사람의 입을 막는 것도 그중 하나이다. 특히 그것이 그 사람의 첫 외국 여행이었다면, 입 막기는 포기하고 미주알고주알 늘어놓는 여행 경험을 들어 주는 편이 정신 건강에 좋다. 그 사람이 별것 아닌 사실을 [＿＿＿]하거나 특수한 경험을 지나치게 일반화한들, 그런 수다로 큰 피해를 입는 것도 아니지 않은가?

① 刻舟求劍   ② 捲土重來

③ 臥薪嘗膽   ④ 針小棒大

07 ▬▬▬▬▬▬▬▬▬▬▬ 2023년 군무원 9급

다음 중 빈칸에 들어갈 사자성어로 가장 적절한 것은?

> 이탈리아 볼로냐 대학에서 개발한 휴대용 암 진단기는 암이 의심되는 환자의 몸을 간편하게 스캔해 종양을 진단한다. 원리는 간단하다. 인체의 서로 다른 조직들이 진단기에서 발산되는 마이크로파에 서로 다르게 반향을 보인다. 즉 종양 조직은 건강한 조직과는 다른 주파수 대역에서 반향하기 때문에 암 조직과 정상 조직을 구별할 수 있다. 물론 이 진단기가 □□□□의 능력을 가진 것은 아니다. 종양의 크기 또는 종양의 정확한 위치를 판별할 수는 없다.

① 變化無雙   ② 無所不爲
③ 先見之明   ④ 刮目相對

08 ▬▬▬▬▬▬▬▬▬▬▬ 2023년 군무원 7급

다음 글의 빈칸에 들어갈 말로 가장 적절한 것은?

> 위층의 소리는 멈추지 않았다. 드르륵거리는 소리에 머리카락 올이 진저리를 치며 곤두서는 것 같았다. … 위층으로 올라가 벨을 눌렀다.
> 안쪽에서 "누구세요?" 묻는 소리가 들리고도 십분 가까이 지나 문이 열렸다. '이웃사촌이라는데 아직 인사도 없이……' 등등 준비했던 인사말과 함께 포장한 슬리퍼를 내밀려던 나는 첫마디를 뗄 겨를도 없이 □□□□했다. 좁은 현관을 꽉 채우며 휠체어에 앉은 젊은 여자가 달갑잖은 표정으로 나를 올려다보았다. "안 그래도 바퀴를 갈아 볼 작정이었어요. 소리가 좀 덜 나는 것으로요. 어쨌든 죄송해요. 도와주는 아줌마가 지금 안 계셔서 차 대접할 형편도 안 되네요."
> 여자의 텅 빈, 허전한 하반신을 덮은 화사한 빛깔의 담요와 휠체어에서 황급히 시선을 떼며 나는 할 말을 잃은 채 부끄러움으로 얼굴만 붉히며 슬리퍼 든 손을 뒤로 감추었다.
>
> — 오정희, 「소음공해」

① 역지사지   ② 황당무계
③ 자승자박   ④ 우두망찰

09 ▬▬▬▬▬▬▬▬▬▬▬ 2022년 지방직 7급

빈칸에 들어갈 한자성어로 가장 적절한 것은?

> 소설가 에번 코넬은 단편소설의 초고를 읽어 내려가면서 쉼표를 하나하나 지웠다가 다시 한번 읽으면서 쉼표를 원래 있던 자리에 되살려 놓는 과정을 거치면 단편 하나가 완성된다고 했다. 강박증 환자처럼 보이지만 실은 치열한 문장가가 아닌가! 불필요한 곳에 나태하게 찍혀 있는 쉼표는 글의 논리와 리듬을 망쳐 놓는다. 쉼표를 사용할 필요가 없는 □□□□의 문장을 쓰거나 쉼표의 앞뒤를 섬세하게 짚게 하는 치밀한 문장을 만들어야 한다.

① 髀肉之歎   ② 聲東擊西
③ 苦盡甘來   ④ 天衣無縫

06 한자 표기

10 ▬▬▬▬▬▬▬▬▬▬▬ 2024년 서울시 9급

〈보기〉에서 밑줄 친 부분의 한자가 같은 것끼리 묶은 것은?

> ─── [보기] ───
> 백척간두, 명명백백, 백해무익, 백중지세

① 백척간두, 백해무익
② 백척간두, 명명백백
③ 명명백백, 백중지세
④ 백해무익, 백중지세

CHAPTER 03 한자어

🔔 제한 시간: 10분(총 10문제)
⏱ 실제 걸린 시간: _____분 _____초
🔍 어려웠던 문제 번호: _____

제5회

01 음독

01   2024년 서울시 9급

〈보기〉에 해당하는 것은?

― [보기] ―
소설이나 희곡 따위에서, 앞으로 일어날 사건을 미리 독자에게 암시하는 것.

① 葛藤   ② 隱喩
③ 伏線   ④ 反映

02   2024년 군무원 9급

다음 중 밑줄 친 ㉠~㉣의 한자음이 **잘못** 연결된 것은?

우리는 어떤 行爲가 ㉠ <u>行爲者</u>의 ㉡ <u>自由意志</u>에 의한 것일 때에 그 行爲에 대해 道德的 ㉢ <u>責任</u>을 물을 수 있다고 여긴다. 그렇다면 自由意志에 의한 行爲인지의 ㉣ <u>與否</u>를 가리는 基準은 무엇일까?

① ㉠: 행위자   ② ㉡: 자유의사
③ ㉢: 책임   ④ ㉣: 여부

03   2022년 지역인재 9급

밑줄 친 부분의 표기가 옳지 **않은** 것은?
① <u>시댁(媤宅)</u> 어른들에게 인사를 올렸다.
② 여행을 가려면 부모님의 <u>승락(承諾)</u>이 있어야 하였다.
③ 아버지가 동생의 철없는 행동을 듣고는 <u>분노(忿怒)</u>하였다.
④ 그는 사건의 문제점을 찾는 데 <u>통찰력(洞察力)</u>을 발휘하였다.

02 혼동 어휘

04   2023년 지방직 9급

㉠~㉢의 한자 표기로 올바른 것은?

• 복지부 ㉠ <u>장관</u>은 의료시설이 대도시에 편중된 문제에 대해 대책을 마련하라고 지시하였다.
• 박 주무관은 사유지의 국유지 편입으로 발생한 주민들의 피해를 ㉡ <u>보상</u>하는 업무를 맡고 있다.
• 김 주무관은 이 팀장에게 부서 운영비와 관련된 ㉢ <u>결재</u>를 올렸다.

	㉠	㉡	㉢
①	長官	補償	決裁
②	將官	報償	決裁
③	長官	報償	決濟
④	將官	補償	決濟

05   2023년 지역인재 9급

㉠과 ㉡에 들어갈 말로 가장 적절한 것은?

• 밀린 대금을 모두 ㉠ 했다.
• 이 일을 어떻게 처리해야 할지 판단하기가 ㉡ 스러웠다.

	㉠	㉡
①	결제	곤혹
②	결재	곤욕
③	결제	곤욕
④	결재	곤혹

06 ████████████████████████ 2023년 지방직 7급

⊙ ~ ⓒ에 들어갈 단어를 바르게 연결한 것은?

> • 오후의 태양이 뜨겁게 ⊙ 하고 있었다.
> • 만료된 비자를 ⓒ 하지 않아서 낭패를 보았다.
> • 이번 무역 협상에는 수많은 변수가 ⓒ 되어 있다.

	⊙	ⓒ	ⓒ
①	작열	갱신	개재
②	작열	경신	게재
③	작렬	갱신	게재
④	작렬	경신	개재

07 ████████████████████████ 2022년 지역인재 9급

밑줄 친 부분의 쓰임이 적절하지 않은 것은?

① 선생님은 아이의 소질을 <u>계발(啓發)</u>하였다.
② 그 장소에는 그가 말한 물건이 <u>실재(實在)</u>하였다.
③ 상사는 부하 직원의 휴가 서류를 <u>결재(決裁)</u>하였다.
④ 새 기계를 사용하여 서울 공장의 생산량을 <u>재고(再考)</u>하였다.

03 빈칸

08 ████████████████████████ 2024년 국가직 9급

⊙ ~ ⓒ에 들어갈 한자어로 가장 적절한 것은?

> • 현실을 ⊙ 한 그 정책은 결국 실패로 돌아갔다.
> • 그는 ⓒ 이 잦아 친구들 사이에서 신의를 잃었다.
> • 이 소설은 당대의 구조적 ⓒ 을 예리하게 비판했다.

	⊙	ⓒ	ⓒ
①	度外視	食言	矛盾
②	度外視	添言	腹案
③	白眼視	食言	矛盾
④	白眼視	添言	腹案

09 ████████████████████████ 2023년 지방직 9급

⊙ ~ ⓔ에 들어갈 단어로 적절하지 않은 것은?

> • 우리 회사는 올해 최고 수익을 창출해서 전성기를 ⊙ 하고 있다.
> • 그는 오래 살아온 자기 명의의 집을 ⓒ 하려 했는데 사려는 사람이 없다.
> • 그들 사이에 ⓒ 이 심해서 중재자가 필요하다.
> • 제가 부족하니 앞으로 많은 ⓔ 을 부탁드립니다.

① ⊙: 구가(謳歌)　　② ⓒ: 매수(買受)
③ ⓒ: 알력(軋轢)　　④ ⓔ: 편달(鞭撻)

10 ████████████████████████ 2023년 군무원 7급

⊙ ~ ⓒ에 들어갈 단어를 순서대로 나열한 것은?

> • 회사 측은 주민 대표에게 언론에 보도된 내용이 사실과 다르다고 ⊙ 하였다.
> • 그는 국회에서 국민의 기본권에 대하여 ⓒ 할 기회를 얻었다.
> • 피의자는 뇌물을 받은 적이 없다고 검사에게 ⓒ 했다.

	⊙	ⓒ	ⓒ
①	解明	發言	陳述
②	陳述	發言	解明
③	發言	陳述	解明
④	發言	解明	陳述

CHAPTER 03 한자어

🕐 제한 시간: 10분(총 10문제)
🕐 실제 걸린 시간: _____ 분 _____ 초
🔍 어려웠던 문제 번호: _____

제6회

04 한자 표기

01 ━━━━━━━━━━━━━━━━━━━━ 2024년 지방직 9급

㉠ ~ ㉣의 한자 표기로 올바른 것은?

> 외래어의 사용은 날로 늘어나는 추세이다. 일상적인 언어 생활에서는 물론 ㉠ 공문서에서도 외래어가 남용되고 있다. 그리고 가상 ㉡ 공간에서 의사소통이 활발해지면서 국어를 과도하게 변형한 말들이 생겨나고, 이러한 말들이 ㉢ 일상의 의사소통에도 큰 영향을 미치고 있다. 이러한 상황에서 국어 사용에 대한 ㉣ 성찰이 필요하다.

① ㉠: 共文書   ② ㉡: 公間
③ ㉢: 日想   ④ ㉣: 省察

02 ━━━━━━━━━━━━━━━━━━━━ 2023년 국가직 9급

㉠ ~ ㉣의 한자로 적절하지 <u>않은</u> 것은?

> 예정보다 지연되긴 했으나 열 시쯤에는 마애불에 ㉠ 도착할 수가 있었다. 맑은 날씨에 빛나는 햇살이 환히 비춰 ㉡ 불상들은 불그레 물들어 있었다. 만일 신비로운 ㉢ 경지라는 말을 할 수 있다면 바로 이런 경우가 아닐지 모르겠다. 꼭 보고 싶다는 숙원이 이루어진 기쁨에 가슴이 벅차 왔다. 아마 잊을 수 없는 ㉣ 추억의 한 토막으로 남을 것 같다.

① ㉠: 到着   ② ㉡: 佛像
③ ㉢: 境地   ④ ㉣: 記憶

03 ━━━━━━━━━━━━━━━━━━━━ 2023년 군무원 9급

다음 중 밑줄 친 단어의 한자로 <u>틀린</u> 것은?

> 기업이 현장에서 ㉠ 체감할 때까지 규제 ㉡ 혁파를 지속적으로, 또 신속하게 추진해야 한다. 그러려면 기업이 덜어 주기를 바라는 모래 주머니 얘기를 지금의 몇 배 이상으로 ㉢ 경청하고 즉각 혁파에 나서야 한다. 공무원들이 책상머리에서 이것저것 따지는 만큼 기업의 고통은 크다는 점을 명심하길 바란다. 규제 총량제, ㉣ 일몰제 등의 해법을 쏟아내고도 성과를 내지 못했던 과거의 실패에서 교훈을 얻어야 할 것이다.

① ㉠: 體感   ② ㉡: 革罷
③ ㉢: 敬聽   ④ ㉣: 日沒

04 ━━━━━━━━━━━━━━━━━━━━ 2024년 지역인재 9급

한자 표기가 옳지 <u>않은</u> 것은?

① 국가는 국민의 생명과 재산을 <u>보호(保護)</u>해야 한다.
② 공직자는 공공의 이익을 위해 <u>봉사(奉仕)</u>하는 사람이다.
③ 현장에서 쌓은 여러 <u>경험(經驗)</u>이 성공의 발판이 되었다.
④ 이번 협상에서는 우리나라의 <u>입장(入場)</u>을 분명히 밝혔다.

05 ━━━━━━━━━━━━━━━ 2024년 서울시 9급

밑줄 친 부분의 한자 표기가 옳지 <u>않은</u> 것은?

① 심심한 <u>사의(謝意)</u>를 표합니다.
② 전쟁으로 생이별을 했던 형제의 <u>상봉(相逢)</u>이 극적으로 이루어졌다.
③ 그 찻집에는 감미로운 클래식의 <u>선율(線律)</u>이 흐르고 있었다.
④ 그녀는 돌아가신 아버지 사진을 <u>액사(額子)</u>에 넣어 벽에 걸어 두었다.

06 ━━━━━━━━━━━━━━━ 2023년 지역인재 9급

한자 표기가 옳지 <u>않은</u> 것은?

① 감정의 <u>동화(同化)</u>가 일어났다.
② 영희는 안정된 삶을 <u>지향(知向)</u>한다.
③ 철수는 자신의 <u>능력(能力)</u>을 개발하고 있다.
④ 두 선수가 <u>진퇴(進退)</u>를 거듭하며 접전을 벌이고 있다.

07 ━━━━━━━━━━━━━━━ 2023년 지방직 7급

밑줄 친 부분의 한자 표기가 옳은 것은?

① 병민이는 <u>소정(所定)</u>의 금액을 기부했다.
② 사소한 일에도 <u>관심(觀心)</u>을 가져야 한다.
③ 감사의 <u>표시(表視)</u>로 작은 선물을 마련했다.
④ 우리나라는 여러 <u>지역(地役)</u>에서 축제가 열린다.

08 ━━━━━━━━━━━━━━━ 2022년 국가직 9급

한자 표기가 옳지 <u>않은</u> 것은?

① 오늘 협상에서 <u>만족(滿足)</u>할 만한 성과를 거두었다.
② 김 위원의 주장을 듣고 그 의견에 동의하여 <u>재청(再請)</u>했다.
③ 우리 지자체의 해묵은 문제를 <u>해결(解結)</u>할 방안이 생각났다.
④ 다수가 그 의견에 동의하지 않았기에 <u>재론(再論)</u>이 필요하다.

09 ━━━━━━━━━━━━━━━ 2022년 지방직 9급

밑줄 친 부분의 한자 표기가 옳지 <u>않은</u> 것은?

① 우리 시대 영웅으로 <u>소방관(消防官)</u>이 있다.
② <u>과학자(科學者)</u>는 청소년들이 선망하는 직업이다.
③ 그는 인공지능 연구소의 <u>연구원(研究員)</u>이 되었다.
④ 그는 법원의 명령에 따라 <u>변호사(辯護事)</u>로 선임되었다.

10 ━━━━━━━━━━━━━━━ 2022년 지방직 7급

밑줄 친 부분의 한자 표기가 옳은 것은?

① 이번 연주회의 <u>백미(百眉)</u>는 단연 바이올린 독주였다.
② 그분은 고령에도 불구하고 <u>노익장(老益壯)</u>을 과시했다.
③ 신춘문예 공모는 젊은 소설가들의 <u>등용문(燈龍門)</u>이다.
④ 우리 회사에는 <u>미봉책(未縫策)</u>이 아닌 근본 대책이 필요하다.

CHAPTER **03** 한자어

제**7**회

05 한자 표기

01   2022년 서울시 9급

밑줄 친 부분의 한자 표기가 가장 옳지 않은 것은?

① 이 책에는 이론이 체계적(體系的)으로 잘 정립되어 있다.
② 신문에서 사건의 진상에 대해 자세히 보고(報誥)를 했다.
③ 그는 이미지 제고(提高)를 위한 노력을 게을리하지 않았다.
④ 그 분야 전문가이기 때문에 유명세(有名稅)를 치를 수 밖에 없었다.

02   2021년 지방직 7급

밑줄 친 부분의 한자 표기가 잘못된 것은?

① 이 경기의 승리는 노력의 결과(結果)이다.
② 사상 초유(初有)의 사태 앞에서 한없이 나약했다.
③ 그는 수많은 곡절(曲絕)을 겪은 후 대통령이 되었다.
④ 그 모임은 새로운 변화의 서막(序幕)을 올린 사건이다.

06 뜻풀이

03   2024년 서울시 9급

〈보기〉의 밑줄 친 단어에 대한 뜻풀이로 가장 옳은 것은?

─────── [보기] ───────
• 이번 행사에 응모하신 분께는 ㉠ 소정의 상품을 드립니다.
• 책이 출판된 뒤 그는 독자들로부터 많은 격려와 ㉡ 질정을 받았다.
• 각계의 여론이 ㉢ 비등한 가운데 본격적인 논의가 시작되었다.
• 사건의 본질을 ㉣ 호도하는 발언을 당장 중지하십시오.

① ㉠: '소정의'는 '작은'이라는 뜻이다.
② ㉡: '질정'은 '칭찬하거나 찬양함'이라는 뜻이다.
③ ㉢: '비등하다'는 '물이 끓듯 떠들썩하게 일어나다'라는 뜻이다.
④ ㉣: '호도하다'는 '그릇된 길로 이끌다.'라는 뜻이다.

04   2023년 서울시 9급

자신의 생각, 물건, 일 등을 낮추어 겸손하게 이르는 말로 가장 옳지 않은 것은?

① 옥고(玉稿)   ② 관견(管見)
③ 단견(短見)   ④ 졸고(拙稿)

05   2023년 법원직 9급

문맥상 ㉠ ~ ㉣의 의미로 가장 적절하지 않은 것은?

• 카메라로 대상을 포착하는 행위는 찍은 사람의 의도와 메시지를 ㉠ 내포한다.
• 화면 안의 인물이나 물체에 대한 시선 ㉡ 유도 기능이다.
• 이차 프레임은 곧잘 심리적 단절로 이어져 구속, 소외, 고립 따위를 ㉢ 환기한다.
• 현대에 이를수록 시각 매체의 작가들은 이차 프레임의 ㉣ 범례에서 벗어나는 시도들로 다양한 효과를 끌어내기도 한다.

① ㉠: 어떤 성질이나 뜻 따위를 속에 품음.
② ㉡: 사람이나 물건을 목적한 장소나 방향으로 이끎.
③ ㉢: 탁한 공기를 맑은 공기로 바꿈.
④ ㉣: 예시하여 모범으로 삼는 것.

06

밑줄 친 단어의 뜻풀이가 옳지 <u>않은</u> 것은?

① 한 분야에 <u>천착(穿鑿)</u>하면 전문가가 될 수 있다.
　→ 깊이 파고들어 연구함

② 대학을 졸업한 후에 사이가 더욱 <u>소원(疎遠)</u>해졌다.
　→ 지내는 사이가 멀고 서먹서먹해짐

③ 새로운 회사에 입사하니 동료들이 <u>백안시(白眼視)</u>하였다.
　→ 친밀하고 반가운 감정으로 대하는 눈매

④ 행복한 삶으로 가는 <u>첩경(捷徑)</u>은 마음가짐에 있다.
　→ 멀리 돌지 않고 가깝게 질러 통하는 길

⑤ 직원들의 사기 <u>진작(振作)</u>을 위해 상여금이 지급되었다.
　→ 떨쳐 일어나는 상황을 조성함

07

밑줄 친 ㉠ ~ ㉤의 뜻풀이로 적절하지 <u>않은</u> 것은?

> • 그 시대는 문명과 진보의 시대이고, ㉠ <u>제반</u> 문제점들의 시대이다.
> • 러시아의 ㉡ <u>부흥</u> 등등의 시대였다.
> • 그때는 ㉢ <u>형안</u>의 신인 정치가와 같은 러시아가 소피아 사원에서 기도를 올리겠다는 꿈이 깨어짐에 슬퍼하였다.
> • 모든 범죄자들을 ㉣ <u>응징</u>하기 시작한 사회 여론이 모스크바의 배우를 기념하는 자리였다.
> • 페테르부르크에서 구성된 ㉤ <u>준엄</u>한 위원회가 악덕 위원들을 잡아서 그들의 죄상을 폭로하고 처벌하기 위해 남쪽으로 달려가던 때이다.

① ㉠: 어떤 것과 관련된 모든 것
② ㉡: 쇠퇴하였던 것이 다시 일어남
③ ㉢: 빛나는 눈
④ ㉣: 잘못을 깨우쳐 뉘우치도록 징계함
⑤ ㉤: 태도나 상황 따위가 튼튼하고 굳음

07 한자어 vs. 고유어

08

다음 밑줄 친 말 중 한자어가 <u>아닌</u> 것은?

① <u>어차피</u> 갈 것이라면 당장 가는 게 좋다.
② 그는 자기 일은 <u>물론</u>이고 남의 일까지 챙긴다.
③ 그는 귀둥자로 커서 <u>도대체</u> 집안일을 거들 줄 모른다.
④ 무슨 일이 있었는지, 막냇동생의 얼굴에는 <u>근심</u>이 가득했다.

09

〈보기〉의 밑줄 친 단어 중 한자어에 해당하는 것만을 모두 고르면?

> ──────[보기]──────
> ㉠ 그 사람은 <u>생각</u>이 매우 깊다.
> ㉡ <u>도대체</u> 네가 하고 싶은 말이 뭐야?
> ㉢ 이제는 <u>어차피</u> 늦었으니 너무 서두르지 맙시다.
> ㉣ 왜 그런 일을 했는지 <u>도무지</u> 짐작이 가지 않는다.
> ㉤ <u>사과</u>를 수확하는 해의 기후 조건이 중요하다.
> ㉥ 친구는 <u>접시</u>에 밥을 담고 카레 소스를 얹었다.

① ㉠, ㉡, ㉤ 　　　　　② ㉠, ㉢, ㉥
③ ㉡, ㉢, ㉤ 　　　　　④ ㉡, ㉢, ㉥
⑤ ㉢, ㉣, ㉤

10

밑줄 친 단어 중 사람의 몸을 지시하는 말이 포함되지 <u>않은</u> 것은?

① 선생님께서는 <u>슬하</u>에 세 명의 자녀를 두셨다고 한다.
② 그는 <u>수완</u>이 좋아서 사람들에게 인정을 받는다.
③ 여러 팀이 우승을 위해 긴 시간 동안 <u>각축</u>을 벌였다.
④ 사업단의 <u>발족</u>으로 미뤄 뒀던 일들이 진행되기 시작했다.

CHAPTER **04** **바꿔쓰기**

제**8**회

01 | 한자어 → 고유어

01 　　　　　　　　　　　2024년 국가직 9급

밑줄 친 부분과 바꾸어 쓰기에 적절하지 않은 것은?

① 나는 하루 종일 거리를 배회(徘徊)하였다.
　　　　　　　　→ 돌아다녔다
② 이 산의 광물 자원은 무진장(無盡藏)하다.
　　　　　　　　→ 여러 가지가 있다
③ 그분의 주장은 경청(傾聽)할 가치가 있다.
　　　　　　　　→ 귀를 기울여 들을
④ 공지문에서는 회의의 사유를 명기(明記)하지 않았다.
　　　　　　　　→ 밝혀 적지

02 　　　　　　　　　　　2024년 지방직 9급

밑줄 친 부분을 풀어 쓴 것으로 적절하지 않은 것은?

① 선생님께서 수시(隨時)로 교실에 들어오셨다.
　　　　　　　　→ 아무때나 늘
② 그는 세계 제일의 피아니스트라고 해도 과언(過言)이
　 아니다.　　　　　　　　→ 지나친 말이
③ 문화 시설 대부분이 서울에 편재(偏在)해 있다.
　　　　　　　　→ 치우쳐
④ 누구나 착한 심성을 발현(發現)하는 것은 아니다.
　　　　　　　　→ 헤아려 보는

03 　　　　　　　　　　　2023년 지방직 7급

밑줄 친 부분을 고유어로 바꿔 쓴 것으로 적절하지 않은 것은?

① 선생님께서 오늘 영면(永眠)하셨다.
　　　　　　　　→ 돌아가셨다
② 공무원은 국민을 기망(欺罔)해서는 안 된다.
　　　　　　　　→ 속여서는
③ ○○시는 금명간(今明間) 공사를 할 것이라고 발표했다.
　　　　　　　　→ 일찍
④ 주무관들에게 회의 시간이 바뀌었다고 공지(公知)했다.
　　　　　　　　→ 알렸다

04 　　　　　　　　　　　2023년 서울시 9급

어려운 표현을 이해하기 쉬운 표현으로 다듬은 것으로 가장 적절하지 않은 것은?

① 가능성은 상존하고 있다 → 가능성은 늘 있다
② 만 65세 도래자는 → 만 65세가 되는 사람은
③ 소정의 급여를 지급함으로써 → 소액의 급여를 지급함으로써
④ 확인서 발급에 따른 편의성을 제고함 → 확인서 발급에 따른 편의성을 높임

05 　　　　　　　　　　　2021년 서울시 9급

밑줄 친 한자어를 쉬운 표현으로 바꾼 것으로 적절하지 않은 것은?

① 일부인을 찍은 접수증을 발급한다.
　　→ 날짜 도장을 찍은 접수증을 발급한다.
② 굴삭기에는 굴삭 시건장치를 갖춰야 한다.
　　→ 굴삭기에는 굴삭 멈춤장치를 갖춰야 한다.
③ 소작농에게 농지를 불하하였다.
　　→ 소작농에게 농지를 매각하였다.
④ 공무상 지득한 사실을 누설하였다.
　　→ 공무상 알게 된 사실을 누설하였다.

06

㉠~㉢과 바꿔쓸 수 있는 표현으로 적절하지 <u>않은</u> 것은?

> 백석의 시 「노루」의 공간적 배경은 산골이다. '집터를 츠고'의 '츠다'는 집터를 '치다'의 평안도 ㉠ <u>방언으로</u>, 집터를 마련하기 위해 땅을 파내거나 ㉡ <u>평탄하게</u> 고른다는 말이다. 백석의 시에서는 ㉢ <u>회귀하고</u> 싶은 이상향의 이미지가 발견된다. 또한 ㉣ <u>상실한</u> 것을 잊어버리지 않아야 할 것으로 이야기한다.

① ㉠: 사투리로 ② ㉡: 줄을 맞추어
③ ㉢: 돌아가고 ④ ㉣: 잃어버린

07

㉠~㉣과 바꿔 쓸 수 있는 유사한 표현으로 적절하지 <u>않은</u> 것은?

> • 서구의 문화를 ㉠ <u>맹종하는</u> 이들이 많다.
> • 안일한 생활에서 ㉡ <u>탈피하여</u> 어려운 일에 도전하고 싶다.
> • 회사의 생산성을 ㉢ <u>제고하기</u> 위해 노력하자.
> • 연못 위를 ㉣ <u>부유하는</u> 연잎을 바라보며 여유를 즐겼다.

① ㉠: 무분별하게 따르는 ② ㉡: 벗어나
③ ㉢: 끌어올리기 ④ ㉣: 헤엄치는

08

〈보기〉의 ㉠~㉣을 풀이한 것으로 가장 옳지 <u>않은</u> 것은?

> ——————[보기]——————
> 한때 우리나라에서는 우리의 대표적 음식이라고 할 수 있는 된장과 김치를 ㉠ <u>폄하한</u> 적이 있었다. 곰팡이 균으로 만드는 된장은 암을 유발한다고 해서 ㉡ <u>기피하고</u>, 맵고 짠 김치도 건강에 해롭다고 했다. 이러한 발상이 나왔던 것은 어떤 의미에서는 현대 과학의 선두 주자인 서구지향적인 가치관이 그 배경으로 깔려 있었기 때문이다. 그러나 이제는 김치연구소까지 생기고, 마늘은 새로운 형태로 변모하면서 건강식품으로 등장하고, 된장(청국장) 또한 항암 효과까지 있다고 ㉢ <u>각광</u>을 받는다. 그리고 비빔밥은 다이어트 음식으로서만이 아니라, 그 맛도 이제는 국제적으로 알려졌다. 굳이 신토불이라는 말을 들먹이지 않더라도 우리의 일상적인 식문화에서 가치 있는 것을 추출해 ㉣ <u>천착할</u> 필요가 있다.

① ㉠: 가치를 깎아내린 ② ㉡: 꺼리거나 피하고
③ ㉢: 사회적으로 관심을 ④ ㉣: 잘못된 것을 바로잡을

09

㉠~㉣과 바꿔쓸 수 있는 유사한 표현으로 적절하지 <u>않은</u> 것은?

> • 한국 신화에 보이는 신과 인간의 관계는 다른 나라의 신화와 ㉠ <u>견주어</u> 볼 때 흥미롭다.
> • 천상적 존재가 지상적 존재가 되기를 ㉡ <u>바라는</u> 것이다.
> • 무속신화에서는 인간이었던 주인공이 신과의 결합을 통해 신적 존재로 ㉢ <u>거듭나게</u> 됨으로써 존재론적으로 상승하게 된다.
> • 이러한 양상은 북유럽이나 바빌로니아 등에 ㉣ <u>퍼져</u> 있는 신체 화생 신화에도 유사하게 나타난다.

① ㉠: 비교해 ② ㉡: 희망하는
③ ㉢: 복귀하게 ④ ㉣: 분포되어

10

밑줄 친 단어의 사용이 적절하지 <u>않은</u> 것은?

① 일부 혜성은 육안으로 <u>예측</u>된다.
② 인간의 생명을 존중하는 것은 도덕적 <u>당위</u>이다.
③ 감독은 선수들의 사기를 <u>고취</u>하기 위해 노력하였다.
④ 언어폭력에 대한 무관심과 <u>방임</u>은 사회적 문제를 야기한다.

CHAPTER 05 관용 표현

제9회

01 속담

01   2024년 서울시 9급

〈보기〉의 글쓴이가 바라본 사람들의 인식 태도와 가장 부합하는 속담은?

─[보기]─

코끼리를 십 보 밖에서 보았는데 그때 동해에서 보았던 것과 방불할 만큼 크게 생겼다. 몸뚱이는 소 같고 꼬리는 나귀와 같으며, 약대 무릎에, 범의 발톱에, 털은 짧고 잿빛이며 성질은 어질게 보이고, 소리는 처량하고 귀는 구름장같이 드리웠으며, 눈은 초생달 같고, 두 어금니는 크기가 두 아름은 되고, 길이는 한 장(丈) 남짓 되겠으며, 코는 어금니보다 길어서 구부리고 펴는 것이 자벌레 같고, 코의 부리는 굼벵이 같으며, 코끝은 누에 등 같은데, 물건을 끼우는 것이 족집게 같아서 두르르 말아 입에 집어넣는다. 때로는 코를 입부리로 생각하는 사람도 있어 다시 코 있는 데를 따로 찾아보기도 하는데, 그도 그럴 것이 코 생긴 모양이 이럴 줄이야 누가 뜻했으랴. 혹은 코끼리 다리가 다섯이라고도 하고 혹은 눈이 쥐눈 같다고 하는 것은 대개 코끼리를 볼 때는 코와 어금니 사이를 주목하는 까닭이니, 그 몸뚱이를 통틀어서 제일 작은 놈을 집어가지고 보면 이렇게 엉뚱한 추측이 생길 만하다.

① 쇠귀에 경 읽기
② 눈 가리고 아웅한다
③ 나무만 보고 숲은 보지 못한다
④ 밤새도록 곡하고서 누구 초상인지 묻는다

02   2023년 군무원 9급

다음 중 빈칸에 들어가기에 가장 적절한 속담은?

춘향이가 마지막으로 유언을 허는디,
"서방님!"
"왜야?"
"내일 본관 사또 생신 잔치 끝에 나를 올려 죽인다니, 날 올리라고 영이 내리거든 칼머리나 들어주고, 나를 죽여 내어놓거든, 다른 사람 손 대기 전에 서방님이 삯꾼인 체 달려들어, 나를 업고 물러나와 우리 둘이 인연 맺든 부용당에 나를 뉘고, 옥중에서 서방님을 그려 간장 썩은 역류수 땀내 묻은 속적삼 벗겨, 세 번 불러 초혼허고, 서방님 속적삼 벗어 나의 가슴을 덮어 주오. 수의 입관도 내사 싫소. 서방님이 나를 안고 정결한 곳 찾아가서 은근히 묻어 주고, 묘 앞에다 표석을 세워, '수절원사춘향지묘'라 크게 새겨주옵시면, 아무 여한이 없겠네다."
어사또 이 말 듣고,
"오, 춘향아! 오냐, 춘향아, 우지 마라. 내일 날이 밝거드면 상여를 탈지, 가마를 탈지 그 속이야 누가 알랴마는, 천붕우출이라, [_____] 법이요, 극성이면 필패라니, 본관이 네게 너무 극성을 뵈었으니, 무슨 변을 볼지 알겠느냐?"

① 도둑이 제 발 저리는
② 웃는 낯에 침 못 뱉는
③ 모로 가도 서울만 가면 되는
④ 하늘이 무너져도 솟아날 구멍이 있는

03   2022년 서울시 9급

〈보기〉의 설명에 해당하는 속담으로 가장 적절한 것은?

─[보기]─

훌륭한 사람 밑에서 지내면 그의 덕이 미치고 도움을 받게 됨을 비유적으로 이르는 말.

① 서 발 막대 거칠 것 없다
② 무른 땅에 말뚝 박기
③ 금강산 그늘이 관동 팔십 리
④ 우물에 가 숭늉 찾는다

04 ━━━━━━━━━ 2022년 간호직 8급

빈칸에 들어갈 속담으로 적절한 것은?

> 우리는 살아가면서 많은 사람을 만나고, 서로 대화를 한다. 그리고 그 대화가 어떠한가에 따라 사람 사이의 관계가 좋게 되기도 하고 나쁘게 되기도 한다. 그렇기 때문에 상대방에게 어떻게 말을 하느냐는 무척 중요하다. 나의 기분이 좋지 않거나, 상대방에게 좋지 않은 감정을 지니고 있다고 해서 말을 함부로 하면, 상대방도 말을 함부로 할 것이다. 또한 내가 상대방의 기분을 고려해서 말을 조심하면 상대방도 말을 조심할 것이다. ＿＿＿라고 하는 속담은 이러한 상황을 잘 나타낸다.

① "가는 말이 고와야 오는 말이 곱다."
② "말이 말을 낳고 소문이 소문을 만든다."
③ "낮말은 새가 듣고 밤말은 쥐가 듣는다."
④ "말은 해야 맛이고 고기는 씹어야 맛이다."

---

02 속담과 사자성어

05 ━━━━━━━━━ 2021년 국회직 8급

〈보기〉의 속담과 유사한 의미의 사자성어를 연결한 것으로 옳지 <u>않은</u> 것은?

> ──────── [보기] ────────
> ㉠ 도랑 치고 가재 잡고.
> ㉡ 달면 삼키고 쓰면 뱉는다.
> ㉢ 낫 놓고 기역자도 모른다.
> ㉣ 같은 값이면 다홍치마.
> ㉤ 원님 덕에 나팔 분다.

① ㉠ : 일거양득(一擧兩得)
② ㉡ : 고진감래(苦盡甘來)
③ ㉢ : 목불식정(目不識丁)
④ ㉣ : 동가홍상(同價紅裳)
⑤ ㉤ : 호가호위(狐假虎威)

---

03 속담과 관용구

06 ━━━━━━━━━ 2024년 군무원 7급

다음 문장의 빈칸에 들어갈 말로 가장 적절한 것은?

> 박 승지는 ＿＿＿＿＿ 별별 야단을 다 치며 집 안 망할 자식이 생겼다고 화를 내었다.

① 콩 튀듯 팥 튀듯
② 콩 본 당나귀같이
③ 콩 볶아 재미 내어
④ 콩으로 메주를 쑨다고

---

07 ━━━━━━━━━ 2023년 국가직 9급

관용표현 ㉠ ～ ㉣의 의미를 풀이한 것으로 적절하지 <u>않은</u> 것은?

> • 그의 회사는 작년에 노사 갈등으로 ㉠ <u>홍역을 치렀다.</u>
> • 우리 교장 선생님은 교육계에서 ㉡ <u>잔뼈가 굵은</u> 분이십니다.
> • 유원지로 이어지는 국도에는 차가 밀려 ㉢ <u>입추의 여지가 없었다.</u>
> • 그분은 세계 유수의 연구자들과 ㉣ <u>어깨를 나란히 하는</u> 물리학자이다.

① ㉠ : 심한 어려움을 겪었다
② ㉡ : 오랫동안 일을 하여 그 일에 익숙한
③ ㉢ : 돌아서 갈 수 있는 방법이 없었다
④ ㉣ : 비슷한 지위나 힘을 가지는

04 관용구

08 ━━━━━━━━━━━━━━━━━━━━━━ 2021년 지방직 9급

밑줄 친 부분과 바꿔 쓸 수 있는 관용 표현으로 적절하지 **않**은 것은?

① <u>몹시 가난한</u> 형편에 누구를 돕겠느냐?
    → 가랑이가 찢어질

② 그가 중간에서 <u>연결해 주어</u> 물건을 쉽게 팔았다.
             → 호흡을 맞춰

③ 그는 상대편을 보고는 속으로 <u>깔보며 비웃었다.</u>
             → 코웃음을 쳤다

④ 주인의 말에 넘어가 <u>실제보다 비싸게</u> 이 물건을 샀다.
         → 바가지를 쓰고

05 종합편

09 ━━━━━━━━━━━━━━━━━━━━━━ 2021년 국가직 9급

빈칸에 들어갈 말로 가장 적절한 것은?

> 한 민족이 지닌 문화재는 그 민족 역사의 누적일 뿐 아니라 그 누적된 민족사의 정수로서 이루어진 혼의 상징이니, 진실로 살아 있는 민족적 신상(神像)은 이를 두고 달리 없을 것이다. 더구나 국보로 선정된 문화재는 우리 민족의 성력(誠力)과 정혼(精魂)의 결정으로 그 우수한 질과 희귀한 양에서 무비(無比)의 보(寶)가 된 자이다. 그러므로 국보 문화재는 곧 민족 전체의 것이요, 민족을 결속하는 정신적 유대로서 민족의 힘의 원천이라 할 것이다.
> 로마는 하루아침에 만들어지지 않는다는 말도 그 과거 문화의 존귀함을 말하는 것이요, ▢▢▢▢▢는 말도 국보 문화재가 얼마나 힘 있는가를 밝힌 예증이 된다.

① 구르는 돌에는 이끼가 끼지 않는다
② 지식은 나눌 수 있지만 지혜는 나눌 수 없다
③ 사람은 겪어 보아야 알고 물은 건너 보아야 안다
④ 그 무엇을 내놓는다고 해도 셰익스피어와는 바꾸지 않는다

10 ━━━━━━━━━━━━━━━━━━━━━━ 2023년 국회직 9급

표현과 설명이 바르게 연결되지 **않은** 것은?

① 금을 놓다 : 물건 값을 매기다.
② 에누리 : 물건 값을 더 많이 부르는 일.
③ 세나다 : 돈을 받고 자기의 물건을 남에게 빌려주다.
④ 눅다 : 굳거나 뻣뻣하던 것이 부드러워지다.
⑤ 바가지를 쓰다 : 물건 값을 비싸게 지불하여 손해를 보다.

🔔 제한 시간: 10분(총 10문제)
⏱ 실제 걸린 시간: _____분_____초
🔍 어려웠던 문제 번호: _____

제10회

01 의미 관계

01   2024년 서울시 9급

반의관계의 유형이 <u>다른</u> 것은?

① 길다 ↔ 짧다   ② 살다 ↔ 죽다

③ 좋다 ↔ 나쁘다   ④ 춥다 ↔ 덥다

02   2020년 지역인재 9급

다음에 해당하는 사례로 적절한 것은?

> '길다 : 짧다'는 정도나 등급의 측면에서 반의 관계를 보인다.

① 남자 : 여자   ② 스승 : 제자

③ 밝다 : 어둡다   ④ 가르치다 : 배우다

03   2020년 법원직 9급

〈보기〉의 내용을 참고할 때, 밑줄 친 ㉠에 해당하는 것이 <u>아닌</u> 것은?

> **[보기]**
> 상보 반의어는 양분적 대립 관계에 있기 때문에 두 단어가 상호 배타적인 영역을 갖는다. 즉, 상보 반의어는 한 단어의 긍정이 다른 단어의 부정을 함의하는 관계에 있다. 등급 반의어는 두 단어 사이에 등급성이 있다. 다시 말하면 두 단어 사이에 중간 상태가 있을 수 있으며 그렇기 때문에 한 쪽을 부정하는 것이 바로 다른 쪽을 의미하는 것이 아니다. ㉠ 관계 반의어는 두 단어가 상대적 관계에 있으면서 의미상 대칭을 이루고 있다. '남편'과 '아내'를 예로 들면 두 단어 사이에서 x가 y의 남편이면 y가 x의 아내가 되는 상대적 관계가 있으며 두 단어는 어떤 기준을 사이에 두고 대칭관계를 이루고 있으므로 관계 반의어라고 할 수 있는 것이다.

① 사다 : 팔다   ② 부모 : 자식

③ 동쪽 : 서쪽   ④ 있다 : 없다

04   2020년 군무원 9급

㉠과 ㉡의 의미 관계와 같지 <u>않은</u> 것은?

> 구도의 필요에 따라 좌우와 상하의 거리 조정, 허와 실의 보완, ㉠ 성김과 ㉡ 빽빽함의 변화 표현 등이 자유로워졌다.

① 곱다 : 거칠다

② 무르다 : 야무지다

③ 넉넉하다 : 푼푼하다

④ 느슨하다 : 팽팽하다

05   2020년 군무원 7급

다음은 어순 병렬의 원리에 대한 설명이다. 이와 가장 부합하지 <u>않는</u> 어순을 보이는 것은?

> 국어에는 언어 표현이 병렬될 때 일정한 규칙이 반영된다. 시간 용어가 병렬될 때 일반적으로는 자연시간의 순서를 따르거나 화자가 말하는 때를 기준으로 가까운 쪽이 앞서고 멀어질수록 뒤로 간다. 공간 관련 용어들은 일반적으로 위쪽이나 앞쪽 그리고 왼쪽과 관련된 용어가 앞서고 아래쪽이나 뒤쪽 그리고 오른쪽과 관련된 용어들이 나중에 온다.

① 꽃이 피고 지고 한다.

② 수입과 지출을 맞추어 보다.

③ 머리끝부터 발끝까지 달라졌다.

④ 문 닫고 들어와라.

02 어휘 구성

06 _____ 2022년 군무원 9급

밑줄 친 말이 한자어와 고유어의 결합이 아닌 것은?

① 이번 달은 예상외로 <u>가욋돈</u>이 많이 나갔다.
② 앞뒤 사정도 모르고 <u>고자질</u>을 하면 안 된다.
③ 불이 나자 순식간에 장내가 <u>아수라장</u>으로 변했다.
④ 두통이 심할 때 <u>관자놀이</u>를 문지르면 도움이 된다.

07 _____ 2021년 군무원 9급

다음 밑줄 친 합성어를 구성하는 성분이 모두 고유어인 것은?

① <u>비지땀</u>을 흘리며 공부하는구나.
② 이분을 <u>사랑채</u>로 안내해 드려라.
③ 이렇게 큰 <u>쌍동밤</u>을 본 적 있어?
④ 아궁이에는 <u>장작불</u>이 활활 타올랐다.

03 고전 어휘 뜻풀이

08 _____ 2022년 지방직 9급

단어에 대한 설명으로 적절하지 않은 것은?

① 가난 : 한자어 '간난'에서 'ㄴ'이 탈락하면서 된 말이다.
② 어리다 : '어리석다'는 뜻에서 '나이가 적다'는 뜻으로 바뀐 말이다.
③ 수탉 : 'ㅎ'을 종성으로 갖고 있던 '숳'에 '닭'이 합쳐져 이루어진 말이다.
④ 점잖다 : '의젓함'을 나타내는 '점잖이'에 '하다'가 붙어 형성된 말이다.

09 _____ 2021년 서울시 9급

의미 변화에 대한 설명으로 가장 옳지 않은 것은?

① '겨레'는 근대국어에서 '친족'을 뜻하였는데 오늘날에는 '민족'을 뜻하여 의미가 확대되었다.
② '얼굴'은 중세국어에서 '형체'를 뜻하였는데 오늘날에는 '안면'을 뜻하여 의미가 축소되었다.
③ '어리다'는 중세국어에서 '어리석다'를 뜻하였는데 오늘날에는 '나이가 적다'를 뜻하여 의미가 상승하였다.
④ '계집'은 중세국어에서 '여자'를 뜻하였는데 오늘날에는 '여자를 낮잡아 이르는 말'로 의미가 하락하였다.

10 _____ 2020년 국회직 8급

밑줄 친 ㉠~㉢을 설명할 수 있는 예시로 옳은 것은?

> 언어는 통시적으로 꾸준히 변화하고, 음운, 어휘, 문법, 의미 등 언어를 구성하는 모든 부분에서 변화가 일어난다. 그중 의미 변화는 어떤 말의 중심 의미가 새로 생겨난 다른 의미와 함께 사용되다가 마침내 다른 의미로 바뀌는 현상이다.
>
> 단어가 의미 변화를 겪고 난 후의 결과를 보면 단어가 지시하는 범위, 곧 의미 영역에 변화가 일어나는데, ㉠ <u>의미가 확대되는 경우</u>와 ㉡ <u>축소되는 경우</u>, 그리고 ㉢ <u>제3의 다른 의미로 바뀌는 경우</u>를 볼 수 있다.

	㉠	㉡	㉢
①	마누라	놈	식구
②	놀부	짐승	언니
③	온	메	인정(人情)
④	어리다	외도(外道)	손

New
강세진
국어

[New 강세진 국어 기본서 All In One]

[New 강세진 국어 기출문제집 All In One]

9/7급 국가직·지방직, 지역인재, 국회직, 법원직, 군무원, 서울시

New
강세진 국어
기출문제집 All In One

제 인생을 바꿔 준 참된 스승님 세진쌤♥
제자 은하

강렬하고, 세밀하게 알려주시는, 진짜 선생님 추천해요!!
제자 용구

최대한 효율적으로 공부할 수 있도록 도와주시는 강세진 선생님을 추천합니다!
제자 현지

꼼꼼한 강세진 선생님 추천 드립니다~!
제자 일화

세진쌤을 만난 것은 진짜 행운임
제자 상범

학생들의 약점, 강점을 파악해서 꼼꼼하게 해결 방법을 제시해 주시는 진짜 선생님!! 추천합니다!!
제자 해지

기초부터 꼼꼼하게 알려주시는 세진쌤입니다!!
제자 운정

노베이스도 이해시키시는 꼼꼼한 세진쌤입니다!! 정말 추천합니다!
제자 은주

핵심 짚어 주시고 재미있는 세진쌤! 쌤을 만난 건 저에겐 행운 ~!
제자 지영

강의에 대한 열정 남다른 선생님이십니다. 저도 그 열정 이어받아 열심히 공부하겠습니다.
좋은 영향력을 가진 강세진 선생님! 감사합니다!
제자 혜진

세진 선생님 재밌게 설명해 주셔서 공부하는 데 도움이 되게 많이 되는 것 같아요.
제자 세민

학생을 위해 노력해주시는 세진쌤을 만나서 국어가 좋아졌어요!! 정말 감사합니다!!
제자 지영

문제의 답을 일방적으로 해설하는 게 아니라 잡는 방법을 제시해 주는 것, 그리고 스와트 분석(S.W.O.T)을
통해 수험생마다 다르게 접근하는 교수법으로 약점을 보완해 주는 세진쌤! 자신감이 생깁니다.
제자 승현

국어를 어떻게 가르쳐야 하는지를 제대로 알고 계시는 분입니다.
학생을 아끼시는 모습이 정말 힘이 돼요. 감사합니다.
제자 지원

수험생을 위하는 마음이 정말 크신 선생님!
제자 존서

수험생을 아끼고 위하는 마음이 느껴지고, 가르칠 땐 확실히 가르쳐주시는 좋은 선생님입니다~!
제자 주희

쉬는 시간마다 모든 학생들에게 따로 조언을 해주시고 숙제도 첨삭해 주셔서
정말 이런 수업이 또 있을까 생각합니다.
제자 창환

확실하고 명쾌하게 설명해 주셔서 강의가 지루하지 않고 흡입력 있어서 집중해서 들었습니다!
판서도 깔끔하게 정리해 주셔서 필기하고 정리하기에 좋았습니다!
제자 수민

9급 대상 강좌로 분류되어 있는 것 같은데, 문법의 경우 국회직이나 법원직 출제 부분까지도 커버가 가능할
정도로 광범위하게 가르치셔서 7급 학생들에게도 저는 추천하고 싶습니다. 선생님께서 주시는 프린트
자료들이 퀄리티가 굉장히 좋은 편입니다. 해설지도 되게 꼼꼼하게 적어주셔서 활용도가 높습니다.
제자 현아

이론 배우면 연습문제 바로 보여주시면서
시험장에서 어떻게 접근할 건데? 어떻게 적용할 건데? 어떻게 정확하고 빨리 풀래?
이렇게 화두를 자꾸 던지시니 내가 앞으로 어떻게 공부해야겠구나 스스로 깨닫게 됩니다.
제자 찬혁

세진쌤은 각 문제의 의도와 출제자의 관점을 명확히 짚어주셔서 단순히 정답을 맞히는 것을 넘어서,
문제를 어떻게 접근해야 할지 체계적으로 이해할 수 있게 도와주셨습니다.
특히, 직접 만드신 문제들은 실제 시험과 매우 유사한 형태로, 난이도와 출제 경향까지 철저히 반영되어 있어
실전 감각을 키우는 데 큰 도움이 되었습니다.
제자 영아

 2024 고객선호브랜드지수 1위
교육(교육서비스)부문

 2023 고객선호브랜드지수 1위
교육(교육서비스)부문

 2022 한국 브랜드 만족지수 1위
교육(교육서비스)부문 1위

 2021 대한민국 소비자 선호도 1위
교육부문 1위

 2020 한국 산업의 1등
브랜드 대상 수상

 2019 한국 우수브랜드
평가대상 수상

 2018 대한민국 교육산업 대상
교육서비스 부문 수상

 2017 대한민국 고객만족
브랜드 대상 수상

 브랜드스탁 BSTI
브랜드 가치평가 1위

 박문각 북스파
수험교재 및 교양서 전문
온라인 서점

 박문각 공무원
강세진 국어 온라인강의
www.pmg.co.kr

정가 32,000원

13710

 박문각 www.pmg.co.kr 교재문의 02-6466-7202 동영상강의 문의 02-6466-7201

9 791172 624583
ISBN 979-11-7262-458-3

박문각
공무원

기출문제

브랜드만족
1위
박문각

2025

New
강세진
국어

강세진 편저

문법, 어문규정, 문학, 독해, 어휘 국어 전 영역 총망라

영역별·회차별(70회분) 문제 구성

정답 및 해설

기출문제집
All In One

동영상 강의 www.pmg.co.kr

박문각

강세진
국어

국어에 시선을 더하다!

국어 시선에 특화된 선생님
출제 의도에 맞추어 스파르타로 가르치는 선생님
철저한 시스템에 맞추어 무한 반복하여 가르치는 선생님

강세진 ◇ ✦

[주요 약력]

고려대학교 국어교육과 심화전공 졸업
현) 박문각 공무원 국어 대표 온라인, 오프라인 강사
전) 메가 공무원 소방 국어 대표 온라인, 오프라인 강사
　　메가 공무원 국어 대표 온라인, 오프라인 강사
　　KG 공무원 9공구 9급 공무원 국어 대표 강사
　　메가스터디 대치, 강남 러셀 국어 오프라인 강사
　　스카이에듀 노량진 국어 오프라인 강사

[주요 저서]

NEW 강세진 국어 기본서 All In One(박문각)
NEW 강세진 국어 기출문제집 All In One(박문각)
강세진 논리 국어 기본서 1권. 국어 문법과 어문 규정(박문각)
강세진 논리 국어 기본서 2권. 문학과 해석(박문각)
강세진 논리 국어 기본서 3권. 독서와 사고 – 어휘력 강화(박문각)
2016~2025 문학 개념서: 더하다
2016~2025 O.V.S 수능특강, 수능완성
EBS EXIT 최종정리(수능특강, 인터넷수능)
EBS EXIT 최종정리(300제, 수능완성)
EBS EXIT 모의고사
EBS EXIT 연계교재 문항집
국어의 혁명 A형/B형

[사이트]

네이버 밴드 앱: band.us/@kangsejin

9·7급 공무원 시험대비

박문각
공무원

기출문제

브랜드만족
1위
박문각

2025

New

강세진
국어

강세진 편저

문법, 어문규정, 문학, 독해, 어휘 국어 전 영역 총망라

영역별·회차별(70회분) 문제 구성

정답 및 해설

기출문제집
All In One

동영상 강의 www.pmg.co.kr

Part

01

국어 문법과
어문 규정

CHAPTER 01 음운론

제1회

Answer

01 ①	02 ②	03 ①	04 ③	05 ②
06 ②	07 ③	08 ①	09 ③	10 ①

01 ①

'소리의 강약이나 고저' 등은 분절되지 않는 '비분절 음운'에 해당하고, '비분절 음운'은 '운소'를 의미한다. '음운'은 '음소'와 '운소'를 아우르는 개념이므로 '소리의 강약이나 고저' 역시 음운이라고 할 수 있다.

※ 음운(音韻) : 말의 뜻을 구별하여 주는 소리의 가장 작은 단위. 사람들이 같은 음이라고 생각하는 추상적 소리로, '님'과 '남'이 다른 뜻의 말이 되게 하는 'ㅣ'와 'ㅏ', '물'과 '불'이 다른 뜻의 말이 되게 하는 'ㅁ'과 'ㅂ' 따위를 이른다. 음운은 사람들의 관념에 따라 그 수가 달라질 수 있다. 예를 들어 우리말의 'ㄹ'을 영어에서는 'l'과 'r'의 두 개의 음운으로 인식한다.

※ 음소(音素) : 『언어』 더 이상 작게 나눌 수 없는 음운론상의 최소 단위. 하나 이상의 음소가 모여서 음절을 이룬다.≒낱소리.

※ 운소(韻素) : 『언어』 단어의 의미를 분화하는 데 관여하는 음소 이외의 운율적 특징. 소리의 높낮이, 길이, 세기 따위가 있다.≒비분할 음소, 상가음소, 운율 음소, 운율 음운.

☑ 오답 피하기

② '최소 대립쌍'이란 '의미를 변별하게 하는 음운을 가진 단어들의 쌍이다. 예를 들어 '불'과 '풀'은 다른 음운인 'ㅂ', 'ㅍ'에 의해 의미가 달라진다.'이다. 음운은 '의미를 구별해 주는 최소의 단위'이므로, 해당 선지는 적절하다.

③ '변이음'이란 '같은 음소에 포괄되는 몇 개의 구체적인 음이 서로 구별되는 음의 특징을 지니고 있을 때의 음.'이다. 예를 들어, '감기'의 두 'ㄱ' 소리는 같은 문자로 표기하나 실제로는 앞의 ㄱ은 [k], 뒤의 ㄱ은 [g]와 같이 서로 다른 음가를 가지는데, 한 음운으로 묶인 서로 다른 둘 이상의 음성을 그 음운에 상대하여 이른다. 이처럼 특정 음운(ㄱ, ㄷ, ㅂ)은 몇 개의 변이음으로 되어 있어서, 실제로 들리는 소리가 다름에도 불구하고 '하나의 음운'으로 인정된다.

④ 음운은 실제적인 소리 그 자체가 아니라, 관념적이고 추상적인 기호로 약속하여 쓴 것이므로, 해당 설명 역시 적절하다.

02 ②

• ㄷ : 잇몸소리(치조음), 파열음

☑ 오답 피하기

① ㄴ : 잇몸소리(치조음), 비음
③ ㅅ : 잇몸소리(치조음), 마찰음
④ ㅈ : 센입천장소리(경구개음), 파찰음

03 ①

<보기>가 분석하는 자음은 'ㄱ'이다. ㄱ은 '예사소리이면서, 파열음이고, 연구개음(=여린입천장소리)이다.

• ㄱ : 예사소리, 파열음, 연구개음(=여린입천장소리)

☑ 오답 피하기

② ㅎ : 마찰음, 후음(=목구멍소리)
　 ㅇ : 비음, 연구개음(=여린입천장소리)
③ ㅅ : 예사소리, 마찰음, 치조음(=잇몸소리)
④ ㅎ : 마찰음, 후음(=목구멍소리)
　 ㅇ : 비음, 연구개음(=여린입천장소리)
　 ㅈ : 예사소리, 파찰음, 경구개음(=센입천장소리)

04 ③

ㅂ : [+양순음], [-치조음], [-경구개음], [-연구개음], [-후음]
ㄱ : [+연구개음], [-양순음], [-치조음], [-경구개음], [-후음]
이렇게 분석이 되므로, ③이 정답이다. 'ㅂ'은 [+양순음]으로, 'ㄱ'은 [-치조음]으로 설명이 가능하기 때문이다.

☑ 오답 피하기

① ㄱ : [-양순음], [-치조음], [-경구개음], [+연구개음], [-후음]
　 ㄹ : [-양순음], [+치조음], [-경구개음], [-연구개음], [-후음]
　 → ㄱ은 [+경구개음]이 아니라 [-경구개음]이어야 한다.
② ㅁ : [+양순음], [-치조음], [-경구개음], [-연구개음], [-후음]
　 ㅂ : [+양순음], [-치조음], [-경구개음], [-연구개음], [-후음]
　 → ㅂ은 [+후음]이 아니라 [-후음]이어야 한다.
④ ㅎ : [-양순음], [-치조음], [-경구개음], [-연구개음], [+후음]
　 ㄱ : [-양순음], [-치조음], [-경구개음], [+연구개음], [-후음]
　 → ㅎ은 [+후음], ㄱ은 [+연구개음]이어야 한다.

05 ②

• ㅓ : 후설모음(뒤), 중모음(중간), 평순모음(안 둥긂)

☑ 오답 피하기

① ㅣ : 전설모음(앞), 고모음(높음), 평순모음(안 둥긂)
③ ㅜ : 후설모음(뒤), 고모음(높음), 원순모음(둥긂)
④ ㅚ : 전설모음(앞), 중모음(중간), 원순모음(둥긂)

06 ②

'ㅐ'는 저모음이고, 'ㅔ'는 중모음이다. 이 둘이 구별하여 발음하기가 어렵다면, 그 이유는 혀의 높낮이를 고려하지 못한 채 발음했기 때문이다. 따라서 '혀의 높낮이 관련 자질'인 '고모음/중모음/저모음'이 있는 ②가 정답이다.

☑ 오답 피하기

① '혀의 앞뒤 관련 자질'은 전설 모음과 후설 모음을 뜻한다.
③ '소리의 강약 관련 자질'은 '음소'가 아닌 '운소'를 고려한 것이므로 해당 조건과 맞지 않는다.
④ '소리의 장단 관련 자질'은 '장음'과 '단음', 즉, '운소'를 고려한 것이므로 해당 조건과 맞지 않는다.

07 ③

교착어란 '언어의 형태적 유형의 하나. 실질적인 의미를 가진 단어 또는 어간에 문법적인 기능을 가진 요소가 차례로 결합함으로써 문장 속에서의 문법적인 역할이나 관계의 차이를 나타내는 언어'를 의미하는데, '조사와 어미'가 그 역할을 한다.

☑ 오답 피하기
① 국어의 마찰음은 'ㅅ-ㅆ', 즉 '예사소리 – 된소리'의 구조만 보인다.
② 국어의 단모음은 총 10개이다. 'ㅚ, ㅟ'도 단모음으로 보아야 한다.
④ 국어의 어두는 '초성'을 의미하는데, 표기할 때 '종성'에는 겹자음이 올 수 있지만, 초성은 오지 못한다.

08 ①

'알'의 'ㅇ'은 가짜 이응이고, '강'의 'ㅇ'은 자음이므로, 둘은 결코 동일한 가치를 지니지 않는다.

☑ 오답 피하기
② '초'의 'ㅊ'은 '꽃'의 종성으로 쓸 수 있지만 [꼳]으로 발음되는 것을 보아, 초성에서 발음되는 모든 자음이 종성에서 발음되는 것은 아니다.
③ 종성에서 발음되는 자음은 [ㄱ, ㄴ, ㄷ, ㄹ, ㅁ, ㅂ, ㅇ]인데, 이 중 'ㅇ'은 종성에서만 발음되므로, 모든 자음이 초성에서 발음되는 것은 아니라는 말은 적절하다.
④ 모음과 모음 사이에는 '종성'과 '초성'이 있으므로 자음은 최대 2개까지 발음할 수 있다.

09 ③

'반모음'은 'ㅣ[j](혹은 [y])'와 'ㅗ/ㅜ[w]'를 가리키는데, 단독으로 음절을 구성할 수 없으며 이중모음의 한 요소로 활용된다.

☑ 오답 피하기
① 초성이든, 종성이든 발음을 고려하면 자음은 1개만 올 수 있고, 2개의 자음으로 구성된 겹자음은 올 수 없다.
② 음절 끝소리 규칙에 따르면 [ㄱ, ㄴ, ㄷ, ㄹ, ㅁ, ㅂ, ㅇ]로, 총 7개뿐이다.
④ 자음은 반드시 모음과 결합해야만 음절을 구성할 수 있다. 다만 자음과 달리 모음은 단독으로 음절을 구성할 수 있다.

10 ①

'고리'와 '오리'는 2음절은 맞지만, 최소 대립쌍이 아니다. 최소 대립쌍은 두 단어의 음운 개수가 동일해야 하며, 오로지 같은 자리에 오는 하나의 음운만이 차이가 나야 한다. 그런데, '고리'의 음운의 개수는 4개이지만, '오리'의 음운의 개수는 3개뿐이다.

☑ 오답 피하기
② '일'과 '길'은 양적 대등성의 조건에서 볼 때, 2개와 3개로 분석되므로 최소 대립쌍이 아니다.
③ '사이'와 '살'은 질적 대등성의 조건에서 볼 때, 두 소리의 성질이 같지 않은 'ㅣ'와 'ㄹ'이 있으므로 최소 대립쌍으로 볼 수 없다.
④ '물'과 '불'은 최소 대립쌍이 맞다. 초성 'ㅁ'과 'ㅂ'의 차이로 분석할 수 있다.
⑤ '박'과 '학'은 최소 대립쌍이 맞다. 초성 'ㅂ'과 'ㅎ'을 별개의 음운으로 볼 수 있다.

제2회

📍 Answer

01 ③	02 ②	03 ②	04 ③	05 ③
06 ②	07 ①	08 ①	09 ③	10 ③

01 ③

• 많다 : [만타], 거센소리되기(축약, ㅎ+ㄷ=ㅌ)

☑ 오답 피하기
① 낯 : [낟], 음절 끝소리 규칙(교체)
② 줍다 : [줍 : 따], 된소리되기(교체)
④ 나뭇-잎 : [나묻입 → 나묻닙 → 나문닙], 음절 끝소리 규칙(교체)/ㄴ 첨가(첨가)/비음화(교체)
  ※ '나뭇잎'은 사잇소리현상에 따라 'ㄴㄴ소리가 덧난 것'으로도 설명할 수 있다.

02 ②

'동화(비음화, 유음화, 구개음화)의 예'가 아니라 '두음 법칙의 예'이다.
※ 두음 법칙 : 『언어』 일부 소리가 단어의 첫머리에 발음되는 것을 꺼려 나타나지 않거나 다른 소리로 발음되는 일. 'ㅣ, ㅑ, ㅕ, ㅛ, ㅠ' 앞에서의 'ㄹ'과 'ㄴ'이 없어지고, 'ㅏ, ㅗ, ㅜ, ㅡ, ㅐ, ㅔ, ㅚ' 앞의 'ㄹ'은 'ㄴ'으로 변하는 것 따위이다.≒머리소리 법칙.
※ 제12항 : 한자음 '라, 래, 로, 뢰, 루, 르'가 단어의 첫머리에 올 적에는, 두음 법칙에 따라 '나, 내, 노, 뇌, 누, 느'로 적는다.

☑ 오답 피하기
① 권력(權力) : [궐 : 력], 유음화(교체-동화)
③ 돕는다 : [돔는다], 비음화(교체-동화)
④ 미닫-이 : [미 : 다지], 구개음화(교체-동화)

03 ②

• 담-요 : [담 : 뇨], ㄴ 첨가(첨가)

☑ 오답 피하기
① 난로 : [날 : 로], 유음화(교체-동화)
③ 국-물 : [궁물], 비음화(교체-동화)
④ 앞-마당 : [압마당 → 암마당], 음절 끝소리 규칙(교체)/비음화(교체-동화)

04 ③

• 들르다 : 들르-(어간) + -어서(어미) → 들러서, 'ㅡ 탈락 규칙 용언'이다.

☑ 오답 피하기
① 살다 : 살-(어간) + -노라면(어미)
  → 사노라면, 'ㄹ 탈락 규칙 용언'이다.
  ※ -노라면(어미) : (('있다', '없다', '계시다'의 어간, 동사 어간 또는 어미 '-으시-' 뒤에 붙어)) (예스러운 표현으로) '하다가 보면'의 뜻을 나타내는 연결 어미.
② 만들다 : 만들-(어간) + -(으)시-(선어말어미) + -던(어미)
  → 만드시던, 'ㄹ 탈락 규칙 용언'이다.
④ 드물다 : 드물-(어간) + -(으)ㅂ니다(어미)
  → 드뭅니다, 'ㄹ 탈락 규칙 용언'이다.

05 ③

• 가도: 가 + -아도(모음 어미), 동일한 모음인 'ㅏ'가 연속되어 그중 하나가 탈락한 경우에 해당한다.

☑ 오답 피하기

① 가고: 가 + -고(자음 어미), 먹고
② 가니: 가 + -(으)니(모음 어미), 먹으니
④ 가면: 가 + -(으)면(모음 어미), 먹으면

06 ②

㉠ 등-용문(登龍門): [등용문], '등용문'은 ㄴ 첨가 없이 글자 그대로 발음해야 한다.
㉣ 송별-연(送別宴): [송 : 벼련], '송별연'은 ㄴ 첨가 없이 연음되어 그대로 발음해야 한다.

☑ 오답 피하기

③, ④ ㉡ 한-여름: [한녀름], ㄴ이 첨가되어 발음되는, '음의 첨가 현상'이 일어난 경우이다.
①, ③ ㉢ 눈-요기(눈療飢): [눈뇨기], ㄴ이 첨가되어 발음되는, '음의 첨가 현상'이 일어난 경우이다.

07 ①

• 솜-이불: [솜 : 니불], ㄴ 첨가(첨가)

☑ 오답 피하기

② 잎: [입], 음절 끝소리 규칙(교체)
③ 꽃 위: [꼳 위 → 꼬뒤], 음절 끝소리 규칙(교체)/연음
④ 걷고: [걷꼬], 된소리되기(교체)

08 ①

• 끊어: [끈어 → 끄너], ㅎ 탈락(탈락)/연음

☑ 오답 피하기

② 흙-하고: [흑하고 → 흐카고], 자음군 단순화(탈락)/거센소리되기 (축약, ㄱ+ㅎ=ㅋ)
③ 밤-윷: [밤 : 뉻], ㄴ 첨가(첨가)/음절 끝소리 규칙(교체)
④ 숱-하다: [숟하다 → 수타다], 음절 끝소리 규칙(교체)/거센소리되기(축약, ㄷ+ㅎ=ㅌ)

09 ③

1) 교체
 ㉠ 굳-이: [구지], 구개음화(교체-동화)
 ㉣ 무릎: [무릅], 음절 끝소리 규칙(교체)
 ㉤ 물-난리: [물랄리], 유음화(교체)
2) 축약
 ㉡ 끊더라: [끈터라], 거센소리되기(축약, ㅎ+ㄷ=ㅌ)
 ㉥ 잡-히다: [자피다], 거센소리되기(축약, ㅂ+ㅎ=ㅍ)
3) 첨가
 ㉢ 뒷-일: [뒨닐], 사잇소리현상(첨가)
  [뒫일 → 뒫닐 → 뒨닐], 음절 끝소리 규칙(교체)/ㄴ 첨가(첨가)/비음화(교체)
이로 볼 때, 정답은 ③이다.

10 ③

• 앓다: [알타], 거센소리되기(축약, ㄷ+ㅎ=ㅌ)

☑ 오답 피하기

① 신라: [실라], 유음화(교체-동화)
② 핥는지: [할른지], 유음화(교체-동화)
④ 긁는: [극는 → 긍는], 자음군 단순화(탈락)/비음화(교체-동화)
⑤ 광한-루: [광 : 할루], 유음화(교체-동화)

제3회

📍 Answer

01 ①	02 ③	03 ①	04 ④	05 ②
06 ②	07 ④	08 ②	09 ③	10 ①

01 ①

• 색-연필(色鉛筆): [색년필 → 생년필], ㄴ 첨가(첨가)/비음화(교체) → '색연필'은 발음할 때 ㉠과 ㉢이 나타난다.

☑ 오답 피하기

② 외곬: [외골/웨골], 자음군 단순화(탈락) → '외곬'은 발음할 때 '자음군 단순화'만 적용되므로, ㉠과 ㉣이 아니라, ㉡이 일어나야 한다.
③ 값-지다: [갑지다 → 갑찌다], 자음군 단순화(탈락)/된소리되기(교체) → '값지다'는 발음할 때, '자음군 단순화'와 '된소리되기'가 적용되므로 ㉡과 ㉢이 아니라, ㉠과 ㉡이 일어나야 한다.
④ 깨끗-하다: [깨끋하다 → 깨끄타다], 음절 끝소리 규칙(교체)/거센소리되기(축약, ㄷ+ㅎ=ㅌ) → '깨끗하다'를 발음할 때, '음절 끝소리 규칙'과 '거센소리되기'가 적용되므로 ㉢과 ㉣이 아니라, ㉠과 ㉣이 일어나야 한다.

02 ③

㉠ 밟고(=밟다): [밥 : 고 → 밥 : 꼬], 자음군 단순화(탈락)/된소리되기(교체)
㉡ 밝고(=밝다): [밝꼬 → 발꼬], 된소리되기(교체)/자음군 단순화(탈락)

☑ 오답 피하기

① ㉠ 맞난(=맞나다): [맏난 → 만난], 음절 끝소리 규칙(교체)/비음화(교체)
 ㉡ 만난(=만나다): [만난]
② ㉠ 맑다: [막다 → 막따], 자음군 단순화(탈락)/된소리되기(교체)
 ㉡ 막다: [막따], 된소리되기(교체)
④ ㉠ 핥는지(=핥다): [할른지], 유음화(교체)
 ㉡ 핥는지(=핥다): [할는지 → 할른지], 자음군 단순화(탈락)/유음화(교체)
⑤ ㉠ 읽지(=읽다): [익지 → 익찌], 자음군 단순화(탈락)/된소리되기(교체)
 ㉡ 익지(=익다): [익찌], 된소리되기(교체)

03 ①

- 국민 : [궁민], 비음화(교체)
- 묻는 : [문는], 비음화(교체)

'비음화'는 '조음 위치'가 바뀌는 음운 현상이 아니라, '조음 방법'이 바뀌는 음운 현상이다. 즉, '파열음'을 '비음'으로 바꾼 것으로 '조음 방법'과 관련된 것이다.

☑ 오답 피하기
② 'ㅁ'과 'ㄴ'은 모두 비음이며, '국민'과 '묻는'의 초성에 위치한다. 따라서 해당 내용은 '비음 앞'에서 일어나는 음운 현상이라고 볼 수 있다.
③ 동화 현상으로 '비음화, 유음화, 구개음화'가 있다.
④ 읊는 : [읇는 → 읍는 → 음는], 자음군 단순화(탈락)/음절 끝소리 규칙(교체)/비음화(교체)

04 ④

[A] : 비음화(교체), 받침 'ㄱ'은 [ㅇ]으로, 'ㄷ'은 'ㄴ'으로, 'ㅂ'은 [ㅁ]으로 바뀐 것으로 보아, 뒤에 오는 자음의 조음 방법에 동화된다고 설명할 수 있다.
[B] : 유음화(교체), 받침 'ㄴ'이 모두 [ㄹ]로 바뀐 것으로 보아, 뒤에 오는 자음의 조음 방법에 따라 동화되는 것을 알 수 있다.
따라서 ④가 정답이다.

☑ 오답 피하기
①, ③ 조음 위치가 아닌 조음 방법이 동화된 경우이다.
② '앞'에 있는 받침이 '뒤에 오는 자음의 조음 방법에 동화된' 것이므로 '앞에 오는 자음의 조음 방법에 동화된다.'라는 설명은 적절하지 않다.

05 ②

㉠ 꽃-잎 : [꼳입 → 꼳닙 → 꼰닙], 음절 끝소리 규칙(교체)/ㄴ 첨가(첨가)/비음화(교체)
㉡ 맏-며느리 : [만며느리], 비음화(교체)
㉢ 닫-혔다 : [다텼다 → 다쳤다 → 다쳐따 → 다쳐따 → 다쳗따], 거센소리되기(축약, ㄷ+ㅎ=ㅌ)/구개음화(교체)/음절 끝소리 규칙(교체)/된소리되기(교체)/단모음화(쳐→처)
㉣ 넓죽-하다 : [넙죽하다 → 넙쭉하다 → 넙쭈카다], 자음군 단순화(탈락)/된소리되기(교체)/거센소리되기(축약, ㄱ+ㅎ=ㅋ)

㉡이 아니라, ㉠에만 첨가가 일어난다.

☑ 오답 피하기
① ㉠~㉣ 각각 '음절 끝소리 규칙, 비음화, 구개음화, 된소리되기 등' 교체되는 현상이 일어난다.
③ ㉢에는 'ㄷ'과 'ㅎ'이 축약되어 [ㅌ]으로 발음되는 현상이 일어난다.
④ ㉣에서는 '자음군 단순화(탈락)'와 '축약'이 일어난다.

06 ②

- 짧다 : [짤따 → 짤따], 된소리되기(교체)/자음군 단순화(탈락)
  → ㉠과 ㉢이 모두 일어난다.

☑ 오답 피하기
① 물난리 : [물랄리], 유음화(교체)
  → ㉠만 일어나고, ㉢은 일어나지 않는다.
③ 몸값 : [몸값 → 몸깝], 제28항/자음군 단순화(탈락)
  → ㉡은 일어나지 않고, ㉢은 일어난다.

④ 막일 : [막닐 → 망닐], ㄴ 첨가(첨가)/비음화(교체)
  → ㉢은 일어나지 않고, ㉣은 일어난다.
⑤ 따뜻하다 : [따뜯하다 → 따뜨타다], 음절 끝소리 규칙(교체)/거센소리되기(축약, ㄷ+ㅎ=ㅌ)
  → ㉢과 ㉣이 모두 일어나지 않는다.

07 ④

㉠ 따뜻-하다 : [따뜯하다 → 따뜨타다], 음절 끝소리 규칙(교체)/거센소리되기(축약, ㄷ+ㅎ=ㅌ), 음운의 개수 : 9개 → 8개
㉡ 삯-일 : [삭일 → 삭닐 → 상닐], 자음군 단순화(탈락)/ㄴ 첨가(첨가)/비음화(교체), 음운의 개수 : 6개 → 6개
㉠과 ㉡ 모두 '교체'인 음절 끝소리 규칙과 비음화를 확인할 수 있다.

☑ 오답 피하기
① ㉠과 ㉡ 중 ㉡에만 음운의 탈락 현상이 일어난다.
② ㉠과 ㉡ 중 ㉡에만 음운의 첨가 현상이 일어난다.
③ ㉠과 ㉡ 중 ㉠에만 축약 현상이 일어난다.
⑤ ㉠은 '축약'으로 인해 음운의 개수가 줄었으나, ㉡은 '첨가'와 '탈락'으로 인해 음운의 개수가 그대로이다.

08 ②

㉠ 식용-유 : [시굥유 → 시굥뉴], 연음/ㄴ 첨가(첨가)
㉡ 헛-걸음 : [헏거름 → 헏꺼름], 음절 끝소리 규칙(교체)/된소리되기(교체)/연음
㉢ 안팎-일 : [안팍일 → 안팍닐 → 안팡닐], 음절 끝소리 규칙(교체)/ㄴ 첨가(첨가)/비음화(교체)
㉣ 입학-생 : [이팍생 → 이팍쌩], 거센소리되기(축약, ㅂ+ㅎ=ㅍ)/된소리되기(교체)

㉠의 음운의 개수는 7개이고, ㉣의 음운의 개수는 7개이다. ㉠은 표기로 보면 6개(3+2+1)이지만, 'ㄴ 첨가'란 음운변동에 따라 7개(2+3+2)로 바뀌었다. ㉣은 표기로 보면 8개(2+3+3)이지만, '축약과 교체'란 음운 변동에 따라 7개(1+3+3)로 바뀌었다. 따라서 음운 변동 전과 후의 음운 개수가 같다는 말은 적절하지 않다.

☑ 오답 피하기
① ㉠과 ㉢ 모두 음운의 첨가가 일어나므로 해당 선지는 적절하다.
③ ㉡과 ㉢ 모두 음절 끝소리 규칙에 따라 음운이 변동되었다.
④ ㉡과 ㉣은 '교체(된소리되기)'라는 같은 유형의 음운 변동이 적용되어 있다.

09 ③

- 쥐-덫[쥐덛] : 5개(ㅈ, ㅟ, ㄷ, ㅓ, ㄷ)

☑ 오답 피하기
① 닭-장[닥짱] : 6개(ㄷ, ㅏ, ㄱ, ㅉ, ㅏ, ㅇ(자음))
② 맨-입[맨닙] : 6개(ㅁ, ㅐ, ㄴ, ㄴ, ㅣ, ㅂ)
④ 값-어치[가버치] : 6개(ㄱ, ㅏ, ㅂ, ㅓ, ㅊ, ㅣ)
⑤ 웅덩이[웅덩이] : 6개(ㅜ, ㅇ(자음), ㄷ, ㅓ, ㅇ(자음), ㅣ)

10 ①

- 집-일: [집닐 → 짐닐], ㄴ 첨가(첨가)/비음화(교체)
  → '첨가 및 교체'에 따라서 음운의 개수가 하나 더 늘었다. 음운변동
  전에는 총 5개이지만, 음운변동 후에는 총 6개가 되었기 때문이다.

☑ 오답 피하기

② 닭만: [닥만 → 당만], 자음군 단순화(탈락)/비음화(교체)
  → '탈락'만 일어나지 않고, '탈락 및 교체'가 일어남에 따라 음운의
  개수가 하나 더 줄었다. 음운변동 전에는 총 7개이지만, 음운변
  동 후에는 총 6개가 되었기 때문이다.

③ 뜻-하다: [뜯하다 → 뜨타다], 음절 끝소리 규칙(교체)/거센소리되
  기(축약, ㄷ+ㅎ=ㅌ)
  → '축약'만 일어나지 않고, '교체 및 축약'이 일어남에 따라 음운의
  개수가 하나 더 줄었다. 음운변동 전에는 총 7개이지만, 음운변
  동 후에는 총 6개가 되었기 때문이다.

④ 맏는: [맏는 → 만는], 음절 끝소리 규칙(교체)/비음화(교체)
  → '교체가 두 번' 일어나는 것은 맞다. 그런데 음운의 개수는 2개
  증가하지 않는다. 음운변동 전에도 총 6개인데, 음운변동 후에도
  총 6개이기 때문이다.

CHAPTER 02 형태론

제4회

📍 Answer

01 ③	02 ③	03 ④	04 ①	05 ④
06 ①	07 ③	08 ①	09 ③	10 ④

01 ③

'라도'는 '조사'도 있고, '어미'도 있다. 조사로 쓰일 때는 'A가 B이다.'라는 문형보다 '국수라도 좀 먹으렴.'과 같이 명사에 붙어 차선의 것임을 드러낸다. 그런데 '그것이 금덩이라도'의 맥락은 차선의 것이 아니라 '가정이나 양보'의 의미를 지녔으므로, 이때의 '라도'는 '어미'로 보아야 한다.

※ 라도(어미) : (('이다', '아니다'의 어간 뒤에 붙어)) 가정이나 양보의 뜻을 나타내는 연결 어미.
※ 라도(조사) : ((받침 없는 체언이나 부사어, 연결 어미 '-아, -게, -지, -고', 합성 동사의 선행 요소 따위의 뒤에 붙어)) 「1」 그것이 썩 좋은 것은 아니나 그런대로 괜찮음을 나타내는 보조사. 그것이 최선의 것이 아니라 차선의 것임을 나타낸다. 「2」 다른 경우들과 마찬가지임을 나타내는 보조사.

✅ 오답 피하기
① '-군' 뒤에 결합한 '그래'는 보조사이다.
　※ 그래 : (('-구먼, -군'과 같은 해할 자리의 일부 종결 어미 뒤에 붙어)) 청자에게 문장의 내용을 강조함을 나타내는 보조사.
② '만나야'와 같이 어미 뒤에 결합한 '만'은 보조사이다.
　※ 만 : 「2」 무엇을 강조하는 뜻을 나타내는 보조사.
④ '-느냐'와 같이 어미 뒤에 결합한 '마는'은 보조사이다.
　※ 마는 : ((종결 어미 '-다, -냐, -랴, -지' 따위의 뒤에 붙어)) 앞의 사실을 인정을 하면서도 그에 대한 의문이나 그와 어긋나는 상황 따위를 나타내는 보조사. 종결 어미 '-지', '-다' 따위와 결합하여 확대된 연결 어미 '-지마는', '-다마는' 따위를 만들기도 한다.
⑤ '-(으)면'과 같이 어미 뒤에 결합한 '요'는 보조사이다.
　※ 요(조사) : 「2」 ((체언이나 부사어, 연결 어미 따위의 뒤에 붙어)) 청자에게 존대의 뜻을 나타내는 보조사.

02 ③

• 오늘로써(○) : '셈에 넣는 한계를 나타내'는 것으로, '오늘로서'가 아니라 '오늘로써'를 써야 한다.
　※ 로써 : 「3」 시간을 셈할 때 셈에 넣는 한계를 나타내거나 어떤 일의 기준이 되는 시간임을 나타내는 격 조사. '로'보다 뜻이 분명하다.

✅ 오답 피하기
① 딸로써(×) → 딸로서(○) : '아버지의 딸'이라는 자격을 부여한 것이므로 '로서'로 고쳐야 한다.
　※ 로서 : 「1」 지위나 신분 또는 자격을 나타내는 격 조사.

② 대화로서(×) → 대화로써(○) : '대화'로 갈등을 풀고 싶어 한다는 점에서 수단이나 도구로 보아야 하므로 '로써'로 고쳐야 한다.
　※ 로써 : 「2」 어떤 일의 수단이나 도구를 나타내는 격 조사. '로'보다 뜻이 분명하다.
④ 이로서(×) → 이로써(○) : '세 번째가 된다.'라는 횟수를 고려해야 하므로 '로써'로 고쳐야 한다.
　※ 로써 : 「3」 시간을 셈할 때 셈에 넣는 한계를 나타내거나 어떤 일의 기준이 되는 시간임을 나타내는 격 조사. '로'보다 뜻이 분명하다.

03 ④

'그렇게∨하면∨무릎에∨무리가∨갈∨텐데∨괜찮을까요?'에서 '텐데'는 '터인데'의 준말이다. 이때의 '터'는 의존 명사이며, 사전에서 표제어를 찾을 때는 '터'를 찾아야 한다.
• 터인데 : 터(의존 명사) + 이-(서술격 조사 '이다'의 어간) + -(으)ㄴ데(어말어미)

✅ 오답 피하기
① '-ㄹ텐데'는 방언이 아니다.
② 분석이 잘못되었다. '갈'은 관형사형 전성 어미 '-(으)ㄹ'이 결합한 것이다. 따라서 'ㄹ'은 따로 분리해서 분석해야 한다.
③ '-ㄹ테다'라는 기본형이 없다.

04 ①

• 할아버지께서는 생전에 당신의 장서를 소중히 다루셨다. : 이때의 '당신'은 '할아버지'를 뜻하는 재귀칭 대명사로, 삼인칭에 해당한다.
※ 당신(대명사) : 「5」 '자기'를 아주 높여 이르는 말.
※ 자기(대명사) : 앞에서 이미 말하였거나 나온 바 있는 사람을 도로 가리키는 삼인칭 대명사.

✅ 오답 피하기
② 당신에게 좋은 남편이 되도록 노력하겠소. : 이인칭 대명사.
　※ 당신(대명사) : 「2」 부부 사이에서, 상대편을 높여 이르는 이인칭 대명사.
③ 당신의 희생을 잊지 않겠습니다. : 이인칭 대명사.
　※ 당신(대명사) : 「3」 문어체에서, 상대편을 높여 이르는 이인칭 대명사.
④ 이 일을 한 사람이 당신입니까? : 이인칭 대명사.
　※ 당신(대명사) : 듣는 이를 가리키는 이인칭 대명사.

05 ④

맥락을 고려해 보면 '어디'는 특정한 장소를 지칭한 것은 아니므로, '미지칭'이 아니라 '부정칭'으로 이해해야 한다.

✅ 오답 피하기
① ㉠ 그 : '청년 보나르도'를 가리키는 삼인칭 대명사이다.
② ㉡ 아무 : 특정한 사람을 지칭하지 않은 대명사로, '부정칭 대명사'로 보아야 한다.
③ ㉢ 자기 : '보나르도'를 가리키는 대명사인데, 앞에 '그'가 언급된 후에 쓰는 대명사이므로 '재귀칭 대명사'로 보아야 한다.

06 ①

'설마'는 문장 전체를 꾸며 주는 문장 부사로, 부정적인 추측을 강조할 때 쓴다.

✓ 오답 피하기

② '빨리'는 '달리다'를 꾸미는 성분 부사이다.
③ '멀리'는 '던지다'를 꾸미는 성분 부사이다.
④ '가지런히'는 '놓이다'를 꾸미는 성분 부사이다.

07 ③

'한'은 사람을 꾸미는 것으로 보아 관형사로 보아야 한다.

✓ 오답 피하기

① '하나'에 격 조사(를)가 결합하고, 다른 숫자로 치환할 수 있는 것으로 보아, '수사'로 볼 수 있다.
② '열'과 '서른'은 모두 격 조사(의, 이다)가 결합하고, 다른 숫자로 치환할 수 있는 것으로 보아, '수사'로 볼 수 있다.
④ '첫째'에 격 조사(로)가 결합하고, 다른 숫자로 치환할 수 있는 것으로 보아, '수사'로 볼 수 있다.

08 ①

세 가지의 특징을 모두 만족한 품사는 '관형사'이다. 유일하게 '달리'만 부사이고, '서너, 어떤, 갖은'은 관형사이므로 정답은 ①이다.
※ 달리(부사) : 사정이나 조건 따위가 서로 같지 않게.

✓ 오답 피하기

② 서너(관형사) : ((일부 단위를 나타내는 말 앞에 쓰여)) 그 수량이 셋이나 넷임을 나타내는 말.
③ 어떤(관형사) : 「1」 ((의문문에 쓰여)) 사람이나 사물의 특성, 내용, 상태, 성격이 무엇인지 물을 때 쓰는 말. 「2」 ((의문문에 쓰여)) 주어진 여러 사물 중 대상으로 삼는 것이 무엇인지 물을 때 쓰는 말. 「3」 대상을 뚜렷이 밝히지 아니하고 이를 때 쓰는 말. 「4」 관련되는 대상이 특별히 제한되지 아니할 때 쓰는 말.
④ 갖은(관형사) : 골고루 다 갖춘. 또는 여러 가지의.

09 ③

'여기(에)'와 같이 부사격 조사를 결합할 수 있으므로 '여기'의 품사는 '대명사'이다. '그, 천, 이'는 모두 체언을 꾸미는 '관형사'이다. 따라서 ③이 정답이다.
※ 여기(대명사) : 「1」 말하는 이에게 가까운 곳을 가리키는 지시 대명사. 「2」 바로 앞에서 이야기한 대상을 가리키는 지시 대명사.

✓ 오답 피하기

① 그(관형사) : 「1」 듣는 이에게 가까이 있거나 듣는 이가 생각하고 있는 대상을 가리킬 때 쓰는 말. 「2」 앞에서 이미 이야기한 대상을 가리킬 때 쓰는 말. 「3」 확실하지 아니하거나 밝히고 싶지 아니한 일을 가리킬 때 쓰는 말.
② 천(관형사) : 백의 열 배가 되는 수의. ≒일천.
④ 이(관형사) : 「1」 말하는 이에게 가까이 있거나 말하는 이가 생각하고 있는 대상을 가리킬 때 쓰는 말. 「2」 바로 앞에서 이야기한 대상을 가리킬 때 쓰는 말.

10 ④

'다른 사람들, 다른 음식, 다른 일' 모두 '딴'으로 치환할 수 있으므로 이때의 '다른'의 품사는 '관형사'로 보아야 한다. 그런데, '나와 생각이 다른'은 관형절로 볼 수 있으므로, 이때의 '다른'의 품사는 '형용사'로 보아야 한다.
※ 다르다(형용사) : 「1」 【…과】 ((…과'가 나타나지 않을 때에는 여럿임을 뜻하는 말이 주어로 온다)) 비교가 되는 두 대상이 서로 같지 아니하다. 「2」 보통의 것보다 두드러진 데가 있다.
※ 다른(관형사) : 당장 문제 되거나 해당되는 것 이외의. ≒딴.

제5회

⊘ Answer

| 01 ② | 02 ① | 03 ③ | 04 ① | 05 ① |
| 06 ④ | 07 ③ | 08 ④ | 09 ④ | 10 ① |

01 ②

'들'은 앞말에 붙어 있으며 '다'와 같은 부사에 결합할 수 있는 것으로 보아 '접사'가 아니라 '보조사'로 보아야 한다. '접사'일 때는 앞의 어근이 '명사, 대명사'이어야 한다.
※ 들(보조사) : 그 문장의 주어가 복수임을 나타내는 보조사.

✓ 오답 피하기

① '들-판'은 어근과 어근의 결합으로 이때의 '들'은 명사이다. 그러나 밑줄 친 단어는 앞말에 붙어 있으므로 '명사'라고 말할 수 없다.
※ 들(명사) : 「1」 편평하고 넓게 트인 땅. 「2」 논이나 밭으로 되어 있는 넓은 땅.
③ '열거한 사물 모두를 가리키는 의존 명사'로 '들'이 있지만, 앞말과 띄어 써야 한다.
※ 들(의존 명사) : ((명사 뒤에 쓰여)) 두 개 이상의 사물을 나열할 때, 그 열거한 사물 모두를 가리키거나, 그 밖에 같은 종류의 사물이 더 있음을 나타내는 말.
④ 앞말에 붙어 있다는 점에서 '너희들'의 '-들'처럼 접미사로 볼 수 있다. 그러나 '다'와 '안녕'은 셀 수 있는 명사나, 대명사로 볼 수 없다.
※ -들(접사) : ((셀 수 있는 명사나 대명사 뒤에 붙어)) '복수(複數)'의 뜻을 더하는 접미사.
⑤ '들쑤시다'의 '들-'은 접두사인데, 앞이 아닌 단어의 뒤에 붙어 있으므로 접두사라고 말할 수 없다.
※ 들-(접사) : ((일부 동사 앞에 붙어)) '무리하게 힘을 들여', '마구', '몹시'의 뜻을 더하는 접두사.

02 ①

㉠의 '비교적'은 '편리하다'를 꾸미는 것으로 보아 '부사'로 볼 수 있다.

☑ 오답 피하기
② ㉡의 '만세'는 격 조사 '를'이 결합한 것을 보아 '명사'로 볼 수 있다.
③ ㉢의 '어제'는 '끝내다'를 꾸미는 것을 보아 '부사'로 볼 수 있다.
④ ㉣의 '여덟'은 '넷'에서 '넷'을 더한다는 수 개념을 확인할 수 있으므로 '수사'로 볼 수 있다.
⑤ ㉤의 '크는'은 관형사형 전성 어미 '-는'이 결합한 것으로 보아, '동사'로 볼 수 있다.

03 ③

'다들'의 '다'는 부사로, 해당 문장의 주어가 복수임을 나타낸 것으로 보아, 이때의 '들'은 보조사로 보아야 한다. 따라서 ㉢이 아니라, ㉡으로 고쳐야 한다.

☑ 오답 피하기
① '공책, 신문, 지갑 등을 가방에 넣었다.'의 의미이므로, 이때의 '들'은 의존 명사로 보아야 한다. 따라서 ㉠이 맞다.
② '앉아서'의 '-아서'는 연결 어미로, 해당 문장의 주어가 복수임을 나타낸 것으로 보아, 이때의 '들'은 보조사로 보아야 한다. 따라서 ㉡이 맞다.
④ '어서들'의 '어서'는 부사로, 해당 문장의 주어가 복수임을 나타낸 것으로 보아, 이때의 '들'은 보조사로 보아야 한다. 따라서 ㉡이 맞다. 이와 달리 '그'는 대명사로, 복수의 뜻을 더하는 접미사 '-들'이 결합하여 '그들'이 된 것으로 분석되므로 ㉢으로 보아야 한다.

04 ①

명사를 찾을 때는 격 조사를 먼저 보아야 한다. 또는 관형어를 찾으면 체언을 찾을 수 있다.
• 타율에 관한 한 독보적인 기록도 깨졌다.(명사 수: 4개)
  ※ 한(명사): 「4」 ((주로 '-는 한' 구성으로 쓰여)) 조건의 뜻을 나타내는 말.

☑ 오답 피하기
② 상자에 / 이런 것이 깔끔하게 정돈되어 있었다.(명사 수: 2개)
③ 친구 외에는 / 다른 사람에게 항상 못되게 군다.(명사 수: 3개)
④ 저 모퉁이에서 얼굴이 하얀 이가 걸어오고 있다.(명사 수: 3개)

05 ①

'하늘(이) 높은'의 '하늘'은 격 조사가 결합한 것을 보아 체언 중 하나인 명사인 것을 알 수 있고, '하늘에 닿았다.'의 '하늘' 역시 체언 중 하나인 명사인 것을 알 수 있다.(명사)

☑ 오답 피하기
② '오늘이'의 '오늘'은 격 조사가 결합한 것을 보아, 품사가 명사인 것을 알 수 있고, '오늘 해야 할'의 '오늘'은 '해야 하다'를 꾸미는 것을 보아, 부사인 것을 알 수 있다.(명사, 부사)
③ '하라는 대로'의 '대로'는 관형어가 수식하는 것을 보아, 명사(의존 명사)인 것을 알 수 있고, '네 말대로'의 '대로'는 앞말과 결합한 것을 보아, 조사(보조사)인 것을 알 수 있다.(명사, 조사)
④ '낭만적 성향'의 '낭만적'은 체언을 꾸미는 것을 보아, 관형사인 것을 알 수 있고, '낭만적인 사람'의 '낭만적'은 서술격 조사와 결합한 것을 보아 명사인 것을 알 수 있다.(관형사, 명사)

06 ④

㉠: '물이 맑다'의 '맑다'는 '맑는다(?)'로 활용이 안 되는 형용사이다.
㉡: '낡은 하늘'의 '맑다'는 '맑는다(?)'로 활용이 안 되는 형용사이다.

☑ 오답 피하기
① ㉠: '있다'에 명령형 종결 어미인 '-어라'가 결합한 것을 보아, '있다'의 품사는 동사인 것을 알 수 있다.
   ㉡: '꿈이 있다 – 꿈이 없다.'로 분석되므로, 이때의 품사는 형용사인 것을 알 수 있다.(동사, 형용사)
② ㉠: '내일 뜨다'에서 '내일'이 '뜨다'를 수식하므로, '내일'의 품사는 부사이다.
   ㉡: '내일의'에서 관형격 조사와 결합한 것을 보아, '내일'의 품사는 명사인 것을 알 수 있다.(부사, 명사)
③ ㉠: '합리적'이 '판단'을 꾸미므로, '합리적'의 품사는 관형사인 것을 알 수 있다.
   ㉡: '합리적인'에서 서술격 조사와 결합한 것을 보아, '합리적'의 품사는 명사인 것을 알 수 있다.(관형사, 명사)

07 ③

'빛이 밝다 – 빛이 어둡다'로 분석되는 것을 보아 이때의 '밝다'는 형용사이고, '벽지가 밝다 – 벽지가 어둡다'로 분석되는 것을 보아 이때의 '밝다' 역시 형용사이다.(형용사)

☑ 오답 피하기
① '철수만큼'의 '만큼'은 앞말에 결합한 것을 보아 조사(부사격 조사, 보조사)로 볼 수 있고, '먹을 만큼'의 '만큼'은 관형어가 수식하는 명사(의존 명사)로 볼 수 있다.(조사, 명사)
② '내일의'의 '내일'은 격 조사와 결합한 것을 보아 명사로 볼 수 있고, '내일 시작합시다'의 '내일'은 용언을 수식하는 부사로 볼 수 있다.(명사, 부사)
④ '키가 크다 – 키가 작다'로 분석되는 것을 보아 이때의 '크다'는 형용사로 볼 수 있고, '몰라보게 컸구나.'의 '크다'는 자라다란 의미로 쓰인 것을 보아 동사로 볼 수 있다.(형용사, 동사)

08 ④

㉠: '높이'에 격 조사 '가'가 결합한 것을 보아 품사가 명사임을 알 수 있다.
㉡: '높이'가 '정도'를 꾸미는 것을 보아 품사가 명사임을 알 수 있다.

☑ 오답 피하기
① ㉠: '백'은 숫자 의미를 지녔고 '이다'라는 서술격 조사가 결합한 것을 보아 품사가 수사임을 알 수 있다.
   ㉡: '백 마디'의 '백'은 '마디'를 꾸민 것을 보아 '관형사'임을 알 수 있다.(수사, 관형사)
② ㉠: '오늘이'에서 '오늘'은 격 조사가 결합한 것을 보아 품사가 명사임을 알 수 있다.
   ㉡: '오늘 해야 한다'에서 '오늘'은 용언을 꾸민 것을 보아 품사가 부사임을 알 수 있다.(명사, 부사)
③ ㉠: '달이 밝다 – 달이 어둡다'로 분석되므로, '밝다'의 품사는 형용사임을 알 수 있다.
   ㉡: '날이 밝다'란 의미와 관형사형 전성 어미 '-는'의 결합을 보아, '밝다'의 품사는 동사임을 알 수 있다.(형용사, 동사)

09 ④

'혀가 굳는다.'로 활용할 수 있으므로 품사는 형용사가 아니라 '동사'여야 한다. 그리고 '사람됨이 굳고'에서 '굳는다.(?)'로 활용할 수 없으므로 품사는 동사가 아니라 '형용사'여야 한다. 따라서 정답은 ④이다.(동사, 형용사)

☑ 오답 피하기

① '오늘이'의 '오늘'은 격 조사가 결합한 것을 보아, 품사가 명사인 것을 알 수 있고, '오늘 할 일'의 '오늘'은 '하다'를 꾸미는 것을 보아, 부사인 것을 알 수 있다.(명사, 부사)

② '먹을 만큼'의 '만큼'은 관형어 '먹을'이 수식하는 것을 보아, 의존 명사인 것을 알 수 있고, '철수만큼'의 '만큼'은 체언과 결합하였으므로 조사인 것을 알 수 있다.(명사, 조사)

③ '비교적'은 '편리하다'를 꾸미므로 부사인 것을 알 수 있고, '비교적인 관점'에서 '비교적'은 서술격 조사와 결합한 것을 보아, 명사인 것을 알 수 있다.(부사, 명사)

10 ①

'할 만큼'의 '만큼'은 관형어인 '할'이 수식하는 것을 보아, 명사(의존 명사)인 것을 알 수 있다. 그리고 '-으리만큼'의 '만큼'은 조사가 아니라 어간 '먹-'에 결합한 것을 보아, 연결 어미인 것을 알 수 있다. 따라서 '의존 명사 - 조사'의 짝이라고 말하기가 어렵다.(의존 명사, 어미)

※ -으리만큼(어미): (('ㄹ'을 제외한 받침 있는 용언의 어간이나 어미 '-었-' 뒤에 붙어)) '-을 정도로'의 뜻을 나타내는 연결 어미. ≒-으리만치. 예 밥도 못 먹으리만큼 기운이 없다.

☑ 오답 피하기

② '들어오는 대로'의 '대로'는 관형어인 '들어오는'이 수식하는 것을 보아, 의존 명사인 것을 알 수 있다. 그리고 '멋대로'의 '대로'는 앞말에 붙여 써야 하는 것을 보아, 조사인 것을 알 수 있다.(의존 명사, 보조사)

③ '10년 만에'의 '만'은 시간의 의미가 있으므로 의존 명사로 볼 수 있다. 그리고 '너만 와라'의 '너만'은 유일하다는 의미로 쓰였으므로 조사로 보아야 한다.(의존 명사, 보조사)

④ '할 뿐이다.'의 '뿐'은 관형어인 '할'이 수식하는 것을 보아, 의존 명사인 것을 알 수 있다. 그리고 '다섯뿐이다.'의 '뿐'은 앞말에 붙여 써야 하는 것을 보아, 조사인 것을 알 수 있다.(의존 명사, 보조사)

제6회

◎ Answer

01	①	02	④	03	②	04	③	05	③
06	②	07	③	08	③	09	②	10	③

01 ①

'머무르다'만 동사이고, 나머지는 모두 '형용사'이다. 참고로 '머무르다'의 준말은 '머물다'이며, '머무르다, 머물다' 모두 표준어이다.

☑ 오답 피하기

② 젊다(형용사): '젊다'는 품사로 형용사뿐이며, '젊는(?)'으로 활용되지 않는다.

③ 알맞다(형용사): '알맞다'는 품사로 형용사뿐이며, '알맞는(?)'으로 활용되지 않는다.

④ 고맙다(형용사): '고맙다'는 품사로 형용사뿐이며, '고맙는(?)'으로 활용되지 않는다.

02 ④

'놀랍는다(?)'로 활용되지 않으므로 '놀랍다'의 품사는 형용사이다. 이와 동일한 품사를 지닌 단어는 '맛있다'이다. 참고로 '맛있는'은 형용사이지만 관형사형 전성 어미 '-는'을 쓸 수 있다.

☑ 오답 피하기

① '만난다'로 활용되므로 '만나다'의 품사는 동사이다.

② '너무'는 맵다를 꾸미는 부사이다.

③ '닳는다'로 활용되므로 '닳다'의 품사는 동사이다.

03 ②

㉠: '서로 성격이 다른'은 관형절로, 이때의 '다르다'의 품사는 형용사이다.(형용사)

㉡: '나무가 잘 크지 못한다.'의 '크다'는 '자라다'라는 의미를 지닌 단어로, 품사는 동사이다.(동사)

㉢: '홍수가 나다'의 '나다'는 '난다'로 활용되는 동사이다.('나다'는 동사와 보조 동사만 있다.)(동사)

※ 나다: 「1」 홍수, 장마 따위의 자연재해가 일어나다.

㉣: '허튼'은 관형사이다.(관형사)

㉤: '아니다'는 형용사이다.(형용사)

즉, 동사(㉡, ㉢), 형용사(㉠, ㉤), 관형사(㉣)로 정리가 되며, 정답은 ②이다.

04 ③

'맛이 쓰다'의 '쓰다'만 형용사이고, 나머지는 모두 동사이다.

※ 쓰다(형용사): ❶ 「2」 달갑지 않고 싫거나 괴롭다.

☑ 오답 피하기

① 쓰다(동사): 【…에 …을】【…을 …으로】 시체를 묻고 무덤을 만들다.

② 쓰다(동사): ❷ 【…에/에게 …을】 「1」 ((흔히, '한턱', '턱' 따위와 함께 쓰여)) 다른 사람에게 베풀거나 내다.

④ 쓰다(동사): ❷ 【…을】 「2」 사람이 죄나 누명 따위를 가지거나 입게 되다.

05 ③

'밝는'의 '-는'은 동사에만 쓰이는 '관형사형 전성 어미'이다. 또한 '날이 밝다'는 의미도 지녔다. 이를 고려할 때, '밝는'의 품사는 동사이다.
※ 밝다(동사) : 밤이 지나고 환해지며 새날이 오다.

오답 피하기
① '옷 색깔이 밝다/어둡다'와 같이 활용할 수 있으므로 해당 '밝다'는 형용사이다.
　※ 밝다(형용사) : 「2」 빛깔의 느낌이 환하고 산뜻하다. 「반대말」 어둡다
② '전망이 밝다/어둡다'와 같이 활용할 수 있으므로 해당 '밝다'는 형용사이다.
　※ 밝다(형용사) : 「7」 예측되는 미래 상황이 긍정적이고 좋다.
④ '예의가 밝다'는 '예의가 어둡다'로 활용될 수 없으나, '날이 밝다'는 의미가 아니기에 형용사로 보아야 한다.
　※ 밝다(형용사) : 「4」 생각이나 태도가 분명하고 바르다.

06 ②

• 할아버지는 재산이 많이 있으시다. : '재산이 많이 있다.'의 '있다'는 '있는다'로 활용할 수 없는 형용사에 해당한다. 따라서 '동사적인 모습'을 보여준 예로 보기 어렵다.(형용사)

오답 피하기
① 나는 오늘 집에 있는다. : 동사에만 쓰이는 현재 시제 선어말 어미 '-는-'을 결합하여 '있다'의 동사적인 모습을 보여주었다.(동사)
③ 눈이 그칠 때까지 가만히 있어라. : 동사에만 쓰이는 명령형 어미 '-어라'를 결합하여 '있다'의 동사적인 모습을 보여주었다.(동사)
④ 비도 오니 그냥 집에 있자. : 동사에만 쓰이는 청유형 어미 '-자'를 결합하여 '있다'의 동사적인 모습을 보여주었다.(동사)

07 ③

'지나치게 하건 말건'이라는 의미이므로 '너무하다'의 품사는 동사이다.
※ 너무하다 : [I] 「동사」 비위에 거슬리는 말이나 행동을 도에 지나치게 하다. [II] 「형용사」 일정한 정도나 한계를 넘어 지나치다.

오답 피하기
① '폭염이 지나치다.'라는 의미이므로 '너무하다'의 품사는 형용사이다.
② '더움이 지나치다.'라는 의미이므로 '너무하다'의 품사는 형용사이다.
④ '만 원이 너무하다.'라는 의미이므로 '너무하다'의 품사는 형용사이다.
⑤ '처사가 지나치다.'라는 의미이므로 '너무하다'의 품사는 형용사이다.

08 ③

'움직이다'는 '몸을 움직이다.'와 같이 목적어를 필요하기도 하고, '마음이 움직이다.'와 같이 주어만 필요하기도 하다. 즉, 타동사의 기능뿐만 아니라 자동사의 기능도 있는 동사이다.
※ 움직이다(동사) : 【(…을)】 「1」 멈추어 있던 자세나 자리가 바뀌다. 또는 자세나 자리를 바꾸다. 「2」 가지고 있던 생각이 바뀌다. 또는 그렇게 바뀐 생각을 하다. 「3」 어떤 목적을 가지고 활동하다. 또는 활동하게 하다. 「4」 어떤 사실이나 현상이 바뀌다. 또는 다른 상태가 되게 하다. 「5」 기계나 공장 따위가 가동되거나 운영되다. 또는 가동하거나 운영하다.

오답 피하기
① '뱉다'는 타동사의 기능만 가지고 있는 동사이다.
　※ 뱉다(동사) : 【…을】 「1」 입속에 있는 것을 입 밖으로 내보내다.
② '쌓이다'는 자동사의 기능만 가지고 있는 동사이다.
　※ 쌓이다(동사) : ❶ 【…에】 여러 개의 물건이 겹겹이 포개어 얹어 놓이다. '쌓다'의 피동사. ❷ 「1」 물건이 차곡차곡 포개어 얹어져 구조물이 이루어지다. '쌓다'의 피동사. ❸ 【…에/에게】 하여야 할 일이나 걱정, 피로 따위가 한꺼번에 많이 겹치다.
④ '읽다' 타동사의 기능만 가지고 있는 동사이다.

09 ②

'진행'이 되려면 '-고 있다'와 같은 표현이 있어야 하는데, 해당 문장은 '감탄형 종결 어미'로 끝난 '감탄문'이다.

하-	-(으)시-	-었-	-겠-	-더-	-구나
어간	선어말 어미				어말 어미
	주체 높임	과거 시제	추측	회상	감탄

오답 피하기
① '-겠-'에서 추측을 확인할 수 있다.
③ '-더-'에서 회상임을 알 수 있다.
④ '-(으)시-'에서 주체 높임을 확인할 수 있다.

10 ③

• 드리셨을 : 드리- + -(으)시- + -었- + -(으)ㄹ
　　　　　　　선어말 어미(㉠) / 선어말 어미(㉠) / 전성 어미(㉣)
'-(으)ㄹ'은 전성 어미로 '터'라는 의존 명사를 꾸민다. 따라서 ㉢은 연결 어미가 아니라 ㉣인 전성 어미로 보아야 한다.

오답 피하기
① 모시겠지만 : 모시- + -겠- + -지만
　　　　　　　선어말 어미(㉠) / 연결 어미(㉢)
② 오갔기 : 오가- + -았- + -기
　　　　　　선어말 어미(㉠) / 전성 어미(㉣)
④ 보내셨을걸 : 보내- + -(으)시- + -었- + -(으)ㄹ걸
　　　　　　　선어말 어미(㉠) / 선어말 어미(㉠) / 종결 어미(㉡)

제7회

⌖ Answer

01 ②	02 ④	03 ④	04 ④	05 ②
06 ②	07 ④	08 ①	09 ①	10 ①

01 ②

'곱다²'만이 불규칙 용언이고, 나머지는 모두 규칙 용언이다.

오답 피하기
① '곱다¹'은 동사가 맞고, '곱다²'와 '곱다³'은 형용사가 맞다.
③ '곱다³'은 '손해를 입게 된다'는 의미를 지녔고, 규칙 용언이므로, '주식에 손을 대었다가 곱고 말았다'와 같이 활용할 수 있다.(참고로 불규칙 용언인 '곱다'도 자음 어미 앞에서는 '곱고'로 활용된다.)
④ '곱다²'는 '아름답다'가 주된 의미이므로 반대말로 '밉다'를 쓸 수 있다.

02 ④

'푸르러'만 어미 불규칙 용언이고, '퍼, 부으니, 걸어서, 구워'는 모두 어간 불규칙 용언이다.

- 푸르다: '푸르러'로 활용되며, 어미 '-어'가 '-러'로 바뀌는 '러 불규칙 용언'이다.

✓오답 피하기

① 푸다: '퍼'로 활용되며, 'ㅜ'가 탈락하는 'ㅜ 불규칙 용언'이다.
② 붓다: '부으니'로 활용되며, 'ㅅ'이 탈락하는 'ㅅ 불규칙 용언'이다.
③ 걷다: '걸어서'로 활용되며, 'ㄷ'이 'ㄹ'로 바뀌는 'ㄷ 불규칙 용언'이다.
⑤ 굽다: '구워'로 활용되며, 'ㅂ'이 'ㅜ'로 바뀌는 'ㅂ 불규칙 용언'이다.

03 ④

㉠ 푸다: '퍼'로 활용되는 'ㅜ 불규칙 용언'이다. 어간이 바뀌는 불규칙 용언이므로 ㉠에 해당한다.
㉡ 이르다: '이르러'로 활용되는 '러 불규칙 용언'이다. 어미가 바뀌는 불규칙 용언이므로 ㉡에 해당한다.

✓오답 피하기

① ㉠ 빠르다: '빨라'로 활용되는 '르 불규칙 용언'이다. 어간이 바뀌는 불규칙 용언이므로 ㉠에 해당한다.
㉡ 노랗다: '노래'로 활용되는 'ㅎ 불규칙 용언'이다. 어간과 어미가 바뀌는 불규칙 용언이다.
② ㉠ 치르다: '치러'로 활용되는 'ㅡ 탈락 규칙 용언'이다. 어간이 바뀌는 규칙 용언이다.
㉡ 하다: '하여'로 활용되는 '여 불규칙 용언'이다. 어미가 바뀌는 불규칙 용언이므로 ㉡에 해당한다.
③ ㉠ 붇다: '붊음'으로 활용되는 'ㄷ 불규칙 용언'이다. 어간이 바뀌는 불규칙 용언이므로 ㉠에 해당한다.
㉡ 바라다: '바라'로 활용되는 규칙 용언이다. 동일 모음이 탈락한다.

04 ④

'잠그다'는 'ㅡ 탈락 규칙 용언'에 해당한다. 즉, '잠그고, 잠가'와 같이 활용되는 '규칙 용언'이므로 ④가 정답이다.

✓오답 피하기

① 흐르다: 르 불규칙 용언, '흘러, 흘러서'와 같이 어간의 '르-'가 'ㄹㄹ'고 바뀌는 '어간 불규칙 용언'이다.
② 파랗다: ㅎ 불규칙 용언, '파래, 파래서'와 같이 어간과 어미가 바뀌는 '어간 어미 불규칙 용언'이다.
③ 이르다: 러 불규칙 용언, '이르러, 이르러서'와 같이 어미가 '-어'가 아닌 '-러'로 바뀐 '어미 불규칙 용언'이다.

05 ②

- 개울물이 불어서 / 징검다리가 안 보인다.(→ 붇다): '개울물이 불었다'의 의미는 '양이 이전보다 많아졌다.'라는 의미이다. 따라서 '불다'가 기본형이 아니라 '붇다'가 기본형이어야 한다. '붇다'는 ㄷ 불규칙 용언으로, 모음 어미 앞에서 'ㄷ'이 'ㄹ'로 바뀐다. 따라서 '붇다, 불어서, 불으니'와 같이 활용한다.
  ※ 붇다(동사): 「1」 물에 젖어서 부피가 커지다. 예 콩이 붇다. 「2」 분량이나 수효가 많아지다. 예 개울물이 붇다. 「3」 ((주로 '몸'을 주어로 하여)) 살이 찌다. 예 식욕이 왕성하여 몸이 많이 불었다.

✓오답 피하기

① 아침이면 얼굴이 부어서 / 늘 고생이다.(→ 붓다): '얼굴이 붓다'의 의미는 '살가죽이나 기관이 부풀어 오르는 것'을 의미한다. 따라서 '붓다'가 기본형이다. '붓다'는 ㅅ 불규칙 용언으로, '부어, 부으니, 부은'과 같이 활용한다.
  ※ 붓다(동사): 「1」 살가죽이나 어떤 기관이 부풀어 오르다. 예 얼굴이 붓다. 「2」 (속되게) 성이 나서 뾰로통해지다. 예 왜 잔뜩 부어 있나?
③ 은행에 부은 적금만도 / 벌써 천만 원이다.(→ 붓다): '은행에 적금을 붓다'의 의미는 '일정한 기간마나 불입금, 이자, 곗돈 따위를 내다'를 의미한다. 따라서 '붓다'가 기본형이다. '붓다'는 ㅅ 불규칙 용언으로, '부어, 부으니, 부은'과 같이 활용한다.
  ※ 붓다: 【…에/에게 …을】 「1」 액체나 가루 따위를 다른 곳에 담다. 예 자루에 밀가루를 붓다. 「2」 모종을 내기 위하여 씨앗을 많이 뿌리다. 예 모판에 볍씨를 붓다. 「3」 불입금, 이자, 곗돈 따위를 일정한 기간마다 내다. 예 은행에 적금을 붓다. 「4」 시선을 한곳에 모으면서 바라보다. 예 소년은 수평선에 눈을 부은 채 움직이지 않았다.
④ 물속에 오래 있었더니 / 손과 발이 퉁퉁 불었다.(→ 붇다): '손과 발이 불었다'의 의미는 '물에 젖어서 부피가 커지다.'라는 의미이다. 따라서 '붇다'가 기본형이다. '붇다'는 ㄷ 불규칙 용언으로, '붇다, 불어서, 불으니'와 같이 활용한다.
  ※ 붇다(동사): 「1」 물에 젖어서 부피가 커지다. 예 콩이 붇다. 「2」 분량이나 수효가 많아지다. 예 개울물이 붇다. 「3」 ((주로 '몸'을 주어로 하여)) 살이 찌다. 예 식욕이 왕성하여 몸이 많이 불었다.

06 ②

- 모잘라서(×) → 모자라서(○): '모자르다'가 아니라 '모자라다'가 기본형이다. 따라서 '모자라-'에 '-아서'가 결합하면 동일 모음이 탈락하여 '모자라서'와 같이 활용된다.

✓오답 피하기

① 가파르다: 르 불규칙 용언이고, 어간이 바뀌는 불규칙 용언이다. '가파르-'에 '-아서'가 결합하여 '가팔라서'와 같이 활용되었다.
③ 불-사르다: 르 불규칙 용언이고, 어간이 바뀌는 불규칙 용언이다. '불사르-'에 '-아서'가 결합하여 '불살라서'와 같이 활용되었다.
④ 올-바르다: 르 불규칙 용언이고, 어간이 바뀌는 불규칙 용언이다. '올바르-'에 '-아서'가 결합하여 '올발라서'와 같이 활용되었다.

07 ④

- 돌아오다(본용언, 동사), 보다(보조 형용사): '-나 보다'의 구성일 때, 이때의 '보다'는 '보조 형용사'이다. ④만 '보조 형용사'이고, 나머지는 모두 '보조 동사'이므로 ④만이 유일하게 품사가 다르다.
  ※ 보다(보조 형용사): 「1」 ((동사나 형용사, '이다' 뒤에서 '-은가/는가/나 보다' 구성으로 쓰여)) 앞말이 뜻하는 행동이나 상태를 추측하거나 어렴풋이 인식하고 있음을 나타내는 말.

✓오답 피하기

① 듣다(본용언, 동사), 보다(보조 동사): '-어 보다'의 구성일 때, 이때의 '보다'는 '보조 동사'이다.
  ※ 보다(보조 동사): 「1」 ((동사 뒤에서 '-어 보다' 구성으로 쓰여)) 어떤 행동을 시험 삼아 함을 나타내는 말.

② 하다(본용언, 동사), 보다(보조 동사) : '-다가 보면'의 구성일 때의 '보면'은 '보조 동사'이다.
　※ 보다(보조 동사) : 「5」 ((동사 뒤에서 '-다(가) 보니', '-다(가) 보면' 구성으로 쓰여)) 앞말이 뜻하는 행동을 하는 과정에서 뒷말이 뜻하는 사실을 새로 깨닫게 되거나, 뒷말이 뜻하는 상태로 됨을 나타내는 말.
③ 당하다(본용언, 동사), 보다(보조 동사) : '-어 보다'의 구성일 때, 이때의 '보다'는 '보조 동사'이다.
　※ 보다(보조 동사) : 「2」 ((동사 뒤에서 '-어 보다' 구성으로 쓰여)) 어떤 일을 경험함을 나타내는 말.

08 ①

• 줍다(본용언, 동사), 버리다(본용언, 동사) : '영수는 쓰레기를 줍다'라는 문장과 '영수는 쓰레기를 버렸다.'라는 문장이 결합한 겹문장이다. 따라서 '본용언 + 본용언'의 구성으로 쓰였기 때문에 '본용언 + 보조 용언'의 구성이라고 할 수 없다.

☑ 오답 피하기
② 알다(본용언, 동사), 척하다(보조 동사) : 본용언 + 보조 용언의 구성이다. '척하다'는 '보조 동사'에 해당한다.
　※ 척하다(보조 동사) : 앞말이 뜻하는 행동이나 상태를 거짓으로 그럴듯하게 꾸밈을 나타내는 말.≒체하다.
③ 먹다(본용언, 동사), 보다(보조 동사) : 본용언 + 보조 용언의 구성이다. '먹어(서) 보다'의 의미로 쓰이지 않았으며, 보조 용언처럼 의미를 덧붙여 준다. 이때의 '보다'는 '시도'를 뜻한다.
　※ 보다(보조 동사) : 「1」 ((동사 뒤에서 '-어 보다' 구성으로 쓰여)) 어떤 행동을 시험 삼아 함을 나타내는 말.
④ 알다(본용언, 동사), 가다(보조 동사) : 본용언 + 보조 용언의 구성이다. '알아(서) 가다'의 의미로 쓰이지 않았으며, 보조 용언처럼 의미를 덧붙여 준다. 이때의 '가다'는 '진행'을 뜻한다.
　※ 가다(보조 동사) : ((주로 동사 뒤에서 '-어 가다' 구성으로 쓰여)) 말하는 이, 또는 말하는 이가 정하는 어떤 기준점에서 멀어지면서 앞말이 뜻하는 행동이나 상태가 계속 진행됨을 나타내는 말.

09 ①

• 들다(본용언, 동사), 가다(본용언, 동사) : '어머니가 바구니를 들다.'라는 문장과 '어머니가 가셨다.'는 문장이 결합된 겹문장이다. 따라서 '들고 가셨다.'는 '본용언 + 본용언'의 구조로 분석할 수 있다.

☑ 오답 피하기
② 끝내다(본용언, 동사), 못하다(보조 동사) : '끝내지 못했다.'는 부정문이다. 즉, '본용언'에 따라 '보조 용언'이 결정되는 구조이다.
　※ 못하다(보조 동사) : ((동사 뒤에서 '-지 못하다' 구성으로 쓰여)) 앞말이 뜻하는 행동에 대하여 그것이 이루어지지 않거나 그것을 이룰 능력이 없음을 나타내는 말.
　※ 못하다(보조 형용사) : 「1」 ((형용사 뒤에서 '-지 못하다' 구성으로 쓰여)) 앞말이 뜻하는 상태에 미치지 아니함을 나타내는 말. 「2」 ((주로 '-다(가) 못하여' 구성으로 쓰여)) 앞말이 뜻하는 행동이나 상태가 극에 달해 그것을 더 이상 유지할 수 없음을 나타내는 말.
③ 입다(본용언, 동사), 보다(보조 동사) : '입어 보다'의 '보다'는 '시도'라는 의미를 지닌다. 따라서 '본용언 + 보조 용언'의 구조로 분석된다.

④ 놀리다(본용언, 동사), 대다(보조 동사) : '놀려 대다'의 '대다'는 '행동의 반복, 행동에 대한 심한 정도'라는 의미를 지닌다. 따라서 '본용언 + 보조 용언'의 구조로 분석된다.
　※ 대다(보조 동사) : ((동사 뒤에서 '-어 대다' 구성으로 쓰여)) 앞말이 뜻하는 행동을 반복하거나 그 행동의 정도가 심함을 나타내는 말.

10 ①

• 읽다(본용언, 동사), 보다(보조 동사) : '시험 삼아 해 보다'는 의미가 있는 '본용언 + 보조 용언'의 구조이다.
　※ 보다(보조 동사) : 「1」 ((동사 뒤에서 '-어 보다' 구성으로 쓰여)) 어떤 행동을 시험 삼아 함을 나타내는 말.
• 덥다(본용언, 형용사), 보다(보조 형용사) : '~가 보다'는 '본용언 + 보조 용언'의 대표 구조이다.
　※ 보다(보조 형용사) : 「1」 ((동사나 형용사, '이다' 뒤에서 '-은가/는가/나 보다' 구성으로 쓰여)) 앞말이 뜻하는 행동이나 상태를 추측하거나 어렴풋이 인식하고 있음을 나타내는 말.

☑ 오답 피하기
② • 깨다(본용언, 동사), 먹다(보조 동사) : '깨(서) 먹은 것'이 아니므로, '본용언 + 보조 용언'의 구조이다.
　※ 먹다(보조 동사) : ((일부 동사 뒤에서 '-어 먹다' 구성으로 쓰여)) 앞말이 뜻하는 행동을 강조하는 말. 주로 그 행동이나 그 행동과 관련된 상황이 마음에 들지 않을 때 쓴다.
　• 끓이다(본용언, 동사), 먹다(본용언, 동사) : '끓여(서) 먹자'가 되는, '본용언 + 본용언'의 구조이다.
③ • 가지다(본용언, 동사), 드리다(본용언, 동사) : '가져다(가) 드리다'가 되므로, '본용언 + 본용언'의 구조이다.
　※ 참고 : '가져다주다'라는 단어가 등재되었으므로 붙여 써야 한다.
　※ 가져다주다(동사) : 【…을 …에/에게】 「1」 【…을 …으로】 무엇을 옮겨다가 가지게 하다. 「2」 어떤 상태나 결과를 낳게 하다.
　※ 드리다(동사) : 【…에/에게 …을】 「1」 '주다'의 높임말.
　• 거들다(본용언, 동사), 드리다(보조 동사) : 봉사의 의미를 지닌 '본용언 + 보조 용언'의 구조이다.
　※ 드리다(보조 동사) : ((동사 뒤에서 '-어 드리다' 구성으로 쓰여)) '주다'의 높임말.
④ • 말다(본용언, 동사) : 보조 용언이나 다른 본용언 없이 단독으로 용언 하나만 활용되었다.
　※ 말다(동사) : 「3」 (('말고' 꼴로 명사의 단독형과 함께 쓰여)) '아니고'의 뜻을 나타낸다.
　• 떨어지다(본용언, 동사), 말다(보조 동사) : '-고 말다'는 '앞의 상황이 끝내 실현되었다.'라는 의미를 지닌 '본용언 + 보조 용언'의 구조이다.
　※ 말다(보조 동사) : 「1」 ((동사 뒤에서 '-지 말다' 구성으로 쓰여)) 앞말이 뜻하는 행동을 하지 못하게 함을 나타내는 말.

제8회

01 ①	02 ②	03 ③	04 ①	05 ④
06 ⑤	07 ③	08 ⑤	09 ③	10 ③

01 ①

• 배-부르다(형용사): 배(어근, 명사) + 부르-(어근, 형용사)
→ 합성어(통사적), 조사 생략 ○

✅ 오답 피하기

② 늦-더위(명사): 늦-(접사) + 더위(어근, 명사)
→ 파생어
늦-더위(명사): 늦-(어근, 동사/형용사) + 더위(어근, 명사)
→ 합성어(비통사적), 관형사형 전성 어미 ×
③ 뛰-놀다(동사): 뛰-(어근, 동사) + 놀-(어근, 동사)
→ 합성어(비통사적), 보조적 연결 어미 ×
④ 굳-세다(형용사): 굳-(어근, 동사/형용사) + 세-(어근, 형용사)
→ 합성어(비통사적), 보조적 연결 어미 ×

02 ②

• 살펴-보다(동사): 살피-(어근, 동사) + 보-(어근, 동사)
→ 합성어(통사적), 보조적 연결 어미 ○

✅ 오답 피하기

① 교육자-답다: 교육자(어근, 명사) + -답(접사) → 파생어
③ 탐-스럽다(형용사): 탐(어근, 명사) + -스럽-(접사) → 파생어
④ 순수-하다(형용사): 순수(어근, 명사) + -하-(접사) → 파생어

03 ③

• 피다: 피-(어근) → 단일어, '복합어'가 아니라 '단일어'이다.

✅ 오답 피하기

① 예쁘다(형용사): 예쁘-(어근) → 단일어
② 재우다(동사): 자-(어근) + -이-(접사)/-우-(접사) → 파생어
④ 검-붉다(형용사): 검-(어근) + 붉-(어근) → 합성어(비통사적)

04 ①

• 강-마르다(형용사): 강-(접사) + 마르-(어근, 동사) → 파생어
※ 강-(접사): 「4」 ((몇몇 동사 또는 형용사 앞에 붙어)) '몹시'의 뜻
을 더하는 접두사.

✅ 오답 피하기

② 첫-눈(명사): 첫(어근, 관형사) + 눈(어근, 명사) → 합성어
③ 새-해(명사): 새(어근, 관형사) + 해(어근, 명사) → 합성어
④ 얕-보다(동사): 얕-(어근, 형용사) + 보-(어근, 동사) → 합성어

05 ④

② 알-부자(명사): 알-(접사) + 부자(어근, 명사) → 파생어, 접두사
와 어근이 결합한 단어이므로 어근과 어근의 결합이라고 할 수 없다.
※ 알-(접사): 「3」 '진짜, 알짜'의 뜻을 더하는 접두사.

✅ 오답 피하기

① ㉠ 슬픔(명사): 슬프-(어근, 형용사) + -(으)ㅁ(접사)
→ 파생어, 어근과 접미사의 결합, 품사가 형용사에서 명사로 바
뀌었다.
② ㉡ 휘-감다(동사): 휘-(접사) + 감다(어근, 동사)
→ 파생어, 접두사와 어근이 결합한 단어이다.
※ 휘-(접사): 「1」 ((일부 동사 앞에 붙어)) '마구' 또는 '매우 심
하게'의 뜻을 더하는 접두사.
③ ㉢ 새-해(명사): 새(어근, 관형사) + 해(어근, 명사)
→ 합성어(통사적), 어근과 어근의 결합, '관형사 + 명사' 형태의
통사적 합성어이다.

06 ⑤

• 많-이(부사): 많-(어근, 형용사) + -이(접사) → 파생어
• 알-밤(명사): 알-(접사) + 밤(어근, 명사) → 파생어
※ 알-(접사): ((일부 명사 앞에 붙어)) 「1」 '겉을 덮어 싼 것이나 딸
린 것을 다 제거한'의 뜻을 더하는 접두사. 「2」 '작은'의 뜻을 더하
는 접두사. 「3」 '진짜, 알짜'의 뜻을 더하는 접두사.
• 돌보-기(명사): 돌보-(어근, 동사) + -기(접사) → 파생어
• 철렁-거리다(동사): 철렁(어근, 부사) + -거리-(접사) → 파생어
※ -거리다(접사): '그런 상태가 잇따라 계속됨'의 뜻을 더하고 동사
를 만드는 접미사.늑-대다.

✅ 오답 피하기

① • 잠(명사): 자-(어근, 동사) + -(으)ㅁ(접사) → 파생어
• 덮-개(명사): 덮-(어근, 동사) + -개(접사) → 파생어
• 굳-세다(형용사): 굳-(어근, 형용사/동사) + 세-(어근, 형용사/동사)
→ 합성어(비통사적), 보조적 연결 어미 ×
• 덧-나다(동사): 덧-(접사) + 나-(어근, 동사) → 파생어
※ 덧-(접사): 「1」 ((일부 명사 앞에 붙어)) '거듭된' 또는 '겹쳐 신
거나 입는'의 뜻을 더하는 접두사. 「2」 ((일부 동사 앞에 붙어))
'거듭' 또는 '겹쳐'의 뜻을 더하는 접두사.
② • 기쁨(명사): 기쁘-(어근) + -(으)ㅁ(접사) → 파생어
• 크-기(명사): 크-(어근) + -기(접사) → 파생어
• 밀-치다(동사): 밀-(어근) + -치-(접사) → 파생어
• 어린-이(명사): 어리-(어근, 형용사) + 이(어근, 명사)
→ 합성어(통사적), 관형사형 전성 어미 ○
③ • 보-기(명사): 보-(어근, 동사) + -기(접사) → 파생어
• 접-칼(명사): 접-(어근, 동사) + 칼(어근)
→ 합성어(비통사적), 관형사형 전성 어미 ×
• 곁눈-질(명사): 곁눈(어근, 명사) + -질(접사) → 파생어
• 좁-히다: 좁-(어근, 형용사) + -히-(접사) → 파생어
④ • 웃-음(명사): 웃-(어근, 동사) + -(으)ㅁ(접사) → 파생어
• 밝-히다(동사): 밝-(어근, 동사/형용사) + -히-(접사) → 파생어
• 어-녹다(동사): 얼-(어근, 동사) + 녹-(어근, 동사)
→ 합성어(비통사적), 보조적 연결 어미 ×
• 여닫-이(명사): 여닫-(어근, 동사) + -이(접사) → 파생어

07 ③

- 날-짐승(명사) : 날-(어근, 동사) + 짐승(어근, 명사) → 합성어

'날짐승'만 합성어이고, '애당초, 말벌, 맨발, 내분비'는 모두 파생어이다.
※ 날-(접사) : 「1」 '말리거나 익히거나 가공하지 않은'의 뜻을 더하는
접두사. 「2」 '다른 것이 없는'의 뜻을 더하는 접두사. 「3」 '장례를 다
치르지 않은'의 뜻을 더하는 접두사. 「4」 '지독한'의 뜻을 더하는 접
두사. 「5」 '교육을 받지 않았거나 경험이 없어 어떤 일에 서투른'의
뜻을 더하는 접두사. 「6」 '부질없이'의 뜻을 더하는 접두사.

오답 피하기

① 애-당초(명사) : 애-(접사) + 당초(어근, 명사) → 파생어
 ※ 애-(접사) : 「1」 ((일부 명사 앞에 붙어)) '맨 처음'의 뜻을 더하는 말.
  「2」 '어린' 또는 '작은'의 뜻을 더하는 말.
② 말-벌(명사) : 말-(접사) + 벌(어근, 명사) → 파생어
 ※ 말-(접사) : ((일부 명사 앞에 붙어)) '큰'의 뜻을 더하는 접두사.
④ 맨-발(명사) : 맨-(접사) + 발(어근, 명사) → 파생어
⑤ 내-분비(명사) : 내-(접사) + 분비(어근, 명사) → 파생어
 ※ 내(內)-(접사) : '안'의 뜻을 더하는 접두사.

08 ⑤

- ㉠ 봄-꽃(명사) : 봄(어근, 명사) + 꽃(어근, 명사) → 합성어(통사적)
- ㉡ 감-발(명사) : 감-(어근, 동사) + 발(어근, 명사)
  → 합성어(비통사적), 관형사형 전성 어미 ×
- ㉢ • 진짜(眞짜) : 진(어근) + -짜 → 파생어(국립 국어원에서는 '단일
  어'로 보는 견해도 있음.)
  • 거짓-말(명사) : 거짓(어근, 명사) + 말(어근, 명사)
  → 합성어(통사적)
- ㉣ 왕-고집(명사) : 왕-(접사) + 고집(명사) → 파생어
  ※ 왕(王)-(접사) : 「3」 ((몇몇 명사 앞에 붙어)) '매우 심한'의 뜻을
  더하는 접두사.
- ㉤ 두근두근-하다(동사) : 두근두근(어근, 부사) + -하다(접사)
  → 파생어
  ※ -하다(접사) : 「3」 ((의성·의태어 뒤에 붙어)) 동사나 형용사를
  만드는 접미사.

㉤의 '두근두근하며'는 파생어이지만, '빛나다', '잘되다'는 합성어이므
로 단어 형성 방법이 다르다.
- 빛-나다(동사) : 빛(어근, 명사)(이) + 나다(어근, 동사)
  → 합성어(통사적), 조사 생략(주어 + 서술어)('-나다'가 접미사가
  있지만, 품사를 형용사로 바꾸어야 함.)
- 잘-되다(동사) : 잘(어근, 부사) + 되다(어근, 동사)/형용사
  → 합성어(통사적)('-되다'가 접사이지만, 결합 후에는 피동사가
  되거나 형용사가 되어야 한다.)

오답 피하기

① ㉠의 '봄꽃'과 ㉢의 '거짓말' 모두 합성어이므로 단어 형성 방법이 같다.
② ㉡의 '감발'과 '독서'와 '검붉다' 모두 합성어이므로 단어 형성 방법
 이 같다.
 - 독서(명사) : 서술어 + 목적어
  → 합성어(비통사적), 우리말의 통사적 구조 ×
 - 검-붉다(형용사) : 검-(어근, 형용사) + 붉다(어근, 형용사)
  → 합성어(비통사적), 보조적 연결 어미 ×

③ ㉢의 '진짜'와 '코뚜레', '집게'는 모두 파생어이므로 단어 형성 방법
 이 같다.
 - 코-뚜레(명사) : 코(어근, 명사) + 뚫-(어근, 동사) + -에(접사)
  → 파생어('코뚜레'는 '코-뚜레'로 분석하여 합성어로 보이지만,
  '코를 뚫다'에서 '-에'라는 접사가 결합한 파생어로 보기도 함.)
 - 집-게(명사) : 집-(어근, 동사) + -게(접사)
  → 파생어(어원으로 볼 때, '집- + -게'로 분석되므로, 이에 따라
  파생어로 분류함.)
④ ㉣의 '왕-고집'과 '범-민족', '최-고참' 모두 파생어이므로 단어 형성
 방법이 같다.
 - 범-민족(명사) : 범-(접사) + 민족(어근, 명사) → 파생어
 - 최-고참(명사) : 최-(접사) + 고참(어근, 명사) → 파생어
 ※ 범(汎)-(접사) : ((일부 명사 앞에 붙어)) '그것을 모두 아우르는'
  의 뜻을 더하는 접두사.
 ※ 최(最)-(접사) : ((일부 명사 앞에 붙어)) '가장, 제일'의 뜻을 더
  하는 접두사.

09 ③

- ㉠ 큰-집(명사) : 크-(어근, 형용사) + 관형사형 전성 어미(-(으)ㄴ) +
 집(어근, 명사)
 → 합성어(통사적), 관형사형 전성 어미 ○
- ㉡ 굳-세다(형용사) : 굳-(어근, 동사/형용사) + 세-(어근, 형용사)
 → 합성어(비통사적), 보조적 연결 어미 ×

오답 피하기

① ㉠ 굶-주리다(동사) : 굶-(어근, 동사) + 주리-(어근, 동사)
  → 합성어(비통사적), 보조적 연결 어미 ×
  ㉡ 곧-잘(부사) : 곧(어근, 부사) + 잘(어근, 부사) → 합성어(통사적)
② ㉠ 뛰-놀다(동사) : 뛰-(어근, 동사) + 놀-(어근, 동사)
  → 합성어(비통사적), 보조적 연결 어미 ×
  ㉡ 덮-밥(명사) : 덮-(어근, 동사) + 밥(어근, 명사)
  → 합성어(비통사적), 관형사형 전성 어미 ×
④ ㉠ 힘-들다(형용사) : 힘(어근, 명사) + 들다(어근, 동사)
  → 합성어(통사적), 조사 생략
  ㉡ 여름-밤(명사) : 여름(어근, 명사) + 밤(어근, 명사)
  → 합성어(통사적)

10 ③

- 돌-보다(동사) : 돌-(어근, 동사) + 보-(어근, 동사)
 → 합성어(비통사적), 보조적 연결 어미 ×, '돌보다'는 비통사적 합
 성어이므로, '통사적 합성어'라고 할 수 없다.

오답 피하기

① 타고-나다(동사) : 타-(어근, 동사) + 나-(어근, 동사)
  → 합성어(통사적), 보조적 연결 어미 ○
② 붉-돔(명사) : 붉-(어근, 형용사/동사) + 돔(=도미)(어근, 명사)
  → 합성어(비통사적), 관형사형 전성 어미 ×
④ 높-푸르다(형용사) : 높-(어근, 형용사) + 푸르다(어근, 형용사)
  → 합성어(비통사적), 보조적 연결 어미 ×

제9회

📍 **Answer**

01	④	02	②	03	①	04	①	05	②
06	①	07	②	08	①	09	②	10	③

01 ④

세계 7대 불가사의의 '대'와 '한국 30대 기업'의 '대'는 의존 명사 '대(對)'가 아니라 명사 '대(大)'를 써야 한다. 수를 나타내는 말 뒤에 쓰인다는 조건을 확인해야 한다. '아라비아 숫자'는 뒷말과 붙여 쓸 수 있으므로 '7대, 30대'와 같이 쓸 수 있다.

※ 대(大)(명사) : (수를 나타내는 말 뒤에 쓰여) 규모나 가치 면에서 그 수 안에 꼽힘을 이르는 말.
※ 대(對)(의존 명사) : 사물과 사물의 대비나 대립을 나타내는 말.

✅ **오답 피하기**

① '기후대'와 '무풍대'는 일정한 범위를 이르는 말이므로 이때는 접사 '대(帶)'를 써야 한다.
   ※ -대(帶)(접사) : (일부 명사 뒤에 붙어) '띠 모양의 공간' 또는 '일정한 범위의 부분'의 뜻을 더하는 접미사.
② '도서대'와 '신문대'는 '값'을 의미하므로, 이때는 접사 '대(代)'를 써야 한다.
   ※ -대(代)(접사) : (물건을 나타내는 일부 명사 뒤에 붙어) '물건값으로 치르는 돈'의 뜻을 더하는 접미사.
③ '만 원대'와 '백삼십만 원대'의 값의 범위를 의미하므로, 이때는 접사 '대(臺)'를 써야 한다.
   ※ -대(臺)(접사) : (값이나 수를 나타내는 대다수 명사 또는 명사구 뒤에 붙어) '그 값 또는 수를 넘어선 대강의 범위'의 뜻을 더하는 접미사.

02 ②

㉠ : '-이-'라는 접미사가 결합하였다.
㉡ : '높다'라는 형용사가 '높이다'라는 동사가 되었다.
• 높-이다(동사) : 높-(어근, 형용사) + -이-(접사) → 파생어

✅ **오답 피하기**

① ㉠(×) : '새-'라는 접두사가 결합하였으므로 어근의 뒤에 결합하는 경우가 아니다.
   ㉡(×) : 어근의 품사가 바뀌지 않는다.
   • 새-빨갛다(형용사) : 새-(접사) + 빨갛다(어근, 형용사) → 파생어
③ ㉠(○) : '-히-'라는 접미사가 결합하였다.
   ㉡(×) : '읽다'와 '읽히다' 모두 동사이다.
   • 읽-히다(동사) : 읽-(어근, 동사) + -히-(접사) → 파생어
④ ㉠(×) : '-기'라는 어미가 결합하였다.
   ㉡(×) : '달리다'를 '달리기'로 활용한 것뿐이다.
   • [나는 천천히 달리기]가 더 어렵다.
     명사절(달리-(어간) + -기(명사형 전성 어미))

03 ①

• 어른-스럽다(형용사) : 어른(어근, 명사) + -스럽-(접사), '명사'에서 '형용사'로 품사가 바뀌었다.
• 슬기-롭다(형용사) : 슬기(어근, 명사) + -롭-(접사), '명사'에서 '형용사'로 품사가 바뀌었다.
→ ㉠ : 어근의 품사와 파생어의 품사가 서로 다르다. ①이 정답이다.

✅ **오답 피하기**

② • 끓-이다(동사) : 끓-(어근, 동사) + -이-(접사), '동사'에서 '동사'로 품사가 바뀌지 않았다.
   • 높-이다(동사) : 높-(어근, 형용사) + -이-(접사), '형용사'에서 '동사'로 품사가 바뀌었다.
   → ㉡ : '높이다'는 형용사에서 동사로 바뀌었으므로 어근의 품사와 파생어의 품사가 서로 다르다.
③ • 짓-밟다(동사) : 짓-(접사) + 밟-(어근, 동사), '동사'에서 '동사'로 품사가 바뀌지 않았다.
   • 짓-누르다(동사) : 짓-(접사) + 누르-(어근, 동사), '동사'에서 '동사'로 품사가 바뀌지 않았다.
   → ㉢ : '짓-'의 의미는 「1」 ((일부 동사 앞에 붙어)) '마구', '함부로', '몹시'의 뜻을 더하는 접두사.'인 것은 맞으나, '명사 어근'에 붙은 것이 아니다.
④ • 착하다(형용사) : 착(홀로 쓰일 수 없는 어근) + -하-(접사)
   • 아름답다(형용사) : 아름(홀로 쓰일 수 없는 어근) + -답-(접사)
   → ㉣ : '홀로 쓰일 수 있는 명사'가 아니라 '홀로 쓰일 수 없는 어근'이다.
⑤ • 먹이(명사) : 먹-(어근, 동사) + -이(접사), '동사'에서 '명사'로 품사가 바뀌었다.
   • 덮개(명사) : 덮-(어근, 동사) + -개(접사), '동사'에서 '명사'로 품사가 바뀌었다.
   → ㉤ : '접미사'인 '-이'와 '-개' 모두 동사 어근에 결합하여 명사를 파생하였다.

04 ①

• 지우-개(명사) : 지우-(어근, 동사) + -개(접사) → 파생어
• 새-파랗다(형용사) : 새-(접사) + 파랗-(어근, 형용사) → 파생어

✅ **오답 피하기**

② • 조각-배(명사) : 조각(어근, 명사) + 배(어근, 명사) → 합성어
   • 드높-이다(동사) : 드높-(어근, 형용사) + -이-(접사) → 파생어
③ • 짓-밟다(동사) : 짓-(접사) + 밟-(어근, 동사) → 파생어
   • 저녁-노을(명사) : 저녁(어근, 명사) + 노을(어근, 명사) → 합성어
④ • 풋-사과(명사) : 풋-(접사) + 사과(어근, 명사) → 파생어
   • 돌아-가다(동사) : 돌-(어근, 동사) + 가-(어근, 동사) → 합성어

05 ②

• 정-답다(형용사) : 정(어근, 명사) + -답-(접사) → 파생어
'정답다'는 명사 '정'에 접사인 '-답-'이 결합한 예이다. 명사에 접사가 결합하여 형용사로 바뀌었다. '낚시질'과 동일하게 접미사가 결합했긴 하지만 어근의 품사가 바뀌었으므로 ㉠의 예로 볼 수 있다.

✅ **오답 피하기**

① [황금을 보기(=보다)(서술어)]를 돌같이 하라. : '황금을 보기'는 명사절로, 이때의 '-기'는 접미사가 아닌 명사형 전성 어미로 보아야 한다.

③ [옥수수 알이(주어) 크기(=크다)(서술어)]에는 안 좋은 날씨이다.
: '옥수수 알이 크기'는 명사절로, 이때의 '-기'는 접미사가 아니라 명사형 전성 어미로 보아야 한다.
④ 낚시-질(명사): 낚시(어근, 명사) + -질(접사) → 파생어, '낚시질'의 '질'은 접미사이다. 이때의 '-질'은 품사를 바꾸지는 못한다.

06 ①

• 기뻐-하다(동사): 기쁘-(어근, 형용사) + -어(어미) + -하-(접사)
→ 파생어, '기쁘다'에 동사 파생 접미사인 '-하다'를 결합하면, 동사 '기뻐하다'가 된다. 참고로 '-어하다'가 '구(句)'에 결합한 경우가 아니라면 앞말에 붙여 써야 한다.
※ 하다(보조 동사): 「8」 ((형용사 뒤에서 '-어하다' 구성으로 쓰여)) 앞말이 뜻하는 대상에 대한 느낌을 가짐을 나타내는 말.
예 결혼 생활을 행복해하다. 취업이 어려워지자 취업 준비생들끼리 서로 가여워하는 지경에 이르렀다.

✅ 오답 피하기
② • 시-누이(媤누이): 시-(접사) + 누이(어근) → 접두파생명사, '시누이'는 접미사가 아닌 접두사가 결합하였다.
• 선생-님(先生님): 선생(어근) + -님(접사) → 접미파생명사
※ 시-(접사): ((친족 관계를 나타내는 일부 명사 앞에 붙어)) '남편의'의 뜻을 나타내는 접두사.
※ -님(접사): 「1」 ((직위나 신분을 나타내는 일부 명사 뒤에 붙어)) '높임'의 뜻을 더하는 접미사.
③ • 빗-나가다: 빗-(접사) + 나가(어근) → 파생어
• 공부-하다: 공부(어근) + -하-(접사) → 파생어, '빗나가다, 공부하다' 모두 합성동사가 아니라 파생어이다.
※ 빗-(접사): 「2」 ((일부 동사 앞에 붙어)) '잘못'의 뜻을 더하는 접두사.
※ -하다(접사): 「1」 ((일부 명사 뒤에 붙어)) 동사를 만드는 접미사.
④ 한-여름: 한-(접사) + 여름(어근) → 파생어, '한여름'은 단일어가 아니다.
※ 한-(접사): ((일부 명사 앞에 붙어)) 「2」 '정확한' 또는 '한창인'의 뜻을 더하는 접두사.

07 ②

• 회-덮밥(명사): 회(어근, 명사) + [덮-(어근, 동사) + 밥(어근, 명사)] → 합성어(통사적), '덮밥'은 비통사적 합성어이고, 파생어가 아니다. 그리고 '회덮밥'은 합성어이다.

✅ 오답 피하기
① '바다'와 '맑다'는 하나의 실질형태소로 이루어져 있으므로 둘 다 단일어이다.
③ 곁눈-질(명사): [곁(어근, 명사) + 눈(어근, 명사)] + -질(접사) → 파생어, '곁눈질'에서 '곁눈'은 '곁'과 '눈' 각각 어근으로 보아야 하므로 합성어이다.(참고로 '곁'은 명사로만 존재하고 접사는 없다.) 그리고 '곁눈'이란 어근에 '-질'이라는 접사가 결합하여 파생어가 된다.
④ '웃다'의 어근 '웃-'에 '-음'이라는 접사가 결합하여 동사에서 명사로 바뀐 파생어이다.

08 ①

<보기>의 핵심은 다음과 같다. 해당 단어는 '합성어'여야 하고, 합성어 안에 '파생어'가 있어야 한다. 즉, '어근 + (어근 + 접사)'의 구조를 가진 단어를 찾아야 한다는 의미이다. 이와 같은 구조를 가진 단어는 '책꽂이'이다.

꽂-(어근, 동사) + -이(접사)
↓(파생)
책(어근, 명사) + 꽂이(어근, 명사)
↓(합성)
책꽂이

✅ 오답 피하기
② 헛-소리(명사): 헛-(접사) + 소리(어근, 명사) → 파생어
③ 가리-개(명사): 가리-(어근, 동사) + -개(접사) → 파생어
④ 흔들-림: [흔들-(어근, 동사) + -리-(접사)] + -(으)ㅁ(명사형 전성 어미) → '흔들리다'는 파생어
※ 참고: 흔들림은 사전에 등재되지 않았기 때문에 파생어로 보기는 어렵고, 마지막 '-(으)ㅁ'은 명사형 전성 어미가 결합한 것으로 보아야 할 것이다.

09 ②

'흰'은 '희다'라는 용언의 어간에 '-(으)ㄴ'이라는 관형사형 전성 어미가 결합한 것으로, 이는 '용언의 관형사형'이라고 한다. 따라서 용언의 어간과 결합하였다는 부분이 틀렸다.
※ 희다(형용사): 「1」 눈이나 우유의 빛깔과 같이 밝고 선명하다.

✅ 오답 피하기
① '앞 성분이 뒤 성분을 수식한다.'라는 점에서 '큰아버지'는 '아버지의 형'과 연결되기에 '종속 합성어'라고 할 수 있다.
③ '늙다'와 '이(=사람)'가 결합한 합성어이므로 '어휘 의미를 지닌 두 요소가 결합'하였다고 말할 수 있다.
④ '먹거리'는 '어간'과 '명사'가 결합한 것이므로 비통사적 합성어라고 할 수 있다.

10 ③

'높푸르다'는 '높고 푸르다'란 의미로 두 어근의 의미가 어느 한쪽으로 치우치지 않았으므로 '융합 합성어'가 아니라 '대등 합성어'로 이해해야 한다.

✅ 오답 피하기
① '손가락'은 '손'과 '가락' 중 '손'이 의미의 중심을 이루고, 다른 하나가 그 의미를 보충하는 관계로 이루어져 있으므로 '종속 합성어'라고 볼 수 있다.
② '논밭'은 두 어근의 의미가 어느 한쪽으로 치우치지 않고 대등한 또는 병렬적인 합성어로 이루어져 있으므로, '대등 합성어'라고 볼 수 있다.
④ '쥐꼬리'는 '쥐'와 '꼬리' 중 '쥐'가 의미의 중심을 이루고, 다른 하나가 그 의미를 보충하는 관계로 이루어져 있으므로 '종속 합성어'라고 볼 수 있다. 그런데, '쥐의 꼬리'라고 볼 수 없고, '매우 적은 것을 비유적으로 이르는 말'에 해당하므로 '융합 합성어'로 이해해야 한다.

CHAPTER **03** 통사론

제10회

Answer

| 01 ① | 02 ④ | 03 ② | 04 ③ | 05 ④ |
| 06 ④ | 07 ③ | 08 ④ | 09 ② | 10 ① |

01 ①

- 입은 비뚤어져도 / 말은(목적어) 바로 해라(서술어).: '하다'는 목적어를 필요로 한다. '말을 바로 하다'로 분석되므로 '말은'의 문장 성분은 '목적어'이다. 나머지는 모두 '주어'에 해당하므로 ①이 정답이다.

☑ 오답 피하기
② 호랑이도(주어) / 제 말 하면 / 온다(서술어).: '온다'는 주어를 필요로 하는 서술어이므로, '호랑이도'의 문장 성분은 '주어'이다.(호랑이가 온다.)
③ 아니 땐 / 굴뚝에 연기(가)(주어) 날까(서술어)?: '나다'는 주어를 필요로 하는 서술어이므로, '연기'의 문장 성분은 '주어'이다.(연기(가) 날까?)
④ 꿀도(주어) 약이라면(서술어) / 쓰다.: '약이다'는 주어를 필요로 하는 서술어이므로, '꿀도'의 문장 성분은 '주어'이다.(꿀이 약이다.)

02 ④

- [정부에서(주어) 실시한(서술어)] 조사 결과가(주어) 발표되었다(서술어).: 조사 결과를 실시한 주체는 '정부'이다. 이때의 '에서'는 부사격 조사가 아닌 주격 조사로 보아야 한다. 따라서 '정부에서'는 '부사어'가 아닌, '주어'이므로 나머지 셋과 문장 성분이 다르다.

☑ 오답 피하기
① 이 물건은(주어) 시장에서 사(서술어) 왔다.: 이때의 '에서'는 '「1」 앞말이 행동이 이루어지고 있는 처소의 부사어임을 나타내는 격 조사.'를 의미한다.
② 고마운 / 마음에서 드리는(서술어) / 말씀입니다(서술어).: 이때의 '에서'는 '「4」 앞말이 근거의 뜻을 갖는 부사어임을 나타내는 격 조사.'를 의미한다.
③ [이에서 어찌 더 나쁠(서술어)] 수가(주어) 있겠어요(서술어)?: 이때의 '에서'는 '「5」 앞말이 비교의 기준이 되는 점의 뜻을 갖는 부사어임을 나타내는 격 조사.'를 의미한다.

03 ②

- 우리 회사에서 수소 자동차가(주어) 개발되었다(서술어).: '개발되었다'의 주체는 '수소 자동차'이고, 이는 주어에 해당한다. 따라서 '우리 회사에서'는 부사어라고 할 수 있으며 '출처'라는 의미를 지닌다.
※ 에서(조사): 「3」 앞말이 어떤 일의 출처임을 나타내는 격 조사.

☑ 오답 피하기
① [정부에서(주어) 실시한(서술어)] 조사 결과가(주어) 발표되었다(서술어).: '실시하다'의 주체는 '정부'로 '정부에서'는 '주어'에 해당한다.
③ 할아버지께서(주어) 지금 막 돌아오셨다(서술어).: '할아버지께서'는 돌아오신 주체이므로 '주어'의 역할을 한다.
④ 이번 춘계 대회는 우리 학교에서(주어) 전국을 제패하였다(서술어).: '우리 학교에서'는 전국을 제패한 주체이므로 '주어'의 역할을 한다.
⑤ 우리 학교가(주어) [운동장이(주어) 좁다(서술어)].: 해당 문장은 서술절이 안긴 문장으로, '우리 학교'를 주어로 보아야 한다.

04 ③

'에게'는 부사격 조사이다. '나에게'는 이에 따라 '부사어'가 되므로 관형어라고 볼 수 없다.

☑ 오답 피하기
① 새(관형사) 옷: 관형사는 관형어가 된다.
② 군인인(-(으)ㄴ(관형사형 전성 어미)) 형: '군인인'은 서술격 조사(이다)와 '-(으)ㄴ'이란 '관형사형 전성 어미'가 결합한 관형어이다.
④ 시골의(관형격 조사) 풍경: '시골의'는 관형격 조사 '의'가 결합한 경우이다. 이때 관형격 조사가 결합하면 관형어가 될 수 있다.

05 ④

'배하고 사과하고 감을 가져오너라.'의 '하고'는 접속 조사이고, '너는 성적이 누구하고 같으냐?'의 '하고'는 부사격 조사이다.
※ 하고: ❶ ((체언 뒤에 붙어)) 「1」 (구어체로) 다른 것과 비교하거나 기준으로 삼는 대상임을 나타내는 격 조사. 「2」 (구어체로) 일 따위를 함께 함을 나타내는 격 조사. 「3」 (구어체로) 상대로 하는 대상임을 나타내는 격 조사. ❷ ((체언 뒤에 붙어)) (구어체로) 둘 이상의 사물이나 사람을 같은 자격으로 이어 주는 접속 조사.≒하며.

☑ 오답 피하기
① '전달한' 주체가 '동창회에서'이므로 '주어'로 파악해야 하며, '동창회에서 있었던 일'은 장소를 의미하므로 부사어로 파악해야 한다.
② '얼음이'는 보어이고, '얼음으로'는 부사격 조사가 결합한 부사어이다.
③ '의논하다'의 대상이 엄마이므로 부사격 조사가 결합한 부사어로 판단해야 하지만, '엄마와 민주는'은 민하를 기다리는 주체이자 '주어'로, 이때의 '와'는 접속 조사로 파악해야 한다.

06 ④

'부르다'는 주어와 목적어만 필요로 하는 두 자리 서술어이다.

☑ 오답 피하기
① '바퀴가'라는 주어만 필요한, 한 자리 서술어이다.
② '모은이가'라는 주어와 '복숭아를'이란 목적어가 필요한, 두 자리 서술어이다.
③ '목걸이가'라는 주어와 '주아에게'란 부사어가 필요한, 두 자리 서술어이다.

07 ③

'물이'는 주어이고, '얼음이'는 보어이다. 따라서 서술어를 꾸며주는 '부사어'로 볼 수 없다.

✅ 오답 피하기
① '지원은' 깨우는 주체이므로 주어로 보아야 한다.
② '만들다'는 '유선은'이란 주어와 '도자기를'이란 목적어를 필요로 한다.
④ '어머나'는 다른 문장 성분과 직접적으로 관련이 없는 '독립어'에 해당한다.

08 ④

• 그는 시험(명사, 관형어) 날짜가 다가올수록 / 차분하게(형용사, 부사어) 행동하였다. : (가), (나)의 조건 모두 있다.

✅ 오답 피하기
① 두려운(관형절, 관형어) 마음을 버리고 / 새(관형사, 관형어) 시대를 맞이하자. : (가), (나)의 조건 모두 없다. '두려운'은 형용사 '두렵−'에 관형사형 전성 어미 '−(으)ㄴ'이 결합한 것이고, '새'는 관형사이다. (가)의 조건은 '명사가 관형어가 된 것을 고르라는 의미이다.
② 나는 호수(명사, 관형어) 주변을 산책하며 / 깊은(관형절, 관형어) 상념에(부사격 조사, 부사어) 잠겼다. : (가) 조건만 있다. '상념에'는 부사어지만, 부사격 조사가 결합한 것이지 용언이 활용된 것은 아니다.
③ 아이들조차 학교(명사, 관형어) 운동장에(부사격 조사) 무심코(부사, 부사어) 쓰레기를 버린다. : (가) 조건만 있다. 부사어로 '운동장에'와 '무심코'가 있지만, 모두 용언이 활용된 것은 아니다.

09 ②

㉠ 아이가(주어) [작은(관형어)] 침대에서(부사어) 예쁘게(부사어) 잔다(서술어). : 총 5개
　1) 주성분(2개) : 주어 1개, 서술어 1개
　　('작은'과 '예쁘게'도 서술어로 볼 수 있지만, 제외하였다.)
　2) 부속성분(3개) : 관형어 1개, 부사어 2개
㉡ 그는(주어) 친구의(관형어) 딸을(목적어) 며느리로(부사어) 삼았다(서술어). : 총 5개
　1) 주성분(3개) : 주어 1개, 목적어 1개, 서술어 1개
　2) 부속성분(2개) : 관형어 1개, 부사어 1개
㉢ 앗(독립어), 영희가(주어) [뜨거운(관형어)] 물을(목적어) 엎질렀구나(서술어)! : 총 5개
　1) 주성분(3개) : 주어 1개, 목적어 1개, 서술어 1개
　　('뜨거운'도 서술어로 볼 수 있지만, 제외하였다.)
　2) 부속성분(1개) : 관형어 1개
　3) 독립성분(1개) : 독립어 1개

㉠의 주성분은 '아이가(주어), 잔다(서술어)'가 있고, ㉡의 주성분은 '그는(주어), 딸을(목적어), 삼았다(서술어)'가 있다. ㉠은 2개이고, ㉡은 3개이므로, 주성분의 개수가 일치하다는 말은 적절하지 않다. 참고로 ㉢의 주성분은 '영희가(주어), 물을(목적어), 엎질렀구나(서술어)'가 있다.

✅ 오답 피하기
① ㉠의 '작은', ㉡의 '친구의'가 있고, ㉢은 '뜨거운'이 있고, 모두 체언을 수식하는 관형어에 해당한다.
③ ㉠의 부속성분은 '작은(관형어), 침대에서(부사어), 예쁘게(부사어)'가 있다. ㉡의 부속성분은 '친구의(관형어), 며느리로(부사어)'가 있다. ㉢의 부속성분은 '뜨거운(관형어)'이 있다. 이처럼 ㉠의 부속성분의 개수가 ㉡, ㉢보다 많다.

④ '며느리로'는 '삼다'를 기준으로 필수적으로 있어야 할 부사어이다. 그런데 ㉠의 '침대에서, 예쁘게'는 수의적 부사어에 해당한다.

10 ①

[[형이(주어) 저지른(서술어)] [잘못이(주어) 빌미가 되었음(서술어)]]을 동생이(주어) 밝혔다(서술어).
• 형이(주어) 저지른(서술어) : 관형절
• 잘못이(주어) 빌미가(보어) 되었음(서술어) : 명사절
• 동생이(주어) ~을(목적어) 밝혔다(서술어) : 안은문장

㉠ : 문장 전체의 서술어는 '밝혔다'이고, 이에 해당하는 주어는 '동생이'이다.
㉡ : 명사절의 서술어는 '되었음'이고, 이에 해당하는 주어는 '잘못이'이다.
㉢ : 관형절의 서술어는 '저지른'이고, 주어는 '형이'이다.
　　정리하자면, ㉠은 '동생이', ㉡은 '잘못이', ㉢은 '형이'가 있는 ①이 정답이다.

제11회

📍 Answer

01 ③	02 ③	03 ④	04 ④	05 ③
06 ②	07 ③	08 ②	09 ②	10 ①

01 ③

• 그 집에서 오늘 돌잔치가(주어) 있어(서술어). : 홑문장

✅ 오답 피하기
① [예쁜(서술어)] 꽃이(주어) 피었네(서술어). : 관형절이 안긴 문장이다.(겹문장)
② [누가(주어) 그런 일을 한다고(서술어)] 그래. : 인용절이 안긴 문장이다.(겹문장)
④ 모두가 [[따뜻한(서술어)] 봄이(주어) 오기(서술어)]를 기다리고 있지. : 명사절, 관형절이 안긴 문장이다.(겹문장)

02 ③

• 해진이는(주어) 울산에 살고(서술어) / 초희는(주어) 광주에 산다(서술어). : '대등적'으로 연결된 이어진 문장.

✅ 오답 피하기
① 나는(주어) [동생이(주어) 시험에 합격하기(서술어)]를 고대한다(서술어). : '명사절'로 안긴문장이다.
② [착한(서술어)] 영호는(주어) 언제나 친구들을 잘 도와준다(서술어). : '관형절'로 안긴문장이다.('착한'은 관형어로 분석하기도 한다.)
④ 아버지께서는(주어) 나에게 [내일 가족 여행을 가자고(서술어)] 말씀하셨다(서술어). : '인용절'로 안긴문장이다. 인용격 조사 '고'를 확인할 수 있다.

03 ④

- 우리(관형어) 집(관형어) 앞마당에(부사어) 드디어(부사어) 장미꽃이(주어) 피었다(서술어).: 홑문장이다.

오답 피하기
① 어제 [빨간(서술어)] 모자를 샀다.: 관형절로 안긴 문장이다.(겹문장)
② 봄이 오니(서술어) / 꽃이 피었다(서술어): 이어진 문장이다.(겹문장)
③ 남긴 만큼 버려지고(서술어), / 버린 만큼 오염된다.(서술어): 이어진 문장이다.(겹문장)

04 ④

- 봄이(주어) 오면(서술어) / 꽃이(주어) 핀다(서술어).: 종속적으로 이어진 문장이다.

오답 피하기
① [담배를 피우는(서술어)] 사람이(주어) 점점 줄어들고 있다(서술어).: 관형절이 안긴 문장이다.
② 철수가(주어) [말도(주어) 없이(서술어)] 가버렸다(서술어).: 부사절이 안긴 문장이다.
③ 나는(주어) [그가(주어) 귀국했다고(서술어)] 들었다(서술어).: 인용절이 안긴 문장이다.

05 ③

- 나는(주어) [[그가(주어) 착한(서술어)] 사람이라는(서술어)] [생각이(주어) 들었다(서술어)].: 관형절, 서술절이 안긴 문장이다.

오답 피하기
① 그 친구는(주어) [마음이(주어) 참 예쁘다(서술어)].: 서술절이 안긴 문장이다.
② 나는(주어) [그 문제가(주어) 해결되었음(서술어)]에 기뻐했다(서술어).: 명사절이 안긴 문장이다.
④ 그분은(주어) [나에게 희망을 가지라고(서술어)] 말씀하셨다(서술어).: 인용절이 안긴 문장이다.

06 ②

- [누구나(주어) 자기 현실을 불변의 것으로 생각하는(서술어)] 것은 아니다.: 두 번 이상 안긴 절이 아니다. 오로지 관형절만 파악된다.

오답 피하기
① 철수는 [문제를 적극적으로 해결할(서술어)] [용기가(주어) 부족하다(서술어)].: 관형절, 서술절이 안긴 문장이다.
③ 누구도 [[그가(주어) 이번 대회에서 우승할(서술어)] 후보자임(서술어)]을 의심치 않았다.: 관형절, 명사절이 안긴 문장이다.
④ 그는 [비가(주어) [소리(주어) 없이(서술어)] 내리는(서술어)] 모습을 조용히 바라보았다.: 부사절, 관형절이 안긴 문장이다.

07 ③

- 강아지가(주어) [소리도(주어) 없이(서술어)] 들어왔다(서술어).: 부사절이 안긴 문장이다.

오답 피하기
① 우리 고양이는(주어) [머리가(주어) 좋다(서술어).]: 서술절이 안긴 문장이다.

② 우리는(주어) [그가(주어) 옳았음(서술어)]을 깨달았다(서술어).: 명사절이 안긴 문장이다.
④ 지영이는(주어) [나에게 어디를 가냐고(서술어)] 물었다(서술어).: 인용절이 안긴 문장이다.

08 ②

- 꽃밭에는 [예쁜(서술어)] / 꽃이(주어) 활짝 피었다(서술어).: '예쁜'은 '꽃'을 꾸미는 관형절이자, 관형어이다. ①~④ 모두 체언을 꾸미지만, '관형사'가 아닌 '절'로 체언을 꾸며야 하므로 ②가 정답이다.

오답 피하기
① 그는(주어) 갖은(관형사/관형어) 양념으로 맛을 내었다(서술어).: '갖은'은 관형사이므로 관형어는 될 수 있으나, 관형절은 될 수 없다.
  ※ 갖은(관형사): 골고루 다 갖춘. 또는 여러 가지의.
  ※ 갖은-양념(명사): 음식의 맛을 돋우기 위해 쓰는 갖가지 재료의 양념.
③ 오랜(관형사/관형어) 가뭄 끝에 비가(주어) 내렸다(서술어).: '오랜'은 관형사이므로 관형어는 될 수 있으나, 관형절은 될 수 없다.
  ※ 오랜(관형사): 이미 지난 동안이 긴.
  ※ 오래-되다(형용사): 시간이 지나간 동안이 길다.
④ 사무실 밖에서 여남은(관형사/관형어) 명이(주어) 웅성대고 있었다(서술어).: '여남은'은 관형사이므로 관형어는 될 수 있으나, 관형절은 될 수 없다.
  ※ 여남은(관형사): 열이 조금 넘는 수의.

09 ②

②만 '동격 관형절'이고, 나머지는 '관계 관형절'이다.

오답 피하기
① 내가 어제 책을 (서점에서) 샀다.: 뒤의 체언이 관형절에서 '부사어' 역할을 한다.
③ (땀이) 이마에 흐른다.: 뒤의 체언이 관형절에서 '주어' 역할을 한다.
④ (사람들이) 횃불을 추켜들다.: 뒤의 체언이 관형절에서 '주어' 역할을 한다.

10 ①

①만 '동격 관형절'이고, 나머지는 '관계 관형절'이다.

오답 피하기
② 내가 어제 책을 (서점에서) 샀다: 뒤의 체언이 관형절에서 '부사어' 역할을 한다.
③ 충무공이 (거북선을) 만들다: 뒤의 체언이 관형절에서 '목적어' 역할을 한다.
④ 사람이 (그 섬에서) 살지 않는다: 뒤의 체언이 관형절에서 '부사어' 역할을 한다.
⑤ 수양 버들이 (돌각담에) 서 있다: 뒤의 체언이 관형절에서 '부사어' 역할을 한다.

제12회

Answer

01 ②	02 ②	03 ③	04 ④	05 ②
06 ②	07 ②	08 ③	09 ⑤	10 ④

01 ②

ⓒ은 '평서문'을 인용한 인용절이다. 이때 '나'는 '성민'을 뜻하는데, 간접인용절로 바뀌게 되면, 자기 자신을 가리키는 말이므로 '자기'로 고쳐야 한다. 이때 '자기'는 지시대명사가 아니라 인칭대명사이다.

☑오답 피하기

① ㉠은 '명령문'을 인용한 인용절이다. 이때 직접 명령문인 '-어라/아라, -거라'는 간접 명령문 '-(으)라'로 바뀌어 활용된다.
③ ⓒ은 '하십시오체'가 결합한 평서문을 인용한 인용절이다. 높임 표현은 간접 인용절로 바뀔 때 '하십시오체'는 사라지고 '들어간다.'와 같은 평서문의 형태로 바뀐다.
④ ㉣은 '오늘'이 '어제'로 바뀐 점이 중요한데, 직접인용절과 달리 간접인용절일 때는 시간의 흐름을 고려하여 교체해야 한다. 여기서 성민은 '어제 떠나고 싶은 것'이므로, '오늘'이 아니라 '어제'로 고쳐야 한다.

02 ②

• 나는(주어) [동생이(주어) 산(서술어)] 사탕을 먹었다(서술어).: 관형절이 안긴 문장이다.
• [철수가(주어) 산책했던(서술어)] 공원은(주어) 부산에 있다(서술어).: 관형절이 안긴 문장이다.
• 지금은(주어) [학교에 가기(서술어)]에 늦은 시간이다(서술어).: 명사절이 안긴 문장이다.

ⓒ은 '부사절'이 아니라, 안은문장의 주어인 '공원'을 수식하는 관형절이다.

• 민경이는(주어) [숙소로 돌아가기(서술어)]를 원한다(서술어).: 명사절이 안긴 문장이다.

☑오답 피하기

① ㉠은 안은문장의 목적어인 '사탕'을 수식하는 관형절이다.
③ ⓒ은 목적격 조사 '을'과 결합하여 안은문장의 목적어로 쓰인다.
④ ㉣은 부사격 조사 '에'와 결합하여 안은문장의 부사어로 쓰인다.

03 ③

㉠ 담징은(주어) [이마에 흐르는(서술어)] 땀을 씻었다(서술어).: 관형절이 안긴 문장이다.
ⓒ [[[그가(주어) [착한(서술어)]] 사람임(서술어)]을 모르는(서술어)] 사람은(주어) 거의 없다(서술어).: 관형절, 명사절이 안긴 문장이다.
ⓒ 그 사람은(주어) [아는 것도(주어) 없이(서술어)] 잘난 척을 해(서술어).: 부사절이 안긴 문장이다.

㉠은 관계 관형절로, '땀이 이마에 흐른다.'라는 문장으로 분석되며, 이때 생략된 주어는 '담징'이 아니라 '땀'이다.

04 ④

㉠ 나는 [그 사람이(주어) 정직함(서술어)]을 믿는다.: 명사절이 안긴 문장이다.
ⓒ 그녀는 [내가(주어) 모르는(서술어)] 노래를 불렀다.: 관형절이 안긴 문장이다.

ⓒ의 '관형절'은 '내가 (노래를) 모르다'라는 문장으로 분석되므로 목적어가 생략되었음을 알 수 있다.

☑오답 피하기

① ㉠은 부사절이 아니라 '명사절'이 안겨 있다.
② ㉠의 안긴문장의 서술어는 '정직함'이다.
③ ⓒ은 명사절이 아니라 '관형절'이 안겨 있다.
⑤ ㉠과 ⓒ 모두 서술절이 없다.

05 ②

㉠ 동생은(주어) 과일은 좋아하지만(서술어), / 야채는(주어) 싫어한다(서술어).: 대등적으로 이어진 문장이다.
동생은 야채는 싫어하지만, 과일은 좋아한다.: 대등적으로 이어진 문장은 절의 위치를 바꾸어도 의미가 변하지 않는다.
ⓒ 철수가(주어) 오면(서술어) / 그들은(주어) 출발할 것이다(서술어).: 종속적으로 이어진 문장이다.
그들이 출발하면 철수가 올 것이다.: 종속적으로 이어진 문장은 절의 위치가 바뀌면 의미도 같이 바뀐다.
ⓒ 언니는(주어) [그 아이가(주어) 학생임(서술어)]을 알았다(서술어).: 명사절이 안긴 문장이다.
㉣ [책을 읽던(서술어)] 영수가(주어) 수지에게 다가왔다(서술어).: 관형절이 안긴 문장이다.

㉠은 앞뒤 문장의 순서가 바뀌어도 동일한 의미를 지니지만, ⓒ은 그렇지 않다.

☑오답 피하기

① ㉠과 ⓒ을 보면, 이어진 문장이 대조나 조건의 의미 관계로 연결된 것을 알 수 있다.
③ ⓒ을 보면 명사절이 명사처럼 쓰여 목적격 조사와 결합 후 '목적어'의 기능을 하지만, ㉣은 영수를 꾸며주는 관형어의 역할을 한다.
④ ⓒ을 보면, 명사절의 주어는 '그 아이가'이지만, 안은문장의 주어는 '언니'이다. 그런데, ㉣의 관형절의 주어는 '영수'로 안은문장의 주어와 동일하다.

06 ②

• 경주마는(주어) / 속도는(주어) 둘째치고 크기도 / 놀라웠다(서술어).: '크기'는 서술어가 아니므로 '경주마가 크다'와 같이 활용되지 않는다. 이때의 '-기'는 명사화 접사이다. 참고로, '크기'는 사전에 등재된 명사이다.

① 수진이는 [돌연 허공을 보기(서술어)](를) 시작했다. : '수진이가 허공을 보다.'와 같은 문장으로 분석된다. 즉, '보기'의 '-기'는 명사형 전성 어미이며, '보다'가 기본형이다.

③ [나무가(주어) 굵기(서술어)]는 했지만 / 열매는 얼마 안 달렸다. : '나무가 굵다'와 같은 문장으로 분석된다. 즉, '굵기'의 '-기'는 명사형 전성 어미이며, '굵다'가 기본형이다.

④ 토끼가(주어) 너무 빨리(부사어) 달리기(서술어) 때문에 / 따라잡을 수 없었다. : '토끼가 빨리 달리다.'와 같은 문장으로 분석된다. 즉, '달리기'의 '-기'는 명사형 전성 어미이며, '달리다'가 기본형이다. 참고로 '달리기' 앞의 '빨리'라는 부사어는 '달리기'가 용언임을 알려준다.

07 ②

• 얼음 : 얼-(어근, 동사) + -(으)ㅁ(접사) → 명사

① 불우한 삶 : 살-(어근, 동사) + -(으)ㅁ(접사)
→ '삶'은 관형어가 꾸미는 명사이다.

③ 잠¹을 잠²(=자다) : 자-(어근, 동사) + -(으)ㅁ(접사)
→ 명사(이와 달리 '잠²'은 명사형 전성 어미 '-(으)ㅁ'만 결합했을 뿐, '자기, 잠'으로 활용되는 동사이다.)

④ 크게 웃음(=웃다) : 웃-(어근, 동사) + -(으)ㅁ(명사형 어미)
→ 동사('크게'가 '웃다'를 수식하므로 이때 품사는 동사로 보아야 한다.)

08 ③

• [태산이(주어) 높음(서술어)]을 사람들은(주어) 알지 못한다(서술어). : '태산이 높음'은 '태산이 높다'라는 문장으로 분석된다. 즉, '높음'의 '-(으)ㅁ'은 명사형 전성 어미이며, '높다'가 기본형이다.

① 그는(주어) [수줍음이(주어) 많은(서술어)] 사람이다(서술어). : '수줍음이 많다.'와 같이 문장이 분석되며, '수줍다가 많다.'와 같이 활용되지 않는다. 이때 '수줍음'의 '-(으)ㅁ'은 명사화 접사이다. 참고로, '수줍음'은 사전에 등재된 명사이다.

② 그는(주어) 죽음을 각오하고(서술어) / 일에 매달렸다(서술어). : '그는 죽음을 각오하다.'와 같이 문장이 분석되며, '그는 죽다.'와 같이 활용되지 않는다. 이때 '죽음'의 '-(으)ㅁ'은 명사화 접사이다. 참고로, '죽음'은 사전에 등재된 명사이다.

④ 나라를 위해(서술어) / [젊음을 바친(서술어)] 사람이(주어) 애국자다(서술어). : '사람이 젊음을 바치다.'와 같이 문장이 분석되며, '사람이 젊다'와 같이 활용되지 않는다. 이때 '젊음'의 '-(으)ㅁ'은 명사화 접사이다. 참고로, '젊음'은 사전에 등재된 명사이다.

09 ⑤

• [나는(주어) 하루도 달리기를 거른(서술어)] 기억이 없다. : 여기서 '달리기'는 명사로 쓰였으므로 '명사절'로 분석할 수 없다. 해당 문장에 안겨 있는 문장은 관형절로 '나는 달리기를 거른'에 있다.

① [아이들은(주어) 장난을 좋아하기(서술어)] 마련이에요. : '명사절'이 안긴 문장이다.

② 이러다가는 / [버스를 놓치기(서술어)] 십상이다. : '명사절'이 안긴 문장이다.

③ [공부가(주어) 어렵기는(서술어)] 해도 / 결국 [저(주어) 하기(서술어)] 나름이에요. : '명사절'이 안긴 문장이다.

④ [비가(주어) 많이 오기(서술어)] 때문에 공사를 할 수 없다. : '명사절'이 안긴 문장이다.

10 ④

• 우리말에서 정확한(관형어) 띄어쓰기는 참 어렵다. : '띄어쓰기'만이 관형어의 수식을 받으므로, '명사'임을 알 수 있다. 따라서 '띄어쓰기'의 '-기'는 명사화 접사이다. 나머지는 모두 '부사어'의 수식을 받는 용언이다.

① '일년 동안 책 많이(부사어) 읽기(서술어)' : '많이'는 부사어이고, '읽기'를 수식한다. 따라서 '읽기'의 '-기'는 명사형 전성 어미이고, '읽다'가 기본형이다. 참고로 품사는 '동사'이다.

② 물 속에서 숨 안 쉬고 오래(부사어) 참기(서술어)를 잘 한다. : '오래'는 부사어이고, '참기'를 수식한다. 따라서 '참기'의 '-기'는 명사형 전성 어미이고, '참다'가 기본형이다. 참고로 품사는 '동사'이다.

③ '봄맞이 함께(부사어) 걷기(서술어)' : '함께'는 부사어이고, '걷기'를 수식한다. 따라서 '걷기'의 '-기'는 명사형 전성 어미이고, '걷다'가 기본형이다. 참고로 품사는 '동사'이다.

⑤ 사람이라면 치타보다 빨리(부사어) 달리기(서술어)가 쉽지 않다. : '빨리'는 부사어이고, '달리기'를 수식한다. 따라서 '달리기'의 '-기'는 명사형 전성 어미이고, '달리다'가 기본형이다. 참고로 품사는 동사이다.

제13회

📍Answer

01 ①	02 ②	03 ①	04 ③	05 ④
06 ①	07 ②	08 ②	09 ③	10 ②

01 ①

• 사동문 : 민수가 나를(목적어) 웃기다(서술어).
• 주동문 : 내가(주어) 웃다(서술어).
'민수가 나를 웃기다'는 '피동문'이 아니라 '사동문'에 해당한다.

② • 능동문 : 모기가 나를(목적어) 물다(서술어).
   • 피동문 : 내가(주어) 모기에게 물리다(서술어).
③ • 능동문 : 정부가 회담을(목적어) 진행하다(서술어).
   • 피동문 : 회담이(주어) 정부에 의해 진행되다(서술어).
④ • 능동문 : 나는 바라던 것을(목적어) 이루다.
   • 피동문 : 바라던 것이(주어) 이루어지다(서술어).

02 ②

- 능동문: 미나가 <u>미라를(목적어)</u> <u>잡다(서술어)</u>.
- 피동문: <u>미라가(주어)</u> 미나에 의해 <u>잡히다(서술어)</u>.

②번 외에는 '능동 표현'을 '피동 표현'을 바꿀 수가 없거나, '피동 표현'으로만 써야 하는 문장이 있다.

☑오답 피하기
① • 능동문: 진이가 <u>칭찬을(목적어)</u> <u>듣다</u>.
  • 피동문: <u>칭찬이(주어)</u> 진이에게 <u>들리다</u>.(?)
  해당 문장은 '능동 표현'으로만 써야 한다.
③ • 능동문: 나무가 <u>열매를(목적어)</u> <u>열다</u>.(?)
  • 피동문: <u>열매가(주어)</u> 나무에 <u>열리다</u>.
  해당 문장은 '피동 표현'으로만 써야 한다.
④ • 능동문: 선생님이 <u>학생을(목적어)</u> <u>가르치다</u>.
  • 피동문: <u>학생이(주어)</u> 선생님에게 <u>가르침을 당하다</u>.(?)
  해당 문장은 '능동 표현'으로만 써야 한다.

03 ①

- <u>(소음이) 섞이다</u> - <u>(소음을) 섞다</u>: '섞이다'는 '섞다'라는 타동사에 '-이-'라는 접사가 결합한 '피동사'이다.
  ※ 섞-이다(동사): 「1」 두 가지 이상의 것이 한데 합쳐지다. '섞다'의 피동사. 「2」 어떤 말이나 행동에 다른 말이나 행동이 함께 나타나게 되다. '섞다'의 피동사.

☑오답 피하기
② <u>(고드름을) 녹이다</u> - <u>(고드름이) 녹다</u>: '햇살이 고드름을 녹게 한 것'이라서 '피동사'가 아니라 '사동사'로 보아야 한다.
  ※ 녹-이다(동사): 【…을】 「1」 얼음이나 얼음같이 매우 차가운 것을 열로 액체가 되게 하다. '녹다'의 사동사.
③ <u>(꽃을) 들리다</u> - <u>(꽃을) 들다</u>: '친구가 꽃을 스스로 들 수가 있다.' 그럼에도 그것을 시킨 것이므로 이때의 '들리다'는 '사동사'로 보아야 한다.
  ※ 들-리다(동사): 【…에게 …을】 손에 가지게 하다. '들다'의 사동사.
④ <u>(풀을) 옷에 먹이다</u> - <u>(풀이) 옷에 먹다</u>: 이때의 '먹다'는 무언가 피해를 당한 것이 아니라 '그렇게 만든 것'에 해당하므로 '사동사'로 보아야 한다.
  ※ 먹-이다(동사): 「7」 바르는 물질을 배어들게 하거나 고루 퍼지게 하다. '먹다'의 사동사.

04 ③

- 능동문: <u>철수가(주어)</u> 감기에 <u>걸렸다(서술어)</u>.

해당 문장은 피동 표현이 아니다. 즉, '감기가 철수를 걸다.(?)'와 같이 바꿀 수 없다.

☑오답 피하기
① • 피동문: 그 <u>문제가(주어)</u> 어떤 수학자에 의해 <u>풀리다(서술어)</u>.
  • 능동문: 어떤 수학자가 그 <u>문제를(목적어)</u> <u>풀다(서술어)</u>.
  피동문의 주어인 '문제가'가 능동문에서 '문제를'과 같이 목적어로 바꿀 수 있다면, '피동문-능동문'의 관계가 가능하다는 의미이다.
② • 피동문: 그 <u>책은(주어)</u> 많은 사람들에게 <u>읽히다(서술어)</u>.
  • 능동문: 많은 사람들이 그 <u>책을(목적어)</u> <u>읽다(서술어)</u>.
  피동문의 주어인 '책은'이 능동문에서 '책을'과 같이 목적어로 바꿀 수 있다면, '피동문-능동문'의 관계가 가능하다는 의미이다.

④ • 피동문: <u>아이가(주어)</u> 어머니에게 <u>안기다(서술어)</u>.
  • 능동문: 어머니가 <u>아이를(목적어)</u> <u>안다(서술어)</u>.
  피동문의 주어인 '아이가'가 능동문에서 '아이를'과 같이 목적어로 바꿀 수 있다면, '피동문-능동문'의 관계가 가능하다는 의미이다.

05 ④

'짚히다'가 아니라 '짚이다'이다. 그리고 '짚이다'는 피동 표현이 아니다.
※ 짚이다(동사): 헤아려 본 결과 어떠할 것으로 짐작이 가다.

☑오답 피하기
① • 피동문: <u>글이(주어)</u> 두 문단으로 <u>나뉘다(서술어)</u>.('나뉘다'는 '나누이다'의 준말이다.)
  • 능동문: <u>글을(목적어)</u> 두 문단으로 <u>나누다(서술어)</u>.
  ※ 나누-이다(동사): 【…으로】 「1」 하나가 둘 이상으로 갈리다. '나누다'의 피동사.
  ※ 나누다(동사): 【…을 …으로】 「1」 하나를 둘 이상으로 가르다.
② • 피동문: <u>들판이(주어)</u> 눈으로 <u>덮이다(서술어)</u>.
  • 능동문: 눈이 <u>들판을(목적어)</u> <u>덮다(서술어)</u>.
  ※ 덮-이다(동사): 【…에】【…으로】 「3」 일정한 범위나 공간이 빈틈없이 휩싸이다. '덮다'의 피동사.
  ※ 덮다(동사): 【…을】 「1」 일정한 범위나 공간을 빈틈없이 휩싸다.
③ • 피동문: <u>나무가(주어)</u> 벌목꾼에게 <u>베이다(서술어)</u>.
  • 능동문: 벌목꾼이 <u>나무를(목적어)</u> <u>베다(서술어)</u>.
  ※ 베-이다(동사): 「1」 【…에/에게】 날이 있는 연장 따위로 무엇이 끊기거나 잘리거나 갈라지다. '베다'의 피동사.
  ※ 베다(동사): 【…을】 「1」 날이 있는 연장 따위로 무엇을 끊거나 자르거나 가르다.
⑤ 피동문: <u>안개가(주어)</u> <u>걷히다(서술어)</u>.
  ※ 걷-히다(동사): 「1」 구름이나 안개 따위가 흩어져 없어지다. '걷다'의 피동사.
  ※ 걷다(동사): 「1」 구름이나 안개 따위가 흩어져 없어지다.

06 ①

- 피동문: <u>도둑이(주어)</u> 경찰에게 <u>잡혔다(서술어)</u>.
- 능동문: 경찰이 <u>도둑을(목적어)</u> <u>잡다(서술어)</u>.

유일하게 ①만 피동문이고, 나머지는 사동문이다.

☑오답 피하기
② • 사동문: 철호가 몸짓으로 <u>나를(목적어)</u> <u>웃겼다(=웃게 하다)(서술어)</u>.
  • 주동문: <u>내가(주어)</u> <u>웃다(서술어)</u>.
  '주동문'의 주어와 서술어는 사동문에서 목적어와 사동사로 바뀌었다.
③ • 사동문: 영애가 <u>민수를(목적어)</u> <u>기쁘게 하였다(서술어)</u>.
  • 주동문: <u>민수가(주어)</u> <u>기쁘다(서술어)</u>.
  '주동문'의 주어와 서술어는 사동문에서 목적어와 사동 표현으로 바뀌었다.
④ • 사동문: 어머니가 <u>아이에게(부사어)</u> 새 <u>옷을(목적어)</u> <u>입혔다(=입게 하다)</u>.
  • 주동문: <u>아이가(주어)</u> 옷을(목적어) <u>입다(서술어)</u>.
  '주동문'의 주어, 목적어, 서술어는 사동문에서 부사어, 목적어, 사동사로 바뀌었다.

07 ②

• 사장이(주어) [사장실을 넓히기(서술어)](를) 위해(서술어) / 직원 회의실을 좁힌다(서술어).

해당 문장은 분석하면, '넓-히다, 좁-히다'에서 사동사가 확인된다. 게다가 '사장실이 넓다, 직원 회의실이 좁다'와 같이 주동문을 확인할 수 있다. '사장이(주어)' 사장실을 넓게 했고, 직원 회의실을 좁게 하였으므로 사동문의 주체임을 알 수 있다. 따라서 ㉠과 같은 문법 범주에 속하는 문장은 ②이다.

☑ 오답 피하기

① 회사는(주어) [이것이(주어) 전파 인증을 받은(서술어) 제품이라고(서술어)] 우긴다(서술어). : '인용절'과 '관형절'은 확인된다. '받다, 우기다' 모두 사동사가 아니므로 ㉠과 같은 문법 범주에 속하지 않는다.

③ 온갖 공장에서(주어) 폐수를 정화하지도 않고(서술어) / 강에 버린다(서술어). : '정화-하다, 버리다'는 사동사가 아니므로 ㉠과 같은 문법 범주에 속하지 않는다.

④ 이산화탄소가(주어) 적외선을 흡수하여(서술어) / 열이(주어) 대기에 모인다(서술어). : '흡수-하다, 모이다'는 사동사가 아니다. '열을 모으다'와 '열이 모이다'의 관계를 볼 때, '모이다'는 피동사이다.

08 ②

• 사동문 : 모닥불이 눈을(목적어) 녹인다(=녹게 하다)(서술어).
• 주동문 : 눈이(주어) 녹다(서술어).

주동문의 주어인 '눈이'가 사동문에서 목적어로 바뀌었고, 새로운 주어인 '모닥불이' 제시된 것으로 보아, 해당 문장은 사동 표현이다.

☑ 오답 피하기

① 능동문 : 쥐가 고양이를(목적어) 물었다(서술어).
사동문처럼 목적어가 있지만, '물다'는 사동사가 아니므로 사동문이라고 할 수 없다.

③ • 피동문 : 장난감이(주어) 잘 정리되었다(서술어).
• 능동문 : (누군가) 장난감을(목적어) 정리하였다(서술어).
'정리되다'는 능동문 '정리하다'의 피동 표현이다. 따라서 능동문의 목적어가 피동문의 주어로 바뀌었다.

④ • 피동문 : 정우에게 아름다운 경치가(주어) 보였다(서술어).
• 능동문 : 정우가 경치를(목적어) 보았다(서술어).
피동문의 주어인 '경치가'가 능동문에서 '목적어'로 바뀌는 것을 보아 해당 문장은 피동 표현임을 알 수 있다.

09 ③

• 피동문 : 동생이(주어) 버스 안에서 발을(목적어) 밟혔다(서술어).
해당 문장은 목적어가 있음에 불구하고 피동 표현으로 보아야 한다. '당하다'는 의미도 있고, '밟히다'는 '밟다'의 피동사이다.

☑ 오답 피하기

① • 사동문 : 형이 동생에게(부사어) 짐을(목적어) 안겼다(=안게 하다).
• 주동문 : 동생이(주어) 짐을 안았다(서술어).
주동문에서 동생이 스스로 짐을 안을 수 있지만, 사동문에서 '형'이 동생에게 그렇게 시킨 것이므로 해당 문장은 '피동문'으로 볼 수 없다.

② • 사동문 : 동생은 집 밖으로 짐을(목적어) 옮겼다(=옮게 하다)(서술어).
• 주동문 : 짐이(주어) 옮았다(서술어).(?)
'짐'이 스스로 옮을 수는 없어서 주동문은 어색하지만, '동생'이 그렇

게는 만들 수는 있다. 문제는 목적어가 있는 피동 표현을 찾으라고 하였으므로, 이에 맞지 않는 문장이다.

④ • 사동문 : 그 사람이 동생에게(부사어) 상해를(목적어) 입혔다(= 입게 하다)(서술어).
• 주동문 : 동생이(주어) 상해를(목적어) 입다(서술어).
주동문에서 동생이 스스로 다친 상황인데, '그 사람'이 그렇게 만든 것으로도 문장을 만들 수 있다. 다만 피동문이 아니므로 답이 될 수 없다.

10 ②

• 사동문 : 동생이 새 시계를(목적어) 내게(부사어) 보였다(=보게 하다)(서술어).
• 주동문 : 내가(주어) 시계를(목적어) 보다(서술어).
㉠ : '내가 시계를 본' 주체적 상황을 '동생'으로 하여금 시켜진 것이므로, 이때의 '보이다'는 '사동사'이다.

• 피동문 : 멀리 건물 사이로 하늘이(주어) 보였다(서술어).
• 능동문 : (누군가) 하늘을(목적어) 보다(서술어).
㉡ : '하늘을 보다-하늘이 보이다'의 관계가 파악될 때의 '들리다'는 '피동사'이다.

☑ 오답 피하기

① • 사동문 : 성탄절에는 교회에서 종을(목적어) 울렸다(=울게 하다)(서술어).
• 주동문 : 종이(주어) 울다(서술어).
㉠ : 종이 스스로 울 수 있지만, 교회에서 그것을 하게끔 시킨 것으로도 표현할 수 있다. 따라서 이때의 '울리다'는 '사동사'이다.

• 사동문 : 형이 장난감을 뺏어 / 동생을(목적어) 울렸다(=울게 하다)(서술어).
• 주동문 : 동생이(주어) 울다(서술어).
㉡ : '동생이 울다'는 타동사로 이루어진 것이 아니므로 '능동문-피동문'의 관계를 만들기가 어렵다. 해당 문장의 '울리다'는 누구를 그렇게 만든 것이므로 '사동사'로 보아야 한다.

③ • 사동문 : 우리는 난로 앞에서 몸을(목적어) 녹였다(=녹게 하다).
• 주동문 : 몸이(주어) 녹다(서술어).
㉠ : '몸이 녹다'란 주동문을 '난로가 그렇게 만든 것'이란 사동문으로 만들 수 있으므로, 이때의 '녹이다'는 '사동사'로 보아야 한다.

• 사동문 : 따스한 햇살이 고드름을(목적어) 서서히 녹였다(=녹게 하다).
• 주동문 : 고드름이(주어) 녹다(서술어).
㉡ : '고드름이 녹다'란 주동문을 '햇살이 그렇게 만든 것'이란 사동문으로 만들 수 있으므로, 이때의 '녹이다'는 '사동사'로 보아야 한다.

④ • 피동문 : 나는 손에 짐이 들려(서술어) / 문을 열 수가 없다.
• 능동문 : 나는 짐을(목적어) 들다(서술어).
㉠ : '짐을 들다-짐이 들리다'의 관계가 파악될 때의 '들리다'는 '피동사'이다.

• 사동문 : 부부 싸움을 한 / 친구에게(부사어) 꽃을(목적어) 들려(=들게 하다)(서술어) / 집에 보냈다.
• 주동문 : 친구가(주어) 꽃을(목적어) 들다(서술어).
㉡ : '친구가 꽃을 든' 주체적 상황을 '누군가'로 하여금 시켜진 것이므로, 이때의 '들리다'는 '사동사'이다.

제14회

Answer

01 ④	02 ③	03 ④	04 ①	05 ①
06 ③	07 ③	08 ④	09 ④	10 ④

---

01 ④

• 할아버지께서 <u>주무시고</u> <u>가셨다</u>. : 주체 높임법. 특수어휘(주무시다), 선어말 어미 '-(으)시-'를 넣음으로써 이루어졌다. 여기서는 용언이 '주무시고, 가시다'가 있는데, 어휘적으로 높임의 용언인 '주무시다'를 썼고, '가시다'는 선어말 어미를 결합하였다. 문제의 의도에 따르면 ④가 정답이다.

☑ 오답 피하기

① 할머니, 어디가 어떻게 <u>편찮으세요</u>? : 주체 높임법. 선어말 어미 '-(으)시-'를 넣음으로써 이루어졌다.(아프다 → 편찮다 → 편찮으시다)

② 어머님께서 돌아보시고 주인에게 <u>부탁하셨다</u>. : 주체 높임법. 선어말 어미 '-(으)시-'를 넣음으로써 이루어졌다. 여기서는 용언이 '돌아보시고, 부탁하셨다'가 있는데, 모두 선어말 어미를 결합하였다.(돌아보다 → 돌아보시다, 부탁하다 → 부탁하시다)

③ 선생님께서 책을 펴며 <u>웃으셨다</u>. : 주체 높임법. 선어말 어미 '-(으)시-'를 넣음으로써 이루어졌다. 여기서는 용언이 '펴며, 웃으셨다'가 있는데, 마지막 용언에만 선어말 어미를 결합하였다.(웃다 → 웃으시다)

---

02 ③

행위를 하는 주어인 '아버지'를 '염려하신다'로 존경 표현을 직접 한 것이므로 '간접존경'이 아니라 '직접존경'에 해당한다.

☑ 오답 피하기

① '고모'와 긴밀한 관련이 있는 인물인 '다섯'을 '있으시다'를 활용하여 존경 표현을 한 것이다.(간접존경)

② '할머니'와 긴밀한 관련이 있는 '다리'를 '아프시다'를 활용하여 존경 표현을 한 것이다.(간접존경)

④ '할아버지'와 긴밀한 관련이 있는 '수염'을 '많으시다'를 활용하여 존경 표현을 한 것이다.(간접존경)

---

03 ④

'(할머니를) 모시다, (할머니께) 드리다'는 객체 높임법과 관련된 표현이다. 그러나 ㄹ인 '(할머니께서) 편찮으시다'는 주체 높임법과 관련된 표현이다. 따라서 ④가 정답이다.

---

04 ①

• 저기 영선이가 선생님을 ㉠<u>모시고</u> 온다. : '모시다'는 객체 높임과 관련된 특수 어휘로, '선생님'을 높인다.(객체 높임법)

• 정말 선생님께서 ㉡<u>오시네</u>. : '오시네'의 '-(으)시-'는 주체 높임과 관련된 선어말 어미이다. 참고로, '오는'의 주체는 '선생님'이며, 이때 조사인 '께서'에서도 주체 높임을 확인할 수 있다.(주체 높임법)

• 선생님, 어서 ㉢<u>오세요</u>. 영선아, 너도 어서 와. : '오세요'의 '-(으)시-'는 주체 높임과 관련된 선어말 어미이다. 참고로 '오는'의 주체는 '선생님'이다.(주체 높임법)

㉠~㉢ 중 '객체 높임'에 해당하는 것은 ㉠뿐이므로, ①이 정답이다.

---

05 ①

• 내일은 잊지 않고 <u>어머니께 편지를 보내 드려야겠다</u>. : '보내 드려야겠다'의 '드리다'는 객체 높임과 관련된 특수어휘이다. 그러나 나머지는 주체 높임과 관련된 표현이 있으므로, 높임법의 쓰임이 다른 것은 ①이다.

☑ 오답 피하기

② 오늘도 할머니께서는 경로당에서 시간을 <u>보내셨다</u>. : '할머니께서(주격 조사)'와 '보내셨다(주체 높임 선어말 어미 '-(으)시-')'에서 주체 높임법을 확인할 수 있다.

③ <u>선생님께서</u> 누나와 함께 와도 좋다고 <u>하셨다</u>. : '선생님께서(주격 조사)'와 '하셨다(주체 높임 선어말 어미 '-(으)시-')'에서 주체 높임법을 확인할 수 있다.

④ <u>큰아버지께서는</u> 나를 무척 <u>아끼셨다</u>. : '큰아버지께서(주격 조사)'과 '아끼셨다(주체 높임 선어말 어미 '-(으)시-')'에서 주체 높임법을 확인할 수 있다.

---

06 ③

'~고 하다.'의 인용 주체는 '선생님'이므로, '하셔'를 고칠 필요가 없다.

☑ 오답 피하기

① '오는 행동'의 주체는 '철수'이므로, '오라고'로 고쳐야 한다.

② '묻는 행동'의 주체는 '선생님'이므로, '물으실'로 고쳐야 한다.

④ '묻는 행동'의 주체는 '철수'이고, 서술어의 객체가 '선생님'이므로, '선생님께 여쭤봐'로 고쳐야 한다.

---

07 ③

'(눈물이) 가시다'에서 '가시다'의 주어는 '눈물이'이다. 이는 높임의 대상이 아니므로 '높임말'이라고 할 수 없다. 따라서 ③이 정답이다.

☑ 오답 피하기

① (사돈어른께) 여쭈다 : '묻다'의 높임말이다.

② (할아버지께서 진지를) 잡수시다 : '잡수다'의 높임말이다.

④ (분을) 뵙다 : '보다'의 높임말이다.

⑤ (고객을) 모시다 : '데리다'의 높임말이다.

08 ④

'선생님 안녕히 계십시오.'의 '-(으)ㅂ시오'는 '하십시오체'이고, '해요체'가 아니다. '해요체'에 따라 표현을 바꾸면, '선생님 안녕히 계세요'가 된다.

☑ 오답 피하기

① ㉠ 하게체 : '내가 말을 함부로 했던 것 같네'의 '-네'는 하게체의 종결 어미이다.

② ㉡ 하오체 : '이게 꿈인지 생신지 모르겠구려'의 '-구려'는 하오체의 종결 어미이다.

③ ㉢ 해체 : '계획대로 밀고 나가'에 '요'를 결합할 수 있는 것을 보아 '-아'는 해체의 종결 어미이다.

09 ④

㉠ 할아버지께서는 귀가 어두우시다.
    주체 높임법

㉡ 저는 그 책을 선생님께 선물로 드렸습니다.
           객체 높임법   상대 높임법(하십시오체)

㉢ 지금 대통령께서는 각 부처 담당자들과 회의 중이십니다.
    주체 높임법   상대 높임법(하십시오체)

㉡은 객체 높임법과 상대 높임법이 사용되었으므로 ④가 정답이다.

☑ 오답 피하기

① ㉠에는 객체 높임법이 없다.

② ㉠은 주체 높임법을 사용하였지만, ㉡은 주체 높임법을 사용하지 않았다.

③ ㉢은 하십시오체를 사용하였다.

⑤ ㉡은 객체 높임법을 사용하였지만, ㉢은 사용하지 않았다.

10 ④

㉣ : '께서'는 주체를 높일 때 쓰는 조사이다. 따라서 객체인 어머니를 높이고 있다는 말은 적절하지 않다.

☑ 오답 피하기

① ㉠ : '-는구나'는 해라체로 상대인 동생을 낮출 때 쓰는 상대 높임법이다.

② ㉡ : '계시다'는 주체를 높일 때 쓰는 특수어휘이다. 여기서는 어머니를 높이고 있다.

③ ㉢ : '께'는 객체를 높일 때 쓰는 조사이다.

제15회

📍 Answer

01 ①	02 ③	03 ③	04 ②	05 ③
06 ③	07 ③	08 ①	09 ①	10 ③

01 ①

'같이 가자.'라는 의미가 있는 청유문은 하게체인 '-세'가 결합한 ①이 정답이다.

☑ 오답 피하기

② 명령문. '-아라/어라'(해라체)

③ 명령문. '-게'(하게체)

④ 감탄문. '-구려'(하오체)

02 ③

• 똑똑하다(본용언, 형용사), 못하다(보조 형용사) : 해당 문제는 '못하다'의 의미를 구별하는 것이다. '못하다'는 '보조 동사'와 '보조 형용사'에 따라 의미가 구별되고, '보조 형용사'는 의미도 2개로 나뉜다. 이 중 '앞말이 뜻하는 상태에 미치지 아니함을 나타내는 말.'을 의미한다. '똑똑하지 못하다'는 '똑똑하다'라는 형용사이고, 나머지는 모두 동사 구성이므로 ③이 정답이다.

※ 못하다(보조 동사) : ((동사 뒤에서 '-지 못하다' 구성으로 쓰여)) 앞말이 뜻하는 행동에 대하여 그것이 이루어지지 않거나 그것을 이룰 능력이 없음을 나타내는 말. 예 눈물 때문에 말을 잇지 못하다.

※ 못하다(보조 형용사) : 「1」 ((형용사 뒤에서 '-지 못하다' 구성으로 쓰여)) 앞말이 뜻하는 상태에 미치지 아니함을 나타내는 말. 예 편안하지 못하다. 「2」 ((주로 '-다(가) 못하여' 구성으로 쓰여)) 앞말이 뜻하는 행동이나 상태가 극에 달해 그것을 더 이상 유지할 수 없음을 나타내는 말. 예 희다 못해 푸른빛이 도는 치아.

☑ 오답 피하기

① 먹다(본용언, 동사), 못하다(보조 동사) : 의미는 '앞말이 뜻하는 행동에 대하여 그것이 이루어지지 않거나 그것을 이룰 능력이 없음을 나타내는 말.'이다.

② 잇다(본용언, 동사), 못하다(보조 동사) : 의미는 '앞말이 뜻하는 행동에 대하여 그것이 이루어지지 않거나 그것을 이룰 능력이 없음을 나타내는 말.'이다.

④ 가다(본용언, 동사), 못하다(보조 동사) : 의미는 '앞말이 뜻하는 행동에 대하여 그것이 이루어지지 않거나 그것을 이룰 능력이 없음을 나타내는 말.'이다.

03 ③

시제 문제를 풀 때는 '발화시'와 '사건시'를 기준으로 접근해야 한다. '늙다, 닮다, 마르다'의 의미는 상태와 관련이 깊다 보니 시제를 파악하기가 어렵다. 이 중에서 '그 사람은 작년에 부쩍 늙었어.'는 현재 상황에 영향을 미치지 않은 채 '과거'에 늙었다는 의미이다. 따라서 ③만이 세 문장과 시제가 다르다.(과거 시제)

① '세월이 많이 흐르긴 흘렀네, 너도 많이 <u>늙었다</u>.'는 과거에 완료되어 현재까지 그 영향이 지속되는 것으로 이해된다.

② '너는 네 아버지 어릴 때를 꼭 <u>닮았어</u>.'는 과거에 완료되어 현재까지 그 영향이 지속되는 것으로 이해된다.

④ '고생해서 그런지 많이 <u>말랐네</u>.'는 과거에 완료되어 현재까지 그 영향이 지속되는 것으로 이해된다.

04 ②

• 우리 오늘 잠은 다 <u>잤다</u>. : 절대 시제(미래), 즉, 아직 일어나지 않은 일을 마치 이미 정해진 것처럼 표현한 부분이다. 이에 따르면 ②가 답이 된다.

☑ 오답 피하기
① 과거의 사건을 언급하기 위한 맥락이 아니다.
③ 과거의 사건과 강하게 단절된 것이 아니라 미래의 어느 시점을 생각한 것이다.
④ 과거 회상과 경험한 사실은 알 수 없다.

05 ③

'안 본 사이'라는 말에서 증상이 과거에 있었고, 현재에는 그 증상에서 벗어났다는 의미로 쓰였다. 따라서 '미래의 사건'이라고 할 수 없으므로 ③이 정답이다.

☑ 오답 피하기
① 절대 시제(미래), '발화시'와 비교할 때, '소풍을 간 사건'이 아직 일어나지 않았으므로 미래에 해당한다.
② 절대 시제(미래), '발화시'와 비교할 때, '돈을 받는 사건'이 아직 일어나지 않았으므로 미래에 해당한다.
④ 절대 시제(미래), '발화시'와 비교할 때, '혼나는 사건'이 아직 일어나지 않았으므로 미래에 해당한다.

06 ③

• 철수가 이번에는 자기가 <u>가겠</u>다고 하였다.(의지) : '자기가 가겠다'에서 '-겠-'만 유일하게 '의지'의 의미로 쓰였다. 나머지는 모두 '추측'과 관련된 표현이다.
※ -겠-(어미) : (('이다'의 어간, 용언의 어간 또는 어미 '-으시-', '-었-' 뒤에 붙어))((다른 어미 앞에 붙어)) 「1」 미래의 일이나 추측을 나타내는 어미. 「2」 주체의 의지를 나타내는 어미. 「3」 가능성이나 능력을 나타내는 어미. 「4」 완곡하게 말하는 태도를 나타내는 어미. 「5」 헤아리거나 따져 보면 그렇게 된다는 뜻을 나타내는 어미.

☑ 오답 피하기
① 구름이 몰려오는 것을 보니 조만간 비가 <u>오겠</u>다.(추측) : 아직 오지 않은 비를 추측하고 있으므로, 미래 시제와 관련된 추측으로 쓰였음을 알 수 있다.
② 지금쯤 철수가 집에 도착하여 밥을 <u>먹겠</u>다.(추측) : 지금쯤 도착하여 밥을 먹고 있을 것이라고 추측하고 있으므로, 현재 시제에 영향을 미치는 추측으로 쓰였음을 알 수 있다.
④ 8시에 출발하면 10시쯤에 <u>도착하겠</u>구나.(추측) : 10시쯤에 도착할 것이라 추측하고 있으므로, 미래 시제와 관련된 추측으로 쓰였음을 알 수 있다.

07 ③

㉠과 가장 가까운 의미를 지닌 대상은 ③이다. 주체적인 대상이 주체적 의지를 드러낼 때 쓴다.
※ -겠-(어미) : 「2」 주체의 의지를 나타내는 어미.

☑ 오답 피하기
① '특이한 사람, 별사람' 등 대상에 대해 헤아리거나 따져 보면 그렇게 된다는 의미이다.
※ -겠-(어미) : (('이다'의 어간, 용언의 어간 또는 어미 '-으시-', '-었-' 뒤에 붙어))((다른 어미 앞에 붙어)) 「5」 헤아리거나 따져 보면 그렇게 된다는 뜻을 나타내는 어미.
②, ④ 가까운 미래에 관한 발화자의 추측이 담겨 있다.
※ -겠-(어미) : (('이다'의 어간, 용언의 어간 또는 어미 '-으시-', '-었-' 뒤에 붙어))((다른 어미 앞에 붙어)) 「1」 미래의 일이나 추측을 나타내는 어미.

08 ①

'상대시제'는 '발화시가 아닌 다른 시점을 기준으로 한 것'을 의미하는데, 보통 관형절을 분석한다. 이에 따르면 유일하게 사건과 사건을 중심으로 논의할 수 있는 '운동하는'이 답이 된다.

☑ 오답 피하기
② 간다 : 절대 시제(미래), '발화시'를 기준으로 볼 때, '유학을 가는 사건'이 아직 벌어지지 않았다.
③ 났다 : 절대 시제(미래), '발화시'를 기준으로 볼 때, '큰일이 나는 사건'이 아직 벌어지지 않았다.
④ 오겠다 : 절대 시제(미래, 추측), '발화시'를 기준으로 볼 때, '비가 내리는 사건'이 아직 벌어지지 않았다.

09 ①

조사는 단어에 해당하지만, 앞말에 붙여 쓴다.

☑ 오답 피하기
② 어미는 단어가 아니며, 앞말에 붙여 쓴다.
③ 접미사는 단어가 아니며, 앞말에 붙여 쓴다.
④ 파생어는 한 단어이다. 따라서 구성 요소인 접사나 또 다른 어근 등을 띄어 쓰지 않고 반드시 붙여 쓴다.
⑤ 합성 명사는 한 단어다. 따라서 구성 요소인 또 다른 어근 등을 띄어 쓰지 않고 반드시 붙여 쓴다.

10 ③

부사가 체언을 수식할 수도 있다. 다만, 예외 사항에 해당하므로 예시와 함께 외워야 한다. 예를 들어, '바로 너를 사랑한다.'를 보면, '바로'는 '너'라는 체언을 강조하고자 쓴 것임을 알 수 있다.

☑ 오답 피하기
① 관형사는 체언만을 수식할 수 있다. 관형사의 특징이기 때문에 무조건 외워야 한다.
② 명사가 다른 명사를 수식하는 경우도 있다. 예를 들어, '가을 하늘'의 '가을'은 명사이지만, 명사인 '하늘'을 수식하는 관형어이기도 하다.
④ 부사 뒤에 보조사가 올 수 있다. 예를 들어, '무척이나 아름답다.'에서 '무척'은 부사이지만, '이나'라는 보조사와 결합할 수 있다.

CHAPTER **04** 국어 문법 종합

📍 Answer

| 01 ② | 02 ② | 03 ③ | 04 ④ | 05 ① |
| 06 ① | 07 ② | 08 ② | 09 ② | 10 ⑤ |

01 ②

'동사의 어간'은 '실질 형태소'이지만, '자립 형태소'가 아니라 '의존 형태소'에 해당한다. 이와 달리 '명사'는 '실질 형태소'이지만, '자립 형태소'에 해당한다.

✅ 오답 피하기
① '조사'는 '의존 형태소'에 해당한다.
③ '명사'와 '동사의 어간' 모두 실질적인 의미를 지니고 있으므로 '실질 형태소'에 해당한다.
④ '어미'와 '조사'는 모두 문법적 기능을 하므로 '문법 형태소'에 해당한다.

02 ②

	눈	이	녹-	-으면	남-	-은	발	자국
① 형식		○		○		○		
		조사		어미		어미		
② 실질	○		○		○		○	○
③ 의존		○	○	○	○	○		
④ 자립	○						○	○

	자리	마다	꽃	이	피-	-리-	-니
① 형식		○		○		○	○
		조사		조사		어미	어미
② 실질	○		○		○		
③ 의존		○		○	○	○	○
④ 자립	○		○				

1) 형태소 총개수: 15개
2) 형식 형태소 총개수: 7개
3) 실질 형태소 총개수: 8개
4) 의존 형태소 총개수: 10개
5) 자립 형태소 총개수: 5개

의존 형태소는 조사, 접사 어미뿐만 아니라 어간도 포함한다. 따라서 '이, 녹-, -으면, 남-, -은, 마다, 이, 피-, -리-, -니'가 의존 형태소이고, 총 10개이다.

✅ 오답 피하기
① 자립 형태소는 '눈, 발, 자국, 자리, 꽃'이 있고, 총 5개이다.
③ 실질 형태소는 자립 형태소뿐만 아니라 어간도 포함된다. 따라서 '눈, 녹-, 남-, 발, 자국, 자리, 꽃, 피-'가 실질 형태소이고, 총 8개이다.
④ '눈이/녹으면/남은/발자국/자리마다/꽃이/피리니'와 같이 어절은 총 7개이고, 음절은 [누니노그면나믄발짜국자리마다꼬치피리니]로 총 19개이다.

03 ③

'하나'는 명사이고, 자립 형태소에 해당한다.
※ 하나: [Ⅱ] 「명사」「3」((주로 '하나만' 꼴로 쓰여)) '오직 그것뿐'의 뜻을 나타내는 말.

✅ 오답 피하기
① '햇-'은 접사이고, '접사'는 의존 형태소이다.
※ 햇-(접사): ((어두음이 된소리나 거센소리가 아닌 일부 명사 앞에 붙어))「1」'당해에 난'의 뜻을 더하는 접두사. 「2」'얼마 되지 않은'의 뜻을 더하는 접두사.
② '-은'은 어미이고, '어미'는 의존 형태소이다.
④ '머금-'은 어간이고, '어간(단일어)'은 의존 형태소이다.

04 ④

• 를/을(조사): 받침이 없으면 '를'을, 받침이 있으면 '을'을 써야 하고, 실질 형태소가 아니라 형식 형태소이므로 적절한 설명이다.

✅ 오답 피하기
① • 다른(관형사): 하나의 실질 형태소가 결합된 하나의 단어이다.
• 없다(형용사): 없-(실질 형태소) + -다(형식 형태소), 두 개의 형태소가 결합된 하나의 단어이다.
② • 한-(접사): '한밤중'의 '한'은 접사이므로 단어의 자격을 가지지 못한다.
※ 한-(접사): ((일부 명사 앞에 붙어))「2」'정확한' 또는 '한창인'의 뜻을 더하는 접두사.
• 줄(의존 명사): 의존 명사는 단어의 자격을 가지고 반드시 '관형어'와 결합하여 쓰여야 한다.
③ • 만큼(의존 명사): 의존 명사는 단어의 자격을 가지고 반드시 '관형어'와 결합하여 쓰여야 하므로, 다른 형태소와 반드시 결합해야 하는 형식 형태소가 아니다.
• 만큼(조사): '조사'는 형식 형태소이다.

05 ①

1) 자동적 교체와 비자동적 교체를 분석해야 한다.
  (1) 자동적 교체: 필수적으로 일어나야 하는 교체.
  (2) 비자동적 교체: 반드시 일어나야 할 필연적 이유가 없는 교체.
2) 알-: 알 + 는 → [아: 는], '알다'는 'ㄹ 탈락 규칙 용언'이다. 국어에서 'ㄹㄴ'이 함께 발음될 수가 없으므로 예외 없이 'ㄹ'은 'ㄴ'으로 시작하는 어미 앞에서 'ㄹ'이 탈락해야 한다. 따라서 (가)는 무조건 ㄹ이 탈락하기 때문에 '자동적 교체'의 예로 볼 수 있다.

✅ 오답 피하기
② 안-: 안 + 고 → [안: 꼬], '자동적 교체'의 예가 아니라 '비자동적 교체'의 예이다. 'ㄴ'과 'ㄱ'이 연속될 때 'ㄱ'이 경음으로 발음된다는 제약은 예외가 있으므로 무조건 경음으로 발음되지 않는다. '안기다'는 [안기다]로 발음되고, '군기'는 [군기]로 발음되는 것을 보면 'ㄴ'과 'ㄱ'이 연속될 때 무조건 'ㄱ'이 경음화되지 않는다.

③ 아름답- : 아름답 + 은 → [아름다운], '자동적 교체'의 예가 아니라 '비자동적 교체'의 예이다. 'ㅂ'과 '은'이 연속될 때 [운]으로 발음된다는데, '좁은'은 [조븐]으로 발음되므로 무조건 [운]으로 발음된다고 말할 수 없다.
④ 먹- : 먹 + 는 → [멍는], '비자동적 교체'의 예가 아니라 '자동적 교체'의 예이다. 비음화는 해당 환경이 되면 무조건 바뀌어야 한다. 'ㄱ과 ㄴ'이 연속되었다는 것, 그리고 이때 'ㄱ'이 'ㅇ'으로 발음된다는 것, 예외 없이 일어나므로 자동적 교체로 보아야 한다.

06 ①

형태소의 개수는 '조사, 접사, 어미'를 얼마나 잘 분석하느냐에 달려 있다.
• 떠내려갔다 → 뜨/어/내리/어/가/았/다 : 7개

	뜨-	-어	내리-	-어	가	-았-	-다
① 형식	○		○			○	○
		어미		어미		어미	어미
② 실질	○		○		○		
③ 의존	○	○	○	○	○	○	○
④ 자립							

✅ 오답 피하기
② 따라 버렸다 → 따르/아/버리/었/다 : 5개

	따르-	-아	버리-	-었	-다
① 형식		○		○	○
		어미		어미	어미
② 실질	○		○		
③ 의존	○	○	○	○	○
④ 자립					

③ 빌어먹었다 → 빌/어/먹/었/다 : 5개

	빌-	-어	먹-	-었	-다
① 형식		○		○	○
		어미		어미	어미
② 실질	○		○		
③ 의존	○	○	○	○	○
④ 자립					

④ 여쭈어봤다 → 여쭈/어/보/았/다 : 5개

	여쭈-	-어	보-	-았-	-다
① 형식		○		○	○
		어미		어미	어미
② 실질	○		○		
③ 의존	○	○	○	○	○
④ 자립					

07 ②

• 밥을 먹던지 말던지(×, 먹든지 말든지) 네 맘대로 해라. : 선택을 의미할 때는 어미 '-든지'를 써야 한다.

✅ 오답 피하기
① 싫든 좋든(○) 이 길로 가는 수밖에 없다. : 선택을 의미할 때는 어미 '-든(지)'를 써야 한다.
③ 어제 같이 봤던(○) 영화는 참 재밌었다. : 과거를 의미할 때는 어미 '-던'을 써야 한다.
④ 집에 가든지(○) 학교에 가든지(○) 해라. : 선택을 의미할 때는 어미 '-든지'를 써야 한다.

08 ②

'접속사'와 '관계 대명사'는 영어와 관련된 특징이다.

✅ 오답 피하기
① '주체, 객체, 상대' 등 높임법이 구체적으로 발달하였다.
③ '나는 밥을 먹는다'와 같이 '주어-목적어-서술어'의 어순에 따라 문장을 만들 수 있다.
④ '문법 형태소'는 '조사와 어미'로 한국어는 '조사와 어미'가 상당히 발달한 언어이다.

09 ②

우리나라는 '값'과 같이 음절 말에서 2개의 자음이 연속되어 발음할 수가 없다. 즉, [값]이 아닌 [갑]으로 발음해야 한다.

✅ 오답 피하기
① '교착어'란 '언어의 형태적 유형의 하나. 실질적인 의미를 가진 단어 또는 어간에 문법적인 기능을 가진 요소가 차례로 결합함으로써 문장 속에서의 문법적인 역할이나 관계의 차이를 나타내는 언어로, 한국어·튀르키예어·일본어·핀란드어 따위가 여기에 속한다.'를 의미한다. 우리나라는 '조사와 어미'가 바로 교착어로 볼 수 있다.
③ 담화를 하는 과정에서 주어나 목적어는 흔히 생략되길 마련이다. 맥락상 '주어'와 '목적어'를 유추할 수 있기 때문이다.
④ 우리나라는 '아버지와 어머니'의 가족과 관련된 친족어가 상당히 발달해 있다. 예를 들어, '고모, 이모, 외삼촌, 삼촌' 등이 있다.

10 ⑤

'새 책'과 같이 꾸미는 말이, 꾸밈을 받는 말 '앞'에 있고, 꾸밈을 받는 말이 꾸미는 말의 뒤에 온다.

✅ 오답 피하기
① 국어문법 중 용언은 어미를 활용함으로써 표현한다. 따라서 어미가 발달할 수밖에 없다.
② 하나의 문장에서 이중으로 주어가 들어 있을 때, '이중주어'라고 하는데, '코끼리가 코가 길다.'에서 '코끼리, 코가'가 바로 그 예이다.
③ 도치법 활용에 꽤 유연한 언어이다.
④ 높임법 활용을 해야 하는 어려움이 있다.

CHAPTER **05** 표준 발음법

Answer

01 ③	02 ①	03 ②	04 ①	05 ③
06 ④	07 ①	08 ③	09 ①	10 ③

01 ③

'자료 4'에 해당한다. 'ㅎ' 뒤에 'ㄴ'이 결합하는 경우에, 'ㅎ'을 [ㄴ]으로 바꾸어 발음해야 한다. 따라서 'ㅎ'을 발음하지 않는다고 볼 수 없다.

☑ 오답 피하기
① '자료 3'에 해당한다. 'ㅎ(ㄶ, ㅀ)' 뒤에 'ㅅ'이 결합하는 경우에, 'ㅅ'을 [ㅆ]으로 발음해야 한다.
② '자료 2'에 해당한다. 'ㄶ, ㅀ' 뒤에 'ㄴ'이 결합하는 경우에, 'ㅎ'을 발음하지 않는다.
④ '자료 5'에 해당한다. 'ㅎ(ㄶ, ㅀ)' 뒤에 모음으로 시작된 어미나 접미사가 결합하는 경우에, 'ㅎ'을 발음하지 않는다.
⑤ '자료 1'에 해당한다. 'ㅎ(ㄶ, ㅀ)' 뒤에 'ㄱ, ㄷ, ㅈ'이 결합하는 경우에, 뒤 음절 첫소리와 합쳐서 [ㅋ, ㅌ, ㅊ]으로 발음한다.

02 ①

• 혼합-약(混合藥): [혼 : 합냐 → 혼함냐], ㄴ 첨가(첨가)/비음화(교체), 해당 문제는 무조건 규정에 따라 해당 예시가 알맞은지를 판단해야 한다. ㉠은 'ㄴ 음을 첨가하여 발음'할 수도 있고, '표기대로 발음'할 수도 있어야 한다. 그런데, '혼합약'은 ㄴ을 첨가한 다음 비음화한 발음만 할 수 있으므로, ㉠의 예로 보기 어렵다.

☑ 오답 피하기
② 휘발-유(揮發油): [휘발뉴 → 휘발류], ㄴ 첨가(첨가)/유음화(교체)
③ 열-여덟: [열여덜 → 열녀덜 → 열려덜], 자음군 단순화(탈락)/ㄴ첨가(첨가)/유음화(교체)
④ 등-용문(登龍門): [등용문], 표준 발음법(제29항)

03 ②

• 넓다: [널따], 자음군 단순화(탈락)/된소리되기(교체)

☑ 오답 피하기
① 뚫는: [뚤는 → 뚤른], 자음군 단순화(탈락)/유음화(교체)
③ 끝으로: [끄트로], 연음, '으로'는 모음으로 시작하는 형식 형태소이며, 구개음화가 적용되지 않는다. 따라서 [끄트로]와 같이 연음해야 한다.
④ 젖먹이[전먹이 → 전머기], 음절 끝소리 규칙(교체)/비음화(교체)

04 ①

• 장대-비: [장때비], '장댓비'가 아니므로 [장대삐/장댇삐] 모두 불가능하다.

☑ 오답 피하기
② 장맛-비: [장마삐/장맏삐], '장마'와 '비'의 결합으로 사잇소리 현상에 따라 발음할 수 있다.
③ 안-간힘: [안깐힘/안간힘], '안간힘'은 본래 [안깐힘]만 가능했지만, [안간힘]도 가능하다.
④ 효과: [효 : 과/효 : 꽈], '효과'는 본래 [효 : 과]만 가능하였으나 지금은 [효 : 꽈]도 가능하다.

05 ③

• 나뭇-잎: [나문닙], 표준 발음법(제30항)
• 나뭇-잎: [나묻입 → 나묻닙 → 나문닙], 음절 끝소리 규칙(교체)/ㄴ 첨가(첨가)/비음화(교체)
[나묻닙]이라고 발음해서는 안 된다. 오로지 [나문닙]으로만 발음해야 한다. 그리고 순우리말로 된 합성어이며, 뒷말의 첫소리가 모음 앞이고, 사잇소리현상이 있다. 따라서 '나뭇잎'이라고 적어야 한다.

☑ 오답 피하기
① • 금융: [금늉], ㄴ 첨가(첨가)
   • 금융: [그뮹], 연음
   [금늉]이 원칙이고, [그뮹]이 허용이다.
② • 샛-길: [새 : 낄], 표준 발음법(제30항)
   • 샛-길: [샏 : 길 → 샏 : 낄], 음절 끝소리 규칙(교체)/된소리되기(교체)
   [새 : 낄]이 원칙이고, [샏 : 낄]이 허용이다. 순우리말로 된 합성어이고, 뒷말의 첫소리가 된소리로 난다. 따라서 '샛길'이라고 적어야 한다.
④ • 이죽-이죽: [이중니죽], ㄴ 첨가(첨가)/비음화(교체)
   • 이죽-이죽: [이주기죽], 연음
   [이중니죽]이 원칙이고, [이주기죽]이 허용이다.

06 ④

• 공권력: [공꿘녁], 된소리되기(교체)/비음화(교체)

☑ 오답 피하기
① 태권-도: [태꿘도], 된소리되기(교체)
② 홑이불: [혼이불 → 혼니불 → 혼니불], 음절 끝소리 규칙(교체)/ㄴ 첨가(첨가)/비음화(교체)
③ 홑옷: [호돋], 음절 끝소리 규칙(교체)/연음

07 ①

• 마천-루: [마철루], 유음화(교체)

☑ 오답 피하기
② 공권-력: [공꿘녁], 된소리되기(교체)/비음화(교체)
③ 생산-력: [생산녁], 비음화(교체)
④ 결단-력: [결딴녁], 된소리되기(교체)/비음화(교체)

08 ③

• 맑다 : [막따], 자음군 단순화(탈락), '맑다'는 예외가 아니라 정석대로 [막따]로 발음해야 한다.

☑ 오답 피하기
① 굵다 : [국 : 따], 자음군 단순화(탈락), 겹자음 중 '오른쪽'으로 발음해야 한다.
② 넓다 : [널따], 자음군 단순화(탈락), 겹자음 중 '왼쪽'으로 발음해야 한다.
④ 얇다 : [얄 : 따], 자음군 단순화(탈락), 겹자음 중 '왼쪽'으로 발음해야 한다.

09 ①

• 풀꽃아 : [풀꼬차], 연음, '아'는 모음으로 시작하는 호격 조사이므로, 연음하여 발음해야 한다.

☑ 오답 피하기
② 옷 한 벌 : [온한벌 → 오탄벌], 음절 끝소리 규칙(교체)/거센소리되기(축약, ㄷ+ㅎ=ㅌ)
③ 넓-둥글다 : [넙둥글다 → 넙뚱글다], 자음군 단순화(탈락)/된소리되기(교체), '넓둥글다'는 '넓-'이 어근으로 쓰여서 발음이 [널]이 아니라 [넙]이 되어야 한다.
④ 늙습니다 : [늑습니다 → 늑씁니다 → 늑씀니다], 자음군 단순화(탈락)/된소리되기(교체)/비음화(교체), '늙-'은 'ㄱ'으로 시작하는 어미가 아니라면 정석대로 [ㄱ]으로 발음해야 한다.

10 ③

• 줄-넘기 : [줄넘끼 → 줄럼끼], 유음화(교체, 제20항)/경음화(제24항)

☑ 오답 피하기
① 깃-발(旗발) : [기빨/긷빨], 사잇소리현상(된소리)(제30항)
② 뱃-머리 : [밴머리], 사잇소리현상(ㄴ소리)(제30항)
④ 술-잔(술盞) : [술짠], 사잇소리현상(된소리)(제28항)
⑤ 결단-력(決斷力) : [결딴녁], 경음화(제26항)/비음화(제21항), '결단[결딴]'은 경음화(제26항), '단'과 '력' 사이는 비음화(제21항)에 따른 것이다.

제18회

📍 Answer

| 01 ② | 02 ④ | 03 ③ | 04 ① | 05 ① |
| 06 ① | 07 ③ | 08 ② | 09 ④ | 10 ③ |

01 ②

• 늑막-염 : [늑막념 → 능망념], ㄴ 첨가(첨가)/비음화(교체), [마겸]처럼 연음되어 발음되지 않는다.

☑ 오답 피하기
① 피었다 : [피얻다 → 피얻따], 음절 끝소리 규칙(교체)/된소리되기(교체)(참고로, 반모음이 첨가한 [피열따]는 허용된 발음이다.)
③ 금융 : [금늉/그뮹], ㄴ 첨가(첨가)/연음(표준 발음이 2개이다.)
④ 넓고 : [넙꼬 → 널꼬], 자음군 단순화(탈락)/된소리되기(교체)

02 ④

• 생산-력(生産力) : [생산녁], 비음화(제20항), '생산'이란 2음절 한자어 다음에 오는 'ㄹ'은 보통 [ㄴ]으로 발음한다. 따라서 [산녁]이라고 발음하는 것은 적절하다.

☑ 오답 피하기
① 흙-과 : [흑과 → 흑꽈], 자음군 단순화(교체)/된소리되기(교체), '흙'은 체언이고, '과'는 자음으로 시작하는 형식 형태소이므로, '탈락 후 된소리되기'를 적용하는 것이 적절하다. 따라서 [흘]로 발음하는 것은 적절하지 않다.
② 체증(滯症) : [체증], 해당 단어는 단어 표기 그대로 발음하는 것이 올바르다. 따라서 [쯩]으로 발음하는 것은 적절하지 않다.
③ 인사-말(人事말) : [인사말], '인사말'은 사잇소리 현상이 없는 단어이다. 따라서 [산]으로 발음하는 것은 적절하지 않다.

03 ③

• 뜻-있는 : [뜯읻는 → 뜨딘는], 음절 끝소리 규칙(교체)/비음화(교체)/연음

☑ 오답 피하기
① 빛이 : [비지], 연음해야 한다.
② 끝을 : [끄틀], 연음해야 한다.
④ 부엌에서 : [부어케서], 연음해야 한다.

04 ①

• 맑다 : [막다 → 막따], 자음군 단순화(탈락)/된소리되기(교체)

☑ 오답 피하기
② 맏이 : [마지], 구개음화(교체)
③ 같이 : [가치], 구개음화(교체)
④ 늙지 : [늑지 → 늑찌], 자음군 단순화(탈락)/된소리되기(교체)

05 ①

• 맡기고 : [맏기고 → 맏끼고], 음절 끝소리 규칙(교체)/된소리되기(교체)

☑ 오답 피하기
② 밝혔다 : [발켰다 → 발켣다 → 발켣따], 거센소리되기(축약, ㄱ+ㅎ=ㅋ)/음절 끝소리 규칙(교체)/된소리되기(교체)
③ 여덟이다 : [여덜비다], 연음
④ 그만둘지언정 : [그만둘찌언정], 어미 '-(으)ㄹ지언정' 내에서도 된소리가 날 경우, 이도 가능하다고 규정에 나타나 있다.

06 ①

• 일사-병(日射病) : [일싸병 → 일싸뼝], 된소리되기(교체), '일사'는 한자어 ㄹ 다음의 'ㄷ, ㅅ, ㅈ'은 된소리되기를 적용해야 하므로 [일싸]라고 발음해야 한다. 그리고 '일사+병'은 합성 명사로 이루어져 있고 사잇소리현상(된소리)도 있지만, 모두 한자어라 사이시옷을 표기하지 못한다.
※ 일사-병(日射病)(명사) : 『의학』 강한 태양의 직사광선을 오래 받아 일어나는 병. 한여름에 뙤약볕에 오래 서 있거나 행진, 노동을 하는 경우에 생긴다. 심한 두통, 현기증이 나고 숨이 가쁘며 인사불성이 되어 졸도한다.≒갈병.

☑ 오답 피하기

② 납량(納涼) : [남냥], 상호동화(교체), 'ㅂ'과 'ㄹ'이 만나면, '상호동화'에 따라 각각 [ㅁ]과 [ㄴ]으로 발음해야 한다.
　※ 납량(納涼)(명사) : 여름철에 더위를 피하여 서늘한 기운을 느낌.
③ 읊다 : [읖다 → 읖따 → 읍따], 된소리되기(교체)/자음군 단순화(탈락)/음절 끝소리 규칙(교체), 된소리되기는 탈락 후에 일어나도 된다.
　※ 읊다[읍따](동사) : 【…을】「1」 억양을 넣어서 소리를 내어 시를 읽거나 외다. 「2」 시를 짓다.
④ 불법-적(不法的) : [불법쩍/불뻡쩍], 된소리되기(교체), '불법'은 본래 [불법]으로 발음해야 하는데, 언중이 [불뻡]으로도 발음하여 둘 다 허용하였다. 그리고 '쩍'은 된소리되기 규칙에 따라 발음한 것이다.
　※ 불법-적(不法的)[불법쩍/불뻡쩍] : [Ⅰ]「명사」 법에 어긋나는 것. [Ⅱ]「관형사」 법에 어긋나는.
⑤ 띄어-쓰기 : [띠어쓰기/띠여쓰기], '띄'는 [띠]로만 발음해야 한다. 그러나 '어'는 앞의 [띠] 발음으로 인해 [어]로도 발음할 수 있고, [여]로도 발음할 수 있다.
　※ 띄어-쓰기[띠어쓰기/띠여쓰기](명사) : 『언어』 글을 쓸 때, 어문 규범에 따라 어떤 말을 앞말과 띄어 쓰는 일.

07 ③

'희망'의 '희'와 '무늬'의 '늬'는 모두 자음이 있는 'ㅢ'이므로 무조건 [ㅣ]로만 발음할 수 있다. 따라서 [ㅢ]로 발음할 수 있다는 말은 적절하지 않다.
• 희망[히망], 무늬[무니]

☑ 오답 피하기

① '회의'의 '의'와 '민주주의'의 '의'는 [ㅢ/ㅣ] 모두 발음할 수 있다. 단, [ㅢ]로 발음하는 것이 원칙이고, [ㅣ]로 발음하는 것이 허용이다.
• 회의[회 : 의/회 : 이/훼 : 의/훼 : 이], 민주주의[민주주의/민주주이]
② '우리의'의 '의'와 '반의 반'의 '의'는 '조사'이므로, [ㅢ/ㅔ] 모두 발음할 수 있다. 단, [ㅢ]로 발음하는 것이 원칙이고, [ㅔ]로 발음하는 것이 허용이다.
• 우리의[우리의/우리에], 반의 반[바늬반/바네반]
④ '의사'의 '의'와 '의자'의 '의' 모두 단어의 첫음절에 나타난 '의'이므로 무조건 [ㅢ]로만 발음해야 한다.
• 의사[의사], 의자[의자]

08 ②

(가) 젊지 : [점 : 찌], '어간 받침'이 'ㄴ(ㄵ), ㅁ(ㄻ)'으로 끝나야 하고, 어미의 첫소리가 'ㄱ, ㄷ, ㅅ, ㅈ'에 해당하는 단어이다.
(나) 핥다 : [할따], '어간 받침'이 'ㄼ, ㄾ'으로 끝나야 하고, 어미의 첫소리가 'ㄱ, ㄷ, ㅅ, ㅈ'에 해당하는 단어이다.

☑ 오답 피하기

①, ③ 신기다 : [신기다], 어간이 '신기-'이며, '신다'에 접미사 '-기-'가 결합된 경우엔 된소리로 발음하지 않는다.
①, ④ 여덟 : [여덜], '여덟'은 어간이 아닌 수사이므로 [여덜]과 같이 발음해야 한다. 그리고 뒤의 '조사'는 된소리되기가 되지 않으므로 [여덜도]가 올바른 발음이다.
　※ 제24항 : 어간 받침 'ㄴ(ㄵ), ㅁ(ㄻ)' 뒤에 결합되는 어미의 첫소리 'ㄱ, ㄷ, ㅅ, ㅈ'은 된소리로 발음한다. 예 신고[신 : 꼬], 껴안다[껴안따], 앉고[안꼬], 얹다[언따], 삼고[삼 : 꼬], 더듬지[더듬찌], 닮고[담 : 꼬], 젊지[점 : 찌]

　※ 제24항의 '다만' : 피동, 사동의 접미사 '-기-'는 된소리로 발음하지 않는다. 예 안기다[안기다], 감기다[감기다], 굶기다[굼기다], 옮기다[옴기다]
　※ 제25항 : 어간 받침 'ㄼ, ㄾ' 뒤에 결합되는 어미의 첫소리 'ㄱ, ㄷ, ㅅ, ㅈ'은 된소리로 발음한다. 예 넓게[널께], 핥다[할따], 훑소[훌쏘], 떫지[떨 : 찌]

09 ④

㉡ 홀대(忽待) : [홀때], 'ㄹ'로 시작하는 한자어는 초성이 'ㄷ, ㅅ, ㅈ'이 올 때는 된소리로 발음할 수 있다.
㉢ 효과(效果) : [효 : 과/효 : 꽈], '효과'는 과거엔 발음이 [효 : 과]만 원칙이었지만, 지금은 둘 다 발음할 수 있다.
㉣ 교과-서(敎科書) : [교 : 과서/교 : 꽈서], '교과서'는 과거엔 발음이 [교 : 과서]만 원칙이었지만, 지금은 둘 다 발음할 수 있다.

☑ 오답 피하기

①, ③ ㉠ 창고(倉庫) : [창고], 된소리되기 환경이 아니므로 표기대로 발음해야 한다.

10 ③

㉠ 계절-병(季節病) : [계 : 절뼁/게 : 절뼁], '계절+병'으로 이루어진 합성 명사로, 사잇소리현상에 의해 [뼁]으로 발음난다. 그러나 '계절'과 '병' 모두 한자어로 이루어져 있고, 모음으로 끝나지 않았으므로 사이시옷 표기를 하지 않는다.
　※ 계절-병(季節病)(명사) : 『의학』 어떤 특정한 계절에 특히 많이 발생하는 병. 여름철의 식중독, 겨울철의 감기 따위가 있다.≒계후병.
㉢ 관세(關稅) : [관세], 사잇소리현상이 없으므로 [세]를 [쎄]로 발음할 이유가 없다.
　※ 관세(關稅)(명사) : 『행정』 국세의 하나. 관세 영역을 통해 수출ㆍ수입되거나 통과되는 화물에 대하여 부과되는 세금으로, 수출세, 수입세, 통과세의 세 종류가 있으나 현재 우리나라에는 수입세만 있다.≒통관세.

☑ 오답 피하기

㉡ 신-윤복(申潤福) : [시뉸복], 연음, 사람 이름을 발음할 때는 복합어 개념으로 접근하지 않으므로, 연음하여 발음한다.
　※ 신-윤복(申潤福)(명사) : 『인명』 조선 후기의 풍속화가(1758~?). 자는 입부(笠夫). 호는 혜원(蕙園). 화원(畫員)으로서 벼슬은 첨정(僉正)에 올랐으며 기녀, 무속, 술집을 소재로 한 풍속도를 많이 그렸다. 작품에 <미인도(美人圖)> 따위가 있다.
㉢ 논조(論調) : [논조], 사잇소리현상이 없으므로 [조]를 [쪼]로 발음할 이유가 없다.
　※ 논조(論調)(명사) : 「1」 논하는 말이나 글의 투. 「2」 논설이나 평론 따위의 경향.
㉣ 과반-수(過半數) : [과 : 반수], '과반+수'가 결합한 복합어지만, 사잇소리현상이 없으므로 [쑤]라고 발음할 필요가 없다.
　※ 과반-수(過半數)(명사) : 절반이 넘는 수.

CHAPTER 06 로마자 표기법

제19회

📍 Answer

01 ③	02 ②	03 ④	04 ③	05 ②
06 ③	07 ④	08 ③	09 ②	10 ⑤

01 ③

• 해-돋이[해도지] : hae / do / ji, '돋이'는 구개음화에 따라 [도지]로 발음해야 하며, 이는 로마자에 반영해야 한다. 따라서 ⓒ 자리에 적합하다.

☑ 오답 피하기

① 학여울[항녀울] : Hak / nyeo / ul, '학여울'은 연음하여 발음하지 않고, ㄴ을 첨가한 다음 비음화를 적용한다. 따라서 [항녀울]과 같이 발음해야 하고 'Hang'이라고 써야 한다.(고유 명사는 처음에 대문자로 써야 한다.)

② 왕십리[왕 : 심니] : Wang / sim / ni, '십'은 'sim'이라고 써야 하고, '상호 동화'는 표기에 반영된다. 그런데 이는 'ㄴ, ㄹ'이 덧난 경우가 아니라서 ⓒ 자리에 적합하지 않다.(고유 명사는 처음에 대문자로 써야 한다.)

④ 집현-전[지편전] : Jip / yeon / jeon, 거센소리되기는 체언일 때 반드시 'ㅎ'을 밝혀 적어야 한다. 따라서 'hyeon'으로 고쳐야 맞다.(고유 명사는 처음에 대문자로 써야 한다.)

⑤ 팔당[팔땅] : Pal / ddang, 된소리되기는 표기에 반영되지 않으므로 'dang'으로 고쳐야 맞다.(고유 명사는 처음에 대문자로 써야 한다.)

02 ②

• 속리-산[송니산] : Sok / ri / san, 상호동화는 (3)에 따라 표기에 반영되어야 하므로, 'Song / ni / san'이라고 써야 한다.(고유 명사는 처음에 대문자로 써야 한다.)

☑ 오답 피하기

① 해-돋이[해도지] : hae / do / ji, (3)에 따라 구개음화는 표기에 반영된다.

③ 울산[울싼] : Ul / san, (4)에 따라 된소리되기는 표기에 반영하지 않는다.(고유 명사는 처음에 대문자로 써야 한다.)

④ 집현-전[지편전] : Jip / hyeon / jeon, 거센소리되기는 (3)에 따라 표기에 반영되어야 하지만, '체언'일 때는 'ㅎ'을 밝혀 적어야 한다.(고유 명사는 처음에 대문자로 써야 한다.)

03 ④

• 북한-산[부칸산] : Buk / han / san, 발음에는 거센소리되기가 있더라도 단어가 '체언'일 때는 거센소리되기를 표기에 반영하지 않는다. 따라서 '북' 따로 '한' 따로 표기한 'Buk / han'이 표기에 맞다.(고유 명사는 처음에 대문자로 써야 한다.)

☑ 오답 피하기

① 복 연필[봉년필] : Bok / Nyeon / phil, '복연필'이 사람 이름이라면 성과 이름은 별개로 쓰는 것이 맞으며, 음운변동도 적용할 수 없다. 따라서 '복'은 'Bok', '연'은 'Yeon' 이렇게 써야 한다. 마지막으로 필의 'ㅍ'은 'p'를 써야하므로 'pil'로 고쳐야 한다.

② 청와-대[청와대] : Chung / wa / dae, 'ㅓ'의 로마자는 'eo'이다. 따라서 'Cheong'이라고 써야 한다.(고유 명사는 처음에 대문자로 써야 한다.)

③ 한라-산[할 : 라산] : Han / ra / san, '유음화'에 따르거나 표기가 'ㄹㄹ'일 때는 로마자를 'll'로 써야 하므로 'Halla'로 고쳐야 한다.(고유 명사는 처음에 대문자로 써야 한다.)

04 ③

• 태평로[태평노] : Tae / pyeong / no, '평'을 쓸 때 초성은 'p'로 'ㅕ'는 'yeo'로 써야 한다. 그리고 여기서 '로'는 도로명 주소가 아니므로 [태평노]로 발음하여 써야 한다.

☑ 오답 피하기

① 신설-동 : Shin / seol /-dong, 'ㅅ'은 'Sh'가 아니라 'S'로 써야 한다.(고유 명사는 처음에 대문자로 써야 한다.)

② 정읍-시 : Jeong / eub /-si, '읍'의 'ㅂ'은 받침이므로 'p'로 써야 한다.(고유 명사는 처음에 대문자로 써야 한다.)

④ 김포-시 : Kimpo-si, '김'의 'ㄱ'은 초성이므로 'G'로 써야 한다.(고유 명사는 처음에 대문자로 써야 한다.)

05 ②

• 홍-빛나[홍빈나] : Hong / Bin / na, 이름은 음운변동에 따라 표기하지 않는다. 따라서 'Binna'가 아니라 'Bitna'라고 표기해야 한다.(성과 이름은 처음 글자만 대문자로 표기한다.)

☑ 오답 피하기

① 의정부-시 : Ui / jeong / bu / -si, '의'는 로마자로 쓸 때, 'Ui'로 표기해야 한다. '부'의 초성인 'ㅂ'은 'b'로 표기해야 한다. 행정구역 표시인 '시'는 'si'로 표기해야 한다.

③ 종로 2-가[종노] : Jong / no / 2 / -ga, 종로는 [종노]로 발음되며, 'Jongno'로 표기해야 한다. 행정구역 표시인 '가'는 'ga'로 표기해야 한다.

④ 무량수-전[무량수전] : Mu / ryang / su / jeon, 'ㅑ'는 'ya'로 'ㅓ'는 'eo'로 표기해야 한다.

06 ③

• 마천-령[마철령]: Ma / cheol / lyeong, '유음화'는 표기에 반영된다. 이때 '르르'을 'll'로 표현하므로 주의해야 한다.(고유 명사는 처음에 대문자로 써야 한다.)

오답 피하기

① 가평-군[가평군]: Ga / pyeong / -goon, 초성 'ㄱ'은 'G'로 초성 'ㅍ'은 'p'로 표기해야 한다. 그런데 '군'을 표기할 때는 'oo'가 아니라 'u'를 써야 한다.(고유 명사는 처음에 대문자로 써야 한다.)

② 갈매봉: Gal / mai / bong, '매'는 'mae'로 표기해야 한다.(고유 명사는 처음에 대문자로 써야 한다.)

④ 백령-도[뱅녕도]: Baek / nyeong / do, '상호 동화'는 표기에 반영되므로 'Baeng'이라고 고쳐야 한다.(고유 명사는 처음에 대문자로 써야 한다.)

07 ④

• 정릉[정 : 능]: Jeong / neung, '비음화'는 표기에 반영되므로 'neung'이라고 써야 한다.(고유 명사는 처음에 대문자로 써야 한다.)

오답 피하기

① 순대[순대]: sun / dai, '대'는 'dae'로 써야 한다.

② 광희-문[광히문]: Gwang / hi / mun, '희'는 발음이 [히]로 날지라도, 반드시 'hui'로 써야 한다.(고유 명사는 처음에 대문자로 써야 한다.)

③ 왕십리[왕 : 심니]: Wang / sib / ni, '심'은 'sim'이라고 써야 한다. '상호 동화'는 표기에 반영된다.(고유 명사는 처음에 대문자로 써야 한다.)

08 ③

• 학여울[항녀울]: Ha / gyeo / ul, '학여울'은 연음하여 발음하지 않고, ㄴ을 첨가한 다음 비음화를 적용한다. 따라서 [항녀울]과 같이 발음해야 한다. 따라서 'Hang / nyeo'이라고 써야 한다.(고유 명사는 처음에 대문자로 써야 한다.)

오답 피하기

① 종로[종노]: Jong / no, ㄹ이 아니라 'ㄴ'인 'n'으로 적어야 한다.(고유 명사는 처음에 대문자로 써야 한다.)

② 백마[뱅마]: Baeng / ma, 비음화는 표기에 반영해야 한다.(고유 명사는 처음에 대문자로 써야 한다.)

④ 신문로[신문노]: Sin / mun / no, ㄹ이 아니라 'ㄴ'인 'n'으로 적어야 한다.(고유 명사는 처음에 대문자로 써야 한다.)

⑤ 왕십리[왕 : 심니]: Wang / sim / ni, '심'은 'sim'이라고 써야 한다. '상호 동화'는 표기에 반영된다.(고유 명사는 처음에 대문자로 써야 한다.)

09 ②

• 종로[종노]: Jong / no, 비음화는 로마자에 반영되므로 'no'로 써야 한다.

• 여의-도[여의도/여이도]: Yeo / ui / do, '의'는 [ㅣ]로 발음이 되어도 'ui'로 적어야 한다.

• 신라[실라]: Sil / la, 유음화는 '르르'을 'll'로 써야 한다.

10 ⑤

• 먹-거리[먹꺼리]: meok / keo / ri, '된소리되기'는 로마자에 반영되지 않으므로 '먹거리'에 따라 로마자를 써야 한다. 따라서 'geo'라고 써야 한다.

오답 피하기

① 희망[히망]: hui / mang, '희망'의 'ㅢ'는 발음상 [ㅣ]가 되더라도 로마자로는 'ui'를 밝혀 적어야 한다.

② 맏-형[마텽]: mat / hyeong, '맏형'은 축약하여 발음해야 하지만, 체언이기 때문에 로마자로 적을 때는 반드시 'h'를 밝혀 적어야 한다.

③ 함경-북도[함경북또]: Ham / gyeong / buk / -do, '된소리되기'는 로마자에 반영하지 않는다.(고유 명사는 처음에 대문자로 써야 한다.)

④ 음력[음녁]: eum / nyeok, '비음화'는 로마자에 반영된다.

제20회

01 ③

㉠과 ㉡ 모두 어법에 맞도록 함을 원칙으로 한 예에 해당하므로 ③이 정답이다.

㉠ 빛-깔[빋깔]: '빛'은 [빈]으로 쓰지 않고 받침 'ㅊ'을 살려 적었는데, 이는 '어법에 맞도록 함을 원칙'으로 한 것이므로 ㉡의 예로 볼 수 있다.

㉡ 여덟에[여덜베]: '여덟에'와 같이 연음하여 쓰지 않고 겹받침 'ㄼ'을 살려 적었는데, 이는 '어법에 맞도록 함을 원칙'으로 한 것이므로 ㉡의 예로 볼 수 있다.

☑ 오답 피하기

① ㉠ 마감: '막암'이라고 쓰면 어법에 맞도록 함을 원칙으로 적은 것이지만, 소리 나는 대로 '마감'이라고 적었으므로 ㉠의 예로 볼 수 있다.

㉡ 무릎이[무르피]: '무릎이'와 같이 연음하여 쓰지 않고 받침 'ㅍ'을 살려 적었는데, 이는 '어법에 맞도록 함을 원칙'으로 한 것이므로 ㉡의 예로 볼 수 있다.

② ㉠ 며칠: '몇 일'이라고 쓰면 어법에 맞도록 함을 원칙으로 적은 것이지만, 소리 나는 대로 '며칠'이라고 적었으므로 ㉠의 예로 볼 수 있다.

㉡ 없었고[업썯꼬]: '없었고'와 같이 겹받침 'ㅄ'과 'ㅆ'을 살려 적었는데, 이는 '어법에 맞도록 함을 원칙'으로 한 것이므로 ㉡의 예로 볼 수 있다.

④ ㉠ 꼬락서니[꼬락써니]: '꼬락서니'는 제20항의 [붙임]의 예로, '[붙임] '-이' 이외의 모음으로 시작된 접미사가 붙어서 된 말은 그 명사의 원형을 밝히어 적지 아니한다.'에 해당하므로 ㉠의 예로 볼 수 있다.

㉡ 젊은-이[절므니]: '젊은이'와 같이 연음하여 쓰지 않고 겹받침 'ㄲ'을 살려 적었는데, 이는 '어법에 맞도록 함을 원칙'으로 한 것이므로 ㉡의 예로 볼 수 있다.

02 ②

• 물고(×) → 물꼬(○)

※ 물-꼬(명사): 「1」 논에 물이 넘어 들어오거나 나가게 하기 위하여 만든 좁은 통로. 「2」 어떤 일의 시작을 비유적으로 이르는 말.

☑ 오답 피하기

① 싹둑(○): 'ㄱ' 받침일 때 다음의 ㄷ은 [ㄸ]으로 발음되므로, 비슷한 발음이거나 동일한 발음이 아닌 이상 예사소리인 'ㄷ'으로 써야 한다.

③ 깍두기(○): 'ㄱ' 받침일 때 다음의 ㄷ은 [ㄸ]으로 발음되므로, 비슷한 발음이거나 동일한 발음이 아닌 이상 예사소리인 'ㄷ'으로 써야 한다.

④ 따듯하다(○), 따뜻하다(○): 둘 다 표기가 맞다.

03 ④

'훗일[훈 : 닐]'의 'ㅅ'은 '사잇소리 현상' 따른 사이시옷 표기에 해당한다. 즉, 제7항에 따른 표기가 아니라 제30항에 따른 표기이므로 ④가 정답이다.

※ 훗-일(後日)[훈 : 닐](명사): 어떤 일이 있은 뒤에 생기거나 일어날 일.=뒷일.

☑ 오답 피하기

① '무릇'은 [무른]으로 발음되지만, 'ㄷ'으로 적을 근거가 없는 단어이므로 'ㅅ'으로 써야 한다.

② '엇-셈'은 [얻쎔]으로 발음되지만, 'ㄷ'으로 적을 근거가 없는 단어이므로 'ㅅ'으로 써야 한다.

③ '웃-어른'은 [우더른]으로 발음되지만, 'ㄷ'으로 적을 근거가 없는 단어이므로 'ㅅ'으로 써야 한다.

04 ②

• 밤이 되면서 **구름양**(○)이 점점 많아져서 자정쯤부터 비가 내리겠습니다.: '구름'과 같은 고유어일 때는, 두음 법칙에 따라 '량'이 아니라 '양'을 쓴다.

☑ 오답 피하기

① 올해 경제 **성장율**(×, 성장률)은 작년에 비해 소폭 상승할 것으로 예상된다.: '모음, ㄴ 받침'일 때만, '율, 열'을 쓰고 그 외에는 '률, 렬'을 쓴다. '성장'은 받침 'ㅇ'으로 끝났기 때문에 '률'을 써야 한다.

③ 우리나라의 **회계년도**(×, 회계연도)는 1월 1일부터 12월 31일까지입니다.: '회계'와 '연도'의 결합이므로, 이때는 두음법칙에 따라 '년'이 아니라 '연'으로 써야 한다.

④ 예전에는 잡지에 **펜팔란**(×, 펜팔난)이 있어서 외국인과도 편지를 주고받았다고 합니다.: '펜팔'과 같은 외래어거나 고유어에 '란'이 결합할 때는 두음법칙을 적용하여 '난'을 써야 한다.

⑤ 친구가 긴 머리를 **싹뚝**(×, 싹둑) 자르고 나타나서 **깜짝**(○, 깜작) 놀랐습니다. '싹둑'과 같이 받침이 'ㄱ'일 때는 다음의 'ㄷ'을 [ㄸ]으로 발음할지라도, '싹둑'과 같이 써야 한다.

05 ③

• 얼룩이(×) → 얼루기(○)

※ 얼루기(명사): 「1」 얼룩얼룩한 점이나 무늬. 또는 그런 점이나 무늬가 있는 짐승이나 물건. 「2」 살갗이 두드러지지 않고 색깔만 달라지는 병. 자색반, 색소 모반, 백반(白斑) 따위가 있다.

☑ 오답 피하기

① 꿀꿀-하다, 꿀꿀-거리다: 꿀꿀 + -이(명사화 접사) → 꿀꿀이(명사)

② 삐죽-하다, 삐죽-거리다: 삐죽 + -이(명사화 접사) → 삐죽이(명사)

④ 홀쭉-하다: 홀쭉 + -이(명사화 접사) → 홀쭉이(명사)

06 ①

- 깨끗-하다: 깨끗- + -이(부사화 접사) → 깨끗이(부사), '깨끗하다'와 같이 '-하다'로 끝난 단어이지만 어근의 받침 'ㅅ'이 있을 때는, '-히'가 아닌 '-이'가 결합한다.

☑ 오답 피하기
② 가득-하다: 가득- + -히(부사화 접사) → 가득-히(부사)
③ 조용-하다: 조용- + -히(부사화 접사) → 조용-히(부사)
④ 고스란-하다: 고스란- + -히(부사화 접사) → 고스란-히(부사)

07 ④

- 정확-하다 → 정확-히(부사): '정확히'는 '-히'로만 나는 경우의 예이다. '꼼꼼히, 당당히, 섭섭히'는 '이'나 '히'로 하는 경우의 예이다.

☑ 오답 피하기
① 꼼꼼-하다 → 꼼꼼-히(부사): '꼼꼼히'는 '이'나 '히'로 나는 것이라 '-히'로 적는다.
② 당당-하다 → 당당-히(부사): '당당히'는 '이'나 '히'로 나는 것이라 '-히'로 적는다.
③ 섭섭-하다 → 섭섭-히(부사): '섭섭히'는 '이'나 '히'로 나는 것이라 '-히'로 적는다.

※ 참고
1) '히'로만 나는 것: 극히, 급히, 딱히, 속히, 작히, 족히, 특히, 엄격히, 정확히
2) '이, 히'로 나는 것: 솔직히, 가만히, 간편히, 나른히, 무단히, 각별히, 소홀히, 쓸쓸히, 정결히, 과감히, 꼼꼼히, 심히, 열심히, 급급히, 답답히, 섭섭히, 공평히, 능히, 당당히, 분명히, 상당히, 조용히, 간소히, 고요히, 도저히

08 ②

- 틈틈-히(×) → 틈틈-이(부사): '틈'이라는 명사가 첩어로 구성된 어근이므로 '-이'가 결합해야 한다.

☑ 오답 피하기
① 세세-하다 → 세세-히(부사): '세세'와 같이 어근의 받침 'ㅅ'이 아니면 '-히'가 결합해야 한다.
③ 꼼꼼-하다 → 꼼꼼-히(부사): '꼼꼼'과 같이 어근의 받침 'ㅅ'이 아니면 '-히'가 결합해야 한다.
④ 섭섭-하다 → 섭섭-히(부사): '섭섭'과 같이 어근의 받침 'ㅅ'이 아니면 '-히'가 결합해야 한다.

09 ①

- 꼼꼼-이(×) → 꼼꼼-히(부사), '꼼꼼하다'는 '-하다'로 끝난 단어이고, 어근의 받침이 'ㅁ'이므로 접사 '-히'를 결합하여 단어를 형성할 수 있다.

☑ 오답 피하기
② 헛-되다 → 헛되-이(부사): '헛되다'는 '-하다'와 결합된 단어가 아니므로 접사 '-이'를 결합한 것이다.
③ 따뜻-하다 → 따뜻-이(부사): '따뜻'과 같이 어근 받침이 'ㅅ'일 때는 접사 '-이'를 결합해야 한다.
④ 깍듯-하다 → 깍듯-이(부사): '깍듯'과 같이 어근 받침이 'ㅅ'일 때는 접사 '-이'를 결합해야 한다.
⑤ 샅샅-이(부사): '샅'이라는 명사가 첩어로 구성된 어근이므로 '-이'가 결합해야 한다.('샅샅'이란 부사는 없다.)

10 ⑤

- 풀소(×), 풋소(×) → 푿-소(○): '풀'의 'ㄹ'을 'ㄷ'으로 바꾸어 적어야 한다.
※ 푿-소(명사): 여름에 생풀만 먹고 사는 소. 힘을 잘 쓰지 못하여 부리기에 부적당하다.

☑ 오답 피하기
① 반짓고리(×) → 반진-고리(○): '바느질'의 'ㄹ'을 'ㄷ'으로 바꾸어 적어야 한다.
② 사흘날(×) → 사흗-날(○): '사흘'의 'ㄹ'을 'ㄷ'으로 바꾸어 적어야 한다.
③ 삼짓날(×) → 삼진-날(○): '삼질'의 'ㄹ'을 'ㄷ'으로 바꾸어 적어야 한다.
※ 삼질(三질)(명사): 『민속』음력 삼월 초사흗날.=삼짇날.
④ 이틀날(×) → 이튿-날(○): '이틀'의 'ㄹ'을 'ㄷ'으로 바꾸어 적어야 한다.
※ 한글맞춤법 제29항: 끝소리가 'ㄹ'인 말과 딴 말이 어울릴 적에 'ㄹ' 소리가 'ㄷ' 소리로 나는 것은 'ㄷ'으로 적는다. 예 반짇고리(바느질~), 사흗날(사흘~), 삼짇날(삼질~), 섣달(설~), 숟가락(술~), 이튿날(이틀~), 잗주름(잘~), 푿소(풀~), 섣부르다(설~), 잗다듬다(잘~), 잗다랗다(잘~)

제21회

📍 Answer

01 ④	02 ③	03 ③	04 ①	05 ④
06 ⑤	07 ④	08 ④	09 ②	10 ③

01 ④

- 핏-기(핏氣)[피끼/핃끼]: '피+기'의 합성 명사로 사잇소리현상에 따라 사이시옷 표기를 하였지만, 우리말과 한자어로 된 합성어이므로 <보기>의 맞춤법 규정에 해당하지 않는다.(우리말+한자어)
※ 핏-기(핏氣)(명사): 사람의 피부에 감도는 불그스레한 피의 기운.

☑ 오답 피하기
① 뱃-길[배낄/밷낄]: '배+길'의 합성 명사로 사잇소리현상(된소리)에 따라 사이시옷 표기를 하였다.(우리말+우리말)
※ 뱃-길(명사): 배가 다니는 길.늑선로.
② 잇-자국[이짜국/읻짜국]: '이+자국'의 합성 명사로 사잇소리현상(된소리)에 따라 사이시옷 표기를 하였다.(우리말+우리말)
※ 잇-자국(명사): 「1」 이로 물었던 자국. 「2」 이로 물렸던 자국.
③ 잿-더미[재떠미/잳떠미]: '재+더미'의 합성 명사로 사잇소리현상(된소리)에 따라 사이시옷 표기를 하였다.(우리말+우리말)
※ 잿-더미(명사): 「1」 재가 쌓인 더미. 「2」 불에 타서 폐허가 된 자리를 비유적으로 이르는 말.

02 ③

- 예삿-일(例事일)[예 : 산닐] : '예사'와 '일'이 결합한 합성 명사이지만 '된소리'가 아닌 'ㄴㄴ소리'가 덧나는 경우라 발문의 예로 보기가 어렵다.(한자어+우리말)
  ※ 예삿-일(例事일)(명사) : 보통 흔히 있는 일.≒예상일.

✅ 오답 피하기

① 시곗-바늘(時計바늘)[시계빠늘/시겐빠늘] : '시계+바늘'로 구성된 합성 명사이며, 사잇소리현상(된소리)에 따라 사이시옷을 표기해야 한다.(한자어+우리말)
  ※ 시곗-바늘(時計바늘)(명사) : 시간, 분, 초 따위를 가리키는 시계의 바늘.

② 북엇-국(北魚국)[부거꾹/부걷꾹] : '북어+국'으로 구성된 합성 명사로, 사잇소리현상(된소리)에 따라 사이시옷을 표기해야 한다.(한자어+우리말)
  ※ 북엇-국(北魚국)(명사) : 북어를 잘게 뜯어 파를 넣고 달걀을 풀어 끓인 장국.≒북어탕.

④ 공붓-벌레(工夫벌레)[공부뻘레/공붇뻘레] : '공부+벌레'로 구성된 합성 명사로, 사잇소리현상(된소리)에 따라 사이시옷을 표기해야 한다.(한자어+우리말)
  ※ 공붓-벌레(工夫벌레)(명사) : 공부만 파고드는 사람을 놀림조로 이르는 말.

03 ③

- 전셋방(×) → 전세-방(傳貰房)[전세빵](○) : 모두 한자어로 된 합성어이다. 따라서 '전셋방'이 아닌 '전세방(傳貰房)'으로 써야 한다.(한자어+한자어)
  ※ 전세-방(傳貰房)(명사) : 전세를 받고 빌려주는 방. 또는 전세를 주고 빌려 쓰는 방.≒전세.

✅ 오답 피하기

① 아랫-집[아래찝/아랟찝] : 第30항 1-(1), 순우리말로 된 합성어이고, 뒷말의 첫소리가 된소리로 난다.(우리말+우리말)
  ※ 아랫-집(명사) : 아래쪽에 이웃하여 있거나 지대가 낮은 곳에 있는 집.

② 쇳-조각[쇠쪼각/쉗쪼각] : 第30항 1-(1), 순우리말로 된 합성어이고, 뒷말의 첫소리가 된소리로 난다.(우리말+우리말)
  ※ 쇳-조각(명사) : 쇠붙이의 조각.≒금속편, 철편, 편철.

④ 자릿-세(자릿貰)[자리쎄/자릳쎄] : 第30항 2-(1), 순우리말과 한자어로 된 합성어이고, 뒷말의 첫소리가 된소리로 난다.(우리말+한자어)
  ※ 자릿-세(자릿貰)(명사) : 터나 자리를 빌려 쓰는 대가로 주는 돈이나 물품.≒자릿삯, 좌료.

04 ①

- 공기밥(×) → 공깃-밥(空器밥)[공기빱/공긷빱](○) : '공기+밥'으로 구성된 합성 명사이며, 사잇소리현상(된소리)에 따라 사이시옷을 표기해야 한다.(한자어+우리말)
  ※ 공깃-밥(空器밥)(명사) : 공기에 담은 밥.

✅ 오답 피하기

② 인사-말(人事말)[인사말] : '인사+말'로 구성된 합성 명사이지만, 사잇소리현상이 없으므로 사이시옷을 표기하지 않는다.(사잇소리현상 ×)
  ※ 인사-말(人事말)(명사) : 인사로 하는 말. 또는 인사를 차려 하는 말.

③ 뒤-처리(뒤處理)[뒤 : 처리] : '뒤+처리'로 구성된 합성 명사이지만, 뒷말의 첫소리가 '거센소리'로 구성되어 있으므로 사이시옷을 표기하지 않는다.(거센소리 ○)
  ※ 뒤-처리(뒤處理)(명사) : 일이 벌어진 뒤나 끝난 뒤끝을 처리하는 일.≒후처리.

④ 편지-글(便紙글)[편 : 지글] : '편지+글'로 구성된 합성 명사이지만, 사잇소리현상이 없으므로 사이시옷을 표기하지 않는다.(사잇소리현상 ×)
  ※ 편지-글(便紙글)(명사) : 편지의 형식으로 적은 글.

05 ④

- 북엇-국(北魚국)[부거꾹/부걷꾹] : '북어'는 한자어이고 '국'은 우리말이며, 사잇소리현상(된소리)이 덧나므로 '북엇국'이라고 쓰는 것이다.
  ※ 북엇-국(北魚국)(명사) : 북어를 잘게 뜯어 파를 넣고 달걀을 풀어 끓인 장국.≒북어탕.

✅ 오답 피하기

① 머릿말(×) → 머리-말[머리말](○) : '머리말'은 순우리말로 구성된 합성어이지만, 사잇소리현상이 없다.(사잇소리 현상 ×)
  ※ 머리-말[머리말](명사) : 「1」 책이나 논문 따위의 첫머리에 내용이나 목적 따위를 간략하게 적은 글.≒두서, 머리글, 서기, 서문, 서언, 서제. 「2」 말이나 글 따위에서 본격적인 논의를 하기 위한 실마리가 되는 부분.=서론.

② 윗층(×) → 위-층(위層)[위층](○) : '층'의 'ㅊ'은 거센소리이므로 사이시옷을 받치어 적지 않아야 한다.(거센소리 ○)
  ※ 위-층(위層)(명사) : 이 층 또는 여러 층 가운데 위쪽의 층.≒상층.

③ 햇님(×) → 해-님[해님](○) : 파생어는 사이시옷을 받치어 적지 않는다. 참고로 '해님'은 [해님]으로 발음해야 한다.(파생어)
  ※ 해-님(명사) : '해'를 인격화하여 높이거나 다정하게 이르는 말.

06 ⑤

- 전셋방(×) → 전세방(傳貰房)[전세빵](○) : '전세'와 '방'은 모두 한자어이므로 사이시옷을 쓰면 안 된다.
  ※ 전세-방(傳貰房)(명사) : 전세를 받고 빌려주는 방. 또는 전세를 주고 빌려 쓰는 방.≒전세.

✅ 오답 피하기

① 고양잇-과(고양잇科)[고양이꽈/고양읻꽈] : '고양이+과'로 구성된 합성 명사로, 사잇소리현상(된소리)에 따라 사이시옷을 표기해야 한다.(우리말+한자어)
  ※ 고양잇-과(고양잇科)[고양이꽈/고양읻꽈](명사) : 『동물』 포유강 식육목(食肉目)의 한 과. 육식에 적합하도록 부드러운 근육과 날카로운 이와 발톱을 가지고 있으며, 몸의 크기는 다양해서 고양이에서 호랑이, 사자에 이르기까지 여러 종류가 있다. 살쾡이, 스라소니, 호랑이, 표범 따위가 이에 속한다.

② 감잣-국[감자꾹/감잗꾹] : '감자+국'으로 구성된 합성 명사로, 사잇소리현상(된소리)에 따라 사이시옷을 표기해야 한다.(우리말+우리말)
  ※ 감잣-국[감자꾹/감잗꾹](명사) : 감자를 넣어서 끓인 국.≒감저탕.

③ 막냇-동생[망내똥생/망낻똥생] : '막내+동생'으로 구성된 합성 명사로, 사잇소리현상(된소리)에 따라 사이시옷을 표기해야 한다.(우리말+우리말)
  ※ 막냇-동생[망내똥생/망낻똥생](명사) : 맨 끝의 동생.

④ 순댓-국[순대꾹/순댇꾹] : '순대+국'으로 구성된 합성 명사로, 사잇소리현상(된소리)에 따라 사이시옷을 표기해야 한다.(우리말+우리말)
  ※ 순댓-국[순대꾹/순댇꾹](명사) : 돼지를 삶은 국물에 순대를 넣고 끓인 국.

07 ④

☑ ⑦: ① 귓병(○), ④ 부싯돌(○), ⑤ 절댓값(○)

① 귓-병(귓病)[귀뼝/귇뼝](○): 귀를 앓는 병을 통틀어 이르는 말.≒귀탈.

④ 부싯-돌[부시똘/부싣똘](○): 부시로 쳐서 불을 일으키는 데 쓰는 석영(石英)의 하나. 아주 단단하고 회색, 갈색, 검은색 따위를 띤다.≒수석, 화석.

⑤ 절댓-값(絕對값)[절때깝/절땓깝](○):「1」『수학』실수에서, 양 또는 음의 부호를 떼어 버린 수. a의 절댓값은 |a|로 나타낸다.≒절대치.

☑ ⑥: ① 잇몸(○), ② 툇마루(○), ③ 뒷머리(○), ④ 빗물(○)

① 잇-몸[인몸](○): 『의학』이뿌리를 둘러싸고 있는 살.≒치경, 치육, 치은.

② 툇-마루(退마루)[퇸 : 마루/퉫 : 마루](○): 『건설』툇간에 놓은 마루.≒퇴.

③ 뒷-머리[뒨 : 머리](○):「1」머리의 뒷면.=뒤통수.「2」머리의 뒤쪽에 난 머리털.「3」물체나 행렬의 뒤쪽.

④ 빗-물[빈물](○): 비가 와서 고이거나 모인 물.≒우수.

☑ ⑥: ② 깻잎(○), ③ 베갯잇(○), ④ 훗일(○), ⑤ 가욋일(○)

② 깻-잎[깬닙](○): 들깻잎과 참깻잎을 통틀어 이르는 말. 주로 들깻잎을 이른다.

③ 베갯-잇[베갠닏](○): 베개의 겉을 덧씌워 시치는 헝겊.

④ 훗-일(後일)[훈 : 닐](○): 어떤 일이 있은 뒤에 생기거나 일어날 일.=뒷일.

⑤ 가욋-일(加外일)[가왼닐/가웬닐](○): 필요 밖의 일.

☑ 오답 피하기

① ⑥ 웃-어른[우더른](×): '웃-'은 접사이고, 이때의 'ㅅ'은 사이시옷이 아니다.
  ※ 웃-어른: 나이나 지위, 신분, 항렬 따위가 자기보다 높아 직접 또는 간접으로 모시는 어른.

② ⑦ 덧-저고리(×): '덧-'은 접사이다. 제30항은 '합성 명사'에서만 일어난다.
  ※ 덧-(접사):「1」'거듭된' 또는 '겹쳐 신거나 입는'의 뜻을 더하는 접두사.「2」((일부 동사 앞에 붙어))'거듭' 또는 '겹쳐'의 뜻을 더하는 접두사.

③ ⑦ 돗-자리(×): '돗-'은 옛말로는 있으나 지금은 쓰지 않는다. 그리고 이때의 'ㅅ'은 사이시옷이 아니다.

⑤ ⑥ 도리깻-열[도리깬녈]: '도리깻-열'은 ⑥의 예가 아니라 ⑥의 예이다.
  ※ 도리깻-열: 『농업』도리깨의 한 부분. 곧고 가느다란 나뭇가지 두세 개로 만들며, 이 부분을 위아래로 돌리어 곡식을 두드려 낟알을 떤다.≒자편.

08 ④

• 마굿간(×) → 마구간[마 : 구깐](○), 모두 '한자어'이므로 사이시옷을 쓰지 않는다.
  ※ 마구-간(馬廐間)(명사): 말을 기르는 곳.≒구사, 마구, 마방간, 마사, 말간.

☑ 오답 피하기

① 인사-말(人事말)[인사말]: '인사+말'로 이루어진 합성 명사이지만, 사잇소리현상이 일어나지 않으므로 사이시옷을 쓰지 않는다.
  ※ 인사-말(人事말)(명사): 인사로 하는 말. 또는 인사를 차려 하는 말.

② 등굣-길(登校길)[등교낄/등굗낄]: '등교+길'로 이루어진 합성 명사로, 사잇소리현상(된소리)이 일어나므로 사이시옷을 표기해야 한다.(한자어+우리말)
  ※ 등굣-길(登校길)(명사): 학생이 학교로 가는 길.

③ 빨랫-줄[빨래쭐/빨랟쭐]: '빨래+줄'로 이루어진 합성 명사로, 사잇소리현상(된소리)이 일어나므로 사이시옷을 표기해야 한다.(우리말+우리말)
  ※ 빨랫-줄(명사): 빨래를 널어 말리려고 다는 줄.

⑤ 셋방[세 : 빵/섿 : 빵]: 예외로 외워야 하는 2음절 한자어이다.
  ※ 셋방(貰房)(명사): 세를 내고 빌려 쓰는 방.

09 ②

⑦ 무정-하다 → 무정-타(○)(준말): '무정'의 'ㅇ'은 울림소리이다. 이때는 어간의 끝음절 '하'의 'ㅏ'가 줄어들고, 'ㅎ'이 다음 음절의 첫소리인 'ㄷ'과 어울려 'ㅌ'이 된다.

⑥ 선발-하다 → 선발-하도록(활용) → 선발-토록(○)(준말): '선발'의 'ㄹ'은 울림소리이다. 이때는 어간의 끝음절 '하'의 'ㅏ'가 줄어들고, 'ㅎ'이 다음 음절의 첫소리인 'ㄷ'과 어울려 'ㅌ'이 된다.

☑ 오답 피하기

①, ③ 섭섭-하다 → 섭섭-하지(활용) → 섭섭-지(○)(준말)
  '섭섭'의 'ㅂ'은 안울림소리이다. 이때는 어간의 끝음절 '하'가 아주 줄 적에는 준 대로 적는다.

③, ④ 생각-하다 → 생각-하건대(활용) → 생각-건대(○)(준말)
  '생각'의 'ㄱ'은 안울림소리이다. 이때는 어간의 끝음절 '하'가 아주 줄 적에는 준 대로 적는다.

10 ③

• 만만잖다(×) → 만만찮다(○): '제40항'에 따라 어간의 끝음절 '하'의 'ㅏ'가 줄고 'ㅎ'이 다음 음절의 첫소리와 어울려 거센소리인 'ㅊ'이 된 경우이다. 따라서 '만만잖다'가 아니라 '만만찮다'로 써야 한다.

☑ 오답 피하기

① 엊그저께: '제32항'에 따라 '어제'의 'ㅔ'라는 모음이 줄어지고 'ㅈ'이라는 자음만 남은 것은 그 앞의 음절에 받침으로 적어 '엊'이 된다.

② 그렇잖은: '제39항'에 따라 '-지' 뒤에 '않-'이 어울려 '-잖-'이 된 경우이다. 따라서 '그렇잖은'으로 써야 한다.

④ 연구-하다 → 연구하-도록(활용) → 연구-토록(○)(준말): '제40항'에 따라 어간의 끝음절 '하'의 'ㅏ'가 줄고 'ㅎ'이 다음 음절의 첫소리와 어울려 거센소리인 'ㅌ'이 된 경우이다. 따라서 '연구토록'이 맞다.

제22회

01	①	02	①	03	③	04	②	05	④
06	④	07	②	08	②	09	④	10	⑤

01 ①

• 하늘이 <u>맑군그래</u>(○).: '그래'는 보조사이므로 앞말에 붙여 써야 한다.
 ※ 그래(조사): (('-구먼, -군'과 같은 해할 자리의 일부 종결 어미 뒤에 붙어)) 청자에게 문장의 내용을 강조함을 나타내는 보조사.

✅ 오답 피하기
② 손이 그렇게 <u>작은 지</u>(×, 작은지) 몰랐다.: 이때 '지'는 과거에 있었던 이야기를 하고자 한 것이 아니어서 이때의 '-은지'는 어미로 보아야 하므로 앞말에 붙여 써야 한다.
③ 약속 장소에 나온 사람은 우리 <u>셋 뿐이었다</u>(×, 셋뿐이었다).: 이때 '뿐' 앞에 '셋'이란 수사가 있으므로 앞말에 붙여 써야 한다.
 ※ 뿐(조사): ((체언이나 부사어 뒤에 붙어)) '그것만이고 더는 없음' 또는 '오직 그렇게 하거나 그러하다는 것'을 나타내는 보조사.
④ 쌀, 보리, 콩, 조, <u>기장들을</u>(×, 기장∨들을) 오곡이라 한다.: 이때 '들'은 의존 명사이므로 앞말에 띄어 써야 한다.
 ※ 들(의존 명사): ((명사 뒤에 쓰여)) 두 개 이상의 사물을 나열할 때, 그 열거한 사물 모두를 가리키거나, 그 밖에 같은 종류의 사물이 더 있음을 나타내는 말.

02 ①

• 포기는 생각해 <u>본바가</u>(×, 본∨바가) 없다.: 이때의 '바'는 의존 명사로 쓰였으므로 앞말에 띄어 써야 한다.

✅ 오답 피하기
② 모두 자기 <u>생각대로</u>(○) 결정하자.: 이때의 '대로'는 조사이므로 앞말에 붙여 써야 한다.
③ 결국 돌아갈 곳은 <u>고향뿐이다</u>(○).: 이때의 '뿐'은 조사이므로 앞말에 붙여 써야 한다.
④ <u>원칙만큼은</u>(○) 양보하기가 어렵다.: 이때의 '만큼'은 조사이므로 앞말에 붙여 써야 한다.

03 ③

• 원서를 <u>넣는∨족족</u>(○) 합격을 하네.: '족족'은 명사이므로 앞말과 띄어 써야 한다. 참고로 '넣는'은 관형어이므로 체언을 수식한다.
 ※ 족족(명사): (흔히 어미 '-는' 뒤에 쓰여) 어떤 일을 하는 하나하나.

✅ 오답 피하기
① 그는 재산이 <u>많을∨뿐더러</u>(×, 많을뿐더러) 재능도 엄청 많다.: '-을뿐더러'는 어미이므로 앞말에 붙여 써야 한다.
② 선물을 <u>주기는∨커녕</u>(×, 주기는커녕) 쳐다보지도 않더라.: '는커녕'은 조사이므로 앞말에 붙여 써야 한다.
④ 기분이 좋아 <u>보이는구먼∨그래</u>.(×, 보이는구먼그래): '그래'는 조사이므로 앞말에 붙여 써야 한다.

04 ②

• <u>공부 밖에</u>(×, 공부밖에) 모르는 학생이군.: 이때의 '밖에'는 '그것만'이란 의미를 지닌 조사이므로, '공부밖에'와 같이 붙여 써야 한다.
 ※ 밖에(조사): ((주로 체언이나 명사형 어미 뒤에 붙어)) '그것 말고는', '그것 이외에는'의 뜻을 나타내는 보조사. 주로 뒤에 부정을 나타내는 말이 따른다.

✅ 오답 피하기
① 집 <u>밖에</u>(○) 눈이 쌓였다.: '밖에'는 '바깥에'라는 의미를 지녔으므로 '집∨밖에'와 같이 띄어 써야 한다.
③ <u>맨손으로</u>(○) 땅을 팠다.: '맨-'이란 접사가 결합한 단어이므로 붙여 써야 한다.
④ <u>한겨울</u>(○)에 얇은 옷만 <u>입은 채</u>(○),: '한겨울'의 '한'은 접사이므로 뒤의 어근에 붙여 써야 한다. 그리고 '입은'은 관형어이고, '채'는 의존 명사이다. 따라서 띄어 쓰는 것이 맞다.
 ※ 채(의존 명사): (('-은/는 채로', '-은/는 채' 구성으로 쓰여)) 이미 있는 상태 그대로 있다는 뜻을 나타내는 말.

05 ④

• 8월∨1일∨자(○)∨신문에∨제가∨쓴∨글을∨한∨편∨실었습니다.
 : '자'는 명사이므로 앞말과 띄어 써야 한다.
 ※ 자(字)(명사): 「3」 '날짜'를 나타내는 말.

✅ 오답 피하기
① <u>비행시에는</u>(×, 비행∨시에는)∨휴대폰을∨꺼∨두시기∨바랍니다.
 : '시'는 의존 명사이므로 앞말과 띄어 써야 한다.
 ※ 시(의존 명사): 「2」 ((일부 명사나 어미 '-을' 뒤에 쓰여)) 어떤 일이나 현상이 일어날 때나 경우.
② 정부가∨<u>그∨동안</u>(×, 그동안)∨준비해∨왔던∨대책을∨발표했다.
 : '그동안'은 사전에 등재된 단어이므로 붙여 써야 한다.
③ 매년∨총∨<u>매출액의</u>(×, 총매출액의)∨1%씩(○)∨기부하기로∨하였습니다.: '총'과 '씩' 모두 접사이므로 어근과 붙여 써야 한다.
 ※ 총(總)-(접사): ((일부 명사 앞에 붙어)) '전체를 아우르는' 또는 '전체를 합한'의 뜻을 나타내는 접두사.
 ※ -씩(접사): 「1」 ((수량을 나타내는 말 뒤에 붙어)) '그 수량이나 크기로 나뉘거나 되풀이됨'의 뜻을 더하는 접미사.
⑤ <u>인터넷∨상에</u>(×, 인터넷상에)∨공개된∨정보라도∨함부로∨활용할∨수∨없다.: '상'은 접사이므로 앞말과 붙여 써야 한다.
 ※ -상(上)(접사): ((일부 명사 뒤에 붙어)) 「2」 '추상적인 공간에서의 한 위치'의 뜻을 더하는 접미사.

06 ④

• 잘도 <u>놀아만 나는구나</u>(○): '놀아'는 본용언이고, '나는구나'는 보조 용언이다. 이때 '놀아' 다음에 조사가 결합하였으므로, 다만에 따라 뒤에 오는 보조 용언은 띄어 써야 한다. 따라서 '합성 용언이므로 띄어 쓴다.'는 설명은 적절하지 않다.

✅ 오답 피하기
① 그 일은 <u>할 만하다</u>(○), 그 일은 <u>할만하다</u>(○): '할'은 본용언이고 '만하다'는 보조 용언이다. 이때 본용언이 2음절 이하이고, 단일어로 구성되어 있으므로 '할만하다'와 같이 붙여 쓸 수 있다.
② 비가 <u>올 듯도 하다</u>(○): '올'은 본용언이고, '듯하다'는 보조 용언이다. 이때 '듯하다' 중간에 조사가 들어갈 적에는 그 뒤에 오는 보조 용언을 띄어 써야 하므로, '올∨듯도∨하다'와 같이 띄어 써야 한다.

③ 떠내려가버렸다(×, 떠내려가∨버렸다): '떠내려가'는 본용언이고, '버리다'는 보조 용언이다. 이때 '떠내려가'는 합성 용언에 해당하므로, 그 뒤에 오는 보조 용언은 띄어 써야 한다. 따라서 '떠내려가버렸다.'와 같이 붙여 쓰는 것은 옳지 않다.

07 ②

• 그는∨얼굴을∨가린∨채(○)∨갑자기∨방에서∨뛰어나왔다. : '채'는 의존 명사이므로 앞말과 띄어 써야 한다.

※ 채(의존 명사): (('-은/는 채로', '-은/는 채' 구성으로 쓰여)) 이미 있는 상태 그대로 있다는 뜻을 나타내는 말.

• 나는∨내일∨일정은∨커녕(×, 일정은커녕)∨오늘∨일정도∨기억하지∨못했다. : '은커녕'은 보조사이므로 앞말과 붙여 써야 한다.

오답 피하기

① • 내가∨고향에∨간∨지(○)∨한참∨되었다. : 이때의 '지'는 '과거에 있었던 때로부터 지금까지의 동안'을 의미하는 의존 명사이다. 따라서 앞말과 띄어 써야 한다.
• 오늘∨신문에서∨보도한∨내용이∨맞는지(○)∨모르겠다. : 이때의 '-는지'는 과거의 의미와 관련이 없으므로 어미로 보아야 한다.

③ • 동생이∨상처투성이가(○)∨되어∨집으로∨돌아왔다. : '-투성이'는 접사이므로 앞말과 붙여 써야 한다.
※ -투성이(접사): '그것이 너무 많은 상태' 또는 '그런 상태의 사물, 사람'의 뜻을 더하는 접미사.
• 나는∨시장에서∨콩나물∨천∨원어치를(○)∨샀다. : '-어치'는 접사이므로 앞말과 붙여 써야 한다.
※ -어치(접사): '그 값에 해당하는 분량'의 뜻을 더하는 접미사.

④ • 결혼한∨아들네가∨독립을∨한다니∨시원섭섭하겠구먼그려(○). : '그려'는 조사이므로 앞말과 붙여 써야 한다.
• 아침에도∨늑장∨부리는(○)∨바람에∨지각을∨하고야∨말았다. : '늑장부리다'라는 단어는 사전에 등재되어 있지 않으므로 '늑장∨부리다'와 같이 띄어 써야 한다.

⑤ • 예선전에서∨우리∨팀이∨여지없이(○)∨지고∨말았다. : '여지없이'는 사전에 등재된 단어이므로 붙여 써야 한다.
※ 여지없-이(餘地없이)(부사): 더 어찌할 나위가 없을 만큼 가차 없이. 또는 달리 어찌할 방법이나 가능성이 없이.
• 텔레비전을∨보고∨있는데(○)∨전화벨이∨울렸다. : 이때의 '-는데'는 상황을 제시한다는 의미를 지닌 어미이므로 앞말과 붙여 써야 한다.

08 ②

• 그 책을 다 읽는데(×, 읽는∨데) 삼 일이 걸렸다. : '그 책을 다 읽는 상황'이므로 이때의 '데'는 의존 명사로 보아야 한다. 따라서 '읽는∨데'와 같이 띄어 써야 한다.

오답 피하기

① 가진 게 없으면 몸이나마(○) 건강해야지. : '이나마'는 조사이므로 '몸이나마'와 같이 붙여 쓰는 것이 맞다.

③ 그는 그런 비싼 차를 살 만한(○) 형편이 못 된다. : '살'은 본용언이고, '만하다'는 보조 용언이다. 따라서 원칙적으로 '살∨만하다'와 같이 띄어 써야 한다.

④ 그 고통에 비하면 내 괴로움 따위는(○) 아무것도 아니었다. : '따위'는 의존 명사이므로, '괴로움∨따위는'과 같이 띄어 써야 한다.

09 ④

㉡ 끊임없는(○)∨연구와∨투자로∨신제품을∨개발하였다. : '끊임없다'는 형용사로 하나의 단어이기에 붙여 써야 한다.
㉣ 그는∨연수차(○)∨도미를∨하게∨되었다. : 이때의 '차'는 목적을 의미하는 '접미사'이므로 앞말에 붙여 써야 한다.
※ 차(의존 명사): 「2」 (('-던 차에', '-던 차이다' 구성으로 쓰여)) 어떠한 일을 하던 기회나 순간.
※ -차(次)(접사): ((일부 명사 뒤에 붙어)) '목적'의 뜻을 더하는 접미사.

오답 피하기

①, ② ㉠ 그는∨어려운∨공부한다고(×, 공부∨한다고)∨매일∨도서관에∨가요.(×) : '어려운'은 관형어로 체언을 꾸며야 한다. 따라서 '공부∨한다고'와 같이 띄어 써야 한다.

②, ③, ⑤ ㉢ 그와∨결혼을∨결심한∨것은∨만난∨지(○)∨다섯∨번만이다(×, 번∨만이다). : 횟수와 관련될 때는 '지'와 '만' 모두 의존 명사로 보아야 한다. 따라서 '만난∨지'와 '번∨만이다'와 같이 띄어 써야 한다.
※ 만(의존 명사): ((흔히 '만에', '만이다' 꼴로 쓰여)) 「2」 ((횟수를 나타내는 말 뒤에 쓰여)) '앞말이 가리키는 횟수를 끝으로'의 뜻을 나타내는 말. 예 그와 결혼을 결심한 것은 만난 지 다섯 번 만이다.

10 ⑤

• 그는 불황을 타개하기 위해 사업 차(×, 사업차) 외국에 나갔다. : '-차'는 접미사이므로 앞말에 붙여 써야 한다.
※ 차(의존 명사): 「2」 (('-던 차에', '-던 차이다' 구성으로 쓰여)) 어떠한 일을 하던 기회나 순간.
※ -차(次)(접사): ((일부 명사 뒤에 붙어)) '목적'의 뜻을 더하는 접미사.

오답 피하기

① 비가 올성싶다(○, 올∨성싶다/올성싶다(○)). : '올'이 본용언이고, '성싶다'가 보조용언이다. 본용언이 단일어이고 2음절 이하일 때는 본용언과 보조용언 사이에 붙여 쓰는 것을 허용한다.

② 자네가 이야기를 좀 하게나그려(○). : '그려'는 보조사이므로 앞말에 붙여 써야 한다.
※ 그려(조사): 청자에게 문장의 내용을 강조함을 나타내는 보조사.

③ 집을 떠나온 지(○) 어언 3년이 지났다. : 이때의 '지'는 의존 명사이다. '3년'이라는 기간이 지났다는 맥락을 지녔으므로 띄어 쓰는 것이 맞다.

④ 복도에서 친구가 먼저 나에게 알은척했다(○). : '알은척하다'는 복합어로 모두 붙여 써야 한다.
※ 알은척-하다(동사): 【…에/에게】【 …을】「1」 어떤 일에 관심을 가지는 듯한 태도를 보이다. ≒알은체하다. 「2」 사람을 보고 인사하는 표정을 짓다. ≒알은체하다.

제23회

Answer

01 ②	02 ①	03 ②	04 ②	05 ③
06 ③	07 ④	08 ①	09 ①	10 ①

01 ②

- 부쳐(×) → 붙여(○) : '조건'과 같은 내용이 있는지 확인해야 한다. 여기서는 '부치다'가 아니라, '붙이다'를 써야 한다.
  ※ 붙-이다(동사): **1** 【…에 …을】「3」 조건, 이유, 구실 따위를 딸리게 하다. '붙다'의 사동사.

☑ 오답 피하기
① '편지'와 같은 조건을 확인해야 한다.
  ※ 부치다(동사): **1** 【…을 …에/에게】【…을 …으로】 편지나 물건 따위를 일정한 수단이나 방법을 써서 상대에게로 보내다.
③ '~에게'와 함께 '실력'이 있는지 확인해야 한다.
  ※ 부치다(동사): 【…에/에게】 모자라거나 미치지 못하다.
④ '식목일'과 같은 행사가 있는지 확인해야 한다.
  ※ 부치다(동사): **3** 【…에】 ((주로 '부쳐', '부치는' 꼴로 쓰여)) 어떤 행사나 특별한 날에 즈음하여 어떤 의견을 나타내다. 주로 글의 제목이나 부제(副題)에 많이 쓰는 말이다.

02 ①

- 붙여(×) → 부쳐(○)
  ※ 부치다(동사): **2** 【…을 …에】「1」 어떤 문제를 다른 곳이나 다른 기회로 넘기어 맡기다.

☑ 오답 피하기
② 붙-이다(동사): **2** 【…에/에게 …을】「6」 말을 걸거나 치근대며 가까이 다가서다.
③ 밀어-붙이다(동사): 「1」【…을 …에】【…을 …으로】 한쪽으로 세게 밀다. 「2」【…을】 여유를 주지 아니하고 계속 몰아붙이다.
④ 올려-붙이다(동사): 「1」【…을 …으로】 아래쪽에 있던 것을 위쪽으로 옮겨 붙게 하다. 「2」【…에/에게 …을】 (낮잡는 뜻으로) 손을 들어 거수경례를 하다. 「3」【…을】 뺨 따위를 손으로 힘껏 때리다.
⑤ 걷어-붙이다(동사): 【…을】 소매나 바짓가랑이 따위를 말아 올리다.

03 ②

'고무줄'의 길이와 '바짓단'의 길이를 모두 본래보다 더 길어지게 한다는 의미와 어울리므로 '늘이다'를 쓰는 것이 적절하다.
※ 늘-이다(동사): 【…을】「1」 본디보다 더 길어지게 하다. 「2」 ((주로 '선'과 관련된 말을 목적어로 하여)) 선 따위를 연장하여 계속 긋다.
※ 늘-리다(동사): 【…을】「1」 물체의 넓이, 부피 따위를 본디보다 커지게 하다. 「2」 수나 분량 따위를 본디보다 많아지게 하거나 무게를 더 나가게 하다. '늘다'의 사동사. 「3」 힘이나 기운, 세력 따위를 이전보다 큰 상태로 만들다. '늘다'의 사동사. 「4」 재주나 능력 따위를 나아지게 하다. '늘다'의 사동사. 「5」 살림을 넉넉하게 하다. '늘다'의 사동사. 「6」 시간이나 기간을 길게 하다. '늘다'의 사동사.

※ 넓-히다(동사): 【…을】「1」 면이나 바닥 따위의 면적을 크게 하다. '넓다'의 사동사. 「2」 너비를 크게 하다. '넓다'의 사동사. 「3」 마음 쓰는 것을 크고 너그럽게 하다. '넓다'의 사동사. 「4」 내용이나 범위 따위를 널리 미치게 하다. '넓다'의 사동사.

04 ②

- 받쳐서(×) → 받혀서(○) : '소가 이장을 받다'라는 의미의 피동문이므로 '받쳐서'가 아니라 '받혀서'로 고쳐야 한다.

☑ 오답 피하기
① '채반'이란 조건이 있으면 '밭치다'를 써야 한다.
  ※ 밭-치다(동사): 【…을】「2」 구멍이 뚫린 물건 위에 국수나 야채 따위를 올려 물기를 빼다.
③ 무릎 위에 '턱'과 같이 무언가가 기대어 있을 때는 '받치고'로 써야 한다.
④ 안에 '내복을 넣어 입는 경우'일 때는 '받쳐서'로 쓰는 것이 맞다.
  ※ 받치다(동사): 【…에 …을】「1」【…을 …으로】 물건의 밑이나 옆 따위에 다른 물체를 대다. 「2」 ((주로 '입다'와 함께 쓰여)) 옷의 색깔이나 모양이 조화를 이루도록 함께 하다.
⑤ 이때는 '고추가 워낙 값이 없다'는 상황과 '백 근'이라는 많은 물건을 사게 했다는 맥락을 쓸 때 '받히다'라는 단어를 써야 하므로 알맞게 쓴 문장이다.
  ※ 받-히다(동사): 【…을 …에/에게】 한꺼번에 많은 양의 물품을 사게 하다. '받다'의 사동사.

05 ③

- 부모님 속을 썩혀(×) → 썩여(○) : '부모님 속'은 '걱정이나 근심 따위로 마음이 몹시 괴로운 상태'를 의미한다. 따라서 '썩히다'가 아니라 '썩이다'로 써야 한다. 따라서 '썩혀'가 아니라 '썩여'로 써야 한다.
  ※ 썩-이다(동사): 【…을】 걱정이나 근심 따위로 마음이 몹시 괴로운 상태가 되게 만들다. '썩다'의 사동사.

☑ 오답 피하기
① 능력을 썩히고(○) : '능력'은 곧 '재능'과 관련지을 수 있다. '썩히다'의 「2」의 의미이다.
  ※ 썩-히다(동사): 【…을】「2」 물건이나 사람 또는 사람의 재능 따위가 쓰여야 할 곳에 제대로 쓰이지 못하고 내버려진 상태로 있게 하다. '썩다'의 사동사.
② 음식물 쓰레기를 썩혀서(○) : '음식물 쓰레기가 썩다'의 사동문이므로, '음식물 쓰레기가 썩다'와 같은 주동문도 가능하다. '썩히다'의 「1」의 의미이다.
  ※ 썩-히다(동사): 【…을】「1」 유기물이 부패 세균에 의하여 분해됨으로써 원래의 성질을 잃어 나쁜 냄새가 나고 형체가 뭉개지는 상태가 되게 하다. '썩다'의 사동사.
④ 기계를 창고에서 썩히고(○) : '기계가 제대로 쓰이지 못하고 내버려진 상태로 있게 하다'는 의미이므로 '기계가 썩고 있다'와 같은 주동문도 가능하다. '썩히다'의 「2」의 의미이다.
  ※ 썩-히다(동사): 【…을】「2」 물건이나 사람 또는 사람의 재능 따위가 쓰여야 할 곳에 제대로 쓰이지 못하고 내버려진 상태로 있게 하다. '썩다'의 사동사.

06 ③

- 일다: 일- + -는 + -다 → 인다
  ※ 일다(동사): 「1」 없던 현상이 생기다.

오답 피하기

① 한참(×) → 한창(○)
  ※ 한창(명사): [Ⅰ] 어떤 일이 가장 활기 있고 왕성하게 일어나는 때. 또는 어떤 상태가 가장 무르익은 때.
  ※ 한참(명사): [Ⅰ] 「1」 시간이 상당히 지나는 동안.

② 가름하다(×) → 갈음하다(○)
  ※ 갈음-하다(동사): 【…을 …으로】 다른 것으로 바꾸어 대신하다.
  ※ 가름-하다(동사): 【…을】 「1」 쪼개거나 나누어 따로따로 되게 하다. 「2」 승부나 등수 따위를 정하다.

④ 걷잡다(×) → 겉잡다(○)
  ※ 겉-잡다(동사): 【…을】 겉으로 보고 대강 짐작하여 헤아리다.
  ※ 걷-잡다(동사): 【…을】 ((주로 '없다'와 함께 쓰여)) 「1」 한 방향으로 치우쳐 흘러가는 형세 따위를 붙들어 잡다. 「2」 마음을 진정하거나 억제하다.

07 ④

- 걷잡아서(×) → 겉잡아서(○): '경기장에는 약 천 명이 넘게 왔다.'라는 의미에서 쓴 것이므로 '걷잡다'가 아니라 '겉잡다'를 써야 한다.
  ※ 겉-잡다(동사):【…을】 겉으로 보고 대강 짐작하여 헤아리다.
  ※ 걷-잡다(동사): 【…을】 ((주로 '없다'와 함께 쓰여)) 「1」 한 방향으로 치우쳐 흘러가는 형세 따위를 붙들어 잡다. 「2」 마음을 진정하거나 억제하다.

오답 피하기

① '힘이 모자라다'는 의미이므로 '부치다'로 쓰는 것이 맞다.
  ※ 부치다(동사): 【…에/에게】 모자라거나 미치지 못하다.

② '서로 아는 사이'라는 의미이므로 '알음'이라고 쓰는 것이 맞다.
  ※ 알음(명사): 「1」 사람끼리 서로 아는 일. 「2」 지식이나 지혜가 있음. 「3」 신의 보호나 신이 보호하여 준 보람. 「4」 어떤 사정이나 수고에 대하여 알아주는 것.

③ '(대문이) 닫히다'는 '(대문을) 닫다'의 피동문이다. 따라서 '닫혔다'라고 쓰는 것이 맞다.
  ※ 닫-히다(동사): 「1」 열린 문짝, 뚜껑, 서랍 따위가 도로 제자리로 가 막히다. '닫다'의 피동사. 「2」 하루의 영업이 끝나다. '닫다'의 피동사. 「3」 (('입'을 주어로 하여)) 굳게 다물어지다. '닫다'의 피동사.

08 ①

- 부쳤다(×) → 붙였다(○): '흥정을'과 같이 목적어가 필요하고, '흥정을 붙게 하다'와 같이 해석될 때, '붙이다'를 써야 한다.
  ※ 붙-이다(동사): ④ 【…을 (…과) …을】 (('…과'가 나타나지 않을 때는 여럿임을 뜻하는 말이 목적어로 온다)) 「1」 겨루는 일 따위를 서로 어울려 시작하게 하다. '붙다'의 사동사.

오답 피하기

② '우산'과 같이 아래에서 쓸 때는 '받치다'를 써야 한다.
  ※ 받치다(동사): ❷ 【…을】 「2」 비나 햇빛과 같은 것이 통하지 못하도록 우산이나 양산을 펴 들다.

③ '옆 사람과 부딪게 되다.'라는 의미로 쓰였으므로, '부딪히다'를 쓰는 것은 적절하다.
  ※ 부딪-히다(동사): ❶ 【…에/에게】【(…과)】 (('…과'가 나타나지 않을 때는 여럿임을 뜻하는 말이 주어로 온다)) 무엇과 무엇이 힘 있게 마주 닿게 되거나 마주 대게 되다. 또는 닿게 되거나 대게 되다. '부딪다'의 피동사.

④ '싸움'과 같은 대상이 있을 때는 '벌이다'를 써야 한다.
  ※ 벌이다(동사): ❸ 【(…과) …을】 (('…과'가 나타나지 않을 때는 여럿임을 뜻하는 말이 주어로 온다)) 전쟁이나 말다툼 따위를 하다.

09 ①

- 걷잡아서(×) → 겉잡아서(○): '대충'의 의미가 제시되면, '걷잡다'가 아닌 '겉잡다'를 써야 한다. 이와 달리 '걷잡다'는 '마음을 진정하거나, 치우쳐 흘러가는 것을 붙들어 잡다'는 의미를 지닌다.
  ※ 겉-잡다(동사): 【…을】 겉으로 보고 대강 짐작하여 헤아리다.
  ※ 걷-잡다(동사): 【…을】 ((주로 '없다'와 함께 쓰여)) 「1」 한 방향으로 치우쳐 흘러가는 형세 따위를 붙들어 잡다. 「2」 마음을 진정하거나 억제하다.

오답 피하기

② '방불케'라는 준말로 쓰이는 단어이다. 기본형은 '방불하다'이며 '-게'라는 어미와 결합될 때 '방불하게'와 같이 쓸 수 있다.
  ※ 방불-하다(형용사): 「1」 【…에】【…과】 거의 비슷하다. 「2」 흐릿하거나 어렴풋하다. 「3」 ((주로 '…을 방불케 하다' 구성으로 쓰여)) 무엇과 같다고 느끼게 하다.

③ '서두르다'의 준말은 '서둘다'이고, '-고'라는 자음어미 앞에서는 '서두르고(○), 서둘고(○)' 모두 가능하다.(단, 모음 어미와 결합할 때는, '서둘러'와 같이 활용된다.)
  ※ 서두르다(동사): 「1」 일을 빨리 해치우려고 급하게 바삐 움직이다. 「2」 【…을】 어떤 일을 예정보다 빠르게 혹은 급하게 처리하려고 하다.
  ※ 서둘다(동사): 「1」 '서두르다'의 준말. 「2」 【…을】 '서두르다'의 준말.

④ '다른 것으로 바꾸어 대신하다.'는 의미이다. 해당 맥락상 '치사를' '기원하는 것으로' 바꾼다는 의미이므로 '갈음'이라고 쓰는 것이 적절하다. 참고로, '가름'은 '가를 때' 쓰는 말이고, '가늠'은 '비교할 때' 쓰는 말이다.
  ※ 갈음-하다(동사): 【…을 …으로】 다른 것으로 바꾸어 대신하다.
  ※ 가름-하다(동사): 【…을】 「1」 쪼개거나 나누어 따로따로 되게 하다. 「2」 승부나 등수 따위를 정하다.
  ※ 가늠-하다(동사): 【…을】 「1」 목표나 기준에 맞고 안 맞음을 헤아려 보다. 「2」 사물을 어림잡아 헤아리다.

10 ①

- 졸이다(×) → 조리다(○)
  ※ 조리다(동사): 【…을】 「1」 양념을 한 고기나 생선, 채소 따위를 국물에 넣고 바짝 끓여서 양념이 배어들게 하다. 「2」 식물의 열매나 뿌리, 줄기 따위를 꿀이나 설탕물 따위에 넣고 계속 끓여서 단맛이 배어들게 하다.
  ※ 졸-이다(동사): 【…을】 「1」 찌개, 국, 한약 따위의 물을 증발시켜 분량을 적어지게 하다. '졸다'의 사동사. 「2」 ((주로 '마음', '가슴' 따위와 함께 쓰여)) 속을 태우다시피 초조해하다.

오답 피하기

② '고무줄'의 길이를 길게 하는 것이므로 '늘이다'를 쓰는 것이 맞다.
   ※ 늘-이다(동사): 【…을】「1」본디보다 더 길어지게 하다. 「2」((주로 '선'과 관련된 말을 목적어로 하여)) 선 따위를 연장하여 계속 긋다.

③ '투표'와 관련된 내용일 때는 '부치다'를 써야 한다.
   ※ 부치다(동사): ② 【…을 …에】「1」어떤 문제를 다른 곳이나 다른 기회로 넘기어 맡기다.

④ '회비를 걷다'의 피동 표현이다.
   ※ 걷-히다(동사): 【…에서/에게서】 여러 사람에게서 돈이나 물건 따위가 거두어지다. '걷다'의 피동사.

⑤ '이따가'는 부사로 쓰였다. '있다가'를 쓸 때는 'a가 있다'라는 맥락이 필요하다.
   ※ 이따가(부사): 조금 지난 뒤에. ≒이따.

제24회

Answer

| 01 ② | 02 ① | 03 ② | 04 ④ | 05 ② |
| 06 ④ | 07 ④ | 08 ② | 09 ② | 10 ⑤ |

01 ②

'걸맞다'는 형용사이므로 '걸맞은'을 쓰는 것이 맞다.
※ 걸맞다(형용사): 【…에/에게】【-기에】【…과】(('…과'가 나타나지 않을 때는 여럿임을 뜻하는 말이 주어로 온다)) 두 편을 견주어 볼 때 서로 어울릴 만큼 비슷하다.

오답 피하기

① 쫓기로(×) → 좇기로(○)
   ※ 쫓다(동사): 【…을】「1」어떤 대상을 잡거나 만나기 위하여 뒤를 급히 따르다. 「2」어떤 자리에서 떠나도록 몰다. 「3」밀려드는 졸음이나 잡념 따위를 물리치다.
   ※ 좇다(동사): 【…을】「6」남의 이론 따위를 따르다.

③ 늘였다(×) → 늘렸다(○)
   ※ 늘-이다(동사): 【…을】「1」본디보다 더 길어지게 하다. 「2」((주로 '선'과 관련된 말을 목적어로 하여)) 선 따위를 연장하여 계속 긋다.
   ※ 늘-리다(동사): 【…을】「6」시간이나 기간을 길게 하다. '늘다'의 사동사.

④ 뒤쳐지지(×) → 뒤처지지(○)
   ※ 뒤쳐-지다(동사): 물건이 뒤집혀서 젖혀지다.
   ※ 뒤-처지다(동사): 【…보다】【…에/에게】 어떤 수준이나 대열에 들지 못하고 뒤로 처지거나 남게 되다.

02 ①

⊙ 가름(○): '끈기가 승패를 정하다.'는 의미이므로, '갈음'이 아니라 '가름'이 맞다.
   ※ 가름-하다(동사): 【…을】「1」쪼개거나 나누어 따로따로 되게 하다. 「2」승부나 등수 따위를 정하다.
   ※ 갈음-하다(동사): 【…을 …으로】 다른 것으로 바꾸어 대신하다.

⊙ 부문(○): '11개로 분류한 것'을 의미하므로, '부분'이 아니라 '부문'으로 써야 한다. '부분'은 전체를 이루는 작은 범위를 의미한다.
   ※ 부문(部門)(명사): 일정한 기준에 따라 분류하거나 나누어 놓은 낱낱의 범위나 부분.(나눌 부, 문 문)
   ※ 부분(部分)(명사): 전체를 이루는 작은 범위. 또는 전체를 몇 개로 나눈 것의 하나.(나눌 부, 나눌 분)

⊙ 구별(○): '구분'은 전체를 몇 개로 나누는 것을 의미하는데, '동생과 형'은 나누는 개념이 아니라 '차이를 인지하는 것'이므로 '구별'해야 한다.
   ※ 구별(區別)-하다(동사): 【…을 (…과)】【…을 …으로】(('…과'가 나타나지 않을 때는 여럿임을 뜻하는 말이 목적어로 온다)) 성질이나 종류에 따라 갈라놓다.(구역 구, 다를 별)
   ※ 구분(區分)-하다(동사): 【…을 …으로】【…을 (…과)】(('…과'가 나타나지 않을 때는 여럿임을 뜻하는 말이 목적어로 온다)) 일정한 기준에 따라 전체를 몇 개로 갈라 나누다.(구역 구, 나눌 분)

03 ②

• 쇠다(○), 쉰다(○), 쇠어서(○)
   ※ 쇠다(동사): 【…을】 명절, 생일, 기념일 같은 날을 맞이하여 지내다.

오답 피하기

① 옭죄는(×) → 옥죄는(○)
   ※ 옥-죄다(동사): 【…을】 옥여 바싹 죄다.
   ※ 옭다(○), 옭매다(○), 옭매이다(○), 옭아내다(○), 옭아매다(○), 옭혀들다(○), 옭히다(○)

③ 들렀다가(×) → 들렀다가(○)
   ※ 들르다(동사): 【…에】【…을】 지나는 길에 잠깐 들어가 머무르다.

④ 짜집기(×) → 짜깁기(○)
   ※ 짜깁-기(명사): 「1」직물의 찢어진 곳을 그 감의 올을 살려 본디대로 흠집 없이 짜서 깁는 일. 「2」기존의 글이나 영화 따위를 편집하여 하나의 완성품으로 만드는 일.

04 ④

'뜨거운 태양'과 관련된 표현은 '작열하다'이다. 따라서 '작열하는'으로 고쳐야 한다.
※ 작열(灼熱)-하다(동사): 「1」불 따위가 이글이글 뜨겁게 타오르다. 「2」(비유적으로) 몹시 흥분하거나 하여 이글거리듯 들끓다.(사를 작, 더울 열)
※ 작렬(炸裂)-하다(동사): 「1」포탄 따위가 터져서 쫙 퍼지다. 「2」(비유적으로) 박수 소리나 운동 경기에서의 공격 따위가 포탄이 터지듯 극렬하게 터져 나오다. 「3」『물리』물체를 700~1,000℃까지의 높은 온도로 가열하다.(터질 작, 찢을 렬(열))

오답 피하기

① '수술한 자리'가 팽팽하게 될 때, '땅기다'를 쓴다.
   ※ 땅기다(동사): 【…이】 몹시 단단하고 팽팽하게 되다.

② '다 된 혼사'와 같이 거의 다 된 일을 완전히 어긋나게 할 때, '뻐개다'를 쓴다.
 ※ 뻐개다(동사) : 【…을】 「2」 거의 다 된 일을 완전히 어긋나게 하다.
③ 실제보다 과장되게 칭찬할 때는 '추어'를 써야 한다.
 ※ 추어-올리다(동사) : 【…을】 「2」 실제보다 과장되게 칭찬하다. 늑추어주다, 추켜올리다, 치켜올리다.

05 ②

• 바꼈다(×) → 바뀌었다(○)
 ※ 바뀌다(동사) : ■ 【…으로】 「1」 '바꾸이다'의 준말.

✅ 오답 피하기
① 설거지(○), '설겆이'가 아니라 소리 나는 대로 써야 한다.
③ 산-등성이(山등성이)(명사) : 산의 등줄기. 늑능성이, 산등, 산등성, 산잔등.
④ 돌-무더기(명사) : 돌덩이가 모여 쌓인 무더기.

06 ④

• 얄따랗다(○) : '얄따랗다'가 표준어이고, '얇다랗다'는 비표준어이다.
 ※ 얄따랗다(형용사) : 꽤 얇다.

✅ 오답 피하기
① 꾀죄죄하다(○), 꽤재재하다(×)
 ※ 꾀죄죄-하다(형용사) : 「1」 옷차림이나 모양새가 매우 지저분하고 궁상스럽다. '꾀죄죄하다'보다 센 느낌을 준다. 「2」 마음 씀씀이나 하는 짓이 매우 좀스럽고 옹졸하다. '꾀죄죄하다'보다 센 느낌을 준다.
② 헤매다(○), 헤메이다(×)
 ※ 헤매다(동사) : 「1」 갈 바를 몰라 이리저리 돌아다니다. 「2」 갈피를 잡지 못하다. 「3」【…에】【…에서】【…을】 어떤 환경에서 헤어나지 못하고 허덕이다.
③ 쩨쩨하다(○), 째째하다(×)
 ※ 쩨쩨-하다(형용사) : 「1」 너무 적거나 하찮아서 시시하고 신통치 않다. 「2」 사람이 잘고 인색하다.

07 ④

• 끼이다(○) : '기계에 손가락이 끼이다.'는 맞는 표현이다. '기계에 손가락이 끼다.' 역시 맞는 표현이다. '끼이다'의 준말로 '끼다'를 쓸 수 있다.
 ※ 끼-이다(동사) : 【…에】 「1」 벌어진 사이에 들어가 죄이고 빠지지 않게 되다. '끼다'의 피동사. 「2」 무엇에 걸려 있도록 꿰어지거나 꽂히다. '끼다'의 피동사. 「3」 틈새에 박히다. 「4」 무리 가운데 섞이다. 「5」 어떤 일에 관여하다.
 ※ 끼다(동사) : 【…에】 「1」 '끼이다'의 준말. 「2」 '끼이다'의 준말. 「3」 '끼이다'의 준말. 「4」 '끼이다'의 준말. 「5」 '끼이다'의 준말.

✅ 오답 피하기
① 되뇌이다(×) → 되뇌다(○) : '되뇌이다'는 없는 단어이다.
 ※ 되-뇌다(동사) : 【…을】 【 -고】 같은 말을 되풀이하여 말하다.
② 헤메이다(×) → 헤매다(○) : '헤매이다'는 없는 단어이다.
 ※ 헤매다(동사) : 「1」【…에서】【…을】 갈 바를 몰라 이리저리 돌아다니다. 「2」 갈피를 잡지 못하다. 「3」【…에】【…에서】【…을】 어떤 환경에서 헤어나지 못하고 허덕이다.

③ (목이) 메이다(×) → (목이) 메다(○) : '목이 메다'가 맞고, '목이 메이다'는 틀린 표현이다. 또한 '목메다'는 있는 단어이고, '목메이다'는 없는 단어이다.
 ※ 메다(동사) : 「1」 뚫려 있거나 비어 있는 곳이 막히거나 채워지다. 「2」 어떤 장소에 가득 차다. 「3」 어떤 감정이 북받쳐 목소리가 잘 나지 않다.
 ※ 메-이다(동사) : 【…에】 「1」 어깨에 걸쳐지거나 올려놓이다. '메다'의 피동사. 「2」 어떤 책임을 지게 되거나 임무를 맡게 되다. '메다'의 피동사.
 ※ 목-메다(동사) : 기쁨이나 설움 따위의 감정이 북받쳐 솟아올라 그 기운이 목에 엉기어 막히다.

08 ②

• 희한한(○) : '희한하다'에 관형사형 전성 어미 '-(으)ㄴ'이 결합하여 '희한한'으로 활용된 단어이다.
 ※ 희한(稀罕)-하다(형용사) : 매우 드물거나 신기하다.

✅ 오답 피하기
① 담궜다(×) → 담갔다(○) : '담그다'에 '-았-'이 결합하여 '담갔다'로 활용된 단어이다.(— 탈락 규칙 용언)
③ 발생-율(×) → 발생-률(○) : 'ㄴ 받침'이거나 '모음'으로 끝난 단어에만 '율, 열' 등을 쓸 수 있다. 따라서 '발생'과 같이 'ㅇ'으로 끝날 때는 '률'이나 '렬'을 써야 한다.
④ 짜집-기(×) → 짜깁-기(○) : '짜다'와 '깁다'가 결합한 단어이므로 '집'이 아니라 '깁'으로 써야 한다.

09 ②

• 조리다(○)
 ※ 조리다(동사) : 「1」 양념을 한 고기나 생선, 채소 따위를 국물에 넣고 바짝 끓여서 양념이 배어들게 하다. 「2」 식물의 열매나 뿌리, 줄기 따위를 꿀이나 설탕물 따위에 넣고 계속 끓여서 단맛이 배어들게 하다.

✅ 오답 피하기
① 앉히다(×) → 안치다(○)
 ※ 안치다(동사) : 밥, 떡, 찌개 따위를 만들기 위하여 그 재료를 솥이나 냄비 따위에 넣고 불 위에 올리다.
③ 딸리니(×) → 달리니(○)
 ※ 달리다(동사) : 재물이나 기술, 힘 따위가 모자라다.
 ※ 딸리다(동사) : 「1」【…에/에게】 어떤 것에 매이거나 붙어 있다. 「2」【…에】 어떤 부서나 종류에 속하다.
④ 불어(×) → 부어(○)
 ※ 붓다(동사) : 「1」 살가죽이나 어떤 기관이 부풀어 오르다. 「2」 (속되게) 성이 나서 뾰로통해지다.

10 ⑤

'분노'와 같이 추상 명사가 나오면 '삭이다'를 써야 한다.
 ※ 삭-이다(동사) : 【…을】 「2」 긴장이나 화를 풀어 마음을 가라앉히다. '삭다'의 사동사.
 ※ 삭-히다(동사) : 【…을】 김치나 젓갈 따위의 음식물을 발효시켜 맛이 들게 하다. '삭다'의 사동사.

☑ 오답 피하기
① '~을 띠다'라는 능동 표현으로 쓴 것이다.
　※ 띠다(동사): ② 【…을】「3」빛깔이나 색채 따위를 가지다.
② '십상'이 잘못된 표현이고 '십상'이 맞는 표현이다.
　※ 십상(十常)(명사): 열에 여덟이나 아홉 정도로 거의 예외가 없음. =십상팔구.
③ '섧다'와 '서럽다'는 복수 표준어라서 모두 맞는 표현이다.
　※ 섧다(형용사): 【…이】 원통하고 슬프다. =서럽다.
④ '바르다'는 '르 불규칙 용언'이므로 '-아서'라는 모음 어미와 결합하면 '발라서'로 활용한다.

제25회

📍 Answer

| 01 ④ | 02 ③ | 03 ① | 04 ③ | 05 ② |
| 06 ④ | 07 ② | 08 ② | 09 ④ | 10 ② |

01 ④

• 체중이 계속 불고(×, 붇고) 있다. : '붇다'는 'ㄷ 불규칙 용언'이지만 자음어미 '-고'가 결합할 때는 '붇고'와 같이 활용한다.
　※ 붇다(동사): 「1」 물에 젖어서 부피가 커지다. 「2」 분량이나 수효가 많아지다. 「3」 ((주로 '몸'을 주어로 하여)) 살이 찌다.

☑ 오답 피하기
① 벌에 쏘여 얼굴이 부어(○) 있었다. : '벌에 쏘여'라는 상황을 볼 때, 어떤 기관이 부풀어 오른 것으로 해석해야 하므로 'ㅅ 불규칙 활용'에 따라 '부어'로 써야 한다.
　※ 붓다(동사): 「1」 살가죽이나 어떤 기관이 부풀어 오르다.
② 석공은 망치와 정으로 바위를 부쉈다(○). : '바위를 두드려 깨뜨리다.'라는 의미로 쓰였으므로 '부수다'를 기본형으로 보아야 한다. '푸다'를 제외한 'ㅜ'로 끝난 용언은 규칙적으로 활용하므로 '부쉈다'와 같이 줄여 쓸 수 있다.
　※ 부수다(동사): 【…을】「1」 단단한 물체를 여러 조각이 나게 두드려 깨뜨리다. 「2」 만들어진 물건을 두드리거나 깨뜨려 못 쓰게 만들다.
③ 소가 내 엉덩이를 받아(○) 크게 다칠 뻔했다. : '소가 엉덩이를 받다.'를 '소에 엉덩이가 받히다.'와 같이 쓸 수 있다. '받다'는 목적어를 요구하며, '받히다'는 그렇지 않으니, '받다'로 쓰는 것이 맞다.
　※ 받다(동사): 【…을】「1」 머리나 뿔 따위로 세차게 부딪치다.

02 ③

• 어린이가 한시를 줄줄 왜서(○, 외워서) 놀랐다. : '외우다'와 '외다' 모두 목적어를 필요로 하는 단어이다. '외다'는 '외우다'의 준말로, '외워서, 외어서' 둘 다 쓸 수 있다. '외어서'의 준말인 '왜서'도 쓸 수 있으므로, ③이 정답이다.

☑ 오답 피하기
① 식은 국을 따뜻하게 데서(×, 데워서) 먹었다. : '식은 것을 덥게 하다'는 의미로 쓸 때는 '데우다'를 써야 한다.
　※ 데우다(동사): 【…을】 식었거나 찬 것을 덥게 하다.
　※ 데다(동사): 「1」 【(…을)】 불이나 뜨거운 기운으로 말미암아 살이 상하다. 또는 그렇게 하다. 「2」 【…에】 몹시 놀라거나 심한 괴로움을 겪어 진저리가 나다.
② 아이가 소란을 펴서(×, 피워서) 정신이 없다. : 목적어인 '소란을'이 있으므로 '피다'가 아니라 '피우다'를 써야 한다. 즉, '소란을 피워서'로 고쳐야 한다.
　※ 피우다(동사): 【…을】「7」 ((일부 명사와 함께 쓰여)) 그 명사가 뜻하는 행동이나 태도를 나타내다. 예 소란을 피우다.
④ 나는 뜬눈으로 밤을 새서(×, 새워서) 너무 피곤하다. : 목적어 '밤을'이 있으므로 '새다'가 아니라 '새우다'를 써야 한다. 즉, '밤을 새워서'로 고쳐야 한다.
　※ 새우다(동사): 【…을】 ((주로 '밤'을 목적어로 하여)) 한숨도 자지 아니하고 밤을 지내다. ≒패다. 예 밤을 새워 공부하다.
　※ 새다(동사): 날이 밝아 오다. 예 어느덧 날이 새는지 창문이 뿌옇게 밝아 온다.

03 ①

• 남에게 존경 받는 사람이 돼라(×, 되라)는 아버지의 유언: '간접 명령문'으로 쓸 때는 '-(으)라'를 써야 한다. 즉, '직접 명령문'인 '되어라'의 준말인 '돼라'가 아니라 '되- + -(으)라'라고 써야 하므로 '되라'로 쓰는 것이 맞다.

☑ 오답 피하기
② 존경 받는 사람이 되었다(○, 됐다). : '되-'에 선어말 어미 '-었-'이 결합한 경우로, '되었다, 됐다' 모두 쓸 수 있다.
③ 남에게 존경 받는 사람이 돼라(○, 되어라). : '되-'에 어말 어미 '-어라'가 결합한 경우로, '되어라, 돼라' 모두 쓸 수 있다.
④ 존경 받는 사람이 되고(○) 있다. : '되-'에 어말 어미 '-고'가 결합한 경우로, '되고'와 같이 써야 한다.

04 ③

• 아이들은 기단(○, 기다란(○)) 작대기 끝에 헝겊을 매달았다. : '기단'은 '기다랗다'의 준말인 '기닿다'에 관형사형 전성 어미 '-(으)ㄴ'이 결합한 것이다. '기닿다'는 'ㅎ 불규칙 용언'이므로 관형사형 전성 어미 중 '-(으)ㄴ'이 결합하면 'ㅎ'이 사라지고 '기단'으로 활용된다.

☑ 오답 피하기
① 벼가 익으니 들판이 노래(×, 누레): '누렇다'는 'ㅎ 불규칙 용언'으로 음성 모음인 'ㅜ'가 있다는 것을 고려하여 '누레'로 활용해야 한다.
② 그는 시장에 드르지(×, 들르지) 않고 집에 왔다. : '들르다'가 기본형이다.
④ 추위에 손이 고와서(×, 곱아서) 글씨를 제대로 쓸 수가 없다. : 맥락을 읽으면 '추위'로 인해 손가락이 제대로 펴지지 않아서 글씨를 제대로 쓸 수 없다로 이해할 수 있다. 따라서 이때는 규칙 용언인 '곱다'를 활용해서 써야 하므로 '곱아서'로 고쳐야 한다.
⑤ 그가 내 옆구리를 냅다 질르는(×, 지르는) 바람에 눈을 떴다. : '지르다'가 기본형이다.

05 ②

• 내 동생은 한글을 스스로 깨우쳤다(×, 깨쳤다).: '스스로' 아는 것이
므로 '깨우쳤다'가 아니라 '깨쳤다'로 써야 한다.
  ※ 깨-치다(동사): 【…을】일의 이치 따위를 깨달아 알다.
  ※ 깨우치다(동사): 【…을】깨달아 알게 하다.

☑ 오답 피하기

① 이 손 놔(○)!: '놓아'의 준말이 '놔'이다.
③ 그들은 우리에게 반역자의 누명을 씌우려(○) 했다.: '~을 ~에게
쓰게 하다'의 의미일 때, '씌우다'를 써야 한다.
  ※ 씌우다(동사): 【…에/에게 …을】「5」 사람이 죄나 누명 따위를
  가지게 하거나 입게 하다. '쓰다'의 사동사.
④ 가슴을 에는(○) 듯한 슬픔이었다.: '에이다(피동 표현)'는 피동 표
현이므로, '가슴을'과 같이 목적어를 쓸 때는, '가슴을 에다(능동 표
현)'로 써야 한다.
  ※ 에다(동사): 【…을】「2」 마음을 몹시 아프게 하다.
  ※ 에이다(동사): 「2」 마음이 칼로 도려지듯 몹시 아파지다. '에다'
  의 피동사.
⑤ 자네 덕에 생일을 잘 쇄서(○) 고맙네.: '쇠어서'의 준말은 '쇄서'이다.

06 ②

• 싫던지 좋던지(×, 싫든지 좋든지) 간에 따를 수밖에 없다.: '선택'과
관련된 의미일 때는 '-든지'를 써야 한다.
  ※ -든지(어미): ((용언의 어간 또는 어미 '-으시-', '-었-' 뒤에 붙
  어))((주로 '-든지 -든지' 구성으로 쓰여))「1」 나열된 동작이나 상
  태, 대상들 중에서 어느 것이든 선택될 수 있음을 나타내는 연결
  어미. '-든지 -든지' 구성으로 쓰일 때는 흔히 뒤에 '하다'가 온다.
  ≒-든가. 「2」 실제로 일어날 수 있는 여러 가지 중에서 어느 것이
  일어나도 뒤 절의 내용이 성립하는 데 아무런 상관이 없음을 나타
  내는 연결 어미. '간에'나 '상관없이' 따위가 뒤따라서 뜻을 분명히
  할 때가 있다. ≒-든가.

☑ 오답 피하기

① 그는 절호의 기회를 번번이(○) 놓쳤다.: '번번히'라는 단어도 있기
는 하지만, '매번'이라는 의미일 때는 '번번이'가 맞다. 참고로 '번번'
이는 첩어이므로 부사화 접미사 '-이'가 결합하였다.
  ※ 번번-이(番番이)(부사): 매 때마다. ≒매매, 매번, 매양, 연차.
  ※ 번번-히(부사): 「1」 구김살이나 울퉁불퉁한 데가 없이 펀펀하고
  번듯하게. 「2」 생김새가 음전하고 미끈하게. 「3」 물건 따위가 멀
  끔하여 보기도 괜찮고 제법 쓸 만하게. 「4」 지체가 제법 높게.
③ 기다리던 해가 뜨자 금세(○) 주변이 환해졌다.: '금시에'의 준말로
'금세'가 맞다.
  ※ 금세(부사): 지금 바로. '금시에'가 줄어든 말로 구어체에서 많이
  사용된다.
  ※ 금새(명사): 물건의 값. 또는 물건값의 비싸고 싼 정도.('금새'를
  활용한 문장을 본 적이 거의 없을 만큼 잘 쓰지 않는 단어.)
④ 경찰이 오자 그의 행동은 눈에 띄게(○) 달라졌다.: '눈에'라는 부사
어가 있을 때는 '뜨이게'의 준말인 '띄게'로 써야 한다.(참고, (미소
를) 띠다, (눈에) 띄다)
  ※ 뜨-이다(동사): ❷【…에】「1」 눈에 보이다. 「2」 (('눈에'와 함께
  쓰여)) 남보다 훨씬 두드러지다. 「3」 청각의 신경이 긴장되다. '뜨
  다'의 피동사.

※ 띠다(동사): ❶【…에 …을】띠나 끈 따위를 두르다. ❷【…을】
「1」 물건을 몸에 지니다. 「2」 용무나, 직책, 사명 따위를 지니다.
「3」 빛깔이나 색채 따위를 가지다. 「4」 감정이나 기운 따위를 나
타내다. 「5」 어떤 성질을 가지다.

07 ②

• 흡입량(○), 구름양(○), 정답란(○), 칼럼난(○)
  1) 량, 양: 한자어 + 량, 고유어/외래어 + 양
    (1) 흡입량(吸入量): 한자어 + 량
    (2) 구름양(구름量): 고유어 + 양
  2) 란, 난: 한자어 + 란, 고유어/외래어 + 난
    (1) 정답란(正答): 한자어 + 란('정답란'은 사전에 등재된 단어가
    아니다.)
    (2) 칼럼난(column): 외래어 + 난('칼럼난'은 사전에 등재된 단
    어가 아니다.)

☑ 오답 피하기

① • 꼭지점(×) → 꼭짓점(點)[꼭찌쩜/꼭찓쩜](○): 사이시옷이 있어
야 하는 예이다. '꼭지'라는 우리말과 '점'이라는 한자어의 결합에
서 뒷말의 첫소리가 된소리로 나는 예이다.
  • 돌-나물(○): '돌나물'이란 여러해살이풀은 사전에 등재되어 있다.
  • 페트병(PET甁)(○): '페트'라는 외래어와 '병'이라는 한자어가
  결합된 합성어이다. 이때는 사이시옷을 표기하지 않는다.
  • 낚시꾼(○): '-꾼'은 접사이다. 파생어는 사이시옷을 표기하지 않
  는다.
③ • 딱다구리(×) → 딱따구리[딱따구리](○), 한글맞춤법 '제23항'에
따르면, '-이'가 아닌 '-우리'가 결합한 단어라서 원형을 밝힐 필
요가 없으므로 '딱따구리'라고 써야 한다. 이때 '딱닥'이라고 쓸 이
유가 없으므로 '딱딱'이라고 써야 한다.
  • 오뚝이(○): '오뚜기'는 없는 단어이다.
  • 싸라기(○): '싸락이'는 없는 단어이다.
  • 법석(○): '법썩'은 없는 단어이다. '된소리'로 발음되더라도 표기
  할 때는 '석'으로 써야 한다.
④ • 홧병(×) → 화병(火病)(○): 한자어 사이에 사이시옷을 적을 수
있는 것은 6개뿐이다.(곳간(庫間), 셋방(貰房), 숫자(數字), 찻간
(車間), 툇간(退間), 횟수(回數))
  • 찻간(車間)(○), 셋방(貰房)(○), 곳간(庫間)(○)

08 ②

㉠ 보내는∨데에는(○): '보내는∨데에는'의 '데'는 의존 명사이므로 앞
말과 띄어 써야 한다.
  ※ 데(의존 명사): 「1」 '곳'이나 '장소'의 뜻을 나타내는 말. 「2」 '일'
  이나 '것'의 뜻을 나타내는 말. 「3」 '경우'의 뜻을 나타내는 말.
㉡ 책만∨한(○): '책만∨한'의 '만'은 조사이고, '한(=하다)'은 용언이
므로 '책만∨한'과 같이 띄어 써야 한다.
  ※ 만(조사): 「4」 (('하다', '못하다'와 함께 쓰여)) 앞말이 나타내는
  대상이나 내용 정도에 달함을 나타내는 보조사.
㉢ (지식과 지혜를) 늘리고(○): '늘이다'와 '늘리다'의 차이를 묻는 문
제이다. '늘이다'는 주로 '선, 고무줄' 등과 관련된 길이와 잘 어울린
다. 그러나 '지식과 지혜'는 「4」 재주나 능력 따위를 나아지게 하다.'
는 의미를 지닌 '늘리다'가 잘 어울린다.

※ 늘-리다(동사) : 【…을】 「4」 재주나 능력 따위를 나아지게 하다. '늘다'의 사동사.

※ 늘-이다(동사) : 【…을】 「1」 본디보다 더 길어지게 하다.

정리하자면, 'ㄱ, ㄴ, ㅂ'이 맞춤법에 맞게 쓰인 것이므로 정답은 ②가 된다.

☑ 오답 피하기

① ⓒ (답을) 맞추기(×) → 맞히기(○) : '맞추다'와 '맞히다'의 차이를 묻는 문제이다. 시험 문제의 답을 누구와 비교하고 있지 않으면, '맞히다'를 쓰는 것이 자연스럽다.

※ 맞-히다(동사) : 【…을】 문제에 대한 답을 틀리지 않게 하다. '맞다'의 사동사.

※ 맞추다(동사) : ❷【(…과) …을】【 …을 (…과)】 (('…과'가 나타나지 않을 때는 여럿임을 뜻하는 말이 주어나 목적어로 온다)) 「1」 ((주로 '보다'와 함께 쓰여)) 둘 이상의 일정한 대상들을 나란히 놓고 비교하여 살피다.

③ ⓒ 김박사님의(×) → 김∨박사님의(○) : '김∨박사님의'의 '님'은 접사이고, '의'는 관형격 조사이므로 모두 앞말에 붙여 써야 한다. 그러나 '김∨박사'의 '박사'는 호칭어나 관직명 등에 해당하므로 성이나 이름 뒤에 붙을 경우에는 '김∨박사'와 같이 띄어 써야 한다.

※ -님(접사) : 「1」 ((직위나 신분을 나타내는 일부 명사 뒤에 붙어)) '높임'의 뜻을 더하는 접미사.

ⓐ 읽으므로써(×) → 읽음으로써(○) : '(으)로써'는 부사격 조사이고, '-(으)므로'는 어미이다. '책'을 수단으로 '자신을 성장시킨다고 하였으므로', '명사절(-음)+으로써'로 분석하는 것이 적절하다. 따라서 '읽음으로써'와 같이 고쳐야 한다.

※ 으로써(조사) : 「4」 ((주로 '-ㅁ/-음' 뒤에 붙어)) 어떤 일의 이유를 나타내는 격 조사.

④ ⓓ 솔직이(×) → 솔직히(○) : '솔직하다'와 같이 '-하다'가 결합할 경우 어근의 받침이 'ㅅ'으로 끝난 경우가 아니라면 '-히'를 결합해야 한다.

ⓔ 해야 겠다(×) → 해야겠다(○) : '해야겠다'의 '-겠-'은 선어말 어미이므로 앞말에 붙여 써야 한다.

09 ④

• 욜로(○) 가면 지름길(○)이 나온다. : '욜로'는 '요리로'의 준말이므로 어문 규범에 맞다. '지름길'은 지르다'의 '지름'의 형태이므로 어문 규범에 맞다.

※ 욜로(부사) : '요리로'의 준말.

※ 지름-길(명사) : 「1」 멀리 돌지 않고 가깝게 질러 통하는 길.≒경로, 첩경, 첩로. 「2」 가장 쉽고 빠른 방법을 비유적으로 이르는 말. ≒첩경.

☑ 오답 피하기

① 아버님께서는 동생의 철없는 행동을 들으시고는 대노(大怒)하셨다 (×, 대로(大怒)). : 한자어 '怒'는 '노'로도 읽을 수 있고 '로'로도 읽을 수 있다. 그러나 해당 단어를 두음 법칙에 따르지 않는 '대로하다'로 써야 어문 규범에 맞다.

※ 대로(大怒)-하다(동사) : 크게 화를 내다.(큰 대, 성낼 로(노))

② 차림새(○)만 봐서는 여자인지 남자인지 갈음(×, 가늠(○))이 되지 않는다. : 어떤 대상을 두고 맞는지 헤아리는 것을 의미할 때는 '갈음'이 아니라 '가늠'을 써야 한다.

※ 가늠(명사) : 「1」 목표나 기준에 맞고 안 맞음을 헤아려 봄. 또는 헤아려 보는 목표나 기준. 「2」 사물을 어림잡아 헤아림.

※ 갈-음(명사) : 「1」 다른 것으로 바꾸어 대신함. 「2」 일한 뒤나 외출할 때 갈아입는 옷. =갈음옷.

※ 차림-새(명사) : 차린 그 모양.

③ 새로 산 목거리(×, 목걸이)가 옷과 잘 어울린다(○). : '목걸이'는 목에 거는 장신구를 의미하므로 '옷과 잘 어울린다'는 상황을 고려해 볼 때 '목걸이'를 쓰는 것이 맞다. 그리고 '어울린다'는 '어울리다'가 기본형이므로 '어울린다'로 쓰는 것은 어문 규범에 맞다.

※ 목-걸이(명사) : 「1」 목에 거는 물건을 통틀어 이르는 말.≒수파. 「2」 귀금속이나 보석 따위로 된 목에 거는 장신구.≒수파.

※ 목-거리(명사) : 『한의』 목이 붓고 아픈 병.

10 ②

• 우리는∨서로∨걸맞는(×, 걸맞은)∨짝이∨아니라는∨데(○)∨의견이∨일치했다. : '걸맞는'이 아니라 '걸맞은'으로 고쳐야 한다. 그리고 이때의 '데'는 의존 명사이므로 앞말과 띄어 써야 한다.

☑ 오답 피하기

① 독감∨유행이∨지나가는∨대로(○)∨다시∨올게. : '대로'는 의존 명사이므로 '지나가는∨대로'와 같이 띄어 써야 한다.

③ 컴퓨터에∨익숙지(○)∨않으면∨인공지능∨시대를∨살아가는∨데 (○)∨어려움이∨크다. : '익숙하다'의 '익숙'은 안울림소리로 끝난 경우이므로 '하' 자체가 줄어들어 '익숙지'와 같이 활용된다. 그리고 이때의 '데'는 의존 명사이므로 앞말과 띄어 써야 한다.

④ 돌이켜∨생각건대(○),∨김∨선생님은(○)∨정말∨누구에게나∨존경받을∨만한∨분이오(○). : '생각하다'의 '생각'은 안울림소리로 끝난 경우이므로 '하' 자체가 줄어들어 '생각건대'와 같이 활용된다. 그리고 직위와 관직명은 성과 띄어 써야 하므로 '김∨선생님'과 같이 써야 한다. 게다가 '-오'는 종결 어미이므로 [요]로 발음되어도 '오'로 써야 한다.

⑤ 저는∨솔직히(○)∨기대치도(○)∨않은∨선물을∨받아서∨고마웠어요. : '솔직하다'에서 온 단어이므로 '-히'라는 접미사를 결합하는 것이 맞다. 그리고 '기대하다'의 '기대'는 울림소리로 끝난 경우이므로 'ㅏ'만 줄어들어 '기대치'와 같이 활용된다.

CHAPTER 08 표준어

Answer

| 01 ② | 02 ③ | 03 ② | 04 ② | 05 ④ |
| 06 ④ | 07 ④ | 08 ④ | 09 ② | 10 ① |

01 ②

수컷과 관련될 때는 '수-, 수ㅎ-, 숫-'을 써야 한다. '숫-'을 쓸 경우는 '숫양, 숫염소, 숫쥐'만이다. 그리고 '수ㅎ-'을 쓸 경우는 '수평아리, 수탉, 수캉아지, 수캐, 수탕나귀, 수퇘지'와 같이 목록에 있어야 한다. 이외의 나머지는 모두 '수-'를 쓴다.

• 숫병아리(×) → 수평아리(○), 숫당나귀(×) → 수탕나귀(○): '병아리와 당나귀'는 모두 '수ㅎ-'을 써야 하므로, '수평아리, 수탕나귀'가 맞는 표기이다.

☑ 오답 피하기

① 숫기와(×) → 수키와(○), 숫양(○): '숫기와'만 표준어 규정에 맞지 않았으므로 답이 될 수 없다.

③ 숫은행나무(×) → 수은행나무(○), 수퇘지(○): '수퇘지'는 표준어 규정에 맞으나, '숫은행나무(×)'는 표준어 규정에 맞지 않는 단어에 해당한다.

④ 수캉아지(○), 수탉(○): '수캉아지'와 '수탉'은 표준어 규정에 맞으므로, 규정에 맞지 않는 단어로만 짝지으라는 물음의 답이 될 수 없다.

02 ③

• 윗니(○), 윗입술(○), 위층(○): '위, 아래' 구분이 있을 경우 '위-' 또는 '윗-'을 써야 한다. 이때 '거센소리, 된소리'가 있을 경우 '위-'만 써야 한다.

※ 윗니(○) ↔ 아랫니(○), 윗입술(○) ↔ 아랫입술(○), 위층(○) ↔ 아래층(○)

☑ 오답 피하기

① 위어른(×) → 웃어른(○): '위, 아래'의 구분이 없으므로 '웃-'을 써야 한다.

※ 웃돈(○), 윗옷(○) ↔ 아래옷(○)

※ 윗-옷(명사): 위에 입는 옷.≒상복, 상의, 웃통, 윗도리.

※ 웃-(접사) ((아래위의 대립이 없는 몇몇 명사 앞에 붙어)) '위'의 뜻을 더하는 접두사. '아래'와 '위'의 대립이 있는 명사 앞에는 '윗'을 쓴다. '아랫니', '아랫도리', '아랫목'처럼 대립하는 말이 있는 경우는 '윗니', '윗도리', '윗목'이 된다.

② 윗쪽(×) → 위쪽(○): '위, 아래'의 구분이 있으나, '된소리'로 첫소리가 시작하므로 '위-'라고 써야 한다.

※ 윗배(○) ↔ 아랫배(○), 위쪽(○) ↔ 아래쪽(○), 윗마을(○) ↔ 아랫마을(○)

④ 웃목(×) → 윗목(○): '위, 아래'의 구분이 있고, '된소리'나 '거센소리'로 첫소리가 시작하지 않으므로, '윗-'이라고 써야 한다.

※ 윗넓이(○), 윗목(○) ↔ 아랫목(○), 윗자리(○) ↔ 아랫자리(○)

03 ②

• 깡총깡총(×) → 깡충깡충(○)

※ 깡충-깡충(부사): 짧은 다리를 모으고 자꾸 힘 있게 솟구쳐 뛰는 모양. '강중강중'보다 세고 거센 느낌을 준다.

☑ 오답 피하기

① 발가숭이(○)

※ 발가-숭이(명사): 「1」 옷을 모두 벗은 알몸뚱이. 「2」 흙이 드러나 보일 정도로 나무나 풀이 거의 없는 산을 비유적으로 이르는 말. 「3」 잎이 다 떨어져 가지가 드러나 보이는 나무를 비유적으로 이르는 말. 「4」 가지고 있던 재산이나 돈 따위를 모두 잃거나 써 버려 가진 것이 없는 사람을 비유적으로 이르는 말.

③ 뻗정다리(○)

※ 뻗정-다리(명사): '벋정다리'의 센말.

④ 오뚝이(○)

※ 오뚝-이(명사): 밑을 무겁게 하여 아무렇게나 굴려도 오뚝오뚝 일어서는 어린아이들의 장난감.≒부도옹.

04 ②

• 통째(○)

※ 통-째(명사): ((흔히 '통째로' 꼴로 쓰여)) 나누지 아니한 덩어리 전부.

※ -째(접사): ((일부 명사 뒤에 붙어)) '그대로', 또는 '전부'의 뜻을 더하는 접미사.

☑ 오답 피하기

① 허구헌(×) → 허구한(○)

※ 허구(許久)-하다(형용사): (('허구한' 꼴로 쓰여)) 날, 세월 따위가 매우 오래다.(허락할 허, 오랠 구)

③ 하마트면(×) → 하마터면(○)

※ 하마터면(부사): 조금만 잘못하였더라면. 위험한 상황을 겨우 벗어났을 때에 쓰는 말이다.

④ 잘룩하게(×) → 잘록하게(○)

※ 잘록-하다(형용사): 기다란 물건의 한 군데가 패어 들어가 오목하다.

05 ④

• 으레(○)

☑ 오답 피하기

① 수염소(×) → 숫염소(○)

② 윗층(×) → 위층(○)

③ 아지랭이(×) → 아지랑이(○)

06 ④

'상처가 곪은' 상황과 연결되므로 '곪기다'라고 쓰는 것이 적절하다.
※ 곪기다(동사) : 곪은 자리에 딴딴한 멍울이 생기다.

✅ 오답 피하기

① 옛부터(×) → 예부터(○) : '옛'은 관형사로 조사와 결합하지 않는다.
　※ 예(명사) : ((주로 '예나', '예로부터' 꼴로 쓰여)) 아주 먼 과거.
　※ 옛(관형사) : 지나간 때의.
② 궁시렁거리다(×) → 구시렁거리다(○)
　※ 구시렁-거리다(동사) : 못마땅하여 군소리를 듣기 싫도록 자꾸 하다.늑구시렁대다.
③ 들이키다(×) → 들이켜다(○)
　※ 들이-켜다(동사) : 【…을】「1」물이나 술 따위의 액체를 단숨에 마구 마시다.「2」공기나 숨 따위를 몹시 세차게 들이마시다.
　※ 들이-키다(동사) : 【…을 …으로】안쪽으로 가까이 옮기다.「반대말」내키다

07 ④

• 사실 이번 일의 책임을 누구에게 묻기란 참 어렵지만 아무튼지(○, 아무튼(○)) 그는 책임을 면할 수 없게 되었다.
　※ 아무튼지 : 「1」『부사』의견이나 일의 성질, 형편, 상태 따위가 어떻게 되어 있든지.늑어떻든지, 어쨌든지, 여하튼지, 하여튼지.「2」'아무러하든지'가 줄어든 말.

✅ 오답 피하기

① 출산 후 붓기(×, 부기)가 안 빠진다고 해서 제가 먹었던 건강식품을 권했어요.
　※ 부기(浮氣)(명사) : 『의학』부종(浮腫)으로 인하여 부은 상태.(뜰 부, 기운 기)
② 유명 할리우드 스타들이 마신다고 해서 유명세를 타기(×, 유명세를 치르기) 시작한 건강음료랍니다.
　※ 유명세(有名稅)(명사) : 세상에 이름이 널리 알려져 있는 탓으로 당하는 불편이나 곤욕을 속되게 이르는 말.(있을 유, 이름 명, 세금 세)
③ 어리버리해 보이는(×, 어리바리해 보이는) 친구가 한 명 있었는데 사실은 감기 때문에 몸이 안 좋았다더군요.
　※ 어리바리-하다(형용사) : 정신이 또렷하지 못하거나 기운이 없어 몸을 제대로 놀리지 못하고 있는 상태이다.

08 ④

• 아이가 밖에서 제 물건을 잃어버리고 들어온 날이면 어머니는 애가 칠칠맞다고(×, 칠칠맞지 못하다고) 타박을 주었다. : '칠칠하다'는 '못하다, 않다'와 같은 부정문과 같이 쓰인다.
　※ 칠칠-맞다(형용사) : (('못하다', '않다'와 함께 쓰여)) 「1」'칠칠하다'를 속되게 이르는 말.「2」'칠칠하다'를 속되게 이르는 말.

✅ 오답 피하기

① 자네 덕에 생일을 잘 쇠어서(○, 쇄서(○)) 고맙네. : '쇠- + -어서'의 준말 형태는 '쇄서'이다.
　※ 쇠다(동사) : 【…을】명절, 생일, 기념일 같은 날을 맞이하여 지내다.
② 그동안의 노고에 심심한(○) 경의를 표하는 바입니다. : '마음의 표현을 깊고 간절하게 표현할 때'는 '심심한'으로 쓰는 것이 적절하다.
　※ 심심(甚深)-하다(형용사) : ((주로 '심심한' 꼴로 쓰여)) 마음의 표현 정도가 매우 깊고 간절하다.(심할 심, 깊을 심)
③ 나는 식탁 위에 밥을 차릴 겨를도 없이 닥치는 대로 게걸스럽게(○) 식사를 해치웠다. : '게걸스럽다'가 표준어인 것이 중요하다.
　※ 게걸-스럽다(형용사) : 몹시 먹고 싶거나 하고 싶은 욕심에 사로잡힌 듯하다.

09 ②

• 몇 일(×) → 며칠(○) : '국립국어원'에서는 '몇 일'로 적는 경우는 없고, 항상 '며칠'로 적는다고 밝혔다.

✅ 오답 피하기

① 웬일(○) : '왠지'를 제외하고 모두 '웬'을 써야 한다.
　※ 웬-일(명사) : 어찌 된 일. 의외의 뜻을 나타낸다.
　※ '웬'이 있는 것들 : 웬, 웬걸, 웬일, 웬셈, 웬만큼, 웬만치, 웬만하다, 웬간하다
③ 박이다(○) : '굳은살'이 제시될 때는 '박히다'가 아니라 '박이다'를 써야 한다.
　※ 박이다(동사) : 【…에】「1」버릇, 생각, 태도 따위가 깊이 배다.「2」손바닥, 발바닥 따위에 굳은살이 생기다.
　※ 박-히다(동사) : ❶【…에】「1」두들겨 치이거나 틀려서 꽂히다. '박다'의 피동사. 「2」붙여지거나 끼워 넣어지다. '박다'의 피동사. 「3」속이나 가운데에 들어 넣어지다. '박다'의 피동사. 「4」자기 쪽 사람이 은밀히 넣어지다. '박다'의 피동사. 「5」((흔히 '눈길', '눈' 따위와 함께 쓰여)) 한곳이 뚫어지게 바라보이다. '박다'의 피동사. 「6」머리나 얼굴 따위가 깊이 숙여지거나 눌려서 대게 되다. '박다'의 피동사. 「7」식물의 뿌리가 내려지다. '박다'의 피동사. 「8」인쇄물 따위에 글자나 그림이 넣어지다. '박다'의 피동사. 「9」사람이 한곳에 들어앉아 나가지 아니하는 상태를 계속하다. 「10」어떤 모습이 머릿속이나 마음속에 인상 깊이 새겨지다. 「11」머릿속에 어떤 사상이나 이념 따위가 깊이 자리 잡다. 「12」((주로 '틀', '판'과 함께 쓰여)) 행동이나 생활이 딱딱하게 느껴질 정도로 규격화되다. 「13」점이나 주근깨 따위가 자리 잡다. ❷【…으로】명단에 올려져 적을 두게 되다. '박다'의 피동사.
④ 으레(○) : '으례'는 틀린 말이다.
　※ 으레(부사) : 「1」두말할 것 없이 당연히.「2」틀림없이 언제나.

10 ①

• 잇딴(×) → 잇따른/잇단/연단(○) : '잇딴'은 잘못된 표기이고, '잇따른, 잇단, 연단' 중의 하나여야 한다.
　※ 잇-따르다(동사) : 「1」어떤 물체가 다른 물체의 뒤를 이어 따르다. 또는 다른 물체에 이어지다.늑연달다, 잇달다.「2」어떤 사건이나 행동 따위가 이어 발생하다.늑뒤닫다, 연달다, 이음달다, 잇달다.

✅ 오답 피하기

② (미소를) 띠다(○) : '눈에'와 같은 조건일 때는 '띄다'를 써야 하고, '미소를'과 같은 조건일 때는 '띠다'를 써야 한다.
③ (음식을) 만들-려고(○) : '만들다'라는 기본형에 어미 '-(으)려고'가 결합한 형태이므로 알맞은 표기이다.
④ 설레다(○) : '설레다'는 동사이므로 현재 시제 선어말 어미인 '-ㄴ-'을 결합하여 '설렌다'로 활용할 수 있다.

제27회

◎ Answer

01 ④	02 ①	03 ③	04 ④	05 ①
06 ①	07 ④	08 ②	09 ⑤	10 ③

01 ④

- 그는 여지껏(×, 여태껏/입때껏/이제껏) 본 석 없는 이국적 풍광 속에서 들떴다(○).
  ※ 여태-껏(부사) : '여태'를 강조하여 이르는 말.≒입때껏.
  ※ 입때-껏(부사) : '입때'를 강조하여 이르는 말.=여태껏.전체
  ※ 이제-껏(부사) : 이제까지 내내.
  ※ 들-뜨다(동사) : 「1」 마음이나 분위기가 가라앉지 아니하고 조금 흥분되다.

☑ 오답 피하기

① 네 깜냥(○)으로 뭘(○) 안다고 그래? : '뭘'은 '무엇을'의 준말이다.
  ※ 깜냥(명사) : 스스로 일을 헤아림. 또는 헤아릴 수 있는 능력.
② 일을 하다 말았더니 기분이 왠지(○) 찜찜하다(○). : '왠지'는 '왜인지'의 준말이다. 참고로 '찜찜하다'와 '찜찜하다' 모두 표준어이다.
  ※ 왠지(부사) : 왜 그런지 모르게. 또는 뚜렷한 이유도 없이.
  ※ 찜찜-하다(형용사) : 【…이】【 -기가】 마음에 꺼림칙한 느낌이 있다.
③ 다리를 건다가 핸드폰을 웅덩이 속에 빠뜨렸다(○). : '빠뜨리다'와 '빠트리다' 모두 표준어이다.
  ※ 빠-뜨리다(동사) : ■【…을 …에】「1」 물이나 허방이나 또는 어떤 깊숙한 곳에 빠지게 하다.≒빠트리다.

02 ①

- 그는 구멍 난 양말을 꼬매고(×, 꿰매고) 있다. : '꼬다'가 아니라 '꿰다'에서 온 단어이다.
  ※ 꿰-매다(동사) : 【…을】「1」 옷 따위의 해지거나 뚫어진 데를 바늘로 깁거나 얽어매다. ⑩ 해진 양말을 꿰매다. 「2」 어지럽게 벌어진 일을 매만져 탈이 없게 하다. ⑩ 틀어진 일을 꿰매.

☑ 오답 피하기

② 그는 자동차에 대해서 빠삭한(○) 편이다. : 어떤 일에 대해서 환히 잘 안다는 의미로 '빠삭하다'가 맞다.
  ※ 빠삭-하다(형용사) : 【…에】(('…에' 대신에 '…에 대하여'가 쓰이기도 한다)) 어떤 일을 자세히 알고 있어서 그 일에 대하여 환하다.
③ 그는 나를 보고 계면쩍게(○, 겸연쩍다(○)) 웃기만 했다. : 겸연쩍다는 '쑥스럽거나 미안하여 어색하다.'라는 의미이다.
  ※ 계면-쩍다(형용사) : 【…이】【 -기가】 '겸연쩍다'의 변한말.
④ 밥을 제대로 차려 먹기에는 어중된(○, 어중간한(○)) 시간이다. : '어중되다'는 '이도 저도 아니라는' 의미인데, '어중간하다'도 '시간이나 시기가 이러기에도 덜 맞고 저러기에도 덜 맞다.'라는 의미로 쓰이므로, 둘 다 적절하다.
  ※ 어중-되다(형용사) : 【-기에】 이도 저도 아니어서 어느 것에도 알맞지 아니하다.

03 ③

- 외눈퉁이(×) → 애꾸눈이(○), 덩쿨(×) → 넝쿨/덩굴(○)
- 상관없다(○), 귀퉁배기(○)
  ※ 상관(相關)-없다(형용사) : 「1」 서로 아무런 관련이 없다.=관계없다. 「2」 ((주로 '-어도' 절과 함께 쓰여)) 문제 될 것이 없다.=관계없다.
  ※ 귀퉁-배기(명사) : '귀퉁이'를 낮잡아 이르는 말.=귀퉁머리.
  ※ 애꾸눈-이(명사) : 한쪽 눈이 먼 사람을 낮잡아 이르는 말.≒묘목, 애꾸, 외눈박이.

☑ 오답 피하기

① 가엽다(○), 배냇저고리(○), 감감소식(○), 검은엿(○)
  ※ 가엽다(형용사) : 마음이 아플 만큼 안되고 처연하다.=가엾다.
  ※ 배냇-저고리(명사) : 깃과 섶을 달지 않은, 갓난아이의 옷.≒깃저고리, 배내옷.
  ※ 감감-소식(감감消息)(명사) : 소식이나 연락이 전혀 없는 상태. '깜깜소식'보다 여린 느낌을 준다.≒감감무소식.
  ※ 검은-엿(명사) : 푹 고아 여러 번 켜지 않고 그대로 굳혀 만든, 검붉은 빛깔의 엿.=갱엿.
② 눈짐작(○), 세로글씨(○), 푸줏간(○), 가물(○)
  ※ 눈-짐작(눈斟酌)(명사) : 눈으로 보아 헤아려 보는 짐작.
  ※ 세로-글씨(명사) : 글줄을 위에서 아래로 써 내려가는 글씨.≒내리글씨, 종서.
  ※ 푸줏-간(푸줏間)(명사) : 예전에, 쇠고기나 돼지고기 따위의 고기를 끊어 팔던 가게.≒고깃간, 포사, 푸주.
  ※ 가물(명사) : 오랫동안 계속하여 비가 내리지 않아 메마른 날씨.=가뭄.
④ 겉창(○), 뚱딴지(○), 뒷돌(○), 들랑날랑(○)
  ※ 겉-창(겉窓)(명사) : 창문 겉에 덧달려 있는 문짝.≒덧문, 덧창, 덧창문.
  ※ 뚱딴지(명사) : 「1」 완고하고 우둔하며 무뚝뚝한 사람을 놀림조로 이르는 말.≒뚱. 「2」 행동이나 사고방식 따위가 너무 엉뚱한 사람을 놀림조로 이르는 말. 「3」 심술 난 것처럼 뚱해서 붙임성이 적은 사람.=뚱보.
  ※ 뒷-돌(명사) : 집채의 낙숫물이 떨어지는 곳 안쪽으로 돌려 가며 놓은 돌.=댓돌.
  ※ 들랑-날랑(부사) : 「1」 자꾸 들어왔다 나갔다 하는 모양.=들락날락. 「2」 정신 따위가 있다가 없다가 하는 모양.=들락날락.

04 ④

- 대-물림(○) : '되물림(×)'이라고 쓰면 안 된다.
- 구시렁-거리다(○) : '궁시렁거리다(×)'라고 쓰면 안 된다.
- 느지막-하다(○) : '느즈막하다(×)'라고 쓰면 안 된다.
  ※ 대-물림(代물림)(명사) : 사물이나 가업 따위를 후대의 자손에게 남겨 주어 자손이 그것을 이어 나감. 또는 그런 물건.
  ※ 구시렁-거리다(동사) : 못마땅하여 군소리를 듣기 싫도록 자꾸 하다.≒구시렁대다.
  ※ 구시렁-대다(동사) : 못마땅하여 군소리를 듣기 싫도록 자꾸 하다.=구시렁거리다.
  ※ 느지막-하다(형용사) : 시간이나 기한이 매우 늦다.

① • 닥달하다(×) → 닦달하다(○): '닥달하다'가 아니라 '닦달하다'이다.
  • 곰곰-이(○): '꼼꼼히'와 헷갈리지 말자.
  • 간질-이다(○): '간질이다'와 '간지럽히다' 모두 표준어이다.
  ※ 곰곰-이(부사): 여러모로 깊이 생각하는 모양.≒곰곰.
  ※ 간질-이다(동사): 살갗을 문지르거나 건드려 간지럽게 하다.≒ 간지럽히다.
  ※ 간지럽-히다(동사): 살갗을 문지르거나 건드려 간지럽게 하다. =간질이다.
② • 통채(×) → 통-째(○): '통채'라는 단어는 없다.
  • 발자욱(×) → 발-자국(○): '발자욱'이라는 단어는 없다.
  • 구렛나루(×) → 구레-나룻(○): '구렛나루'는 없는 단어이다.
  ※ 통-째(명사): 나누지 아니한 덩어리 전부.
③ • 귀뜸(×) → 귀띔(○): '귀뜸'이 아니라 '귀띔'이 맞다.
  • 핼쓱하다(×) → 핼쑥하다(○), 해쓱하다(○): '핼쓱하다'는 없는 단어이다.
  • 널찍하다(○): '넓적하다(○)'와 헷갈리면 안 된다.
  ※ 귀-띔(명사): 상대편이 눈치로 알아차릴 수 있도록 미리 슬그머니 일깨워 줌.
  ※ 핼쑥-하다(형용사): 얼굴에 핏기가 없고 파리하다.
  ※ 해쓱-하다(형용사): 얼굴에 핏기나 생기가 없어 파리하다.

05 ①
• 가위표(○), 반딧불이(○), 숙맥(○)
  ※ 가위-표(가위標)(명사): 「1」 틀린 것을 나타내는 '×'의 이름.=가새표. 「2」『언어』 문장 부호의 하나. '×'의 이름이다. 금기어나 공공연히 쓰기 어려운 비속어를 나타내는 데 쓰거나, 비밀을 유지해야 하거나 밝힐 수 없는 사항임을 나타낼 때 쓴다. =가새표.
  ※ 개똥-벌레(명사):『동물』 반딧불잇과의 딱정벌레. 몸의 길이는 1.2~1.8cm이며, 검은색이고 배의 뒤쪽 제2마디에서 제3마디는 연한 황색으로 발광기가 있으며 머리의 뒷부분이 앞가슴 밑에 들어가 있다. 성충은 여름철 물가의 풀밭에서 사는데 밤에 반짝이며 날아다니고 수초에 알을 낳으며 애벌레는 맑은 물에서 산다. 한국, 일본 등지에 분포한다.=반딧불이.
  ※ 숙맥(菽麥)(○):「1」 콩과 보리를 아울러 이르는 말.「2」 사리 분별을 못 하고 세상 물정을 잘 모르는 사람. '숙맥불변'에서 나온 말이다.

② 개거품(×) → 게거품(○), 개똥벌레(○), 고수머리(○)
  ※ 고수-머리(명사): 고불고불하거나 말려 있는 머리털. 또는 그런 머리털을 가진 사람.=곱슬머리.
  ※ 게-거품(○):「1」 사람이나 동물이 몹시 괴롭거나 흥분했을 때 입에서 나오는 거품 같은 침.「2」 게가 토하는 거품.
③ 꼼장어(×) → 곰장어(○), 갈치(○), 개비(○)
  ※ 개비(명사):「1」 가늘게 쪼갠 나무토막이나 기름한 토막의 낱개.「2」((수량을 나타내는 말 뒤에 쓰여)) 가늘고 짤막하게 쪼갠 토막을 세는 단위.
  ※ 곰-장어(곰長魚)(명사):「1」 '먹장어'를 일상적으로 이르는 말.「2」『동물』 → 갯장어.
④ 공기밥(×) → 공깃밥(○), 자투리(○), 곱빼기(○)
  ※ 자투리(명사):「1」『복식』 자로 재어 팔거나 재단하다가 남은 천의 조각.≒말합, 잔척.

※ 곱-빼기(명사):「1」 음식에서, 두 그릇의 몫을 한 그릇에 담은 분량.「2」 계속하여 두 번 거듭하는 일.「2」 어떤 기준에 미치지 못할 정도로 작거나 적은 조각.
  ※ 공깃-밥(空器밥)(명사): 공기에 담은 밥.
⑤ 세째(×) → 셋째(○), 겨우살이(○), 개펄(○)
  ※ 겨우-살이(명사):「1」 겨울 동안 먹고 입고 지낼 옷가지나 양식 따위를 통틀어 이르는 말.「2」 겨울을 남. =월동.
  ※ 개펄(명사): 밀물 때는 물에 잠기고 썰물 때는 물 밖으로 드러나는 모래 점토질의 평탄한 땅. 펄 갯벌, 혼성 갯벌, 모래 갯벌 따위가 있으며 생물상이 다양하게 분포한다.=갯벌.
  ※ 셋-째:[Ⅰ]「수사」 순서가 세 번째가 되는 차례.[Ⅱ]「관형사」 순서가 세 번째가 되는 차례.[Ⅲ]「명사」「1」 맨 앞에서부터 세어 모두 세 개가 됨을 이르는 말.「2」 셋째 자식.

06 ①
• 놀놀하다(○), 숙덕이다(○), 볍씨(○), 너부렁이(○)
  ※ 놀놀-하다(형용사): 만만하며 보잘것없다.(참고, 놀롤하다(×))
  ※ 숙덕-이다(동사): 남이 알아듣지 못하도록 낮은 목소리로 은밀하게 이야기하다.(참고, 쑥덕이다(○), 숙떡이다(×))
  ※ 너부렁이(명사):「1」 종이나 헝겊 따위의 자질구레한 오라기.=나부랭이.(참고, 너부렝이(×))

② 땟갈(×) → 때깔(○), 누누이(○), 깜짝이다(○), 댑싸리(○)
  ※ 누누-이(屢屢이/累累이)(부사): 여러 번 자꾸.
③ 꺼름하다(×) → 께름하다(○), 번득이다(○), 수탉(○), 겸연쩍다(○)
  ※ 께름-하다(형용사): 마음에 걸려서 언짢은 느낌이 꽤 있다.
  ※ 번득-이다(동사): 물체 따위에 반사된 큰 빛이 잠깐씩 나타나다. 또는 그렇게 되게 하다.(참고, 번뜩이다(○))
  ※ 겸연(慊然)-쩍다(형용사): 쑥스럽거나 미안하여 어색하다.(참고, 겸연적다(×))
④ 새벽별(×) → 샛별/금성(○), 쓱싹쓱싹(○), 안팎(○), 익살꾼(○)
⑤ 짭잘하다(×) → 짭짤하다(○), 헐떡이다(○), 접때(○), 뒤꿈치(○)

07 ④
• 구렛나루(×) → 구레나룻(○)
  ※ 구레-나룻(명사): 귀밑에서 턱까지 잇따라 난 수염.

① 만날(萬날)(○), 맨날(○)
  ※ 만-날(萬날)(부사): 매일같이 계속하여서.≒맨날.
② 가엾다(○), 가엽다(○)
  ※ 가엾다(형용사): 마음이 아플 만큼 안되고 처연하다.≒가엽다.
③ 멀찌감치(○), 멀찌가니(○), 멀찍이(○)
  ※ 멀찌감치(부사): 사이가 꽤 떨어지게.≒멀찌가니, 멀찍이.

08 ②
• 글을 읽으려야(○)/읽을래야(×) 읽을 수가 없다. : '-(으)려야'라는 표현은 있지만, '-(으)ㄹ래야'라는 표현은 없다.
  ※ -으려야: '-으려고 하여야'가 줄어든 말.

✅ 오답 피하기

① 화단에 있는 흙이 <u>찰지다</u>(○)/<u>차지다</u>(○). : '찰지다'와 '차지다' 모두 표준어이다. 어감의 차이를 나타내는 단어거나 발음이 비슷한 단어들이 다 같이 널리 쓰이면 모두 표준어로 삼기로 했기 때문이다.
※ 찰-지다(형용사) : '차지다'의 원말.
※ 차-지다(형용사) : 「1」 반죽이나 밥, 떡 따위가 끈기가 많다. 「2」 성질이 야무지고 까다로우며 빈틈이 없다.

③ 너무 어지러워서 하늘이 다 <u>노라네</u>(○)/<u>노랗네</u>((○). : 원칙은 '노라네'이고, 허용은 '노랗네'이다. '노라네' 못지않게 '노랗네'도 널리 쓰이므로 모두 표준어로 삼기로 한 것이다.(참고: 어미 '-네'가 결합할 때는 'ㅎ'이 줄어들기도 하고 줄어들지 않기도 하므로 '노라네[노 : 라네]', '노랗네[노 : 란네]' 둘 다 가능하다.)

④ 누가 그런 <u>주책없는</u>(○)/<u>주책인</u>(○) 소리를 하더냐? : '주책없다'는 표준어이고, '주책이다'도 가능하다.
※ 주책-없다(형용사) : 일정한 줏대가 없이 이랬다저랬다 하여 몹시 실없다.
※ 주책(명사) 「1」 일정하게 자리 잡은 주장이나 판단력. 「2」 일정한 줏대가 없이 되는대로 하는 짓.

09 ⑤

• 야무지다(○) - 야물딱지다(×) : '야물딱지다'라는 단어가 없다.
※ 야무-지다(형용사) : 사람의 성질이나 행동, 생김새 따위가 빈틈이 없이 꽤 단단하고 굳세다.

✅ 오답 피하기

① 굽신거리다(○) - 굽실거리다(○)
※ 굽신-거리다(동사) : 「1」【…을】 고개나 허리를 자꾸 가볍게 구푸렸다 펴다. =굽실거리다. 「2」【…에게】 남의 비위를 맞추느라고 자꾸 비굴하게 행동하다. =굽실거리다.

② 꺼림직하다(○) - 꺼림칙하다(○)
※ 꺼림직-하다(형용사) : 【…이】【 -기가】 마음에 걸려서 언짢고 싫은 느낌이 있다. =꺼림칙하다.

③ 남사스럽다(○) - 남우세스럽다(○)
※ 남사-스럽다(형용사) : 【…이】 남에게 놀림과 비웃음을 받을 듯하다. =남우세스럽다.

④ 두루뭉술하다(○) - 두리뭉실하다(○)
※ 두루뭉술-하다(형용사) : 「1」 모나거나 튀지 않고 둥그스름하다. 「2」 말이나 행동 따위가 철저하거나 분명하지 아니하다.
※ 두리뭉실-하다(형용사) : 「1」 특별히 모나거나 튀지 않고 둥그스름하다. 「2」 말이나 태도 따위가 확실하거나 분명하지 아니하다.

10 ③

㉠ 앞집 사는 노부부는 여전히 <u>금실</u>(○, 금슬(○))이 좋다.
※ 금슬(琴瑟)(명사) : 「1」 거문고와 비파를 아울러 이르는 말. 「2」 '금실'의 원말.

㉡ 빈칸을 다 <u>메워서</u>(○, 메꿔서(○)) 제출하세요.
※ 메-우다(동사) : 【…을】 「1」 뚫려 있거나 비어 있는 곳을 막거나 채우다. '메다'의 사동사. =메꾸다. 「2」 어떤 장소를 가득 채우다. '메다'의 사동사. 「3」 부족하거나 모자라는 것을 채우다. =메꾸다. 「4」 시간을 적당히 또는 그럭저럭 보내다. =메꾸다.

㉢ <u>언덕바지</u>(○, 언덕배기(○))에서 뛰놀던 꿈을 꾸었다.
※ 언덕-바지(명사) : 언덕의 꼭대기. 또는 언덕의 몹시 비탈진 곳. =언덕배기.

✅ 오답 피하기

㉣ 동생은 부모님의 주의에도 불구하고 여전히 <u>짓궂은</u>(×, 짓궃은) 장난을 친다.
※ 짓-궂다(형용사) : 장난스럽게 남을 괴롭고 귀찮게 하여 달갑지 아니하다.

㉤ 실내에서는 흡연을 <u>삼가하시기</u>(×, 삼가시기) 바랍니다.
※ 삼가다(동사) : 【…을】 「1」 몸가짐이나 언행을 조심하다. 「2」 꺼리는 마음으로 양(量)이나 횟수가 지나치지 아니하도록 하다.

CHAPTER 09 외래어 표기법, 어문 규정 종합

PART
01

◉ Answer

01 ③	02 ①	03 ②	04 ②	05 ④
06 ②	07 ③	08 ③	09 ③	10 ②

01 ③

외래어는 받침을 'ㄱ, ㄴ, ㄹ, ㅁ, ㅂ, ㅅ, ㅇ'만을 쓴다. 따라서 'ㄷ'은 지워야 한다.

☑ 오답 피하기

① 국어의 현용 24자모만을 써야 한다.

② 1음운은 원칙적으로 1기호를 적어야 한다. 다시 말해 'f'를 쓰기 위해 'ㅎ'과 'ㅍ'을 혼용해서 쓰면 안 된다는 의미이다.

④ 파열음 표기인 '카페(○)'를 '까페(×)'와 같이 된소리로 쓰면 안 된다. 물론 관용에 따른 '빵(○)'은 된소리로 쓰는 것이 가능하다.

02 ①

• 프로포즈(×) → 프러포즈(○)

※ 프러포즈-하다(propose하다)(동사) : 상대방에게 결혼하기를 청하다.

☑ 오답 피하기

② 플랫폼(○)

※ 플랫폼(platform)(명사) : 「1」 역에서 기차를 타고 내리는 곳.≒폼.

③ 레이다(○)

※ 레이다(radar)(명사) : 『물리』 전파를 이용하여 물체를 탐지하고 거리를 측정하는 장치.≒레이더, 전탐기, 전파 탐지기.

④ 장르(○)

※ 장르(genre)(명사) : 「1」 『문학』 문예 양식의 갈래. 특히 문학에서는 서정, 서사, 극 또는 시, 소설, 희곡, 수필, 평론 따위로 나눈 기본형을 이른다.≒갈래.

⑤ 배지(○)

※ 배지(badge)(명사) : 신분 따위를 나타내거나 어떠한 것을 기념하기 위하여 옷이나 모자 따위에 붙이는 물건.

03 ②

• 메세지(×) → 메시지(○)

※ 메시지(message)(명사) : 「1」 어떤 사실을 알리거나 주장하거나 경고하기 위하여 보내는 전언(傳言).

☑ 오답 피하기

① 슈퍼마켓(○)

※ 슈퍼마켓(supermarket)(명사) : 식료품이나 일용품 따위를 두루 갖추어 놓은 비교적 큰 규모의 소매점.≒슈퍼.

③ 초콜릿(○)

※ 초콜릿(chocolate)(명사) : 카카오나무 열매의 씨를 볶아 만든 가루에 우유, 설탕, 향료 따위를 섞어 만든 것.

④ 디지털(○), 아날로그(○)

※ 디지털(digital)(명사) : 『정보·통신』 여러 자료를 유한한 자릿수의 숫자로 나타내는 방식.

※ 아날로그(analogue)(명사) : 『전기·전자』 어떤 수치를 길이라든가 각도 또는 전류라고 하는 연속된 물리량으로 나타내는 일. 예를 들면, 글자판에 바늘로 시간을 나타내는 시계, 수은주의 길이로 온도를 나타내는 온도계 따위가 있다.

04 ②

• 브러쉬(×) → 브러시(○), '쉬'가 아니라 '시'로 적어야 한다.

※ 브러시(brush)(명사) : 「1」 먼지나 때를 쓸어 떨어뜨리거나 풀칠 따위를 하는 데 쓰는 도구. 짐승의 털이나 합성수지, 가는 철사 따위를 묶어서 곧추세워 박고 그 끝을 가지런히 잘라서 만든다.=솔. 「2」 『전기·전자』 돌아가는 발전기나 전동기의 정류자에 닿아서 밖으로 전류를 끌어내거나 밖으로부터 전류를 끌어들이는 장치. 또는 집전환(集電環) 따위에 접속하는 도체 조각. 보통 탄소를 이용한다.

☑ 오답 피하기

① 보닛(○)

※ 보닛(bonnet)(명사) : 「1」 여자나 어린아이들이 쓰는 모자의 하나. 턱 밑에서 끈을 매게 되어 있다. 「2」 자동차의 엔진이 있는 앞부분의 덮개.

③ 보트(○)

※ 보트(boat)(명사) : 「1」 노를 젓거나 모터에 의하여 추진하는 서양식의 작은 배. 「2」 『군사』 얕은 수역(水域)에서 인원, 장비 따위의 보급품을 나르는 데에 쓰는 작은 배. 대개 군함에 탑재되어 있다.

④ 그래프(○)

※ 그래프(graph)(명사) : 「1」 여러 가지 자료를 분석하여 그 변화를 한눈에 알아볼 수 있도록 나타내는 직선이나 곡선. 「2」 『수학』 주어진 함수가 나타내는 직선이나 곡선.

05 ④

• 윈도(○)

※ 윈도(window)(명사) : 『군사』 적의 레이다망을 혼란시키기 위하여 비행기, 포탄, 로켓탄 따위를 이용하여 뿌리는 금속 조각. 이 금속 조각의 방해로 정확한 레이다 탐색이 어렵게 된다.

☑ 오답 피하기

① 휴즈(×) → 퓨즈(○)

※ 퓨즈(fuse)(명사) : 『전기·전자』 과전류 보호 장치의 하나로 단락 전류 및 과부하 전류를 자동적으로 차단하는 부품. 납, 납과 주석의 합금, 아연 따위로 만들며, 전류가 강하면 녹아서 전로(電路)를 단절시킴으로써 위험을 방지할 수 있다.≒녹는쇠.

② 커텐(×) → 커튼(○)

※ 커튼(curtain)(명사) : 「1」 창이나 문에 치는 휘장.≒문장. 「2」 극장이나 강당의 막(幕).

③ 헹거(×) → 행거(○)

※ 행거(hangar)

06 ②

• 벤젠(○), 시너(○), 알코올(○)

※ 벤젠(benzene)(명사) : 『화학』 방향족 탄화수소의 기본이 되는 화합물. 콜타르를 증류하고 정제하여 얻는다. 정육각형 구조를 가진 무색의 휘발성 액체로 독특한 냄새가 난다. 수지 따위의 용제나 염료, 향료, 폭약, 살충제 따위의 원료로 쓰인다. 화학식은 C_6H_6.≒벤졸.

※ 시너(thinner)(명사) : 『화학』 페인트를 칠할 때 도료의 점성도를 낮추기 위하여 사용하는 혼합 용제. 톨루엔, 아세트산 에틸 따위의 혼합물로 휘발성이 크고 인화성이 강하여 화재의 원인이 되기 쉽다.

※ 알코올(alcohol)(명사) : 「1」 『생명』 사슬 또는 지방족 고리 탄화수소의 수소를 하이드록시기로 치환한 화합물을 통틀어 이르는 말.

☑ 오답 피하기

① 리모콘(×) → 리모컨(○), 버턴(×) → 버튼(○)

※ 리모컨(←remote control)(명사) : 멀리 떨어져 있는 기기나 기계류를 제어하는 장치.

※ 버튼(button)(명사) : 「1」『전기·전자』 전기 장치에 전류를 끊거나 이어 주거나 하며 기기를 조작하는 장치.≒조작 단추.

③ 컨센트(×) → 콘센트(○), 코드(○)

※ 콘센트(←concentric plug)(명사) : 『전기·전자』 전기 배선과 코드의 접속에 쓰는 기구. 여기에 플러그를 끼우게 되어 있다. 플러그의 핀 수에 따라 2핀 콘센트와 접지선이 있는 3핀 콘센트가 있으며 대개 100V에는 2핀, 220V에는 3핀을 사용한다.≒플러그 소켓.

※ 코드(cord)(명사) : 『전기·전자』 가느다란 여러 개의 구리줄을 절연 재료로 싼 전깃줄.

④ 썬루프(×) → 선루프(○), 스폰지(×) → 스펀지(○)

※ 선루프(sunroof)(명사) : 바깥의 빛이나 공기가 차 안으로 들어오도록 조절할 수 있는 승용차(乘用車)의 지붕.

※ 스펀지(sponge)(명사) : 「1」 생고무나 합성수지로 해면(海綿)처럼 만든 물건. 탄력이 있고 수분을 잘 빨아들여 쿠션이나 물건을 닦는 재료로 많이 쓰인다.

07 ③

• 재스민(○)

※ 재스민(jasmine)(명사) : 「1」『식물』 물푸레나뭇과 재스민속의 식물을 통틀어 이르는 말. 덩굴성 식물 또는 관목으로, 특유의 향내가 나는 노란색 또는 흰색의 꽃이 핀다. 꽃이 방향성이 강해서 향료를 채취하기 위하여 재배한다. 열대와 아열대에 200여 종이 자란다. 「2」 재스민꽃에서 얻은 향유. 방향(芳香)이 강하여 향료로 쓴다.

☑ 오답 피하기

① 부페(×) → 뷔페(○)

※ 뷔페(buffet)(명사) : 「1」 여러 가지 음식을 큰 식탁에 차려 놓고 손님이 스스로 선택하여 덜어 먹도록 한 식당.≒뷔페식당. 「2」 열차나 정거장 안에 있는 간이식당.

② 애드립(×) → 애드리브(○)

※ 애드리브(ad lib)(명사) : 「1」『연기』 연극이나 방송에서 출연자가 대본에 없는 대사를 즉흥적으로 하는 일. 또는 그런 대사. 「2」 『음악』 재즈에서, 연주자가 일정한 코드 진행과 테마에 따라 즉흥적으로 행하는 연주.

④ 팜플렛(×) → 팸플릿(○)

※ 팸플릿(pamphlet)(명사) : 「1」 설명이나 광고, 선전 따위를 위하여 얄팍하게 맨 작은 책자. 「2」 시사 문제에 대한 소논문.

⑤ 꽁트(×) → 콩트(○), 초성의 된소리는 일부 외래어만 허용한다.

※ 콩트(conte)(명사) : 『문학』 단편 소설보다도 짧은 소설. 대개 인생의 한 단면을 예리하게 포착하여 그리는데 유머, 풍자, 기지를 담고 있다.≒엽편 소설, 장편, 장편 소설.

08 ③

• 밸런타인데이(○)

• 엔도르핀(○)

※ 엔도르핀(endorphin)(명사) : 『생명』 포유류의 뇌 및 뇌하수체에서 추출되는 물질을 통틀어 이르는 말. 모르핀과 같은 진통 효과가 있다.

• 윈도(○)

• 플루트(○)

※ 플루트(flute)(명사) : 『음악』 옆으로 쥐고 불며 구멍에 입김을 불어넣어 소리를 내는 관악기. 최고 음역의 관악기로, 아름답고 청신한 음색을 지녔으며, 예전에는 흑단 따위를 재료로 만들었으나 현재는 대부분 금속으로 만든다.

• 코즈모폴리턴(○)

※ 코즈모폴리턴(cosmopolitan)(명사) : 세계주의의 사상을 가진 사람.

☑ 오답 피하기

• 마르세이유(×) → 마르세유(○)

※ 마르세유(Marseille)(명사) : 『지명』 프랑스 남부에 있는 항구 도시. 지중해(地中海)에서 가장 큰 무역항으로 론강(Rhône江) 어귀에 있다. 조선, 기계, 화학, 정유 따위의 공업이 발달하였다. 면적은 242km².

• 비젼(×) → 비전(○)

• 엠블런스(×) → 앰뷸런스(○)

※ 앰뷸런스(ambulance)(명사) : 위급한 환자나 부상자를 신속하게 병원으로 실어 나르는 자동차.=구급차.

• 크리스챤(×) → 크리스천(○)

※ 크리스천(Christian)(명사) : 『기독교』 기독교를 믿는 사람.=기독교인.

09 ③

㉠ 갭(○)

※ 갭(gap)(명사) : 「1」 사람과 사람, 집단과 집단, 현상과 현상 사이에 존재하는 의견, 능력, 속성 따위의 차이.

㉣ 바리케이드(○)

※ 바리케이드(barricade)(명사) : 흙이나 통, 철망 따위로 길 위에 임시로 쌓은 방어 시설. 시가전에서 적의 침입을 막거나 반대 세력의 진입을 물리적으로 저지하기 위하여 설치한다.

문제의 핵심은 '옳은 것만'에 있으므로, '㉠, ㉣'이 있는 ③이 정답이다.

☑ 오답 피하기

①, ④ ⓒ 브릿지(×) → 브리지(○)
　※ 브리지(bridge)(명사) : 「1」『전기·전자』전류가 영(0)이 되는 평형 조건이 전압에 관계없이 회로 소자만으로 결정되는 전기 회로. 전기 저항이나 자기 따위를 측정하는 데에 쓴다.≒전교.
② ⓒ 해드라이트(×) → 헤드라이트(○)
　※ 헤드라이트(headlight)(명사) : 「1」기차나 자동차 따위의 앞에 단 등. 앞을 비추는 데에 쓴다.=전조등.
④, ⑤ ⓜ 톱 크래스(×) → 톱 클래스/톱클래스(○)
　※ 톱-클래스(top class)(명사) : 최상위의 부류.

10 ②

ⓒ 시저(○)
　※ 시저(Caesar)(명사) :『인명』'카이사르'의 영어 이름.
ⓜ 팸플릿(○)
　※ 팸플릿(pamphlet)(명사) : 「1」설명이나 광고, 선전 따위를 위하여 얄팍하게 맨 작은 책자.
ⓗ 규슈(○)
　※ 규슈(Kyûshû[九州])(명사) :『지명』일본 열도를 이루는 4대 섬 가운데 가장 남쪽에 있는 섬. 또는 그 섬을 중심으로 하는 지방. 북부는 광공업, 남부는 농수산업이 활발하다. 혼슈(本州)와는 현 수교와 해저 터널도 연결되어 있다. 면적은 4만 2149km².
정리하자면, 'ⓒ, ⓜ, ⓗ'이 있는 ②가 정답이다.

☑ 오답 피하기

①, ③ ⓒ 아젠다(×) → 어젠다(○)
①, ③, ④ ⓒ 레크레이션(×) → 레크리에이션(○)
　※ 레크리에이션(recreation)(명사) : 피로를 풀고 새로운 힘을 얻기 위하여 함께 모여 놀거나 운동 따위를 즐기는 일.
①, ④ ⓔ 싸이트(×) → 사이트(○)
　※ 사이트(site)(명사) :『정보·통신』인터넷에서 사용자들이 정보가 필요할 때 언제든지 그것을 볼 수 있도록 웹 서버에 저장된 집합체.

제29회

📍 Answer

| 01 ③ | 02 ① | 03 ⑤ | 04 ② | 05 ④ |
| 06 ② | 07 ① | 08 ② | 09 ① | 10 ② |

01 ③

• 커피숍(○), 리더십(○), 파마(○)
　※ 커피-숍(coffee shop)(명사) : 주로 커피차를 팔면서, 사람들이 이야기하거나 쉴 수 있도록 꾸며 놓은 가게.
　※ 리더십(leadership)(명사) : 무리를 다스리거나 이끌어 가는 지도자로서의 능력.
　※ 파마(permanent)(명사) : 머리를 전열기나 화학 약품을 이용하여 구불구불하게 하거나 곧게 펴 그런 모양으로 오랫동안 지속되도록 만드는 일. 또는 그렇게 한 머리.

☑ 오답 피하기

① 플랭카드(×) → 플래카드(○), 케익(×) → 케이크(○), 스케줄(○)
　※ 플래카드(placard)(명사) : 긴 천에 표어 따위를 적어 양쪽을 장대에 매어 높이 들거나 길 위에 달아 놓은 표지물.
　※ 케이크(cake)(명사) : 밀가루, 달걀, 버터, 우유, 설탕 따위를 주원료로 하여 오븐 따위에 구운 서양 음식.
　※ 스케줄(schedule)(명사) : 시간에 따라 구체적으로 세운 계획. 또는 그런 계획표.
② 쵸콜릿(×) → 초콜릿(○), 텔레비전(○), 플래시(○)
　※ 초콜릿(chocolate)(명사) : 카카오나무 열매의 씨를 볶아 만든 가루에 우유, 설탕, 향료 따위를 섞어 만든 것.
　※ 텔레비전(television)(명사) : 사물의 광학적인 상을 전파에 실어 보내어 수신 장치에 재현하는 전기 통신 방식. 또는 그 영상을 받는 수상기.≒무선전시, 전화, 티브이.
　※ 플래시(flash)(명사) : 「1」가지고 다닐 수 있는 작은 전등. 전지를 넣으면 불이 들어오게 되어 있다.=손전등.
④ 캐비넷(×) → 캐비닛(○), 로켓(○), 슈퍼마켓(○)
　※ 캐비닛(cabinet)(명사) : 사무용 서류나 물품 따위를 넣어 보관하는 장. 보통 철제로 만든 직립식 상자로 사무실 바닥에 놓고 쓴다.
　※ 로켓(rocket)(명사) : 고온 고압의 가스를 발생·분출시켜 그 반동으로 추진하는 장치. 또는 그런 힘을 이용한 비행물. 연료의 연소에 필요한 산소도 함께 가지고 있으며 기상 관측, 우주 개발, 무기 따위에 이용한다.
　※ 슈퍼마켓(supermarket)(명사) : 식료품이나 일용품 따위를 두루 갖추어 놓은 비교적 큰 규모의 소매점.≒슈퍼.

02 ①

• 난센스(○), 코냑(○), 도넛(○)
　※ 난센스(nonsense)(명사) : 이치에 맞지 아니하거나 평범하지 아니한 말 또는 일.
　※ 코냑(cognac)(명사) : 프랑스 코냐크 지방에서 생산하는 고급 술. 포도주를 증류하여 정제한 것으로 알코올 농도가 40% 이상.
　※ 도넛(doughnut)(명사) : 밀가루에 베이킹파우더, 설탕, 달걀 따위를 섞어 이겨서 경단이나 고리 모양으로 만들어 기름에 튀긴 과자.

☑ 오답 피하기

② 비젼(×) → 비전(○), 챔피언(○), 워크숍(○)
　※ 챔피언(champion)(명사) : 「1」『체육』운동 종목 따위에서, 선수권을 보유하고 있는 사람.≒우승자. 「2」기술 따위에서, 실력이 가장 뛰어난 사람.
　※ 워크숍(workshop)(명사) : 「1」『교육』학교 교육이나 사회 교육에서 학자나 교사의 상호 연수를 위하여 열리는 합동 연구 방식. =연구 집회. 「2」『교육』교직자의 전문적인 성장과 교직 수행에서 나타나는 여러 문제를 함께 생각하고 해결해 나가기 위한 협의회. =연구 협의회.
　※ 비전(vision)(명사) : 내다보이는 장래의 상황.
③ 플래쉬(×) → 플래시(○), 컨트롤(○), 알코올(○)
　※ 컨트롤(control)(명사) : 「1」통제하고 조절하는 일. 「2」『체육』야구 경기에서, 투수가 마음먹은 대로 공을 던지는 일. =제구.
　※ 알코올(alcohol)(명사) : 「1」『생명』사슬 또는 지방족 고리 탄화수소의 수소를 하이드록시기로 치환한 화합물을 통틀어 이르는 말. 「2」『화학』에탄의 수소 원자 하나를 하이드록시기로 치환한 화합물. 무색투명한 휘발성 액체로, 특유의 냄새와 맛을 가지며,

인체에 흡수되면 흥분이나 마취 작용을 일으킨다. 화학 약품의 합성 원료, 용제, 연료, 알코올성 음료 따위로 쓰인다. 화학식은 C₂H₅OH. =에탄올. 「3」'술'을 속되게 이르는 말. 「4」 소독약의 하나.

※ 플래시(flash)(명사) : 「1」 가지고 다닐 수 있는 작은 전등. 전지를 넣으면 불이 들어오게 되어 있다.=손전등. 「2」『영상』 야간 촬영을 위한 섬광 전구. =플래시램프 「3」 사람들의 주목을 비유적으로 이르는 말. 「4」『매체』 통신사 따위에서 보내는 짧은 지급 전보.

④ 센티멘탈(×) → 센티멘털(○), 캐리커처(○), 컨테이너(○)
※ 캐리커처(caricature)(명사) : 『미술』 어떤 사람이나 사물 따위의 특징을 과장하여 우스꽝스럽게 풍자한 글이나 그림. 또는 그런 표현법.
※ 컨테이너(container)(명사) : 화물 수송에 주로 쓰는, 쇠로 만들어진 큰 상자. 짐 꾸리기가 편하고 운반이 쉬우며, 안에 들어 있는 화물을 보호할 수 있는 장점이 있다.
※ 센티멘털-하다(sentimental하다)(형용사) : 감상적이거나 감정적인 특성이 있다.≒센티하다.

⑤ 프리젠테이션(×) → 프레젠테이션(○), 카스텔라(○), 앙코르(○)
※ 카스텔라(castela)(명사) : 밀가루에 설탕, 달걀, 물엿 따위를 넣고 반죽하여 오븐에 구운 빵.≒설고, 설고빵.
※ 앙코르(encore)(명사) : 「1」 출연자의 훌륭한 솜씨를 찬양하여 박수 따위로 재연을 청하는 일.≒재청.
※ 프레젠테이션(presentation)(명사) : 『매체』 광고 대리업자가 예상 광고주를 대상으로 광고 계획서 따위를 제출하는 활동.

03 ⑤

• 앙코르(○), 부티크(○), 앙케트(○)
※ 앙코르(encore)(명사) : 「1」 출연자의 훌륭한 솜씨를 찬양하여 박수 따위로 재연을 청하는 일.≒재청.
※ 부티크(boutique)(명사) : 멋있고 개성적인 의류나 액세서리 따위를 취급하는 비교적 규모가 작은 가게.
※ 앙케트(enquête)(명사) : 사람들의 의견을 조사하기 위하여 같은 질문을 여러 사람에게 물어 회답을 구함. 또는 그런 조사 방법.

☑ 오답 피하기
① 기브스(×) → 깁스(○), 바통(○), 디렉터리(○)
※ 깁스(Gips)(명사) : 「1」『광업』 황산 칼슘의 이수화물(二水化物)로 이루어진 석회질 광물. 단사 정계에 속하며, 기둥 모양 또는 널조각 같은 모양의 결정을 이룬다. 흔히 무색이지만 불순물이 섞이어 회색, 황색, 붉은색을 띠기도 한다. 열을 가하여 소석고(燒石膏)를 만들어 도자기 제조용 원형으로 쓰거나 분필, 모형, 조각, 시멘트 따위의 재료로 쓴다.=석고.
※ 바통(bâton)(명사) : 「1」『체육』 릴레이 경기에서, 앞 주자가 다음 주자에게 넘겨주는 막대기.=배턴.
※ 디렉터리(directory)(명사) : 『정보·통신』 파일 시스템을 관리하고, 각 파일이 있는 장소를 쉽게 찾도록 디스크의 요소를 분할·검색하는 정보를 포함하는 레코드의 집합.≒목록.
② 도너츠(×) → 도넛(○), 래디오(×) → 라디오(○), 리포트(○)
※ 도넛(doughnut)(명사) : 밀가루에 베이킹파우더, 설탕, 달걀 따위를 섞어 이겨서 경단이나 고리 모양으로 만들어 기름에 튀긴 과자.

※ 라디오(radio)(명사) : 「1」 방송국에서, 일정한 시간 안에 음악·드라마·뉴스·강연 따위의 음성을 전파로 방송하여 수신 장치를 갖추고 있는 청취자들에게 듣게 하는 일. 또는 그런 방송 내용.
※ 리포트(report)(명사) : 「1」 조사나 연구, 실험 따위의 결과에 관한 글이나 문서.
③ 리모콘(×) → 리모컨(○), 렌트카(×) → 렌터카(○), 메세지(×) → 메시지(○)
※ 리모컨(remote control)(명사) : 멀리 떨어져 있는 기기나 기계류를 제어하는 장치.
※ 렌터카(rent-a-car)(명사) : 세를 내고 빌리는 자동차.
※ 메시지(message)(명사) : 「1」 어떤 사실을 알리거나 주장하거나 경고하기 위하여 보내는 전언(傳言).
④ 바베큐(×) → 바비큐(○), 배터리(○), 심포지엄(○)
※ 바비큐(barbecue)(명사) : 돼지나 소 따위를 통째로 불에 구운 요리. 또는 그 굽는 틀.
※ 배터리(battery)(명사) : 「2」『화학』 전기 에너지를 화학 에너지로 바꾸어 모아 두었다가 필요한 때에 전기로 재생하는 장치. =축전지.
※ 심포지엄(symposium)(명사) : 특정한 문제에 대하여 두 사람 이상의 전문가가 서로 다른 각도에서 의견을 발표하고 참석자의 질문에 답하는 형식의 토론회.

04 ②

1) 초성 : 모두 'ㄱ'으로 되어 있다. 따라서 '중성'에서 확인해야 한다.
2) 중성 : ㅗ, ㅠ, ㅗ, ㅘ → 순서가 맞지 않으므로 'ㅗ, ㅗ, ㅘ, ㅠ' 순으로 바꾼다.
3) 종성 : 'ㄳ'과 'ㅅ'중 'ㄳ'이 먼저이다.
4) 최종 : ㉠ 곬, ㉢ 곳간, ㉣ 광명, ㉡ 규탄, 즉, '㉠-㉢-㉣-㉡'인 ②가 정답이다.

05 ④

㉠ 워크샵(×) → 워크숍(○) : '샵'이 아니라 '숍'으로 고쳐야 한다.
※ 워크숍(workshop)(명사) : 「1」『교육』 학교 교육이나 사회 교육에서 학자나 교사의 상호 연수를 위하여 열리는 합동 연구 방식. =연구 집회.
㉡ • 샜어요(×) → 새웠어요(○) : '밤을'과 같이 목적어를 필요로 할 때는 '새우다'를 써야 한다.
• 졸-려면(○), 마셔야(○), 할 것 같아요(○)('것'의 구어체가 '거'이다.)
㉣ • 왠일이세요?(×) → 웬일이세요(○) : '왜인지'를 제외한 모두 '웬'을 써야 한다.
• 아무튼(○), 감사히(○), 마실게요(○)

☑ 오답 피하기
③ ㉢ 살게(○), 가려면(○), 서둘러(○)(← 서두르- + -어)(르 불규칙 용언)

06 ②

• 범인은 오랫동안(○) 치밀하게 범행을 계획한 것으로 드러났습니다 (○). : '오랫동안'과 같이 사이시옷을 쓰는 것이 맞다. 그리고 '드러나다'는 '감추어져 있는 것이 나타나다.'는 의미로, 소리나는 대로 써야 한다.

① <u>제작년까지만</u>(×, 재작년) 해도 겨울이 그렇게 춥지 않았지요. : '다시 재(再)'라는 한자어를 써야 한다.
  ※ 재-작년(再昨年)(명사) : 지난해의 바로 전 해.≒거거년, 그러께, 전전년, 전전해, 지지난해.
③ 욕구가 <u>억눌린</u>(○) 사람들이 <u>공격성을 띄는</u>(×, 공격성을 띠는) 경우가 있습니다. : 목적어가 있을 때는 '띄다'가 아니라 '띠다'를 써야 한다. 그리고 '억눌린'은 '억눌리다'가 기본형이므로 '억눌린'으로 활용할 수 있다.
  ※ 띄다(동사) : 【…에】「1」'뜨이다'의 준말. 예 원고에 가끔 오자가 눈에 띈다. 「2」'뜨이다'의 준말. 예 빨간 지붕이 눈에 띄는 집. 「3」'뜨이다'의 준말.
  ※ 띠다(동사) : ② 【…을】「1」물건을 몸에 지니다. 「2」용무나, 직책, 사명 따위를 지니다. 「3」빛깔이나 색채 따위를 가지다. 「4」감정이나 기운 따위를 나타내다.
  ※ 억눌리다(동사) : 【…에/에게】「1」어떤 감정이나 심리 현상 따위가 일어나거나 나타나지 못하도록 심한 억압을 당하다. '억누르다'의 피동사. 「2」자유롭게 행동하지 못하도록 압력이 가해지다. '억누르다'의 피동사.
④ 다른 사람의 <u>진심 어린</u>(○) 충고를 <u>겸허히</u>(○) <u>받아드리는</u>(×, 받아들이는) 자세가 필요합니다. : '받아들이다'가 기본형이고, '받아드리다'는 없는 단어이다. 한편, '진심(이) 어리다'이므로 띄어 써야 한다. 마지막으로 '겸허히'는 '겸허하다'라는 기본형이 있다. '겸허히' 역시 부사로 있다.
  ※ 받아-들이다(동사) : 「3」【…을 …으로】어떤 사실 따위를 인정하고 용납하거나 이해하고 수용하다. 「4」다른 사람의 의견이나 비판 따위를 찬성하여 따르다. 또는 옳다고 인정하다.

07 ①

ⓛ 언제까지 네 <u>뒤치다꺼리</u>(○)를 해야 하니?
  ※ 뒤-치다꺼리(명사) : 「1」뒤에서 일을 보살펴서 도와주는 일. 「2」일이 끝난 뒤에 뒤끝을 정리하는 일.=뒷수쇄.

② ㉠ 최근 주식이 하락세로 <u>치닫고</u>(×, 돌아서고) 있습니다. : '치닫다'는 방향이 '위'이고, '하락세'는 '아래'이므로, 방향이 맞지 않다.
  ※ 치-닫다(동사) : 【…으로】(('…으로' 대신에 '…을 향하여'가 쓰이기도 한다))「1」위쪽으로 달리다. 또는 위쪽으로 달려 올라가다. 「2」힘차고 빠르게 나아가다. 「3」생각, 감정 따위가 치밀어 오르다.
③, ⑤ ㉢ 비행기 안에서 담배를 <u>필</u>(×, 피울) 수 없습니다. : '담배를'과 같이 목적어가 있을 때는 '피우다'를 써야 한다.
④, ⑤ ㉣ 청소년에게 <u>걸맞는</u>(×, 걸맞은) 스토리가 필요합니다. : '걸맞다'는 형용사이므로 '걸맞은'으로 써야 한다.
④, ⑤ ㉤ 이 <u>꽃에게</u>(×, 꽃에) 물을 너무 많이 주지 마세요. : '꽃'은 무정 명사에 해당하므로 '에게'가 아닌 '에'로 써야 한다.

08 ②

마치 모음 조화에 따라 '오손도손'을 써야 할 것 같지만, '오손도손'도 맞고, '오순도순'도 맞다는 것이 중요하다.
※ 오손-도손(부사) : 정답게 이야기하거나 의좋게 지내는 모양.
※ 오순-도순(부사) : 정답게 이야기하거나 의좋게 지내는 모양. '오손도손'보다 큰 느낌을 준다.

① 뵈요(×) → 뵈어요/봬요(○), '뵈다'의 어간인 '뵈-'에 모음 어미 '-어'가 결합하면 '봬'로 활용된다.
③ 빌어(×) → 빌려(○), '빌다'는 누군가에게 호소하거나 간청해야 한다. 여기서는 장소를 빌리다는 의미이므로 '빌어'라고 쓸 수 없다.
  ※ 빌리다(동사) : ② 【…을】「3」어떤 일을 하기 위해 기회를 이용하다.
④ 북어국(×) → 북엇국(○), '북어'는 한자어이고, '국'은 우리말이다. 발음도 사잇소리현상에 따라 [부거꾹/부걷꾹]으로 발음된다. 따라서 사이시옷 표기를 반드시 해야 한다.
⑤ 요약토록(×) → 요약도록(○), '요약하다'의 '요약'에 'ㄱ' 받침이 있으므로 '-하' 자체가 줄어들어 '요약도록'으로 써야 맞다.

09 ①

[붙임 1]을 보면 몇 개의 선택적인 물음이 이어질 때는 맨 끝의 물음에만 쓴다고 적혀 있다. 따라서 '너는 중학생이냐, 고등학생이냐?'와 같이 고쳐야 한다.

② 해당 문장은 의문문이므로 물음표를 어구의 끝에 쓸 수 있다.
③ '빈정거림'이란 의도가 강하므로 '대단(?)'과 같이 쓸 수 있다.
④ 노자의 생애 기간은 '모르거나 불확실한 내용'이므로 모두 물음표를 쓸 수 있다.

10 ②

열거된 항목 중 어느 하나가 자유롭게 선택될 수 있음을 보일 때 쓰는 것은 '중괄호({ })'이다.

① 말소리[音聲] : 고유어에 대응하는 한자어를 함께 보일 때 '대괄호'를 사용하면 된다.
③ [이상 전집3(1958), 235쪽 참조] : 괄호 안에 또 괄호를 쓸 필요가 있을 때 바깥쪽의 괄호로 '대괄호'를 사용하면 된다.
④ 그 이야기[합격 소식] : 원문에 대한 이해를 돕기 위해 덧붙일 때 쓴다.

CHAPTER **10** **고전 문법**

제30회

⦿ Answer

01 ④	02 ①	03 ⑤	04 ①	05 ③
06 ②	07 ①	08 ③	09 ④	10 ④

01 ④

'ㆆ(여린히읗)'은 조음 기관을 상형한 것과 연결되지만, 'ㆁ(옛이응)'은 조음 기관과 관련이 없는 '이체자'이다.

☑ 오답 피하기

① 기본자(ㄱ, ㅁ, ㄴ, ㅅ, ㅇ)와 가획자(ㅋ, ㅂ/ㅍ, ㄷ/ㅌ, ㅈ/ㅊ, ㆆ/ㅎ)는 조음 기관의 모양을 공유하므로 서로 비슷하게 생겼다.(아음, 순음, 설음, 치음, 후음)

② 순음은 가획될수록 음성학적 강도가 더 세진다. 'ㅁ, ㅂ, ㅍ'에서 확인할 수 있다.

③ 'ㅿ(반치음), ㄹ(리을)'은 이체자이다.

02 ①

중성자는 발음기관의 상형을 통해 본떠 만들지 않았다. '발음기관의 상형'을 통해 만들어진 것은 '초성자'이다.

☑ 오답 피하기

② 자음은 같은 조음 위치에 속하는 자음자들끼리 형태적 유사성을 지닌다. 가령, 'ㄱ-ㅋ'을 보면 'ㅋ'은 'ㄱ'의 가획자인데, 형태가 비슷하게 생겼다.

🖉 '초성자'의 제자 원리

	기본자	가획자	이체자
아음(牙音)	ㄱ	ㅋ	ㆁ
순음(脣音)	ㅁ	ㅂ, ㅍ	
설음(舌音)	ㄴ	ㄷ, ㅌ	ㄹ
치음(齒音)	ㅅ	ㅈ, ㅊ	ㅿ
후음(喉音)	ㅇ	ㆆ, ㅎ	

※ 삼지적 상관속(三肢的相關束): 『언어』 세 항목으로 이루어진 상관속. 'ㅂ, ㅍ, ㅃ', 'ㄷ, ㅌ, ㄸ', 'ㅈ, ㅊ, ㅉ', 'ㄱ, ㅋ, ㄲ' 따위이다.

③ 중성자는 '천(天), 지(地), 인(人)'의 모양을 본떠서 'ㆍ, ㅡ, ㅣ'를 만들었다. 그리고 '합용의 원리'에 따라 '초출자'와 '재출자'를 만들었다. 초출자로 'ㅏ, ㅓ, ㅗ, ㅜ'가 있고, 재출자로 'ㅑ, ㅕ, ㅛ, ㅠ'가 있다.

🖉 '중성자'의 제자 원리

기본자	제자 원리	초출자	재출자
ㆍ	하늘[天]	ㅏ, ㅗ	ㅑ, ㅛ
ㅡ	땅[地]		
ㅣ	사람[人]	ㅓ, ㅜ	ㅕ, ㅠ

④ 종성자는 '종성부용초성'이라 하여 '종성자'를 따로 만들지 않고, '초성자'를 다시 썼다.

※ 종성부용초성(終聲復用初聲): 『언어』 훈민정음에서, 종성의 글자를 별도로 만들지 아니하고 초성으로 쓰는 글자를 다시 사용한다는 종성의 제자 원리(制字原理).

03 ⑤

후음 'ㅇ'에 획을 더해 만든 가획자는 'ㆆ(여린 히읗)'과 'ㅎ'이 있다. 'ㆁ(옛이응)'은 아음의 이체자이다.

☑ 오답 피하기

① 아음 ㄱ에 획을 더해 만든 가획자는 'ㅋ'뿐이다.

② 설음 ㄴ에 획을 더해 만든 가획자는 'ㄷ, ㅌ' 2개가 있다.

③ 순음 ㅁ에 획을 더해 만든 가획자는 'ㅂ, ㅍ' 2개가 있다.

④ 치음 ㅅ에 획은 더해 만든 가획자는 'ㅈ, ㅊ' 2개가 있다.

04 ①

• 기픈 → 깊은: 이때의 '-은'은 관형사형 전성 어미이므로 조사를 포함하고 있지 않다.

▣ 「용비어천가(龍飛御天歌)」 〈제2장〉

식미 ㉠ <u>기픈</u> ㉡ <u>므른</u> ㉢ <u>ᄀᄆᆞ래</u> 아니 그츨씩, ㉣ <u>내히</u> 이러 바ᄅᆞ래 가ᄂᆞ니

현대역ㅣ 샘이 ㉠ <u>깊은</u> ㉡ <u>물은</u> ㉢ <u>가뭄에</u> 그치지 아니하므로, ㉣ <u>내[川]를</u> 이루어 바다에 가나니,

☑ 오답 피하기

② ㉡ 므른 → 물은: '은'은 보조사이다.

③ ㉢ ᄀᄆᆞ래 → 가뭄에: '에'는 부사격 조사이다.

④ ㉣ 내[川]히 → 내를: '를'은 목적격 조사이다.

05 ③

㉠: '나라의'의 '나라'는 무정물로 여러 관형격 조사 중 'ㅅ'을 써서 '나랏'이라고 표현할 수 있다.(③, ④)

㉡: '사람의'의 '사람'은 유정물로 여러 관형격 조사 중 '익/의'를 쓸 수 있고, 이때 '사람'의 '람'에 양성 모음이 쓰였으므로 '사람익'라고 표현할 수 있다. 참고로 당시에는 소리 나는 대로 표기하였으므로 '사라미'로 써야 한다.(①, ③)

㉢: '세존'은 가장 존귀한 존재이므로, 관형격 조사 'ㅅ'을 써야 한다.(②, ③, ④)

정리하자면, ㉠은 '나랏', ㉡은 '사라미', ㉢은 'ㅅ'이 있는 ③이 정답이다.

06 ②

㉡: '여름'은 '열매'를 의미하고, '많다'의 주어로 쓰였으므로 목적어로 볼 수 없다. 따라서 ②가 정답이다.

☑ 오답 피하기

① ㉠: '태자'는 받침이 없는 단어로 목적격 조사 '롤/를'을 써야 하는데, 이때 '자'가 양성 모음으로 구성되어 있으므로 '롤'을 써야 한다.

③ ⓒ: '팔다'의 대상인 '곶(＝꽃)'에 'ᄋᆞ란(＝일랑)'이란 보조사가 결합하여 목적어가 실현된 것이다.

④ ⓔ: '부처의 상'은 명사구이고, '만들어'의 대상이다. 이때 '상'은 받침이 있는 단어로 목적격 조사 '올/을'을 써야 하는데, '상'이 양성 모음으로 구성되어 있으므로 '올'을 써야 한다.

07 ①

'긏다(끊어지다)'는 동사이므로 형용사라고 말할 수 없다. '기·픈(깊다)'이 형용사에 해당한다.

☑ 오답 피하기

② ':시·미'에는 주격 조사 '이'가, '·므·른'에는 보조사 '은'이, '·ᄀᆞ·ᄆᆞ·래'에는 부사격 조사 '에'가 있다.

③ '샘, 물, 가뭄'은 보통 명사이다.

④ '샘/이, 깊은, 물/은, 가뭄/에, 아니, 끊어지므로'로 분석되며, 9개의 단어로 구성되어 있다.

> :시·미 기·픈 ·므·른 ᄀᆞ·ᄆᆞ·래 아니 그·츨·ᄊᆡ, 내·히 이·러 바·ᄅᆞ·래 가·ᄂᆞ·니
> 현대역 | 샘이 깊은 물은 가뭄에 그치지 아니하므로, 내[川]를 이루어 바다에 가나니,

08 ③

ⓒ: '저의'의 준말인 '관형어'로 쓰였다.

☑ 오답 피하기

① ⓐ: 주격 조사 '이'가 결합한 '주어'로 쓰였다.

② ⓑ: 주격 조사 'ㅣ'가 결합한 '주어'로 쓰였다.

④ ⓓ: 주격 조사 'ㅣ'가 결합한 '주어'로 쓰였다.

> 현대역 | 나라 말씀이 중국과 달라 문자끼리 서로 맞지 아니하다. 이런 까닭으로 어리석은 ⓐ 백성이 이르고자 할 ⓑ 바가 있어도, 마침내 ⓒ 자신의 뜻을 펴지 못하는 사람이 많으니라. ⓓ 내 이를 위하여 가엾이 여겨 새로 스물여덟 자를 만드노니, 모든 사람으로 하여금 쉽게 익혀 날마다 쓰기에 편안하게 하고자 할 따름이니라.

09 ④

'어디에 있느냐?'는 설명의문문이지 판정의문문이 아니다. 참고로 '-뇨'는 설명의문문을 드러내는 어미이다.

☑ 오답 피하기

① ⓐ은 '너희의 종인가? 아닌가?'를 묻는 판정의문문이다. 그리고 '-가'라는 의문 보조사가 결합하였다.

② ⓑ은 '므스멋고'에서 그것이 무엇인지 묻는 설명의문문임을 알 수 있다. 그리고 '-고'라는 의문 보조사가 결합하였다.

③ ⓒ은 '네가 믿느냐? 안 믿느냐?'를 묻는 판정의문문인데, 이때 청자가 '2인칭 대명사'로 확인되므로 어미 '-ㄴ다'가 사용되었음을 알 수 있다.

10 ④

ⓐ 남기 새 닢 나니이다 [나무에 새 잎이 났습니다.]: '새 잎이 났다'의 시제는 과거형이지만 '시제 선어말 어미' 없이 표현할 것을 알 수 있다.(㉠)

ⓑ 이 사ᄅᆞ미 내 닐온 ᄠᅳ들 아ᄂᆞ녀 [이 사람이 내가 이른 뜻을 아느냐?]: '닐온'은 '니르다'로 지금은 두음 법칙이 적용되어 '이르다'로 쓰였다.(㉡), 'ᄠᅳ들'에 목적격 조사 '을'이 쓰였는데, 앞말의 모음에 따라 음성 모음을 쓴 것을 알 수 있다.(㉢), 해당 문장은 '판정의문문'으로 의문형 어미 '-녀'를 쓴 것을 알 수 있다.

ⓒ 大王이 出슈ᄒᆞ샤ᄃᆡ 뉘 바ᄅᆞ래 드러가려 ᄒᆞᄂᆞ뇨 [대왕이 출령하시되 "누가 바다에 들어가려 하느냐?"]: '大王이 出슈ᄒᆞ샤ᄃᆡ'의 '-샤-'는 서술어의 주체를 높이는 선어말 어미이다.(㉣) 해당 문장은 '설명의문문'으로 의문형 어미 '-뇨'를 쓴 것을 알 수 있다.

해당 분석에 따르면, ㉤에서 말한 '인칭과 관련된 의문형 표현'은 없으므로 정답은 ④이다. '아ᄂᆞ녀'와 'ᄒᆞᄂᆞ뇨'의 차이는 '판정의문문'이냐, '설명의문문'이냐에 따른 것이지, 인칭에 따라 의문형 어미가 달리 나타난 것은 아니다.

Part

02

문학과 독해
(독서, 화법, 작문)

CHAPTER 01 운문 문학

제1회

📍Answer

01 ①	02 ①	03 ②	04 ③	05 ②
06 ①	07 ②	08 ④	09 ④	10 ④

01 ①

<보기>에서 말하는 표현 기법은 '반어법'이다. 이와 동일한 수사법을 쓴 내용은 ①에 있다. 화자는 매우 슬픈 상태라서 눈물을 흘리는 것이 마땅한데, '죽어도 아니 눈물 흘리우리다.'라며 반어적 표현을 활용하였다.

✅오답 피하기
② '떡떡궁'에서 음성 상징어를 활용하였으며, '자네 소리 하게 내 북을 치지'에서 유사한 문장 구조의 반복을 파악할 수 있다.
③ 상징과 비유가 두드러진 작품이다.
④ '차고 슬픈 것'에서 역설적 기법을 확인할 수 있으며, '길들은 양 언 날개를 파닥거린다.'에서는 활유적 표현을 확인할 수 있다.

02 ①

상황을 반대로 해석할 구절이 없으므로 '반어적인 표현'이 적절하지 않다.

✅오답 피하기
② '흰 나비'의 '흰색'과 '바다와 청무우밭'의 '푸른색'이 서로 대비된다.
③ '바다'는 나비의 날개가 흠뻑 젖는 공간으로 냉혹한 현실을 상징한다.
④ '새파란 초생달이 시리다.'에서 시각을 촉각화한 공감각적 이미지가 나타나 있다.

03 ②

'독'은 화자의 의지를 상징하고, '이리 승냥이'는 부정적인 대상을 상징한다.

✅오답 피하기
① '이리 승냥이'와의 대결 의지는 파악할 수 있으나, 절제된 태도가 아닌 화자의 의지적 태도에서 비롯된다.
③ '독'은 순결한 내면을 지키기 위한 화자의 의지를 상징하므로, 순결한 내면을 위협하는 현실적 요소로 해석할 수 없다.
④ 자연적인 것과 인위적인 것의 대비가 두드러지지 못하고, 화자의 의지를 드러내는 대상과 부정적 현실의 대비가 두드러진다.

04 ③

'독수리'는 화자가 오래 기르던 대상이지만, '거북이'는 화자를 유혹에 떨어뜨리게 했던 주범이다. 따라서 이 둘의 의미는 결코 유사하다고 볼 수 없다.

✅오답 피하기
① '간'은 화자가 지키고자 하는 대상이나, 실제 '간'을 의미하지 않고, 화자가 지키고자 하는 긍정적 가치로 이해할 수 있다. 따라서 '지조와 생명'으로 이해하는 것은 적절하다.
② '코카서스 산중에서 도망해 온 토끼'는 '빙빙 돌고' 있는데, 코카서스는 프로메테우스와 연관된 공간이다. 토끼전의 주인공인 토끼와 연결하였으므로 적절한 설명이다.
④ '불 도전한 죄로 목에 맷돌을 달고 / 끝없이 침전하는'에서 '프로메테우스'의 끝없는 고통을 확인할 수 있다.

05 ②

ⓒ의 '아스팔트'는 큰 게들이 기어간 곳이나, 그들이 꿈꾸는 바다가 아니다. 따라서 자유를 위해 도달하고자 하는 미래의 공간이라고 말할 수 없다.

✅오답 피하기
① 게가 ㉠의 '구럭'으로부터 탈출하고 싶다는 상황을 고려해 볼 때, 폭압으로 자유를 잃은 구속된 현실로 해석할 수 있다.
③ ㉢은 게들이 눈을 세워 두리번거리는 공간이다. 그러다가 그곳에서 달려오는 군용 트럭에 깔려 죽기도 한다. 이로 볼 때, 약자가 돌파구를 찾기란 매우 어려운 일임을 알 수 있다.
④ ㉣의 '먼지' 속에 '썩어가는 어린 게의 시체'를 확인할 수 있다. 화자는 이를 안타깝게 여기며, 방치된 어린 게가 겪는 잔인한 현실을 강조한다.

06 ①

신동엽의 「봄은」은 남북이 분단된 현실에서 벗어나 평화로운 나날을 꿈꾼 내용이 담긴 작품이다. 따라서 현실을 벗어나 '순수한 자연의 세계'를 노래한다는 설명은 적절하지 않다. 순수한 자연의 세계를 노래하려면 자연 친화적 성격이 강해야 하는데, 해당 작품은 자연물을 활용하였으나 '분단 현실에 대한 인식, 자주적 통일에 대한 염원'을 말하기 위해 상징적으로 활용하였을 뿐이다. 결코 자연물을 자연에 대한 친근감이나 긍정적이고 아름다운 이미지 등을 그리기 위해 쓴 것은 아니다.

✅오답 피하기
② 화자가 염원하는 평화를 '움튼다, 움트리라, 녹여 버리겠지'에서 알 수 있듯이 의지적이고 단정적인 어조로 표현하였음을 알 수 있다.
③ 대체로 시어들의 의미는 상징적이다. '겨울'은 부정적인 현실인 분단을 의미하지만, 찾아오는 '봄'은 평화를 의미한다.
④ '봄'은 평화를 의미하며, '겨울'은 분단을 의미한다. 이원적 대립으로 시상을 전개하고 있다.

07 ②

화자는 하룻길 7~80리를 가는데, 돌아서서는 60리를 간다고 한다. 그리고 '하룻길'은 '고향을 가고 싶은데 그렇지 못한' 화자의 현실로 볼 수 있다. 이를 바탕으로 ⓒ을 보면, 목적지가 없이 이리저리 돌아다니는 것으로 보아 '화자에게 놓인 방랑길을 비유한다는 말.'은 적절하다.

☑ 오답 피하기
① '산새'는 가고 싶은 곳을 가지 못해 우는 대상이다. 화자 역시 고개를 넘어, 가고 싶어 하는 곳이 있는데 그러지 못한 처지에 가슴 아파한다. 따라서 '상반되는 처지'가 아니라 '동일시되는 대상'이므로 해당 선지는 적절하지 않다.
③ '이국 지향'은 '다른 나라에 가고 싶은 소망'으로 해석할 수 있다. 그런데, '불귀'는 고향으로 돌아갈 수 없는 화자의 안타까운 상황이 나타나 있을 뿐, '이국'을 지향한다고 말하기가 어렵다.
④ '산새'는 화자와 동일시되는 대상이다. 따라서 고향에 가지 못한 화자의 슬픔이 드러나 있을 뿐, '분노의 정서'가 나타나 있다고 말하기가 어렵다.

08 ④

해당 작품에는 공감각적 이미지가 없다. 해당 작품의 핵심은 '나무의 의지'에 있으며, 이러한 의지를 칭찬하고 예찬한 작품이다.

☑ 오답 피하기
① '온몸, 대가리, 벌 받은 몸'에서 시적 대상을 의인화한 것을 알 수 있다.
② '아아'에서 감탄사를 확인할 수 있다.
③ 시간의 흐름에 따라 '낙엽이 진 나무'에서 '꽃이 피는 나무'로 변화됨을 알 수 있다.

09 ④

'가지겠는가'에서 설의적 표현을 확인할 수 있으며, 이는 인생을 살아가며 힘든 일을 겪을 수 있다는 화자의 깨달음으로 해석할 수 있다.

☑ 오답 피하기
① 과거의 회상을 중심으로 시상이 전개되고 있지 않다.
② 반어적 표현이 아니라 설의적 표현을 활용하여 자신의 깨달음을 보여 주었다.
③ 목가적이란 '전원의 한가로운 분위기'와 관련되어 있는데, 해당 내용은 인간의 삶과 관련이 깊을 뿐, 전원의 한가로운 분위기와는 거리가 멀다.

10 ④

(가)는 길재의 시조, (나)는 조지훈의 「봉황수」라는 작품이다. 정해진 율격과 음보에 맞춰 시상을 전개했다는 의미는 '정형시'를 찾으라는 의미인데, (가)는 시조라서 정형시지만, (나)는 자유시에 해당한다. 특히 (나)는 산문적인 리듬감을 가진 작품이기 때문에 '모두'라고 볼 수 없으므로 ④가 정답이다.

☑ 오답 피하기
① '산천'은 변하지 않는 자연을 의미하고, '인걸'은 변함이 있는 인간 세계를 의미한다. 따라서 이 둘의 대비가 나타났다는 말은 적절하며, 아무것도 없는 이곳에서 괴로움, 허망함을 느끼고 있으므로 인생의 무상함도 확인할 수 있다.

② (나)는 '쌍룡 대신에 두 마리 봉황새'를 틀어 올렸다는 것과 '봉황새에게 구천에 호곡하리라'는 말에서 상황에 대한 부정적인 인식을 읽어야 한다. 다시 작품을 보면, '쌍룡'은 '중국 황제'를 상징하고, '봉황'은 임금을 상징한다. 따라서 이 둘이 대비된다고 볼 수 있다. 또한 '사대주의적 역사'는 '큰 나라를 섬기다'에서 중국에 대한 우리나라의 입장을 확인할 수 있으므로 적절한 선지이다.
③ '선경후정'은 '배경-정서'의 구조로 되어 있는가의 문제이다. (가)는 초장에서 중장에 걸쳐 배경을 확인할 수 있고, 종장에서 화자의 정서를 확인할 수 있다. (나)는 '벌레 먹은 두리기둥~틀어 올렸다'까지 배경을 확인할 수 있고, '어느 땐들 구천(九泉)에 호곡(呼哭)하리라.'에서 정서를 확인할 수 있다.

제2회

📍 Answer

| 01 | ① | 02 | ④ | 03 | ④ | 04 | ④ | 05 | ④ |
| 06 | ④ | 07 | ③ | 08 | ① | 09 | ④ | 10 | ② |

01 ①

'호혜적'이란 '서로에게 특별한 혜택을 주고받는 것'을 의미하는데, 화자는 '문명'에 대해서는 비판적 시각을 고수하고, '자연'에 대해서는 호감을 취한다. 이런 상황을 볼 때, 이 둘의 관계가 호혜적이라고 말하는 것은 적절한 설명이 아니다.

☑ 오답 피하기
② '벌레 소리들 환하다.'에서 자연의 실재감이 '청각의 시각화'를 통해 두드러짐을 알 수 있다.
③ '텔레비전을 끄기 전후'의 차이는 '풀벌레들의 작은 귀'를 들었다는 데에 있다. 텔레비전의 소리가 가득할 때는 풀벌레 소리가 들리지 않았지만, 끈 이후 풀벌레 소리가 가득하다.
④ '문명'을 상징하는 텔레비전의 소리에 묻힌 '풀벌레 소리'에 관심을 갖는 모습에서 확인할 수 있다.

02 ④

'가을밤'에서 화자의 감상이 드러났다고 볼 수는 있어도, '동해 바다를 보며 생각에 잠겼다'라고 말할 수 없다. '동해 바다'는 '푸른 가을밤'을 드러내기 위한 보조 관념에 해당한다.

☑ 오답 피하기
① '순이(順伊)'에서 이름을 반복적으로 부르는 듯한 효과가 나타난다. (돈호법)
② '달은 과일보다 향그럽다.'에서 시각의 후각화를 확인할 수 있다.(공감각적 심상)
③ '달빛이 밀물처럼'에서 직유법을 확인할 수 있고 달빛이란 대상을 형상화하였다.(직유법)
⑤ '달, 포도, 잎사귀'와 같은 대상에 주목한 시이다.

03 ④

㉠(O): '첫닭 울고 둘째 닭 울더니'에서 '작은 별 큰 별 떨어지는' 상황인 '새벽'의 분위기를 자아냈다는 점에서 '시간적 배경'과 연결하여 볼 수 있다.

㉢(O): '살짝이 살짝이'는 행인이 한 행동을 강조한 표현으로 '조심스럽게 움직이려는 의도'와 연결된다.

㉣(O): 화자는 '나그네와 주인'의 상황을 관찰자 입장에서 서술하고 있다.

이렇게, '㉠, ㉢, ㉣'이 있는 ④가 정답이다.

오답 피하기

㉡: '나그네'는 떠나려는 입장이고, '주인'은 안 된다며 보내지를 않는데, 이 관계는 '주인'의 의지와 이를 받아들인 '나그네'의 생각에 따른 것이지 '닭 울음'으로 인한 것이라 보기가 어렵다.

04 ④

'두꺼비'는 아버지의 괴로운 현실을 은유적으로 표현한 것이다. 따라서 '아버지를 기다리는 자식들'을 원관념으로 보기에는 무리가 있다.

오답 피하기

① 해당 작품에서 화자가 아버지의 힘든 모습을 보며 슬픔과 연민을 느끼는 것을 파악할 수 있다. 특히 아버지의 고생스러운 모습을 '두꺼비'에 빗대어 표현한 것을 아는 것이 중요하다.

② '아버지'의 자식인 화자는 아이의 시선과 동요를 적절히 활용하여 아버지의 희생적인 삶을 돌아보게 한다.

③ 해당 작품의 첫 연과 마지막 연을 보면 '두꺼비'라는 소재가 서로 호응이 되어 아버지의 모습을 은유적으로 표현한다는 점에서 시적 의미를 강조한 것으로 보인다.

⑤ '아버지는 그 집에서 긴 겨울잠에 들어갔다 봄이 지났으나 잔디만 깨어났다'에서 알 수 있듯이, 아버지의 죽음을 '잔디만 깨어났다'는 은유적 표현으로 표현한 것을 알 수 있다.

05 ④

'삐걱삐걱 소리를 치며'에서 북청 물장수의 모습이 나타나지만, 단호한 태도라든가, 그의 슬픔은 상황 해석이 불가능하므로 파악하기가 어렵다.

오답 피하기

① ㉠: '마다'에서 특정 행동이 반복됨을 알 수 있다.

② ㉡: '쏴아'에서 물 붓는 소리가 시원하게 들린다.

③ ㉢: '물에 젖은 꿈'이 북청 물장수를 부를 수 없으므로 현실과 꿈이 구분되지 않은 몽롱한 상태로 이해할 수 있다.

⑤ ㉤: '북청 물장수'라는 명사구로 끝맺고, 화자의 기다림으로 마무리되었다.

06 ④

㉣ 한발 재겨 디딜 곳: '혹독한 시련'이 아닌 잠시라도 쉴 수 있는 공간을 의미한다. 따라서 ㉣만 함축하고 있는 의미가 다르다.

오답 피하기

① ㉠ 매운 계절의 챗죽: '혹독한 시련'을 의미한다.

② ㉡ 지쳐 끝난 고원(高原): 한계를 드러내는 공간으로 역시 '혹독한 시련'을 의미한다.

③ ㉢ 서리빨 칼날진 그우: '고원'을 의미하므로 역시 '혹독한 시련'을 의미한다.

07 ③

㉢: '부끄러운 일이다.'는 '시가 이렇게 쉽게 씌어지는' 자기의 모습에서 일어난 반성이다. 따라서 '친일파 지식인에 대한 비판'이라고 말하기가 어렵다.

오답 피하기

① ㉠: 화자가 있는 곳은 일본이다. 이를 인식한다는 말에서 조선인으로서의 정체성을 드러낸 것이라고 할 수 있다.

② ㉡: '한 줄 시를 적어 볼까'는 화자의 천명에 따른 것이다. 이를 '식민지 지식인으로 해야 할 일'로 볼 수 있으니 '소명 의식'이라고 해석할 수 있다.

④ ㉣: '최초의 악수'는 화자가 자신에게 눈물과 위안으로 잡는 것으로 어두운 현실을 극복해 나가겠다는 의지와 연결된다.

08 ①

선지를 보면 '자아'를 총 세 개로 나눈 것을 알 수 있다. 또한 기준으로 보면 '현실에 놓인 자아'와 '이를 반성하는 자아'로 나누는 것이 ①과 ②이고, '이상적 자아'와 '현실에 놓인 자아'를 나누는 것이 ③과 ④임을 알 수 있다. 이런 문제는 명확하게 분석되는 것 위주로 보는 것이 제일 좋은데, 그나마 이해가 빠른 것은 '현실에 놓인 자아'이다. 이 중 ⓐ(ⓑ는 같이), ⓔ'는 현재의 나를 말하며, 'ⓒ, ⓓ'는 내면적 자아이자 성찰하는 상황에 놓인 자아이므로 '성찰적 자아'라고 할 수 있다. 그리고 '성찰적 자아'는 '현실과 상반된 이상적 자아'라고 할 수 있다. 따라서 ③과 ④는 이를 바꾸었으므로 답이 되기 어렵다. 이를 바탕으로 볼 때 정답은 ①이 가장 적절하다.

09 ④

연마다 화자의 고뇌와 성찰을 진솔하게 담았으니 참으로 어려운 고민인데 이를 제목에서는 반대로 '쉽게 쓰인 것'이라고 표현하였다. 따라서 ④가 제목에 대한 이해로 가장 적절하다.

오답 피하기

① '시인의 평소 생각'도 맞으나 '표현 기법 없이 소박하게 나타난다.'라는 말은 판단하기가 어렵다. 게다가 이런 이유로 제목을 '쉽게 씌어진 시'라고 말한 것도 아니므로 제목에 대한 이해로 부적절하다.

② '쉽게 씌어진 시'는 '부끄러운 자아'와 연결하여 해석해야 한다. 즉, '독립지사로서의 저항 정신'을 드러내기 위한 표현으로 해석할 수는 있지만, '여과 없이 표현한 것'이 아니라 다듬어서 표현한 것이다. 따라서 해당 선지도 적절한 설명이 아니다.

③ '조선의 독립이 갑자기 쉽게 이루어질 것이라고 확고한 신념을 표현하려는 작품'이란 해석은 적절하지 않다. 해당 화자는 그날이 올 것이라 확고한 신념은 분명 지니고 있지만, '화자가 열망하는 독립이 갑자기 쉽게 이루어질 것'인지는 알 수 없다.

10 ②

3문단의 '눈을 감는 행위는 외면이나 도피가 아니라 피할 수 없는 현실적 조건을 새롭게 반성함으로써 현실의 진정한 면모와 마주하려는 적극적인 행위로 읽는다.'에서 현실적 조건을 외면하지 않고, 새롭게 인식하는 모습을 확인할 수 있다.

오답 피하기

① 1문단에서 '투사가 처한 극한의 상황'이 3개의 연에 걸쳐 제시되었다는 것과 달리 '계절의 변화'가 없으므로 적절하지 않다.
③ 1문단의 '「절정」은 크게 두 부분으로 나누어지는데'에서 시의 구성이 두 부분임을 알 수 있지만, '3개의 연'에는 투사의 상황을, '1개의 연'에는 시인의 상황을 제시하였으므로 '반목과 화해를 거듭한다.'라고 말할 수 없다.
※ 반목(反目): 서로서로 시기하고 미워함.
④ '냉엄한 현실과 같은 극한의 위기를 겪는' 입장은 '투사'이고, '인간과 역사에 대한 희망을 놓지 않으려는' 입장은 '시인'이다.

제3회

Answer

01 ④	02 ④	03 ①	04 ③	05 ①
06 ④	07 ④	08 ③	09 ②	10 ④

01 ④

(가)의 '여귀'는 '함께 돌아가다'로, 화자가 지향하는 태도와 관련이 깊다. 그러나 (나)의 '만리심'은 고향을 그리워하는 마음인데, 고향을 그리워하는 마음에서 벗어나고 싶다는 의지는 나타나 있지 않으므로 적절한 해석으로 볼 수 없다.

오답 피하기

① (가)의 '황조'는 화자의 외로운 상황과 대비되는 자연물로, 외로움을 유발한다.
② (나)의 '추풍'은 계절적 배경으로, 화자는 가을바람이 불자 감상적인 사람이 되었다. 이때, '날 아는 이 없다'는 말에서 외로움을, '만리를 달리는 마음'에서 고뇌 즉, 고민을 읽을 수 있다.
③ (가)의 '상의'는 '서로 의존함'을 의미하는데, 화자는 서로 정답고 같이 살아가는 모습을 긍정적으로 이해한다. 그리고 (나)의 '지음'은 '아는 이', 즉 친구와 같은 존재를 의미한다. 화자는 자신을 알아줄 이를 그리워하므로 이 역시 적절하다.

02 ④

'고조선 곽리자고의 아내 여옥이 지은 작품'은 「구지가」가 아니라 「공무도하가」이다. 따라서 정답은 ④이다.

오답 피하기

① 「구지가」는 향가 발생 이전의 고대가요에 해당하므로 ①은 무조건 적절한 선지이다. 참고로 '향가'는 신라시대이다.
② 해당 작품은 '환기-명령-가정-위협'으로 구성되어 있으므로, 해당 선지는 적절하다.
③ 집단적, 주술적 성격을 지닌 작품이기 때문에 종합 예술 성격을 띠고 있다고 볼 수 있다.

03 ①

기파랑의 인품을 좇고 싶어하는 화자의 마음이 두드러진 작품이다. 자신의 신세를 한탄하는 모습은 어디에도 없다.

오답 피하기

② 전체 10줄로 구성된 '10구체 향가'이고, 내용상 '기(4행)-서(4행)-결(2행)'로 되어 있다.
③ '잣나무 가지가 높아'에서 기파랑의 고매한 인품을 확인할 수 있다.
④ 낙구의 감탄사인 '아아'가 있으며, 이는 화자의 감정을 집약하는 것으로 볼 수 있다.

04 ③

㉢은 부모님이 같다란 의미이므로 추모하는 대상이 혈육임을 암시한다.

오답 피하기

① ㉠은 사랑하는 사람을 떠나보낸 이승과 저승의 길을 의미한다.
② ㉡에서 사랑하는 누이가 일찍 죽었음을 알 수 있다.
④ ㉣은 화자가 누이의 사별을 견디며 만나고 싶어 하는 공간으로 그려진다.

05 ①

화자는 '미타찰에서 누이를 만나고 싶다.'라고 밝힌 것을 보아 '재회에 대한 바람'이 있다고 해석할 수 있다.

오답 피하기

② 처음부터 끝까지 자기 생각을 반대로 말한 부분이 없다.
③ '누이를 다시 만나고 싶다.'라는 점에서 세속의 인연에 미련을 두고 있으므로, 해당 해석은 적절하지 않다.
④ 상황은 인식한 것은 맞으나 '객관적 배경 묘사'는 없다. 따라서 적절한 설명이 아니다.

월명사, 「제망매가(祭亡妹歌)」

삶과 죽음의 길은
여기(이승)에 있음에 머뭇거리고,
나는(=죽은 누이) 간다고 말도
못 다 이르고 갔는가?
어느 가을 이른 바람에
여기저기에 떨어지는 나뭇잎처럼
같은 나뭇가지(=부모님)에 나고서도
가는 곳을 모르겠구나.
아으, 미타찰(=극락세계)에서 만날 나(=화자)는,
불도를 닦으며 기다리겠다.

주제: 죽은 누이에 대한 추모와 슬픔의 종교적 승화.

06 ④

'천만'의 '천'과 '만'에 큰 숫자를 활용한 것은 맞으나, 자신이 한 잘못이 전혀 없음을 강조한 표현이지 임을 향한 화자의 그리움을 강조한 것은 아니다.

☑ 오답 피하기

① '접동새'를 활용하여 화자의 억울한 심정과 한, 슬픔의 감정을 드러내고 있다.

② '잔월효성'에 언급된 '달'과 '별'을 활용하여 화자의 억울함과 결백함을 강조하였다.

③ '뉘러시니잇가, 니즈시니잇가'에서 설의적 표현을 활용하여 화자의 슬픔을 강조하였다.

▌정서, 「정과정곡」

내 님믈 그리ᅀᆞ와 우니다니
현대역 | 나는 임을 그리워하여 울며 지냈더니,

산(山) 접동새 난 이슷ᄒᆞ요이다
현대역 | (나의 모습은) 마치 산에 사는 접동새와 비슷한 것 같습니다.

아니시며 거츠르신 ᄃᆞᆯ 아으
현대역 | (남들이 하는 그 말들은) 진실이 아니고, 거짓된 줄을,

잔월효성(殘月曉星)이 아ᄅᆞ시리이다
현대역 | 나의 결백은 새벽녘의 달과 별이 알 것입니다.

넉시라도 님은 ᄒᆞᆫᄃᆡ 녀져라 아으
현대역 | 넋이라도 임과 함께 지내고 싶습니다.

벼기더시니 뉘러시니잇가
현대역 | 우기시던 사람이 누구십니까?

과(過)도 허믈도 천만(千萬) 업소이다
현대역 | 나는 잘못도 허물도 전혀 없습니다.

ᄆᆞᆯ힛 마리신뎌
현대역 | 뭇 사람들이 하는 헛소리입니다.

ᄉᆞᆯ읏븐뎌 아으
현대역 | 슬픕니다(말하고 싶습니다, 사라지고 싶습니다.)

니미 나ᄅᆞᆯ ᄒᆞ마 니즈시니잇가
현대역 | 임께서는 벌써 나를 잊으셨습니까?

아소 님하 도람 드르샤 괴오쇼셔.
현대역 | 아아, 임이여, 되돌려 나를 다시 사랑해 주세요.

주제 : 자신의 결백과 임금에 대한 충절.

07 ④

②: 앞의 상황과 연결하여 '꾀꼬리새는 때가 되어 오는데, 왜 내 임은 오지 않는지'를 파악해야 한다. 따라서 '므슴다'를 '무심하구나'라고 해석하는 것이 아니라 '무엇 때문에'로 해석해야 한다. 즉, 임이 오지 않은 상황에 대한 화자의 궁금증으로 보아야 한다는 의미이다.

☑ 오답 피하기

① ㉠: '등불'과 연관되어 있어야 하므로 '컨'이라고 해석해야 한다.

② ㉡: '남이 부러워할 모습을 지닌 진달래꽃 같은 임'을 말하고자 하는 의도가 있으므로, '즈슬'은 '모습'으로 해석하면 된다.

③ ㉢: '임과 다르게 잊지 않고 오는 꾀꼬리새'의 상황을 보여 주므로, '니저'가 아니라 '잊어'로 해석해야 한다.

▌작자 미상, 「동동(動動)」

二月ㅅ 보로매 아으 노피 현 燈ㅅ블 다호라
현대역 | 2월 보름에 아아, 높이 켜 놓은(=컨) 연등의 등불 같구나.

萬人 비취실 즈싀샷다 아으 動動다리
현대역 | 만인을 비추실 모습이시도다.

주제 : 임을 등불에 비유하여 송축함.

三月 나며 開ᄒᆞᆫ 아으 滿春 ᄃᆞᆯ욋고지여
현대역 | 3월이 지나면 피어난 아아, 늦봄의 진달래꽃이여.

ᄂᆞ미 브롤 즈슬 디녀 나샷다 아으 動動다리
현대역 | 남이 부러워할 만한 모습을 지니고 태어나셨구나

주제 : 아름다운 임의 모습을 진달래꽃에 빗댐.

四月 아니 니저 아으 오실셔 곳고리새여
현대역 | 4월을 잊지 않고 아아, 오는구나. 꾀꼬리 새여

므슴다 錄事니믄 녯 나ᄅᆞᆯ 닛고신뎌 아으 動動다리
현대역 | 무엇 때문에 녹사님은 옛날의 나를 잊고 계시는가?

주제 : 오지 않는 임을 향한 그리움.

08 ③

(가)와 (나) 모두 이별 상황에 대하여 받아들이는 자세를 보인다.

☑ 오답 피하기

① (가)는 임과의 재회를 바라고 있으나, (나)는 그렇지 않다.

② (나)는 '영변(寧邊)에 약산(藥山)'에서 구체적인 지명을 확인할 수 있으나, (가)는 그렇지 않다.

④ (가)와 (나) 모두 이별의 원인을 '외부'에서 찾지 않는다. 특히 (나)는 '나 보기가 역겨워'에서 외부가 아닌 자기 자신에게 찾으므로 '외부'라고 말하기가 어렵다.

09 ②

ⓒ 서러운 임 : '서럽다'의 주체를 화자로 본다면, 화자가 해당 상황을 서러워한 것으로 이해가 되므로, 임 역시 이별 상황을 아쉬워한다는 해석은 적절하지 않다.

✅ 오답 피하기

① ㉠ 서운하면 아니 올까 두려워라. : 화자가 임을 떠나보내는 이유가 나타나 있다. 서러운 상황을 최대한 인내하려는 화자의 태도를 확인할 수 있다.

③ ㉢ 진달래꽃 : '임을 향한 화자의 변함없는 사랑'을 의미한다.

④ ㉣ 죽어도 아니 눈물 흘리우리다. : 반어적 표현으로, 이별 상황에 대한 슬픔을 인내하는 태도와 연결된다.

10 ④

(가)와 (나) 모두 기승전결의 구성을 보이고 있는데, 해당 내용은 외워야만 알 수 있다. (가)와 (나) 모두 연마다 '기-승-전-결'에 해당하는데, 특히 (나)는 '이별의 상황에 대한 체념-떠나는 임에 대한 축복-임을 위한 희생적 사랑-인고를 통한 이별의 슬픔 극복'의 방식으로 되어 있어, 한시의 구조를 이어받았다는 평이 있다.

✅ 오답 피하기

① (가)는 고려가요이고, (나)는 현대시이다. (나)가 수미상관의 형식을 보이고 있으므로 적절한 설명이 아니다.

② (가)와 (나) 모두 시어의 반복을 활용하여 운율을 형성하였다. (가)는 '가시리잇고'에서, (나)는 '나 보기가 역겨워 / 가실 때에는'에서 확인할 수 있다.

③ (가)는 전통적인 3·3·2조의 3음보 율격이지만, (나)는 7·5조의 3음보 율격이므로 글자 수가

■ 작자 미상, 「가시리」

> 가시리 가시리잇고 나는*
> 현대역 | (임이시여) 가시렵니까?
>
> 버리고 가시리잇고 나는
> 현대역 | (저를) 버리고 가시렵니까?
> 위 증즐가 대평성대(大平盛代)
>
> 날러는 어찌 살라 하고
> 현대역 | 날더러 어찌 살라고
>
> 버리고 가시리잇고 나는
> 현대역 | (저를) 버리고 가시렵니까?
> 위 증즐가 대평성대(大平盛代)
>
> 잡사와 두어리마나는
> 현대역 | (임을) 붙잡아 두고 싶지만,
>
> 선하면* 아니 올세라*
> 현대역 | (임께서) 서운하면 아니 올까 두려워서
>
> 위 증즐가 대평성대(大平盛代)
>
> 설온* 님 보내옵나니 나는
> 현대역 | 서러운 임 보내 드리니,(① 나를 서럽게 한 임, ② 나와의 이별을 서러워하는 임)

> 가시는 듯 돌아오소서 나는
> 현대역 | 가시자마자 다시 돌아오소서.(간절한 기다림)
> 위 증즐가 대평성대(大平盛代)

* 나는(특별한 의미 없이, 음악적 효과를 위해 사용하는 여음.)
* 선하면 : 서운하면. 귀찮게 하면.
* 아니 올세라 : 오지 않을까 두렵습니다.
* 설온 : 서러운.

주제 : 이별의 정한.

제4회

📍 Answer

01	①	02	④	03	③	04	①	05	③
06	②	07	①	08	②	09	④	10	④

01 ①

'늙음에 대한 한탄'이란 주제로 유명한 '우탁'의 시조이다. '인생의 덧없음'은 '허무함'과 관련된 표현으로, 어떠한 기대감에 의한 실망이나 괴로운 어조가 있어야 하는데, '늙음'은 자연의 섭리에 해당하기 때문에 이와 관련지어 해석하기가 어렵다. 또한 관조적이란 고요한 마음 상태에서 멀리 바라보는 듯한 태도를 의미하므로, 이 역시 적절하다고 볼 수 없다.

✅ 오답 피하기

② '백발(白髮)이 제 몬져 알고 즈럼길노 오더라'에서 '늙음'을 마치 사람처럼 움직일 수 있는 구체적인 대상으로 그리고 있다는 점에서 '의인법'이 쓰였음을 알 수 있다.

③ '자연의 섭리'는 바로 늙음을 의미하는데, 이를 막으려고 노력하는 모습을 재밌게 그렸다는 점에서 해학적 표현을 확인할 수 있다.

④ '인간의 한계를 드러낸다.'라는 말을 '늙음을 막을 수 없다.'라는 말로 치환해야 한다. 이 부분이 분석되어야, 늙음이란 운명을 거부할 수 없다는 것까지 빠르게 이해가 될 것이다.

■ 우탁, 「한 손에 막대를 잡고~」

> 흔 손에 막뒤 잡고 또 흔 손에 가싀 쥐고
> 현대역 | 한 손에 막대를 쥐고, 또 한 손에 가시를 쥐고,
>
> 늙는 길 가싀로 막고 오는 백발(白髮) 막뒤로 치려터니
> 현대역 | 늙는 길을 가시로 막고, 오는 백발을 막대로 치려고 했더니,(추상의 구체화)
>
> 백발(白髮)이 제 몬져 알고 즈럼길노 오더라
> 현대역 | 백발이 제가 먼저 알고서 지름길로 오더라.(해학적 표현)

주제 : 늙음에 대한 수용.

02 ④

'옥당'은 화자가 있는 곳이므로 임금이 머무는 곳이라고 말할 수 없다.

☑ 오답 피하기

① '풍상'은 바람과 서리로, 부정적인 현실을 의미한다. 따라서 시련을 뜻한다는 말은 적절하다.

② '황국화'는 임금이 화자에게 보낸 것인데, '충'이라는 상징적 의미를 지닌다. 따라서 지조와 절개를 지키는 신하를 비유한다는 말은 적절하다.

③ '금분'은 임금이 나에게 보낸 정성스러운 선물이므로, 화자를 생각하는 자애로운 마음으로 해석할 수 있다.

⑤ '도리'는 '국화'와 대비되는 소재로 달콤한 말로 남을 속이는 변절자를 뜻한다.

■ 송순, 「自上特賜黃菊玉堂歌」

> 풍상(風霜)이 섯거친 날의 궃피온 황국화(黃菊花)를
> **현대역** | 바람이 불고 서리가 내린 날에 갓 피어난 노란 국화꽃을 (＝절개가 굳은 충신)
>
> 금분(金盆)에 궃득 담아 옥당(玉堂)의 보너오니
> **현대역** | 임금께서 좋은 화분에 담아 홍문관(화자가 있는 곳)에 보내 주시니,
>
> 도리(桃李)야 곳인 체 마라 님의 뜻을 알쾌라
> **현대역** | 복숭아꽃과 자두꽃이야(＝쉽게 변절하는 신하), 꽃인 체도 하지 마라. 국화를 보내신 임금의 뜻을 알겠구나.

작품 특징

- **주제** : 임금에 대한 변함없는 충성을 맹세.
- **특징**
  ① 대비되는 대상이 나타나 있다.(황국화(黃菊花) ↔ 도리(桃李))
  ② 화자가 현재 일하는 공간이 나타나 있다.(옥당(玉堂))
  ③ 말을 건네는 어투가 나타나 있다.(종장)
  ④ '풍상'은 시련을 의미한다.
  ⑤ '도리'는 쉽게 변절하는 신하를 상징한다.
  ⑥ '황국화'는 절개가 굳은 신하를 상징한다.

03 ③

'삼경'은 '하룻밤을 오경(五更)으로 나눈 셋째 부분. 밤 열한 시에서 새벽 한 시 사이이다.≒삼고, 야경, 야삼경.'이다.
※ 일경(一更) : 저녁 7시-저녁 9시(초경(初更))
※ 이경(二更) : 밤 9시-밤 11시
※ 삼경(三更) : 밤 11시-새벽 1시
※ 사경(四更) : 새벽 1시-새벽 3시
※ 오경(五更) : 새벽 3시-새벽 5시

■ 이조년, 「이화에 월백하고~」

> 이화에 월백ᄒ고 은한이 삼경인 제
> **현대역** | 하얗게 핀 배꽃에 달은 환히 비치고 은하수는 자정(밤 11시 ～오전 1시)을 알리는 때에
>
> 일지춘심을 자규야 알랴마는
> **현대역** | 배꽃 한 가지에 어린 봄날의 정서를 자규(＝소쩍새, 접동새, 이별의 정한 상징)가 알고서 저리 우는 것일까마는,(선경)
>
> 다정도 병인냥ᄒ여 좀 못 드러 ᄒ노라
> **현대역** | 다정다감한 나는 그것이 병인 양, 잠을 이루지 못하노라. (후정)

작품 특징

- **주제** : 봄밤의 애상적 정서.
- **특징**
  ① 선경후정의 구조로 나타나 있다.(선경(초장, 중장), 후정 (종장))
  ② 시간적 배경이 나타나 있다.(월백(月白), 삼경(三更))
  ③ 시각적(초장), 청각적(중장) 이미지를 활용하였다.(자규(子規))
  ④ '이화'와 '월백'의 흰색 이미지를 활용하였다.
  ⑤ 비유와 상징이 나타나 있다.

04 ①

임과 헤어져 있는 괴로움은 여전히 유지되므로 해소된다고 말할 수 없다.

☑ 오답 피하기

② 초장과 중장에서의 '비'는 화자의 잠을 깨게 하는 대상이므로 '대립이 있다'고 말할 수 있다.

③ '종장'에서 '비'는 화자의 슬픔이 이입된 대상이므로 원망의 대상이었던 '초장과 중장의 시상'이 전환된다는 설명은 적절하다.

④ '돗듯'에서 직유법을 확인할 수 있다.

⑤ 전체적으로 화자는 임을 그리워한다.

■ 작자 미상, 「연못에 비오는 소리~」

> 연못에 비오는 소리 그 무엇이 놀랍관대
> **현대역** | 연못에 비가 오는 소리는 그 무엇이 놀랍길래,
>
> 임 보러 가던 꿈이 못 보고 깨돗던고
> **현대역** | 임을 보러 가던 꿈에서 (임을) 못 보고 깨우는가?
>
> 잎 위에 구슬만 담겨 눈물 듣듯 하더라
> **현대역** | (그런데) 잎 위에 구슬만 담겨 (있는 그 모습이) 마치 눈물 돗듯 하구나.
>
> 주제 : 사랑

05 ③

(나)의 초장, 중장, 종장, 어디에도 세속적 욕망이 나타나 있지 않다.

✅ **오답 피하기**
① (가)와 (나) 모두 자연에 귀의하거나 자연물과 친하려는 것을 보아 자연과 인생의 조화를 노래하고 있다고 볼 수 있다.
② (가)에서 자연은 대가를 요구하지 않는다는 말을 초장과 중장에서, 그리고 아무 근심 없이 살고 싶다는 마음을 종장에서 밝혔다.
④ (가)와 (나) 모두 자연과 더불어 살고자 하는 자연친화적 태도를 읽을 수 있다.

▶ 성혼, 「말 없슨 청산이오~」

> 말 업슨 청산(靑山)이오 태(態) 업슨 유수(流水)로다
> 현대역 | 말이 없는 것은 청산이요, 모양이 없는 것은 흐르는 물이로다.
>
> 갑 업슨 청풍(淸風)이오 님즈 업슨 명월(明月)이로다
> 현대역 | 값이 없는 것은 바람이요, 주인이 없는 것은 밝은 달이로다.
>
> 이 중에 병 업슨 이 몸이 분별 업시 늘그리라
> 현대역 | 이러한 자연 속에서 병 없는 이 몸이 아무 근심 없이 늙으리라.
>
> 주제 : 자연에 귀의하여 살려는 물아일체의 마음.

▶ 윤선도, 「내 벗이 몇이나 하니~」

> 내 벗이 몇이나 하니 수석(水石)과 송죽(松竹)이라
> 현대역 | 내 친구가 몇이나 하니, '물, 돌'과 '소나무, 대나무'이라.
>
> 동산(東山)에 달 오르니 그 더욱 반갑고야
> 현대역 | 동산에 달이 오르니, 그것이 더욱 반갑구나.
>
> 두어라 이 다섯밖에 또 더하여 무엇하리
> 현대역 | 두어라, 이 다섯 외에 또 더하여 무엇하리.
>
> 주제 : 자연친화, 자연의 벗.

06 ②

'푸르다'에는 시각적 이미지가 강조되지만, 청각적 이미지는 확인하기가 어렵다.

✅ **오답 피하기**
① '청산'은 화자의 변함없는 화자의 뜻을 의미하고, '녹수'는 사랑하는 임의 뜻이자, 변하는 대상이다. 따라서 이 둘은 대비되는 시어이자, 화자가 처한 상황이라 해석할 수 있다.
③ (가)에는 '청산(靑山)은 내 뜻이오 녹수(綠水)는 님의 정(情)이'에서 대구를 확인할 수 있으며, (나)에는 '청산(靑山)는 엇뎨ᄒ야 만고(萬古)애 프르르며/유수(流水)는 엇뎨ᄒ야 주야(晝夜)애 긋디 아니는고'에서 대구를 확인할 수 있다.
④ (가)에는 '변(變)홀손가'에서 설의적 표현을 확인할 수 있으며, (나)에는 '긋디 아니는고'에서 설의적 표현을 확인할 수 있다. 모두 화자의 정서와 연결된다.

▶ 황진이, 「청산은 내 뜻이오~」

> 청산(靑山)은 내 뜻이오 녹수(綠水)는 님의 정(情)이
> 현대역 | 청산은 나의 뜻이요, 녹수는 임의 정이로다.
>
> 녹수(綠水) ㅣ 흘너간들 청산(靑山)이야 변(變)홀손가
> 현대역 | 녹수야 흘러 흘러간다지만, 청산이야 (녹수처럼) 변하겠는가?
>
> 녹수(綠水)도 청산(靑山)을 못 니저 우러 녜여 가는고
> 현대역 | 녹수도 청산을 잊지 못하여 울면서 흘러가는구나.
>
> 주제 : 임에 대한 변함없는 사랑과 애틋한 그리움.

▶ 이황, 「청산은 어찌하여~」

> 청산(靑山)는 엇뎨ᄒ야 만고(萬古)애 프르르며
> 현대역 | 청산은 어찌하여 영원히 푸르르며,
>
> 유수(流水)는 엇뎨ᄒ야 주야(晝夜)애 긋디 아니는고
> 현대역 | 흐르는 물은 어찌하여 밤낮으로 그치지 아니하는가?
>
> 우리도 그치디 마라 만고상청(萬古常靑)호리라.
> 현대역 | 우리도 그치지 말고, 언제나 푸르리라.(변함없이 학문 수양의 태도를 지니자는 의미임.)
>
> 주제 : 변함없는 학문 수양의 의지.

07 ①

(가) '만월대'에서 고려임을 알 수 있고, (나)에서는 '선인교, 자하동'에서 고려임을 알 수 있다. 그리고 (다)는 '오백년'이란 말에서 확인할 수 있다. 모두 '망국의 한'을 노래한다. 그런데 모두 역사적 사건이 동일한지는 알 수가 없고, '고려 왕조'라는 공통점을 고려한다면 적절성을 올바르게 판단하기가 어렵다. 결국 정서적으로 슬픈가에 달려 있는데 (나)의 시만이, '고국흥망을 말해 무엇 하는가, 이를 잊고 새롭게 시작하자'는 정도전의 생각이 담긴 시이므로 슬퍼한다는 정서와 어울리지 않는다.

✅ **오답 피하기**
② '오백년, 반천년, 오백년' 모두 고려 시대를 가리키므로 동일한 뜻을 지녔다고 볼 수 있다.
③ (가)의 '목적'은 '목동이 부는 피리'를 의미하는 것이 맞다. 이는 황망하게 무너진 고려시대를 안타까워하는 감정을 청각적 상징으로 표현한 것이다. 따라서 '흥망성쇠의 무상함에 대한 청각적 상징 표현'은 적절한 해석이다.
④ (가)의 '부쳐시니'는 '깃들어 있으니', (나)의 '무엇ᄒ리오'는 '무엇 하겠는가', (다)의 '인걸'은 '뛰어난 인재'를 의미한다.
⑤ (가)~(다)와 같은 평시조는 고려 말기부터 발달한 우리나라 고유의 정형시이다. 3장 6구 4음보의 형태를 지니고 초장, 중장, 종장의 구성을 지녔다.

■ 원천석, 「흥망이 유수하니~」

흥망이 유수(有數)하니 만월대도 추초(秋草)로다
현대역 | 흥하고 망함이 하늘에 달렸으니, 만월대도 가을 풀만 가득하구나.(쇠락한 고려 왕조를 의미)

오백 년 왕업이 목적(牧笛)에 부쳐시니
현대역 | 500년 왕업이 목동의 피리 소리에 들어 있으니,(세월의 무상)

석양에 지나는 객이 눈물계워 하노라
현대역 | 석양에 지나는 나그네(=화자)가 눈물 겨워 하노라.(애상, 망국의 한)

주제 : 고려 왕조에 대한 회고, 무상감과 애상감.

■ 정도전, 「선인교 나린 물이~」

선인교(仙人橋) 나린 물이 자하동(紫霞洞)에 흐르르니
현대역 | 선인교 내린 물이 자하동에 흘러 들어,

반천년 왕업(半千年 王業)이 물소리뿐이로다
현대역 | 반천년 왕업이 물소리뿐이로구나.

아희야 고국흥망(故國興亡)을 물어 무엇ㅎ리오
현대역 | 아이야, 고국흥망 물어 무엇하리오.(이미 망해 버린 나라의 흥망을 물어봤자 덧없고 부질없다는 의미.)

作品 特徵

• 주제 : 고려에 대한 회고, 화자의 무상감.
• 특징
  ① 영탄법이 나타나 있다.(물소리뿐이로다)
  ② 설의법이 나타나 있다.(물어 무엇ㅎ리오)
  ③ 비유와 상징이 나타나 있다.
  ④ 청각적 이미지가 나타나 있다.(물소리)
  ⑤ 말을 건네는 어투가 나타나 있다.(아희야 고국흥망(故國興亡)을 물어 무엇ㅎ리오)

■ 원천석, 「오백 년 도읍지를~」

오백년(五百年) 도읍지(都邑地)를 필마(匹馬)로 도라드니
현대역 | 오백년 도읍지를 필마로 돌아드니,

산천(山川)은 의구(依舊)ㅎ되 인걸(人傑)은 간 듸 업다
현대역 | 산천은 의구하되, 인걸은 간 곳이 없다.

어즈버 태평연월(太平烟月)이 숨이런가 ㅎ노라
현대역 | 아아, 태평연월이 꿈인가 하노라.

作品 特徵

• 주제 : 나라의 망함과 인생의 덧없음
• 특징
  ① 구체적인 수치를 통해 제시하고 있다.(오백년(五百年))
  ② 두 대상이 대비되어 제시되어 있다.
    (산천(山川)(불변, 무한) - 인걸(人傑)(가변, 유한))

---

  ③ 대구적 표현을 통해 리듬감을 자아내고 있다.
    (산천(山川)은 의구(依舊)ㅎ되 인걸(人傑)은 간 듸 업다)
  ④ 감탄사를 이용하여 화자의 감정을 드러내고 있다.(어즈버)
  ⑤ 인생의 덧없음을 느끼고 있다.(인생무상, 허무 등)
    (숨이런가 ㅎ노라)

08 ②

'초야우생'은 시골에 묻혀 사는 어리석은 사람, 즉 화사 자신을 겸손하게 말한 것이다. '초야우생'은 '천석고황'과 연결되어 '자연을 그리워하는 모습'을 읽을 수 있을 뿐, '속세를 그리워한다'는 해석은 할 수 없다.

☑ 오답 피하기
① ㉠은 욕심이 없는 화자의 모습을 객관적 상관물이 '배'를 활용하여 표현한 것이다.
③ ㉢은 화자 주변에 있는 자연물로, 이를 둘러놓고 보겠다는 화자의 마음에서, 자연의 일부가 되어 살아가는 화자의 모습을 상상할 수 있다.
④ ㉣은 화자의 몸을 가리키는데, 현실의 근심과 괴로움으로부터 벗어난 몸이므로 초탈한 화자의 모습이라고 해석할 수 있다.

■ 월산 대군, 「추강에 밤이 드니~」

추강(秋江)에 밤이 드니 물결이 차노매라
현대역 | 가을 강에 밤이 드니, 물결이 차갑구나.

낚시 드리치니 고기 아니 무노매라
현대역 | 낚시를 드리우니, 고기가 물지 않는구나.

무심한 달빛만 싣고 빈 배 저어 오노라
현대역 | 욕심 없는 달빛(상징)만 싣고 빈 배(무욕의 심리)를 노 저어 오노라.

作品 特徵

• 주제 : 쓸쓸한 가을밤과 세속의 욕심을 초월.(공허함도 함께)
• 특징
  ① 대구법이 나타나 있다.(초장-중장)
  ② 반복법이 나타나 있다.(-매라)
  ③ 무욕의 경지가 나타나 있다.(종장)
  ④ 쓸쓸함을 자아내는 시어들 배치되어 있다.
  ⑤ 유유자적한 삶을 살겠다는 마음가짐이 나타난다.
  ⑥ 가을밤을 배경으로 그렸다는 점이 특징이다.

■ 이황, 「이런들 엇더하며~」

이런들 엇더ㅎ며 뎌런들 엇더ㅎ료
현대역 | 이렇게 한들 어떠하며 저렇게 한들 어떠하랴?

초야우생(草野愚生)이 이러타 엇더ㅎ료
현대역 | 시골에 묻혀 사는 어리석은 사람이 이렇게 산다고 해서 어떠하랴?

ㅎ물며 천석고황(泉石膏肓)을 고텨 므슴ㅎ료.
현대역 | 더구나 자연을 버리고는 살 수 없는 마음을 고쳐서 무엇하랴?

주제 : 자연 속에서 순리대로 살아가려는 마음

■ 송순, 「십 년을 경영하여~」

> 십 년을 경영ᄒᆞ여 초려삼간 지여 내니
> 현대역 | 십 년을 준비하여 초가삼간을 지으니,
>
> 나 ᄒᆞᆫ 간 ᄃᆞᆯ ᄒᆞᆫ 간에 청풍 ᄒᆞᆫ 간 맛겨 두고
> 현대역 | 나 한 칸, 달 한 칸, 맑은 바람 한 칸 맡아 두고,
>
> 강산은 들일 ᄃᆡ 업스니 둘러 두고 보리라.
> 현대역 | 강산은 들일 방이 없으니, 둘러놓고 보겠노라.

주제: 안빈낙도와 물아일체의 삶을 추구.

■ 성혼, 「말 업슨 청산이오~」

> 말 업슨 청산(靑山)이오 태(態) 업슨 유수(流水)로다
> 현대역 | 말이 없는 것은 청산이요, 모양이 없는 것은 흐르는 물이로다.
>
> 갑 업슨 청풍(淸風)이오 님ᄌᆞ 업슨 명월(明月)이로다
> 현대역 | 값이 없는 것은 바람이요, 주인이 없는 것은 밝은 달이로다.
>
> 이 중에 병 업슨 이 몸이 분별 업시 늘그리라
> 현대역 | 이러한 자연 속에서 병 없는 이 몸이 아무 근심 없이 늙으리라.

주제: 자연에 귀의하여 살려는 물아일체의 마음.

09 ④

㉣의 '해'는 임금을 의미한다. '서산의 해가 진다'는 말은 '임금이 승하하셨다.'는 의미이므로, '오랜 세월을 함께한 벗'으로 해석할 수 없다.

☑ 오답 피하기

① ㉠의 '낙락장송'은 수양대군으로 인해 희생당한 충신들을 의미한다. 따라서 '억울하게 해를 입은 충신을 가리킨다.'는 말을 적절하다. 또한 '기울어 간다, 몰아치는 눈서리'를 바탕으로 볼 때, 부정적인 현실에 놓인 ㉠으로 해석할 수 있다.
② ㉡의 '임'은 임금을 의미한다. '구중심처'가 궁궐을 의미하며, '임'은 대체로 '사랑하는 임' 또는 '임금'으로 해석하는 경향이 있으므로, '궁궐에 계신 임금'은 적절한 설명이라 할 수 있다.
③ ㉢의 '저'는 나를 가리키는 말이 아닌 화자가 사랑하는 임이자 이별한 임을 의미한다.

■ 유응부, 「간밤의 부던 바람에~」

> 간밤의 부던 ᄇᆞ람에 눈서리 치단 말가
> 현대역 | 간밤에 불던 바람에 눈서리를 몰아치게 했단 말인가?
>
> 낙락장송(落落長松)이 다 기우러 가노ᄆᆡ라
> 현대역 | 정정하게 큰 소나무들이 다 쓰러져 가는구나.
>
> ᄒᆞᆯ믈며 못다 픤 곳이야 닐러 무슴 ᄒᆞ리오.
> 현대역 | 하물며 아직 피지 못한 꽃들이야 말해서 무엇하겠느냐?

주제: 우국충정.

■ 이항복, 「철령 노픈 봉에~」

> 철령 노픈 봉에 쉬어 넘는 져 구름아
> 현대역 | 철령 높은 봉우리를 겨우 쉬었다가 넘는 저 구름아.
>
> 고신원루(孤臣冤淚)를 비 사마 씌어다가
> 현대역 | 임금의 사랑을 받지 못한 외로운 신하의 슬픔을 비로 만들어 띄워 가서
>
> 님 계신 구중심처(九重深處)에 ᄲᅮ려 본들 엇드리.
> 현대역 | 임금이 계신 깊은 대궐 안에 뿌리는 것이 어떠하겠는가?

주제: 임금에 대한 변함없는 충심.

■ 계랑, 「이화우 훗ᄲᆞ릴 제~」

> 이화우(梨花雨) 훗ᄲᆞ릴 제 울며 잡고 이별(離別)ᄒᆞᆫ 님
> 현대역 | 배꽃이 비처럼 흩날리는 봄에 손잡고 울며 헤어진 님,
>
> 추풍낙엽(秋風落葉)에 저도 날 싱각ᄂᆞᆫ가
> 현대역 | 바람 불고 낙엽이 지는 이 가을에도 나를 생각하고 계실까?
>
> 천 리(千里)에 외로운 ᄭᅮᆷ만 오락가락 ᄒᆞ노매.
> 현대역 | 천 리 길 머나먼 곳에 외로운 꿈만 오락가락하는구나.

주제: 임에 대한 그리움.

■ 조식, 「삼동에 베옷 입고~」

> 삼동(三冬)에 베옷 입고 암혈(巖穴)에 눈비 맞아
> 현대역 | 한겨울에 베옷을 입고, 바위굴에서 눈비를 맞으며,
>
> 구름 낀 볕뉘도 쬔 적이 없건마는
> 현대역 | 구름 사이로 비친 햇살도(=임금의 작은 은총) 쬔 적이 없지마는,
>
> 서산에 해 지다 하니 눈물겨워 하노라.
> 현대역 | 서산에 해가 졌다는(=임금의 승하) 소식을 들으니, 눈물이 나는구나.

주제: 임금의 승하에 대한 화자의 슬픔과 애도.

10 ④

'농암에 올라가서 눈앞에 있는 물과 언덕을 보며 어제 본 듯 반갑다'는 내용이 담긴 작품이다. 자연과의 대조는 중장에서 확인되지만, 이를 통해 허약해진 노년의 무력함을 표현한 것은 아니다.

☑ 오답 피하기

① (가)의 '유자 안이라도'에서 '육적회귤'이란 고사를 확인할 수 있으며, '품어 가서 반길 사람이 없다'에서 부모님의 부재를 확인할 수 있다.
② (나)의 '서리서리, 구뷔구뷔'에서 의태적 심상을 확인할 수 있다. 또한 임을 기다린다는 점에서 임을 그리워한다는 정서를 확인할 수 있다.
③ (다)의 초장과 중장에서 대구법을 확인할 수 있으며, '업슨'이란 시어가 반복된다. 또한 자연친화적 태도를 취하므로 '자연에 귀의하려는 의지' 역시 읽을 수 있다.

■ 박인로, 「반중 조홍감이~」

> 반중(盤中) 조홍(早紅)감이 고아도 보이ᄂ다
> 현대역 | 소반에 놓인 붉은 감이 곱게도 보이는구나.
>
> 유자 안이라도 품엄즉도 ᄒ다마는
> 현대역 | 비록 유자가 아니라도 품어 갈 마음이 있지마는,(육적의 회귤 고사와 관련이 있음.)
>
> 품어 가 반기리 업슬새 글노 설워ᄒᄂ이다
> 현대역 | 품어 가도 반가워해 주실 부모님이 안 계시니 서러워하노라.
> ─────────────
> 주제: 돌아가신 부모님을 향한 그리움.

■ 황진이, 「동짓달 기나긴 밤을~」

> 동짓ᄃ 기나긴 밤을 한 허리를 버혀 내여
> 현대역 | 동짓달 기나긴 밤의 한가운데를 베어 내어(주관적 변용)
>
> 춘풍 니불 아래 서리서리 너헛다가
> 현대역 | 봄바람처럼 따뜻한 이불 속에 서리서리 넣어 두었다가
>
> 어론 님 오신 날 밤이여든 구뷔구뷔 펴리라
> 현대역 | 정든 임이 오시는 날 밤이면 굽이굽이 펴리라.
> ─────────────
> 주제: 임을 향한 그리움과 사랑.

■ 성혼, 「말 업슨 청산이오~」

> 말 업슨 청산(靑山)이오 태(態) 업슨 유수(流水)로다
> 현대역 | 말이 없는 것은 청산이요, 모양이 없는 것은 흐르는 물이로다.
>
> 갑 업슨 청풍(淸風)이오 님즈 업슨 명월(明月)이로다
> 현대역 | 값이 없는 것은 바람이요, 주인이 없는 것은 밝은 달이로다.
>
> 이 중에 병 업슨 이 몸이 분별 업시 늘그리라
> 현대역 | 이러한 자연 속에서 병 없는 이 몸이 아무 근심 없이 늙으리라.
> ─────────────
> 주제: 자연에 귀의하여 살려는 물아일체의 마음.

■ 이현보, 「농암에 올라보니~」

> 농암(籠巖)에 올라보니 노안(老眼)이 유명(猶明)이로다
> 현대역 | 고향 바위에 올라 보니, 늙은이의 눈이 오히려 밝구나.
>
> 인사(人事)이 변ᄒᆫ들 산천이ᄯᆫ 가샐가
> 현대역 | 인간 세상의 일이 변한들, 자연이야 변하겠는가?
>
> 암전(巖前)에 모수 모구(某水 某丘)이 어제 본 ᄃᆺᄒ예라
> 현대역 | 바위 앞의 물과 언덕들도 어제 본 듯하구나.
> ─────────────
> 주제: 변하지 않은 고향 산천을 본 반가움.

제5회

📍 Answer

| 01 ① | 02 ② | 03 ③ | 04 ② | 05 ③ |
| 06 ② | 07 ① | 08 ③ | 09 ④ | 10 ② |

01 ①

'못 오던가'가 반복되어, 화자에게 오지 않는 임을 향한 원망의 어조와 섭섭한 감정이 드러나 있다.

☑ 오답 피하기

② '한 달, 서른 날, 하루' 등의 날짜는 있으나, 모두 화자의 그리움과 관련된 날짜일 뿐, 특별하게 의미가 대비되지 않는다.
③ 화자의 감정은 기복 없이 슬프고 애상적인 정서로 일관되어 나타난다.
④ '성 안 → 담 안 → 집 안 → 뒤주 안'으로 점점 공간이 축소되는 것은 맞지만, '너'를 만날 수 있다는 희망은 있지 않다.

■ 작자 미상, 「어이 못 오던가」

> 어이 못 오던가, 무슨 일로 못 오던가.
> 현대역 | 어찌하여 못 오던가, 무슨 일로 못 오던가?
>
> 너 오는 길에 무쇠로 성을 쌓고 성 안에 담 쌓고 담 안에 집을 짓고 집 안에 뒤주 놓고 뒤주 안에 궤를 놓고 그 안에 너를 필(必)자형으로 결박하여 넣고 쌍배목(雙排目) 걸쇠에 금거북 자물쇠로 깊숙이 잠가 있더냐, 네 어이 그리 아니 오더냐.
> 현대역 | 네가 오는 길에 무쇠로 성을 쌓고, 성 안에 담을 쌓고, 담 안에 집을 짓고, 집 안에 뒤주를 놓고, 뒤주 안에 궤를 놓고, 그 안에 너를 필자형으로 결박하여 넣고, 쌍배목 걸쇠에 금거북 자물쇠로 깊숙이 잠가 두었느냐? 네 어찌 그리 오지 않았느냐?
>
> 한 달 서른 날에 날 와 볼 하루가 없으랴.
> 현대역 | 한 달 서른 날에 나를 와 볼 하루가 없으랴?
> ─────────────
> 주제: 임을 기다리는 안타까움과 원망.

02 ②

'백송골'은 '두꺼비'보다 힘이 센 사람이다. 따라서 '두꺼비'에게 해 줄 수 있는 조언은 '지금 하고 있는 일을 하지 말라는' 경고일 것이다. 이런 의미가 있는 작품은 바로 ②이다. '거미줄'은 장애물로, 그것을 조심하라는 부분에서 유사한 태도를 확인할 수 있다.

☑ 오답 피하기

① 학문 수양과 옛 성현의 도리를 따르라는 태도를 읽을 수 있다.
③ 매화를 예찬하는 태도가 나타나 있다.
④ 황진이가 시적 대상에게 함께 쉬어 감을 권유하는 태도가 나타나 있다.
⑤ 소박한 풍류를 즐기는 화자의 태도가 나타나 있다.

■ 이황, 「고인도 날 못 보고~」

고인(古人)도 날 몯 보고 나도 고인(古人) 몯 뵈
현대역 | 옛 성현도 나를 못 보고, 나도 옛 성현을 보지 못해

고인(古人)을 몯 뵈도 녀던 길 알픽 잇닉
현대역 | 옛 성현을 못 뵈어도, 가던 길이 앞에 있네.

녀던 길 알픽 잇거든 아니 녀고 엇멸고
현대역 | 가던 길이 앞에 있는데, 가지 않고 어찌할 것인가?

주제 : 옛 성현의 도리를 따르려고 함.

■ 작자 미상, 「굼벵이 매미가 되어~」

굼벵이 매미가 되어 나래 돋쳐 날아올라
현대역 | 굼벵이가 매미가 되어서 날개가 돋아 날아올라(=오랜 준비 끝에 출세하는 일을 비유적으로 표현)

높으나 높은 나무 소리는 좋거니와
현대역 | 높고 높은 나무에서 우는 소리는 좋거니와

그 위에 거미줄 있으니 그를 조심하여라
현대역 | 그 위에 거미줄(=장애물)이 있으니 그것을 조심하여라.
(출세 이후의 처세에 대한 충고)

주제 : 출세 이후의 처세에 대한 충고.

■ 안민영, 「바람이 눈을 몰아~」

바람이 눈을 몰아 산창에 부딪치니
현대역 | 바람(=시련)이 눈을 몰고 와서, 산장의 창문에 부딪치니, 찬 기운 새어 들어 잠든 매화를 침노한다

현대역 | 찬 기운(=시련)이 방으로 새어들어, 잠든 매화를 침범한다.
아무리 얼리려 한들 봄뜻이야 빼앗을소냐

현대역 | 아무리 얼게 하려고 한들, 매화꽃이 알리는 봄 소식이야 빼앗을 수 있겠느냐?(매화의 강인한 의지를 예찬함.)

주제 : 매화 예찬.

■ 황진이, 「청산리 벽계수야~」

청산리 벽계수야 수이 감을 자랑 마라
현대역 | 청산(=영원한 자연) 속에 흐르는 푸른 시냇물(=시적 대상)아, 빨리 흘러간다고 자랑을 마라.

일도창해하면 돌아오기 어려우니
현대역 | 한 번 넓은 바다에 다다르면(=죽음, 젊은 시절 등을 표현함) 다시 청산으로 돌아오기 어려우니,

명월이 만공산하니 쉬어 간들 어떠리
현대역 | 밝은 달이(=황진이) 산에 가득 차 있는, 이 좋은 밤에 나와 같이 쉬어 감이 어떠리?(인생의 덧없음, 향락을 권유)

주제 : 인생의 덧없음과 향락의 권유.

■ 정철, 「재 너머 성권농」

재 너머 성권농(成勸農) 집의 술 닉닷 말 어제 듯고
현대역 | 언덕 너머 성 권농(=성혼) 집에 술이 익었다는 말을 어제 듣고,

누은 쇼 발로 박차 언치 노하 지즐투고
현대역 | 누운 소를 발로 박차고, 담요를 덮고, 그 위에 올라 타고, (과감한 생략)

아히야 네 권농 겨시냐 뎡좌슈(鄭座首) 왓다 ᄒ여라
현대역 | 아이야, 네 성 권농 계시느냐? 정 좌수(=정철)가 왔다고 전하여라.

03 ③

'㉠, ㉡, ㉣'은 모두 '게젓'을 가리키는 말이지만, ㉢은 게의 내장을 가리키는 말이므로, ③이 정답이다.

■ 이황, 「댁들아 동난지이 사오~」

댁들아 동난지이 사오
현대역 | 사람들아, 동난지이(=게젓)를 사시오.

저 장사야 네 물건 그 무엇이라 외치는가 사자
현대역 | 저 장수야, 네 물건을 무엇이라고 외치느냐? 사자.

외골내육(外骨內肉) 양목(兩目)이 상천(上天)
현대역 | 밖은 단단하고, 안은 물렁하며, 두 눈은 위로 솟아,

전행후행(前行後行), 소(小)아리 팔족(八足) 대(大)아리
현대역 | 앞뒤로 가는 작은 발 8개, 큰 발,

이족(二足) 청장 아스슥하는 동난지이 사오
현대역 | 2개, 푸른 장이 아스슥하는 동난젓을 사시오.

장사야 너무 거북하게 외치지 말고 게젓이라 하려무나
현대역 | 장수야, 그렇게 거북하게 말하지 말고, 게젓이라고 하려무나

주제 : 현학적인 세태의 비판.

04 ②

'한숨아'에서 의인법을 확인할 수 있다. 다만, '한숨'을 청자로 여겨 말을 건네고는 있지만, 말을 주고받는 대화를 하는 것은 아니다.

☑ 오답 피하기
① '뚝닥'에서 부사어를 확인할 수 있고, 이는 곧 시적 대상의 존재를 부각하는 기법이라고 할 수 있다.
③ '한숨아'에서 동일한 구절이 반복됨을 알 수 있으며, 한숨에 대한 화자의 정서가 나타나 있음을 알 수 있다.
④ '고모장즈 셰살장즈 가로다지 여다지'에는 문의 종류가 열거되어 나타나 있다. 다만, 화자는 시적 대상인 '한숨'에게 어떻게 들어왔는지 고민을 밝히려는 계기가 된다.

■ 작자 미상, 「한숨아 세 한숨아」

> 한숨아 세 한숨아 네 어늬 틈으로 드러온다
> 현대역 | 한숨아, 가느다란 한숨아, 네 어느 틈으로 들어오는가?
>
> 고모장조 세살장조 가로다지 여다지에 암돌져귀 수돌져귀 빈목걸새 뚝닥 박고 용(龍) 거북 조물쇠로 수기수기 초엿는듸 병풍(屏風)이라 덜걱 져븐 족자(簇子) ㅣ라 듸듸글 문다 네 어늬 틈으로 드러온다
> 현대역 | 고모장지, 세 살장지, 가로닫이, 여닫이에, 암톨쩌귀, 수톨쩌귀, 배목걸쇠 뚝딱 박고, 용과 거북 수놓은 자물쇠로 깊이깊이 채웠는데, 병풍처럼 덜컥 접은 족자처럼 데굴데굴 마느냐? 네 어느 틈으로 들어오느냐?
>
> 어인지 너 온 날 밤이면 좀 못 드러 ㅎ노라
> 현대역 | 어찌된 일인지 네가 오는 날 밤이면 잠 못 들어 하노라.
>
> ---
> 주제: 그칠 줄 모르는 시름.

05 ③

'중장'과 '종장'을 보면, 상반된 반응을 확인할 수 있다. 사람들은 '상평통보를 반기는 입장'이고, 화자는 '상평통보를 좋아하지 않는' 입장이다. 따라서 긍정적인 인식과 부정적인 인식이 상반되어 나타나 있으므로 ③이 정답이다.

☑ 오답 피하기
① '상평통보'에 대한 이야기이다. 조선 후기의 첨예한 신분 갈등을 확인할 수 없다.
② '상평통보'의 모습을 중장에 구체적으로 제시되었기는 하지만, 의인화된 청자와의 대화를 바탕으로 시상이 전개되어 있지 않다.
④ 소재는 '상평통보'에 주목하고 있으므로, 대립적 성격의 소재를 사용하였다는 말은 적절하지 않다.

■ 작자 미상, 「떳떳할 상~」

> 썻썻 常 평호 平 통호 通 보뷔 寶字
> 현대역 | 떳떳할 상, 평할 평, 통할 통, 보배 보 자
>
> 구멍은 네모지고 四面이 둥그러셔 썩듸글 구으러 간 곳마두 반기는고나
> 현대역 | 구멍은 네모지고, 사면이 둥그러져서, 데굴데굴 구으러 간 곳마다 반기는구나.
>
> 엇더타 죠고만 金죠각을 두챵아 닷토거니 나는 아니 죠왜라
> 현대역 | 어떠하다, 조그만 금 조각을 두통이 다투거니, 나는 좋지 않구나.
>
> ---
> 주제: 돈의 쓰임에 대한 비판.

06 ②

(나)의 핵심은 '간신배들이 아무리 무엇이라 하여도 임께서 이를 고려해 달라'는 것에 있다. 즉, 임에 대한 하소연이라 할 수 있는데, 이를 두고 '타인을 원망하기보다 화자 스스로의 잘못을 더 뉘우친다.'라고 볼 수는 없다. 자신에 대한 뉘우침이 적절하려면, 적어도 '화자 자신에 관한 생각, 괴로움, 뉘우침, 반성' 등과 같은 이야기가 제시되어야 한다.

☑ 오답 피하기
① '내 몸의 해올 일만 닦고 닦을 뿐이언정'에서 화자의 의지와 강직함을 확인할 수 있으므로 해당 선지는 적절하다.
③ '주야(晝夜)에 흐르다'에서 밤낮 흐르는 시냇물의 모습을 확인할 수 있으며, 이에 관심을 둔 이유는 바로 '임을 향한 내 뜻 역시 시냇물과 같다.'는 자신의 생각을 밝히기 위함임을 알 수 있다. 임금을 생각하는 '연군지정'의 모습을 확인할 수 있는 부분이다.
④ '어버이 그린 뜻은 많고 많고 하고 하고'에서 어버이를 그리는 화자의 마음을 확인할 수 있다. 이때 '외기러기'는 화자의 그리운 마음이 담긴 매개물로 그리는데, 이 모습에서 충분히 인간적인 면모를 확인할 수 있으므로 해당 선지는 적절하다.

■ 윤선도, 「견회요」

> 슬프나 즐거오나 옳다 하나 외다 하나
> 현대역 | 슬프나, 즐거우나, 옳다고 하나 그르다고 하나,
>
> 내 몸의 해올 일만 닦고 닦을 뿐이언정
> 현대역 | 내 몸의 할 일만 닦고 닦을 뿐이로다.
>
> 그 밧긔 여남은 일이야 분별(分別)할 줄 이시랴
> 현대역 | 그 밖의 다른 일이야 걱정할 일이 있으랴?
>
> ---
> 주제: 신념에 충실한 강직한 삶(충(忠) 강조)
>
> 내 일 망녕된 줄 내라 하여 모랄손가
> 현대역 | 내 일이 잘못된 줄을 나라고 하여 모르겠는가?
>
> 이 마음 어리기도 님 위한 탓이로세
> 현대역 | 이 마음이 어리석은 것은 모두 임금을 위하기 때문일세.
>
> 아뫼 아무리 일러도 임이 혜여 보소서
> 현대역 | 아무개가 아무리 헐뜯더라도 임이 헤아려 살피소서.
>
> ---
> 주제: 결백한 마음을 하소연함(충(忠) 강조)
>
> 추성(秋城) 진호루(鎭胡樓) 밧긔 울어 예는 저 시내야
> 현대역 | 추성(함경북도 경원의 옛 이름) 진호루 밖에서 울며 흐르는 저 시냇물아.(감정이입)
>
> 무음 호리라 주야(晝夜)에 흐르는다
> 현대역 | 무엇을 하려고 밤낮으로 흐르느냐?
>
> 님 향한 내 뜻을 조차 그칠 뉘를 모르나다
> 현대역 | 임을 향한 내 뜻을 따라 그칠 줄을 모르는구나.
>
> ---
> 주제: 임금을 향한 변함없는 충성심(충(忠) 강조)
>
> 뫼흔 길고 길고 물은 멀고 멀고
> 현대역 | 산은 길기도 길고, 물은 멀기도 멀고
>
> 어버이 그린 뜻은 많고 많고 하고 하고
> 현대역 | 어버이 그리워하는 뜻은 많기도 많고,
>
> 어디서 외기러기는 울고 울고 가느니
> 현대역 | 어디서 외기러기는 슬피 울며, 울고 가는가.(객관적 상관물)
>
> ---
> 주제: 부모님에 대한 그리움이 나타남(효(孝) 강조)

07 ①

㉠: '초가 정자'는 배경으로 보아야 한다. 화자는 초가 정자와 수풀 사이로 있는 오솔길을 보고 있다. 즉, 화자의 시선을 고려한 부분이지 시간의 흐름에 따른 시상 전개라 보는 것은 부적절하다.

오답 피하기
② ㉡: '높다랗게 앉아 있네.'란 모습에서 속세에서 벗어난, 세속에 집착하지 않는 초연한 태도를 읽을 수 있다.
③ ㉢: '산과 계곡은 그대로 유지된 모습'과 '누대는 하나같이 비어 있다며 변화된 모습'이 서로 대비된다. 인간 세상은 풍족하지 못하단 점에서 쇠락한 인간사까지 고려할 수 있다.
④ ㉣: '늙어질수록'에서 부정적 현실을 확인할 수 있다. 또한 봄바람에 반응된 정서가 '안타깝다'인 것을 보아, 꽃잎을 흔드는 봄바람의 모습에서 부정적 이미지를 읽을 수 있다.

08 ③

'벌과 나비'는 화자가 절실하게 바라보는 대상이 아니다. '수레 탄 사람들'과 대비되는 대상이며, 화자는 그 대상을 멀리하고 싶어 한다.

오답 피하기
① '만발한 꽃'의 향기와 그림자를 3행~4행에 걸쳐 말하는 것을 보아, 작가 자신이 지니고 있는 훌륭한 능력을 상징한다고 해석할 수 있다.
② '수레 탄 사람들'과 '벌과 나비'가 대비되는데, '벌과 나비'는 화자에게 등용의 기회를 줄 수 없는 존재이고, '수레 탄 사람들'은 화자에게 등용의 기회를 줄 수 있는 존재이다.
④ '천한 땅'은 화자가 태어난 공간이며, 촉규화가 피어난 공간이다.

09 ④

선경후정의 형식은 제시되어 있지 않다. 정서보다 '늙은이와 아이'가 처한 배경을 서술하는 데에 집중한 작품이다. 안타까운 마음이 느껴진다 할지라도 그것은 간접적으로 느껴지는 것이기 때문에 '선경'과 '후정'으로 구성되었다고 보기 어렵다.

오답 피하기
① '늙은이'와 '아이'가 등장하기 때문에 두 사람인 것은 확인이 되며, '늙은이가 제사를 끝내고 밭 사이 길로 들어서자'에서 제사를 지낸 뒤 집으로 돌아오는 상황을 노래하고 있다고 할 수 있다.
② '무덤이 늘어서 있네'와 <보기>의 '임진왜란을 겪었을 것이라 추정된다'는 말을 고려해 볼 때, 전란을 겪은 마을에서 많은 이들이 갑작스럽게 죽게 되었다고 해석할 수 있다.
③ '늙은이가 취해 돌아오는 길, 아이가 부축하는 상황'과, <보기>의 '여기 등장하는 늙은이와 아이는 할아버지와 손자의 관계로 파악할 수 있다'에서 조손 관계임을 확인해 볼 때, ③은 가능한 해석이다. 늙은이 입장에서 자식이 죽은 것이므로 안타까움이나 속상함과 같은 정서를 충분히 해석할 수 있다.

10 ②

'가을 들 방에 들고 실솔(蟋蟀)이 상(床)에 울 제, 긴 한숨 디는 눈물 속절 업시 혬만 만타.'와 '죽림(竹林) 푸른 고딕 새 소리 더욱 설다.'에서 자연물에 자신의 심정을 의탁한 부분을 확인할 수 있다. '실솔'은 귀뚜라미를 의미하는데, 둘 다 화자의 슬픈 심정을 이입한 자연물에 해당한다.

오답 피하기
① '옥창(玉窓)에 심군 매화(梅花) 몃 번이나 픠여진고'에서 시간의 변화를 확인할 수 있지만, 전체적으로 화자의 슬픈 심정을 위주로 전개하고 있기 때문에 '슬픔과 기쁨의 감정 변화'에 초점을 맞추었다고 보기 어렵다.
③ 임의 부재에 대한 한탄과 그리움이 주된 정서인 해당 작품에서 '자신에게 가해지는 차별과 억압'이라는 결과와 그 원인으로 '연인과의 이별'로 분석하기 어렵다.
④ '박명(薄命)흔 홍안(紅顔)이야 날 가트니 쏘 이실가. 아마도 이 님의 지위로 살동말동 흐여라.'에서 자신의 운명에 대해 슬퍼하며 괴로워하는 것을 알 수 있을 뿐, 자부심이나 자신감은 확인하기 어렵다.

■ 허난설헌, 「규원가」

열 두 째 김도 길샤 설흔 날 지리(支離)ᄒ다.
현대역 | 하루가 길기도 길구나. 한 달 곧 서른 날이 지루하다.

옥창(玉窓)에 심근 매화(梅花) 몃 번이나 픠여진고.
현대역 | 규방 앞에 심어 둔 매화는 몇 번이나 피었다 졌는가.

겨울 밤 차고 찬 제 자최눈 섯거 치고,
현대역 | 겨울밤 차고 찬데 자국눈이 흩날리는가.

여름날 길고 길 제 구즌 비는 므스 일고.
현대역 | 여름날 길고 길 때 궂은 비는 무슨 일인가.

삼춘 화류(三春花柳) 호시절(好時節)의 경물(景物)이 시름업다.
현대역 | 꽃과 버들이 돋아나는 좋은 시절에 아름다운 경치를 보아도 아무 생각이 없다.

가을 둘 방에 들고 실솔(蟋蟀)이 상(床)에 울 제,
현대역 | 가을 달 방에 비추고 귀뚜라미가 침상에서 울 때,

긴 한숨 디는 눈물 속절 업시 혬만 만타.
현대역 | 긴 한숨 지는 눈물 헛되이 생각만 많다.

아마도 모진 목숨 죽기도 어려울사.
현대역 | 아마도 모진 목숨 죽기도 어렵구나.

도로혀 풀쳐 혜니 이리 ᄒ여 어이 ᄒ리.
현대역 | 돌이켜 여러가지 일을 생각하니 이렇게 살아서 어찌할까?

청등(靑燈)을 돌라 노코 녹기금(綠綺琴) 빗기 안아,
현대역 | 등불을(청사초롱을) 돌려놓고 푸른 거문고를 비스듬히 안아

벽련화(碧蓮花) 한 곡조를 시름 조초 섯거 타니,
현대역 | 벽련화 한 곡조를 시름에 섞어 타보니,

소상(瀟湘) 야우(夜雨)의 댓소리 섯도는 듯,
현대역 | 소상강의 밤비에 댓잎(대나무) 소리가 섞여 들리는 듯,

화표(華表) 천년(千年)의 별학(別鶴)이 우니는 듯,
현대역 | 망주석에 천 년 만에 찾아온 특별한 학이 울고 있는 듯,
(무덤 앞에 세우는 망주석에 천년 만에 돌아온 이별의 학이 울고 다니는 듯)

옥수(玉手)의 타는 수단(手段) 녯 소래 잇다마는,
현대역 | 아름다운 손으로 타는 재주는 옛 가락이 아직 남아 있지마는,

부용장(芙蓉帳) 적막(寂寞)ᄒ니 뉘 귀에 들리소니.
현대역 | 연꽃무늬가 있는 휘장을 친 방이 적막하니 누구 귀에 들릴 것인가?

간장(肝腸)이 구곡(九曲)되야 구븨구븨 슨쳐서라.
현대역 | 간장이 다 녹아 굽이굽이 끊어졌도다. (마음이 아홉 굽이가 되어 뒤틀리어 끊어지네)

츨하리 잠을 드러 쑴의나 보려 ᄒ니,
현대역 | 차라리 잠이 들어 꿈에나 임을 보려 하니

바람의 디ᄂ 닢과 풀 속에 우는 즘생,
현대역 | 바람에 지는 잎과 풀 속에서 우는 짐승은

므스 일 원수로서 잠조차 쌔오ᄂ다.
현대역 | 무슨 일이 원수가 되어 잠조차 깨우는가.

천상(天上)의 견우 직녀(牽牛織女) 은하수(銀河水) 막혀셔도,
현대역 | 하늘의 견우와 직녀는 은하수가 막혔어도

칠월 칠석(七月七夕) 일년 일도(一年一度) 실기(失期)치 아니거든,
현대역 | 칠월 칠석 일 년에 한 번씩 때를 놓치지 않거든

우리 님 가신 후는 무슨 약수(弱水) 가렷관듸,
현대역 | 우리 님 가신 후는 무슨 장애물이 가리었기에

오거나 가거나 소식(消息)조차 쓰첫는고.
현대역 | 오거니 가거니 소식마저 그쳤는가.

난간(欄干)의 비겨 셔서 님 가신 듸 바라보니,
현대역 | 난간에 기대어 서서 임 가신 데를 바라보니,

초로(草露)는 맷쳐 잇고 모운(暮雲)이 디나갈 제,
현대역 | 풀 이슬은 맺혀 있고 저녁 구름이 지나갈 때,

죽림(竹林) 푸른 고듸 새 소리 더욱 설다.
현대역 | 대나무 수풀 우거진 푸른 곳에 새소리가 더욱 서럽다.

세상의 서룬 사람 수업다 ᄒ려니와,
현대역 | 세상에 서러운 사람이 많다고 하려니와

박명(薄命)ᄒᆫ 홍안(紅顔)이야 날 가트니 쏘 이실가.
현대역 | 운명이 기구한 여자야 나 같은 이가 또 있을까?

아마도 이 님의 지위로 살동말동 ᄒ여라.
현대역 | 아마도 이 임의 생각은 병이 되어 살 듯 말 듯 하여라.

주제 : 봉건 사회에서의 부녀자의 한.

CHAPTER **02** 산문 문학

제6회

📍 **Answer**

01	③	02	①	03	④	04	③	05	①
06	④	07	①	08	④	09	①	10	②

---

01 ③

처음에는 '전보 배달의 자전거'에 주목하면서 구보의 내면이 서술된다. 그런 다음, '전보, 벗' 등을 차례로 연상하며 구보의 생각을 자세하게 서술하였다.

☑ 오답 피하기

① '벗과 관련된 이야기'는 '울에 있지 않은 모든 벗을 구보는 잊은 지 오래였고 또 그 벗들도 이미 오랫동안 소식을 전하여 오지 않았다.'에서 확인할 수 있는데, 시간순으로 회상한 것은 아니다.
② 서술자는 삼인칭이므로 '주인공인 서술자'가 아니다.
④ '전보 배달'에 주목한 것은 맞지만, '이동된 경로'에 따라 사건이 전개되지 않았다.

02 ①

'인도교와 거의 평행선을 지어 사람들의 발자국이 줄을 지어 얼음 위를 거멓게 색칠하였다.'에서, '나'의 시선은 인도교를 걷지 않는, 얼음 위를 걸어가는 사람에게 주목한다. 그리고 '그들은 왜 얼음 위를 걷는지'를 궁금해한다. 한편으로 그들을 어색해하며 이질감을 느끼는데, 한편으로는 그들의 힘든 심정을 공감한다.

☑ 오답 피하기

② 대도시와 관련된 배경과 더불어 비정한 모습을 보이는 타인에 주목하지 않는다.
③ '인도교 위를 지나는 사람들'을 비판하기 위한 글이 아니다.
④ '생의 종말이 머지않았음'을 알리기 위해 쓴 글이 아니다.

03 ④

소음의 원인은 다른 곳에 있고, 슬리퍼는 층간 소음으로 인한 괴로움을 해결하고자 내가 준비한 것이다. 따라서 '슬리퍼'를 소음의 원인이자 극적 반전의 계기로 보는 것은 적절하지 않다.

☑ 오답 피하기

① '화가 날수록 침착하고 부드럽게 처신해야 한다는 것은 나이가 가르친 지혜였다.'에서 '나'의 태도를 확인할 수 있으며 슬리퍼를 선물해야겠다는 모습에서 문제를 해결하려는 의지를 읽을 수 있다.
② '인사말과 함께 포장한 슬리퍼를 내밀려던 나는 첫마디를 뗄 겨를도 없이 우두망찰했다.'에서 나는 휠체어에 탄 젊은 여자를 확인하였고, 순간 소음의 정체를 깨닫게 되었을 것이며, 이런 상황에 부끄러움도 느꼈을 것이다.
③ '안 그래도 바퀴를 갈아 볼 작정이었어요. 소리가 좀 덜 나는 것으로요.'에서 확인할 수 있듯이 층간 소음 공해로 인한 갈등이 주된 사건임을 파악할 수 있다.

04 ③

'우화'란 '인격화한 동식물이나 기타 사물'을 주인공으로 하여 그들의 행동 속에 풍자와 교훈의 뜻을 나타내는 것을 말한다. 여기서는 '인간의 행태'를 비판하기 위하여 '까마귀, 개구리, 여우, 호랑이, 벌' 등과 비교한다. 다시 말해, 우화 형식을 통해 인간이 지닌 양면성을 폭로하였으므로 ③이 정답이다.

☑ 오답 피하기

① 대화의 형식이라고 말할 수 있을지 몰라도, 입체적으로 볼 만한 근거는 없다. 입체적이라고 하면 보통 구성의 입체성을 물어보는 편이다.
② 감각적 묘사라고 하면 '시각, 미각, 후각, 청각, 촉각' 등의 이미지로 이루어진 묘사여야 하는데, 해당 내용은 '어떤 대상에 대한 평가'가 주를 이룬다.
④ 과거로 역행한 구성이 아니다. 어떤 대상에 대한 '나'의 생각이 분명한 점이 특징이다.

05 ①

'현'은 예전과 달라진 '박'의 상황을 인지하고 있다. 그렇다고 하여 '박'의 태도가 달라진 원인이 '자신의 작품'이라고 생각하지 않는다. '현'은 '박'의 그런 지싯지싯한 태도가 마치 자기와 자기의 작품과 유사하다고 느꼈을 뿐이다.

☑ 오답 피하기

② '자신과 비슷한 처지에 있다'는 말은 '이 시대 전체에서 긴치 않게 여기는, 지싯지싯 붙어 있는 존재 같았다. 현은 박의 그런 지싯지싯함에서 선뜻 자기를 느끼고'에서 확인할 수 있다.
③ '오면서 자동차에서 시가도 가끔 내다보았다. 전에 본 기억이 없는 새 빌딩들이 꽤 많이 늘어섰다.'에서 현은 바깥 풍경을 보고 있음을 알 수 있는데, 과거와 달리 새 빌딩이 늘어섰다는 말에서 도시가 많이 변화하였음을 인지하였다고 해석할 수 있다.
④ '시뻘건 벽돌로 만든 것'은 '경찰서'인데, 화자는 그것을 보고 '큰 분묘와 같다'고 묘사한다. 이 말에서 부정적인 시선을 느끼고 있으니, 충분히 암울한 분위기를 느끼고 있다고 말할 수 있다.

06 ④

'나'의 시선은 '그'에 맞추어져 있다. 그의 모습과 그의 상황을 묘사한다. '그는 여전히 옹크린 채 창틀에 앉아 휘익휘익 휘파람을 불고 있다.'에서 알 수 있듯이, 마지막까지 초점 대상은 '그'이다.

☑ 오답 피하기

① '나'의 '객관적인 거리를 유지하고 냉정한 눈'으로 그를 서술한 것은 맞으나, 대상의 주관적 이미지를 형상화한 것이다.
② 초점화된 대상의 심리가 없다.
③ '그'를 묘사한 부분이 대다수이므로, 사건을 압축적으로 요약한 부분이 없다.
⑤ '그'를 초점화하는 '나'의 시선은 맞으나 움직이는 동선에 따라 장면이 바뀐 것은 아니다.

07 ①

서술자 '나'는 상황을 마주하며 자기가 느낀 바를 진솔하게 설명하거나 어머니의 행동을 해석하는 등의 모습을 보였다.

☑ 오답 피하기

② 처음부터 마지막 부분까지 1인칭 시점으로 동일하다.

③ 현재에서 과거로 진행하는 역행적 구성을 취하였을 뿐, 병렬적으로 제시한 것은 아니다.

④ 오빠와 관련된 과거의 사건을 요약적으로 제시하였지만, 인물 간의 갈등이 해소되지 못하였다.

08 ④

'어머니'가 '나'를 털어내면서 격렬하게 몸부림치는 것은 환각에 빠졌기 때문이지, 오빠를 지키지 못한 나에 대한 원망적 태도로 이해할 수 없다.

☑ 오답 피하기

① 과거에 군관으로 자신의 아들이 다리에 총상을 입었다. '어머니'가 온몸으로 그 다리를 엄호한 것은 과거에 아들을 지키지 못한 슬픔을 상징적으로 보여준 것으로 해석할 수 있다.

② [중략 줄거리] 이후에 군관은 오빠의 정체를 의심하였고, 결국 다리에 총을 쐈다. 치명상은 아니었지만 적절한 치료를 받을 수 없어서 며칠만에 운명을 달리하였다.

③ 어머니를 향해 '차라리 죽게 하시지'라고 말한 이유는 어머니의 고통을 이해했기 때문이다.

09 ①

㉠ 문제의 현실성: '이념 대립의 공론장에 던졌다.'라는 말에서 의제를 산출해낸 것으로 보이며, 이는 '문제의 현실성'과 연결된다.

㉡ 세계의 현실성: '동서 냉전 시대의 보편성과 한반도 분단 체제의 특수성'이라는 말에서 '시공간에서 의미 있는 부분'으로 이해되므로, 이는 '세계의 현실성'과 연결된다.

㉢ 해결의 현실성: '자살을 선택'한다는 말에서 '특정한 선택지를 제출한 것'으로 보이므로, 이는 '해결의 현실성'과 연결된다.

10 ②

3문단의 '형식은 고아지만 이상적인 고향의 기억을 갖고 있다.'에서 알 수 있듯이 이상적 원점을 상실했다. 영웅소설의 주인공도 마찬가지로, 원점에서 분리되어 고난을 겪으므로 '그들의 이상적 원점을 상실했다는 공통점을 가지고 있다.'라는 적절한 설명이다.

☑ 오답 피하기

① 3문단의 '근대소설 「무정」은 회귀의 크로노토프를 부정한다.'에서 「무정」은 회귀의 크로노토프를 부정하지만, 2문단의 '주인공이 도달해야 할 종결점은 새로운 미래가 아니라 다시 도래할 과거로서의 미래이다.'에서 고소설은 회귀의 크로노토프를 부정하지 않는다.

③ '이형식이 박영채와 결합'을 하면 '잃어버린 원점을 회복하는 것'과 관련이 되는데, 이는 2문단의 '새로운 미래가 아니라 다시 도래할 과거로서의 미래이다.'에서 알 수 있듯이, '새로운 미래로서의 종결점'을 부정하므로 적절한 설명이 아니다.

④ '가정소설'은 '가족 구성원들이 평화롭게 공존하는 결말'로 이어지는데, 이는 '상실했던 원점으로의 복귀'를 의미하므로 거부한다고 말할 수 없다.

⟡ Answer

01	④	02	③	03	③	04	②	05	③
06	②	07	②	08	③	09	②	10	④

01 ④

'그 형용은 세상 인물이 아니로다.'의 판단은 춘향의 모습을 보고 한 것이다. 그리고 해당 말은 다른 인물이 쓴 것이 아니기 때문에 '서술자의 개입'으로 인지하면 된다. 즉, '편집자적 논평'으로 보아도 무방하다는 의미이다. 그러나 이 모든 내용이 '춘향의 외적 모습'을 중심으로 하였으므로, '내면적 아름다움'이라고 표현할 수 없다. 따라서 ④가 정답이다.

☑ 오답 피하기

① '모를쏘냐'에서 설의적 표현이 확인된다. '천중절을 모르지 않다.'라는 의도에서 썼다.

② '녹음방초, 금잔디, 꾀꼬리' 모두 봄을 묘사할 때 쓰는 표현이다. 이때 '황금 같은 꾀꼬리'에서 비유법을 확인할 수 있으며, '봄날의 풍경'을 묘사한다고 볼 수 있으니 해당 선지는 적절하다.

③ '펄펄, 흔들흔들'에서 음성 상징어를 확인할 수 있는데, '춘향이가 그네를 타는 모습'은 (중략) 이전에 '그넷줄을 타고 발을 구르는 장면'에서부터 확인했어야 한다. 이를 바탕으로 다시 ㉢을 보면 '두 번 굴러 힘을 주니'의 장면이 그네를 타는 장면인 것을 알 수 있다.

02 ③

"계모가 바친 것은 실제로 제가 낙태해서 나온 것이 아니라 계모가 죽은 쥐의 가죽을 벗겨 제 이불 안에 몰래 넣어 둔 것입니다. 다시 그것을 가져다 배를 갈라 보시면 분명 허실을 알게 되실 겁니다."에서 알 수 있듯이, 배 좌수의 후처가 제시한 증거가 거짓임을 확인할 수 있는 계책을 장화와 홍련이 부사에게 알려주었음을 알 수 있다.

☑ 오답 피하기

① '부사는 그것을 보고 미심쩍어하며 모두 물러가게 했다.'에서 알 수 있듯이 '증거를 보고 미심쩍어한 것'이다. 장화와 홍련의 말이 거짓이라고 단정짓지 않았다.

② '장녀 장화는 음행을 저질러 낙태한 뒤 부끄러움을 못 이기고 밤을 틈타 스스로 물에 빠져 죽었습니다.'에서 알 수 있듯이 '홍련'이 아니라 '장화'가 스스로 물에 빠져 죽었다고 진술했음을 알 수 있다.

④ '배 좌수는 머뭇거리며 답하지 못했다.'에서 알 수 있으나, '딸들이 무슨 병으로 죽었소'의 대화를 보면, 선지의 '스스로 목숨을 끊은 이유를 물어본다.'라는 내용과 맞지 않음을 알 수 있다.

03 ③

'잘생긴 얼굴은 누구나 좋아하는 법이다. 그러나 사내만 그런 것이 아니라 비록 여자라도 역시 마찬가지다.'에서 알 수 있듯이, 잘생긴 얼굴은 누구나 좋아함을 강조하였을 뿐, 인간 본성에 대한 남녀의 차이를 드러내지 않는다.

☑ 오답 피하기

① '광문은 사람됨이 외모는 극히 추악하고, 말솜씨도 남을 감동시킬 만하지 못하며, 입은 커서 두 주먹이 들락날락하고, 만석희(曼碩戲)를 잘하고, 철괴무(鐵拐舞)를 잘 추었다.'에서 확인할 수 있는 내용이다.

② '광문이 길을 가다가 싸우는 사람을 만나면 그도 역시 옷을 홀랑 벗고 싸움판에 뛰어들어, 뭐라고 시부렁대면서 땅에 금을 그어 마치 누가 바르고 누가 틀리다는 것을 판정이라도 하는 듯한 시늉을 하니, 온 저자 사람들이 다 웃어 대고 싸우던 자도 웃음이 터져, 어느새 싸움을 풀고 가 버렸다.'에서 싸우는 상황을 해결하는 광문의 모습이 나타난다.

④ '그러기에 나는 본래 못생겨서 아예 용모를 꾸밀 생각을 하지 않는다.'에서 자기 분수를 아는 듯한 말을 한다.

04 ②

인생의 덧없음, 허무함 등의 괴로운 심정을 보여준 작품이 아니라, 짝이 없는 외로움의 심정을 강조한 작품이다. 게다가 자신의 심정을 토로하고 있으므로 어느 정도 마음의 평정한 상태라 할 수 있는 관조적이라고 말하기가 어렵다.

☑ 오답 피하기

① '내 인연 어딨을까 바둑알로 맞춰 보고/등불로 점을 치다 시름겨워 창에 기대네.'에서 인연을 점치는 장면이 제시되고, 이는 인물의 비과학적인 면모로 해석할 수 있다.

③ '양생은 달이 뜬 밤이면 배나무 아래를 서성이며'에서 시간적 배경을 확인할 수 있고, '달 밝은 이 밤 그냥 보내다니 가련도 하지.'에서 인물의 외로운 정서를 확인할 수 있다.

④ '외로운 비취새 짝없이 날고/짝 잃은 원앙새 맑은 강에 몸을 씻네.'에서 화자와 유사한 상황에 놓인 '비취새'와 '원앙새'를 언급하였다.

05 ③

해당 장면을 '말을 주고받는 장면'이라고 해석하기는 어렵고, 매를 맞아서 고통스러워하는 춘향의 모습이 나타나 있다고 말하는 것이 적절하다. 이때 주인공의 괴로움이 두드러지지만, 이를 두고 내적 갈등이 해결되었다고 볼 수는 없다.

☑ 오답 피하기

① '일편단심, 일정지심, 일부종사' 등에서는 '일'이 반복되고, '이부불경, 이군불사, 이도령' 등에서는 '이'가 반복되며, '삼청동, 삼생연분, 삼강, 삼척동자' 등에서는 '삼'이 반복되어 리듬감을 조성하고 있다. 이뿐만 아니라, 아예 동일한 대사가 반복되어 나타나 있으므로 여러 군데에서 확인이 가능하다.

② '일자(一字), 이자(二字), 삼자(三字)'에서 숫자를 활용하여 주인공인 춘향의 상황을 이에 맞추어 보여주었다.

④ '삼종지도 중한 법'에서 유교적 가치를 확인할 수 있으며, 이를 지키겠다는 춘향의 의지를 읽을 수 있다.

06 ②

'여보, 영감. 중한 가장 매품 팔아먹고 산단 말은 고금천지 어디 가 보았소? 가지 마오. 불쌍한 영감아'에서 '흥보의 아내'가 '흥보가 매품 파는 것'을 말리는 것을 알 수 있다. 그러나 '흥보'는 '병영 길을 허유허유 올라가며'에서 알 수 있듯이 아내의 말을 듣지 않고 매품팔이를 하러 간 것을 파악할 수 있다. 참고로, '유보하다'란 '어떤 일을 당장 처리하지 아니하고 나중으로 미루어 두다.=보류하다.'란 의미이다.

①, ④ "아고, 내 신세야. 누군 팔자 좋아 부귀영화 잘 사는데, 내 어이하여 이 지경인고?"에서 알 수 있듯이, 흥보는 병영에 가서 매품팔이로 생계를 유지하는 것으로 보인다. 또한 자신의 현실에 슬퍼하며 괴로워함도 알 수 있다.

③ '흥보 자식들'은 아버지가 병영에 간다고 하자, '담뱃대를 사달라, 풍안을 사달라, 각시 하나 사달라' 등의 부탁을 태연하게 하는 것을 알 수 있다.

07 ②

'양소유'는 인간 세상에 환멸을 느껴 스스로 '성진'의 모습으로 되돌아온 것이 아니다. 승상(=양소유)이 말을 마치기도 전에 구름이 걷히고, 승상이 놀라 어찌할 바를 모르는 중에 모든 것이 사라졌다. '양소유'가 '성진'의 모습으로 되돌아온 것 자체가 '인간 세상에 환멸을 느껴 스스로 온 것'이 아니므로, 정답은 ②이다.

☑ 오답 피하기

① '장원급제를 하여 한림학사가 된 후'에서 확인할 수 있다.

③ '인간 세상의 승상 양소유가 아니라 연화도량의 행자 성진'이라는 구절에서 '인간 세상'과 비교하는 문장을 통해 '성진'이 있는 곳이 인간 세상이 아님을 추론할 수 있다.

④ '자신의 몸을 보니 백팔염주가 걸려 있고, 머리를 손으로 만져보니 갓 깎은 머리털이 까칠까칠하더라.'에서 외양을 확인할 수 있고, 이는 인간 세상의 승상 양소유가 아니라는 의미이므로 꿈에서 돌아왔음을 확인할 수 있다.

08 ③

㉠은 위엄을 갖춘 후 문제의 상황이 무엇인지 질문을 하고 이를 해결하기 위해 '어서 예를 갖추어 보이라.'와 같이 말하며 적극적으로 행동한다. 그러나 ㉡은 장끼가 고집을 끝끝내 굽히지 않자, 홀로 경황없이 물러나 버렸다. 즉, 소극적인 태도로 문제 상황을 임했다고 볼 수 있다.

☑ 오답 피하기

① '계월이 여자 옷을 벗고 갑옷과 투구를 갖춘 후 용봉황월(龍鳳黃鉞)과 수기를 잡아 행군해 별궁에 자리를 잡았다. 그리고 군사를 시켜 보국에게 명령을 전하니'에서 ㉠의 우월한 지위를 확인할 수 있다. 그러나 ㉡에는 그와 같은 모습이 없다.

② "보국이 어찌 이다지도 거만한가? 어서 예를 갖추어 보이라."에서 ㉠은 상대방의 행동에 대한 비판적 태도를 취하였음을 알 수 있다. 또한 ㉡도 "저런 광경 당할 줄 몰랐던가. 남자라고 여자의 말 잘 들어도 패가하고, 계집의 말 안 들어도 망신하네."라며 장끼를 비판한다.

④ '호령이 추상과 같으니 군졸의 대답 소리로 장안이 울릴 정도였다. 보국이 그 위엄을 보고 겁을 내어'에서 알 수 있듯이 ㉠은 주변으로부터 호의적인 반응보다는 위엄에 겁을 내는 모습을 알 수 있다. 그러나 ㉡은 장끼를 잃어 슬퍼하는 모습을 보이자, 주변 인물들은 '아홉 아들 열두 딸과 친구 벗님네들도 불쌍타 의논하며 조문 애곡하니 가련 공산 낙망천에 울음소리뿐이로다.'며 ㉡을 위로해 준다.

09 ②

승상 부인은 '일일은 족자 빛이 홀연히 검어지며 귀에 물이 흐르는 모습'과 '이윽고 족자 빛이 완연히 새로운 모습'을 보고, 희비가 교차한 것을 보아, ㉠은 '대상이 처한 상황을 암시'한다고 말할 수 있다.
㉡은 '거북 연적 오징어로 먹 갈아, 천하 명산 승지간의 경계 보든 눈 그리고, 난초 지초 왼갖 향초 꽃 따먹던 입 그리고, 두견 앵무 지지 울 제 소리 듣던 귀 그리고, 봉래방장 운무 중에 내 잘 맡던 코 그리고, 만화방창 화림 중 뛰어가던 발 그리고, 대한 엄동 설한풍 어한허든 털 그리고, 신농씨 상백초 이슬 떨던 꼬리라.'에서 알 수 있듯이 대상의 외양을 묘사한 것을 알 수 있다.

☑ 오답 피하기
① ㉠에서 분노의 정서를, ㉡ 역시 유쾌한 정서를 확인할 수 없다.
③ '일상'이란 반복적인 날을 의미하는데, ㉠과 ㉡ 모두 이와 관련이 없다.
④ ㉠과 ㉡은 '역사적 인물과 사건'과 거리가 멀다.

10 ④

㉠ 그: '전우치'가 도술로 몸을 왕연희로 바꾼 상태이다.(전우치)
㉡ 너: 진짜 왕연희가 '가짜 왕연희(=전우치)'를 가리킬 때 표현한 말이다.(전우치)
㉢ 저 놈: 진짜 왕연희가 화가 나서 포박하라는 명령을 내리며 가리킨 '자(=전우치)'이다.(전우치)
㉣ 저 놈: 전우치가 '진짜 왕연희'를 가리킬 때 쓴 표현이다.(왕연희)
㉠~㉢은 모두 전우치를 가리키는 표현이지만, ㉣은 왕연희를 가리키는 표현이므로 ④가 정답이다.

제8회

📍 Answer

01	③	02	③	03	①	04	③	05	②
06	④	07	①	08	②	09	③	10	④

01 ③

신이한 행적을 강조해 영웅적 면모를 드러낸 것은 '영웅소설'이거나 '신화'여야 한다. 해당 장르는 '가전체'이며, 수록된 부분 어디에도 영웅적인 면모가 없다.

☑ 오답 피하기
①, ② '공방의 성질이 탐욕에 물들어서 부끄러운 구석이 별로 없었다. 재정을 도맡아 관리하게 되자 원금과 이자를 가볍게 했다 무겁게 했다 하는 등 법을 저울질해 분별하기를 좋아하였다.'에서 돈인 공방을 마치 사람처럼 표현하고, 공방의 성격을 직접적으로 제시하였다.
④ '사신(史臣)은 말한다.'에서 공방에 관한 작가의 생각을 진솔하게 표현하였다.

02 ③

㉢: '껍질을 깨고 나온' 주체는 '주몽'이다.
㉥: '(말을) 잘 먹여서 살찌게 한' 주체는 '주몽'이다.
따라서 ㉢과 ㉥은 행위의 주체가 같으므로 정답이다.

☑ 오답 피하기
① ㉠: '몸을 피하는' 주체는 '유화'이다.
  ㉡: '내다 버리게 한' 주체는 '금와왕'이다.
  → ㉠과 ㉡은 행위의 주체가 같지 않기 때문에 답이 될 수 없다.
② ㉡: '내다 버리게 한' 주체는 '금와왕'이다.
  ㉣: '활을 잘 쏘는' 주체는 '사람' 또는 '주몽이라 불리는 자'이다.
  → ㉡과 ㉣은 행위의 주체가 같지 않기 때문에 답이 될 수 없다.
④ ㉣: '활을 잘 쏘는' 주체는 '사람' 또는 '주몽이라 불리는 자'이다.
  ㉤: '(누군가가) (주몽을) 없애지 않는다면 후환이 있을까 두렵다.'라고 말한 주체는 '맏아들 대소'를 포함한 '주몽의 반대 세력'을 의미한다.
  → ㉣과 ㉤은 행위의 주체가 같지 않기 때문에 답이 될 수 없다.

03 ①

해당 작품의 핵심은 '천하 만물 가운데 지킬 것은 하나도 없지만, 오직 나[吾]만은 지켜야 한다.'에 있다. 글쓴이는 큰형님이 자기 집에 붙인 이름을 보고 이상하게 생각하였는데, 장기로 귀양 온 뒤에야 이 의문에 대한 해답을 얻게 되었다. 글쓴이는 특히 '천하 만물 가운데 지킬 것은 하나도 없지만, 오직 나[吾]만은 지켜야 한다.'를 밝히며, '밭, 집, 옷' 등과 비교하며 '자신을 지키는 삶'의 의미를 깨달았다.

☑ 오답 피하기
② 글쓴이가 붙인 것이 아니라 큰형님이 붙인 것이다.
③ 글쓴이는 장기로 귀양 와서야 큰형님의 의도를 깨닫게 되었다.
④ 글쓴이는 큰형님과 대화를 하지 않았다.

04 ③

'재물은 비유하자면 우물이다. 우물에서 물을 퍼내면 물이 가득 차지만, 길어 내지 않으면 물이 말라 버린다.'에서 알 수 있듯이, 독자의 이해를 위해 '경제 활동'을 '일상생활'인 우물에서 물을 퍼내는 것에 빗대어 표현하였다.

☑ 오답 피하기
① '사농공상 네 부류의 백성이 누구나 할 것 없이 다 가난하게 살기 때문에'에서 알 수 있듯이, 농업이 성행한다는 근거가 없다.
② 소비가 없으므로 공급을 할 필요가 없음을 사례를 활용하여 보여준 글이다.
④ 다른 나라로 보물이 흘러간다는 점을 지적한 것이지 교류하지 않음을 말한 것은 아니다.

05 ②

홍여순은 "명성 있는 장군은 당연히 도읍에 있어야 하기에 이일을 파견하면 안 됩니다."라고 말하였는데, 이 말은 '도읍 방어'의 중요성을 강조한 것으로 볼 수 있다.

오답 피하기

① '경상우병사 조대곤은 늙고 용맹이 없었으므로 사람들은 그가 장수의 임무를 감당하지 못할 것이라고 걱정하였다.'를 보면, 당시 장수로서 뛰어나다고 평가하기가 어렵다.
③ '그 지방 병사들이 용맹한지 비겁한지도 알 수 없을 것입니다.'에서 알 수 있듯이, 병사들이 용맹한지 비겁한지 알 수 없다는 점을 지적한 것이지, 훈련 부족을 지적한 것은 아니다.
④ '임금께서는 아무런 대답이 없으셨다.'에서 알 수 있듯이, 류성룡의 주장에 반응이 미지근한 것을 보아 긍정적으로 수용했다는 말은 적절하지 않다.

06 ④

누님의 시집가던 날을 생각하며 그리워하고 있지만, 누님의 결혼에 대한 기쁨은 나타나 있지 않다.

오답 피하기

① '문득 강 너머 멀리 보이는 산은 검푸른 빛이 마치 누님이 시집가는 날 쪽 찐 머리 같았고, 강물 빛은 당시의 거울 같았으며, 새벽달은 누님의 눈썹 같았다.'에서 자연물을 활용하여 누님의 모습을 빗대어 표현한 것을 알 수 있다.
② '명정'에서 누님이 죽은 것을 알 수 있으며, 이를 슬퍼하고 그를 그리워하는 것을 보아, 영원한 이별에 관한 안타까움을 드러냄을 알 수 있다.
③ '아아 ~ 스물여덟 해 전의 일이다.'까지 과거에 관한 언급이 있지만, '강가에 말을 세우고 멀리 바라보니 붉은 명정(銘旌)이 펄럭이고 배 그림자는 아득히 흘러가는데'에서는 현재의 장면이 연결된다.

07 ①

반추하는 소의 모습을 보면서 '소의 체구가 크면 클수록 그의 권태도 크고 슬프다. 나는 소 앞에 누워 내 세균 같이 사소한 고독을 겸손하면서 나도 사색의 반추는 가능할는지 불가능할는지 몰래 좀 생각해 본다.'와 같이 생각한다. 따라서 대상의 행위를 통해 글쓴이의 심리가 투사된다는 설명은 적절하다.

오답 피하기

② 과거의 삶에 대한 언급이 없다. 과거의 삶을 회상한다는 의미는 글쓴이가 지난 일에 대해 언급한다는 의미인데, 이에 관한 내용이 없고 더구나 후회하고 있지 않다.
③ 공간의 이동보다 자신이 생각하는 바에 집중하여 글을 전개하고 있다.
④ 현실에 대한 글쓴이의 불만과 반성적 어조가 맥락에서 확인되어야 하는데, '소'에 대한 자신의 생각 위주로 드러내고 있다.

08 ②

'오랜 시일이 지나서야 친정 사람들 소식도 혹 오가는 편에 들을 수 있었다.'에서 알 수 있듯이, 소식을 들은 경우이지, 이육사가 시를 지어 읊었던 추억을 회상한 것이 아니다. 회상한 부분은 '해방 이듬해 시월에 이육사의 동생들인 원일, 원조, 원창 삼 형제'가 들렀을 때이다.

오답 피하기

① '육사는 해방되기 얼마 전에 만주에서 돌아와 서울 들렀다 북경 갔다고 했다. 그 길로 붙잡혀 그 이듬해 사형당했다. 그가 바라던 청포 입은 손님도 맞이하지 못하고 마흔 살 나이에 아깝게 갔다.'에서 알 수 있듯이, 40살이 이듬해에 해당하므로 그 바로 전 해인 39살에 체포된 것을 알 수 있다.
　※ 이듬-해(명사) : 바로 다음의 해.≒익년.
③ '그가 바라던 청포 입은 손님도 맞이하지 못하고 마흔 살 나이에 아깝게 갔다.'에서 알 수 있듯이, '청포 입은 손님'은 은유적 대상으로 이육사가 원하는 조국 광복을 표현한 것이다.
④ '육사 형제는 모두 여섯이다. 원기, 원삼, 원일, 원조, 원창, 원홍이다. 원삼이가 곧 육사인데, 아명은 원록이라고도 했다.'에서 확인할 수 있는데, 이름은 '원삼'이고, 아명이 '원록'이다.
　※ 아명(兒名)(명사) : 아이 때의 이름.≒소명, 유명.
⑤ '원일이하고 남편하고는 동갑이라 집에 오면 늘 항렬 따지고'에서 알 수 있듯이, 원일이가 남편과 동갑이고, 원삼이 원일보다 나이가 많으므로, 이육사는 '나'의 남편보다 나이가 많다고 할 수 있다.

09 ③

동연과 서연은 '부처님 형상'에 대하여 다른 입장을 표명하는데, 이를 잘못 이해한 것은 바로 ③이다. 서연의 말을 보면 '자네는 그 형상을 또다시 베껴 만들 작정이군'이라며 외형에 대해 지적한다. 이를 토대로 볼 때 동연은 부처님 형상을 독창적으로 제작한다고 보기 어려우므로, ③이 정답이다.

오답 피하기

① '서연'은 이미 만들어진 불상에 대해 의심을 하는 입장이고, '동연'은 이미 만들어진 형상에 대해 공부를 하는 입장이다. 따라서 이 둘의 입장이 같다고 볼 수 없다.
② '서연'의 대화에서 '부처님 형상을 의심하는 것'을 확인할 수 있다. 이미 만들어진 형상에 대하여 '심사숙고해 보라는 말'에서 확인할 수 있기 때문이다.
④ '동연과 서연의 대화'를 보면 예술에 있어서 만들어진 것과 그 안에 들어가 있어야 할 것에 대해 의견 차이가 있음을 알 수 있다. 전자를 외관 또는 외형이라고 하고 후자를 내면 또는 내용이라고 한다. 특히 마지막 서연의 말 '형태 속에 부처님 마음은 어디 있는가?'라는 내용에서 형태와 마음을 달리 쓴 것을 알 수 있고, 동연은 형태에, 서연은 마음에(또는 내용에) 집중한 것을 확인할 수 있으므로, 형식과 내용의 논쟁을 연상시킨다고 볼 수 있다.

10 ④

'경필'은 '코를 막으며 문을 열라.'라고 반응하였을 뿐, 참을성이 강하거나 포용력이 있는지는 알 수 없다.

오답 피하기

① '성식'은 '우진'이의 워커 끈을 풀어서 다시 매주는데, 이 모습에서 인간적이고 따뜻한 모습을 읽을 수 있다. 또한 분위기를 바꾸려는 부분에서도 다른 사람을 배려하는 모습을 읽을 수 있다.
② '우진'은 '몸을 한쪽으로 기울이더니, 큰 소리로 방귀를 뀌는'에서 알 수 있듯이, 장난스러운 행동으로 웃음을 유발하였음을 알 수 있다.
③ '우진'이가 형들에게 주려고 준비한 게 있다고 하자, 이에 대해 '수혁'은 '무엇인지' 궁금해하였다.

CHAPTER 03

독서 - 설명 방식

제9회

⊙ Answer

01 ①	02 ③	03 ①	04 ①	05 ①
06 ②	07 ⑤	08 ②	09 ④	10 ③

01 ①

'인과'는 원인과 결과에 따른 서술 방식을 의미한다. 이런 서술 방식의 예로 가장 적절한 것은 ①이다. '해수면의 상승'이 원인이고, 이 현상에 따른, '기후 변화, 저지대가 잠기게 되는 현상'이 결과이다.

☑ 오답 피하기

② 정의: '제로섬'의 개념에 관한 서술 방식에서 확인할 수 있다.

③ 서사: 찬호가 몰래 학교에 들어가는 장면이 시간의 흐름에 따라 서술되어 있다.

④ 묘사: 소읍의 전경을 그림을 그리듯이 묘사하고 있다.

02 ③

<보기>는 '사람'과 '동물'을 대조하며 글을 전개해 나간 것이다. 이와 동일한 설명 방식이 사용된 선지는 ③이다. '바이러스'와 '세균'에 대한 정보부터 대조의 방식을 활용하여 썼으며, 두 번째 문장도 '세균과 바이러스'를 비교 대조하며 글을 전개하고 있다. 따라서 정답은 ③이다.

☑ 오답 피하기

① 첫 번째 문장과 두 번째 문장의 관계는 '유비추론'이다. 비슷한 상황이 언급된다.

② 첫 번째 문장은 정의로 서술되었고, 두 번째 문장은 '수학, 신호등 언어'와 같이 나열된 대상을 '기호'로 묶는 '분류'가 제시되어 있다. 마지막 문장 역시 '기호'의 예에 해당된다.

④ '고사리'에 대한 설명이 먼저인데, '고사리와 고비 등을 양치식물'이라고 한 점에서 '분류'를 확인할 수 있다. 또한 '양의 이빨과 비슷하다.'에서 '비유법'도 확인된다.

03 ①

'조류에 올라탔다'에서 비유적 표현이 확인되며, '페이스북뿐만 아니라 우리가 대부분의 시간을 보내는 유튜브, 아마존, 인스타그램, 트위터 같은 인터넷 사이트'에서는 예시가 구체적으로 나타나 있음을 알 수 있다.

☑ 오답 피하기

② 어떠한 기준을 중심으로 둘의 차이를 서술한 글이 아니다.

③ 시간의 흐름에 따라 이야기를 전개하는 방식으로 쓴 글이 아니다.

④ 다른 인물의 말을 인용하지 않았다.

04 ①

해당 내용은 「메밀꽃 필 무렵」 중 일부이다. 메밀꽃이 핀 밤의 모습을 감각적 이미지를 활용하여 그림을 그리듯이 자세하게 서술하였다는 점에서 '묘사'가 가장 적절하다.

※ 묘사: 어떤 대상이나 사물, 현상 따위를 언어로 서술하거나 그림을 그려서 표현함.

☑ 오답 피하기

② '설명'은 있는 사실을 그대로 써야 한다. 즉, 추상적이지 않고 객관적인 말을 토대로 자세하게 설명해야 한다는 의미이다. 해당 글은 묘사한 글이기 때문에 '설명'한 글이라고 말할 수 없다.

※ 설명: 어떤 일이나 대상의 내용을 상대편이 잘 알 수 있도록 밝혀 말함. 또는 그런 말.

③ '유추'하려면 두 대상이 필요한데, 이 중 하나는 사실이어야 하고, 다른 하나는 유추가 될 닮은 대상이어야 한다. 그런데 해당 글은 하나의 대상을 그림을 그리듯이 자세하게 묘사하였으므로 '유추'가 된 글이 아니다.

④ '분석'하려면 화제를 어떤 기준에 따라 나누는 방식으로 글이 진행되어야 한다. 해당 글은 '분석'이 아닌 '묘사'가 된 글이다.

05 ①

'가끔이라도 웃음을 주고 피로를 풀어 주는 당근, 즉 긍정적 보상물이 있기에 고단한 일상을 감수한다. 어떤 부모에게는 아이가 꾹꾹 눌러 쓴 "엄마 아빠, 사랑해요."라는 카드가 당근이다. 어떤 직장인에게는 주말마다 떠나는 여행이 당근이다.'에서 글쓴이가 말하고자 하는 당근을 다양한 예를 활용하여 보여주었다.

☑ 오답 피하기

② 전문가의 의견을 인용한 부분이 없다.

③ 자문자답의 형식이 아니다.

④ '당근과 채찍'은 '보상과 처벌'과 연결되는데, 이는 유추로 이해할 수 있지만, '문제의 심각성'을 강조하기 위해 쓴 것은 아니다.

06 ②

빛 공해의 주요 요인이 인공조명의 누출 원인을 제시하였다는데, 인공조명의 과도한 빛이 인간의 건강하고 쾌적한 생활을 방해한다는, 인공조명에 의한 악영향만이 제시되었다. '인공조명의 누출 원인'은 제시되지 않았으므로 정답은 ②이다.

☑ 오답 피하기

① '빛 공해란 인공조명의 과도한 빛이나 조명 영역 밖으로 누출되는 빛이 인간의 건강하고 쾌적한 생활을 방해하거나 환경에 피해를 주는 상태를 말한다.'에서 빛 공해의 정의가 제시되어 있다.

③ '국제 과학 저널인 『사이언스 어드밴스』의 '전 세계 빛 공해 지도'에 따르면, 우리나라는 빛 공해가 심각한 국가이다.'에서 '국제 과학 저널'이라는 자료를 확인할 수 있고, 빛 공해가 심각한 국가 중 우리나라를 제시하고 있다.

④ '빛 공해는 멜라토닌 부족을 초래해 인간에게 수면 부족과 면역력 저하 등의 문제를 유발하고, 농작물의 생산량 저하, 생태계 교란 등의 문제를 일으킨다.'에서 '빛 공해'로 인한 악영향을 나열의 방식으로 제시하였음을 알 수 있다.

07 ⑤

"제일', '가장'과 같은 최상급을 쓰면 즐거울 때가 있다.', '부사가 있을 곳은 지옥이 아니라 이 말도 안 되는 다급하고 복잡한 세상, 유려한 표현 대신 불쑥 부사를 내뱉을 수밖에 없는 속세, 그 세속에서 쓰이는 소설 안일 것이다. 부사를 변호했다. 기분이 '굉장히' 좋다.'에서 자기 기분에 솔직하게 그것을 정직하게 써 낸 글이란 점에서, '마음을 나타내는 정서 표현의 글'이라고 보는 것이 가장 적절하다.

✅ 오답 피하기
①, ② 정보를 전달하는 설명하는 글이 아니다.
③, ④ 누군가를 설득하고 자신의 주장을 피력하는 글이 아니다. 물론 자기 생각을 펼쳤다는 점에서 유사한 것처럼 보이겠지만, '주장-근거'로 이어진 글과 '자신의 감성' 위주로 이어진 글은 전개 방식이 전혀 다르다.

08 ②

'알렉산드르 2세가 통치하던 최근의, 우리 시대의 일이었다.'에서 시작하여 그 시대의 사건을 다양하게 나열하여 제시하였다. 특히 '불패의 러시아 군대가 적군에게 내어준 세바스토폴에서 돌아오고, 전 러시아가 흑해 함대의 괴멸에 축전을 거행하고, 하얀 돌벽의 모스크바가 이 기쁜 사건을 맞이하여'에서 확인할 수 있다. 게다가 마지막까지 당시의 위대한 인물들에 대한 언급도 나열하여 강조하였다. 이런 근거에서 가장 적절한 설명은 ②이다.

✅ 오답 피하기
① 두 개의 특수한 상황이 무엇이라고 콕 집어서 말하기가 어렵다.
③ 어떤 일이나 내용을 이해시키기 위해 구체적 사례를 든 것이 아니라, 특정 시대를 서술하기 위해 다양한 사건을 나열하여 보여준 것이다.
④ 인물의 행동 변화 과정이 아예 없다.
⑤ 주장과 근거를 바탕으로 자기 생각을 설득하는 글이 아니다.

09 ④

농경 기술이 발달한 후, 사람이 일정한 지역에 모여 살면서 영양실조와 같은 건강에 문제가 생겼음을 밝히는 글이다. '문제와 해결 방안'을 중심으로 구성된 글이 아니다.

✅ 오답 피하기
① '수렵과 채집을 생계 수단'으로 삼았던 과거에서 '농경 기술이 발달한 시기'를 고려해 볼 때, 시간의 흐름에 따른 설명이라고 말할 수 있다.
② 생활 방식에 따라 건강 상태가 달라지는 이유를 1문단과 2문단으로 나누어 설명하였다. 특히 '농경 기술이 발달하고 사람들이 일정한 지역에 모여 살면서부터는 상황이 크게 달라진다.'에서 그 이유를 구체화하였다.
③ 1문단과 2문단이 서로 대조를 이루며 '수렵과 채집'을 중심으로 했을 때의 상황과 '농경 기술'이 발달한 상황일 때의 인간의 건강 상태를 설명하였다.

10 ③

'1문단'에서 '고전파는~형식과 내용의 일체화를 꾀한다.'고 하였다. 따라서 '형식과 내용의 분리에 있다.'라는 말은 타당하지 않다.

✅ 오답 피하기
① 해당 글은 '고전파 음악의 역사적 의의'에 대해서 이야기하고 있다. 따라서 ①은 적절한 설명이다.
② '2문단'에서 '하이든, 모차르트, 베토벤' 등 다양한 음악가를 예로 들고 있으므로 적절한 설명이다.
④ '고전파 음악은 어떤 음악인가?'에서 확인할 수 있듯이 질문을 통해 화제를 제시하고 있고, 이러한 질문은 독자의 주의를 이끄는 효과를 지닌다.

CHAPTER **04** 독서 - 전개 순서

Answer

| 01 ② | 02 ④ | 03 ③ | 04 ② | 05 ① |
| 06 ③ | 07 ② | 08 ③ | 09 ② | 10 ③ |

01 ②

북방에 사는 매는 덩치가 크고 사냥도 잘한다. 그래서 아시아에서는 몽골고원과 연해주 지역에 사는 매들이 인기가 있었다.

1) '북방에 사는 매'라는 키워드를 파악해야 한다.

(나) 일본에서 이 북방의 매에 접근할 수 있는 길은 한반도를 통하는 것 외에는 없었다. 그래서 한반도와 일본 간의 교류에 매가 중요한 물품으로 자리 잡았던 것이다. 하지만 임진왜란으로 인하여 교류는 단절되었다.

2) (나)에서 '이 북방의 매'에 접근할 수 있는 길은 유일하게 한반도뿐이라는 점을 확인해야 한다.

(가) 조선과 일본의 단절된 관계는 1609년 기유조약이 체결되면서 회복되었다. 하지만 이때는 조선과 일본이 서로를 직접 상대했던 것이 아니라 두 나라 사이에 끼어있는 대마도를 매개로 했다. 대마도는 막부로부터 조선의 외교·무역권을 위임받았고, 조선은 그러한 대마도에게 시혜를 베풀어줌으로써 일본과의 교린 체계를 유지해 나가려고 했다.

3) 그리고 (나)의 말미의 '임진왜란으로 인하여 교류가 단절되었다.'라는 설명이 (가)의 '조선과 일본의 단절된 관계'와 연결됨을 알 수 있다.

(다) 이러한 외교관계에 매 교역이 자리하고 있었다. 대마도는 조선과의 공식적, 비공식적 무역을 통해서도 상당한 이익을 취했다. 따라서 조선후기에 이루어진 매 교역은 경제적인 측면과 정치·외교적인 성격이 강했다.

4) 이렇게 (나)-(가)의 흐름은 (다)의 '이러한 외교관계'로 이어진다. 정리하면, '(나)-(가)-(다)'가 있는 ②가 정답이다.

02 ④

(다) 비판적 사고는 어떤 기준에 따라 개념, 판단, 논증을 평가하고 분석한다는 점에서 포괄적이다. 하지만 비판적 사고가 어떤 체계 내에서 이루어지는 수렴적 사고라는 점에서 현대 다원주의 사회에 부적합하다는 비판이 제기될 수 있다. 현대 다원주의 사회에서는 새로운 문제를 발견하고 대안을 모색하는 창의적 사고 능력이 요구된다. 그런데 기존의 주어진 논의 체계에만 국한된 비판적 사고는 시대적 요구에 둔감해 보인다.

1) '비판적 사고'가 무엇인지에 대하여 구체적으로 설명한 후, '다원주의 사회'에서 이와 같은 사고가 부적합하다는 비판을 제기한 것을 처음에 배치해야 한다.

(나) 이러한 비판은 비판적 사고를 수렴적 사고로 제한할 뿐만 아니라 발산적 사고인 창의적 사고를 수렴적 사고와는 전혀 무관한 사고라고 전제하는 데에서 발생한다. 이런 비판이 적절한지 판단하기 위해서는 전제에 대해 곰곰이 생각해 볼 필요가 있다.

2) 그래야 (나)에서 말한 '이러한 비판'이 (다)와 연결된다. 즉, 비판적 사고를 수렴적 사고로 제한하였다는 내용을 중심으로 '(다)-(나)'가 연결됨을 알 수 있다.

(가) 비판적 사고를 수렴적 사고로 제한할 수 있을까? 존 듀이(John Dewey)는 비판적 사고를 반성적 사고, 즉 사고에 대한 사고인 '메타(meta) 사고'라고 강조한다. 메타 사고는 주어진 논의 체계를 반성한다는 의미에서 논의 밖의 관점을 취할 수밖에 없다. 따라서 비판적 사고는 좁은 의미에서 수렴적 사고에 해당하지만, 거기에만 한정되지는 않는다.

3) '존 듀이'는 비판적 사고를 좁은 의미로서만 볼 수 없다며, '논의 밖의 관점을 취할 수 없다.'라는 점을 지적한다. 이는 앞선 논의를 바탕으로 설명한 것이므로, (가)는 처음에 배치되기가 어렵다.

비판적 사고를 통해서 논제에 대한 발상이 전환되기도 하고, 새로운 관점을 통해 새로운 문제를 발견하기도 하고, 새로운 대안을 제시하는 대안적 사고를 할 수도 있다. 비판적 사고는 대안 모색과 발상 전환 과정에서 논의 체계를 넘어설 수 있기 때문에 발산적 사고 일부를 포함한다.

4) 마지막 문단은 '존 듀이'와의 생각과 유사하므로 (가)는 맨 끝에 배치되는 것이 자연스럽다. 정리하자면, '(다)-(나)-(가)'가 있는 ④가 정답이다.

03 ③

사회 문제의 종류와 내용 및 그에 대한 관념은 시대와 사회에 따라 다르게 나타난다. 운명론을 예로 들어보자. 운명론은 한마디로 개인의 고통과 사회적 불평등을 하늘의 뜻으로 또는 당연히 주어진 것으로 받아들이는 태도이다.

1) 첫 문단의 핵심은 '사회 문제의 종류와 내용', 그리고 '그에 대한 관념'에 있다. 글쓴이는 이를 설명하기 위해 '운명론'을 예로 들었다.

(다) 따라서 운명론이 지배하는 사회에서는 개인이나 특정 집단이 겪는 고통은, 그것이 심한 사회적 통제와 불평등의 결과이기도 하지만, 사회의 잘못이 아닌 그들 개개인의 탓으로 돌려진다. '가난은 나라도 구제할 수 없다'는 생각이 그 단적인 예에 속한다.

2) (다)는 '운명론이 지배하는 사회'에서의 상황을 구체적으로 설명한 부분이다. '사회의 잘못'이 아니라 '개인의 탓'이란 점에서 1문단과 맥락을 같이한다.

(가) 이러한 상황에서는 사람들이 겪는 고통이 '사회 문제'의 관념으로 발전하기 어렵다. 결과적으로 전통 사회에서는 기존 질서의 유지가 가장 중요한 사회적 관심사가 되고 따라서 '규범의 파괴'가 가장 핵심적인 사회 문제로 떠오르게 된다.

3) (가)의 '이러한 상황'은 '운명론'과 연결되며, 개인의 탓으로 돌릴 경우, 사회 문제의 관념으로 발전하기 어렵다는 점을 지적한다. 이를 바탕으로 보면, '(다)-(가)'의 연결이 자연스럽다.

(나) 한편, 오늘날 우리가 갖게 된 사회 문제의 관념은 운명론의 배격을 전제로 한다. 그것은 우선 사람의 고통은 여러 사람 공동의 노력으로 해결할 수 있다는 생각, 그것이 개인의 책임이 아니고 사회 제도와 체제의 책임이라는 관념, 나아가 모든 사람은 인간적인 대우를 받을 가치가 있다는 인식의 확산 없이는 이루어지지 못한다.

4) '한편'은 화제를 전환할 때 쓰는 경우가 많은데, '운명론'의 배격을 전제로 한 사회 문제의 관념에 관한 내용이다. (나)는 '(다)-(가)'를 바탕으로 설명한 글이므로 '(다)-(가)-(나)'가 있는 ③이 정답이다.

04 ②

빅데이터가 부각된다는 것은 기업들이 빅데이터의 가치를 받아들이기 시작했다는 뜻이다. 여기에는 기업들이 데이터를 바라보는 시각이 변한 측면도 있다.

1) 여기에서 주체가 '기업'인 것을 파악해야 하고, 화제가 '데이터를 바라보는 시각이 변화였다.'는 것을 이해해야 한다.

(가) 기업들은 [고객이 판촉 활동에 어떻게 반응하고 평소에 어떻게 행동하며 사물에 대해 어떤 태도를 보이는지 알기 위해] 많은 돈을 투자해 마케팅 조사를 해 왔다.

2) 고객들의 반응을 알기 위해 '기업'에서 많은 돈을 투자했다는 설명이다. 빅데이터의 가치를 알기 전의 상황으로 보아야 한다.

(나) 그런 상황에서 기업들은 SNS나 스마트폰 등 새로운 데이터 소스로부터 그러한 궁금증과 답답함을 해결할 수 있다는 것을 알게 되었다. 페이스북에 올리는 광고에 친구가 '좋아요'를 한 것에서 기업들은 궁금증과 답답함을 해결할 수 있다.

3) 여기서 말하는 '새로운 데이터'는 '빅데이터'를 의미한다. 그리고 '그러한 궁금증과 답답함'이란 말에서는, (가)의 의문과 연결해야 한다. 여기까지 파악하면, '(가)-(나)'의 연결이 자연스럽다.

(다) 그런데 기업들의 그런 노력이 효과가 있는 경우도 있었으나 아쉬운 점도 많았다. 쉬운 예로, 기업들은 많은 광고비를 쓰지만 그 돈이 구체적으로 어느 부분에서 효과를 내는지는 알지 못했다.

4) '그런데'로 화제를 전환해야 하며, '그런 노력'이란 말에서 앞에 제시되어야 할 내용이 기업들이 한 노력임을 알 수 있다. 이는 (가)의 상황을 제시한 것으로 보인다. 여기까지 파악하면, '(가)-(다)-(나)'가 된다.

결국 데이터가 있는 곳에서 기업들은 점점 더 고객 취향에 집중할 수 있게 되었으며, 이에 따라 기업들은 소셜 미디어의 빅데이터를 중요한 경영 수단으로 수용하기 시작한 것이다.

5) 마지막엔 '빅데이터의 중요함을 깨달았다.'라는 언급이 있는데, 이는 (나)와 연결되는 것이 자연스럽다. 따라서 ②가 정답이다.

05 ①

독서는 아이들의 전반적인 뇌 발달에 큰 영향을 미친다.

1) 여기에서 화제는 '독서'이고, '독서로 인한 영향'이 이 글의 핵심임을 알 수 있다.

(가) 그에 따르면 뇌의 전두엽은 상상력을 관장하는데, 책을 읽으면 상상력이 자극되어 전두엽을 많이 사용하게 된다.

2) '그'라는 인물이 미리 언급되었어야 하므로, (가)는 먼저 올 수가 없다.

(나) A 교수는 책을 읽을 때와 읽지 않을 때의 뇌 변화를 연구해서 세계적인 명성을 얻었다.

3) 책을 읽을 때와 그렇지 않을 때의 뇌 변화를 연구함으로써 '독서'와 '뇌 발달'의 상관을 설명한 인물인 'A 교수'가 등장한다. 즉, 가장 먼저 제시되어야 하므로, '(나)-(가)'의 연결이 자연스럽다.

(다) 이처럼 책을 많이 읽으면 전두엽이 훈련되어 전반적인 뇌 발달의 가능성이 높아지는데, 그 결과는 교육 현장에서 실증된 바 있다.

4) '이처럼'은 전체 내용을 점검할 때 쓴다. '전두엽'에 대해, (가)에서 먼저 언급하였으므로 (다)는 이를 바탕으로 서술하는 쪽이 가장 자연스럽다. 따라서 '(나)-(가)-(다)'가 된다.

독서를 많이 한 아이는 학교에서 더 좋은 성적을 낼 뿐 아니라 언어 능력도 발달한다는 사실이 밝혀진 것이다.

5) 마지막에 '교육 현장에서 실증된 구체적 상황'이 언급되었으므로, (다)와 연결되는 것이 자연스럽다. 따라서 ①이 정답이다.

06 ③

> (라) 시청자가 드라마나 영화에 대해 시청 여부를 결정하는 데 걸리는 시간은 8초에 불과하다. 제작자는 이 짧은 시간 안에 시청자를 사로잡을 수 있는 <u>스토리텔링 전략이 필요하다.</u>

1) '스토리텔링 전략이 필요하다.'라는 내용이 먼저 제시된 부분이 (라)이다. 따라서 (라)가 글의 시작이 된다.

> (나) 스토리텔링 전략에서 <u>제일 먼저 해야 할 일이 로그라인을 만드는 것이다.</u> 로그라인은 '장애, 목표, 변화, 영웅'이라는 네 가지 요소를 담아야 하며, 3분 이내로 압축적이어야 한다. 이를 통해 <u>스토리의 목적과 방향이 마련된다.</u>

2) (나)에는 스토리텔링 전략에 관한 본격적인 이야기가 시작된다. 따라서 (라) 다음에 (나)로 가는 것이 자연스럽다.

> (가) <u>다음으로</u> 시청자의 마음을 사로잡을 수 있는 <u>참신한 인물을 창조해야</u> 한다. 특히 주인공은 장애를 만나 새로운 목표를 만들고, 그것을 이루는 과정에서 최종적으로 영웅이 된다. 시청자는 주인공이 목표를 이루는 데 적합한 인물로 변화를 거듭할 때 그에게 매료된다.

3) 다음으로 (가)가 자연스러운데, 이유는 (다)에서 '이 같은 인물 창조의 과정'을 거쳤다는 내용이 있기 때문이다.

> (다) <u>이 같은 인물 창조의 과정</u>에서 스토리의 주제가 만들어진다. '사랑과 소속감, 안전과 안정, 자유와 자발성, 권력과 책임, 즐거움과 재미, 인식과 이해'는 수천 년 동안 성별, 나이, 문화를 초월하여 두루 통용된 주제이다.

4) 마지막으로, (다)의 '이 같은 인물 창조의 과정'이란 말에서 알 수 있듯이, '인물 창조의 과정'과 관련된 설명이 먼저 나와야 한다. 따라서, (라)-(나)-(가)-(다)가 있는 ③이 정답이다.

07 ②

> <u>약물</u>은 질병을 치료하거나 예방할 목적으로 사용되는 의약품이다. 우리 주변에는 <u>약물이 오남용되는 경우</u>가 있다.

1) '약물'의 정의를 밝히고 약물이 오남용되는 경우가 있다는 점을 지적한다.

> (나) <u>오남용</u>은 <u>오용</u>과 <u>남용</u>을 합친 말로서 <u>오용</u>은 본래 용도와 다르게 사용하는 일, <u>남용</u>은 함부로 지나치게 사용하는 일을 가리킨다.

2) 먼저 '오남용'이 무엇인지에 대하여 구체적으로 설명해야 다음의 연결이 자연스럽다.

> (라) 약물을 오남용하면 신체적 피해는 물론 정신적 피해를 입을 수 있다.

3) 게다가 (나)에서 (라)로 연결되어야 약물을 '오남용'하면, 어떤 피해를 입는지를 파악할 수 있다.

> (가) <u>더구나</u> 약물은 <u>내성이 있어</u> 이전보다 더 많은 양을 사용하기 마련이므로 피해는 점점 커지게 된다.

4) 그리고 그러한 피해는 (가)와 같이 연결되어 '내성이 있다.'라는 점을 지적하여 이전보다 피해가 심각해짐을 강조하였다.

> (다) <u>그러므로</u> 약물을 사용할 때는 반드시 의사나 약사와 상의하고 설명서를 확인하여 목적에 맞게 적정량을 사용해야 한다.

5) (다)는 결론이다. 오남용하지 말고 약물을 사용할 때 적정량을 사용하라는 당부로 마무리되어야 글의 흐름이 자연스럽다. 즉 '(나)-(라)-(가)-(나)'가 있는 ②가 정답이다.

08 ③

> <u>청소년 노동자를 바라보는 시각</u>에는 양극단이 존재한다. '경제적으로 어려운 아이들'이라는 시각과 '지나치게 돈을 좋아하는 아이들'이라는 시각이 그것이다.

1) '청소년 노동자를 바라보는 시각'이 핵심이고, 양극단적인 시각이 글의 중심이다. '경제적으로 어려운 아이들'이라는 시각, '지나치게 돈을 좋아하는 아이들'이라는 시각을 파악한 후 선지에서 밝힌 (나)를 읽자.

> (나) <u>전자</u>는 청소년이 노동을 선택하는 이유를 '<u>생계비 마련</u>' 하나만으로 축소해 버리고 피해자로만 바라본다는 점에서 문제가 있다.

2) '경제적으로 어려운 아이들'이라는 시각에 따르면 이들이 노동을 선택하는 이유는 곧 '생계비 마련'에 따른 것임을 알 수 있다. 그런데 글쓴이는 이러한 관점이 문제라고 본다.

> (다) <u>그러다 보니</u> 생활비 마련뿐만 아니라 <u>의미 있는 시간 활용, 부모의 눈치를 보지 않는 독립적인 생활, 진로 탐색 등 노동을 선택하는 복합적인 이유</u>가 삭제돼 버린다.

3) '생활비'라는 키워드가 연결된다. 따라서 '(나)-(다)'의 연결이 자연스럽다.

> (라) <u>후자의 시각</u>은 청소년 노동을 학생의 본분을 저버린 <u>그릇된 행위</u>로 만들어 버림으로써, 문제의 원인을 노동 현장의 구조적 문제가 아니라 '<u>청소년이 노동하고 있다는 사실</u>' 자체로 돌려 버린다.

4) '후자의 시각'은 지나치게 돈을 좋아하는 아이들이란 시각으로, 이들의 입장에서 청소년 노동은 '그릇된 것'으로 인지된다. 따라서 문제의 원인을 노동 현장의 구조적 문제를 고려하지 않는다는 점에서 '(나)-(다)'와 전혀 다른 관점을 제시한다.

> (가) <u>이런 시각</u>은 <u>비행만을 강조</u>하기에 청소년들이 스스로 노동하고 있다는 사실을 부끄러워하거나 다른 사람들에게 숨기는 경우도 많이 발생한다.

5) '이런 시각'은 '후자의 시각'과 연결되므로 '(라)-(가)'로 배치할 수 있다.

> <u>두 시각</u> 모두 도달하게 되는 결론은 청소년을 노동에서 빨리 구원해야 한다는 것이다.

6) 글쓴이는 '청소년이 노동하는 구조'를 지적하고자 이 글을 쓴 것이므로 '빨리 구원해야 한다.'라는 바람을 밝혔다. 정리하자면, '(나)-(다)-(라)-(가)'가 있는 ③이 정답이다.

09 ②

> (나) 표준어가 특별 대접을 받은 방언이라 하여 표준어가 다른 방언보다 언어학적으로 더 우위에 있는 언어는 아니다. 이 점은 일반인들이 흔히 하는 오해로서, 방언은 체계가 없고 조잡한 언어이며 표준어는 올바르고 우수한 언어라고 생각하는 것이다.

1) 여기에서 '표준어'와 '방언'의 차이를 중심으로 진행함을 알 수 있으며, '일반인의 오해'에서 글이 시작된다. 처음은 '방언'에 대하여 '체계가 없음, 조잡한 언어'와 같은 비판을 할 내용을 먼저 언급함으로써 후반의 반전을 꾀한다.

2) 이때, (라)도 같이 비교하게 되는데, (라)는 '표준어'과 '방언'이 어느 정도 설명이 된 다음 이유와 근거를 제시한 것이므로 초반에 배치할 수가 없다. 이를 두고 보면, 결국 (라)의 위치가 중요함을 알 수 있다. 학생들은 이를 글의 마무리로 볼 것인지 아니면 (가)를 글의 마무리로 볼 것인지 생각하자.

> (다) 그러나 문명국의 언어가 더 체계적이고 미개국의 언어가 덜 체계적이라고 하는 사고가 잘못된 것임이 밝혀졌듯이 방언이 표준어보다 체계가 없고 덜 우수한 언어라는 생각 역시 잘못된 생각이다.

3) '그러나'를 기점으로 글의 내용은 전환된다. 먼저 글쓴이는 '문명국과 미개국'을 비교함으로써 이와 같은 사고가 잘못되었음을 다시 지적한다.

> (가) 방언도 다 그것대로 훌륭한 체계를 갖추고 있을 뿐 아니라 때에 따라서는 더 훌륭한 체계를 갖추고 있을 수도 있다.

4) 그런 다음 '방언' 자체에 대한 긍정적인 논의를 제시한다. 해당 선지는 (나)-(다)의 진행에서 답은 ②로 확정되었지만, 글의 흐름은 '방언'에 대한 긍정적 파악과 '표준어'에 대한 새로운 인식에 있으므로 (라)까지 읽도록 하자.

> (라) 표준어가 다른 방언보다 좋은 체계를 갖춘 언어라서가 아니라 가령 행정, 교통, 문화 등의 중심지에서 쓰이는 조건 등으로 그만큼 영향력이 크고 보급이 쉬운 이점이 있어 표준어의 자격을 얻게 된다는 점을 바로 인식할 필요가 있다.

5) 마지막으로 글쓴이는 '표준어'에 대하여 다시 인식할 필요성이 있다면서 글을 마무리한다. 이처럼 '(나)-(다)-(가)-(라)'로 전개한 ②가 정답이다.

10 ③

> 법과 질서를 지키는 것은 시민의 의무일까?

1) 여기에서 '법과 질서를 지키는 것'과 '시민의 의무'를 파악해야 한다.

> (다) 대체로 법과 질서를 따라야 하는 건 맞다. 하지만 언제나 그렇다고 말할 수는 없다. 부당한 법과 질서를 지키지 않는 것도 시민의 책무이기 때문이다.

2) 그리고 (다)에서 '법과 질서를 따라야 하는 건 맞다.'라는 질문에 관한 답을 확인해야 한다. 그리고 해당 글의 핵심인 '부당한 법과 질서를 지키지 않는 것'에 대한 논의가 여기서 시작되었음도 파악해야 한다.

> (라) 법이 부당할 수 있다는 사실은 나치의 반유대인 정책이나 남아프리카공화국의 아파르트헤이트 등 법을 통해 부정의한 사회 질서가 만들어지고 집행된 경험을 통해 충분히 깨달았다. 역사는 그런 부정의한 법을 집행한 사람을 전범이라는 이름으로 재판하고 처벌하기도 했다.

3) '법이 부당할 수 있다는 사실'이란 말을 하려면, 이와 관련된 이야기가 앞서 있어야 한다. 따라서 '(다)-(라)'의 연결은 절대적이다.(①, ③)

> (나) 한국도 그런 부정의한 시대를 겪었다. 대표적으로 헌법상 기본권을 무효화시키고 인혁당 사건을 비롯해 대규모 인권침해를 초래했던 유신시대의 헌법과 긴급조치를 떠올려보자.

4) '한국도 그런 부정의한 시대를 겪었다.'라는 말에서 앞의 상황과 유사해야 함을 파악할 수 있다. 따라서 (라)-(나)의 연결도 절대적이다.(③)

> (가) 이 역시 법의 외형을 띠었다. 국가의 안전과 공공의 질서를 유지한다는 정당해 보이는 이유가 있었다. 하지만 안전과 질서라는 말은 인권을 제한하는 만능 논리로 사용되었고 권력자의 뜻에 따른 통치를 용이하게 만들었다.

5) '이 역시 법의 외형을 띠었다.'는 말과 '유신시대의 헌법과 긴급조치'가 연결된다. 이런 내용을 고려해 볼 때, '(다)-(라)-(나)-(가)'로 전개한 ③이 정답이다.

제11회

◉ Answer

| 01 ② | 02 ③ | 03 ④ | 04 ④ | 05 ④ |
| 06 ③ | 07 ③ | 08 ② | 09 ④ | 10 ⑤ |

01 ②

> (가) 자기 재물을 혼자서 쓰는 것은 형체가 있는 재물을 형체가 있는 것으로 쓰는 것이요, 남에게 재물을 베푸는 것은 형체가 있는 재물을 형체가 없는 마음으로 쓰는 것이다.

1) 여기에서 '자기 재물을 혼자서 쓰는 것'과 '남에게 재물을 베푸는 것'을 비교함으로써 글이 시작된다.

2) 이와 비교해야 할 (라)는 '형체가 있는 것'에 관한 것만 서술하였으므로, 전체적인 흐름은 범주가 넓은 (가)에서 시작하는 것이 자연스럽다.

> (다) 그런데 형체가 있는 것을 형체로 쓰면 다 닳아 없어지기에 이르나, 형체가 있는 것을 마음으로 쓰면 변하거나 없어지는 법이 없다.

3) '그런데'를 기점으로 글의 내용이 전환된다. (가)에서 비교한 것처럼 (다)에서도 '형체가 있는 것'을 '형체로 쓰는 것, 마음으로 쓰는 것'에 따라 달라진다는 점을 지적한다. 특히 이 둘을 비교함으로써 '변하거나 없어지는 법이 없다'며 '마음으로 쓰는 것'을 강조한다.

> (나) 그렇다면 형체가 있는 것을 마음껏 쓰면서도 닳아 없어지지 않게 하는 방법으로는 남에게 베푸는 것만 한 것이 없을 테니, 이는 어째서인가?

4) '그렇다면'은 앞의 상황을 바탕으로 하여 내용이 이어질 때 쓰는 접속어이다. (다)를 바탕으로 (나)를 읽으면, '닳아 없어지는 법'과 이어 '없어지지 않게 하는 방법'으로 연결됨을 알 수 있다.

(라) 형체가 있는 것이 이미 다른 사람의 집에 있으니 도둑이 훔쳐 갈까 염려하지도 않고, 불에 타 없어질까 걱정하지도 않으며, 소나 말에 실어 운반해야 하는 수고로움도 없다.

5) '형체가 있는 것'은 이미 다른 사람이 있다는 점을 언급하며 이와 관련된 고민이 없음을 이야기하는데, 이처럼 '한쪽'만 설명한 것은 마지막 문단과 연결하기 위한 하나의 근거로 볼 수 있다.

재물을 씀으로써 얻는 아름다운 이름은 죽고 난 뒤에도 없어지지 않고 천년토록 전해질 것이니, 천하에 이같이 큰 이익은 없다.

6) 마지막을 읽으면 '마음과 같이 형체가 없는 것을 베푸는 것'이 글의 주제임을 알 수 있다. 따라서 '(가)-(다)-(나)-(라)'로 전개한 ②가 정답이다.

02 ③

(다) 시는 사람의 내면에만 담아 둘 수 없는 간절한 마음을 말이나 글로 표현할 때 탄생한다는 견해가 있다. 이에 따르면 시를 감상하는 것은 시에 담긴 마음을 읽어 내는 것이다.

1) 여기에서 화제는 '시'와 '사람의 마음'임을 알 수 있다.
2) 이와 비교해야 할 (가)는 '시가 마음을 담아내는 것'이라고 이미 정의하였는데, 이는 글쓴이의 견해이므로 왜 이러한 결론에 다다랐는지 그 과정이 있는지 확인할 필요가 있다.

(가) 시가 마음을 담아내는 것이므로 시의 내용은 다양할 수밖에 없다. 사람의 마음은 매우 다양하기 때문이다.

3) '시가 마음을 담아낸다.'라는 언급은 (다)의 마지막에 처음 나오며, (가)는 이것을 받아 '감정의 다양함'을 제시하였다.

(나) 그러나 인간이라면 누구나 갖게 되는 마음이 있기에 자주 등장하는 내용도 있다. 대표적인 것이 바로 그리움이다.

4) 그런데, '그러나'를 기점으로 '다양성'은 축소된다. 여기서는 '자주 등장하는 내용'으로 언급하였고, 이처럼 다양하지 못한 감정은 '그리움'으로 연결된다.

(라) 그리움이 담겨 있는 시가 많은 것은 그리움이 그만큼 간절한 마음이기 때문이다. 이렇게 볼 때, 동서고금을 막론하고 그리움을 노래하는 시가 많은 것은 어쩌면 당연한 일이다.

5) 마지막으로 (라)는 (나)의 '그리움'과 연결된다. 이처럼 앞뒤의 연결이 정확한 문제는 그 점을 파악해야 한다. 정리하자면, '(다)-(가)-(나)-(라)'로 전개한 ③이 정답이다.

03 ④

(나) 100년 전 우리는 수난과 비극의 역사를 겪었습니다. 해양으로 나가려는 세력과 대륙으로 진출하려는 세력이 한반도를 가운데 놓고 싸움을 벌였습니다. 마침내 우리는 국권을 상실하는 아픔을 감수해야 했습니다.

1) 여기에서 화제는 '국권 상실'과 '역사'임을 알 수 있다.
2) 이와 비교해야 할 (가)는 '이제'를 고려해 볼 때, 시간의 흐름을 고려했음을 알 수 있는데, (나)가 먼저 제시되어야 가능한 설명이므로 (가)는 후반부에서 이해하자.

(라) 그 아픔은 분단으로 이어져서 오늘에 이르고 있습니다. 그 과정에서는 정의가 패배하고 기회주의가 득세하는 불행한 역사를 겪었습니다. 그러나 이제 우리에게도 새로운 희망의 시대가 열리고 있습니다. 세계의 변방으로 머물러 왔던 동북아시아가 북미·유럽 지역과 함께 세계 경제의 3대 축으로 떠오르고 있습니다.

3) (라)의 '그 아픔은'은 (나)의 '국권을 상실한 아픔'과 연결된다. 따라서 '(나)-(라)'의 배치는 절대적이다.

(다) 지금은 무력이 아니라 경제력이 국력을 좌우하는 시대입니다. 우리나라는 전쟁의 폐허를 극복하고 세계적인 경제 강국을 건설하고 있습니다. 우수한 인력과 세계 선두권의 정보화 기반을 갖추고 있습니다. 바다와 하늘과 땅을 연결하는 물류 기반도 손색이 없습니다.

4) 이제 글의 마무리를 (다)로 볼지, (가)로 볼지를 고민하면 된다. 시간의 흐름을 고려한다면, (가)와 (다) 모두 '지금'을 언급한다. (라)보다 더 구체적으로 제시하였기에 '(라)-(다)'의 연결이 자연스럽다.

(가) 과거에는 고통만을 안겨 주었던 지정학적 조건이 이제는 희망의 조건이 되고 있습니다. 이제 한반도는 사람과 물자가 모여드는 동북아 물류와 금융, 비즈니스의 중심지가 될 것입니다. 우리가 주도해서 평화와 번영의 동북아 시대를 열어 나가야 합니다.

5) 글의 결론이다. 과거와 달리 '희망의 조건'이 되었다는 점에서 (라) 다음에 배치해야 하며, 전체적인 내용을 정리한 내용임을 파악할 수 있을 것이다. 이런 점에서 '(나)-(라)-(다)-(가)'로 전개한 ④가 정답이다.

04 ④

(다) 애착이란 시간이 흐르고 멀리 떨어져 있어도 유지되는 강력한 정서적 유대감으로 정의할 수 있다. 특정한 사람과 어떻게든 가까이 있고 싶은 감정이 애착의 핵심이지만 상대가 반드시 똑같이 느껴야 하는 것은 아니다.

1) 여기에서 화제는 '애착'이다. 애착의 정의를 제시함으로써 글의 시작임을 보여주었다.
2) 이와 비교해야 할 (가)는 '존 볼비'라는 구체적인 인물과 '애착'이란 말보다 더 구체적인 '엄마와 아이 사이의 애착'을 언급하였는데, 전체적인 흐름은 '큰 범주'에서 시작하는 것이 글의 흐름에 알맞으므로 (다)를 먼저 파악하는 것이 적절하다.

(가) 아동 정신의학자 존 볼비는 엄마와 아이 사이의 애착을 연구하면서 처음으로 이 현상에 관심을 갖게 되었다. 그가 처음 연구를 시작할 때만 해도 아이가 엄마와 계속 붙어 있으려고 하는 이유는 먹을 것을 얻기 위해서라는 생각이 지배적이었다.

3) (가)에서 글쓴이는 '아동 정신의학자 존 볼비'에 관해 소개하며, '엄마와 아이 사이의 애착'에 대하여 서술한다.

(라) 하지만 볼비는 아이가 엄마와 분리되면 엄청나게 괴로워하며, 다른 사람이 돌봐 주거나 먹을 것을 줘도 그러한 고통이 해소되지 않는다는 사실을 발견했다. 엄마와 아이의 유대에 뭔가 특별한 것이 있다는 의미였다.

4) 그런데, '하지만'을 기점으로 단순하게 '먹을 것을 얻기 위함'이 아닌 '엄마와 아이의 유대'에 특별한 무엇인가가 있음을 깨닫게 된다. 이런 흐름에서 볼 때, '(가)-(라)'의 흐름은 절대적이다.

(나) 아동 정신의학자로 활동하며 연구를 이어간 끝에, 볼비는 엄마와의 애착관계가 불안정한 아이는 정서 발달과 행동 발달에 큰 문제가 생길 수 있음을 알게 됐다. 또한 아이가 애착을 느끼는 대상이 아이를 세심하게 돌보고 보살필 때 아이는 보호받는 기분, 안전함, 편안함을 느끼고, 이는 아이가 건강하게 발달해서 생존할 확률을 높이는 요소라는 사실을 밝혀냈다.

5) 마지막으로 (나)가 글의 마지막으로 파악되는데, '아동 정신의학자'라는 설명은 (가)에서 먼저 언급했으므로 (나)는 (가)보다 뒤에 있어야 함은 확실하다. 그리고 '분리 불안'에 의한 결과를 논한 것이므로 (나)를 마지막에 배치하는 것이 가장 적절하다. 따라서 '(다)-(가)-(라)-(나)'로 전개한 ④가 정답이다.

05 ④

(마) 사회는 여러 사람이 그 뜻을 서로 통하고 그 힘을 서로 이어서 개인의 생활을 경영하고 보존하는 데에 서로 의지하는 인연의 한 단체라.

1) 해당 글의 화제는 '사회'에 있다. 글쓴이는 '사회'를 여러 사람이 뜻을 통하고 힘을 합치고 서로 의지하는 단체라고 정의하였다.

(다) 말과 글이 없으면 어찌 그 뜻을 서로 통할 수 있으며, 그 뜻을 서로 통하지 못하면 어찌 그 인민들이 서로 이어져 번듯한 사회의 모습을 갖출 수 있으리오.

2) '말과 글이 없으면'이란 말은 '말과 글이 있을 때'를 고려한 것이다. 즉, '말과 글이 있어야 서로 통하고, 그 뜻이 통해야 번듯한 사회의 모습을 갖춘다.'라는 의미이다. 이로 볼 때, '(마)-(다)'의 연결이 자연스럽다.

(나) 이러므로 말과 글은 한 사회가 조직되는 근본이요, 사회 경영의 목표와 지향을 발표하여 그 인민을 통합시키고 작동하게 하는 기관과 같다.

3) 여기에 드디어 '기관'이란 말이 나타난다. 정리하자면, '말과 글'이 바로 사회를 통합시키고 작동하게 하는 기관과 같다는 의미이다. 이로 볼 때, '(나)-(가)'의 연결은 절대적이다.(④)

(가) 이 기관을 잘 수리하여 정련하면 그 작동도 원활하게 될 것이요, 수리하지 아니하여 노둔해지면 그 작동도 막혀 버릴 것이니 이런 기관을 다스리지 아니하고야 어찌 그 사회를 고취하여 발달케 하리오.

4) '이 기관'이란 말에서 알 수 있듯이, 먼저 '기관'이란 말이 언급되어야 (가)의 진행이 자연스러워진다. 해당 부분에서는 '이 기관'이 잘 수리하여 정련될 때와 노둔해질 때를 바탕으로 사회의 올바른 모습을 설명한다.

(라) 그뿐 아니라 그 기관은 점점 녹슬고 상하여 필경은 쓸 수 없는 지경에 이를 것이니 그 사회가 어찌 유지될 수 있으리오. 반드시 패망을 면하지 못할지라.

5) '그뿐 아니라'는 앞의 맥락과 동일해야 한다는 의미이다. '수리하지 아니하여 노둔해지다.'라는 상황과 '녹슬고 상하여 슬 수 없는 상황'이 연결되므로, '(가)-(라)'의 진행이 자연스럽다. 정리하자면, '(마)-(다)-(나)-(가)-(라)'로 전개한 ④가 정답이다.

06 ③

(다) 근래 어떤 자가 반관(反觀)*으로 이름을 떨쳐 겉모습을 단정하게 꾸미는 것을 가식이요, 허위라고 한다.

1) (다)에서 '겉모습을 단정하게 꾸미는 것'을 부정적으로 여기는 분위기를 밝혔고, (가)는 이와 연결하여 글을 전개한다.

(가) 젊은이들 가운데 약삭빠르고 방탕하여 어딘가에 얽매이는 것을 싫어하는 자들이 이 말을 듣고 제 세상 만난 듯 기뻐하여 앉고 서고 움직이는 예절을 마음에 내키는 대로 한다.

2) (가)에서는 '이 말을 듣고'가 중요한데, (다)의 예의 바르지 않게 행동한다는 것과 연결된다. 따라서 '(다)-(가)'의 연결이 자연스럽다.(②, ③)

(라) 나도 예전에 이 병에 깊이 걸렸던 터라 늙어서까지 예절을 익히지 못했으니 비록 후회해도 고치기가 어렵다.

3) (라)에서는 나의 경험을 바탕으로 글이 전개되는데, 이때의 '이 병'은 (다)를 가리킨다.

(마) 지난번 너를 보니 옷깃을 가지런히 하여 똑바로 앉는 것을 즐기지 않아 장중하고 엄숙한 기색을 조금도 볼 수 없었는데, 이는 내 병통이 한 바퀴 돌아 네가 된 것이다.

4) (마)에서는 '두 아들'의 모습을 지적하는데, 이때 '내 병통이 한 바퀴 돌았다.'라는 점에서 '(라)-(마)'의 연결은 절대적이다.(①, ②, ③)

(나) 성인께서도 사람을 가르치실 때 먼저 겉모습부터 단정히 해야만 바야흐로 자신의 마음을 안정시킬 수 있다고 하시었다. 세상에 비스듬히 눕고 기대서서 멋대로 말하고 멋대로 보면서 주경존심(主敬存心)* 할 수 있는 사람은 없다.

5) '(다)-(가)'의 전개가 먼저, 다음이 '(라)-(마)'의 연결이어야 하는데, 이러한 전개가 있는 선지는 ③뿐이다. 따라서 (나)는 '성인'의 말을 마지막으로 글의 주제를 강조했다고 보아야 한다. 따라서 '(다)-(가)-(라)-(마)-(나)'로 전개된 ③이 정답이다.

New 강세진 국어

07 ③

(다) 서원이 참교육의 장으로서 각광을 받게 된 데에는 16세기의 사화(士禍)가 큰 계기가 되었다.

1) '서원'에 대하여 이야기를 시작하였다는 점에서 처음에 배치하는 것이 낫다. 여기서 교육의 장이 된 '서원'이 되기 전 '사화'라는 큰 계기가 있다는 설명은 (마)와 연결된다.

(마) 향촌에서 나름대로 공부를 하던 선비들이 중앙 정계에 진출하여 정치에의 참여를 시도하였으나, 그들은 당시 실권을 장악하고 있던 훈구 세력과 충돌했고 되풀이되는 사화 속에서 심한 타격을 입었다. 많은 선비들이 잡혀 죽거나 변방으로 귀양갔다.

2) '사화'와 관련된 구체적 내용이 처음 언급된 부분이다. (마)와 (다)는 선비들의 상황이 구체적으로 제시된 문단이다.

(나) 이에 선비들은 정치 참여를 포기하고 산간 전야로 몸을 피하여 오로지 학문에만 힘쓰며, 뜻이 맞는 동료들과 자주 강학회를 가지면서 후진을 가르치기에 이르렀다.

3) (나)도 '선비들'의 상황이 제시되어 있다. 특히 구체적으로 '학문'에만 힘썼다는 점은 '서원'이 참교육의 장이 된 것과 연결된다.

(가) 이러한 움직임을 이끌어 간 것은 서경덕(徐敬德), 이언적(李彦迪), 이황(李滉), 조식(曺植), 김인후(金麟厚), 기대승(奇大升), 성혼(成渾), 이이(李珥) 등 명망이 높았던 선비들이었다.

4) '이러한 움직임'은 (나)를 의미하며, 명망이 높은 선비들을 나열한 문단이다.

(라) 그들은 향촌의 유생들로부터 열렬한 환영을 받았으며 거리를 헤아리지 않고 많은 사람들이 그들을 찾아와 배움을 청하게 되니, 자연히 명망이 높은 선비들이 머물고 있는 곳은 배움의 장으로서 주목되었다.

5) '그들'과 관련된 설명이 먼저 있어야, '자연히 명망이 높은 선비들'과 연결된다. 정리하자면, '(다)-(마)-(나)-(가)-(라)'가 있는 ③이 정답이다.

08 ②

(가) 앙리 르페브르가 묘사한 현대사회의 모습, 즉 일상이 지배하는 현대사회의 특징은 무엇인가? 현대사회는 덧없음을 사랑하고, 탐욕적이며, 생산적이고, 역동적이다. 그러나 사람들은 끊임없이 공허감을 느끼고, 뭔가 지속적인 것, 영원한 것, 균형 잡힌 것을 갈구하며, 소외감과 무력감을 느끼고 있다. 그것은 과거에 사람들을 견고하게 떠받쳐 주었던 양식(style)이 사라졌기 때문이라고 르페브르는 말한다. 그는 현대성(moernité), 즉 일상성(quotidienneté)의 제일 첫 번째의 특징으로 양식의 부재를 들었다.

1) 보통 사람 이름이 '전체'가 언급될 때 초반에 배치될 가능성이 높다. 게다가 '현대사회의 특징'을 언급할 때 '첫 번째'의 특징을 서술하였으므로 (가)를 처음에 배치하는 것이 적절하다.

(다) 양식이란 무엇인가? 우선 예술분야에서 말해 본다면 한 작품을 만들기 위한 목적으로 어떤 소재와 형태를 다루는 특정의 개인적 또는 집단적 방법을 뜻한다. 이렇게 만들어진 작품은 그와 비슷한 성격의 다른 작품들과 함께 그 시대의 어떤 미학적 전형을 이룬다. 어떤 미술 유파의 양식이라든가, 또는 영국 양식의 가구라든가 하는 말이 그것이다.

2) 다음으로 '양식'에 대한 서술이 있어야 한다. '앙리 르페브르'가 서술하고자 하는 내용이 무엇인지 정확하지 못하므로 (다)에서 이를 구체화한 것으로 봐야 한다. 즉, '(가)-(다)'의 연결이 자연스럽다.

(마) 또 한편으로는 개인의 행동방식을 뜻하기도 한다. 생활양식이니 행동양식이니 하는 말들이 그것이다. 옛날에는 농부의 옷장에도 양식이 있었으나 지금은 비싼 가구에도 양식이 없다. 형태, 기능, 구조의 어떤 통일성이 양식을 형성하는 것인데, 현대에 와서는 이것들이 분리되거나 마구 뒤섞였다. 대중사회의 부상은 필연적으로 양식의 종말을 고한다. 대중의 수용에 부응하는 대량생산은 기능 이외의 것에 신경을 쓸 여유가 없기 때문이다.

3) (마)의 '개인의 행동방식'은 (다)에서 말한 '양식'과 관련된 설명이다.

(라) 그러나 양식이 사라지면 사라질수록 그것에 대한 향수는 한층 더 짙어진다. 우리의 일상생활은 양식에 대한 노스탤지어와 그에 대한 악착같은 추구로 특징지어진다고 르페브르는 말한다. 1960년대의 프랑스를 묘사한 이와 같은 현상은 1980년대의 우리나라와 너무도 비슷하다. 19세기의 농민들이 마지못해 가졌을 시골 가구들이 현대 부르주아의 거실을 장식하고 있다고 르페브르가 말했듯이, 지금 서울의 상류층 가정들은 시골 행랑채에나 있었을 투박한 원목가구를 거실의 가장 중심부에 두고 애지중지하고 있다. 골동품이나 옛 양식의 가구에 대한 취미는 단순히 개인적인 여가선용이나 고가품에 대한 취미가 아니라 양식에 대한 노스탤지어, 그리고 일상과의 단절이라는 염원을 담고 있음을 그는 우리에게 깨우쳐 준다.

4) (라)는 '양식의 종말'이 아닌, 오히려 '향수'가 짙어짐을 강조한다. 이러한 내용은 결말에 해당하는 (나)와도 연결된다. 다만, (라)는 특정한 물건을 중심으로 언급하였고, (나)는 행동방식이라는 측면에서 제시하였다.

(나) 행동방식이라는 측면에서도 일상성은 양식을 완전히 추방해 버렸다. 그리고 이러한 양식에 대한 그리움은 한층 더 진하여, 그것을 되살리려는 노력은 거의 필사적이다. 우리의 추석 명절, 차례 풍습을 생각해 보자. 제기와 의복을 고루 갖춘 명문 선비가의 차례의식을 TV화면이 비추는 것은 이 양식에 대한 현대인의 강한 노스탤지어의 표현이다. (중략) 양식은 하찮은 물건, 하찮은 행위, 무의미한 제스처 하나하나에까지 의미를 부여한다. 옛날 사람들은 모든 것을 양식에 의거해서 행동했다. 자신의 행동에 의미를 부여해 줄 양식이 사라진 오늘날, 사람들이 공허감, 권태, 무기력을 느끼는 것은 너무나 당연하다.

5) 글의 결말은 (나)로 거의 확정인데, '행동방식이라는 측면에서도'라는 점에서 이미 언급되어야 할 내용이 있어야 함을 알 수 있다. 이렇게 보면, '(가)-(다)-(마)-(라)-(나)'로 진행되므로, 정답은 ②이다.

332 제2편 문학과 독해(독서, 화법, 작문)

09 ④

> (라) 한국의 성별 격차가 큰 것은 국가와 사회가 여성에게 계속 일할 수 있는 환경을 제공하지 못하기 때문이다.

1) 여기에서 '여성'과 '일'을 중심으로 글이 시작됨을 알 수 있다. 다만 '한국의 성별 격차가 큰 것'이란 표현이 처음에 제시된 것이 맞는지 아니면 중간에 제시되어야 할지 애매하므로, 전체 흐름을 파악해야 한다.

2) 이와 비교해야 할 (가)는 구체적인 근거인 '통계'를 제시하면서 '결혼과 출산, 육아, 그리고 직장'에 대한 구체적 이야기를 서술한다. 이 점을 볼 때, (가)는 (라)보다 구체적인 설명이므로 (라)를 먼저 시작하는 것이 적절하다.

> (가) 최근 여성가족부 통계를 보면 여성 고용률은 20대에 가장 높다가 30대에 추락하는 'M자형' 곡선을 그린다. 변곡점은 결혼과 출산이다. 여성이 출산과 함께 육아 부담을 떠안으면서 다니던 직장을 그만두는 것이다.

3) '최근 여성가족부 통계'를 요약하며 '여성과 일'에 관련된 설명을 구체화한다.

> (나) 직장 여성이 출산과 육아로 인해 노동시장에서 이탈하는 경력 단절, 이른바 '경단녀' 현상은 코로나19 사태를 거치면서 악화된 것으로 나타났다. 코로나19 3년간 여성이 직장을 그만둔 경력단절 경험 비율은 35.0%에서 42.6%로 뛰었고, 재취업까지 걸리는 기간은 7.8년에서 8.9년으로 늘어났다.

4) (나)는 (가)를 수치를 구체적으로 제시한 내용이다. 따라서 '(가)-(나)'의 연결은 절대적이다.(①, ②, ④)

> (다) 경단녀가 어렵게 구한 새 일자리는 전 직장에 비해 임금과 고용 안정성이 떨어지는 것으로 나타났다. 사업주가 경단녀 고용을 꺼리는 게 그 이유일 것이다.

5) '경단녀'라는 용어는 (나)에서 먼저 언급하였으므로 '(나)-(다)'의 연결도 절대적이다.(①, ②, ③, ④)

> (마) 현실이 이러니 임금이 낮아도 육아를 병행할 수 있는 시간제 근로자 등 비정규직 업종으로 여성이 몰리고, 일터로 복귀하더라도 저임금 탓에 직장을 관두는 상황으로 이어진다.

6) '현실이 이러니'는 '(가)-(나)-(다)'의 상황을 언급한 것이라 할 수 있다. (마)는 이러한 현실을 구체적으로 설명하였다. '(가)-(나)-(다)-(마)'의 연결이 중요하므로, 정답은 ②와 ④로 갈린다.

7) 다시 (라)의 위치를 생각해 보자. '한국의 성별 격차가 큰 것'은 '여성에게 계속 일할 수 있는 환경'을 제공하지 못하였다는 말에서 진행을 해야 '여성'의 위치를 구체적으로 확인할 수 있다. 그러나 이를 마지막으로 본다면, '한국의 성별 격차'가 크다는 결론을 이끌지 못한다. 따라서 '(라)-(가)-(나)-(다)-(마)'로 전개한 ④가 정답이다.

10 ⑤

> 한 사회가 공동체로서 유지되고 발전하는 데 필요한 것 중 하나가 사회 구성원 간의 의사소통이다.

1) 여기에서 '의사소통'과 '사회 공동체 유지'임을 밝히고 시작한다.

> (라) 언어는 이러한 의사소통의 수단이다. 인간은 언어를 사용하여 사회적인 관계를 형성하고 유지하며 사회를 발전시킨다.

2) (라)에서는 '언어'가 바로 '이러한 의사소통의 수단'임을 강조한다. '이러한 의사소통'이란 표현에서 (라)가 전개의 시작임을 알 수 있다.

> (가) 그래서 언어는 지역이나 연령, 성별, 사회 집단 등에 따른 사회적 특성이 드러난다. 하지만 한국인이 사용하는 한국어라고 해서 모두 똑같은 것이 아니다.

3) (라)를 선택하면 (가)와 (나)는 정해진다. '언어'의 특징을 바탕으로 (가)는 '그래서'를 연이어 읽어 '언어'의 특징을 파악하고, '하지만'을 읽어 '한국인이 사용하는 언어의 모양이 달라질 수 있음'을 예측하고 (나)를 읽자.

> (나) 예를 들어, '팽이'는 지역에 따라 '패이(강원)', '핑갱이(경북)', '팽데기(경남)', '도로기(제주도)', '뺑도리(전북)', '팽구래미(충북)', '세루(평안)', '뽀애(함경)' 등으로 불린다. 같은 '팽이'임에도 지역에 따라 그 형태가 조금씩 다르다.

4) 예측한 대로 모양이 다른 한국어를 예로 제시하였다.

> (마) 또 지역이 같더라도 연령, 성별, 사회 집단 등의 차이로 인해 같은 뜻을 지닌 언어가 형태를 달리하는 예도 있다. 이는 개인의 언어 속에 그가 속한 공동체의 특성이 담겨 있기 때문이다. 같은 말을 사용하는 사람들은 같은 사회의 구성원이라는 공동체 의식을 공유한다.

5) 여기서 봐야 하는 것은 '지역에 따라 언어의 형태가 달라진다'는 (나)의 조건과 연결되어야 한다는 점이다. 따라서 (마)는 '지역'이란 조건을 바탕으로 글을 전개하였음을 알 수 있다.

> (다) 또 같은 사회에 속한 사람들은 같은 말을 사용함으로써 공동체 의식을 강화하는 효과를 얻는다. 즉, 언어는 사회와 유기적인 관계를 맺고 있는 것이다.

6) (다)의 '사회'는 1문단의 '한 사회'와 연결된다. 같은 사회에 속하고 같은 말을 사용하면 공동체 의식을 강화한다는 점이다. 정리하자면, '(라)-(가)-(나)-(마)-(다)'로 전개한 ⑤가 정답이다.

CHAPTER **05** 독서 - 이해와 추론

제12회

📍 **Answer**

01 ④	02 ②	03 ④	04 ③	05 ④
06 ③	07 ③	08 ①	09 ①	10 ④

01 ④

'아이들이 농사 짓는 노동력이 될 수 있고, 내가 늙으면 그들이 나를 부양해 줄 것이기 때문이다.'에서 농경사회에서 아이를 많이 낳은 이유를 알 수 있고, 이는 경제적 이해와 연결된다.

☑ **오답 피하기**

① '피임'과 관련된 이야기가 없다.
② '성장한 자녀 중의 일부가 부모를 부양하지 않는지'에 대한 이야기가 없다.
③ 부유한 가정이 자녀를 덜 낳는 이유는 '자녀가 훗날 나를 먹여 살려야 할 필요가 없기' 때문이다.

02 ②

'철은 쉼 없이 순환하지만 소화기관을 거쳐 몸 안으로 들어오는 철의 양은 하루 1~2mg에 불과하다.'에서 소화기관에 대한 언급은 있지만, 소화기관의 작용을 돕는다고 한 적은 없다.

☑ **오답 피하기**

① '철은 세균을 포함한 거의 모든 생명체에 들어 있는 아주 중요한 물질이다.'에서 알 수 있듯이, 세균에도 철이 들어 있다.
③ '간에도 1g 정도가 들어 있다. 해독 작용에 철 원소가 필요한 까닭이다.'에서 알 수 있듯이, 간 속에 들어 있는 철은 해독 작용을 한다.
④ '철의 절반 이상은 적혈구에 분포하고 산소를 운반하는 중책을 맡고 있다.'에서 알 수 있듯이, 적혈구 속에 있는 철은 산소를 운반한다.

03 ④

'가독성을 높이려고 번역하기 어렵거나 제대로 이해하지 못하는 부분은 생략해 버리고 번역하는 번역가들이 의외로 많다.'에서 알 수 있듯이, 정확성을 높이기 위함이 아니라 번역하기 어렵거나 제대로 이해하지 못할 때 가독성을 높이려면 원문의 내용을 생략하고 번역한 것이다.

☑ **오답 피하기**

① '원문을 모르고 번역본만 읽는 독자들은 가독성에 속아 '좋은' 번역이라고 평가하기 십상이다.'에서 알 수 있는 내용이다.
② '정확성이 뒷받침되지 않는 가독성은 이렇다 할 의미가 없기 때문이다.'에서 알 수 있듯이, 정확성이 중요함을 밝혔다.
③ '그 잘라낸 잔가지 속에 작품 특유의 문체와 심오한 의미가 들어 있다면 어떻게 될까?'에서 알 수 있듯이, 생략된 부분에 심오한 의미가 있을 수도 있다.

04 ③

'인간의 지각과 사고'에 관한 설명을 한 것은 맞으나, 프레임을 극복해야 한다는 주장을 한 것은 아니다.

☑ **오답 피하기**

㉠ 지각과 생각은 인간의 모든 정신 활동을 뜻한다.
㉡ 사람의 '지각과 생각'은 항상 어떤 맥락, 관점 혹은 어떤 평가 기준이나 가정하에서 일어난다.
㉢ 이러한 맥락, 관점, 평가 기준, 가정을 프레임이라고 한다.

----

① '㉠~㉢'을 보면, 인간의 모든 정신 활동은 프레임 아래에서 일어나므로, '프레임 없이 일어나지 않는다.'라는 말은 적절하다.
② '프레임'은 '맥락, 관점, 평가 기준, 가정'을 의미하므로, 어떤 편향성을 가지게 된다는 말은 적절하다.
④ '프레임'은 '맥락, 관점, 평가 기준, 가정'을 의미하므로, 어떤 맥락, 평가 기준이라고 말하는 것은 적절하다.

05 ④

'호메로스의 『일리아드』와 『오디세이아』'는 '서사시의 시대'이고, '소포클레스나 에우리피데스의 비극'은 '비극의 시대'이다. 신과 인간의 결합 정도는 『일리아드』와 『오디세이아』의 시대가 더 높다. 그 이유는 '비극의 시대'부터 점차 분리되기 때문이다.

☑ **오답 피하기**

① '서사시의 시대에서 철학의 시대로의 전환'을 총체성 개념을 기준으로 설명한 글이다. '계몽사상'이 그 전환을 이끈 것이라고 말할 수 없다.
② '플라톤으로 대표되는 '철학의 시대'이다.'에서 플라톤을 확인할 수 있으며, '이데아'는 신탁이 사라진 철학의 시대를 표현하였기에 '비극적 세계를 표현하였다.'는 말은 적절하지 않다.
③ 루카치는 '신과 인간의 결합 정도를 가리키는 '총체성' 개념을 기준으로 세 시대로 구분하였다.'에서 알 수 있듯이, '다른 기준에 따른 것'이 아니다.

06 ③

'국내외의 글로벌 기업들은 여러 산업 분야에서 디지털 트윈을 도입하여 사전에 위험 요소를 제거하고 수익 모델의 효율성을 높이고 있다.'에서 알 수 있듯이, 디지털 트윈에서의 시뮬레이션으로 현실 세계의 위험 요소를 찾아내고 방지할 수가 있다.

☑ **오답 피하기**

① '디지털 트윈에 대한 수요가 증가하면서 관련 시장도 확대되고 있으며, 국내외의 글로벌 기업들은 여러 산업 분야에서 디지털 트윈을 도입하여 사전에 위험 요소를 제거하고 수익 모델의 효율성을 높이고 있다.'에서 디지털 트윈에 대한 수요가 증가하였을 뿐, '고용률이 향상'된 것은 아니다.
② '실제 실험보다 매우 빠르고 정밀하며 안전할 뿐 아니라 비용도 적게 든다.'에서 알 수 있듯이, 경제성이 높다.

④ '메타버스는 가상 세계와 현실 세계가 융합된 플랫폼으로 이용자들에게 새로운 경제·사회·문화적 경험을 제공하는 데 목적을 둔다.'에서 알 수 있듯이, '현실 세계의 이용자'에게 '새로운 문화적 경험을 제공하는 데 목적'이 있는 것은 '메타버스'이지, '디지털 트윈'이 아니다.

07 ③

한국어는 한글이 없을 때 한자로 표기할 때가 있었다. 해당 글에서 '사실 한자로 우리말을 적는 것이 불가능한 것은 아닙니다.'에서 확인할 수 있다.

☑ 오답 피하기
① '우리에게도 말이 있고 중국에도 말이 있는데 이 둘이 서로 달라서 문자로 통하지 못한다는 것입니다.'를 보면 '언어'와 '문자'를 구별한 것을 알 수 있다.
② 세종대왕이 만드신 것은 '우리말'을 적을 수 있는 우리글이다.
④ '한글'은 문자이고 '한국어'는 우리말이다. 그런데 한글이 오로지 한국어를 표기하는 데에 사용되다 보니, 한글과 한국어가 다르다는 것을 인지하지 못하고 혼동하여 쓸 때가 있다. 해당 지문에서는 '우리 글이 아닌 우리말을 만드신 것으로 오해하고 있습니다.'에서 확인할 수 있다.

08 ①

이 이론에 따르면 '읽기에 능숙한 독자'가 되려면 그 글에 맞는 스키마가 적절하게 있어야 할 것이다. 그런데 ①은 스키마에 대한 적절성을 파악하기보다 글에 담긴 의미를 정확하게 파악한다는 점을 고려하였으므로 스키마와는 별개의 것으로 이해해야 한다.

☑ 오답 피하기
② '스키마란 대상과 사건의 규칙성을 포착하는 지식의 구조를 말하는데, 이를 글 읽기에 적용하면 독자의 머릿속에 있는 스키마의 항목에 맞추며 글의 의미를 파악한다고 설명할 수 있다.'에서 알 수 있듯이 글 속에 담겨 있는 것이 아닌 독자가 구성해야 하는 것임을 알려준다. 따라서 독자가 구성한 스키마에 주목해야 할 것이다.
③ '이는 글을 이해하는 출발점이 바로 독자의 머릿속에 있는 스키마라고 보는 관점이다.'와 '독자의 머릿속에 있는 스키마의 항목에 맞추며 글의 의미를 파악한다고 설명할 수 있다.'를 고려하면, 서로 다른 스키마가 적용될 때 글의 의미 역시 다르게 이해될 수 있다.
④ 스키마 이론을 강조한다면, 글을 쉽고 빠르게 이해하기 위해서는 선행 지식이나 경험을 최대한 활용한 글 읽기 지도를 강조할 것이다.
⑤ 만약 스키마가 형성되지 않으면 제대로 그와 관련된 글을 이해할 수 없다고 볼 수 있으므로 이와 같은 판단도 할 수 있다.

09 ①

'이런 상황에서 경제활동의 주된 내용인 자원의 배분과 소득의 분배는 기본적으로 두 가지 형태의 의사 결정에 의해서 이루어진다.'에서 알 수 있듯이, 자원의 배분과 소득의 분배는 '두 가지 형태의 의사 결정에 의해서 이루어진다'고 했을 뿐, 자원의 배분과 소득의 분배를 각각 정치적 의사 결정과 시장적 의사 결정으로 나누어 본 것은 아니다.

☑ 오답 피하기
② '시장적 의사 결정에서는 자신의 경제력의 크기에 따라 결정권을 행사하는 정도가 다르며, 철저하게 수요-공급의 원칙에 따라 의사 결정이 이루어진다.'에서 알 수 있듯이, '시장적 의사 결정'에서 '구성원의 경제력'이란 기준에 따라 힘의 크기가 달라진다.

③ '의사 결정 과정에서의 민주적 절차와 형평성을 중시하는 것이다.'에서 알 수 있듯이, '정치적 의사 결정'에서 '형평성'은 매우 중요한 대상이다. 그리고 '경제적인 효율성이 중시되는 것이다.'에서 알 수 있듯이, '시장적 의사 결정'에서는 '경제적 효율성'이 매우 중요한 대상이다.
④ '민주주의 사회에서 정치적 의사 결정은 투표에 의해서 이루어진다.'에서 알 수 있듯이, 정치적 의사 결정은 투표에 의해서 이루어지고, '철저하게 수요-공급의 원칙에 따라 의사 결정이 이루어진다.'에서 알 수 있듯이 시장적 의사 결정은 수요-공급의 원칙에 의해서 이루어진다.

10 ④

'표현적 글쓰기는 종일 꾹꾹 참고 발설하지 않은 취약한 측면을 찾아내고 그것에 대해 경청할 기회를 주기 때문에 효과가 있는 것이다.'에서 알 수 있듯이, 표현적 글쓰기는 참고 발설하지 않은 것에 관한 경청할 기회를 준다.

☑ 오답 피하기
① '표현적 글쓰기는 왜 그렇게 효과가 있을까? 우리가 흔히 경시하는 고통스러운 감정을 마주해야 되기 때문이다.'에서 알 수 있듯이, 표현적 글쓰기는 고통스러운 감정을 마주해야 한다.
② '우리는 자수성가를 칭송하고 강인한 사람을 미화하는 세상에 살고 있다. 이 문화적 메시지와 그것이 우리에게 가하는 모든 압박 때문에 우리는 우리의 욕구를 간과하도록 배운다.'에서 알 수 있듯이, 이런 상황 속에 놓여 있으므로 표현적 글쓰기가 중요하다는 점을 알려준다.
③ '우리는 보통 타인이 볼 글을 쓸 때, 스스로 검열하고 글이 충분히 좋은지에 관심을 두게 된다. 그러나 표현적 글쓰기는 그렇지 않다.'에서 알 수 있듯이, 표현적 글쓰기는 스스로 검열하거나 글이 충분한지와 같은 것과 거리가 멀다.
⑤ '표현적 글쓰기는 그렇지 않다. 두서없고, 누가 읽기에도 적합하지 않은 글을 쓴 후 버리면 된다.'에서 알 수 있듯이, 표현적 글쓰기는 두서없이 편하게 써서 버리면 된다.

제13회

📍 Answer

| 01 ① | 02 ② | 03 ① | 04 ② | 05 ② |
| 06 ② | 07 ① | 08 ④ | 09 ③ | 10 ② |

01 ①

형식적 요소는 '음운, 형태, 통사'가 있고, 내용적 요소는 '의미'뿐이므로, '언어는 형식적 요소가 다양하다.'란 말은 적절하다.

☑ 오답 피하기
② '언어학은 크게 말소리 탐구, 문법 탐구, 의미 탐구로 나눌 수 있는데, 이때 각각에 해당하는 음운론, 문법론, 의미론은 서로 관련된다.'를 보면 서로 관련된다는 말에서 알 수 있다.

③ 의사소통의 첫 단계는 '발신자의 측면'에서 먼저 고려해야 하는데, '의미론'이 중심이며 이를 문법론을 거쳐 음운론의 방향으로 진행해야 한다.

④ '언어를 발신하고 수신하는 과정'은 해당 글에 제시된 내용이 맞으나, '통사론'은 문법론에 해당하므로 활용된다고 보아야 한다.

02 ②

'그들은 지능이라는 말이 측정 가능한 인지 능력을 전제하는 것인데, 다중지능이론이 설정한 새로운 종류의 지능들을 정확하게 측정할 수 있는 도구가 만들어지기는 어려울 것이라 주장한다.'에서 대인 관계의 능력과 관련된 지능을 정확하게 측정할 수 있는 도구가 개발 가능성에 대해 의심하는 것을 확인할 수 있다.

🗹 오답 피하기

① '이뿐 아니라 신체와 정서, 대인 관계의 능력까지 포괄한 총체적 지능 개념을 창안해 냈다.'에서 알 수 있듯이, '논리수학지능'도 포함한 것이 다중지능이론의 지능 개념임을 알 수 있다.

③ '다중지능이론'은 좌뇌의 능력에만 초점을 둔 기존의 지능 검사를 반쪽짜리라고 하는 것을 보아, 좌뇌, 우뇌 종합적으로 판단하는 것을 의미하지 어느 것에 더 주목한다는 말은 적절하지 않다.

④ '둘 사이에는 유의미한 상관 관계가 있으므로 서로 독립적일 수 없으며, 따라서 '다중'이라는 개념이 성립하지 않는다.'라는 말에서 상호 독립적이지 않다고 하였다.

03 ①

'보잉'은 시스템은 불안정하고 완벽하지 않기 때문에 컴퓨터가 조종사의 판단보다 우선시될 수 없다고 하였으며, '에어버스'는 '인간은 실수할 수 있다'는 점을 고려하여 설계하였다고 밝혔다.

🗹 오답 피하기

② '베테유는 "인간은 실수할 수 있는 존재"라고 전제한다.'에서 알 수 있듯이 '인간이 실수할 수 있는 존재'라고 보는 것은 맞다. 그러나 윌리엄 보잉이 인간을 실수할 수 없는 존재라고 본 것은 아니다. 그는 통제의 최종 권한을 시스템에 둔 것이 아닌 조종사에게 둔다라고 하였을 뿐, 인간의 실수에 관한 언급을 한 사람은 아니다.

③ '에어버스는 조종간 대신 사이드스틱을 설치하여 컴퓨터가 조종사의 행동을 제한하거나 조종에 개입할 수 있게 설계되었다.'에서 알 수 있듯이 '자동조종시스템을 통제하고 조작하는 주체'는 '에어버스의 조종사'가 아니라, '보잉의 조종사'이다.

④ '보잉의 조종사'는 자동조종시스템을 사용하되, 조종사가 직접 통제한다는 특징이 있다.

04 ②

'차람'은 '차람은 소설을 소유하고 있는 사람에게 직접 빌려서 보는 것으로, 알고 지내던 개인들 사이에서 이루어졌다.'에서 알 수 있듯이 대가를 지불했는지 여부를 알 수 없다.

🗹 오답 피하기

① '구연에 의한 유통은 구연자가 소설을 사람들에게 읽어 주는 방식으로, 글을 모르는 사람들과 글을 읽을 수 있지만 남이 읽어 주는 것을 선호하는 이들을 대상으로 이루어졌다. 구연자는 '전기수'로 불렸으며, 소설 구연을 통해 돈을 벌던 전문적 직업인이었다.'에서 알 수 있듯이, '글을 모르는 사람'에게 소설을 구연한 사람이 전기수임을 알 수 있다.

③ '이 방식은 문헌에 의한 유통에 비해 시간과 공간의 제약이 많아서 유통 범위를 넓히는 데 뚜렷한 한계가 있었다.'에서 알 수 있듯이 '구연에 의한 유통' 방식은 시간과 공간의 제약이 많다. 이와 달리 문헌에 의한 유통은 '시간과 공간의 제약이 적었음'을 짐작할 수 있다.

④ '세책가에서는 소설을 구매하는 것보다 훨씬 적은 비용으로 빌려 볼 수 있었기 때문에 경제적으로 넉넉하지 않은 사람도 소설을 쉽게 접할 수 있었다.'에서, 소설을 구매하는 비용보다 세책가에서 빌리는 비용이 적음을 알 수 있다.

05 ②

'가령 고구려의 연개소문은 반신이지만, 당나라에 당당히 대적한 민족적 영웅의 모습도 포함되어 있다.'에서, 열전에 수록된 반신인 연개소문에 대한 평가가 기존과 다를 수도 있음을 알 수 있다. 특히 '연개소문의 사례에서 볼 수 있듯 『삼국사기』는 기존 평가와 달리 다면적이고 중층적인 역사 텍스트라고 할 수 있다.'에서 확인할 수 있다.

🗹 오답 피하기

① '흔히 『삼국사기』에 대해, 신라 정통론에 기반해 있으며, 유교적 사관에 따라 당시의 지배 질서를 공고히 하고자 했다고 평가한다.'에서 알 수 있듯이 신라 정통론에 기반해 있다. 또한 '신라인이 가장 많고, 백제인이 가장 많다.'라는 말에서 '신라인, 백제인'을, 그리고 지문에서 '고구려의 연개소문'도 언급했다는 점에서 모두 수록되어 있음을 알 수 있다.

③ '수록 인물의 배치에는 원칙이 있는데, 앞부분에는 명장, 명신, 학자 등을 수록했고, 다음으로 관직에 있지는 않으나 기릴 만한 사람을 실었다.'에서 알 수 있듯이 '관직에 있지 않지만, 기릴 만한 사람'도 실었음을 알 수 있다.

④ '『삼국사기』는 본기 28권, 지 9권, 표 3권, 열전 10권의 체제로 되어 있다.'에서 알 수 있듯이 가장 많은 권수를 차지한 것은 '열전'이 아니라 '본기'이다. 본기는 28권이고, 열전은 10권이다.

06 ②

'이 모래를 상자 속에 가득 채우고, 그 위에 목활자를 찍어 눌러서 틀을 완성했다.'에서 알 수 있듯이, 금속활자를 만들 때, '목활자'를 사용하였다.

🗹 오답 피하기

① '고려인은 청동을 녹여서 불상이나 범종 등을 만드는 기술이 탁월했다.'을 보면 '황동'이 아니라 청동을 녹여서 범종을 만든 것을 알 수 있다.

③ '이 모래를 상자 속에 가득 채우고, 그 위에 목활자를 찍어 눌러서 틀을 완성했다.'에서 알 수 있듯이 금속활자를 만들 때 틀을 사용한 것은 맞으나 '황동 틀'은 아니다.

④ '이렇게 만들어진 금속활자를 사용하여 인쇄할 때는 목활자의 경우와 달리 유성먹이 필요했다.'에서 알 수 있듯이, 인쇄할 때 목활자와 달리 유성먹을 사용한 것이지, '금속활자를 만들 때' 한 것은 아니다.

07 ①

'무세 징수의 효과는 컸지만, 본래의 의도와 다른 결과를 유발하기도 하였다.'에서 알 수 있듯이 무당은 관이 원래 의도했던 바와 다른 결과를 낳았는데, 그것은 '관에서 무당을 하나의 직업으로 인정하게 되었다.'라는 점이다.

② '의료기관인 동서활인서에서도 봉사하게 하였다.'에서 무당이 의료기관에서 봉사한 내용이 있지만, '치유 능력을 인정 받은 것'은 아니다.

③ '정식 세금으로 제도화해서 징수한 것은 조선 시대부터였다.'에서 알 수 있듯이, 정식으로 세금을 징수한 때는 조선 시대부터이다.

④ '무당이 국가적 차원의 의례를 주관하던 전통은 사라졌고, 성황제를 비롯한 고을 굿은 음사(淫祀)로 규정되어 중단되었다.'에서 알 수 있듯이, 고을 굿조차 규정되어 중단되었다.

08 ④

'서문에는 글자와 행의 기술 방식, 표제어 배열 방식 등을 설명하고, 이 방식이 알파벳을 사용하는 서양의 서적을 본뜬 것이라는 사실을 밝혀 놓았다.'에서 알 수 있듯이 가로쓰기 방식으로 표기한 서양 책의 영향을 받은 것이 바로 『국한회어(國漢會語)』임을 알 수 있다.

✅ 오답 피하기

① '『한불자전』이나 1897년에 게일이 편찬한 『한영자전』은 모두 가로쓰기 책이다.'에서 알 수 있듯이, 『한불자전』은 가로쓰기 책이다. 그리고, '1909년에 발간된 지석영의 『언문』, 1911년에 편찬 작업을 시작한 국어사전 『말모이』 정도가 가로쓰기를 했다.'에서도 알 수 있듯이, 『언문』, 『말모이』도 가로쓰기 책이다. 그러나 '푸칠로가 편찬한 『로조사전』은 러시아 문자는 가로로, 그에 대응되는 우리말 단어는 세로로 쓴 독특한 형태이다.'에서 알 수 있듯이, 홀로 '세로쓰기'도 있는 독특한 형태임을 알 수 있다.

② '국문으로 된 표제어를 한문으로 풀이한 것은, 국한문 혼용체의 사용 빈도가 높아진 시대적 분위기가 반영된 것이다.'를 고려해 보면, 가로쓰기 사용이 늘어나는 분위기와 다르다는 것을 알 수 있다.

③ '1897년에 나온 『독립신문』은 띄어쓰기를 했으되 세로쓰기를 했고'에서 띄어쓰기 관련 설명이 나오나, 가로쓰기가 시행되면서 이런 분위기가 활성화되었는지 알 수가 없다. 다만, 국한문 혼용체의 사용 빈도가 높아졌다는 사실만 알 수 있다.

09 ③

'사진의 발명으로부터 200년이 채 안 되고 영화의 발명으로부터 100년이 조금 넘는 정도의 시간이 지났을 뿐이지만, 이후 토이기, 컬러 필름 등의 발명으로 영화는 획기적인 발전을 이룰 수 있었다.'에서 사진의 발명과 영화의 발명이 언급되어 있지만, 이 둘을 비교하여 무엇이 더 중요한 역사적 의미를 지녔는지에 관한 논의는 없다.

✅ 오답 피하기

① '새로운 매체가 지닌 새로운 전달 방식은 단순한 이미지의 소비자였던 대중들을 이미지를 소비하면서 동시에 생산에 참여하는 작독자[prosumer(producer + consumer)]가 될 수 있게 했다.'에서 확인할 수 있는 내용이다.

② '과학기술의 발전으로 텔레비전, 비디오 등이 발명되어'에서 알 수 있듯이, 과학기술의 발달로 새로운 매체 환경이 만들어졌다.

④ '이미지의 소비자였던 대중들을 이미지를 소비하면서 동시에 생산에 참여하는 작독자'에서 알 수 있듯이, 대중은 과거에 이미지 소비자였지만 이미지를 창조하며 살아가기도 한다.

⑤ '현대인은 인류 역사의 어느 시기보다 이미지가 과잉된 시대에 이미지 속에 함몰되어 그것을 향유하고 창조하며 살아가고 있는 것이다.'에서 알 수 있듯이, 현대인은 유비쿼터스 환경으로 이미지 과잉 시대 속에서 살아가고 있다.

10 ②

'밀의 알맹이는 배유, 껍질 그리고 배아로 구성돼 있다. 이 알맹이를 통곡물 그대로 빻아 만든 가루가 통밀가루이고, 알맹이에서 껍질과 배아를 제거한 후 오직 배유만 남겨 빻은 가루가 우리가 아는 하얀 밀가루다.'에서 알 수 있듯이, 통밀가루에는 '배유, 껍질 그리고 배아'로 구성되어 있으므로 글루테닌과 글리아딘은 있을 것이다.

✅ 오답 피하기

① '100% 통밀가루로만 만든 빵은 반죽 밀도가 높아서 조직이 치밀하고 식감이 푸석푸석하다.'에서 알 수 있듯이, '흰 밀가루 빵'과 비교했을 때 반죽 밀도가 높아서 조직이 치밀함을 알 수 있다.

③ '글루텐의 재료가 되는 글루테닌과 글리아딘은 배유에 있다.'과 '이렇게 부풀어 오른 빵은 푹신푹신하고 쫄깃쫄깃하다.'를 같이 연결해 보면, 배유에는 글루텐의 재료가 되는 글루테닌과 글리아딘이 있고, 이는 빵이 부풀어 오르는 것에 영향을 주는 것은 알 수 있다.

④ '정제된 흰 밀가루는 배유만 있으니, 당연히 글루텐이 잘 생긴다.'에서 알 수 있듯이, 흰 밀가루로 만든 빵은 '배유'만 있으므로 통밀가루와 달리 글루텐의 함양이 높음을 알 수 있다. 참고로 통밀빵은 함께 갈린 껍질과 배아가 글루텐을 잘라낸 상태이다.

제14회

📍 Answer

| 01 ③ | 02 ② | 03 ② | 04 ③ | 05 ⑤ |
| 06 ① | 07 ③ | 08 ④ | 09 ④ | 10 ⑤ |

01 ③

'올슨 패러독스이다. 이것은 특별한 공동 이해관계로 묶인 소규모 그룹이 얼굴을 맞대고 단호히 일을 추진할 때, 대단히 애매한 일반적 이해를 가진 익명의 대규모 집단보다 훨씬 더 뛰어난 추진력을 보인다는 것이다.'와 '이처럼 환경 운동은 완전히 보편적 방향으로 발달하기는 힘들다. 우선 자신의 이해관계부터 생각하는 인간의 본성 탓에 근본적 긴장은 항상 사라지지 않기 때문이다.'를 참고하면, 환경 운동에서 발생하는 올슨 패러독스는 좀처럼 해소되기 어려운 점을 지적한 글임을 알 수 있다.

✅ 오답 피하기

① '환경 정책과 이해관계'와 관련된 이야기가 중심이 되었을 뿐, 현대화 과정에서 인간의 이기적 이해관계와 자연 지배권에 관한 인식이 함께 발달되었다는 점을 지적하기 위해 쓴 글이 아니다.

② '초창기 환경 운동의 목표는 전통적인 자연 보호, 곧 특정 습지의 특정 조류를 보호하려는 좁은 생각을 극복하는 것이었다.'에서 알 수 있듯이, 특정 생물 집단의 번식과 지속성 보전도 중요하고, 자연 경관의 보호도 중요하지만, 환경 운동은 이 일부만을 목적으로 하지 않는다.

④ 환경 운동은 대규모 집단도 가능하고, 소규모 집단도 가능한데, 일의 추진은 소규모 그룹이 더 뛰어나다는 말은 하였어도, 그 둘의 이해관계가 일치할 때 환경 운동이 이루어진다고 하지는 않았다.

⑤ '동시에 물론 자신의 직접적인 생활 환경을 지키려는 각오도 환경 정책에 결정적 영향을 미친다.'에서 알 수 있듯이, 개인의 이기심은 환경 운동을 위한 직접적인 동기로 작용할 수도 있다.

02 ②

'역병'은 '고통스러운 상태'를 말한다고 적혀 있으므로 '고통의 정도'에 주목하여 붙여진 이름이지, '질병의 전염성'에 주목하여 붙여진 이름이 아니다.

☑ 오답 피하기

① "온역(溫疫)'에 들어 있는 '온(溫)'은 이 병을 일으키는 계절적 원인을 가리킨다.'에서 알 수 있듯이 '질병의 원인'을 기준으로 접근한 선지이다.
③ '현재의 성홍열로 추정되는 '당독역(唐毒疫)'은 오랑캐처럼 사납고[唐], 독을 먹은 듯 고통스럽다[毒]는 의미가 들어가 있다.'에서 알 수 있듯이 '고통의 정도'를 기준으로 접근한 선지이다.
④ "마진(痲疹)' 따위의 병명은 피부에 발진이 생기고 그 모양이 콩 또는 삼씨 모양인 것을 강조한 말이다.'에서 알 수 있듯이 '몸에 나타난 증상'을 기준으로 접근한 선지이다.

03 ②

2문단의 '한국 건국신화에서 주인공인 신은 지상에 내려와 왕이 되고자 한다.'에서, '신은 지상에 내려와 왕이 됨'을 알 수 있다. 그리고 '무속신화'에서는 '인간이었던 주인공이 신과의 결합을 통해 신적 존재로 거듭나게 됨으로써 존재론적으로 상승하게 된다.'에서 알 수 있다. 이를 바탕으로 '한국 신화에서 신과 인간은 서로의 존재를 필요로 한다는 점에서 상호의존적이고 호혜적'이라고 하였다. 따라서 '무속신화'를 기준으로 '신이 인간을 위해' 내려왔다는 말은 적절한 판단이 아니므로, ②가 정답이다.

☑ 오답 피하기

① 3문단의 '다른 나라의 신화들은 신과 인간의 관계가 한국 신화와 달리 위계적이고 종속적이다.'와 '히브리 신화에서 피조물인 인간은 자신을 창조한 유일신에 대해 원초적 부채감을 지니고 있으며, 신이 지상의 모든 일을 관장한다는 점에서 언제나 인간의 우위에 있다.'에서, 신과 인간의 관계가 위계적임을 알 수 있다.
③ 1문단의 '신은 인간과의 결합을 통해 결핍을 해소함으로써 완전한 존재가 되고'에서 확인할 수 있다.
④ 3문단의 '신체 화생 신화는 신이 죽음을 맞게 된 후 그 신체가 해체되면서 인간 세계가 만들어지게 된다는 것'과 '인간은 신에게 철저히 종속되어 있다.'를 볼 때, 한국 신화에 보이는 상호의존적인 면모와 전혀 다른 것을 알 수 있다.

04 ③

'재미있는 사실은 통각 신경이 다른 감각 신경에 비해서 매우 가늘어 신호를 느리게 전달한다는 것이다.'라는 내용은 2문단에서, '통각 신경이 다른 감각 신경에 비해 가늘다'라는 내용은 3문단에서 확인할 수 있다. 분명 통각 신경은 다른 감각 신경에 비해서 매우 가는 것은 맞으나, 신호의 전달은 다른 감각에 비해 느리다.

☑ 오답 피하기

① 1문단의 '이 통로를 통해 세포의 안과 밖으로 여러 물질들이 오가면서 세포 사이에 다양한 신호를 전달한다.'에서, '통로는 여러 물질들이 세포의 안팎으로 오가며 신호가 전달됨'을 알 수 있다.
② 3문단의 '내장 기관에는 통점이 $1cm^2$당 4개에 불과해 아픈 부위를 정확하게 알기 어렵다. 폐암과 간암이 늦게 발견되는 것도 폐와 간에 통점이 거의 없기 때문이다.'에서, 치명적인 질병에 걸려도 발견이 늦을 수 있음을 알 수 있다.

④ 3문단의 '통각 신경이 다른 감각 신경에 비해 가는 이유는 더 많이 배치되기 위해서다.'와 '통각 신경이 굵다면 이렇게 많은 수의 통점이 배치될 수 없다.'를 고려하면, 아픈 부위가 어디인지를 정확하게 알기 위해서 통점이 빽빽하게 배치되어 있음을 확인할 수 있다.

05 ⑤

'신경성 식욕 부진증의 근본적인 문제는 '나는 뚱뚱하다.'라고 자기 신체 이미지를 심각하게 왜곡한다는 것이다.'에서 알 수 있듯이, 식욕 부진증 환자는 자기 신체 이미지를 심각하게 왜곡한다는 문제가 있다.

☑ 오답 피하기

① '이들은 일반적으로 머리가 좋고 자신을 완벽하게 통제하려는 완벽주의적 성향이 강하다.'에서 알 수 있듯이, '신경성 식욕 부진증 환자'는 식욕을 통제하려는 완벽주의적 성향이 있을 것이다.
② '신경성 식욕 부진증은 10대 전후에서 시작해서 20대에 가장 많이 발견된다. 인구의 4% 정도까지 이 병에 걸렸을 것이라고 추정된다.'에서 알 수 있듯이, 건강 악화로 생명을 잃을 확률이 4%라고 한 것이 아니라 '신경성 식욕 부진증'에 걸렸을 것이라고 추정한 수치이다. 사망과 관련된 내용은 '10명 중에 1명의 환자는 결국 사망에 이르는 무서운 병이다.'에 있다.
③ '지나친 다이어트의 한 극단'이 '신경성 식욕 부진증'이다. 영양분에 대한 해박한 그들이 영양분 섭취 자체를 거부한다고 말하기 어렵고, 냄새와 관련된 설명은 이 글에서 알 수 없다.
④ '칼로리 소모를 위해 하루 종일 쉬지 않고 움직이고 음식물의 칼로리나 영양분에 대한 지식이 해박하다.'에서 알 수 있듯이, 영양분과 칼로리에 대해 무지하지 않다.

06 ①

'21세기 의학의 새로운 무기를 얻기 위해서는 더 광범위한 야생종들로 관심을 돌려야 한다.'에서 확인할 수 있듯이 이 글의 핵심은 '야생종들의 유전자를 연구한다.'에 있다. 그리고 이것은 인간의 생명 유지에도 충분히 도움이 되므로 ①이 가장 적절한 이해이다.

☑ 오답 피하기

② 야생종들의 현존에 무엇이 더 크게 기여하느냐를 중심으로 쓴 글이 아니다.
③ '이것이 바로 야생종들이 인류가 살 만한 환경을 만들어 줄 뿐만 아니라 우리의 생명 유지를 도와주는 생성물들의 원천이 되는 이유이다.'에서 알 수 있듯이 우리와 무관하지 않다.
④ 인간이 질병 유기체에 대한 유전적 저항성을 획득하게 된다면, 새로운 항생물질과 항말라리아제 발견을 서둘 필요가 없을 것이다.
⑤ '보편적인 포도상구균 박테리아는 잠재적으로 치명적인 병원체로서 다시 등장했고 폐렴을 일으키는 미생물은 점점 더 위험해지고 있다.'에서 예를 든 대상을 확인할 수 있는데, 이는 '새롭게 등장한 것'이 아니라 기존의 대상임을 알 수 있다.

07 ③

'글은 말처럼 저절로 알게 되는 것이 아니라 일부러 배워야 글자도 알고, 글 쓰는 법도 알게 된다는 점이다.'에서 말과 글의 차이를 확인할 수 있지만, 그렇다고 하여 '무엇이 더 큰 가치를 지녔다.'라는 점을 지적한 것은 아니다.

⑤ '인간의 정신이 대립원리에 의해 작동한다고 주장했는데, 대립원리란 개인 내에 존재하는 대립 혹은 양극적인 힘이 갈등을 야기하고, 이 갈등이 정신 에너지를 생성한다는 것을 의미한다. 이 같은 융의 주장을 근거로 1940년대 MBTI와 같은 유형론적 성격 이론이 만들어지기도 하였다.'에서 알 수 있듯이, 유형론적 성격 이론이 오히려 만들어진 계기가 된다.

10 ⑤

'물론 인공지능은 다양한 상호작용을 통해 스스로의 오류를 교정하고 최적화하는 기능을 탑재하고 있다.'에서 알 수 있듯이 스스로의 오류를 교정하고 최적화는 할 수 있지만, '스스로 양질의 정보를 가려낼 수 있는 것'은 아니다. 이 메커니즘은 명백하게도 인간 사용자의 특성과 의사에 따라 좌우될 수 있기 때문이다.

① '둘째, 인공지능을 지혜롭게 사용하려면 인공지능이 가진 성찰성의 한계를 이해해야 한다.'에서 인공지능과 공존하는 방법에 관한 내용이 서술되어 있다.
② '머신러닝(machine learning)이라는 개념이 바로 그것이다. 그러나 이 메커니즘은 명백하게도 인간 사용자의 특성과 의사에 따라 좌우될 수 있다.'에서 알 수 있듯이, 인간 사용자의 특성에 따라 머신러닝이 좌우될 수 있으므로 해당 선지는 적절하다.
③ '인공지능이 잘 할 수 있는 일이라고 해서 인간이 그것을 할 줄 몰라도 된다는 것이 아니라는 것이다.'에서 확인할 수 있는 내용이다.
④ '인공지능을 지혜롭게 사용하려면 인공지능이 가진 성찰성의 한계를 이해해야 한다.'에서 확인할 수 있다.

---

① '말은 그 자리, 그 시간에서 사라지지만 글은 공간적으로 널리, 시간적으로 얼마든지 오래 남을 수 있는 것도 다르다. 그러나 여기서 더 중요한 지적이 있다.'에서 알 수 있는 내용이다.
② '한두 마디만 불쑥 나오더라도 제3자가 이해할 수 있는 환경과 표정과 함께 지껄여지기 때문이다.'에서 알 수 있듯이 비언어적 표현인 표정과 함께 표현할 수 있는 것이 '말'이다.
④ '글은 말처럼 저절로 알게 되는 것이 아니라 일부러 배워야 글자도 알고, 글 쓰는 법도 알게 된다는 점이다.'와 '글은 배워야 알고, 연습해야 잘 쓸 수 있다.'에서 알 수 있듯이, 글은 의식적인 노력이 필요하며 연습해야 잘 쓸 수 있다.
⑤ '말은 외국어가 아닌 이상엔 커가면서 거의 의식적인 노력 없이 배워지고, 의식적으로 연습하지 않아도 날마다 말하는 것이 절로 연습이 된다.'에서 알 수 있듯이, 외국어를 배우는 상황에서는 말이라 할지라도 의식적인 노력과 연습이 필요함을 추론할 수 있다.

08 ④

'나'는 대상이 '사물'이냐, '사람'이냐에 따라 달라지므로 '고정적 실체'가 아니다. 그리고 '내가 대하는 대상에 따라서 '나'라는 존재의 성격이 규정된다고 보았다.'에서 확인할 수 있듯이, 대하는 대상에 따라 '내'가 규정됨을 알 수 있다.

① '사물인 즉자 존재가 곧 존재자이며, 인간인 대타존재가 곧 현존재다.'에서 확인할 수 있다. '하이데거의 관점'에서 '사르트르의 개념'을 푼 것이므로, '하이데거의 개념'이라고 말할 수 있다.
② '소통이라는 행위를 위해서는 자기 자신보다는 항상 상대방을 먼저 고려해야 한다.'에서 확인할 수 있다.
③ '사물을 대하는 '나'는 '나-그것(I-it)'으로, 사람을 대하는 '나'는 '나-너(I-thou)'로 구분하자는 것이다.'에서 확인할 수 있듯이, '나'라는 존재의 성격은 '사물'과 '사람'에 따라 달라지는 것을 확인할 수 있다.

09 ④

'인간의 행동에 영향을 미치는 보편적인 특성을 발견하려는 노력이 이어졌고 그 결과 성격 5요인 모델과 같은 특성론적 성격 이론이 확립되었다.'에서 알 수 있듯이, 보편적인 특성을 발견하려는 노력이 이어진 것은 확인된다.

① '정신역동학은 성격의 형성 과정과 성격이 개인행동에 미치는 영향에는 관심이 있었지만, 성격을 유형화하려는 시도는 하지 않았다.'에서 알 수 있듯이, '프로이트를 중심으로 하는 정신역동학'에서는 욕구를 조절하는 방식을 성격이라고 보았으나, 이를 다시 유형화한 것은 아니다.
② '부모의 양육 방식 등 환경을 강조한 정신역동학에 비해 유전적으로 타고나는 기질의 중요성을 뒷받침하는 증거들이 발견되기 시작한 것이다.'에서 알 수 있듯이, 부모의 양육 태도를 강조하지 않았다.
③ '융은 다른 정신역동학자와 달리 오랫동안 역사와 문화를 공유한 집단의 구성원들에게 존재하는 무의식을 강조했다.'에서 알 수 있듯이, '집단의 구성원들에게 존재하는 무의식 수준의 보편적인 원리'에 관한 관심은 '정신역동학자들'이 아니라 '융'과 관련이 깊다.

제15회

01 ②	02 ②	03 ④	04 ②	05 ①
06 ②	07 ②	08 ③	09 ③	10 ④

01 ②

'그는 이를 행성의 역행 운동을 허용하지 않는 천동설로 설명하고자 하였다. 그래서 지구를 중심으로 공전하는 원 궤도에 중심을 두고 있는 원, 즉 주전원(周轉圓)을 따라 공전 궤도를 그리면서 행성들이 운동한다고 주장하였다.'에서 알 수 있듯이 프톨레마이오스의 주전원은 지동설을 지지하고자 만든 개념이 아니라, 천동설로 설명하고자 함을 알 수 있다.

① '아리스토텔레스의 세계관을 따라 우주의 중심은 지구이며, 모든 천체는 원운동을 하면서 지구의 주위를 공전한다는 천동설이 정설로 자리 잡고 있었다.'에서 알 수 있듯이 '과학 혁명 이전'은 '천동설이 정설로 받아들여졌음'을 알 수 있다.

③ '천동설'은 '우주의 중심은 지구'라는 점을 언급하였고, '지동설'은 '천체의 중심은 태양'이라는 점을 언급하였다는 것을 보아, 우주의 중심을 어디에 두느냐에 따라 구분됨을 알 수 있다.
④ '태양을 우주의 중심에 둔 코페르니쿠스의 지동설은 행성들의 운동에 대해 프톨레마이오스보다 수학적으로 단순하게 설명하였다.'에서 알 수 있듯이, '프톨레마이오스'는 수학적으로 '코페르니쿠스'보다 복잡하게 설명하였음을 짐작할 수 있다.

02 ②

17세기보다 나중은 '참여자형'이 아니라 '방관자형'과 관련된 내용이어야 한다. 그런데 '비판하는 경향이 나타난 것'은 '방관자형'이 아니라 '참여자형'이다.

☑ 오답 피하기

① '이때 꿈을 꾼 인물인 몽유자의 역할에 따라 몽유록을 참여자형과 방관자형으로 구분할 수 있다.'에서 알 수 있듯이, '몽유자의 역할'이 중요하며, '참여자형에서는 몽유자가 꿈에서 만난 인물들의 모임에 초대를 받고 토론과 시연에 직접 참여한다.'에서 '참여자형의 특징'을, '방관자형에서는 몽유자가 인물들의 모임을 엿볼 뿐 직접 그 모임에 참여하지는 않는다.'에서는 '방관자형의 특징'을 확인할 수 있다.
③ '몽유자가 모임의 구경꾼 역할'을 한다는 말은 '방관자형'을 의미한다. 이들은 '현실을 비판하는 것이 아니라 구경꾼의 위치에 서 있고', '이 시기의 몽유록이 통속적이고 허구적인 성격'을 지닌다.
④ '참여자형'은 '참여자형에서는 몽유자와 꿈속 인물들이 동질적인 이념을 공유하고 현실의 고통스러운 문제에 대해 의견을 나누며 비판적 목소리를 낸다.'에서 알 수 있듯이, 꿈속 인물들과 함께 현실을 비판한다.

03 ④

'하지만 현실에서 이 표현은 해외에서 인기를 얻고 있는 아이돌 음악에 국한해서 사용되고 있는 실정입니다.'에서 알 수 있듯이, '케이팝'이라는 용어가 '아이돌 음악'에 한정되어 사용되었음을 지적하였다. 그리고 '굳어진 인식을 바로잡고, 한국의 대중가요사에서 많은 사랑을 받았던 주옥같은 노래들을 당당히 케이팝의 반열에 올리고자 합니다.'에서 글쓴이는 한국의 대중음악까지 포괄하여 '케이팝'의 개념을 확장할 필요가 있음을 피력하였다.

☑ 오답 피하기

① 케이팝이 대중에게 미친 영향을 밝히고자 쓴 글이 아니다.
② '시대에 따라' 유행하였던 대중가요를 언급하였을 뿐, 평가가 달라진 점을 말한 것은 아니다.
③ '케이팝'이 '아이돌 음악'에 한정되어 있음을 밝히고 개념 확장의 필요성을 주장하기 위해 쓴 글이지, 아이돌 음악 이전과 이후로 나누어 대조한 글이 아니다.

04 ②

'국내적으로 초광역권은 수도권 과밀화와 지역 위기 확산, 지역 차별화와 청년인구의 이동 등을 완화하기 위한 강력한 대안이다.'에서 수도권 과밀화를 완화하기 위한 대안으로 '초광역권 전략'을 고려한 것이다. 따라서 '지역 내 위기를 막기 위해서' 고려한 전략이므로 ②는 적절한 설명이 아니다.

☑ 오답 피하기

① '우리나라 초광역권, 메가시티 전략은 규모의 경제를 통해 지역의 성장잠재력을 높이고 국제 경쟁력을 강화하는 의의가 있다.'에서 규모의 경제, 잠재력과 경쟁력 모두 언급하였음을 알 수 있다.
③, ④ '국토 불균형 현상을 바로잡고 장기적 국가 발전의 토대를 만들기 위해 경제, 행정, 문화, 사회기능을 공간적으로 광역화하여 통합하려는 초광역적 공간전략은 지역 균형발전 차원에서 필요하다.'에서 알 수 있듯이, 초광역적 공간전략은 수도권의 승자독식을 막고, 국토 불균형 현상을 바로잡고자, 지역 균형발전 차원에서 필요한 전략임을 알 수 있다.

05 ①

'헤이안 시대의 여자들도 깨달았듯이 어떤 경우에는 책을 직접 쓰는 방법만이 유일한 길일 수가 있다.'에서 알 수 있듯이, 읽을거리에 대한 열망이 문학 창작의 동력이 되었음을 알 수 있다.

☑ 오답 피하기

② '헤이안 시대의 여자들은 그들만의 새로운 언어로 일본 문학사에서, 아마도 전 시대를 통틀어 가장 중요한 작품 몇 편을 남겼다.'에서 알 수 있듯이, 그들만의 언어를 작품에 그대로 담아낸 것을 알 수 있다.
③ '그 당시 궁정의 남자 관리들이 대부분 시간을 할애했던 정치적 술책에 대해서는 거의 관심을 보이지 않는다. 언어와 정치 현장으로부터 유리되어 있었기 때문에 세이 쇼나곤과 무라사키 부인조차도 이런 활동에 대해서는 풍문 이상으로 묘사할 수 없었다.'에서 알 수 있듯이, 정치적 행위에 대하여 치밀하게 묘사하였다는 말은 적절하지 않다.
④ '그 문학을 기록하기 위해 여성들은 그들에게 허용된 언어를 음성으로 옮긴 가나분카쿠를 개발하기에 이르렀는데, 이 언어는 한자 구조가 거의 배제된 것이 특징이다.'에서 알 수 있듯이, 한문학에 대한 지식을 바탕으로 썼다는 말은 적절하지 않다.
⑤ '그들만의 독특한 취향에 상응하는 읽을거리를 손에 넣기 위해 여성들은 그들만의 고유한 문학을 창조해 냈다.'에서 알 수 있듯이, 남성적 취향의 문학 독서와는 거리가 있는 그들만의 취향이 담긴 읽을거리에 관심이 있는 것을 알 수 있다.

06 ②

1문단의 '저작물에는 1차적 저작물뿐만 아니라 2차적 저작물과 편집 저작물도 포함되어 있으므로 2차적 저작물 또는 편집 저작물의 작성자 또한 저작자가 된다.'에서 1차적 저작물과 2차적 저작물과 관련된 설명은 확인할 수 있지만, 이 둘이 어떤 차이가 있는지 알 수 없다.

☑ 오답 피하기

① 1문단의 '저작물은 '인간의 사상 또는 감정을 표현한 창작물'이며 저작자란 '저작 행위를 통해 저작물을 창작해 낸 사람'을 가리킨다.'에서 저작물의 개념과 저작자의 정의를 확인할 수 있다.
③ 2문단의 '난쟁이가 거인의 어깨 위에 올라서는 특권을 누리기 위해서는 거인으로부터 허락을 받아야 하거나 거인에게 그에 따르는 대가를 지불해야 한다는 뜻도 내포하고 있다는 사실을 잊지 말아야 할 것이다.'에서 선배들이 남긴 저작물에 관해 창작자가 지녀야 할 태도를 확인할 수 있다.
④ 3문단의 "저작물은 문화 발전의 원동력이 되므로 좋은 저작물이 많이 나와야 그 사회가 문화적으로 풍요로워질 수 있기 때문'이라고 할 수 있다.'에서 저작권을 보호해야 하는 이유가 나타나 있다.

07 ②

'논리 그 자체가 사고 언어의 기초가 되어야만 한다.'고 주장하는 것을 보아, 사고 언어를 개발한다는 설명은 적절하지 않다. '개발하다'는 새로운 생각을 내어놓거나, 새로운 물건을 만들거나 하는 것을 말하는데, 본래 있던 사고 언어를 개발하는 것은 적절한 설명이 아니기 때문이다.

✅ 오답 피하기

① '지능 모델 구축이 목표였던 인공지능이라는 새로운 학문 분야'에서 알 수 있는 내용이다.

③ '언어를 이해하거나 말하기 위해서는 명백히 무질서한 수천 개의 언어 각각을 인간 정신 속에 어떤 식으로든 내재된 하나의 단일한 논리 언어에 대응할 수 있어야만 한다.'에서 알 수 있듯이, 언어와 논리 언어와의 대응에서 '이해'가 가능해짐을 알 수 있다.

④ '수학적 논리로부터 얻은 아이디어를 도구 삼아 실제 인간 언어의 복잡성을 (단순히 제거하는 대신에) 분석하기 시작했다.'에서 알 수 있는 내용이다.

08 ③

'편의점은 일상에 필요한 대부분의 상품과 서비스를 판매하면서 주변 상권을 흡수 통일하고 있을 뿐 아니라 금융이나 치안, 복지 등에 관련된 공적 영역으로도 적극 진출하고 있다.'에서 알 수 있듯이 공적 영역이란 기능도 하는 것이지, 공적 영역으로 진출하면서 새로운 장애를 겪는 것이 아니다.

✅ 오답 피하기

① '편의점이 우리 일상에 성큼 들어와 있는 것이다.'에서 알 수 있듯이, 편의점은 한국에서 일상에 가까운 시설이 되었다.

② '인구 대비 편의점 밀도를 따질 경우 편의점의 최초 발상지인 미국은 물론 편의점의 최대 발흥지였던 일본과 대만을 제치고 대한민국이 목하 세계 최고 수준이다.'에서 알 수 있듯이 '미국, 일본, 대만'과 비교하여 우리나라의 편의점 밀도가 제일 높음을 밝혔다.

④ '이제 일상 대화에서도 편의점 아르바이트나 편의점 창업이라는 말이 자연스럽게 오간다.'에서 알 수 있듯이 일상 대화에서의 화제가 될 만큼 삶의 일부가 되었음을 알 수 있다.

09 ③

'미시사적인 역사 서술'이 아니라 '거시적인 역사 서술'이 그렇다는 의미이다.

✅ 오답 피하기

① '거시적인 전망'에서 비롯된 서술과 '비시사'에 비롯된 서술이 나타나 있으므로 서로 상반된 입장이 나타난다고 할 수 있다.

② '기간에 걸쳐 완만하게 변화하는 사회 경제 질서와 그 표면에서 거품처럼 끓어오르는 정치권력의 흥망성쇠를 입체적으로 기술한 것이 역사 서술의 주류를 형성해 왔다.'에서 알 수 있듯이 거시적인 전망에서 서술한 내용이 역사 서술의 주류임을 알 수 있다.

④ '특정 지역의 역사를 자본주의 경제의 확립이나 민족국가의 성립과 같은 어떤 목표점을 향해 전개되어 온 도정으로 서술하거나'에서 확인할 수 있는 내용이며, 거시사적인 전망에서 쓴 역사 서술을 의미한다.

10 ④

돌봄의 개념이 극적으로 확장된 것은 알 수 있어도, 선별적으로 이루어지고 있는지는 알 수 없다.

✅ 오답 피하기

① '돌봄이란 나보다 약한 사람 혹은 주변 사람이 건강하고 잘 지낼 수 있도록 도움을 주는 행위를 말한다.'에서 돌봄의 개념을 확인할 수 있다.

② '이러한 돌봄의 개념이 최근 극적으로 확장되고 있다.'에서 돌봄의 개념이 과거와 달리 확장되었음을 알 수 있다.

③ '호모 사피엔스가 이토록 번성할 수 있었던 것은 다른 어느 종보다도 긴 돌봄 기간을 통해 뇌의 용적과 육체를 발달시킬 수 있었기 때문이다.'에서 알 수 있듯이, 돌봄의 기간이 종에게 미치는 영향을 밝히고 있다.

제16회

📍 Answer

01	③	02	②	03	③	04	①	05	①
06	④	07	③	08	②	09	①	10	③

01 ③

해당 글은 감정 어휘와 관련된 것은 맞지만, 그렇다고 하여 감정 어휘가 풍부하게 갖고 있는 집단이 기술 발전에 더 유연한 태도를 보인다고 말할 수 없다. '기술 발전'과 관련된 설명은 '감정을 묘사하기 위한 새로운 선택지를 만든 것, 즉 역사의 발전'과 연결하였을 뿐이다.

✅ 오답 피하기

① '감정 어휘들은 문화마다 다를 뿐만 아니라 역사적으로도 다르다.'에서, 감정에 대한 개념은 문화에 따라 다르게 형성됨을 알 수 있다.

② '우울증을 '멜랑콜리(melancholy)'라고 불렀지만, 오늘날 그렇게 생각하는 사람은 거의 없다.'에서, 동일한 감정이라 할지라도 그것을 표현하는 방법은 다를 수 있음을 알 수 있다.

④ '인터넷의 발명과 함께 감정 어휘는 이메일 보내기, 문자 보내기, 트위터하기에 스며든 관습에 의해서도 형성된다. 이제는 내 감정을 말로 기술하기보다 이모티콘이나 글자의 일부를 따서 표현하기도 한다.'에서 알 수 있듯이, '인터넷'에서 이모티콘을 사용하는 것은 과거에는 없었던 감정 표현 방식이다.

02 ②

'공포는 실재하는 객관적 위협에 의해 야기된 상태를 의미하고, 불안은 현재 발생하지 않았으며 미래에 일어날지 모르는 불명확한 위협에 의해 야기된 상태를 의미한다.'에서 공포와 불안의 차이가 분명하게 제시된다. 또한 '공포를 느끼는 것은 '나 자신'이 위험한 상황에 놓여 있다는 사실을 아는 것이고, 불안의 경험은 '나 자신'이 위해를 입을까 봐 걱정하는 것이다.'에서도 확인할 수 있다.

이를 토대로 '전기, 가스 사고가 날까 두렵다'는 말을 보면, 아직 현실에 일어나지 않은 일임을 파악할 수 있다. 따라서 이는 '공포'가 아닌 '불안한 상태'로 이야기할 수 있으므로 ②가 정답이다.

☑ 오답 피하기

① '자신이 처한 위험한 상황'이란 말에서 '공포'를 느껴야 하므로, '공포감에 비해 불안감이 더 크다'라는 말은 적절하지 않다.

③ '시험에 불합격할 수 있다.'라는 생각은 아직 현실에 놓인 상황이 아니므로 '공포감'이 아니라 '불안'에 빠진 것으로 이해해야 한다.

④ '과거에 큰 교통사고를 경험한 사람'은 이미 경험한 것이 있으므로 앞으로의 사고에 관한 불안감이 있을 수 있을 것이다. 그러나 공포감과 불안감을 비교하는 것이 적절하지 않다.

03 ③

'사회 속에서 여럿이 모여 '복수(複數)'의 상태로 살아갈 수밖에 없는 존재라는 것이다.'에서 '복수의 존재'라는 점을 인정한다. 그러나 '우리는 각각 유일무이성을 지닌 '단수(單數)'이기도 하다.'에서 '고유성'도 인정한다. 따라서 글쓴이는 '이러한 존재들로 구성된 다원적 사회에서는 어떠한 획일화도 시도되어서는 안 된다.'라며 주장을 펼치고, '타인을 포용하는 태도'를 강조한다. 이를 바탕으로 ③을 보면, 해당 글은 개인의 유일무이성을 보존하려는 제도를 주장한 글이 아니라고 판단할 수 있으며, 글쓴이는 '다원적 사회에서 획일화된 시도'를 우려하고 있으므로 글쓴이의 의도와 같지 않다고 이해할 수 있다.

☑ 오답 피하기

① 개별적으로 고립된 채 살아가는 존재가 아니라는 말은 곧 고립된 상태에서 단수로 살아간다는 뜻이다. 글쓴이는 '우리는 개별적으로 고립된 채 살아가는 존재일 수 없다.'라며 초반에 이를 부정하였으므로 해당 선지는 적절하다.

② 우리는 다원성을 지닌 존재가 맞으므로 포용적으로 공존해야 한다는 설명은 글쓴이의 의견과 같다.

④ 글쓴이는 '개인의 특수한 단수성을 제거하는 것'은 '사회의 다원성을 파괴하는 결과'로 이어지는 점을 지적하며 '타인을 포용하는 공존의 태도'를 주장한다.

04 ①

해당 글은 '한글'과 '한자'의 비교이며, '한문'과 '한국어 문장'의 비교가 아니다. 따라서 문장성분이 복잡한지 알 수가 없다.

☑ 오답 피하기

② '정수(淨水)'는 '깨끗하게 한'이란 '정'과 '물'이란 '수'의 결합이다. 이때 '정'이 '수'를 수식한다고 말할 수 있다.

③ "愛人'은 문맥에 따라 '愛'가 '人'을 수식하는 관형어일 때도, '人'을 목적어로 삼는 서술어일 때도 있는 것이다.'에서 다른 문장성분으로 쓰인 것을 알 수 있는데, 같은 글자가 다른 뜻으로 쓰인 경우에 해당하므로, '동음이의어가 아니다.'와 같이 설명할 수 있다.

④ '동음이의어, 즉 형태와 음이 같은데 뜻이 다른 단어가 많아 글자만으로 의미를 파악하지 못하는 경우가 많다.'를 근거로 볼 때 '의사'라는 글자만으로 의미를 파악하기가 어렵다.

05 ①

'도파민은 쾌락, 욕망, 동기 부여, 감정, 운동 조절 등에 영향을 미치는 뇌의 신경 전달 물질이다.'에서 도파민의 정의를 확인할 수 있다. 칼손 박사는 '도파민이 과다하면 조현병이 발생하고, 지나치게 적으면 우울증이 생기는 인간의 두뇌 현상을 의학적으로 규명한 바 있다.'에서 '과다할 경우와 지나치게 적을 경우'를 나누어 도파민의 기능을 설명하였다. 여기에서 '우울증'은 '도파민이 지나치게 적을 때' 벌어지는 일이므로 적절한 설명이 아니다.

☑ 오답 피하기

② '도파민 단식 방법은 가능한 한 모든 감각적 자극을 최소화하기 위하여 디지털 기기의 사용은 물론 음악 감상이나 격렬한 운동 등의 활동을 전면 중단하고'에서 격렬한 운동 중단은 '도파민 단식 방법' 중 하나인 것을 알 수 있다.

③ '도파민에 휩싸인 뇌가 그 자극에 적응하면, 더 많은 자극을 요구하게 된다.'에서 알 수 있듯이 감각적 자극에 뇌가 적응하면 더욱 강력한 것을 추구함을 알 수 있다.

④ '인간의 심리적 본능과 취약점을 노린 디지털 서비스 이용 방식에 대한 성찰'에서 알 수 있는 내용이다. 이 문장에서 디지털 서비스 이용 과정에서 인간의 심리적 본능과 취약점을 확인할 수 있다.

06 ④

'여러 권의 책으로 나뉘어 있는 대규모 작품'들은 더욱 세책료를 받을 수 있으므로 세책업자 입장에서 선호할 것이다.

☑ 오답 피하기

① '분량이 많은 작품은 책값이 비싸지는 것'은 맞으나, 세책가에서는 여러 책으로 나뉘어 있으면 그만큼 세책료를 더 받을 수 있으므로 취급하였을 것이다.

② '세책업자'는 '분량이 많아서' 세책료를 더 많이 받을 수 있으면 더욱 좋아할 것이다.

③ '방각본 출판업자'는 규모가 큰 작품을 기피하였으므로, 굳이 원본의 내용을 부연하여 개작할 이유가 없다. 오히려 축약적 윤색이 가해지는 경우가 있다.

07 ③

'인간의 행동은 유전적인 적응 성향과 이러한 적응 성향을 발달시키고 활성화되게 하는 환경으로부터의 입력이 상호작용한 결과이다.'에서 말했듯이, 유전적으로 같은 조상을 둔 후손이라 할지라도 환경으로부터의 입력이 상호작용하게 되면, 전혀 다른 행동이 나타날 수 있음을 알 수 있다.

☑ 오답 피하기

① '인간의 행동은 유전적인 적응 성향과 이러한 적응 성향을 발달시키고 활성화되게 하는 환경으로부터의 입력이 상호작용한 결과이다.'를 고려하면, '인간의 행동과 마음'을 구분하여 각각 '환경과 유전'에 영향을 받는다는 설명은 적절하지 않음을 알 수 있다.

② 복잡한 정도가 크다고 하더라도 인지적 전략의 최적화가 이루어지는 것은 아니다. 현대의 상황이 복잡한 정도가 크다고 가정했을 때, 과거의 적응 방식이 부적절할 수 있다는 점을 지적한 2문단을 보면 확인할 수 있다.

④ 조상의 유전적 성향과 조상이 살았던 과거의 환경을 서로 비교하여 진화 방향을 결정한다는 내용은 해당 지문에 없다.

08 ②

'오프라인 대면 상호작용에서보다 온라인 비대면 상호작용에서 만난 사람들에게 더 끈끈한 유대감을 느끼기도 한다.'에서 알 수 있듯이, 온라인 비대면 상호작용에서 만난 사람들에게도 유대감을 느낄 수 있다. 따라서 유대 관계를 형성할 수 없다는 말은 적절하지 않다.

✅ 오답 피하기
① '상호작용 양식들이 서로 겹치거나 교차하는 현상들을 이해하고자 할 때 이분법적인 범주는 심각한 한계를 지닌다.'에서 알 수 있듯이, 이분법적 시각으로 상호작용 양식이 교차하는 양상을 이해하는 데에 한계가 있어 보인다.
③ '서로 관계를 형성하고 유지할 때 아날로그 상호작용 수단과 디지털 상호작용 수단을 동시에 활용할 수도 있다.'에서 알 수 있듯이 완전히 분리되어 있는 것이 아님을 알 수 있다.
④ '누군가와 만나서 대화하는 중에 문자를 주고받음으로써 대면 상호작용과 온라인 상호작용을 동시에 할 수 있다.'에서 알 수 있듯이, '만나는 과정'에서도 '문자'를 주고받을 수 있으므로 디지털 수단에 의한 상호 관계가 이루어질 수 있다.

09 ①

'학습부진아를 가려내고자 하였다. 이에 기초 학습 능력 평가를 목적으로, 1905년 최초의 IQ 검사가 이루어졌다.'에서 'IQ 검사'가 이루어진 이유가 '학습부진아를 가려내고자 함'에 있음을 알 수 있다. 따라서 ①이 정답이다.

✅ 오답 피하기
② '기초 학습 능력 평가를 목적으로, 1905년 최초의 IQ 검사'에서, IQ 검사가 만들어지기 전에는 인간의 지능을 구체적인 수치로 비교할 수 없었다는 것을 알 수 있다.
③ 'IQ 검사에서 높은 점수를 받은 아이는 동일한 능력을 측정하는 학업 평가에서도 높은 점수를 받을 가능성이 크다. 하지만 문제는 IQ 검사가 인간의 지능 중 일부만을 측정한다는 점이다.'에서 'IQ 검사'는 인간의 지능 중 일부만을 측정하므로 전체 지능이 무조건 높다고 말할 수 없다.
④ 'IQ 검사가 기초 학습에 필요한 최소 능력인 언어 이해력, 어휘력, 수리력 등을 측정하기 때문이다.'를 바탕으로 보면 '읽기 능력'인 '언어 이해력'을 물으므로, 'IQ가 높은 아이라면 당연히 읽기 능력이 우수할 확률이 높을 것'이다.

10 ③

'인정'은 '뇌물'을 뜻하였으나 '사람의 감정'으로 의미가 바뀌었다. 즉, '의미의 이동'에 해당한다. 이는 '어여쁘다'라는 의미가 '불쌍하다'에서 '아름답다'로 바뀐 것과 동일하다.

✅ 오답 피하기
① '지갑'의 의미가 변화한 것은 '세 유형 중' 하나인 '의미의 확대'에 해당한다. 이를 두고 사회적 원인 때문이라고 원인을 꼬집을 수가 없다.
② '지갑'의 의미 유형은 '의미의 확대'이다. 그러나 '얼굴'은 '형체'에서 '안면'으로 의미가 축소되었으므로 '의미의 축소'라서 의미 변화 유형이 다르다.
④ '뫼(메)'는 '밥' 또는 '진지'에서 '제사 때 신위 앞에 올리는 진지'로 국한해서 쓰이므로 '의미 유형' 중 '의미의 축소'에 해당한다. 그러나 '다리'는 사람이나 동물의 신체 일부에서 더 나아가 무생물에도 사용하게 된 것으로 보아, '의미의 확대'에 해당한다.

제17회

📍 Answer

| 01 ③ | 02 ① | 03 ⑤ | 04 ③ | 05 ① |
| 06 ① | 07 ② | 08 ① | 09 ④ | 10 ④ |

01 ③

📝 '마시멜로 실험'에 대하여
1) 1분 이내 마시멜로를 먹은 아이들 → 학교나 가정에서 문제를 일으키는 경우가 많다.
2) 15분간 참을성을 발휘한 아이들 → 대학 진학 시험 점수 평균이 훨씬 높다.
3) 감정이나 욕망을 조절할 수 있는 자기 통제력이 큰 사람 → 미래의 성공 가능성이 크다.

📝 '마시멜로에 뚜껑이 있는 실험'에 대하여
1) 뚜껑이 없이 기다리게 했을 때: 2배 덜 참았음을 추론할 수 있다.
2) 뚜껑을 덮어 두고 기다리게 했을 때: 2배 가까이 더 아이들이 참을 수 있다.

자기 통제력을 발휘하는 데에는 '뚜껑'과 같은 환경적 요인이 있을 때도 가능함을 알 수 있다. 따라서 '마시멜로에 뚜껑을 덮어 두고 기다리게 했다.'는 설정에 주목해야 한다.

✅ 오답 피하기
① 자기 통제력이 낮은 아동에 대한 언급은 있지만, 그렇다고 하여 주변 환경이 열악한지는 알 수가 없다.
② 해당 내용은 '선천적 요인'과 관련된 비교를 드러낸 글이 아니다.
④ 자기 통제력이 높은 아동에 대한 언급이 있고, 그들이 가정과 학교에서 사랑과 관심을 많이 받을 확률이 높을 뿐이지, '관심을 많이 받는다.'와 같이 단정 지을 수 없다.

02 ①

📝 조건 정리
1) 어떤 것이 과학일 경우 거기에 사용되는 문장은 유의미하다.(a과학 → 유의미)
2) 유의미한 문장의 기준으로 '검증 원리'라고 불리는 것을 제안한다.
3) 검증 원리란 경험을 통해 참이나 거짓을 검증할 수 있는 문장은 유의미하고 그렇지 않은 문장은 유의미하지 않다.

📝 (가)와 (나) 분석
(가): 경험을 통해 검증할 수 있는 문장이고 유의미한 문장이다.
(나): 진위를 확정할 수 없는 문장이고 과학에서 사용될 수 없는 무의미한 문장이다.

이를 종합하면, 논리실증주의자들에 따르면, 무의미한 문장을 사용하는 것은 과학이라고 볼 수 없다. 즉, 해당 조건은 '무의미한 문장을 사용하는 것'이 '과학이냐, 아니냐'를 따지는 것이고, 유의미한 문장과 과학을 같이 연결 지으니 ①이 정답이다.

☑ 오답 피하기

② '과학의 문장들만'으로 한정 지을 수 없다. 검증 원리에 따라 경험할 수 있고, 참과 거짓을 가릴 수 있는 문장이라면 모두 유의미하기 때문이다.

③ '아직까지 경험되지 않은 것'과 '경험할 수 없는 것'은 의미가 다르다. 언젠간 경험하여 참과 거짓을 가릴 수 있다면, 그 문장은 무의미한 것이 아니라 유의미한 것으로 바뀌기 때문이다.

④ '거짓인 문장'은 경험을 할 수 있는 문장이라 할 수 있으므로 '무의미한 것'이 아니라 '유의미한 것'이다.

03 ⑤

'음식이라는 극히 구체적이고 현실적인 차원으로부터 한 개인이 속한 정치, 경제, 사회적 상황을 추론함으로써'까지 적절한 설명이지만, '거시적 관점이 지니는 추상적 한계를 극복'은 적절한 설명이 아니다. '개인'은 '미시적 관점'과 연결되므로, '미시적 관점이 지니는 한계를 극복한다.'와 같이 고치는 것이 적절하다.

☑ 오답 피하기

① '당시 사람들이 왜 그러한 음식을 만들어 먹을 수밖에 없었는지를 밝혀야만 그 음식의 역사에 다가갈 수 있다.'를 참고해 보면, '배추'와 '배추김치'뿐만 아니라 다른 음식인 '냉면, 잡채, 빈대떡' 등으로 확장할 수 있을 것이다.

②, ④ '음식의 역사는 결코 에피소드 모둠이 아니다. 그 속에는 경제와 정치와 사회가 있다.'에서 알 수 있는 내용이다. 음식에 관한 고증만으로는 음식의 역사를 설명할 수 없다는 점을 지적 후, 정치, 사회, 경제적 맥락을 고려해야 한다는 점을 강조하였다.

③ '식사라는 개인의 사적인 행위'는 '거시적인 관점'에서 접근한 것이 아니라 '미시적인 관점'에서 접근하는 것이 올바를 것이다. 그러나 이 글의 핵심은 개인의 사적 행위라 할지라도 결국 '사회와 불가분의 관계'에 놓여 있으므로 거시적인 관점에서 바라보는 것도 고려해야 한다는 의미이다. 따라서 '식사라는 개인의 사적인 행위'를 바라보는 관점을 '미시적인 차원에 머무르지 않는다.'라는 말은 거시적 관점으로 다룰 필요가 있다는 의미이다.

04 ③

3문단의 '이와 같은 셈법의 흔적을 현대 언어에서도 찾을 수 있다.'라며 현대 프랑스어를 예로 들었다. 따라서 프랑스어 'quinze jours'에는 '0' 개념이 들어오기 전 셈법의 흔적이 남아 있다고 추론할 수 있다.

☑ 오답 피하기

① 2문단의 "0' 개념은 13세기가 되어서야 유럽으로 들어왔으니'에서 알 수 있듯이 유럽에서 발명된 것이 아니라 유럽으로 들어온 것이다.

② 2문단의 '수를 세는 방식의 차이가 개입되어 있다.'라는 말에서 알 수 있듯이 예수의 신성성을 부각하기 위해 그의 부활 시점을 활용한 것이 아니다.

④ 올림픽이 열리는 주기에 해당하는 4년을 'pentaeteris'라고 부르는데, 어원이 '5년'인 것이지 오늘날의 올림픽이 열리는 주기가 짧아진 것은 아니다.

05 ①

3문단의 '개의 경우는 두 번째 목뼈를 넘지 않는다.'에서 알 수 있듯이 '인간의 인두 길이'보다 짧다.

☑ 오답 피하기

② 2문단의 '침팬지는 인간과 게놈의 98%를 공유하고 있지만'에서 알 수 있듯이 인두의 유사성을 말하고자 98%를 말한 것이 아니라, 침팬지와 인간의 게놈의 공유성을 말하고자 함이다.

③ 1문단의 '생물은 자신의 종에 속하는 개체들과 의사소통을 한다.'를 보면, 녹색원숭이와 침팬지는 의사소통이 어렵다.

④ 3문단의 '인간의 발성 기관은 아주 정교하게 작용하여 여러 소리를 낼 수 있는데, 초당 십여 개의 소리를 쉽게 만들어 낸다.'에서 알 수 있듯이 '침팬지'가 아니라 '인간'과 관련된 설명이다.

06 ①

'테스토스테론'의 수치는 '번식기가 아니냐, 맞느냐'의 기준에 따라 그리고 '새의 종류'에 따라 달라진다. 해당 선지는, '노래참새 수컷'은 '번식기 동안'의 테스토스테론 수치를 다시 '양육할 때'와 '끝난 후'를 비교하는데, '새끼가 커서 둥지를 떠나게 되면 수컷은 더 이상 영역을 지킬 필요가 없기 때문에 번식기가 끝나지 않았는데도 테스토스테론 수치는 좀 더 떨어지고,'에서 알 수 있듯이, 아직 번식기지만, 새끼의 양육이 끝난 후에 그 수치가 떨어짐을 알 수 있다.

☑ 오답 피하기

② '암컷의 수정이 이루어지기 전보다 이루어진 후에 낮게 나타난다.'에서 알 수 있듯이, '암컷의 수정 여부'가 기준이다. 해당 내용은 '이 시기 수컷의 테스토스테론 수치는 암컷의 수정이 이루어질 때까지 계속 높아진다.'에서 알 수 있듯이 수정이 이루어지면 '테스토스테론 수치'가 떨어질 것이라는 추측이 가능하다.

③ '검정깃찌르레기 수컷은 테스토스테론 수치가 번식기가 되면 올라갔다가 암컷이 수정한 이후부터 번식기가 끝날 때까지 떨어지지 않는다.'에서 알 수 있듯이 번식기가 끝날 때까지 테스토스테론 수치가 떨어지지 않는다.

④ 새의 종류에 따라 테스토스테론 수치가 떨어지는 시기가 달라졌을 뿐, 번식기일 때의 수치는 번식기가 아닐 때보다 수치가 높은 것을 알 수 있다.

07 ②

주체의 의식적 사유와 행위는 모두 이미 구조되어 있는 질서에 참여할 뿐이다. 이런 점에서 새로운 문화 질서가 창조된다고 보는 것은 적절하지 않다.

☑ 오답 피하기

① '구조란 의식되지 않는 가운데 인간 문화의 기저에서 인간의 행위를 규정함을 뜻하는 것이다. 그러므로 라캉에게 있어서, 주체의 존재 양태는 무의식적인 것을 바탕으로 해서 가능하다. 주체 자체가 무의식적인 것으로서 형성된다. 그러므로 주체는 무의식적 주체이다.'에서 알 수 있듯이, 주체의 무의식은 이미 구조화된 질서에 의해 형성된 것이다.

③ '나의 욕망도 타자의 욕망에 의해서 구성된다. 내가 스스로 원한 욕망이란 성립하지 않는다.'를 고려해 보면, 대중매체의 광고는 나의 욕망이 아닌 타자의 욕망에 의해서 구성된 것으로 이해할 수 있으므로 주체의 욕망이 형성되는 데에 영향력이 있다고 말할 수 있다.

④ '라캉의 경우, '나는 생각한다'라는 의식이 없는 곳에서 '나는 존재'하고, 또 '내가 존재하는 곳'에서 '나는 생각하지 않는다''에서 알 수 있듯이, 내가 생각한다고 하여 내가 존재하는 것이 아니다. 그런 의식이 없는 곳에서도 나는 존재할 수 있기 때문이다.

08 ①

'호랑나비'는 '나비'의 하위개념이다. 1문단의 '하위 개념으로 분류할수록 그 대상에 대한 정보가 더 많이 전달된다.'라고 하였다. 따라서 '호랑나비'의 정보량이 적다고 말할 수 없다.

✅ 오답 피하기

② '용'은 현실 세계에 적용할 수 있는 지시물이 없는 상상 속에 있는 대상이다. 그러나 상상 속에 있는 대상이라 할지라도 1문단에서 이를 분류 개념으로 인정하였으므로 해당 선지는 적절하다.

③ '꽃'과 '고양이'는 논리적 관계를 따를 필요가 없는 대상이다. 비교 개념은 논리적 관계에 대한 언급이 있어야 하는데, '꽃'과 '고양이'를 두고 '더 무거움, 더 짧음'과 같은 비교하기 위한 설명이 없다.

④ '물리량을 측정하기 위한 규칙'으로 '경험적 규칙', '측정 단위를 정하는 규칙' 등이 포함된다. 또한 정량 개념은 과학의 언어를 수많은 비교 개념 대신 수를 사용할 수 있게 했다는 점도 특징이다. 여기서 'cm, kg'과 같은 측정 단위는 물리량을 측정할 수 있는 단위이므로, 자연현상에 수를 적용할 수 있게 된다는 설명은 적절하다.

09 ④

✏ [조건 정리]
1) 고급 적포도주 - 품질이 개선된다.
2) 대부분의 백포도주, 중급 이하 적포도주 - 품질이 떨어진다.
3) 추론 : 그렇다면, '고급 백포도주'는 품질이 개선되는 조건에 없으며, '대부분의 백포도주'와 유사할 것이라 보므로, '품질이 개선되지는 않을 것이라.' 보는 것이 타당하다.

4문단의 '병에 담겨 코르크 마개를 끼워 보관한' 것은 지문에서 '시간이 흐를수록 품질이 개선되는 것은 일부 고급 적포도주에만 한정된 이야기'라는 내용을 보아야 한다. 그리고 4문단의 '대부분의 백포도주는 시간이 지날수록 오히려 품질이 떨어진다.'와 '품질이 개선된 것은 고급 적포도주에만 한정된다.'는 내용을 고려해 볼 때, '고급 백포도주'는 '품질이 개선되지 않을 가능성'이 크므로, ④가 가장 적절하다.

✅ 오답 피하기

① 3문단의 '(그 대신 이를 잘 활용하면 포르토나 셰리처럼 도수를 높인 고급 포도주를 만들 수 있다)'를 보면, 고급 포도주는 '너무 더운 지역'에서도 가능하다. 고급 포도주의 주요 생산지는 너무 덥지도 않고 너무 춥지도 않은 곳이기도 하지만, 선지 조건 중 '모두'가 부정된다.

② 2문단의 '대체로 대서양의 루아르강 하구로부터 크림반도와 조지아를 잇는 선이 상업적으로 포도를 재배할 수 있는 북방한계선이다.'와 '자연 상태에서는 포도가 자라는 북방 한계가 이탈리아 정도에서 멈춰야 했지만, 중세 유럽에서 수도원마다 온갖 노력을 기울인 결과 포도 재배가 상당히 북쪽까지 올라갔다.'라는 점을 고려해 볼 때, 이탈리아보다 남쪽에 있을 것이라는 말은 적절하지 않다.

③ 1문단의 '일상적으로 마시는 식사용 포도주로는 당연히 고급 포도주와는 다른 저렴한 포도주가 쓰이며, 술이 약한 사람들은 여기에 (=저렴한 포도주에) 물을 섞어서 마시기도 한다.'라는 내용과 관련 지어 볼 때, '고급 포도주에 물을 섞은 것이다.'라고 볼 수 없다.

10 ④

📝 조건 정리
1) 성장기에는 테스토스테론이 얼굴 길이와 눈썹활 돌출 정도를 조절한다.
2) 사춘기에 테스토스테론이 많이 분비될수록 눈썹활이 두드러지며 얼굴이 길어진다.
3) 테스토스테론은 사춘기가 시작되게 하고 적혈구 세포를 생성하는 등 우리 몸에서 많은 역할을 담당한다.
4) 가장 널리 알려진 특성은 공격성과의 관계다. 테스토스테론이 사람의 공격성을 직접적으로 유발하지는 않는다.
5) 인위적으로 테스토스테론을 주입한다고 해서 그 사람이 더 높은 공격성을 보이는 것은 아니다.

(다)에서 '스티브 처칠'과 그의 학생 '밥 케이리'는 1,421점 두개골의 눈썹활 돌출 정도와 얼굴 길이를 분석하였는데, 평균적으로 이전보다 눈썹활 높이가 낮아졌음을 알 수 있다. 이런 변화를 <보기>와 연결하여 객관적인 부분만 고려해 볼 때, 친화력이 증가하는 인간 진화의 '방향'을 파악하기 위함으로 생각된다.

✅ 오답 피하기

① '인위적으로 테스토스테론을 주입한다고 해서 그 사람이 더 높은 공격성을 보이는 것은 아니다.'에서 알 수 있듯이, 테스토스테론만을 주입하는 것만으로도 공격성이 높아진다는 말은 적절하지 않다.

② '사람 자기가축화 가설'은 <보기>에서만 알 수 있는 내용이고, '테스토스테론'과의 관련성은 확인할 수 없다. 따라서 테스토스테론이 친화력을 저해하는 요소이므로 이를 감소시키긴 위한 노력을 했다고 확정할 수 없다.

③ <보기>에서 언급한 '관련 호르몬'이란 '자연선택이 공격성이 낮고 다정하게 행동하는 개체들에게 우호적으로 작용하여 우리가 유연하게 협력하고 의사소통할 수 있는 능력을 향상시킬 수 있는 호르몬'을 의미한다.

⑤ '현대 수렵채집인과 농경인에 이르자 플라이스토세 후기인들의 얼굴보다도 한층 더 동안인 얼굴을 발견할 수 있었다.'와 '남자가 여자보다 눈썹활이 더 두드러지고 얼굴이 약간 더 긴 경향'을 고려해 보면, 눈썹활이 낮고 얼굴이 짧고 좁은 얼굴은 여성적인 모습에 가깝지만, 그렇다고 하여 인류의 사회성 발달에 여성호르몬이 필수적이라고 말하는 것은 적절하지 않다.

CHAPTER **06** 독서 - 다양한 문제 유형

Answer

01 ③	02 ④	03 ①	04 ②	05 ③
06 ③	07 ①	08 ①	09 ⑤	10 ①

01 ③

시기를 고려할 때는 조건을 정확하게 보고 풀어야 한다.
1) 14세기 후반인 1377년경에 최초로 등장.
2) 11세기 후반, 이전 시기로까지 거슬러 올라가지 않음.
3) 국왕 에드워드 2세, 1307년에 즉위, 20년간 재위한 2세.
4) 추론: 로빈후드 이야기의 시대 배경은 국왕 에드워드 2세가 있던 '14세기 전반'일 가능성이 가장 큼.

☑ 오답 피하기
① 2문단에서 '거슬러 올라가지는 않을 것'이라며 제외하였다.
②, ④ 2문단의 '에드워드 2세'란 조건 때문에 14세기 이전도, 14세기 후반도 제외하여야 한다.

02 ④

'실험 참가자가 따돌림을 당할 때 그의 뇌에서 전두엽의 전대상피질 부위가 활성화된다는 것을 확인했다.'라는 내용과 '인간이 물리적 폭력을 당할 때 활성화되는 뇌의 부위이다.'라는 점에서 '전두엽의 전대상피질 부위가 활성화된다.'라는 공통을 이해할 수 있다. 이를 바탕으로 보면, 정신적 폭력은 물리적 폭력과 다를 바 없다는 결론에 다다른다.

☑ 오답 피하기
① 전두엽의 전대상피질 부위의 활성화된다는 특징을 물리적 폭력만을 바탕으로 이끌 수 없다.
② 피해자의 개인적 경험과 사회적 문제로 전환된다는 점은 이 글의 핵심과 무관하며 결론으로 끌어낼 수도 없다.
③ 정신적 폭력과 물리적 폭력을 서로 비교한 글이 아니다.

03 ①

✎ '용어' 정리
1) 고정: 특정 단어에 눈동자를 멈춤. 의미를 이해하려는 시도가 있음.
2) 이동: 고정과 고정 사이, 의미를 이해하려는 시도가 없음.
3) 도약: 단어를 건너뛸 때, 의미를 이해하려는 시도가 없음.
4) 평균 고정 시간 = 총 고정 시간 / 총 고정 빈도

조건	읽기 능력 하위 집단 (A)	읽기 능력 평균 집단 (B)
	독서 횟수: 1회 독서 시간: 무제한	
눈동자의 평균 고정 빈도	B의 2배	
평균 고정 시간		A보다 높음
읽기 후		평균 점수 높아짐

'읽기 능력이 부족한 독자'는 '읽기 능력이 평균인 독자'에 비해, 고정 빈도가 '2배'인 것을 보아, 난해하다고 느끼는 단어들이 '많다.'라는 것을 알 수 있다. 그리고 고정 빈도와 시간과의 관계를 같이 보면, A 집단은 고정 빈도가 'B의 2배'이지만, 고정 시간은 같이 비례하지 않는다. 실질적으로 '평균 고정 시간'은 B가 A보다 높으므로, 난해하다고 느끼는 각각의 단어를 이해하려는 시도는 A가 많이 없음을 알 수 있다. 따라서 A는 B에 비해 난해하다고 느끼는 단어들이 '더 많지만', 각각의 단어를 이해하는 과정에 들이는 평균 시간은 '더 적다'는 결론을 내린 ①이 정답이다.

☑ 오답 피하기
② '각각의 단어를 이해하는 과정에 들이는 평균 시간이 더 많은 쪽'은 A가 아니라 B이다.

04 ②

빈칸에 들어갈 내용을 고려하려면, 1문단의 '프랑스에서 포도주는 장소와 시간, 상황에 관계없이 음식과 결부될 수 있는 모든 곳에 등장한다.', 2문단의 '포도주가 일상의 세세한 부분에까지 결부된 탓에 프랑스 국민은 이제 포도주가 있어야 할 곳에 포도주가 없다는 사실만으로도 충격을 받는다.'를 같이 고려해야 한다. 마지막으로 '프랑스 국민에게 그들 자신과도 같은 포도주가 보이지 않는다는 사실은 참을 수 없는 일이었다'를 고려하면, '포도주'는 '프랑스인'에게 정체성 그 자체임을 알 수 있다.

05 ③

'능숙한 필자와 미숙한 필자는 글쓰기 과정 중 '계획하기'에서 뚜렷한 차이를 보인다.'에서 글은 능숙한 필자와 미숙한 필자의 차이에서 시작된다. 능숙한 필자는 계획하기에서 충분히 공을 들인다는 조건을 보고 포함된 내용이 무엇인지 확인해야 한다. 특히 그중에서 '예상 독자 분석'이 중요하다고 하는데 그 이유는 다음과 같다. '독자의 수준을 고려해야 하고, 이해하기 어렵지 않게 해야 하는 것, 자신의 메시지를 정확히 전달해야 하는 것'이다. 이런 의미가 담긴 내용은 바로 ③이다. 필자의 메시지를 독자에게 효과적으로 전달하기 위함이 목적이기 때문이다.

① 계획하기 과정이 글쓰기 전체 과정의 첫 단계는 맞으나, 독자를 분석하는 이유와 관련되지 않는다.
② 글에 어려운 개념이나 전문 용어를 독자에 맞게 풀어쓰자는 의도를 읽어야 한다.
④ 독자의 배경지식 수준을 고려한 것은 맞으나, 글의 목적과 주제는 필자가 정한 것이므로 이를 독자에 따라 결정된다는 설명은 적절하지 않다.

06 ③

'자유는 정의를 실현하는 올바른 사회질서에 의해서만 보장될' 수 있다는 점을 고려해야 한다. 이는, '법'이 기틀이 되어야만 자유가 보장된다는 점을 강조한 것이다. 따라서 '정의를 실현하는 올바른 사회질서'는 '법에 의해서만' 확립될 수 있고, 이런 사회가 바탕이 되어야 자유도 있다고 할 수 있기 때문이다.

① 법은 정당한 행위와 관련이 깊지만, 이 문장만으로 '자유'와 어떤 연결이 되는지는 알 수 없다.
② '올바른 사회질서'는 '법에 의해서'만 가능하다. '자유가 없다면'을 선행 조건으로 제시할 수 없다.
④ '법과 자유가 있다면'이란 조건 중 '법'만이 올바른 사회를 이끌 수 있다. 다시 말해, '법에 의해 올바른 사회가 되었을 때, 자유는 보장받을 수 있다.'라는 점을 강조한 글이다.

07 ①

해당 글은 탄소중립을 실천하기 위한 것을 고민하는데, '우리 주변 나무를 잘 사용하는 것이다. 나무를 목재로 사용하면 된다.'에서 '또 다른 방법'을 제시하였다. 그런데 혹시라도 나무를 다 벨 까봐 걱정하였으나, 이내 그럴 필요가 없다고 안심시킨다. 따라서 '걱정할 필요가 없는' 충분한 근거가 제시되어야 하며, 이는 '풍성한 숲을 보유한 것'과 관련이 깊어야 한다. 이를 바탕으로 보면, 목재를 보전하는 숲과 수확하는 숲을 따로 관리한다는 ①만이 답이 된다.

②, ③, ④ '열대지역에서 목재를 수입하는 것'과 '버려지는 폐목재를 가공한다는 것', '숲의 공간을 활용하여 주택을 짓는 것'은 'OECD 국가 중 산림 비율이 4위'라는 점을 연결하지 못한다.

08 ①

📝 조건 정리
1) 자기지향적 동기를 말한 사람들 > 자기지향적 동기를 말하지 않은 사람들
2) 자기지향적 + 타인지향적 동기 > 자기지향적 동기만 말한 사람들
   결론: 자기지향적 + 타인지향적 동기 > 자기지향적 동기만 말한 사람들 > 타인지향적 동기만 말한 사람들

해당 지문에서 '행위의 적극성 정도'는 '순찰 횟수가 더 많은 것'과 연결하여 분석한 결과, '자기지향적 동기만 가진 사람'과 '타인지향적 동기만 가진 사람'만 비교한 경우는 전자가 행위의 적극성이 더 높은 것을 알 수 있다.

09 ⑤

더운 온도로 물의 부피는 상승한다. 더운 온도로 더 많은 빙하들이 녹는다. 더운 온도는 해양과 호수로부터 더 많은 수분을 증발시킨다. 구름이 증발한 수분을 세계의 빙하와 만년설에 옮긴다. 그리고 '어떤 일'이 생기면, 빙하와 만년설은 더 커지게 된다. 즉, 그 지역의 온도가 얼음을 녹일 정도가 아닌, 온도가 높지 않다는 의미이다. 수분이 빙하와 만년설에 옮긴 상태에서 얼음이 녹지 않으면 크기가 더 커지는 결과를 만들므로, ⑤가 정답이다.

① 충분한 시간이 확보되면, 빙하와 만년설은 더 커질 수도 있지만, 반대로 더 작아질 수도 있다. 따라서 적절한 조건이라고 보기가 어렵다.
② 물의 부피가 계속해서 상승하는 것은 해수면의 상승과 연결될 수 있는데, 빙하와 만년설이 더 커지게 되는 원인으로 보기 어렵다.
③ 암석에 의해 얼음이 밀려나지 않는 일과 빙하와 만년설이 커지게 된 결과는 인과 관계로 볼 수 없다.
④ 해수면이 즉각적으로 상승하지 않는 일과 빙하와 만년설이 커지게 된 결과는 인과 관계로 볼 수 없다.

10 ①

글의 시작은 '신석기 시대에 들어 농사가 시작되면서 여성의 역할은 더욱 증대되었다.'이다. 즉, 농사에서 여성의 역할이 얼마나 중요한지를 알려준다. 그러나 '신석기 시대 중후반에는 농경이 본격적으로 발전하면서 광활한 대지의 개간이나 밭갈이에는 엄청난 노동력과 강한 근력이 요구되었다.'에서 알 수 있듯이 더 이상 여성의 섬세함만으로 해낼 수 없게 되었고, 남성이 주요 생산 활동을 담당하게 되었다. 이를 바탕으로 추론할 수 있는 내용은 '남성과 여성의 사회적 위상과 역할이 달라졌다.'는 점이므로 ①이 답이 된다.

② 여성과 남성의 위상이 달라졌다는 점을 말하고 싶은 것이지 여성을 생산 활동 자체에서 배제한 것은 아니다.
③ 남성도 여성도 자기 역할에 충실히 하고 있었다.
④ 극단적으로 여성을 씨족 공동체의 일원이 아님을 강조한 것은 아니다.
⑤ 여성이 남성의 역할을 대신하여 사냥 활동을 했다는 내용은 없다.

제19회

Answer

| 01 ④ | 02 ① | 03 ③ | 04 ④ | 05 ③ |
| 06 ② | 07 ④ | 08 ② | 09 ④ | 10 ② |

01 ④

	고기	생선	유제품(락토)	달걀(오보)
완전 채식주의	×	×	×	×
페스코 채식주의자	×	○	개인 선호에 따라 선택적으로 섭취	
락토오보 채식주의자	×	×	○	○
락토 채식주의자	×	×	○	×
오보 채식주의자	×	×	×	○

(가) : '락토 채식주의자'는 유제품은 먹지만, '고기, 생선, 달걀'은 먹지 않는다.

(나) : '오보 채식주의자'는 달걀은 먹지만, '고기, 생선, 유제품'은 먹지 않는다.

오답 피하기

① (가)는 '달걀'을 먹지 않고, '유제품'을 먹으므로 적절한 선지가 아니다. (나)는 '고기와 생선'을 먹지 않으므로 적절한 선지가 아니다.

② (가)는 '달걀'을 먹지 않고, '유제품'을 먹으므로 적절한 선지가 아니다. (나)는 '유제품, 고기, 생선' 모두 먹지 않고, '달걀'은 먹으므로 적절한 선지가 아니다.

③ (나)는 '고기와 생선'을 먹지 않는다.

02 ①

(가) : 해당 내용을 읽어 보면, '모어'와 '외국어'를 비교하였음을 알 수 있다. '모어'는 '자동화되어 음성 기관의 어느 부분을 언제 어떻게 움직일지를 화자가 거의 의식하지 않는다.'라고 하였고, 이를 바탕으로 보면 '모어에 없는 외국어 음성'은 자동화되지 않았음을 추론할 수 있다. 따라서 '모어의 음성에 맞게 자동화되었기 때문에 외국어 음성을 발음하기가 어렵다.'라는 설명이 가능하므로 ①과 ③ 중에 답이 있음을 알 수 있다.

(나) : 이번에는 '필기 능력'과 '발음 능력'의 비교로 진행되는데, '손을 쓰는 것'은 '발음하는 것'보다 상당히 의식적이라고 지적한다. 그러나 개인의 의지와 상관없이 일정하다는 것은 결국 '자동화되었다.'라는 의미로 연결된다. 따라서 '무의식적이고 자동적인 면이 있다.'라는 ①과 ④ 중에 답이 있음을 알 수 있다.

정리하자면, 정답은 ①이다.

오답 피하기

②, ④ (가) : '낯선 음성'은 '외국어 음성'을 의미하는데, 이를 발음할 때 무의식적으로 발음하도록 훈련되어 있지 않다. 이렇게 훈련된 것은 '낯선 음성'이 아닌 '모어'이다.

②, ③ (나) : '유아기에 수행한 훈련'이 어느 순간 의식적이지 않고 자동화되었다는 점을 언급한 것이므로 '훈련이 효과적인지'의 여부를 강조한 글이 아니다.

03 ③

(가) : '구멍과 구멍 사이의 간격을 최소화하면서 공간을 최대화할 수 있는 가장 안정적인 형태'라는 말에서 벌집을 짓는 데 소요되는 노동량을 최소화하였음을 알 수 있다. 또한 벌집을 짓기 위한 밀랍의 양도 적게 들기 위한 구조임도 알 수 있다. 이를 바탕으로 볼 때, ③, ④ 중에 답이 있다.

(나) : '이 구조를 닮은 건축 양식이나 각종 생활용품을 흔히 발견할 수 있다.'에서 알 수 있듯이 자연의 구조인 벌집이 인간의 창조 활동에 영감을 준 것을 알 수 있다. 결코 인간이 만든 디자인과 자연이 만든 디자인의 비교를 하기 위한 설명으로 보기가 어렵다. 따라서 이를 바탕으로 볼 때, ①, ③ 중에 답이 있다.

정리하면 정답은 ③이다.

04 ④

(가) : '동영상 가운데 9초에 걸쳐 등장하는 고릴라 복장의 사람을 인지하지 못한 것이다.'에서 알 수 있듯이 인간은 중요하다고 생각하는 것 위주로만 주의를 기울이는 것을 알 수 있다. 따라서 ③, ④ 중에서 답을 골라야 한다.

(나) : '바라보는 행위'가 충분조건이 되면 반드시 오토바이 운전자를 알아보아야 하지만, 인식을 하지 못한 것으로 보아, '바라보는 행위'는 필요조건일 수는 있어도 충분조건일 수는 없다. 따라서 정답은 ④가 된다.

05 ③

(가) : 'A는 아주 적은 액수의 돈을 제안하고 B는 그 제안을 받아들일 것이다.'에서 알 수 있듯이, 아주 적은 돈이라도 받아들이거나, 제안을 거절할 시 아무것도 받지 못하게 된다. 따라서 (가)는 '제안한 1,000원을 받든가, 한 푼도 받지 못하든가'가 있는 ①, ③, ⑤가 답이 된다.

(나) : '비록 자기의 이익이 최대화되지 않더라도 제안이 불공평하다고 생각하면 거절하는 것으로 보인다'와 '액수를 반반으로 나누고자 하는 사람이 제일 많다는 점은 이를 지지해 준다.'에서 알 수 있듯이 인간은 공정성을 바탕으로 둔 행동을 드러냄을 알 수 있다. 따라서 '인간이 공정성과 상호 이득을 염두에 두고 행동한다는 점을 지적'하거나, '경제적 이득에 의해서만 움직이지 않는다'만이 답이 된다. 따라서 ②, ③, ④가 답이 된다.

정리하면 정답은 ③이다.

06 ②

(가) : '딱히 배우지 않아도 우리는 자연적으로 선호하거나 혐오하는 반응을 보인다.'라는 내용을 고려해 볼 때, 동물은 경험에 따라 '좋고 나쁜 것'을 학습하는 능력을 지닌다는 설명인 'ⓐ'이 가장 적절하다.

(나) : '한 번도 먹어보지 못한 사람'이 '초콜릿 케이크'의 맛을 보는 경험을 했고, '냄새, 색, 촉감' 등을 무의식적으로 선호하게 됨을 알 수 있다. 이러한 신호는 이제 학습되어 나중에 초콜릿을 떠올리는 것만 하여도 강한 반응을 이끌 수 있다. 이와 유사한 내용이 있는 것은 'ⓒ'이다.

(다) : 예를 든 내용을 고려해 볼 때, 뇌가 여러 세부적인 동기와 감정적, 인지적 반응을 합쳐 여러 선택지에 가치를 매긴 후 선택한다는 'ⓑ'이 답이 된다.

정리하자면, '(가)-ⓐ, (나)-ⓒ, (다)-ⓑ'이 있는 ②가 정답이다.

07 ④

컴퓨터는 필연적으로 특정한 초기 상태로부터 다음 상태로 넘어간다. 이는 결정론적 법칙의 지배를 받는 시스템이라는 의미이다. 결정론적 법칙의 지배를 받는 시스템은 주어진 조건에 따라 결과가 하나로 고정되어 있다. 그리고 결정론적 지배를 받는다는 것과 자유의지를 가진다는 것은 양립할 수 없다. 즉, 결정론적 법칙의 지배를 받는 시스템은 자유의지를 가지지 않으며, 시스템에 도덕적 의무를 귀속시킬 수 없다.

ⓐ(○). 컴퓨터는 자유의지를 가지지 않기에 도덕적 의무의 귀속 대상일 수가 없다.

ⓑ(○). 도덕적 의무를 귀속시킬 수 있는 시스템은 자유의지와 도덕적 의무를 지니기 때문에, 이들은 결정론적 법칙의 지배를 받지 않는다고 말할 수 있다.

ⓒ(○). 결정론적 법칙의 지배 받는 시스템은 주어진 조건에 따라 결과가 하나로 고정되어 있으므로 항상 하나의 선택만 있다. 따라서 다른 선택을 할 수 없는 시스템은 결국 결정론적 법칙의 지배를 받는 시스템을 의미하므로 자유의지를 가지지 않는다는 말은 적절하다.

따라서 'ⓐ, ⓑ, ⓒ'이 있는 ④가 정답이다.

08 ②

☑ 갑의 말 정리

1) 우리 동네 : 화자의 동네 = 청자의 동네
3) 우리 동네의 의미 : 특정한 하나의 동네
2) 우리 엄마 : 형제가 아닌 화자와 청자가 공유하는 엄마를 지칭한다고 볼 수 있음.

결론 : 우리 엄마(×) → 내 엄마(○)

☑ 을의 말 정리

1) 우리 동네 : 화자의 동네 ≠ 청자의 동네
2) 우리 동네의 의미 : 그 표현을 말하는 사람이 사는 동네
3) 우리 엄마 : 그 표현을 말하는 사람의 엄마를 가리킨다고 말할 수 있음.

결론 : 우리 엄마(○)

☑ 병의 말 정리

1) 우리 엄마 : '내 엄마'와 의미가 같지 않음.
2) 우리 동네 : 동네를 공유하는 공동체가 존재함.
3) 우리 엄마의 의미 : 가족 공동체 속에서의 엄마를 생각한 것.

결론 : 우리 엄마(○)

ⓐ(○). 갑이 생각하는 '우리'의 범주는 화자와 청자 모두의 엄마를 가리킨다고 보았으므로, 형제가 아닌 청자를 고려해 볼 때, 우리 엄마가 아니라 내 엄마로 쓰는 것이 맞다고 보았다.

ⓑ(×). 을의 입장은 '우리 엄마'는 청자와 관계없이 화자의 입장에서 표현하는 대상을 가리키므로, '형과 동생'이란 점을 고려할 필요가 없다. 따라서 '우리 엄마'는 여전히 화자의 입장을 고려한 표현이므로 을의 입장을 약화하지 않는다.

ⓒ(○). '무인도에 혼자 살아온 사람'은 공동체 개념이 없으므로, '우리 마을'이라고 쓰면 어색하다. 이 입장은 병의 입장과 동일하므로 '약화하지 않는다.'라고 보는 것이 적절하다.

따라서 'ⓐ, ⓒ'이 있는 ②가 정답이다.

09 ④

ⓐ(○). A는 '자신과 대상 세계를 구분하지 못하면 의사소통 행위가 불가능하므로 A는 이 단계의 아이가 보여주는 타인과의 상호작용을 의사소통 행위가 아니라고 주장한다.'에서 말했듯이, '자기중심적 언어' 단계 전은 의사소통 행위가 이루어지지 않는 것으로 보았다. 그러나 B는 이 시기를 의사소통 행위로 판단하였다.

ⓑ(○). A는 '그에 따르면 말을 배우기 시작하는 2~3세경에 '자기중심적 언어'가 나타났다가 8세경에 학령이 되면서 자기중심적 언어는 소멸하고'에서 알 수 있듯이 자기중심적 언어가 학령기가 되면 소멸하는 것으로 보았다. 그런데 B는 '그는 자기중심적 언어가 자연적 존재를 문화적 존재로 변모시키는 기능을 하며, 학령이 되면서 소멸하는 게 아니라 내면화되어 소리 없는 '내적 언어'를 구성함으로써 정신 기능을 발달시킬 수 있는 원동력이 된다고 본다.'에서 알 수 있듯이 없어지지 않고 내적 언어 순으로 진행되는 것으로 이해하였다.

ⓒ(○). A는 '그에 따르면 말을 배우기 시작하는 2~3세경에 '자기중심적 언어'가 나타났다가 8세경에 학령이 되면서 자기중심적 언어는 소멸하고 '사회적 언어'의 단계로 진입한다고 주장한다.'에서 알 수 있듯이, 사회적 언어의 단계로 진입하는 시기를 8세경으로 본다. 그러나 B는 'B의 경우 출생 이후 약 2세까지의 상호작용을 의사소통 행위로 판단한다. 그에 따르면 이때의 의사소통 행위는 타자의 규제와 이에 따른 자기규제가 작동하는 대화적 상호작용의 일종으로, 사회적 언어를 통해 수행된다.'에서 알 수 있듯이 '출생 이후 약 2세까지의 상호작용'도 사회적 언어로 보았음을 알 수 있다. 따라서 이 둘의 견해는 진입하는 시기가 다르다.

10 ②

1) <보기>를 분석하자. 해당 지문에서 반드시 이해해야 하는 것은 '독립적, 공평성, 공정성'이다.
2) 지문의 내용을 분석하자.
   (1) 공평성 : 판단의 결과가 가능한 결과들 중 일부분으로 특별히 치우쳐서는 안 된다는 것이다.
   (2) 독립성 : 이는 관련된 판단들이 외적인 것에 의해서 영향을 받지 않아야 한다는 것을 의미한다.
   (3) 결론 : 공정성에는 '공평성'과 '독립성'이 반드시 충족되어야 한다.
3) 2문단은 '동정 던지기 게임을 사례로' 보여 준다. 2문단은 주로 '공평하다'는 것에 관한 이야기이고, '앞면과 뒷면이 나오는 횟수가 거의 같다는 점'을 이해해야 한다. 3문단은 '독립성'에 대한 언급이 있다. '외부 장치에 의해 조작되면 안 된다는 것', '언제나 패배하지 않을 수 있는 상황'이 있어서는 안 된다는 것, 만약 이를 지키지 않으면 '공정하지 않은 게임'이 된다.'라는 것이다.
4) 이를 바탕으로 <보기>를 보자.
   ㉠(○). '패배하지 않을 수 있는 전략'은 조작이다. 그러나 그런 전략을 만들어 낼 수 없는 '동전 던지기 게임'은 조작을 다시 엎은 것이다. 패배하지 않을 수 있는 전략을 만들어 낼 수 없는 것은 결국 '이 게임은 독립적'이란 의미이므로, ㉠은 추론이 가능한 설명이다.
   ㉡(×). '앞면이 나온 바로 다음에는 반드시 뒷면이 나온다. 뒷면이 나온 바로 다음에는 반드시 앞면이 나온다.'라는 장치는 분명 '조작'이다. 그런데 확률상 결과가 한쪽으로 치우치지 않았으므로 '공평하지 않다'로 보기 어렵다.
   ㉢(○). ㉠과 ㉡을 읽으면 '조작'에 대한 해석을 해야 하는 것을 알 수 있다. 마지막으로 '앞면이 나올 확률과 뒷면이 나올 확률의 차이가 크다.'라는 점을 고려해야 하며, 이는 결코 '공정하지 않은 상황'에 해당하기 때문에 ㉢은 적절한 추론이다.
5) 이를 정리하자면, ㉠과 ㉢만이 적절한 추론이므로, 정답은 ②가 된다.

제20회

◉ Answer

01 ③	02 ①	03 ④	04 ③	05 ④
06 ②	07 ③	08 ④	09 ①	10 ③

01 ③

'중심 내용'이 문제의 핵심이다. 해당 글은 두 가지 요소를 제대로 통제하고 조절할 수 있다면 좋은 삶을 살 수 있다고 말하였고, 그 두 가지 요소가 바로 '재물'과 '성적 욕망'임을 알 수 있다. 이 두 가지를 제대로 잘 다스리면 낭패를 당하거나 망신을 당할 일이 없다는 것 이 이 글의 중심이므로 ③이 정답이다.

① 과거나 지금이나 재물욕과 성욕이 강하다는 사실을 글의 중심 내용으로 보기 어렵다.
② '물론 재물이 적다고 남을 속이거나 거짓말을 하는 것은 아니며, 나이가 적다고 해서 성적 욕망을 쉽게 통제할 수 없는 것은 아니다.'에서 알 수 있듯이 무조건 나이가 많아야 함을 강조한 글이 아니다.
④ 잘 살기 위해 '두 가지 요소'를 통제하라고 하였으므로 가장 중요한 것이 무엇인지 알아야 한다고 말할 수 없다.

02 ①

'범죄소설의 탄생은 자본주의의 출현이라는 사회적 조건과 맞물려 있다. 자본주의가 출현하자 죽음을 대하는 태도가 근본적으로 변화했다.'에서, 자본주의의 출현 이후 죽음에 대한 생각이 달라졌음을 알 수 있다.

☑ 오답 피하기

② '부르주아 사회에서는 인간이 소외되고, 소외된 인간은 노동을 하고 돈을 버는 데 없어서는 안 될 도구인 육체에 얽매이게 된다.'에서 부르주아의 사회의 인간소외와 노동 문제를 확인할 수 있으나, 이는 죽음에 강박관념을 갖게 된 것과 연결될 뿐이다.
③ 원시사회에서는 죽음이 자연스러운 결과였다. 그런데 범죄소설에서 죽음은 탐구의 대상이 되어버리는데, 이러한 탄생은 '자본주의의 출현' 때문이다.
④ '범죄소설'은 '파국적 사고, 예기치 않은 사고, 폭력에 의한 죽음'과 연결된다. 따라서 자연스럽고 불가피한 것으로 받아들이기가 어렵다.

03 ④

'건강한 소비를 위해서는 구매하려는 상품의 사용 가치가 어떤 과정을 거쳐 결정된 것인지 곰곰이 생각해 봐야 한다. '나'에게 얼마나 필요한가에 대한 고민 없이 다른 사람들의 말에 휩쓸려 어떤 상품의 사용가치가 결정될 때, 그 상품은 '나'에게 쓸모없는 골칫덩이가 될 수 있다.'가 중심 내용이다. 즉, 상품을 구매할 때, 사용 가치가 자신의 필요에 따라 결정된 것인지 신중하게 따질 필요가 있다는 의미이다.

☑ 오답 피하기

① 사용가치보다 교환가치가 큰 상품을 구매해야 함을 강조한 것이 아니라, 자기에게 가치가 있는가가 중요하다고 말한 것이다.
② 상품을 구매할 때 사용가치와 교환가치 모두가 중요한데, 자기에게 사용가치가 없다면 군이 거래할 필요가 없다.
③ 상품에 대한 다른 사람들의 평가보다 자기가 필요한지가 중요하다는 점이 이 글의 중심 내용이다.

04 ③

해당 글의 핵심은 '책상의 높이는 70cm가 60cm로 되거나 40cm로 된다고 하더라도 그것이 책상임에는 변함이 없다.'와 '70cm를 1cm로 낮추어 버리면 그 책상은 나무판에 가까운 것으로 변하여 책상의 기능을 수행할 수 없게 되어 더 이상 책상이라 할 수 없게 될 것이다.'에 있다. 일정한 한도 내에서의 양의 변화는 질의 변화를 이끌지 못하지만, 어느 한도를 넘어버리면 '책상'의 질이 바뀐다는 점을 지적하였기 때문이다. 따라서 글의 핵심 내용을 가장 잘 정리한 선지가 바로 ③이라고 할 수 있다.

오답 피하기

① 양의 변화가 무조건 질의 변화를 초래한 것은 아니다.

② 양의 변화가 누적되면 질의 변화가 일어난 것은 아니며, 양이 변한 만큼 질의 변화를 이끄는 것도 아니다.

④ 어떤 변화든 본래의 상태로 환원된다는 점을 지적한 것은 아니다.

05 ④

해당 글은 '판타지'와 'SF'의 차별성을 중심으로 전개하였다. 요약하자면, '판타지'는 새로운 것이 더 중요한 의미를 갖는다는 것이고, 'SF'는 낯섦을 인정하면서도 동시에 자신이 알고 있던 인식의 틀로 끌어들여 재조정하는 과정이 요구된다는 점이다. 이와 동일한 내용이 있는 ④만 답이 된다.

06 ②

'아이들이 도전하는 과정에서 겪는 작은 부상들을 통해 무엇이 위험한지, 위험한 일을 겪지 않으려면 어떻게 조심해야 하는지를 스스로 깨닫게 된다.'를 참고해 보면, 작은 부상을 통해 무엇이 위험한지를 깨닫는 공간으로 그려져 있으므로 '그러한 부상도 입지 않는 공간'으로 이해하는 것은 적절하지 않다.

오답 피하기

①, ④ '아이들이 진취적으로 행동하고 창의적으로 사고할 수 있는 공간이어야 한다.'에서 확인할 수 있다.

③ '놀이터는 도전하고 모험할 수 있는 공간으로 설계되어야 한다.'에서 확인할 수 있다.

07 ③

글쓴이는 '열정과 격정은 다른 것이다.'에서 '열정은 격정과 구분'된다고 강조하며, '지금까지 우리 민족이 보여 주었던 '은근과 끈기'의 역사, '열정과 역동성'의 역사는 모순된 것이 아니라, 빛은 어둠이 있어야 빛나는 것처럼 변증법적으로 투영된 것이다.'에서 은근과 끈기, 열정과 역동성을 강조한다. 특히, '격정에는 없는 것이 바로 은근과 끈기의 일관성이다.'에서 강조한 것처럼, 은근의 일관성을 얻어야 함을 주장한다.

오답 피하기

① "은근과 끈기', '열정과 역동성'의 민족이라는 우리의 정체성은 과거가 된 역사의 화석이 아니라, 앞으로 우리가 현재의 고통과 부족함을 극복하기 위해 마음속 깊이 간직해야 할 나침반이 되어야 할 것이다.'에서 말하듯이, 우리 민족의 고유한 특성을 강조하기 위해 드러낸 것이 아니라, 우리 민족의 진정한 성격을 드러내기 위함임을 파악할 수 있다.

② "은근과 끈기', '열정과 역동성'의 두 기질이 마치 쉽게 뜨거워지지만 반대로 쉽게 식어버리는 냄비와 은근하지만 쉽게 식지 않는 뚝배기처럼 전혀 다른 것이라고 보고 있다.'에서 말하는 '쉽게 식지 않는 뚝배기'는 '은근과 끈기'와 연결된다.

④ '혹은 은근과 끈기의 민족적 심성이라는 관점은 우리를 소극적인 모습으로 왜곡한 것이라고 하기도 한다.'에서 확인할 수 있는 내용이지만, 글쓴이가 한 주장으로 보기 어렵다.

08 ④

3문단의 '하버마스에 따르면, 현대 사회에서 민주적 토론은 문화 산업의 발달과 함께 퇴보했다. 대중매체와 대중오락의 보급은 공공 영역이 공허해지는 원인으로 작용했다.'에서 하버마스의 주장을 확인할 수 있다. 또한 4문단의 '미디어가 점차 상업화되면서 하버마스가 주장한 대로 공공 영역이 침식당하고 있다.'에서 미디어에 해당하는 플랫폼과 콘텐츠 제작에 대한 비판적인 생각을 읽을 수 있다. 이에 부합하는 사례는 ④이다. '수익성 위주'라는 미디어의 특징을 언급하였고, 이러한 영역이 넓어질수록 공공 영역에 해당하는 민주적 토론이 감소되었다는 점을 모두 언급하였기 때문이다.

오답 피하기

① 2문단의 '하버마스는 17세기와 18세기 유럽 도시의 살롱에서 당시의 공공 영역을 찾았다.'와 '살롱 문화의 원칙에서 공개적 토론을 위한 공공 영역은 각각의 참석자들에게 동등한 자격을 부여했다.'를 보면, 특정 계층에 대한 비판적인 토론이 허용되지 않았다는 설명은 적절하지 않음을 알 수 있다.

② 3문단의 '상업적 이해관계는 공공의 이해관계에 우선하게 되었다. 공공 여론은 개방적이고 합리적 토론을 통해서가 아니라 광고에서처럼 조작과 통제를 통해 형성되고 있다.'와 4문단의 '상업화된 미디어는 광고 수입에 기대어 높은 시청률과 수익을 보장하는 콘텐츠 제작만을 선호하게 되었다.'를 보면, 공익 광고를 증가시켰다는 내용이 없음을 알 수 있다.

③ '글로벌 미디어'도 상업화된 미디어로 이해한다면, 공공 영역 역시 축소될 가능성이 높으므로 국제 사회의 공공 영역이라 하여 공허해지지 않는다는 설명은 적절하지 않다.

09 ①

'그러나'를 기점으로 '밈 이론'보다는 '의사소통 이론'으로 문화의 전파 기제를 설명하는 것이 더 적절하다는 내용 위주로 서술된다. 문화 전파는 입에서 입으로, 자신의 생각을 더해서라는 특징이 있으므로 '동일하게 복제를 하는' 밈 이론보다 '의사소통 이론으로 설명하는 것'이 더 적절하다고 본 것이다.

오답 피하기

② 의사소통 이론에 따르면, 수용 주체의 주관이 개입되어 더해진 다음 그 이야기가 전달된다.

③ 복제를 통해 완벽하게 동일한 형태로 전파되지 않는다. 또한 복제의 관점에서 문화의 전파를 설명하는 이론으로는 자기 생각을 덧붙이는 현상을 설명하기 어렵다.

④ '요크셔 푸딩 요리법'은 의사소통의 이론에 따른 전파 기제의 예로 제시되었다. 따라서 밈 이론에 따라 설명할 수 없다.

10 ③

'현재의 인터넷과 사물 인터넷의 차이를, 혹자는 사람이 개입되는 것은 사물 인터넷이 아니라고 이야기하면서 엄격한 M2M(Machine to Machine)이라는 개념에 근거해 설명한다. 또 혹자는 사물 인터넷이 실현되려면 사람만큼 사물이 판단할 수 있어야 한다고 주장하면서 사물의 지능성을 중요시하는 경우도 있는데, 두 가지 모두 그릇된 것이다.'를 확인해 보면, 사람의 개입 없는 것은 잘못된 것이라 말하고 있으므로, ③처럼 말할 수 없다.

☑ 오답 피하기
① '사물 인터넷을 제대로 이해하려면 기존 인터넷과의 차이점에 주목하기보다는 오히려 공통점을 인식하는 것이 더 중요하다.'에서 알수 있듯이 '사물 인터넷의 개념'을 이해하려면 기존 인터넷과의 공통점을 인식하는 것이 더 중요함을 확인할 수 있다.
②, ④ '그렇다면 이제는 전원이 있었던 전자 기기나 기계 등은 그 자체로, 전원이 없었던 일반 사물들은 새롭게 센서와 배터리, 통신 모듈이 부착되면서 컴퓨터가 되고 이렇게 컴퓨터가 된 사물들이 그들간에 또는 인간의 스마트 기기와 네트워크로 연결되는 것이다.'에서알 수 있듯이, '센서와 배터리, 통신 모듈이 부착되면서 컴퓨터'가되고, 컴퓨터가 '사물'이 되고, 그것이 '네트워크로 연결되는 것'이라고 하였으므로 ②와 ④ 모두 적절한 선지이다.

제21회

📍 Answer

| 01 ④ | 02 ① | 03 ② | 04 ③ | 05 ④ |
| 06 ① | 07 ⑤ | 08 ③ | 09 ① | 10 ③ |

01 ④

㉠: 한문문학
㉡: 국문학
㉢: 순국문학
㉣: 준국문학
㉤: 순국문학
㉥: 준국문학

㉢: 순국문학, ㉤: 순국문학

☑ 오답 피하기
① ㉠: 한문문학, ㉢: 순국문학
② ㉡: 국문학, ㉣: 준국문학
③ ㉡: 국문학, ㉥: 준국문학

02 ①

(가) 소리 : 인간의 발성 기관: ㉡, ㉢, ㉣
㉠ 소리 : 침팬지의 소리.
㉡ 소리 : 말한다는 것을 단어에 대해 소리내는 것, 인간의 것, 침팬지가 할 수 없는 것.
㉢ 소리 : 인간의 발성 기관에서 내는 것.
㉣ 소리 : 인간의 인두에서 통제된 소리.
정리하자면, ㉠만이 (가)에 해당하는 의미로 사용된 것이 아니므로, ①이 정답이다.

03 ②

㉠: 호일, 톰, 호킨스
→ '고고학자 앳킨슨'이 비난한 사람들의 이름인 ㉠은 1문단에 제시되어 있다.
㉡: 스톤헨지를 세운 사람들
→ ㉡은 '이들은 과학적 사고를 할 줄 모른다.'란 문장의 주체이다. 따라서 '스톤헨지를 세운 사람들, 또는 건설자들'로 이해할 수있다.
㉢: 호킨스를 옹호하는 학자들
→ ㉢은 '이들은 ~ 주장하였다.'란 문장의 주체로, 앞서 밝힌 '호킨스를 옹호하는 학자들'을 의미한다.
㉣: 스톤헨지를 세운 사람들
→ ㉣은 '그들에게 ~ 정교한 문자 기록이 없었다.'란 문장의 대상으로 '스톤헨지를 세운 사람들, 또는 건설자들'로 이해할 수 있다.
따라서 지시 대상이 ㉡과 ㉣이 동일하므로 ②가 정답이다.

04 ③

'급격하게 돌아가는 현대적 생활 방식은 종종 삶을 즐기지 못하게 방해한다.'를 반드시 고려하면서 이 글을 읽어야 한다. 분명 길거리에서 바이올린을 연주한 '그'는 전세계적으로 유명한 바이올린 연주가이다. 그런데, '추위가 한창 매섭다는 것, 급격하게 돌아가는 현대적 생활 방식'을 고려한다면, 연주를 듣기 위해 서 있는 사람이 아무도 없는 이유는 '출근하는 사람들이 연주를 감상할 여유가 없다.'와 연결할 수 있다.

☑ 오답 피하기
① 지하철역이 연주하기에 적절한 장소이냐의 여부가 직접적인 원인으로 보기가 어렵다.
② '출근길에 연주가를 지나쳐 간 대략 천여 명의 시민'이란 말에서 결코 지나간 사람이 적었다고 말할 수가 없을 것이다.
④ 길거리에서 연주한 음악가의 명성을 보여주기 위해 '콘서트 입장권'을 언급하였을 뿐이다.

05 ④

'반대 의견을 내고 기꺼이 논쟁하는 사람들이 필요하다.'라고 하였으므로, '최소화해야겠다'는 반응은 글에서 말하고자 하는 핵심에서 벗어난 것으로 볼 수 있다.

☑ 오답 피하기
① "나는 네 의견에 동의하지 않는다."라고 말하지 않는 사람들은 집단의 의견에 동조하거나 자기 의견을 강화하며 그곳에 안주한다. 그런사람들은 자기 합리화에 몰두하거나 상호 비방만을 일삼게 된다.'에서 알 수 있듯이, 논쟁을 회피하는 사람들은 자기 합리화에 빠지기가 쉽다.
② '의견 양극화와 쏠림 현상이 두드러진 사회에서는 의견 스펙트럼의 양극단만 보일 뿐 중간층은 보이지 않는다. 왜냐하면 그런 사회에서는 집단 간 공유되지 않는 정보가 많아지고 소수 의견을 가진 사람들은 침묵하게 되기 때문이다'에서 알 수 있는 내용이다.
③ 글쓴이는 의견 스펙트럼의 중간층이 두꺼워야 논쟁이 활발한 사회가 됨을 밝혔다. 이를 바탕으로 두고 생각하면 중간층이 좁으면 논쟁이 활발하게 이루어지기가 어렵다는 것도 알 수 있다.

06 ①

화제를 제시한 후, 이에 벌어질 이야기를 논의하였으므로 '쟁점 제기'라고 보는 것이 적절하다.

오답 피하기

② 정서적 공감은 '시, 소설'과 같은 문학적 감수성을 연결하여 보아야 하는데, 해당 내용에는 없다.

③ 논리적 설득은 주장과 근거에 따라 입장을 정리해야 하는데, 해당 글은 입장을 정리하여 독자를 설득한 글이 아니다.

④ 배경을 설명하고 나서 화제로 연결하려면, 사실과 관련된 설명이 진행되어야 하는데, 해당 내용은 '인공지능'에 관련된 설명에서 더 나아가 쟁점까지 논의하였다.

07 ⑤

<보기>의 관점은 '결과적으로 언어의 내재화된 체계를 구축하는 유전적 능력을 타고난다고 주장한다.'에서 알 수 있듯이 '유전적 능력, 생득적으로 결정된 것'으로 이해해야 한다. 이런 입장에서는 '환경에 의해 형성되고, 다양하게 강화된 예정표에 따라 조건화될 수 있다.'라고 보지 못한다. 따라서 <보기>의 입장과 동일한 ⑤만이 답이 된다. ⑤를 보면, '외적 자극인 환경에 의해 전적으로 형성된다고 보는 행동주의 모델'이 바로 ㉠의 입장이며, 이를 두고 생득적으로 표현하는 것을 근거로 두고 있으니 ㉠을 비판한 입장이라고 볼 수 있다.

오답 피하기

② 생득론자는 언어 습득이 생득적으로 결정되며, 결과적으로 유전적 능력을 타고난다고 주장한 입장이다.

08 ③

해당 글의 핵심은 '우리는 옳은 행위를 함으로써 옳게 되고, 절제 있는 행위를 함으로써 절제 있게 되며, 용감한 행위를 함으로써 용감하게 되는 것'에 있다. '실천은 성향이 되고, 성향은 습관이 될 때 성품이 탄생한다는 점'을 고려하고 있으므로, 이를 반영한 ③이 정답이다.

09 ①

'토론' 중 '반대신문식 토론'과 관련된 글로, '입론, 반대신문, 반론'의 순에 따라 글이 전개되어 있다. 다른 선지보다 충분히 글의 범위를 고려한 제목이라고 할 수 있다.

오답 피하기

② '토론자'와 관련된 태도는 2문단에 알 수 있으나, 글의 중심은 '반대신문식 토론이 무엇인지'에 있다. 따라서 '토론자'로만 한정 짓기에는 범위가 좁다.

③ '입론'과 '반론'뿐만 아니라 '상대측의 발언이 있는 논리적 허점'을 지적하는 '반대신문'과 관련된 내용도 서술되어 있다. 따라서 '입론과 반론의 방법'만을 논하기에는 범위가 좁다.

④ '반대 토론'과 '반대신문'은 다르다. '찬성'에 반대되는 주장만을 펼치는 방법을 설명하고자 글을 쓴 것이 아니라 '상대방의 논증'을 반박하는 과정을 보여 준 글이다. 따라서 '반대 토론의 방법'이라고 하면 설명하고자 하는 핵심이 두드러지지 못한다.

⑤ '입론을 어떻게 하는지'와 관련된 내용이 1문단, 2문단에 제시되어 있는데, 해당 제목만으로는 '반론'에 관한 언급이 없으므로 제목으로 보기에는 범위가 좁다.

10 ③

㉢의 '특수한 영역'과 '일반화'란 조건이 제일 중요하다. ③은 ㉢의 조건을 반대로 쓴 경우이다. '배꼽'의 일반적인 의미를 제시한 다음, '바둑'이란 특수한 영역에서 사용된 경우를 말하였다. 이는 일반화된 표현이 특수한 영역에서 사용되어 의미가 바뀐 경우이므로, ㉢의 사례로 적절하다고 할 수 없다.

오답 피하기

① '코'와 '콧물'의 관계를 고려해야 한다. '아침'을 본래의 의미인 '하루 중의 이른 시간'으로 해석하지 않고 '아침에 먹는 밥'이라고 말한 것처럼, '코'를 '호흡하고 냄새를 맡는 구실을 하는 것'으로만 해석하지 않고 '콧구멍에서 흘러나오는 액체'까지 고려한 것으로 본다는 의미이다. 게다가 두 개의 단어가 긴밀한 관계라는 점도 중요한 조건이다. '콧물'은 '코'에서 흘러야 하니, 이 둘의 관계는 긴밀하다고 할 수 있으므로, ㉠은 해당 사례로 볼 수 있다.

② '바가지'처럼 언어 표현은 그대로여야 하며, '지시 대상이 바뀌어야 한다.'라는 점을 고려해야 한다. ②의 예는 '수세미'인데, '원래 식물의 이름이었다.'라는 점과 '그릇을 씻는 데에 쓰는 물건'이란 점을 고려해 보면, 언어 표현은 그대로이고 지시 대상 자체가 바뀌었다는 조건을 충족함을 알 수 있다.

④ '호랑이'와 '산신령'은 서로 연관이 깊지 않지만, 심리적인 이유로 대신 표현한 경우이다. '천연두'도 역시 사람들이 직접 언급하기를 꺼린다는 심리적인 이유로 '손님'이라고 불렀다는 점에서 ㉣의 맥락과 같다.

CHAPTER 07 독서 - 종합

제22회

📍 Answer

01 ③	02 ②	03 ③	04 ③	05 ③
06 ⑤	07 ⑤	08 ②	09 ①	10 ③

01 ③

전문가의 견해가 없다.

☑ 오답 피하기
① '이차 프레임의 일반적인 기능은 크게 세 가지로 구분할 수 있다.'라며 그 기능을 1문단부터 4문단까지 병렬적으로 나열하였다.
② '어떤 영화들은 작중 인물을 문이나 창을 통해 반복적으로 보여주면서, 그가 세상으로부터 격리된 상황을 암시하거나 불안감, 소외감 같은 인물의 내면을 시각화하기도 한다.'에서 예시를 확인할 수 있다.
④ '프레임(frame)은 영화와 사진 등의 시각 매체에서 화면 영역과 화면 밖의 영역을 구분하는 경계로서의 틀을 말한다.'와 '프레임 안에 또 다른 프레임을 만드는 경우가 있다. 이런 기법을 '이중 프레이밍', 그리고 안에 있는 프레임을 '이차 프레임'이라 칭한다.'에서 프레임, 이중 프레이밍, 이차 프레임의 개념이 정의된 것을 알 수 있다.

02 ②

'이차 프레임 내부의 대상과 외부의 대상 사이에는 정서적 거리감이 조성되기도 한다.'에서 알 수 있듯이, '내부'인 '안'과 '외부'인 '밖'의 대상 사이에 거리감이 조성된다.

☑ 오답 피하기
① '카메라로 대상을 포착하는 행위는 현실의 특정한 부분만을 떼어내 프레임에 담는 것으로, 찍은 사람의 의도와 메시지를 내포한다.'를 읽어 보면, '프레임에 담았다.'라는 말에서 '프레임 밖의 영역'이라고 할 수 없다.
③ '대상을 틀로 에워싸기 때문에 시각적으로 강조하는 효과가 있으며, 대상이 작거나 구도의 중심에서 벗어나 있을 때도 존재감을 부각하기가 용이하다.'에서 알 수 있듯이, 대상의 크기가 작아도 강조될 수 있다.
④ '이차 프레임 내부 이미지의 형체를 식별하기 어렵게 함으로써 관객의 지각 행위를 방해하여, 강조의 기능을 무력한 것으로 만들거나'에서 확인할 수 있듯이, '역설적으로 대상을 강조하는 것'이 아니라 '무력한 것으로 만든 것'을 알 수 있다.

03 ③

ⓒ: '주자학이란 무엇일까?'라는 물음에서 시작하여 '주자학은~'과 같이 답하는 방식으로 연결하여 논의를 전개하였음을 알 수 있다.
ⓒ: '인격 수양을 위해서는 먼저 사물을 연구하고[격물(格物)] 세상 만물의 이치를 깨달아[치지(致知)] 무엇이 진정 옳고 그른지 명확히 알아야 한다.'에서 '격물'과 '치지'라는 어려운 용어를 잘 풀어 써서 독자의 이해를 돕고 있음을 알 수 있다.

☑ 오답 피하기
①, ② ⓒ: '유추의 방법'을 활용하려면 '글쓴이가 경험한 사실'과 '추론할 대상' 두 가지가 필요하다. 그러나 해당 글에는 유추의 방식으로 보여준 부분이 없으니 적절한 설명이 아니다.
②, ④ ⓒ: 있는 사실을 기반으로 쓴 글이다. 은유와 상징을 활용하여 자기 생각을 우회적으로 표현한 글이 아니다.

04 ③

'공부의 목적은 성인(聖人)이 되는 데 있지, 출세하여 부귀영화를 누리기 위함이 아니라는 뜻이다. 이러한 위기지학 정신은 신진 사대부들에게 큰 힘을 주었다. 음서(蔭敍)로 권력을 얻던 귀족 자제들과 달리, 그들은 피나는 '공부'를 거쳐 관직에 들어선 자들이다.'에서 알 수 있듯이, 신진 사대부는 관직에 진출하기 위해 주자학을 공부한 것이 아니다. 공부의 목적이 성인이 되는 데에 있다는 점에서 그들의 마음을 사로잡은 것이다.

☑ 오답 피하기
① '첫째는 위기지학(爲己之學)의 이념이다.'와 '둘째는 주자가 강조한 격물치지(格物致知) 정신이다.'에서 알 수 있듯이, 주자학은 위기지학과 격물치지와 연결된다.
② '주자가 이런 이론들을 만든 이유는 "자연 과학과 심리학의 도움으로 도덕 이론을 더 정확하게 설명하기 위해서"였다는 정도만 이해하면 될 것이다.'에서 알 수 있듯이, 자연과학과 심리학의 영향을 받았음을 알 수 있다.
④ '주자는 이를 철학적으로 훨씬 더 세련되게 다듬었다.'에서 알 수 있듯이, 공자와 맹자의 가르침을 한층 더 세련되게 만든 것이 주자학이다.

05 ③

특정 재배 방식인 '단작'의 위험성을 3문단에 강조하였으나, 이와 관련된 대안을 제시한 것은 아니다.

☑ 오답 피하기
① '전통적인 농업에서는 계절적으로 또는 공간적으로 매우 다양한 작물과 품종이 재배되는 윤작(輪作)과 복작(複作)이 주류를 이루었다. 그러나 지난 수십 년에 걸쳐서 점차 한 지역에 대단위로 1년에 한 작물만을 재배하는 단작(單作)이 증대되어 왔다.'에서 윤작과 복작, 단작의 개념을 확인할 수 있다.
② '1978년에는 우리나라 논 전체의 70% 이상에서 통일계 품종이 재배되었다.'에서 구체적 수치를 확인할 수 있으며, 구체적인 수치를 활용하면 내용의 객관성도 확보할 수 있다.
④ 1문단에는 '전통적인 농업에서는 계절적으로 또는 공간적으로 매우 다양한 작물과 품종이 재배되는 윤작(輪作)과 복작(複作)이 주류를 이루었다.'에서 알 수 있듯이 과거의 재배 방식을 설명하였다. 그리고 1문단의 중간부터는 '생산 효율을 높이기 위하여 노동 투입은 줄이고 기술의 투입은 극대화하는 상업적 농업으로 전환되면서 단작이 증가하는 것은 당연한 추세였다.'에서 알 수 있듯이 현대의 재배 방식을 설명하였다.

⑤ '생태계의 다양성이 줄어들면 병, 해충, 기후 변화, 환경 변화 등에 취약해지기 때문에 예기치 못한 막대한 피해를 가져올 수 있다. 이에 대한 예는 매우 많이 찾을 수 있는데 우리나라의 벼농사 경험이 그중 하나이다.'에서 확인할 수 있다.

06 ⑤

'해가 거듭되고 유전적으로 매우 유사한 통일계 품종들이 점차 늘어나자 새로운 도열병 균계가 생겨나 통일계 품종의 저항성이 무너짐으로써 1973년에 전국적으로 이삭목 도열병이 발생하여 큰 피해를 주었다.'에서 알 수 있듯이, 통일계 품종들의 유전적 유사성이 커지면서 도열병에 대한 저항성이 더욱 약화되었다.

오답 피하기

① '매우 다양한 작물과 품종이 재배되는 윤작(輪作)과 복작(複作)이 주류를 이루었다. 그러나 지난 수십 년에 걸쳐서 점차 한 지역에 대단위로 1년에 한 작물만을 재배하는 단작(單作)이 증대되어 왔다.'에서 알 수 있듯이, '단작'은 1년에 한 작물만, '복작'은 다양한 작물과 품종이 재배됨을 알 수 있다.

② '품종인 측면에 있어서도 각 지역에 오랫동안 잘 적응해 온 토착 품종들은 사라지고 유전적으로 개량된 소수의 품종들이 들판을 차지하게 되었다.'에서 알 수 있듯이, 유전적으로 개량된 소수의 품종들이 현대 농업의 주를 이루게 되었고, 이 때문에 생태계가 더욱 불안정하게 되었다.

③ '현대 농업의 단작화와 품종의 단순화는 농경지 생태계를 매우 불안정하게 만들었다.'에서 알 수 있는 내용이다.

④ '우리나라는 1970년대 초에 통일벼를 육성하고 대대적인 보급을 하여 1976년에는 국민의 염원인 쌀의 자급이 처음으로 이루어졌다.'에서 알 수 있는 내용이다.

07 ⑤

'점화 효과'에 대한 구체적인 실험 결과를 바탕으로 설명한 글이 아니다. '사람과 상황이 서로 영향을 미치는 방식에 관한 소개'가 쓰여 있는 글이므로, 이에 따라 글을 읽어야 한다.

오답 피하기

① '예를 들어'에서 설명하는 내용에 관한 예를 확인할 수 있다. 물론 3문단과 4문단에서도 확인할 수 있다.

② '상황이 사람을 선택하는 경우'와 3문단의 '사람이 상황을 선택하는 경우'를 언급하여 서로 다른 내용을 대비하여 설명한 것을 알 수 있다.

③ '우리가 읽거나 들었던 단어 또는 정보가 우리의 생각이나 행동에 미묘한 변화를 일으킬 수 있고 이러한 현상을 '점화 효과'라고 한다.'에서 개념이 제시되어 있음을 확인할 수 있다.

④ '첫째, 둘째'와 같은 구조로 되어 있으면 병렬적 구조라고 한다.

08 ②

'경제적 불균형처럼 자기가 가지고 있는 아주 왜곡된 관념들로 치닫기 시작하면 상황이 사람을 지배할 수도 있다. 자신의 자존감을 지키기 위해서는 타인에게 해를 가해서라도 그런 상황을 유지하려는 것이다. 그러나 대부분의 사람들은 스스로 상황을 지배해 나가기 때문에 범죄를 저지르지 않는다.'에서 알 수 있듯이, 스스로 상황을 지배할 수 없다고 단정 지을 수 없다.

오답 피하기

① '사람과 상황이 서로 영향을 미치는 방식들을 몇 가지 소개해 보도록 하겠다.'에서 이미 사람과 상황은 서로 영향을 끼친다는 점을 알 수 있다.

③ '제한된 상황은 우리로 하여금 '무엇'을 할 수 있는 기회를 박탈하기도 한다. 예를 들어 아무것도 선택할 수 없는 경제적 어려움에 처해 있거나 부모의 학대로 인해 지속적인 피해를 입고 있는 상황처럼 자신의 의지나 책임이 아닌 절대적 상황이 그런 경우다. 이때 사람들은 상대적 박탈감이나 무력감을 경험하게 된다.'에서 알 수 있듯이, 부모의 학대는 스스로가 선택할 수 없는 절대적 상황에 해당한다.

④ '우리는 일상을 살아가면서 굉장히 합리적인 판단을 한다. 예를 들어 몸이 아프면 상황을 설명하고 조퇴를 할 수도 있다.'에서 확인할 수 있는 내용이다.

⑤ '상황에 따라 사람의 다른 측면이 점화되기도 한다. 사람들이 공통적으로 갖고 있는 공손함이나 공격성 등은 상황에 따라 점화되는 것이 다르다.'에서 알 수 있듯이, 사람들이 공통적으로 가진 공격성이라도 상황에 따라 다르게 점화된다.

09 ①

'2022년 11월 또 다른 모멘텀이 등장했다. 오픈 에이아이(OpenAI)의 챗지피티(ChatGPT)다.'에서 알 수 있듯이, '챗지피티'가 이 글의 중심 대상이다. 게다가 '필요에 맞게 튜닝하는 일 등 서비스 영역에서 새로운 사업 기회를 찾을 수 있다.'는 점을 고려해 볼 때, 챗지피티를 잘 활용할 수 있는 부분에서 새로운 사업 기회를 찾을 수 있다고 논의한다. 이런 점을 통틀어 볼 수 있는 제목은 ①이다.

오답 피하기

② '알파코 모멘텀'은 1문단에만 언급된 것이므로 전체를 포괄하지 못한다.

③ '챗지피티는 그 자체로 킬러 애플리케이션이다.'에서 알 수 있지만, 이 자체로 논의가 끝난 것이 아니라 '서비스 영역과 사업'까지 논점을 확대했다는 점을 고려해야 한다.

④ '챗지피티와 같은 대형 언어 모델 기반의 에이아이 산업 생태계는 크게 세 개다.'에서 대형 언어 모델 기반의 에이아이 산업 생태계의 특징을 알 수 있지만, 빅테크 기업에 주목하라는 내용이 전체를 포괄하지 못한다.

10 ③

'챗지피티는 정보를 종합하고 추론하는 능력은 매우 우수하지만, 최신 지식은 부족하다.'에서 알 수 있는 내용이다.

오답 피하기

① '챗지피티가 알파고와 다른 점은 대중성이다. TV를 통해 알파고를 접했다면, 챗지피티는 내가 직접 체험할 수 있다.'에서 알 수 있듯이, 챗지피티는 알파고와 달리 직접 체험할 수 있다는 점에서 대중적인 놀라움이 훨씬 크다.

② '많은 사람이 챗지피티는 모든 산업에 지각변동을 불러일으킬 것으로 기대한다. 챗지피티는 그 자체로 킬러 애플리케이션이다.'에서 알 수 있는 내용이다.

④ '대형 언어 모델이 고객 요청에 맞게 작동하도록 개선하는 서비스기업'에서 알 수 있는 내용이다.

③ '점화 효과'와 관련된 개념을 구체적으로 제시하였을 뿐, 해결 방안과 한계를 설명하고자 쓴 글이 아니다.

④ 논의 대상에 관련된 여러 관점을 제시한 글이 아니다. 특히 상반된 글의 관점을 제시한 글이 아니며, '기억 연구'와 관련된 '점화 효과'를 실험을 활용하여 서술하였다는 점이 중요하다.

Answer

01 ③	02 ①	03 ②	04 ③	05 ④
06 ③	07 ①	08 ②	09 ②	10 ①

01 ③

'가짜 뉴스는 혐오나 선동과 같은 자극적 요소를 담게 되고, 이렇게 만들어진 가짜 뉴스는 사회 구성원들의 통합을 방해하고 극단주의를 초래한다.'에서 확인할 수 있듯이, 어떻든 이윤만 내면 성공이므로, 이들은 더욱 자극적 요소를 담은 뉴스를 만든 것이다. 따라서 이렇게 둔다면, 결국 '혐오와 선동을 담은 뉴스로 인해 극단주의가 발생'할 가능성이 높다.

오답 피하기

① '위계'란 '지위나 계층 따위의 등급'을 의미하는데, ㉠으로 인해 '광고주와 중개 업체 사이에 위계 관계'가 발생한 것을 사회적 문제라고 말하지 않는다.

② '뉴스가 범람하는 상황에서 이용자는 선택과 집중을 할 수밖에 없다.'를 보면, ㉠으로 인해 벌어지는 일이지만, 그렇다고 하여 사회적 문제까지 보기는 어렵다.

④ '높은 조회수가 나오는 사이트일수록 높은 금액의 광고를 배치하는 식이다.'를 보면, 소비자가 높은 금액을 주고 읽는 것이 아니라, 높은 금액의 광고를 배치하는 사이트가 있음을 알려준 것이다.

02 ①

'가짜 뉴스의 정의와 범위에 대해선 의견이 여러 갈래로 나뉜다. 언론사의 오보에서부터 인터넷 루머까지 가짜 뉴스는 넓은 스펙트럼 안에서 혼란스럽게 사용되고 있다.'를 보면, 가짜 뉴스의 기준과 범위와 관련된 여러 의견이 있음을 알 수 있지만, 가짜 뉴스의 기준과 범위를 정하기 어려운 이유를 제시한 것은 아니다.

오답 피하기

② '2017년 2월 한국언론학회와 한국언론진흥재단이 주최한 세미나에서는 가짜 뉴스를 '정치적·경제적 이익을 위해 의도적으로 언론 보도의 형식을 하고 유포된 거짓 정보'라고 정의하였다.'에서 전문성을 가진 단체가 주최한 세미나에서 가짜 뉴스의 개념을 정의하였다.

③ '2016년에 옥스퍼드 사전은 세계의 단어로 '탈진실'을 선정하며 탈진실화가 국지적 현상이 아니라 세계적으로 나타나는 시대적 특성이라고 진단했다. 탈진실의 시대가 시작된 것을 반증하기라도 하듯 '가짜 뉴스'가 사회적 논란거리로 떠올랐다.'에서 알 수 있다.

④ '감쪽같이 변장한 가짜 뉴스들은 대중이 뉴스를 접하는 채널이 신문·방송 같은 전통적 매체에서 포털, SNS 등의 디지털 매체로 옮겨 가면서 쉽게 유통되고 확산된다.'에서 알 수 있듯이 '전통적 매체'에서 '디지털 매체'로 옮겨졌다는 점을 언급한다.

03 ②

'점화 효과'와 관련된 구체적인 예시와 실험 등을 설명함으로써 독자의 이해를 도모하였다.

오답 피하기

① '다양한 가설'이 아닌 '점화 효과'와 관련된 실험을 구체적으로 보여주었다. 처음에는 '어떤 단어가 쉽게 떠오르는지를 중심으로, 다음은 여러 형태로 나타났는지를 중심으로, 다음은 개념이나 단어에만 국한하지 않는다는 사실을 중심으로, 관념운동 효과를 중심으로' 말이다.

04 ③

'의식적으로 경험할 수는 없지만, 인지하지도 못한 사건이 행동과 감정을 촉발할 수 있다는 것이다.'에서 알 수 있듯이, 의식하지 못하는 사이에 행동과 감정이 촉발될 수 있다. 해당 예로 '깜빡하다, 대머리, 회색, 주름' 등 노인과 관련된 단어를 섞어 제시한 부분에서 확인할 수 있다.

오답 피하기

① '또 하나의 큰 성과는 점화 효과가 개념이나 단어에만 국한하지 않는다는 사실을 발견한 것이다.'에서 알 수 있듯이, 단어와 관련된 개념에 국한되지 않는다.

② '관념운동 효과는 거꾸로 나타날 수도 있다.'에서 알 수 있듯이 일정한 방향만으로 작용하지 않는다.

④ '점화된 개념은 정도는 약할지라도 또다시 다른 개념을 점화할 수 있다. 이런 활성화는 호수에 물결이 일듯이 거대한 연상망의 한쪽에서 주위로 퍼져나간다.'에서 연상망의 한쪽 주위로 퍼져나간다는 것을 보아, 연상망의 확장이나, 사유의 폭이 넓어지지 않는다.

05 ④

'이 모든 결과는 실험 참가자들이 전혀 인식하지 못한 채 일어났다.'에서 알 수 있듯이, 학교 재정 지원 증가안에 찬성한 사람들은 투표소 위치가 투표 행위에 영향을 미쳤다고 주장하기가 어려울 것이다.

오답 피하기

① '재정 지원 증가안에 찬성한 비율은 학교 안에 투표소가 설치된 경우가 그렇지 않은 경우보다 훨씬 높았다.'에서 알 수 있듯이, 투표소의 위치가 투표할 행위를 점화했다고 볼 수 있다.

② 학교와 관련된 개념이나 단어를 활성화하는 것, 그리고 학교 재정 지원 증가안에 찬성한 비율을 높이는 것을 고려해 보면, 그 자체만으로도 점화 효과를 관찰할 수 있을 것이다.

③ '우리는 투표를 정책에 대한 자신의 평가와 가치를 반영하는 의도적 행위로 보고, 정책과 무관한 것에 영향을 받지 않는다고 생각한다.'라고 보았지만, 실상 인지하지 못한 요인으로부터 판단이 촉발되었음을 보여준 것이 <보기>이다.

06 ③

'특정한 종류의 플라스틱은 높은 열이나 전자레인지에 노출되면 환경 호르몬이 검출된다.'에서 알 수 있듯이, 저온이 아니라 '고온'에 노출되었을 때 환경 호르몬이 검출되는 플라스틱이 있다.

오답 피하기

① '지구인들이 만들어 낸 플라스틱 양은 1950년부터 2015년까지 무려 약 83억 톤에 이른다.'에서 알 수 있듯이, 누적 플라스틱 양이 최소 83억 톤 정도가 된다.

② '1950년 한 해 약 200만 톤이던 플라스틱 생산량은 갈수록 증가해 2020년에는 약 4억 톤이 되었다.'에서 알 수 있듯이, 플라스틱 생산량은 계속 증가하였다.

④ '패스트 패션은 유행하는 디자인의 옷을 마치 패스트푸드처럼 매우 신속하게 제작, 유통, 판매하는 패션 산업을 가리킨다.'에서 알 수 있는 내용이다.

07 ①

'미세 플라스틱은 플라스틱의 생산량과 폐기량을 비교했을 때 오차가 너무 크다는 점에서 시작된 연구를 통해 발견되었다.'에서 알 수 있듯이, 생산량과 폐기량을 비교함으로써 알게 된 것이 미세 플라스틱이지만, 폐기량이 생산보다 많은 이유로는 미세 플라스틱을 들 수 없다.

오답 피하기

② '미세 플라스틱은 우리가 마시는 물과 소금으로 흘러들고, 물고기 먹이가 되어 식탁 위에 올라 우리 입속으로 들어오고, 수증기와 함께 하늘로 올라가 비와 눈이 되어 전 지구에 내리고 있다.'에서 알 수 있듯이, 사람이 먹는 음식에도 유입되고 있어 문제가 된다.

③ '미세 플라스틱은 미세 섬유에서도 만들어진다. 나일론, 폴리에스터, 폴리우레탄, 아크릴 같은 합성 섬유로 만든 옷을 세탁기에 넣고 빨면 수십만 개의 미세 섬유가 빠져나온다.'에서 알 수 있듯이, '미세 플라스틱'은 미세 섬유에서도 만들어진다.

④ '누구나 부담 없이 빠르게 변하는 유행을 따라 쉽게 사 입고 쉽게 버릴 수 있도록 가격이 저렴한 합성 섬유를 많이 사용하게 된다.'에서 알 수 있듯이, 합성 섬유가 늘어나면, 미세 섬유를 만들어 내며, 이는 다시 '미세 플라스틱'을 만들어 내므로, 그 양이 증가할 수 있다.

08 ②

'폴리스티렌(PS)으로 만들어진 음료 컵 뚜껑에서는 스타이렌 같은 휘발성 유기화합물(VOC)이 나와서 많은 나라에서 이를 폴리프로필렌(PP)으로 교체하기도 하였다.'에서 알 수 있듯이, 폴리플로필렌(PP)으로 교체한 이유는 유기화합물(VOC)이 나오지 않기 때문일 것이다.

오답 피하기

① '이 플라스틱은 생산되는 순간부터 사라질 때까지 온갖 환경 호르몬과 유해 물질을 꾸준히 배출해서 더욱 문제가 된다.'에서 알 수 있듯이, 잘 썩는 플라스틱을 개발한다고 해서 해결될 수 있는 문제가 아니다.

③ '미세 플라스틱은 우리가 마시는 물과 소금으로 흘러들고, 물고기 먹이가 되어 식탁 위에 올라 우리 입속으로 들어오고, 수증기와 함께 하늘로 올라가 비와 눈이 되어 전 지구에 내리고 있다.'에서 알 수 있듯이, 눈과 비에서도 미세 플라스틱이 검출될 것이다.

④ '무턱대고 플라스틱 사용을 금지하기보다는 신중한 접근이 필요하다.'란 태도를 고려해 볼 때, 우선적으로 기업의 플라스틱 사용을 금지해야 한다는 추론은 하기가 어렵다.

09 ②

✎ 자유 시장 체제
1) 재화를 사고 파는 행위에 대해 사회 질서나 도덕성 여부와 상관없이 구매하는 사람이 지불하려는 가격과 판매하는 사람이 원하는 가격이 일치하면 거래가 이루어진다.

✎ '대리 줄서기'에 관한 입장 차이
1) 자유지상주의의 입장 : 그들은 타인의 권리를 침범하지 않는 한, 원하는 재화는 무엇이든 자유롭게 사고 팔 수 있어야 한다고 주장한다.
2) 공리주의자의 입장 : 시장에서 거래가 구매자와 판매자에게 똑같이 이익을 제공하고, 결과적으로 집단의 행복이나 사회적 효용을 향상시킨다고 말한다.

'자유지상주의자는 장기 매매 금지법에 반대하는 것과 같은 이유로 암표 매매 금지법에 반대한다.'에서 자유지상주의자가 암표 매매 금지법에 대하여 반대한 것은 알 수 있다. 그런데 그 이유로 '사회적 효용을 증가시킨다'는 점을 말하기 어려우므로 ②가 정답이다. '사회적 효용을 향상시킨다고 본 입장'은 공리주의자이다.

오답 피하기

① '공리주의자는 시장에서 거래가 구매자와 판매자에게 똑같이 이익을 제공하고, 결과적으로 집단의 행복이나 사회적 효용을 향상시킨다고 말한다.'에서 알 수 있듯이, 양측이 모두 이익을 얻었으므로 암표 거래가 성사되면 구매자와 판매자가 모두 행복해지고 효용은 증가할 것이다.

③ '자유 시장 체제에서는 재화를 사고 파는 행위에 대해 사회 질서나 도덕성 여부와 상관없이 구매하는 사람이 지불하려는 가격과 판매하는 사람이 원하는 가격이 일치하면 거래가 이루어진다.'를 고려해 보면, 이들 입장에서는 사회 질서나 도덕성 여부와 상관이 없으므로 줄서기를 하는 사람은 비난의 대상이 아니다.

④, ⑤ '재화를 사고 파는 행위에 대해 사회 질서나 도덕성 여부와 상관없이 구매하는 사람이 지불하려는 가격과 판매하는 사람이 원하는 가격이 일치하면 거래가 이루어진다.'에서 알 수 있듯이, 어떤 거래의 재화가 가장 많은 대가를 치른다면, 그만큼 높은 가치를 매긴 것이라고 볼 수 있다. 게다가 사회적 효용의 증가는 시장에서의 거래 대상인 재화를 가장 많은 대가를 지불한 것과 관련이 깊을 것이다.

10 ①

✎ '대리 줄서기'에 관한 입장 차이
1) 자유지상주의의 입장 : 그들은 타인의 권리를 침범하지 않는 한, 원하는 재화는 무엇이든 자유롭게 사고 팔 수 있어야 한다고 주장한다.
2) 공리주의자의 입장 : 시장에서 거래가 구매자와 판매자에게 똑같이 이익을 제공하고, 결과적으로 집단의 행복이나 사회적 효용을 향상시킨다고 말한다.

자유지상주의와 공리주의는 '사고 파는 행위에 대해 구매하는 사람과 판매하려는 사람이 원하는 가격이 일치하면 거래가 이루어진다.'라고 보았다. 그러나 <보기>에서처럼 어떤 경우에는 콘서트나 축구 경기를 가장 간절하게 보고 싶어 하는 사람이라도 입장권을 살 만한 경제적 여유가 없을 수도 있고, 최고 가격을 내고 입장권을 손에 넣은 사람이라도 그 경험의 가치를 전혀 높게 평가하지 않을 수도 있고, 오히려 콘서트나 축구 경기에 대한 열망으로 오랜 시간 줄을 서서 어렵게 입장권을 구한 사람이 그 경험에 대한 가치와 만족감을 훨씬 높게 평가할 수 있다. 따라서 재화의 가치를 경제적 지불 능력이나 합의된 거래만으로 평가하기 어렵다고 볼 수 있으므로 ①이 정답이다.

오답 피하기

② <보기>에는 수요와 공급에 절대적으로 의존하여 판단하지 않음을 보여준다.

③ <보기>에는 판매자의 이익이 중요한 기준이라고 말한 적이 없다.

④ <보기>에는 경제적 효용이 '구매자와 판매자'에 맞추어 표현한 것이 아니다.

⑤ 콘서트, 축구 경기와 관련된 표는 이미 정해져 있다고 생각할 때, 그 경제적 가치는 기본적으로 표 값에 맞추어져 있겠지만, 경제적 여유가 없다는 것, 어떤 경우는 최고의 가격을 내고도 경험의 가치를 높게 평가하지 않을 수도 있다는 것 등을 고려해 볼 때, 만족감, 가치, 관심, 성향에 따라 그 경제적 가치가 정해져 있다고 보기가 애매하다.

CHAPTER 08 독서 - 신유형

제24회

Answer

01 ④	02 ④	03 ①	04 ①	05 ①
06 ④	07 ②	08 ③	09 ④	10 ①

01 ④

- 오 주무관이 회의에 참석하면, 박 주무관도 참석한다.
  명제: 오 → 박　　　　　대우: ~박 → ~오
- 박 주무관이 회의에 참석하면, 홍 주무관도 참석한다.
  명제: 박 → 홍　　　　　대우: ~홍 → ~박
- 홍 주무관이 회의에 참석하지 않으면, 공 주무관도 참석하지 않는다.
  명제: ~홍 → ~공　　　　대우: 공 → 홍
∴ 오 → 박 → 홍, ~홍 → ~박 → ~오

홍 주무관이 회의에 참석하지 않으면, 박 주무관이 회의에 참석하지 않는다. 박 주무관이 회의에 참석하지 않으면, 오 주무관도 참석하지 않는다. 따라서 ④가 정답이다.

오답 피하기
① 공 주무관이 회의에 참석하면, 홍 주무관이 회의에 참석한다. 그러나 박 주무관도 참석하는지는 알 수가 없다.
② 오 주무관이 회의에 참석하면, 박 주무관도 참석한다. 박 주무관이 회의에 참석하면 홍 주무관도 참석한다. 따라서 '홍 주무관은 참석하지 않는다.'라는 말은 거짓이다.
③ 박 주무관이 회의에 참석하지 않으면, 오 주무관이 회의에 참석하지 않는다. 그러나 공 주무관이 참석하는지는 알 수가 없다.

02 ④

사실 정리
- 갑과 을 중 적어도 한 명은 <글쓰기>를 신청한다.
  → 갑(글쓰기) ∨ 을(글쓰기)
- 을이 <글쓰기>를 신청하면 병은 <말하기>와 <듣기>를 신청한다.
  명제: 을(글쓰기) → [병(말하기) ∧ 병(듣기)]
  대우: ~[병(말하기) ∧ 병(듣기)] → ~을(글쓰기)
  ≡ [~병(말하기) ∨ ~병(듣기)] → ~을(글쓰기)
- 병이 <말하기>와 <듣기>를 신청하면 정은 <읽기>를 신청한다.
  명제: [병(말하기) ∧ 병(듣기)] → 정(읽기)
  대우: ~정(읽기) → ~[병(말하기) ∧ 병(듣기)]
  ≡ ~정(읽기) → [~병(말하기) ∨ ~병(듣기)]
- 정은 <읽기>를 신청하지 않는다.
  → ~정(읽기)

결론: ~정(읽기) → [~병(말하기) ∨ ~병(듣기)] → ~을(글쓰기)
'갑'이 <글쓰기>를 신청한다는 것을 알 수 있다.

	갑	을	병	정
말하기			× 또는	
듣기			또는 ×	
읽기				×
글쓰기	○	×		

03 ①

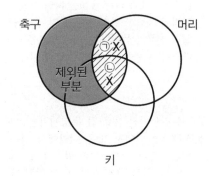

빗금 친 부분
㉠: 축구를 잘하는 사람은 모두 머리가 좋고, 키가 작지 않다.
㉡: 축구를 잘하는 사람은 모두 머리가 좋고, 키가 작다.

기호화
[대전제: (가)] A축구 ∧ A머리(T), a축구 ∧ a머리(T)
[소전제: (나)] a축구 ∧ a키(T), a키 ∧ a축구(T)(교환법칙)
[결론] a키 ∧ a축구 ∧ a머리

(가)와 (나)를 전제로 할 때, '축구'를 매개항으로 하여 '키가 작은 어떤 사람이 머리가 좋다.'를 이끌어 낼 수 있다.

오답 피하기
② (가)를 전제로 보아야 하므로, '키가 작은 사람은 모두 머리가 좋다.'라고 하는 결론을 이끌 수 없다. 만약 ②가 결론이 되면, 전제에서 벗어난 결론이 된다.
③ '머리가 좋은 사람은 모두 축구를 잘한다.'가 답이 되면, '축구를 잘하는 사람과 머리가 좋은 사람'의 범위가 같아지는데, 이는 (나)를 고려하지 못한 결론이다.
④ '머리가 좋은 어떤 사람은 키가 작지 않다.'는 '㉠×'를 설명한 내용인데, 결론은 '㉡×'로 가야 하므로 적절한 설명이 아니다.

04 ①

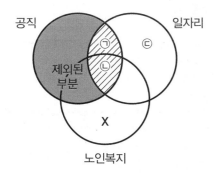

✎ 빗금 친 부분

㉠: 공직에 관심이 있는 사람은 모두 일자리 문제에 관심이 있는 사람이며, 노인 복지 문제에 관심이 있는 사람이 아니다.

㉡: 공직에 관심이 있는 사람은 모두 일자리 문제에 관심이 있는 사람이며, 노인 복지 문제에 관심이 있는 사람이다.

✎ '×' 해석

×: 노인복지에 관심이 있는 사람 중 일부는 일자리 문제에 관심이 있는 사람이 아니고, 공직에 관심이 있는 사람이 아니다.

✎ 기호화

[대전제: (나)] A공직 → A일자리(T)

　　　　　 a공직 → a일자리(T), ~a일자리 → ~a공직(T)(대우)

[소전제: (가)] a노인복지 → ~a일자리(T)

[결론] a노인복지 → ~a일자리 → ~a공직

'노인복지 문제에 관심이 있는 사람'은 '㉡'도 포함되고, '×'도 포함된다. 그리고 일부는 공직에 관심이 있기도 하고(㉡), 공직에 관심이 없기도 하다(×). (가)와 (나)만을 두고 결론을 이끌어야 하므로, '노인복지 문제에 관심이 있는 사람 중 일부'를 이야기하면서, '일자리 문제에 관심이 없다'를 매개항으로 하여, '공직에 관심이 없음'이란 결론에 다다르면 된다.

✅ 오답 피하기

② '공직에 관심이 있는 사람 중 일부'는 ㉠ 또는 ㉡에 포함되는 인물이다. 그런데 '노인복지 문제에 관심이 있는 사람이 아니'려면, ㉠만을 언급해야 한다. 그러나 이에 관한 조건이 없으므로 해당 문장은 적절한 결론으로 볼 수 없다.

③ '공직에 관심이 있는 사람 모두'는 ㉠과 ㉡을 포함한다. 이때 ㉠과 달리 ㉡은 노인복지 문제에 관심이 있으므로, (가)와 (나)를 전제로 한 결론이라고 볼 수 없다.

④ 일자리 문제에 관심이 있지만, 노인복지에 관심이 없는 사람인 '㉠과 ㉢에 포함되는 인물 전체'인데, ㉠은 공직에 관심이 있는 사람이므로, (가)와 (나)를 전제로 한 결론이라고 볼 수 없다.

05 ①

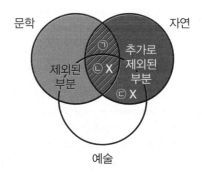

✎ 빗금 친 부분

㉠: 문학을 좋아하는 사람은 모두 자연의 아름다움을 좋아하는 사람이며, 예술을 좋아하는 사람이 아니다.

㉡: 문학을 좋아하는 사람은 모두 자연의 아름다움을 좋아하는 사람이며, 예술을 좋아하는 사람이다.

✎ 다른 부분 해석

㉢: 자연의 아름다움을 좋아하는 사람은 모두 예술을 좋아하는 사람이며, 문학을 좋아하는 사람이 아니다.

㉡(×): 문학을 좋아하는 어떤 사람은 자연의 아름다움을 좋아하는 사람이며, 예술을 좋아하는 사람이다.

㉢(×): 자연의 아름다움을 좋아하는 어떤 사람은 예술의 아름다움을 좋아하는 사람이며, 문학을 좋아하는 사람이 아니다.

✎ 기호화

[대전제] A문학 ∧ A자연(T), a문학 ∧ a자연(T)

[소전제 ①] a자연 ∧ a예술(T)

[소전제 ②] ?

[결론] a예술 ∧ a문학

✎ 풀이 ①

[대전제] A문학 ∧ A자연(T), a문학 ∧ a자연(T)

[소전제] a자연 ∧ a예술(T)

[결론] a문학 ∧ a자연 ∧ a예술

밑줄 친 결론은 'a예술 ∧ a자연 ∧ a문학'인데, 소전제 ①은 교환법칙이 가능하다고 하더라도 '대전제'는 불가능하다. 대전제가 교환법칙이 가능하려면, 둘이 범위가 같으면 되므로 '자연의 아름다움을 좋아하는 사람은 모두 문학을 좋아하는 사람이다.'를 추가하면 된다.

✎ 풀이 ②

[대전제] A문학 ∧ A자연(T), A자연 ∧ A문학T)

　　　　　 a문학 ∧ a자연(T), a자연 ∧ a문학(T)

[소전제] a자연 ∧ a예술(T), a예술 ∧ a자연(교환법칙)

[결론] a예술 ∧ a자연 ∧ a문학

✅ 오답 피하기

② 문학을 좋아하는 어떤 사람은 자연의 아름다움을 좋아하는데, 이는 이미 '문학을 좋아하는 사람은 모두 자연의 아름다움을 좋아하는 사람이다.'에 포함되므로 추가할 필요가 없다.

③ 예술을 좋아하는 어떤 사람은 자연의 아름다움을 좋아한다고 하는데, 이것은 '자연의 아름다움을 좋아하는 어떤 사람은 예술을 좋아하는 사람'의 '역'에 해당한다. 교환법칙이 가능한 경우에는 추가할 필요가 없다.

④ 예술을 좋아하지만, 문학을 좋아하지 않은 사람은 모두 자연의 아름다움을 좋아한다고 한다. 이는 'ⓒ'이 있는 영역이다. 이 부분이 추가가 되면, 범위가 확장되므로 '예술을 좋아하는 어떤 사람은 문학을 좋아하는 사람이다.'라고 말하기가 어렵다.

06 ④

2문단의 '앳킨슨은 스톤헨지를 세운 사람들을 '야만인'으로 묘사하면서, 이들은 호킨스의 주장과 달리 과학적 사고를 할 줄 모른다고 주장했다.'에서 알 수 있듯이, 앳킨슨은 스톤헨지를 세운 사람들이 지능적으로 우세하지 않았다고 보았다. 따라서 만약 '기원전 3,000년경 인류에서 천문학 지식이 있다는 증거가 발견'되면, 앳킨슨의 주장과 상반되므로, 그의 주장은 '약화'할 것이다.(약화)

☑ 오답 피하기

① 1문단의 '천문학자 호킨스는 스톤헨지의 모양이 태양과 달의 배열을 나타낸 것이라는 의견을 제시해 관심을 모았다.'를 고려하면, '스톤헨지가 제사를 지내는 장소였다는 후대 기록이 발견'되었더라도 호킨스의 주장을 '강화'하지 못한다.

② 1문단의 '1960년대에 천문학자 호일이 스톤헨지가 일종의 연산장치라는 주장을 하였고'에서 알 수 있듯이, '연산장치'는 '숫자'와 연결된다. 따라서 이 증거가 발견되면 오히려 호일의 주장은 '강화'되었을 것이다.

③ 글쓴이는 3문단의 '지적 능력을 갖췄다고 해서 누구나 우리와 같은 동기와 관심, 개념적 틀을 가졌으리라고 생각하는 것은 잘못이다.'에서 알 수 있듯이, 스톤헨지를 세운 사람들은 우리와 달리 지식이 보존되고 세대를 거쳐 전승되어 쌓이지 않았을 것이라고 보았다. 그런데 '수학과 과학에 관련된 신석기시대 기록물이 발견'되면, 이는 글쓴이의 주장과 상반되므로, 글쓴이의 주장은 강화되는 것이 아니라 '약화'할 것이다.

07 ②

☑ 기존 주장

1) 인류의 주거 양식은 혈거에서 소거로 진전되었다는 가설이 오랫동안 지배했다.

2) 혈거 = 움집형 = 아랫부분은 지면을 그대로 활용하는 지붕 중심 건축.

3) 소거 = 고상식 건축 = 지면에서 오는 각종 침해에 대비해 바닥을 높이 들어 올린 바닥 중심 건축.

☑ 새로운 주장

혈거와 소거가 기후에 따라 다른 자연환경에 적응해 발생했다는 것이다.

㉠(○). '우기'에 비가 넘치는 산간 지역에서는 침해에 대비해야 하므로 '고상식 건축물 유적'만 발견되었다면, 이는 '기후에 따라 자연환경에 적응해 발생했다는 주장'을 '강화'한다.

㉢(○). '여름'에는 바닥의 열기로부터 멀어지기 위해 '고상식 건축물'을, '겨울'에는 바닥의 열기와 가까워지기 위해 '움집형 건축물'을 확인할 수 있다면, 이는 '기후에 따라 자연환경에 적응해 발생했다는 주장'을 '강화'한다.

☑ 오답 피하기

㉡(×). 움집형 집과 고상식 집이 공존해 있으면 '기후에 따라 다른 자연환경에 적응했다.'라는 설명을 할 수가 없으므로, 집단의 유적지가 발견된다고 하더라도 새로운 주장을 강화할 수가 없다.

08 ③

☑ (가), (나) 주장 정리

1) 국문학: 그 나라의 말과 글로 된 문학.

2) (가): 국문학에서 한문으로 쓰인 문학을 배제하자는 주장.(only 한글)

3) (나): 종래의 국문학의 정의를 기본 전제로 하되, 일부 한문문학을 국문학으로 인정하자고 주장.(일부 한문문학 수용)

(나)는 일부 한문문학을 국문학으로 인정하자고 주장한 입장이다. 따라서 (나)의 입장에서는 표기문자와 상관없이 그 나라의 문화를 잘 표현한 문학이라면 자국 문학으로 인정할 가능성이 높으므로, (나)의 주장은 강화된다.

☑ 오답 피하기

① '해외에서 문학적 가치를 더 인정받는가'의 여부로 (가)와 (나)를 판단한 것이 아니므로 해당 선지는 적절한 평가가 아니다.

② '그 나라 사람들의 사상과 정서를 그 나라 말과 글로 표현한 문학'으로 수정하면, (가)의 주장을 오히려 강화한다.

④ '훈민정음 창제 이전의 문학'은 차자표기건 한문표기건 모두 국문학으로 인정한다고 하였는데, '훈민정음 창제 이후'에도 차자표기로 된 문학 작품이 다수 발견된다면, 이 역시 (나)의 입장과 연결되므로 강화되는 것으로 볼 수 있다.

09 ④

☑ '사피어-워프 가설'에 대하여

1) 사람들은 자신의 언어에 얽매인 채 세계를 경험한다고 판단했다.

2) 특정 현상과 관련된 단어가 많을수록 해당 언어권의 화자들은 그 현상에 대해 심도 있게 경험하는 것이다.

㉠(○). '눈[雪]'을 가리키는 단어가 4개인 '이누이트족'과 1개인 '영어 화자들'을 비교할 때, 전자가 '눈을 넓고 섬세하게 경험한다는 말'에서 '관련된 단어가 많을수록 현상에 대해 심도 있게 경험한다.'라는 내용과 연결되므로, ⓐ을 강화한다.(강화)

㉡(○). '수를 세는 단어'가 3개인 '피라하족'은 '세 개 이상의 대상을 모두 많다고 인식한다.'라는 점에서 자기 언어에 얽매인 채 세계를 경험한다고 볼 수 있으므로, ⓐ을 강화한다.(강화)

㉢(○). ㉢은 ㉠과 마찬가지로 '색채 어휘가 적은 자연언어 화자'들과 '색채 어휘가 많은 자연언어 화자'들을 비교하였다. 그런데, '어휘가 적은 이들이 색채를 구별하는 능력이 뛰어나다.'라고 보았다면, 그들의 주장인 '특정 현상과 관련한 단어가 많을수록 현상에 대해 심도 있게 경험한다는 말'과 충돌되므로, ⓐ의 주장이 약화된다.(약화)

이를 정리하면, '㉠, ㉡, ㉢' 모두 맞는 말이므로 정답은 ④이다.

10 ①

㉠ 마케팅 프로젝트가 성공적이기 위해(p) / 세 요소 모두에서 목표를 달성하는 것은 필수적이다(q).

☑ [기호화 ①]

마케팅 프로젝트 성공 → (유행지각 ∧ 깊은 사고 ∧ 협업)

☑ [기호화 ②]

~(유행지각 ∧ 깊은 사고 ∧ 협업) → ~마케팅 프로젝트 성공 ≡ (~유행지각 ∨ ~깊은 사고 ∨ ~협업) → ~마케팅 프로젝트 성공

ⓒ 이 세 요소 모두에서 목표를 달성했다고 해서(p) / 마케팅 프로젝트가 성공한 것은 아니다(q).

✎ [기호화]

(유행지각 ∧ 깊은 사고 ∧ 협업) → 마케팅 프로젝트 성공(반드시 참은 아니다.)

→ ⓒ은 ㉠의 역이고, ⓒ을 약화하려면 '(유행지각 ∧ 깊은 사고 ∧ 협업) → 마케팅 프로젝트 성공' 관계가 반드시 참이어야 한다.

• 지금까지 성공한 프로젝트가(p) / 유행지각, 깊은 사고 그리고 협업 모두에서 목표를 달성했다(q).

✎ [기호화]

마케팅 프로젝트 성공 → (유행지각 ∧ 깊은 사고 ∧ 협업)

'유행지각, 깊은 사고, 협업'이 있으면 무조건 마케팅 프로젝트가 성공한 것이 아니라, 마케팅 프로젝트 성공한 것을 보니 모두에서 목표를 달성했다는 것을 알게 된 것이다. 이는 이 세 요소가 충분 조건이 아닌 필요 조건에 해당하며 ㉠과 똑같이 기호화되므로 ㉠을 강화한다.

✅ 오답 피하기

② 성공하지 못한 프로젝트 중 / 유행지각, 깊은 사고 그리고 협업 중 하나 이상에서 목표를 달성하는 데 실패한 사례가 있다.

✎ [기호화]

(~유행지각 ∨ ~깊은 사고 ∨ ~협업) → ~마케팅 프로젝트 성공

: 해당 문장은 ㉠의 '대우'이므로 ㉠이 강화됨을 알 수 있다.

③ 유행지각, 깊은 사고 그리고 협업 중 하나 이상에서 목표를 달성하는 데 실패했지만 / 성공한 프로젝트가 있다.

✎ [기호화]

(~유행지각 ∨ ~깊은 사고 ∨ ~협업) → 마케팅 프로젝트 성공

: 해당 문장은 ⓒ의 '이'이다. ⓒ이 반드시 참이 아니므로, '이' 역시 참이라고 할 수 없다. 따라서 ⓒ을 강화하지 못한다.

④ 유행지각, 깊은 사고 그리고 협업 모두에서 목표를 달성했지만 / 성공하지 못한 프로젝트가 있다.

✎ [기호화]

(유행지각 ∧ 깊은 사고 ∧ 협업) → ~마케팅 프로젝트 성공 : 해당 문장은 ⓒ을 의미하므로 약화가 아니라 강화로 보아야 한다.

CHAPTER 09 화법

제25회

📍**Answer**

01 ③	02 ②	03 ②	04 ①	05 ①
06 ④	07 ④	08 ②	09 ③	10 ②

01 ③

'오토바이를 타는 사람은 헬멧을 착용하여 머리를 보호할 수 있습니다.'와 '친구의 사고 후 헬멧을 쓰는 것이 현명한 일이라고 생각하여 오토바이를 탈 때면 항상 헬멧을 착용합니다.'에서 알 수 있듯이 긍정적인 면을 강조하였다.

☑ **오답 피하기**

① '지난달 제 친구는 퇴근 후 오토바이를 타고 집으로 돌아가다가 사고를 당했습니다.'에서 실제 사례를 언급하였다. 현실에 관한 언급은 곧 청자의 관심을 높이는 것과 관련이 깊다.

② '매년 2천여 명이 오토바이를 타다가 머리를 다쳐 심각한 정도의 두뇌 손상을 입고 고생합니다.'에서 알 수 있다.

④ '만약 오토바이를 타는 모든 사람이 헬멧을 착용한다면 오토바이 사고로 인한 신체 피해를 75 % 줄일 수 있습니다. 여러분은 오토바이가 주는 즐거움과 편리함을 안전하게 누릴 수 있게 됩니다.'에서 문제 해결 방안에 따른 이익이 무엇인지를 밝히고, '안전을 위해서 헬멧을 반드시 착용하시기 바랍니다.'에서 어떤 행동을 해야 하는지 정확하게 요구하였다.

02 ②

> (가) <u>지난주 제 친구</u>는 일을 마친 후 <u>자전거를 타고</u> 집으로 돌아오다가 사고를 당해 <u>머리를 다쳤습니다.</u>

1) 해당 선지를 보면, (가)와 (마)의 위치는 정해져 있다. (가)는 '자기 친구가 겪었던 경험'을 언급함으로써 문제 상황에 대한 주의, 관심, 환기하고 있음을 알 수 있다.(1단계)

> (다) 아마 여러분도 <u>가끔 자전거를 타는 경우</u>가 있을 것입니다. 그런데 <u>매년 2천여 명이 자전거를 타다가 머리를 다쳐 고생한다</u>고 합니다.

2) (가)의 '자전거를 타고 돌아오다가 사고를 당했고, 머리를 다쳤다.'라는 문제를 '여러분도 자전거를 타는 경우'가 있다며 청자와 관련지어 (다)에서 설명함을 알 수 있다. 또한 2천여 명이 머리를 다쳐 고생한다는 점도 같이 언급함으로써 청자의 요구나 기대를 자극함을 알 수 있다.(2단계)

> (나) 여러분이 자전거를 탈 때 <u>헬멧을 착용하면</u> <u>머리를 보호할 수</u> 있습니다.

3) (나)에서는 '여러분'에서 청자를 파악할 수 있고, '헬멧을 착용하면 머리를 보호할 수 있다.'라고 구체적인 해결 방안을 제시하였다.(3단계)

> (라) <u>만약 자전거를 타는 모든 사람이 헬멧을 착용한다면</u> 자전거 사고를 당해도 뇌손상을 비롯한 신체 피해를 75% 줄일 수 있습니다. 또 자전거 타기가 주는 <u>즐거움과 편리함을 안전하게 누</u>릴 수 있습니다.

4) (라)에서는 '만약 자전거를 타는 모든 사람이 헬멧을 착용한다면'에서 해결 방안이 제시되었고, '뇌손상을 비롯한 신체 피해를 줄일 수 있다.', '자전거 타기가 주는 즐거움과 편리함을 안전하게 누릴 수 있다.'라는 것에서 도움이 되는 구체화한 내용을 확인할 수 있다.(4단계)

> (마) <u>자전거를 탈 때</u>는 안전을 위해서 반드시 <u>헬멧을 착용하시기</u> 바랍니다.

5) 마지막으로 '자전거를 탈 때, 헬멧을 사용하시기 바랍니다.'에서 구체적인 행동, 방법을 확인할 수 있다. 이런 과정을 고려해 볼 때, '(가)-(다)-(나)-(라)-(마)'로 전개한 ②가 정답이다.

03 ②

B는 '임차인이 등기부 등본을 떼어 보지 않고 계약을 했어요.'에서 알 수 있듯이 '임차인'에게 문제가 있다고 보고 있다.

☑ **오답 피하기**

① '임대인이 임차인에게 땅을 잘못 빌려준 게 핵심인가요?'에서 알 수 있듯이, 임대는 남에게 물건을 빌려주는 것을 의미하고, '임차'는 남의 물건을 빌려 쓰는 것을 의미한다.

③ '임차인이 등기부 등본을 떼어 보지 않고 계약을 했어요. 임대인이야 그 땅에 건물을 지으려고 하는지 농사를 지으려고 하는지 알 필요는 없었을 테니까요.'에서 알 수 있듯이, 등기부 등본을 떼어 보지 않고 계약한 것에서 문제가 있음을 알 수 있다.

④ '임차인이 그 토지에 건물을 지을 수가 없다는 게 문제예요.'에서 알 수 있듯이, 지상권이 설정된 토지라 할지라도 임차인에게 빌려줄 수 있다.

04 ①

'유대감'이란 '서로 밀접하게 연결되어 있는 공통된 느낌.'을 의미하는데, '백 팀장'의 대화는 '~하는 것이 좋다.'는 제안을 중심으로 밝힌 것으로 보인다. 따라서 유대감을 드러내는 표현을 사용하였다는 말은 적절하지 않다.

☑ **오답 피하기**

② '고 대리'는 '전 반대합니다.'에서 '백 팀장의 제안에 반대를 표현'하였고, 그 이유를 '사내 게시판에 영상을 공개하는 것은 부담스러워요. 타 부서와 비교될 것 같기도 하고요.'에 드러내었다. 명시적으로 밝힌 것도 맞으며, 백 팀장의 요청인 '공유하면 좋을 것 같다.'를 거절하였다.

③ '임 대리'는 발언 초반에 '저도 팀장님 말씀대로 정보를 공유한다는 취지는 좋다고 생각해요.'에서 알 수 있듯이 백 팀장 발언의 취지에 공감한다. 또한 이렇게 공감함으로써 충분히 체면을 세워 주고 있다고 해석할 수 있다.

④ '임 대리'는 '팀원들 의견을 먼저 들어 보고, 잘된 것만 시범적으로 한두 개 올리는 것이 어떨까요?'에서 대화 참여자의 의견을 묻는 의문문을 제시하였다. 또한 직접적으로 '~하자'라는 말이 아니므로 간접적으로 드러냈다는 말은 적절하다.

05 ①

⊙: '저도'에서 상대의 의견에 대한 공감이 나타나 있다.

☑ 오답 피하기

② ⓛ: '어떻게 준비해야 할까?'와 같이 질문을 하면 되는데, '~이 고민이다.'와 같이 우회로 표현하였다. 따라서 직접 질문하였다는 말은 적절하지 않다.

③ ⓒ: '청중의 특성 중에서 어떤 것들을 조사하면 좋을까?'라는 말은 '최 주무관'의 의견을 바탕으로 제안한 것이다. 따라서 '반대 의사'라고 말할 수 없다.

④ ⓔ: '나이, 성별, 직업 등을 조사할까요?'란 의문문을 활용하여 상대의 질문인 '어떤 것'에 대한 구체적인 답을 제안한 것으로 보인다. 따라서 '반박하고 있다.'는 설명은 적절하지 않다.

06 ④

진행자가 말한 부분에서 '자기 경험'을 예로 든 부분은 없다.

☑ 오답 피하기

① '차가 막히는 시간은 2분 정도밖에 증가하지 않았습니다. 그런데 중상 이상의 인명 사고는 26.2% 감소했습니다. 또 이산화질소와 미세먼지 같은 오염물질도 각각 28%, 21% 가량 오히려 감소한다는 연구 결과가 있습니다.'에서 통계 수치를 바탕으로 '아, 그러니까 속도를 10km/h 낮출 때 2분 정도 늦어지는 것이라면 인명 사고의 예방과 오염물질의 감소를 위해 충분히 감수할 만한 시간이라는 말씀이시군요.'에서 자기 나름대로 풀어나간 것을 알 수 있다.

② '교통사고를 줄이고 보행자 안전을 확보할 수 있다는 점, 교통체증 유발은 미미할 것이라는 점, 오염물질 배출이 감소할 것이라는 점에서 이번의 제한 속도 조정 정책은 훌륭한 정책이라는 것이군요.'에서 요약된 내용을 확인할 수 있다.

③ '일각에서는 그런 효과는 미미하고 오히려 교통체증을 유발하여 대기오염이 심화될 것이라며 이 정책에 반대합니다. 이에 대해 말씀해 주시겠어요?'에서 상대방의 주장에 대한 '반대 의견'을 소개하고 그에 관한 의견을 요청하였다.

07 ④

해당 발표는 화자가 '독도가 우리 땅'이라는 주제에 따라 준비한 자료를 바탕으로 '역사적으로 우리 민족이 어떻게 독도를 인식하는지, 우리에게 어떤 가치와 의미가 있는지'를 발표하였다. 이는 '문제-해결 구조'가 아니라 '설명 구조'로 되어 있으므로 ④가 정답이다.

☑ 오답 피하기

① '오늘 발표를 통해 여러분께서도 독도에 더욱 관심을 가졌으면 좋겠습니다.'에서 화제에 대한 관심을 당부하면서 마무리하고 있음을 알 수 있다.

② '독도가 우리 땅인 구체적인 근거를 자신 있게 말할 수 있는 친구가 있습니까? (청중의 반응을 보고) 역시 예상대로 우리는 독도에 대해 잘 모르고 있습니다.'에서 청중의 반응을 예상하고 질문한 것을 알 수 있다.

③ '(화면을 제시하며) 준비한 자료를 보겠습니다. 이 자료는 대한 제국 칙령 제41호입니다.'에서 발표와 관련된 자료를 제시하며 청중의 이해를 돕고 있음을 알 수 있다.

08 ②

'작년 한 해 우리 학교 학생들을 대상으로 조사한 교통사고 피해 통계'에서 알 수 있듯이 실제 조사 내용을 근거로 제시하였다. 실제 조사를 했다는 점은 곧 화자가 말하고자 하는 진정성과 연결되므로 신뢰도를 높이는 것과 관련이 깊다.

☑ 오답 피하기

① '이러한 사고를 당한 학생들 절대다수가 사고 당시에 스마트폰을 보고 있었습니다.'에서 알 수 있듯이 원인을 진단하고, 이에 따른 해결책을 제시하였다. 다양한 원인을 진단하고 있지 않다.

③ 도입부가 아닌 2문단에서 실제 사례를 제시하였다.

④ '우리 동아리에서 기획한 안전 캠페인 활동의 일환으로'에서 알 수 있듯이 청자의 요구를 고려한 것이 아니라 자기들이 기획한 것이다.

09 ③

시각 자료를 활용하고 있지 않다.

☑ 오답 피하기

① '혹시 '사회역학'이라는 단어를 들어 보신 적 있으신가요? 네, 별로 없네요', '여러분들 표정을 보니 더 모르겠다는 표정인데요.'에서 청중의 반응을 확인하고 있다.

② '하버드 보건대학원의 글로리안 소런슨 교수 팀은 제조업 사업체 15곳의 노동자 9,019명을 대상으로 연구를 진행하면서 다음과 같은 질문을 던집니다'에서 전문가의 연구 결과를 제시하였다.

④ '흡연을 예로 들어서 말씀드릴게요.'와 '위험한 작업환경에서 일하는 노동자에게 담배를 피우면 10년 뒤에 폐암이 발생할 수 있으니 당장 금연해야 한다고 말한다면, 이 말은 그렇게 설득력이 있지는 않을 것입니다.'에서 특정한 상황을 가정하여 강연자가 말하고자 하는 바를 이해하기 쉽게 하였다.

10 ②

1문단에도, 2문단에도 화자의 경험을 바탕으로 서술한 부분이 없다.

☑ 오답 피하기

① '니체는 "철학은 망치로 한다."라고 했습니다.'에서 철학자의 말이 인용되었음을 알 수 있다.

③ '공부는 여행하는 것과 유사합니다.'에서 비유법 중 은유적 표현을 확인할 수 있다.

④ '합니다, 입니다, 있습니다' 등에서 '하십시오체'를 확인할 수 있으며, 이는 공적 말하기에 해당한다.

제26회

Answer

| 01 ③ | 02 ④ | 03 ② | 04 ① | 05 ② |
| 06 ② | 07 ④ | 08 ④ | 09 ④ | 10 ② |

01 ③

'드라마 속 간접 광고를 규제해야 한다.'는 '시행해야 할지 말아야 할지'와 관련되어 있으므로, '정책 논제'로 보아야 한다.

오답 피하기
① '화성에는 생명체가 살고 있다.'는 참과 거짓과 관련된 논의를 해야 하므로, '가치 논제'가 아니라 '사실 논제'로 보아야 한다.
② '환경 보존이 개발보다 더 중요하다.'는 어떤 가치가 다른 가치보다 더 중요한가와 관련되어야 하므로, '사실 논제'가 아니라 '가치 논제'로 보아야 한다.
④ '사생활 보호가 공공의 알 권리보다 우선되어야 한다.'는 어떤 가치가 다른 가치보다 더 중요한가와 관련되어야 하므로, '사실 논제'가 아니라 '가치 논제'로 보아야 한다.

02 ④

'쟁점이 하나여야 한다.'는 내용을 고려해 볼 때, '휴대폰 사용과 교복 착용에 관련된 규정' 중 하나를 선택해야 한다. 따라서 '학생들의 휴대폰 사용 규정을 개정해야 한다.'로 수정한 것은 적절하다.

오답 피하기
① '긍정문으로 진술해야 한다.'는 점을 고려해 볼 때, '개방하면 안 된다.'와 같이 부정문으로 고치는 것은 적절하지 않다.
② '과도한'은 범위를 특정하기 어려운 부정확한 표현에 해당하므로, 이와 같이 고치는 것은 적절하지 않다.
③ '적절한 것은 무엇인가?'는 긍정과 부정의 입장을 명확하게 구분한 것이 아니다. 그런데, 수정한 내용인 '제안해 보자.'도 역시 긍정과 부정의 입장을 명확하게 드러낸 것이 아니므로, 이와 같이 고치는 것은 적절하지 않다.

03 ②

갑 : 전통적인 계급이 사라지고, 계급이 없는, 보다 유동적인 사회 질서가 새로 정착되었다고 보았다.
을 : 계급 불평등이 더 고착되었다고 생각한다.
병 : 계급의 종말이 사실상 실현될 수 없는, 현실적이지 않은 주장이라고 생각한다.
정리하자면 '갑 vs. 을/병'으로 연결된다.
㉠ 갑의 주장과 을의 주장은 대립하지 않는다.(×)
㉡ 을의 주장과 병의 주장은 대립하지 않는다.(○)
㉢ 병의 주장과 갑의 주장은 대립하지 않는다.(×)
따라서 유일하게 ㉡이 있는 ②만이 정답이다.

04 ①

'갑'은 '전염병이 창궐했을 때, 마스크를 착용하는 것'은 당연한 입장이다. 그런데, '을'은 무조건 비난하지 말고 이유를 파악하는 것이 필요하다고 보았고, '갑'과 '병'의 이야기를 들은 후 '윤리적 차원에만 접근하지 말고 문화적 차원에서도' 고려할 필요가 있음을 강조한다. '병'은 '을'의 필요성에 '개인의 자유가 가장 존중받아야 하는 기본권'이라고 답하다가, '갑'의 말에 생각을 바꾸어 '나의 자유만 고집하면 극단적 이기주의에 빠진다.'라며 자기 의견을 밝힌다. 이를 정리해 보면, '을'은 화제에 대해 남들과 다른 측면에서 탐색하는 사람이라고 할 수 있으므로 ①이 정답이다.

오답 피하기
② '갑, 을, 병' 모두 화제를 전환하지 않고, '마스크를 착용하는 것'에 관한 이야기를 이어갔다.
③ 기본권에 관한 존중을 강조하였다가, 기본권에 제한을 두어야 한다든가, 극단적 이기주의까지 논의하는 등 각자의 생각을 밝혔을 뿐, '전염병이 창궐했을 때 마스크를 착용하는가'에 관한 찬반 입장을 바꾼 것은 아니다.
④ 사례의 공통점을 종합하여 주장을 강화하는 쪽으로 이야기한 인물은 없다.

05 ②

갑 : '현대 사회는 계급사회가 아니라고 많이들 말한다.'에서 알 수 있듯이, 이에 관해 의문이라고 하였다. 이후, '현대 사회에서 인간의 사회적 지위는 부모의 경제력과 직결되기 때문에 계급사회라고 말할 수 있어.'에서 자기 의견을 밝혔다.
을 : '빈부 격차가 대물림되면서 개인의 계급이 결정되고 있어.'를 보면, 계급사회라는 점에서 갑과 을은 같은 입장임을 알 수 있다.
병 : '현대 사회가 빈부 격차로 인해 계급이 나누어지는 것처럼 보인다고 해서 계급사회라고 단정할 수는 없어.'에서 알 수 있듯이, '현대 사회를 계급사회로 보기' 어렵다고 하였다. 즉, '갑과 을'의 입장과 반대이다.(갑/을 vs. 병)

이를 바탕으로 보면, 을의 주장은 갑의 주장과 대립하지 않는다는 말은 적절하다.

오답 피하기
① 갑은 을의 주장 중 일부를 반박하지 않았다.
③ 갑과 병은 서로 입장이 반대이므로 유사한 결론을 도출하였다는 말은 적절하지 않다.
④ 갑과 병은 서로 입장이 반대이므로 대립하지 않다는 말은 적절하지 않다.

06 ②

'운용'은 '은지'의 말에 반론을 펼치는 것이 아니라 은지의 말 중 '나는 설탕세를 부과해야 한다고 생각해. 그러면 당 함유 식품의 소비가 감소하게 되고'에 근거가 있는지의 여부를 물은 것이다.

오답 피하기
① '은지'의 발언인 '최근 국민 건강 문제와 관련해 '설탕세' 부과 여부가 논란'에서 화제를 확인할 수 있다.
③ '세계보건기구 보고서를 보면 당이 포함된 음료에 설탕세를 부과하면 이에 비례해 소비가 감소한다고 나와 있어.'에서 알 수 있듯이 은지는 운용의 질문에 적절한 근거를 제시하였다.

④ 재윤은 '그런데 설탕세 부과가 질병을 예방한다는 것은 타당하지 않아.'에서 설탕세 부과와 질병을 예방한다는 두 관계를 주장한 은지의 발언을 부정한 것을 알 수 있다.

07 ④

'찬성 측의 주장'은 '국민 건강 증진을 위해 건강세를 도입해야 한다.'이다. 이를 검증하기 위해 '반대 신문'을 하는데, 이는 '폐쇄형 질문'으로 이루어지고 '허점이나 오류'를 짚어 내야 한다. 이와 같은 형식을 따른 질문으로 ④가 적절하다. '건강세 도입'은 결국 국민에게 과세 부담을 주는 것이고, 이를 폐쇄형 질문으로 물어보았으므로 ④가 정답이다.

☑ 오답 피하기
① '무엇입니까'에서 폐쇄형 질문이 아닌 것을 알 수 있으므로. '반대 신문'의 내용으로 부적절하다.
② '건강세 도입의 경제성이나 효과성에 대해' 의견을 물었으므로 폐쇄형 질문이 아니다.
③ '찬성 측에서 말씀하신 건강세 도입'은 '어디에 세금을 부과하는 것인가?'라는 질문에서 폐쇄형 질문이 아님을 알 수 있다.

08 ④

'주민 대표'의 두 번째 발언에서 '하나 더 제안할 것이 있는데, 수업이 없는 방학 동안은 주민들이 체육 시설을 시간 제한 없이 이용할 수 있도록 해 주시면 좋겠습니다.'라며 제안을 하나 더 하였으나, '상대의 의견을 반박'하고 있지 않다.

☑ 오답 피하기
① '주민 대표'는 '학생들의 수업권과 안전이 우선적으로 보장되어야 한다는 데 동의합니다. 그런데 많은 주민들이 아침에 운동하기를 선호하니 오전 9시 이전까지는 체육 시설 이용을 허용하면 어떨까요?'에서 상대방의 의견을 수용하되, '조건'을 건 것을 알 수 있다.
② '주민 대표'는 자신의 의견을 '오전 9시 이전까지는 체육 시설 이용을 허용하면 어떨까요?'와 같이 질문 형식으로 제안하였다.
③ '주민 대표'는 '많은 주민들이 아침에 운동하기를 선호하니'에서 근거를 먼저 밝히고, '오전 9시 이전까지 체육 시설 이용을 허용하면 어떨지'에 관해 주장한다.

09 ④

'박 과장'은 여러 제안을 들은 후, '윤 주무관'의 의견에 동의한다고 하였다. 따라서 제안을 비교하여 의견을 절충한다는 말은 적절하지 않다.

☑ 오답 피하기
① '박 과장'의 말에서 '우리 시에서 후원하는 '벚꽃 축제'의 홍보 방법을 논의'를 해야 함을 알 수 있고, '김 주무관, 이 주무관, 윤 주무관'이 의견을 제시하였기에 '축제의 홍보 방안에 대한 토의'임을 알 수 있다.
② '김 주무관'은 '지역 주민들이 SNS로 정보도 얻고 소통도 하니까'에서 알 수 있듯이 지역 주민들이 SNS를 즐겨 이용한다는 사실을 밝혔다.
③ '이 주무관'은 '파급력'을 기준으로 볼 때, '라디오 광고로 홍보하는 것'을 추천하였다.

10 ②

사회자는 '오늘의 토의 주제는 '통일 시대의 남북한 언어가 나아갈 길'입니다. 먼저 최○○ 교수님께서 '남북한 언어 차이와 의사소통'이라는 제목으로 발표해 주시겠습니다.'에서 주제와 발표 순서를 언급하였다. 또한 '이로써 최 교수님의 발표를 마치겠습니다. 다음은 정○○ 박사님의 '남북한 언어의 동질성 회복 방안'에 대한 발표가 있겠습니다.'에서는 원활하게 토의가 이루어지도록 다음 발표자를 언급하였다. 게다가 마지막에는 '그러면 질의응답이 있겠습니다. 시간상 간략하게 질문해 주시기 바랍니다.'에서 알 수 있듯이, 질의응답을 한 것을 알 수 있다. 이로 볼 때, 사회자는 진행이란 역할을 하였을 뿐, 발표자 간의 이견을 조정하지는 않았다.

☑ 오답 피하기
① 사회자의 말에서 주제를 확인할 수 있다. 주어진 토의 주제는 '오늘의 토의 주제는 '통일 시대의 남북한 언어가 나아갈 길'입니다.'에서 알 수 있듯이 학술적인 주제이다. 참고로 학술적이란 학문과 관련된 것을 뜻한다.
③ 발표자는 여기에서 '최 교수'와 '정 박사'이다. 발표자는 모두 자신의 견해를 밝히고 있으며, 이는 청중의 입장에서 볼 때 정보를 제공해 주는 것으로 보인다. 따라서 ③은 토의에서 발표자가 하는 역할이기 때문에 적절한 선지이다. 참고로 '최 교수'는 '남한과 북한의 어휘 차이가 대표적입니다.'에서 알 수 있듯이 남북한의 어휘 차이를 중심으로 이에 대한 연구가 지속되어야 함을 강조하였다. '정 박사'는 '앞으로 통일을 대비해 남북한 언어의 다른 점을 줄여 나가는 노력이 필요합니다.'에서 알 수 있듯이 남북한 언어의 차이를 줄여야 함을 강조하였다.
④ 청중 A의 반응이 하나뿐이라 바로 확인이 가능하다. '남북한 언어의 차이와 이를 극복하는 방안을 말씀하셨는데요. 그렇다면 통일 시대에 대비한 언어 정책에는 무엇이 있을까요?'에서 알 수 있듯이 '남북한 언어의 차이와 극복하는 방안'은 위의 언급된 내용을 다시 확인하는 과정이고, '통일 시대에 대비한 언어 정책에 무엇이 있는가.'는 주제와 관련된 질문이라 할 수 있다.

CHAPTER 10 작문

제27회

📍 Answer

| 01 ③ | 02 ④ | 03 ③ | 04 ③ | 05 ④ |
| 06 ③ | 07 ③ | 08 ④ | 09 ④ | 10 ③ |

01 ③

'자기 쓰레기는 자기가 집으로 되가져가도록 합시다.'에서 구체적인 실천 방법을 확인할 수 있다. 그리고 '자기 집이라면 이렇게 함부로 쓰레기를 버렸을까요?'에서 설의적 표현을 확인할 수 있다. 또한 '양심이 모래밭 위를 뒹굴고 있다.'는데, 추상적 대상인 양심을 '뒹굴 수 있는' 구체적 대상에 빗대어 표현하였다.(설의법 ○, 비유법 ○)

☑ 오답 피하기
① 구체적인 실천 방법을 제시하였다고 보기 어렵다. 다만, '푸른 날을 꿈꾸는 바다'에서 비유적 표현을, '미세 플라스틱'을 '독'에 빗댄 표현도 확인할 수 있다.(비유법 ○)
② '분리수거를 철저히 하고 일회용품을 줄이는 것'에서 구체적인 실천 방법을 확인할 수 있다. 다만, 설의법, 비유법 모두 확인할 수 없다.
④ 구체적인 실천 방법을 제시하였다고 보기 어렵다. 다만, '이대로 가다간 인간도 고통받게 되지 않을까요?'에서 설의적 표현을 확인할 수 있다.(설의법 ○)

02 ④

'높은 곳의 구름은 멀리를 바라보고, 낮은 곳의 산은 세심히 보듬는다네.'에 대구법이 있다. 그리고 '삶에 대한 통찰'은 '낮게 나는 새'의 자세에서 확인된다. '높이 나는 새'가 '낮게 나는 새'를 놀려 댄 이유는 '멀리 보는 것'에 있는데, 이에 대해 '낮게 나는 새'는 '높은 곳의 구름은 멀리, 낮은 곳의 산도 보듬는다는 점' 둘 다 할 수 있어서 '낮게 난다'는 자신의 소신을 밝히고 있다.(대구 ○, 우의적 표현 ○)

☑ 오답 피하기
① 대구법이 없다. '패배가 없더라면 어떻게 봄의 승리가 가능할 것인가'에 삶에 대한 통찰, 우의적 표현 모두 있다.(대구 ×, 우의적 표현 ○)
② '비가 주룩주룩 내리고, 토끼는 깡충깡충 뛴다.'에서 대구법이 있고, 이야기의 핵심은 '숙명'에 관한 것이다. 우의적 표현이나 삶에 대한 통찰이 약하므로 정답으로 보기가 어렵다.(대구 ○, 우의적 표현 ×)
③ 대구법이 없다. '자신을 비춰줄 만큼 큰 거울, 소녀의 눈동자를 하늘은 바라보았다. 거기에 자신이 있었다.'에서 우의적 표현, 삶에 대한 자신의 이야기를 밝히고 있다. 다만 대구법이 없으므로 정답이 아니다.(대구 ×, 우의적 표현 ○)

03 ③

ⓒ은 '복지 사각지대의 해소 방안'과 관련된 논의이자, '사회복지 담당 공무원의 인력 부족'과 관련된 논의여야 하는데, '업무 경감을 통한 공무원 직무 만족도 증대'는 이와 관련이 없다.

☑ 오답 피하기
① ㉠은 '서론'으로 중심 소재의 개념 정의와 문제 제기를 1개의 장으로 작성하라는 조건에 따라 써야 한다. '1'에는 '복지 사각지대의 정의'가 제시되어 있으므로, '2'에는 '문제 제기'가 작성되어야 한다. '복지 사각지대의 발생에 따른 사회 문제가 증가한다.'라는 문제 상황에 해당하므로 ㉠에 들어갈 내용으로 적절하다.
② ㉡은 '본론'으로 제목에서 밝힌 내용을 2개의 장으로 구성하라는 조건과 각 장의 하위 항목끼리 대응되도록 작성해야 한다는 조건이 있다. 따라서 ㉡과 ㉢의 하위 항목을 같이 고려해야 한다. ㉡은 '사회적 변화를 반영하지 못한 기존 복지 제도의 한계'를 지적했는데, 이는 복지 사각지대의 발생 원인으로 볼 수 있다.
④ ㉣은 '결론'으로 '기대 효과와 향후 과제'와 관련된 이야기로, 복지 혜택의 범위를 확장하게 되면 얻을 수 있는 효과로 '사회 안전망 강화'와 같은 이야기를 할 수 있으므로 ㉣의 내용은 적절하다.

04 ③

ⓒ은 '경제 수준에 따른 디지털 기기 보급률 차이'와 연결하여 생각하면 되는데, '공공기간을 통한 디지털 기술 활용 우수 사례 전파'와 '기기 보급'과의 관련성이 적으므로 ③이 정답이다.

☑ 오답 피하기
① '서론'의 조건은 '중심 소재의 개념 정의'와 '문제 제기'에 있으며, '디지털 격차의 정이 및 구체적 사례'에서 '정의'와 관련된 내용이 먼저 제시되어 있음을 알 수 있다. 따라서 ㉠에는 '문제 제기'의 내용이 언급되어야 하며, 전체 주제를 고려해 볼 때, '디지털 격차 심화에 따른 사회적 문제 증가'는 적절한 내용임을 알 수 있다.
② '본론'은 2개의 장으로 구성되어 있고, 상위 항목과 하위 항목의 대응이 중요함을 밝혔다. 따라서 ㉡은 '노인 맞춤형 디지털 기술 교육을 통한 역량 강화'와 연결하여 생각해야 한다. 이를 바탕으로 '고령 인구의 디지털 기술에 대한 이해 부족'은 '역량 강화'라는 해결책과 어울리는 원인으로 볼 수 있으므로 적절한 내용임을 알 수 있다.
④ '결론'은 '기대 효과'와 '향후 과제'가 조건이며, '디지털 격차 완화로 인한 공동체 통합 효과'는 '기대 효과'에 해당함을 알 수 있다. 따라서 ㉣에는 '향후 과제'가 언급되어야 하는데, '디지털 격차의 해소를 위한 맞춤형 정책 발굴'은 앞으로 논의해야 할 점이라고 볼 수 있으므로 적절한 내용임을 알 수 있다.

05 ④

해당 글은 '랑그'와 '파롤'의 기능적 차이를 묻고 있으며, 이에 올바르게 고친 것만 고르면 된다. '언어능력'은 '랑그'와 연결되고, '언어수행'은 '파롤'과 연결되므로 ④가 가장 적절하게 수정한 선지이다.

오답 피하기

① 랑그는 언어공동체가 공유하고 있는 기호체계여야 하므로 고정되어 있는 악보에 비유하는 것이 맞고, 연주는 사람에 따라 달라지므로 파롤은 실제 연주에 비유하는 것이 적절하다.
② 랑그는 '변하지 않고 기본을 이루어야 하는' 것이므로, '여러 상황에 맞춰 변화하는 언어의 모습'으로 분석하는 것은 적절하지 않다.
③ '제각각의 소리값'이란 사람마다 달라지는 것을 의미하므로, 이때의 소리값은 '랑그'가 아니라 '파롤'이다.

06 ③

©을 파악하려면 '연구가 신약 개발의 방식으로만 진행되었다.'라는 내용에 집중해야 한다. 다시 말해, 질병 치료를 목적으로 신약을 개발했다는 의미인데, 노화는 질병이 아니므로 노화를 멈추는 약을 승인받기가 어려웠다는 뜻이다. 따라서 '질병으로 본 탓'을 '질병으로 보지 않은 탓'으로 고쳐야 의미가 자연스럽다.

오답 피하기

① '노화 문제를 해결하는 것'이 이 글의 핵심이다. 그리고 이러한 발상은 인간이 젊고 건강한 상태로 수명을 연장하는 것이므로, 기존 발상과 근본적으로 다르다. 따라서 ⊙은 '기존 발상'과 관련된 것이자, 수명 연장과 연결되어야 하므로 '늙고 병든 상태에서 단순히 죽음의 시간을 지연시킨다.'로 쓰는 것이 맞다. 그러므로 이를 다시 '담담히 죽음의 시간을 기다린다.'로 고치는 것은 생명을 연장하는 것이 아니라 죽음의 시간 자체를 기다리는 것으로 의미가 바뀐다.
② '개발된다면'을 중심으로 보면, ©은 다시 '노화 문제를 해결하는 방법'과 연결된다. 따라서 '노화가 진행된 상태를, 진행되기 전의 상태 (=젊었던 상태)로 돌린다.'라는 문장의 흐름과 매우 잘 어울린다. 그런데 이를 '노화가 진행되기 전의 신체를 노화가 진행된 신체로 되돌린다.'로 고치면 이는 '이미 늙어버린 상황'을 뜻하므로 '젊음을 유지한 채'란 상황과 연결되지 않는다.
④ ®은 '일반 사람들'과 '노화가 더디게 진행되는 사람들의 유전자'를 비교하여 '그들에게서 노화를 지연시키는 생리적 특징을 추출한다.'가 핵심이고, 이는 다시 '노화를 막을 수 있다.'와 연결된다. 따라서 '그들에게서 노화를 촉진시키는 생리적 특징을 추출한다.'라는 말은 적절하지 않다.

07 ③

'정교하고 빠르게 읽기'를 말하므로 '정속독'의 '정'은 '바를 정(正)'이 아니라 '찧을 정(精)'을 써야 한다. 따라서 '정속독'의 한자어를 '정속독(精速讀)'으로 수정하는 것은 적절하다.

오답 피하기

① 글쓴이는 정독을 해야 난독이 해결됨을 강조한다. '정독(精讀)'은 '뜻을 새겨 가며 자세히 읽는 것'을 의미한다. 이와 달리 '정독(正讀)'은 동음이의어로 '바른 독서'를 의미한다. ⊙은 '소리는 같지만 뜻이 다른 점'을 말한 것이므로 수정할 필요가 없다.
② 빨리 읽기는 정독을 전제로 할 때 빛을 발한다는 문장을 고려해 볼 때, '정독의 결과로 생기는 것이 바로 문해력'임을 알 수 있다. 이때 '정독'은 '세밀하게 읽기'를 의미하므로, '정독(精讀)'이라고 쓰는 것이 맞다.
④ 글쓴이는 '정독'이 있어야 속독이 가능함을 강조한다. 따라서 '빼먹고 읽는 습관'은 빨리만 읽고 정교하게 읽지 못함을 의미하므로 '정독이 빠진 속독'으로 쓰는 것이 적절하다.

08 ④

'서학을 검토하며 어떤 부분은 수용했지만, 어떤 부분은 그렇지 않았다.'란 맥락이므로 '지향하다'가 아니라 '지양하다.'라고 고쳐야 한다.

오답 피하기

① '서학으로 불린 천주학은 '학(學)'이라는 말에서도 짐작'한다는 말에서 알 수 있듯이 '종교적인 관점'보다 '학문적인 관점'에서 받아들인 것을 알 수 있다. 따라서 이를 다시 '종교적인 관점'에서 수정하는 것은 '학(學)'을 보는 관점에서 부적절하다.
② '서학 수용에 적극적인 이들'이 주체인데, ©의 뒤를 고려하면 '서학은 분석의 대상'이므로 '무조건 따르자고 주장하지 않은 입장'이어야 맥락이 맞다. 그런데 이를 다시 '무조건 따르자고 주장하는 입장'으로 바꾸면 '분석의 대상이라는' 설명과 어울리지 않는다.
③ 유입된 사유 체계에는 서학뿐만 아니라 양명학, 고증학도 있다는 점을 말하여 '서학이 유일한 대안이 아님'을 강조한 부분이다. 따라서 '유일한 대안이'라고 고치는 것은 적절하지 않다.

09 ④

®은 '신청할 수 있는 방식을 다양하게 제시한다.'라는 조건을 고려해 볼 때, '행사 10일 전까지 시청 누리집에 신청서 업로드'라고 쓰는 것은 조건을 고려하지 못한 수정임을 알 수 있다. '행사 10일 전까지'라는 말은 방식을 다양하게 한 것이 아니라, 기간을 정한 것이기 때문이다.

오답 피하기

① '제목을 중복된 표현 없이 간결하게 쓰라'는 조건을 고려하여 '△△시 취업 박람회 개최'로 수정하는 것은 적절하다.
②, ③ '목적과 행사 개요'를 '지역민과 지역 기업을 중심'으로 작성한다는 점을 고려해 보면, ©은 '지역 브랜드'를 홍보하는 것이 아니라 '지역민의 취업률을 제고'해야 하고, ©은 '취업 지원 센터 활동 보고'를 할 것이 아니라 '△△시 소재 기업의 일자리 홍보'로 수정해야 한다.

10 ③

'결혼이주 여성'이 겪는 여러 문제를 다룬다는 점이 중요한데, A 드라마가 한계를 극복하지 못하고 결국 '순종과 순응'을 갖춘 여성으로 그렸다는 점에서 문제가 있다고 글쓴이는 지적한다. 이런 맥락에서 볼 때, ©은 '남편과 갈등을 일으키는'이 아니라 '남편의 의견을 따르는' 순종적인 모습이어야 하므로 ③이 정답이다.

오답 피하기

① '다양한 문제들을 단순화' 하였다는 점에서 A 드라마의 한계를 지적한 것이다.
② '낭만적인 해결 방식'을 고수했다는 점에서 A 드라마의 한계를 지적한 것이다.
④ '강요된 선택과 해소되지 않은 심적 갈등'이 제대로 재현되지 않은 것을 꼬집는 글이다.

제28회

Answer

01 ②	02 ②	03 ④	04 ②	05 ④
06 ④	07 ②	08 ④	09 ⑤	10 ④

01 ②

'건설업계 관계자들과 논의하였다.'에서 '건설업계 관계자들과'의 위치를 바꾸었는데, '시장은 건설업계 관계자들과'로 고치면 오히려 여러 뜻으로 해석된다. 즉, 시장이 건설업계 관계자들과 논의하여야 하는데, 위치를 바꿈으로써 오히려 건설업계 관계자들과 시민의 안전에 관하여와 같이 논의의 대상이 되어 버렸다.

☑ 오답 피하기

① '-되다'는 피동 표현이므로, 목적어가 아닌 주어로 바꾸어야 한다. 따라서 '○○○명이'로 바꾸는 것이 적절하다.
③ 관형격 조사 '의'는 수식어와 피수식어의 관계를 불분명하게 만들 때가 많다. 즉, '5킬로그램 정도'가 꾸미는 대상이 '금'인지, 아니면 '금 보관함'인지 헷갈린다는 의미이다. 따라서 정확하게 '금 5킬로그램 정도를 담은 보관함'과 같이 구체적으로 쓰는 것이 적절하다.
④ '와/과'는 대등 구조를 만들 때 쓰는 표현인데, '신선도는 유지해야 하고, 부패를 방지해야 하므로', '와/과'를 쓰기보다 '-고'를 써서 문장의 구조를 동일하게 하는 것이 적절하다.

02 ②

ⓒ 표준적인 언어생활의 확립과 일상적인 국어 생활을 향상하기(×, 표준적인 언어생활을 확립하고 일상적인 국어 생활을 향상하기) 위해 : '원칙'에서 말했듯이 대등한 것끼리 접속할 때는 구조가 같은 표현을 사용해야 한다고 한다. 따라서 '표준적인 언어생활을 확립하고, 일상적인 국어 생활을 향상하기'와 같이 고쳐야 한다.

☑ 오답 피하기

① ㉠ 안내 알림(×, 안내 or 알림) : '알림' 또는 '안내'로 고쳐야 한다. '참석'은 'ㄱ' 앞에 있긴 한데, '알림' 또는 '안내'로 고쳐야 한다.
③ ⓒ 표준 정보가 제공되고(×, 표준 정보를 제공하고) 있습니다. : '원칙'에서 말했듯이 '주어와 서술어를 호응'해야 한다. 즉, '본원은 ~으로서 ~을 제공하다.'와 같이 고쳐야, 주어와 서술어의 호응이 적절하다. 그러므로 '표준 정보가 제공되다.'라는 피동 표현을 '표준 정보를 제공하다.'라는 능동문으로 고쳐야 한다.
④ ⓔ 일반 국민도 알기 쉬운 표현으로 개선하여(×, 의약품 용어를 알기 쉬운 표현으로 개선하여) : '원칙'에서 말했듯이, '필요한 문장 성분이 생략되지 않도록' 해야 한다. ⓔ은 문장 성분이 생략되었으므로, '의약품 용어를'을 삽입하면, '이것을 일반 국민도 알기 쉬운 표현으로 개선해야 한다.'와 같이 자연스러운 문장을 만들 수 있다.

03 ④

ⓔ은 부사 호응을 고려해야 한다. 즉, '비록' 사람들의 관심이 최고의 자리에 오른 그 선수에게로 향하는 것을 당연한 '일일지라도'와 같이 수정해야 한다.(비록 ~할지라도)

☑ 오답 피하기

① '고난(苦難)'은 '괴로움과 어려움을 아울러 이르는 말'이다. '괴로울 고'와 '어려울 난'을 썼다는 점에서 '괴로운 고난'은 의미가 중복되었다고 할 수 있다. 따라서 '대부분의 사람들은 고난을 이겨낸'과 같이 수정해야 한다.
② '나'는 '유명 축구 선수의 노력과 집념에 감동을 받은 것'이 아닌 '그 선수의 가족과 훈련 트레이너 등 주변 사람들에게 더 큰 감명'을 받았다는 점에서 '그러므로'가 아니라 화제가 전환될 때 쓰는 '그러나'로 수정해야 한다.
③ 2문단은 더 큰 감명을 받은 사람들과 관련된 내용인데, '나는 그런 훈련 트레이너가 되는 과정이 궁금해졌다.'라는 내용은 흐름과 맞지 않으므로 삭제해야 한다.

04 ②

맥락상 대중은 신념과 사고 활동을 포기하고 모든 평가와 판단을 미디어에 의존한다는 의미이므로 고칠 이유가 없다.

☑ 오답 피하기

① (대중을) 놓다 → (대중이) 놓이다(피동 표현) → (대중이) 놓여지다(이중피동), '놓아진'은 이중피동이므로 '놓인'으로 고쳐야 한다.
③ 미디어에 판단을 맡긴 후의 단점을 설명하였으므로, '그래서'가 아니라 '그러나'로 고쳐야 맥락이 맞다.
④ ⓔ은 띄어쓰기가 잘못되었으므로 '못할∨뿐만'으로 고치는 것이 맞다. 여기서 '못할'은 관형어이고, '뿐'은 의존 명사이다.

05 ④

해당 문제는 '어휘가 잘못된 경우'에 해당한다. '수납하다'는 '돈이나 물품 따위를 받아 거두어들이다.'라는 의미이다. 그런데, '우리가' 지정 금융 기관에 공과금을 내야 하므로 '수납'이 아니라 '납부'를 해야 한다.
※ 납부(納付)-하다(동사) : 【…을 …에】 세금이나 공과금 따위를 관계 기관에 내다.
※ 수납(收納)-하다(동사) : 【…을】 돈이나 물품 따위를 받아 거두어들이다.

☑ 오답 피하기

① 현재 ~ 있었다.(×, 있다) : '현재'라는 시간 부사와 '있었다'의 시간이 맞지 않는다. 따라서 문맥상 시제 표현이 적절하지 않으므로 '있다'로 고쳐야 한다.
② 우리 시청이 지양하는(×, 지향하는) : '지양'과 '지향'의 의미는 서로 반대된다. 우리 시청이 '누구나 행복한 ○○시'를 실현하기 원한다는 입장을 고려해 볼 때, '지양'이 아니라 '지향'을 쓰는 것이 적절하다.
※ 지양(止揚)-하다(동사) : 【…을】 「1」 더 높은 단계로 오르기 위하여 어떠한 것을 하지 아니하다. 「2」 『철학』 변증법의 중요한 개념으로, 어떤 것을 그 자체로는 부정하면서 오히려 한층 더 높은 단계에서 이것을 긍정하다. 모순 대립 하는 일을 고차적으로 통일하여 해결하면서 현재의 상태보다 더욱 진보하는 일이다. 늑양기하다.
※ 지향(志向)-하다(동사) : 【…을】 「1」 어떤 목표로 뜻이 쏠리어 향하다. 「2」 『철학』 의식이 어떤 대상을 향하다. 이러한 지향성은 브렌타노(Brentano, Franz)에 의하여 심적 현상의 본질적인 성격이라고 규정되었다.
③ 지난달 수해로 인한(×, 인하여) 준비 기간이 짧았기 때문에 지역 축제는 예년보다 규모가 줄어들었다. : '수해'가 원인이 되어 '축제 준비 기간이 짧아졌다.'라는 의미이다. 따라서 '수해로 인한'이 아니라 '수해로 인하여'로 고쳐야 한다.

06 ④

• 글쎄, 남편은 <u>나보다</u> 축구 중계를 더 좋아한다니까. : 남편을 중심에 두고 '나와 축구 중계'를 비교하는지, '남편과 나'를 비교하며 누가 더 축구 중계를 좋아하는지 알 수 없다.(비교급 '보다')

☑ **오답 피하기**

① 나는 내일 <u>철수와</u> 선생님을 만난다. : '철수와 함께 선생님을 만난 것'인지, '나' 혼자 '철수와 선생님'을 만난 것인지 알 수 없다.(부사격 조사 vs. 접속 조사)

② 결혼식장에 손님들이 <u>다</u> 들어오지 않았다. : '모두 결혼식장에 들어오지 않았다.'는 의미인지, '일부만 들어왔다.'는 의미인지 알 수 없다.(전체 vs. 일부)

③ 그녀는 눈물을 흘리며 <u>아버지의</u> 그림을 어루만졌다. : '아버지를 그린 그림'인지, '아버지가 그린 그림'인지, '아버지가 산 그림'인지 알 수 없다.(관형격 조사 '의')

07 ②

1) 어휘적 중의성 : ㉠, ㉤
   ㉠ 아버지께 꼭 <u>차</u>를 사드리고 싶습니다. : '차'는 동음이의어로, 마시는 '차'를 의미하는지, '자동차'를 의미하는지 어휘적 의미를 고려해 볼 때, 그 뜻이 분명하지 않다.(어휘적 중의성)
   ㉤ 그것이 정말 <u>사과</u>냐? : '사과'는 동음이의어로, 먹는 '사과'를 의미하는 것인지, '사과'를 하는 행동을 의미하는 것인지 어휘적 의미를 고려해 볼 때, 그 뜻이 분명하지 않다.(어휘적 중의성)

2) 구조적 중의성 : ㉡, ㉢, ㉣
   ㉡ 철수는 <u>아름다운 하늘의 구름</u>을 바라보았다. : '아름다운'이 '하늘'을 꾸미는지, '구름'을 꾸미는지 알 수 없다.(구조적 중의성)
   ㉢ <u>철수는 아내보다 딸</u>을 더 사랑한다. : '철수와 아내를 서로 비교하는지', '아내와 딸을 서로 비교하는지'를 알 수 없다.(구조적 중의성)
   ㉣ <u>잘생긴 영수의 동생</u>을 만났다. : '잘생긴'이 '영수'를 꾸미는지, '동생'을 꾸미는지 알 수 없다.(구조적 중의성)

3) 부정의 중의성 : ㉥
   ㉥ 영희는 어제 / <u>빨간 모자를 쓰고</u> / <u>학교에 가지</u> 않았다. : 부정문이 걸친 부분이 어디인지 확인할 수 없다. '빨간 모자를 쓴' 부분을 부정한 것인지, '학교에 간 것'을 부정한 것인지 알 수 없다.(부정의 중의성)

정리하자면, 어휘적 중의성(㉠, ㉤), 구조적 중의성(㉡, ㉢, ㉣), 부정의 중의성(㉥)이 되므로, ②가 정답이다.

08 ④

• 나는 <u>사과 한 개와 배 두 개</u>를 먹었다. : 개수가 정확하게 제시되어 있으므로 중의문이 아니다. 해당 문장을 중의문으로 만들면, '나는 사과와 배 두 개를 먹었다.'이다.

☑ **오답 피하기**

① 사람들이 <u>다</u> 오지 않았다. : 해당 문장은 사람들이 전부 오지 않았는지, 아니면 사람들 일부만 온 것인지 알 수 없다.(전체 vs. 일부)

② <u>귀여운 영수의 동생</u>을 만났다. : '귀여운'이 '영수'를 수식하는지, '동생'을 수식하는지 알 수 없다.(관형격 조사 '의')

③ 그는 <u>나보다</u> 축구를 더 좋아한다. : 비교하는 두 대상이 '그 vs. 나'인지 '나 vs. 축구'인지 알 수 없다.(비교급 '보다')

09 ⑤

분석 ① : <u>동생은(주어) 어떤 사람이든지(목적어) 만나려 한다(서술어)</u>.
분석 ② : <u>동생은(목적어) 어떤 사람이든지(주어) 만나려 한다(서술어)</u>.

'하다'는 보조 용언이므로 '본동사'가 아니다.

※ [Ⅱ]「보조 동사」하다 : 「4」((동사 뒤에서 '-으려(고) 하다', '-고자 하다' 구성으로 쓰여)) 앞말이 뜻하는 행동이나 상태를 의도하거나 바람을 나타내는 말.

☑ **오답 피하기**

① '만나다'의 주체가 누구냐에 따라 주어가 달라지므로, 중의적으로 해석된다.

② '동생'이 주어가 되면, '어떤 사람이든지'는 대상으로 분석되며, 목적어 역할을 한다.

③ '어떤 사람이든지'가 주어가 되면, '동생'은 대상으로 분석되며, 주어 역할을 한다.

④ '어떤'은 특정 대상을 파악한 것이 아니므로 미지칭이 아니라 부정칭으로 보아야 한다.

※ 부정-칭(不定稱) : 「언어」 정해지지 아니한 사람, 물건, 방향, 장소 따위를 가리키는 대명사. '아무', '아무개' 따위가 있다.=부정칭 대명사.

※ 미지-칭(未知稱) : 「언어」 모르는 사물이나 사람을 가리키는 대명사. '누구', '어디', '무엇' 따위가 있다.

10 ④

'역전앞'의 '전'과 '앞'에서 의미가 중복되어 나타난다. 그런데 '-ㄹ뿐더러'와 '무척'은 첨가하는 것과 강조하는 것의 차이라서 의미가 중복되지 않는다. 그래서 ④가 정답이다.

※ -ㄹ뿐더러(어미) : 어떤 일이 그것만으로 그치지 않고 나아가 다른 일이 더 있음을 나타내는 연결 어미.

※ 무척 : 다른 것과 견줄 수 없이.

☑ **오답 피하기**

① '부터'와 '먼저' 모두 '어떤 순서의 시작임'을 알려주는 단어라, 의미가 중복된다.

※ 부터(조사) : 어떤 일이나 상태 따위에 관련된 범위의 시작임을 나타내는 보조사. 흔히 뒤에는 끝을 나타내는 '까지'가 와서 짝을 이룬다.

※ 먼저(부사) : 시간적으로나 순서상으로 앞서서.

② '오로지'와 '만' 모두 '오직과 같은 한정의 의미'를 알려주는 단어라, 의미가 중복된다.

※ 오로지(부사) : 오직 한 곬으로.≒전혀.

※ 만(조사) : 「1」 다른 것으로부터 제한하여 어느 것을 한정함을 나타내는 보조사. 「2」 무엇을 강조하는 뜻을 나타내는 보조사.

③ '마다'와 '각각'은 모두 '하나하나란 의미'를 알려주는 단어라, 의미가 중복된다.

※ 마다(조사) : '낱낱이 모두'의 뜻을 나타내는 보조사.

※ 각각(부사) : 사람이나 물건의 하나하나마다.

제29회

📍 Answer

| 01 ② | 02 ③ | 03 ② | 04 ③ | 05 ③ |
| 06 ④ | 07 ② | 08 ③ | 09 ① | 10 ⑤ |

01 ②

• 좋은 결실이 맺어졌으면 하는 <u>바람입니다</u>.(○) : '바라다'가 기본형이므로, '바람'이라고 쓰는 것이 맞다.

✅ 오답 피하기

① 오빠는 생김새가 나하고는 많이 <u>틀려</u>(×, 달라). : '생김새가 맞고 틀린 것'을 말하고자 쓴 것이 아니다. '차이가 있음'을 보여주어야 하므로 '달라'와 같이 고쳐야 한다.

③ <u>내가</u> 오직 바라는 것은(주어) / <u>네가</u>(주어) 잘됐으면(서술어) / <u>좋겠어</u>(×, 좋겠다는 거야). : 주술 호응이 자연스럽지 않다. '내가 오직 바라는 것은 네가 잘 되었으면 좋겠다는 것이야.'와 같이 호응을 맞추어야 한다.('거야'는 '것이야'의 구어체이다.)

④ 신은 인간을 사랑하기도 하지만 / <u>시련을 주기도 한다</u>(×, 인간에게 시련을 주기도 한다). : '시련을 주다'의 필수적 부사어가 없으므로, '인간에게'란 부사어를 보충해야 한다.

02 ③

• 이번 연극에서 영희는 주인공 역할을 맡았다. : '영희가 주인공 역할을 맡았다.'의 문장 성분과 호응이 알맞고, '이번 연극에서'는 상황, 판단 등이 적용되는 범위라는 의미로 쓰였으므로 알맞은 문장이다.

✅ 오답 피하기

① 오늘은 잔디밭에서 <u>책과 그림을 그렸다</u>(×, 책을 읽고, 그림을 그렸다). : '과'를 중심으로 목적어와 서술어의 호응이 맞지 않다.

② 사람은 <u>모름지기</u> 욕심을 다스릴 줄 <u>안다</u>(×, 알아야 한다). : '모름지기'라는 부사어와 '안다'라는 서술어의 호응이 맞지 않다.

④ 그녀는 초보<u>치고는</u> 운전을 썩 <u>잘하지는 못한다</u>(×, 썩 잘한다). : '치고'라는 조사는 '그 전체가 예외 없이'라는 의미로 쓰였을 때는 부정문과 호응하지만, '그중에서는 예외적으로'라는 의미로 쓸 때는 긍정문으로 써야 한다.

※ 썩(부사) : 「1」 보통의 정도보다 훨씬 뛰어나게. 「2」 지체 없이 빨리.

※ 치고(조사) : ((체언 뒤에 붙어)) 「1」 '그 전체가 예외 없이'의 뜻을 나타내는 보조사. 흔히 부정을 뜻하는 말이 뒤따른다. 「2」 '그중에서는 예외적으로'의 뜻을 나타내는 보조사.

03 ②

• (역사책에서) 충무공은 뛰어난 전략가였다. : 높임법을 고려해야 할 부분이 아니므로 고칠 부분이 없다.

✅ 오답 피하기

① (부모가 자식에게) 얘, 할머니 <u>보러</u>(×, 뵈러) 가자. : '할머니'를 높여야 하므로 '보러'가 아니라 '뵈러'로 고쳐야 한다.

③ (교사가 학생에게) 교장 선생님의 말씀이 <u>계시겠습니다</u>(×, 있으시겠습니다). : 간접 높임법일 때는 '계시다'가 아니라 '있으시다'를 써야 한다.

④ (아들이 아버지에게) 아버지, 둘째형이 오늘 서울에 <u>도착하신대요</u>(×, 도착한대요). : '둘째형'이 '아버지'보다 낮은 대상이므로 '도착한대요'로 고쳐야 한다.

04 ③

• (처음 자신을 소개하면서) 처음 뵙겠습니다. 박혜정입니다. : 예의 바르게 표현하였고, 자신의 이름을 말할 때 하십시오체를 썼으므로 언어 예절에 맞는 표현이다.

✅ 오답 피하기

① 지금부터 회장님의 말씀이 <u>계시겠습니다</u>.(×, 있으시겠습니다). : '계시다'의 주체는 사람이어야 한다. 간접적으로 높일 때에는 '있으시겠습니다'로 고쳐야 한다.

② (시누이에게) <u>고모</u>,(×, 호칭(형님), 지칭(형님, 시누이, [자녀 이름] 고모, 고모님 등) 또는 호칭(아가씨), 지칭(아가씨, 시누이, [자녀이름] 고모, 고모님) 오늘 참 예쁘게 차려 입으셨네요? : 남편의 누나는 '형님'이라고 불러야 하고, 남편의 동생이라면 '아가씨'라고 불러야 한다.

④ (다른 사람에게 자기 아내를 가리키며) 이쪽은 <u>제 부인</u>(×, 집사람/안사람/아내/처)입니다. : '부인'은 '남의 아내'를 높여 이를 때 쓰는 말이다.

※ 부인(夫人) : 「1」 남의 아내를 높여 이르는 말. 늑현합.

05 ③

ㄷ <u>국가 정책 수립과 국제 협약을 체결하기</u>(×, 국가 정책을 수립하고, 국제 협약을 체결하기) 위해 : 해당 문장에는 '와/과'가 있다. '와/과'는 문장 성분의 호응을 잘못 쓸 가능성이 높으므로 서술어와 함께 분석해야 한다. 즉, '국가 정책 수립을 체결하다.'란 문장이 적절한가와 같은 판단을 해야 한다. 그러나 문장의 맥락을 고려하면, '신재생 에너지와 관련하여 국가 정책을 수립하다.'와 '국제 협약을 체결하다.'로 나눌 수 있으므로 해당 문장은 수정이 필요하다.

✅ 오답 피하기

① 날이 갈수록 / 기후 위기가 <u>심각해지고</u> 있다 : 해당 문장에서 확인해야 할 것은 '심각해지다'이다. '심각해지다'는 '심각하다'란 형용사에 '-어지다'가 결합하여 동사로 쓰인 것이다. 내용도 '기후 위기'와 알맞으므로 수정할 부분은 없다.

② 우리의 삶을 지속적으로 <u>위협하는</u> / 이러한 기상 재해 앞에서 : '기상 재해가 우리의 삶을 지속적으로 위협한다.'라는 문장과 '이러한 기상 재해 앞에서 기후학자가 자괴감이 든다.'라는 문장으로 분석되는데, 조사를 잘못 쓰거나 어미를 잘못 쓴 경우가 없으므로 수정할 부분은 없다.

④ 지구가 <u>파국으로</u> 치닫는 것을 막을 / 기회는 아직 남아 있다. : '파국'이란 단어의 의미는 '일의 사태가 잘못된 것'을 말하는데, 문장의 맥락상 잘 어울리며, '지구가 파국으로 치닫는 것을 막다.'란 문장도 누락 없이 잘 이루어진 문장이다.

06 ④

• 그의 간절한 소망은 입사 시험에 합격하는 것이다. : 주술 호응도 알맞고, 누락된 문장 성분도 없다.

✅ 오답 피하기

① 그는 <u>생명을</u>(×, 죽음을) 무릅쓰고 아이를 구했다. : 어휘가 적절하지 않다. '무릅쓰다'는 '힘들고 어려운 일을 참고 견디다.'인데, 이때 대상이 생명이면 맥락이 이상하다.

② 아버지, 무슨 고민이 <u>계신가요</u>(×, 있으신가요)? : 간접 높임법을 쓸 때는 '계시다'가 아니라 '있으시다'를 써야 한다.

③ 네가 가리키는 곳은 서울역으로 <u>보여진다</u>(×, 보인다). : 이중 피동 은 올바른 표현이 아니므로 '보인다'로 고친다.

07 ②

• 당신이 <u>가리키는</u> / 곳은 시청으로 <u>보입니다</u>. : '방향'을 의미할 때는 '가리키다'가 맞다. '무엇이 무엇으로 보이다.'에서 피동사 '보이다'로 쓰는 것이 맞고, 주술 호응도 맞다.

※ 가리키다(동사) : 【…을】「1」 손가락 따위로 어떤 방향이나 대상을 집어서 보이거나 말하거나 알리다. 「2」((주로 '가리켜' 꼴로 쓰여)) 어떤 대상을 특별히 집어서 두드러지게 나타내다.

☑ 오답 피하기

① 지금부터 회장님의 말씀이 <u>계시겠습니다</u>(×, 있으시겠습니다). : '계시다'의 주체는 사람이어야 하고, 간접적으로 높일 때에는 '있으시 겠습니다'로 고쳐야 한다.

③ <u>푸른 산과 맑은 물이 흐르는</u>(×, 푸른 산이 있고 맑은 물이 흐르는) 계곡으로 가자! : '과'가 있을 때는 구조가 대등적으로 이루어져 있 는지 확인해야 한다. 여기서는 '푸른 산'이 흐를 수 없으므로 올바른 서술어로 고쳐야 한다.

④ 이런 곳에서 생활한다는 것이 <u>믿겨지지</u>(×, 믿기지) 않았다. : '(무 엇을) 믿다 → (무엇이) 믿기다(피동사) + -어지다(피동표현) → (무엇이) 믿기어지다(=믿겨지다)'와 같은 과정을 겪은 이중피동이 다. 이중피동은 삼가야 할 표현이므로, '믿기지'로 써도 되는 부분이 므로 '믿겨지지'로 쓰지 않도록 한다.

※ 믿-기다(동사) : 【…이】【…으로】【-고】((주로 부정문이나 수사 의문문에 쓰여)) 어떤 사실이나 말이 꼭 그렇게 될 것이라고 생 각되거나 그렇다고 여겨지다. '믿다'의 피동사.

08 ③

• <u>사고 운전자가</u>(주어) 구호 조치를 하지 않고 도주하면 / 가중 처벌을 받습니다. : 호응도 알맞고, 누락된 문장 성분도 없으며, 어색한 시제 도 없다. '가중 처벌'도 의미가 중복된 것은 아니므로 ③이 정답이다.

☑ 오답 피하기

① <u>내가 가고 싶은 곳은</u> 내 친구가 <u>그곳을</u>(×, 내가 가고 싶은 곳을) 방 문했다. : '내가 가고 싶은 곳'과 '그곳'은 공간이 같다. 따라서 '내 친 구가 내가 가고 싶은 곳을 방문했다.'로 고치는 것이 가장 자연스럽다.

② 이 시는 <u>토속적인 시어의 사용과 현장감을 높이고 있다.</u>(×, 토속적 인 시어를 사용하고 현장감을 높이고 있다) : '와/과'는 구조를 대등 하게 만들어 주어야 한다.

④ 그 일이 <u>설령 실패했지만</u>(×, 설령 실패할지라도) 실패도 성공의 과 정이므로 절대 실망할 필요가 없다. : 부사어와 서술어의 호응이 맞 지 않다. '설령'은 상황을 가정하에 두고 말하는 방식이기 때문에 'A 가 일어나더라도'와 같은 표현을 써야 한다.

※ 설령(設令)(부사) : ((뒤에 오는 '-다 하더라도' 따위와 함께 쓰 여)) 가정해서 말하여. 주로 부정적인 뜻을 가진 문장에 쓴다.≒ 설사, 설약, 설혹, 억혹, 유혹.

09 ①

• 날씨가 <u>선선해지니</u> / 역시 책이 잘 <u>읽힌다.</u>(○) : '선선해지다'는 '선 선하다'의 '-어지다'가 결합된 표현이다. 이때의 '-어지다'는 앞말이 뜻하는 상태로 된다는 의미인데, '시원한 느낌이 들 정도로 서늘한 상태로 된다.'고 해석하면 된다. 이런 의미에서 보면 '날씨가 선선해 지다.'란 문장은 문제가 없다. '책이 잘 읽히다.' 역시 '책을 잘 읽다'의 피동 표현이므로 문제가 없다.

※ 선선하다(형용사) : 「1」 시원한 느낌이 들 정도로 서늘하다. 「2」 성 질이나 태도가 까다롭지 않고 주저함이 없다.

※ 지다(보조 동사) : 「3」((형용사 뒤에서 '-어지다' 구성으로 쓰여)) 앞말이 뜻하는 상태로 됨을 나타내는 말.

☑ 오답 피하기

② 이렇게 어려운 책을 <u>속독으로 읽는 것</u>(×, 속독하는 것 도는 빠르게 읽는 것)은 / <u>하늘의 별 따기이다</u>(×, 하늘의 별을 따는 것과 같다). : 해당 문장은 틀린 부분에 대한 해석이 다양할 것이다. 먼저, '의미 가 중복된 부분'을 확인하자. '속독으로 읽는 것'에서 '속독'과 '읽다' 의 의미가 중복된다. 따라서 '빠르게 읽는 것' 또는 '속독하는 것'으 로 고쳐야 자연스럽다. 다음으로, '문장 구조'를 확인하자. '하늘의 별 따기'란 '매우 어려운 경우'를 의미한다. 즉, '이렇게 어려운 책을 속독으로 읽는 것은 매우 어려운 경우이다.'로 주술 호응이 부자연 스러운 것을 알 수 있다. '속독으로 읽는 것은 매우 어렵다'와 같이 상태를 드러내거나 비유를 쓰려면 '마치 하늘의 별을 따는 것과 같 다.'처럼 고치는 것이 자연스럽다.

※ 하늘의 별 따기 : 무엇을 얻거나 성취하기가 매우 어려운 경우를 비유적으로 이르는 말.

③ 내가 이 일의 <u>책임자가 되기보다는</u> / <u>직접 찾기로</u>(×, 적임자를 직접 찾기로) 의견을 모았다. : '내가 이 일의 책임자가 되다.'까지는 문제가 없다. 그러나 '찾다'의 목적어가 누락되었으므로 이를 보충해야 한다. 즉, '적임자를 직접 찾기로 의견을 모았다.'와 같이 고쳐야 자연스럽다.

④ 그는 / <u>시화전을 홍보하는 일과</u>(×, 시화전의 홍보와) 시화전의 진행 에 / 아주 열성적이다. : '와/과'를 쓸 때는 문장 구조가 맞아야 한다. 따라서 '시화전을 홍보하는 일'에 맞추어 '진행하는 일'이라고 고치거 나 또는 '시화전의 홍보와 (시화전의) 진행'으로 고쳐야 자연스럽다.

10 ⑤

• <u>선배가 농담으로 한 말이</u> 그에게 큰 상처를 입혔습니다. : '그가 상처 를 입었다.'로 표현해도 무리는 없으나, '그 말이 상처를 입혔다.'로 표 현해도 맞으므로 해당 문장에서 고칠 부분은 없다.

☑ 오답 피하기

① 지하철 공사가 이제 시작됐으니, / <u>언제 개통될지</u>(×, 지하철이 언제 개통될지)는 불투명하다. : '주어'가 생략되어 있다. '지하철이 언제 개통될지'와 같이 고쳐야 한다.

② 수출 증대를 위해서는 <u>이 제품의 장점과 단점을 보완해야</u>(×, 이 제 품의 장점을 살리고, 단점을 보완해야) 한다. : '와/과'로 이어진 문 장일 때, 목술 호응이 맞지 않을 때가 있다. 따라서 '이 제품의 장점 을 살리고, 단점을 보완해야 한다.'로 고쳐야 한다.

③ 그 문제를 논의하자면 오후에는 팀원 전체가 모여 <u>회의를 가질 겁 니다.</u>(×, 회의를 할 것입니다) : 번역투이다. '회의를 할 것입니다.' 로 고쳐야 한다.

④ 다행히 비상문이 <u>열려져</u>(×, 열려) 있어 인명 피해가 크지 않았습니 다. : 이중 피동이다. '(비상문을) 열다 → (비상문이) 열리다'와 같 이 피동사가 있으면 '열려'로 활용해야 한다.

제30회

📍 **Answer**

01	①	02	④	03	①	04	②	05	④
06	④	07	④	08	①	09	②	10	①

01 ①

'귀천과 빈부를 기준으로 높고 낮음을 정하지 않는 것은 오직 문장뿐이다.'에서 알 수 있듯이, 문장은 귀천과 빈부에 따라 높고 낮음을 정하지 않는다.

✅ **오답 피하기**

② '자기 역량에 따라 알맞게 쓸 뿐이다.'에서 알 수 있듯이, 남과 다르면서도 자기만의 개성을 표현하는 것이 글쓰기에서 중요하다.

③ '글이란 것은 뜻을 나타내면 그만일 뿐이다.'에서 알 수 있듯이, 뜻을 정확하게 나타내는 것이 중요하며 글을 꾸며내는 것은 화가를 불러 용모를 고칠 때 하는 것이다. 따라서 글에서 중요한 것은 꾸미는 것보다 뜻을 정확하게 나타내는 것이다.

④ '자기를 속이지 않는 것이다.'에서 알 수 있듯이 솔직하게 글을 쓰는 것이 중요하다.

⑤ '대체 글이란 조화다. 마음속에서 이루어진 문장은 반드시 정교하게 되나'에서 알 수 있듯이 마음과 글의 조화가 중요하다.

02 ④

'나라에 위기가 닥쳤을 때'라는 위기 상황에서 '역사책에 한 줄 남기지 못한 이들'이 '이순신의 일기'에 기록되었다는 대상을 정확하게 봐야 한다. 이 맥락이 어디에 있느냐가 관건이며 이를 토대로 다음을 읽어야 한다. 먼저, 글은 『난중일기』의 진면목'에서 시작된다. 아직 '소수의 이야기'로 진행되기 전에 '왜군'이라는 적에 관한 이야기나 영웅이기 이전에 한 사람의 인간으로서의 고뇌가 있다는 점을 강조한 것으로 보아, ㉠과 ㉡에 삽입되기는 어렵다. 다만, ㉢과 ㉣ 사이에 '사랑하는 가족의 이름, 병졸, 하인, 백성들의 이름'을 언급했고, 이중에 '뚜렷하게 기록되었다'는 점을 강조하였으므로 ㉢이 아니라, ㉣에 삽입해야 한다. 따라서 ④가 정답이다.

03 ①

1) 해당 글은 '이집트 그림'을 화제로 삼아 사람의 얼굴, 눈, 목, 가슴, 허리와 발 등이 어떻게 그려져 있는지를 중심으로 서술하였다. 그리고 이 자세가 해부학적으로 불가능함을 강조 후, 그럼에도 불구하고 우리가 어색함을 느끼지 않은 이유를 밝혔다.

2) 먼저 '넓은 가슴과 눈'은 '정면'에서 보았을 때 그 특징이 잘 살아난다고 한다. 그리고 그 다음의 문장을 이어가기에는 내용이 부족하다. 따라서 삽입해야 할 문장을 ㉠에 넣어야 한다. '해부학적'이란 말은 이 부분에서만 등장하며, '측면의 얼굴'의 인상적인 이미지에 관한 내용도 여기에서만 자연스럽기 때문이다.

3) 3문단~5문단은 모두 '초월적 존재'인 '신, 파라오, 귀족'과 이에 대비되는 '평범한 사람들'에 관한 논의가 주를 이룬다. 이런 맥락에서 '미술 장르'인 '프로필'을 말하기가 어려우므로 정답은 ①이 된다.

04 ②

1) 먼저, ㉠을 중심으로 앞뒤 문장을 보면, '너무나 당연하다.'라는 내용이 '그러나'로 인해 '당연하지 않다'라는 맥락으로 전환되었음을 알 수 있다. 즉, '역사가 하나로 통합되는 것은 어렵다.'란 의미이다.

2) '학문의 세계에서는 하나의 객관적 진실이 백일하에 드러나, 모든 다른 견해를 하나로 귀결시키는 일'은 통합과 관련되는데, 그런 일이 어렵다는 점을 지적한 것을 보아, 화제가 전환된 ㉡에 삽입하는 것이 가장 적절하다.

05 ④

1) '표준에 부합하는 사람'을 기준으로 맥락이 유사한지 확인해야 한다. ㉠~㉢ 사이에 접속어가 없고, '표준에 부합하는 사람, 비슷한 속성을 지닌 사람' 등 유사한 맥락이 연속된다. 따라서 '어떤 종류의 일탈과 어떤 형태의 다름'을 말하는 표준에 부합하지 않은 사람을 말하기가 어렵다.

2) '하지만' 이후부터 글은 '인권'에 주목하게 만든다. 인권은 모든 사람에게 적용되는 것이므로, 자신과 유사한 사람들에게만 적용되는 것이 아니란 점을 지적한다.

3) 문제는 '그러므로'로 정리한 내용을 어디에 두어야 하냐는 것이다. 마지막까지 '표준에 벗어나는 사람들'에 관한 이야기를 이어가는데, 힌트는 '또한'에 있다. '자신과 유사한 사람들에게만 적용되는 것이 아니다.'라는 말 다음에 '또한'이란 대등을 뜻하는 접속어가 오기가 어렵다. 따라서 '그러므로'를 활용하여 내용을 정리 후 비슷한 맥락을 이어 배치하는 것이 낫다. 따라서 정답은 ④가 된다.

06 ④

공감과 관련된 내용이다. 공감은 상대방의 생각과 느낌을 자기 것처럼 받아들이는 것을 말한다. 그런데 삽입될 문장은 '공감'이란 무엇인가가 아니라, '공감하는 방법'에 대한 이야기이다. 따라서 이와 같은 맥락이 있는지 확인해야 한다. 이 글에서는 '상대방의 말투, 표정, 자세를 관찰하면서 그와 같은 관점, 심정, 분위기 또는 태도로 맞추는 것도 공감에 도움이 된다.'에서 확인할 수 있으며, ㉣에 삽입되는 것이 '공감하는 방법'이란 주제 아래에서 연결될 수 있다.

07 ④

해당 문장의 핵심은 '신분에 따라 문체를 고착화하는 것을 거부하다.'이다. '신분'에 대한 언급은 ㉢과 ㉣ 사이에만 제시되어 있다. 또한 '운문과 영웅적 운명을 귀족에게만 전속시키고 하층민에게는 산문과 우스꽝스러운 상황을 배정하는 전통 시학을 거부한다'에서 '귀족과 하층민'이라는 신분을 확인할 수 있다. 정리하자면, '신분에 따른 문체를 고착화한다.'라는 내용이 ㉣ 앞에 있고, '이를 거부한다.'라는 태도로 진행되어야 하므로, 논리의 흐름을 고려해 볼 때 ㉣에 들어가는 것이 가장 적절하다.

08 ①

1) ㉠: ㉠의 앞은 '해요체'를 주고받는 것이 일반적이라고 말한 것과 달리, ㉠의 뒤에는 특별할 때는 '합쇼체'를 써서 말할 필요가 있다고 강조한다. 이런 맥락을 고려해 볼 때, 역접의 상황인 '그러나'를 쓰는 것이 자연스럽다.

2) ㉡: ㉡에 '따라서' 삽입은 어색하다. 회사와 가정의 차이를 두고 '해체'를 쓸지, '합쇼체'를 쓸지를 선택하자는 의도에서 썼기 때문에 전환의 의미를 지닌 '한편'이 자연스럽다.

3) ㉢: 마지막으로 '과장'은 아랫사람에게 '해요체'를 쓴 예를 들었다. 이는 마지막 문장과 맥락이 유사한 것으로 보이므로 '그래서'를 쓰는 것이 자연스럽다.

4) 정리하자면, ㉠은 '그러나', ㉡은 '한편', ㉢은 '그래서'가 있는 ①이 정답이다.

09 ②

1) ㉠: '결론부터 말하라고 한다.'는 상황과 '때로는 일부러 결론을 뒤로 미룬다.'는 상황은 서로 상반된다. 이에 따르면, ㉠은 '하지만'을 삽입하는 것이 적절하다.

2) ㉡: '사무적인 관계에서는 쓸데없는 시간과 노력을 들이지 않아도 된다.'에서 시간과 노력을 들이지 않아도 됨에 불구하고 '라이벌 동료가 될 때' 미묘한 줄다리기가 필요함을 말한다. 이런 맥락에서는 차이가 분명히 들어나므로 '하지만'을 쓰는 것이 적절하다.

3) 정리하자면, ㉠은 '하지만'을, ㉡도 '하지만'을 선택해야 하므로 ②가 정답이다.

10 ①

1) ㉠: '정철, 윤선도, 이황은 양반 중에 양반이었다.'와 '그들이 우리말로 작품을 썼던 걸 보면 양반들도 한글 쓰는 것을 즐겨 했다는 것을 부정할 수는 없다.'라는 내용을 보면, 화제가 전환된 것을 알 수 있다. 따라서 이를 이어주는 '그리고'라든가, 인과를 설명해야 하는 '그래서'와 같은 접속어가 아닌 '그런데'와 같이 화제를 전환해주는 접속어가 가장 적절하다.

2) ㉡: 바로 다음으로 '허균이나 김만중은 한글로 소설까지 쓰지 않았던가.'라는 내용을 읽어야 하는데, 이들은 원래 한글로 소설을 쓰지 않는데, 그렇게 행동을 한 것으로 분석되므로, 앞의 맥락에 덧붙이는 식으로 진행되어야 한다. 따라서 '게다가', '더구나'와 같은 접속사가 가장 자연스럽다.

3) ㉢: '이들이 특별한 취향을 가진 소수의 양반이었다면 이야기는 달라진다.'라는 내용은 이전과 다른 이야기를 하겠다는 의미이다. 따라서 전환의 의도를 읽을 수 있으므로, '그렇지만, 하지만'과 같은 접속어가 가장 자연스럽다.

4) ㉣: 해당 부분은 어느 정도 이야기가 진행된 다음 '마지막'으로 써야 하는 부분이다. '양반들은 대다수가 한글을 모를 수도 있고, 박지원도 한문으로 작품을 썼다.'라는 내용과 달리 ㉣ 이후에는 '한글을 이해하지 못하는 상황이었다면 정철, 이황, 윤선도도 한글로 작품을 쓰지는 않았을 것이다.'라고 하는데, 이는 '당시의 사람들 대부분이 한글을 어느 정도 이해하고 있다.'를 추론할 수 있다. 따라서 '그러나, 하지만'과 같이 앞의 상황과 반대되는 접속어가 자연스럽다.

5) 이를 정리하면, ㉠은 '그런데', ㉡은 '게다가', ㉢은 '그렇지만', ㉣은 '그러나'가 있는 ①이 정답이다.

Part

03

어휘

CHAPTER 01 고유어

Answer

01 ①	02 ③	03 ②	04 ④	05 ③
06 ③	07 ③	08 ②	09 ②	10 ④

01 ①

'올라가는' 대상이 '생산 비용'과 같은 수치와 관련되어야 한다. 이와 가장 가까운 맥락을 지닌 문장은 ①이다. 습도 역시 수치와 관련이 깊다.
※ 올라가다(동사) : ⑧ 「2」 값이나 통계 수치, 온도, 물가가 높아지거나 커지다.

☑ 오답 피하기
② '하늘나라'와 같이 공간이 제시되고, 더 이상 세상에 없어야 한다.
  ※ 올라가다(동사) : ① 【…에】【…으로】 「6」 ((‘하늘’, ‘하늘나라’ 따위와 함께 쓰여)) ‘죽다’를 비유적으로 이르는 말.
③ '본사'와 함께 승진을 해야 한다.
  ※ 올라가다(동사) : ① 【…에】【…으로】 「3」 지방 부서에서 중앙 부서로, 또는 하급 기관에서 상급 기관으로 자리를 옮기다.
④ '시험'을 치는 것과 '서울'이란 공간이 중요하다.
  ※ 올라가다(동사) : ① 【…에】【…으로】 「2」 지방에서 중앙으로 가다.

02 ③

'그들의 목표는 이상적 상태로 돌아가다.'라는 문장으로 분석되면, 이때 '~로 돌아가다'는 문장 구성을 파악해야 한다. 이에 따르면 ‘①, ③’만이 답이 된다. 이때, ①은 ‘끝을 맺다’는 의미이므로, ‘원래의 있던 곳으로 다시 가거나 다시 그 상태가 된다.’는 의미와 차이가 있다. 그래서 정답은 ③이다.
※ 돌아가다(동사) : ② 【…에/에게】【…으로】 「1」 원래의 있던 곳으로 다시 가거나 다시 그 상태가 되다.

☑ 오답 피하기
① ‘승리’라는 끝을 맺었다는 의미이다.
  ※ 돌아가다(동사) : ③ 【…으로】 「1」 일이나 형편이 어떤 상태로 끝을 맺다.
② ‘어떤 한 것’이 ‘누군가’의 차지가 된다는 의미이다.
  ※ 돌아가다(동사) : ② 【…에/에게】【…으로】 「2」 차례나 몫, 승리, 비난 따위가 개인이나 단체, 기구, 조직 따위의 차지가 되다.
④ ‘자금’은 ‘돈’을 의미한다. 이때의 ‘돌아가다’는 ‘유통이 원활하다.’라는 의미이다.
  ※ 돌아가다(동사) : ① 「6」 돈이나 물건 따위의 유통이 원활하다.

03 ②

해당 문장에서 뜻하는 ‘듣다’는 ‘다른 사람의 말을 잘 받아들여서 그렇게 한다.’라는 의미이다. 이와 유사한 의미로 쓴 문장은 ‘선생님 말씀을 잘 듣다.’인 ②이다.
※ 듣다(동사) : ① 【…을】 「4」 ((‘말’, ‘말씀’ 따위를 목적어로 하여)) 다른 사람의 말을 받아들여 그렇게 하다.

☑ 오답 피하기
① ‘약’과 관련될 때, ‘효과가 있다.’는 뜻을 지닌다.
  ※ 듣다(동사) : ④ 【…에/에게】 주로 약 따위가 효험을 나타내다.
③ ‘강의’와 관련될 때, ‘참여하여 배운다.’는 뜻을 지닌다.
  ※ 듣다(동사) : ① 【…을】 「3」 수업이나 강의 따위에 참여하여 어떤 내용을 배우다.
④ ‘브레이크’와 같이 기계와 관련될 때, ‘작동하다’는 뜻을 지닌다.
  ※ 듣다(동사) : ① 【…을】 「5」 ((‘말’ 따위를 목적어로 하여)) 기계, 장치 따위가 정상적으로 움직이다.

04 ④

'인내심'은 육체 또는 정신과 같이 단련하여 기르는 대상이다. 이와 가장 유사한 것은 ‘체력’이므로 정답은 ④이다.
※ 기르다(동사) : 【…을】 「4」 육체나 정신을 단련하여 더 강하게 만들다.

☑ 오답 피하기
① ‘아이’와 같은 대상이 있는지 확인해야 한다.
  ※ 기르다(동사) : 【…을】 「2」 아이를 보살펴 키우다.
② ‘화초’와 같은 대상이 있는지 확인해야 한다.
  ※ 기르다(동사) : 【…을】 「1」 동식물을 보살펴 자라게 하다.
③ ‘병’과 같은 대상이 있는지 확인해야 한다.
  ※ 기르다(동사) : 【…을】 「7」 병을 제때에 치료하지 않고 증세가 나빠지도록 내버려두다.

05 ③

다의어 문제를 풀 때 문장 성분을 고려한 다음 의미를 파악해야 한다. ㉠은 ‘~을 ~에 싸다.’란 구성으로 된 문장이다. 즉, ‘싸다’는 목적어와 부사어를 필요로 하는 것을 알 수 있다. 다만, ③의 부사어는 관형절로 인해 잘 보이지 않으므로, ‘책을 보퉁이에 싸다’와 같이 분석해야만 답을 찾을 수 있다.
※ 싸다(동사) : ① 【…을 …에】【…을 …으로】 물건을 안에 넣고 보이지 않게 씌워 가리거나 둘러 말다. 예 선물을 예쁜 포장지에 싸다.
※ 보퉁이(명사) : 물건을 보에 싸서 꾸려 놓은 것.

☑ 오답 피하기
① ①의 부사어인 ‘겹겹이’는 필수적이지 않고, ‘안채를’만 고려하면 된다. 이렇게 되면 서술어가 필요로 한 문장 성분이 부족하므로 ㉠의 단어와 의미가 같다고 할 수 없다.
  ※ 싸다(동사) : ② 【…을】 「1」 어떤 물체의 주위를 가리거나 막다.

② ②는 부사어가 없고 목적어만 있는 것으로 보아, 서술어가 필요로 한 문장 성분을 모두 갖추었다고 말하기가 어렵다.
　※ 싸다(동사): **2**【…을】「2」 어떤 물건을 다른 곳으로 옮기기 좋게 상자나 가방 따위에 넣거나 종이나 천, 끈 따위를 이용해서 꾸리다.

④ ④의 부사어인 '미리'는 필수적이지 않으므로 '책가방을'만 고려하면 된다. 이렇게 되면 서술어가 필요로 한 문장 성분이 부족하므로 ㉠의 단어와 의미가 같다고 할 수 없다.
　※ 싸다(동사): **2**【…을】「2」 어떤 물건을 다른 곳으로 옮기기 좋게 상자나 가방 따위에 넣거나 종이나 천, 끈 따위를 이용해서 꾸리다.

06 ③

옷을 말리기 위한 수단으로 '햇볕'이 제시된 것이다. 이와 가장 유사한 의미를 지닌 '에'는 '등잔불에'에 있는 '에'로, 책을 읽기 위한 수단으로 쓰였다.
※ 에(부사격 조사): **1**((체언 뒤에 붙어))「8」 앞말이 수단, 방법 따위가 되는 부사어임을 나타내는 격 조사.

☑ 오답 피하기
① '화분'과 같이 움직임이나 작용이 미치는 대상이 있는지 확인해야 한다.
　※ 에(부사격 조사): **1**((체언 뒤에 붙어))「6」 앞말이 어떤 움직임이나 작용이 미치는 대상의 부사어임을 나타내는 격 조사.
② '소리에 잠을 깨다'는 상황을 보면, 이때 '에'는 원인임을 보여주는 부사격 조사라고 할 수 있다.
　※ 에(부사격 조사): **1**((체언 뒤에 붙어))「4」 앞말이 원인의 부사어임을 나타내는 격 조사.
④ '감기'와 같은 병이 있는지, 영향이 미치는 대상인지 확인해야 한다.
　※ 에(부사격 조사): **1**((체언 뒤에 붙어))「7」 앞말이 목표나 목적의 대상이 되는 부사어임을 나타내는 격 조사.

07 ③

㉠은 '화물의 운반'이란 어려운 일과 관련되어 있다. 이와 가장 유사한 대상으로 '출산율 감소'가 있다. 따라서 ③이 정답이다.
※ 문제(問題)(명사): 「3」 해결하기 어렵거나 난처한 대상. 또는 그런 일.

☑ 오답 피하기
① '문제의 영화'는 논의가 될 대상이란 의미이다.
　※ 문제(問題)(명사): 「2」 논쟁, 논의, 연구 따위의 대상이 되는 것.
② '문제를 일으키다.'란 곧 '말썽을 일으키다.'란 의미이다.
　※ 문제(問題)(명사): 「4」 귀찮은 일이나 말썽.
④ 해결할 수 있는 어떤 물음을 의미한다.
　※ 문제(問題)(명사): 「1」 해답을 요구하는 물음.

08 ②

'건강'과 가장 유사한 의미를 지닌 대상은 '혈색'이다. 모두 건강 상태가 좋다는 의미이다.
※ 좋다(형용사): **1**「4」 신체적 조건이나 건강 상태가 보통 이상의 수준이다.

☑ 오답 피하기
① '성격'과 같은 대상을 찾아야 한다.
　※ 좋다(형용사): **1**「2」 성품이나 인격 따위가 원만하거나 선하다.

③ '~하기'와 같은 해야 할 일을 확인해야 한다.
　※ 좋다(형용사): **3**【-기에】【 -기가】 어떤 일을 하기가 쉽거나 편하다.
④ '기분'과 같은 감정을 확인해야 한다.
　※ 좋다(형용사): **2**【…이】「2」 감정 따위가 기쁘고 만족스럽다.

09 ②

'성격'과 같이 어떤 섞여 있는 대상을 기준에 따라 분류한 것이므로 이와 가장 유사한 맥락으로 있는 문장은 ②이다.
※ 나누다(동사): 「2」 여러 가지가 섞인 것을 구분하여 분류하다.

☑ 오답 피하기
① '이야기'와 같이 말을 주고받았는지 확인해야 한다.
　※ 나누다(동사): **3**【(…과) …을】(('…과'가 나타나지 않을 때는 여럿임을 뜻하는 말이 주어로 온다))「2」 말이나 이야기, 인사 따위를 주고받다.
③ '같은 핏줄'이란 의미가 있는지 확인해야 한다.
　※ 나누다(동사): **3**【(…과) …을】(('…과'가 나타나지 않을 때는 여럿임을 뜻하는 말이 주어로 온다))「4」 같은 핏줄을 타고나다.
④ 어떤 '하나'를 '다양한' 조각으로 나누었는지 확인해야 한다.
　※ 나누다(동사): **1**【…을 …으로】「1」 하나를 둘 이상으로 가르다.

10 ④

'생긴 품'이란 말과 가장 유사한 의미를 지닌 품은 ④이다. '생긴 품'과 '옷 입는 품' 모두 태도나 됨됨이로 해석할 수 있기 때문이다.
※ 품(의존 명사): 행동이나 말씨에서 드러나는 태도나 됨됨이.≒품새.

☑ 오답 피하기
① 가슴 속에 있는지 확인해야 한다.
　※ 품(명사): 「3」 두 팔을 벌려서 안을 때의 가슴.
② 옷과 관련된 넓이인지 확인해야 한다.
　※ 품(명사): 「1」 윗옷의 겨드랑이 밑의 가슴과 등을 두르는 부분의 넓이.
③ '품을 갚다'라는 관용구를 파악해야 한다.
　※ 품을 갚다(관용구): 남에게 받은 품을 돌려주기 위하여 상대에게 품을 제공하다.
⑤ '품을 팔다'란 말에서 돈을 받고 일을 한다는 의미를 추측해야 한다.
　※ 품(명사): 「2」 삯을 받고 하는 일.

제2회

📍 **Answer**

| 01 ② | 02 ④ | 03 ④ | 04 ④ | 05 ④ |
| 06 ③ | 07 ③ | 08 ① | 09 ③ | 10 ⑤ |

01 ②

'손해'는 어떤 일을 겪는 것과 연결되며, 이때의 품사는 '동사'이다.
※ 보다(동사): **1**【…을】「16」 어떤 일을 당하거나 겪거나 얻어 가지다.

☑ 오답 피하기

① '그의 행동을 평가했다.'란 의미로, 이때의 품사는 '동사'이다.
　※ 보다(동사): ❸【…을 …으로】【…을 -게】【…을 -고】【…으로】
　　【-고】(('…으로'나 '-게' 대신에 평가를 뜻하는 다른 부사어가
　　쓰이기도 한다)) 대상을 평가하다.
③ '상대를 그렇게 평가했다.'란 의미로, 이때의 품사는 '동사'이다.
　※ 보다(동사): ❸【…을 …으로】【…을 -게】【…을 -고】【…으로】
　　【-고】(('…으로'나 '-게' 대신에 평가를 뜻하는 다른 부사어가
　　쓰이기도 한다)) 대상을 평가하다.
④ '날씨가 좋을 것으로 평가했다.'란 의미로, 이때의 품사는 동사이다.
　※ 보다(동사): ❸【…을 …으로】【…을 -게】【…을 -고】【…으로】
　　【-고】(('…으로'나 '-게' 대신에 평가를 뜻하는 다른 부사어가
　　쓰이기도 한다)) 대상을 평가하다.

02 ④

'음악적 소질을 타다'란 '재주를 선천적으로 지니다'는 의미이다. 시류나
전파와 같은 물결을 타지 않으므로 홀로 의미가 다르다고 할 수 있다.
※ 타다(동사): 「2」【…을】 복이나 재주, 운명 따위를 선천적으로 지니다.

☑ 오답 피하기

①, ③ '바람을 타다'는 '바람이나 물결, 전파 따위에 실려 퍼지다.'는 의
미와 관련이 깊다.
　※ 타다(동사): ❷【…을】「3」 바람이나 물결, 전파 따위에 실려 퍼
　　지다.
② '경기를 타다'는 '어떤 조건이나 시간, 기회 등을 이용하다.'는 의미
와 관련이 깊다.
　※ 타다(동사): ❷【…을】「2」 어떤 조건이나 시간, 기회 등을 이용
　　하다.

03 ④

㉣의 의미를 지닌 예로 '이 문제는 자네가 알아서 처리해 주게.'가 있다.
'경기에서 질 줄 알았다.'에서 '알다'는 '어떠한 사실에 대하여 그러하다
고 믿거나 생각하는 것'과 관련이 깊다.
※ 알다(동사): ❺【…으로】【-고】 어떠한 사실에 대하여 그러하다고
　믿거나 생각하다. 예 시험이 내일인 줄로 알았다.
※ 알다(동사): ❶【…을】【-ㄴ지를】【-음을】(('…을' 대신에 '…에 대
　하여'가 쓰이기도 한다)) 「4」 ((주로 '알아서'의 꼴로 쓰여)) 사람이
　어떤 일을 어떻게 할지 스스로 정하거나 판단하다. 예 네 일은 네가
　알아서 해라.

☑ 오답 피하기

① '7개 국어'와 같이 능력이 좋은 대상이 있는지 확인해야 한다.
　※ 알다(동사): ❷【…을】「1」 ((주로 '-을 줄 알다' 구성으로 쓰여))
　　어떤 일을 할 능력이나 소양이 있다.
② '두 사람'과 같이 안면이 있는 대상이 있는지 확인해야 한다.
　※ 알다(동사): ❸【(…과)】【…을】(('…과'가 나타나지 않을 때는
　　여럿임을 뜻하는 말이 주어로 온다))(('…을' 대신에 '…에 대하
　　여'가 쓰이기도 한다)) 다른 사람과 사귐이 있거나 안면이 있다.
③ '관심이 있는 것'과 관련된 표현인 '알 바 아니다.'의 구성을 확인해
　야 한다.
　※ 알다(동사): ❷【…을】「2」 ((주로 '알 바 아니다' 구성으로 쓰
　　여)) 어떤 일에 대하여 관여하거나 관심을 가지다.

04 ④

'금지되거나 제한된 것'이어야 하는데, '경찰'은 이에 해당한다고 볼 수
없다. '구금을 풀다, 통금을 풀다'와 같이 금지되거나 제한된 것이 조건
으로 제시되어야 한다. 참고로 '경찰을 풀다'의 '풀다'는 '사람을 동원하
다'란 뜻이다.
※ 풀다(동사): ❶【…을】「9」 사람을 동원하다.
※ 풀다(동사): ❶【…을】「6」 금지되거나 제한된 것을 할 수 있도록
　터놓다.

☑ 오답 피하기

① '모르거나 복잡한 문제'란 조건에 '수수께끼'가 해당되므로 단어의
　의미에 맞게 쓴 문장이다.
　※ 풀다(동사): ❶【…을】「5」 모르거나 복잡한 문제 따위를 알아
　　내거나 해결하다.
② '어려운 것'이란 조건에 '난해한 말'이 해당되므로 단어의 의미에 맞
　게 쓴 문장이다.
　※ 풀다(동사): ❶【…을】「12」 어려운 것을 알기 쉽게 바꾸다.
③ '긴장된 분위기, 표정'이란 조건에 '얼굴을 풀다'의 '얼굴'은 표정으
　로 해석되므로 단어의 의미에 맞게 쓴 문장이다.
　※ 풀다(동사): ❶【…을】「3」 일어난 감정 따위를 누그러뜨리다.

05 ④

• 길(명사): 「3」 어떤 일에 익숙하게 된 솜씨.(㉠, ㉣)
　㉠: 농촌 생활에 제법 길이 들었다.
　㉣: 서랍은 길이 들지 않아 잘 열리지 않았다.
• 길(명사): 「1」 사람이나 동물 또는 자동차 따위가 지나갈 수 있게 땅
　위에 낸 일정한 너비의 공간.≒도로.(㉢) 「3」 걷거나 탈것을 타고 어
　느 곳으로 가는 노정(路程).(㉡)
　㉡: 그 먼 길을 뚫고 고향으로 돌아가겠다고?
　㉢: 길이 많이 막혀서 대중교통을 이용하는 편이 빠르다.
• 길(의존 명사): 「2」 길이의 단위. 한 길은 사람의 키 정도의 길이이
　다.(㉤)
　㉤: 통나무 굵기가 한 아름이 넘고, 길이는 열 길이 넘었다.
정리하자면, (㉠, ㉣), (㉡, ㉢), (㉤)이 있는 ④가 정답이다.

06 ③

'입술이 타다'와 '장작불이 타다'는 모두 '사라지거나, 건조해지거나, 마
르거나'와 같은 상황을 공유한다. 따라서 '다의어'라 할 수 있으므로 ③
이 정답이다.
※ 타다(동사): 「1」 불씨나 높은 열로 불이 붙어 번지거나 불꽃이 일어
　나다. 「4」 마음이 몹시 달다.

☑ 오답 피하기

① '무를 갈다'와 '전등을 새것으로 갈다'의 '갈다'는 전혀 다른 의미를
　지녔다. 공유되는 것도 없으므로 '동음이의어' 관계이다.
　※ 갈다(동사): 【…을】「2」 잘게 부수기 위하여 단단한 물건에 대
　　고 문지르거나 단단한 물건 사이에 넣어 으깨다.
　※ 갈다(동사): 【…을 …으로】「1」 이미 있는 사물을 다른 것으로
　　바꾸다.

② '안개에 가리다'와 '음식을 가리다'는 문장 성분 구성부터가 다르다. 또한 의미도 '무언가를 덮다와 골라 내서 먹다'도 다르다. 따라서 이 둘은 '동음이의어' 관계이다.
　※ 가리다(동사): 【…에/에게】【 …으로】보이거나 통하지 못하도록 막히다.
　※ 가리다(동사): 【…을】 「6」 음식을 골라서 먹다.
④ '경기에서 지다'와 '모닥불이 지다'는 문장 성분 구성부터가 다르다. 또한 '경기에서 이기지 못한 것'과 '모닥불이 없어지다'는 의미도 다르다. 따라서 이 둘은 '동음이의어' 관계이다.
　※ 지다(동사): 「1」【…에/에게】【…을】 내기나 시합, 싸움 따위에서 재주나 힘을 겨루어 상대에게 꺾이다.
　※ 지다(동사): 「5」 불이 타 버려 사위어 없어지거나 빛이 희미하여지다.

07 ③

'화초가 죽었다'의 '죽다'는 '생명이 끊어지다'는 의미이고, '성질이 죽었다'의 '죽다'는 '성질이나 기운 따위가 꺾이다'는 의미이다. 둘은 다의어이므로 동음이의어라고 할 수 없다.
※ 죽다(동사): [I] 「동사」 「1」 생명이 없어지거나 끊어지다. ≒운하다. 「4」 성질이나 기운 따위가 꺾이다.

✅ 오답 피하기

① '의심하는 눈'의 '눈'은 '무엇을 보는 표정이나 태도'를 의미하며, '나뭇가지에 눈이 튼다'의 '눈'은 '새싹'을 의미하므로, 둘은 동음이의어이다.
　※ 눈(명사): 「4」 (('눈으로' 꼴로 쓰여)) 무엇을 보는 표정이나 태도.
　※ 눈(명사): 『식물』 새로 막 터져 돋아나려는 초목의 싹. 꽃눈, 잎눈 따위이다.
② '글씨를 쓰다'의 '쓰다'는 붓이나 펜을 사용해야 한다는 것이고, '존댓말을 쓰다'의 '쓰다'는 어떤 말이나 언어를 사용해야 한다는 것이다. 이 둘은 동음이의어이다.
　※ 쓰다(동사): ❶ 【…에 …을】 「1」 붓, 펜, 연필과 같이 선을 그을 수 있는 도구로 종이 따위에 획을 그어서 일정한 글자의 모양이 이루어지게 하다.
　※ 쓰다(동사): ❸ 【…을】 「3」 【…에/에게 …을】【…을 …으로】 어떤 말이나 언어를 사용하다.
④ '폭풍우가 치다'의 '치다'는 '세차게 뿌리다'란 의미이고, '가지를 많이 치다'는 '가지가 무성해지다'는 의미이다. 이 둘은 동음이의어이다.
　※ 치다(동사): 「1」 바람이 세차게 불거나 비, 눈 따위가 세차게 뿌리다.
　※ 치다(동사): 【…을】 「2」 식물이 가지나 뿌리를 밖으로 돋아 나오게 하다.

08 ①

㉠(○): '낮은 지대'의 '낮다'는 물리적 공간과 관련된다.
　※ 낮다(형용사): 「1」 아래에서 위까지의 높이가 기준이 되는 대상이나 보통 정도에 미치지 못하는 상태에 있다.
㉡(○): '관심도가 낮다.'의 '낮다'는 추상화되어 주변적 의미를 지닌다.
　※ 낮다(형용사): 「3」 품위, 능력, 품질 따위가 바라는 기준보다 못하거나 보통 정도에 미치지 못하는 상태에 있다.

✅ 오답 피하기

② ㉠(×): '좁은 소견'의 '좁다'는 추상화되어 주변적 의미를 지닌다.
　㉡(○): '마음이 좁아서'의 '좁다'는 추상화되어 주변적 의미를 지닌다.
　※ 좁다(형용사): 「3」 마음 쓰는 것이 너그럽지 못하다.
③ ㉠(○): '넓은 공터'의 '넓다'는 물리적 공간과 관련된다.
　㉡(×): '마당은 꽤 넓다.'의 '넓다'는 물리적 공간과 관련된다.
　※ 넓다(형용사): 「1」 면이나 바닥 따위의 면적이 크다.
④ ㉠(×): '가능성이 크다'의 '크다'는 추상화되어 주변적 의미를 지닌다.
　※ 크다(형용사): 「10」 가능성 따위가 많다.
　㉡(○): '기쁨도 크다'의 '크다'는 추상화되어 주변적 의미를 지닌다.
　※ 크다(형용사): 「3」 일의 규모, 범위, 정도, 힘 따위가 대단하거나 강하다.
⑤ ㉠(×): '사실에 가깝다'의 '가깝다'는 추상화되어 주변적 의미를 지닌다.
　※ 가깝다(형용사): ❸ 【…에】 「2」 성질이나 특성이 기준이 되는 것과 비슷하다.
　㉡(×): '장소는 가까운 곳'의 '가깝다'는 물리적 공간과 관련된다.
　※ 가깝다(형용사): ❶ 【…에서】【 …에/에게】【 (…과)】 (('…과'가 나타나지 않을 때는 여럿임을 뜻하는 말이 주로 온다)) 어느 한곳에서 다른 곳까지의 거리가 짧다.

09 ③

'살천스럽다'는 분위기와 연결하여 표현할 수 있지만, '성마르다, 돈바르다, 암상스럽다'는 모두 사람의 성격을 드러낸 표현이므로 차이가 있다.
※ 살천-스럽다(형용사): 쌀쌀하고 매섭다.

✅ 오답 피하기

① 성(性)-마르다(형용사): 참을성이 없고 성질이 조급하다.
② 돈-바르다(형용사): 성미가 너그럽지 못하고 까다롭다.
④ 암상-스럽다(형용사): 보기에 남을 시기하고 샘을 잘 내는 데가 있다.

10 ⑤

'잔입으로'라는 말은 '아무것도 먹지 않았다'는 의미이다. 따라서 음식을 조금만 먹었다는 말은 적절하지 않다.
※ 잔-입(명사): 자고 일어나서 아직 아무것도 먹지 아니한 입. ≒마른입.

✅ 오답 피하기

① 줄-목(명사): 「1」 일의 진행 과정에서 가장 중요한 대목. 「2」 줄다리기에서, 양편의 줄의 맨 앞부분.
② 선-걸음(명사): ((주로 '선걸음에', '선걸음으로' 꼴로 쓰여)) 이미 내디뎌 걷고 있는 그대로의 걸음. ≒선길.
③ 갈무리(명사): 「1」 물건 따위를 잘 정리하거나 간수함. 「2」 일을 처리하여 마무리함. 「3」 『정보·통신』 통신상에 보이는 자료들 가운데 필요한 내용을 파일 형태로 저장하는 일.
④ 맨드리(명사): 「1」 옷을 입고 매만진 맵시. 「2」 물건이 만들어진 모양새. 「3」 이미 만들어 놓은 물건.

CHAPTER **02** 사자성어

제3회

Answer

| 01 ⑤ | 02 ④ | 03 ③ | 04 ④ | 05 ③ |
| 06 ⑤ | 07 ① | 08 ② | 09 ① | 10 ⑤ |

01 ⑤

'방자하고 교만하여 다른 사람을 업신여김.'을 의미하는 사자성어는 '안하무인'이다.

※ 토사구팽(兔死狗烹)(명사): 토끼가 죽으면 토끼를 잡던 사냥개도 필요 없게 되어 주인에게 삶아 먹히게 된다는 뜻으로, 필요할 때는 쓰고 필요 없을 때는 야박하게 버리는 경우를 이르는 말.(토끼 토, 죽을 사, 개 구, 삶을 팽)

※ 안하무인(眼下無人)(명사): 눈 아래에 사람이 없다는 뜻으로, 방자하고 교만하여 다른 사람을 업신여김을 이르는 말.≒안중무인.(눈 안, 아래 하, 없을 무, 사람 인)

오답 피하기

① 구곡-간장(九曲肝腸)(명사): 굽이굽이 서린 창자라는 뜻으로, 깊은 마음속 또는 시름이 쌓인 마음속을 비유적으로 이르는 말.(아홉 구, 굽을 곡, 간 간, 창자 장)

② 독서-삼매(讀書三昧)(명사): 다른 생각은 전혀 아니 하고 오직 책 읽기에만 골몰하는 경지.(읽을 독, 글 서, 석 삼, 어두울 매)

③ 마부위침(磨斧爲針)(명사): '도끼를 갈아 바늘을 만든다.'는 뜻으로, 아무리 어려운 일이라도 끊임없이 노력(努力)하면 반드시 이룰 수 있음을 이르는 말.(갈 마, 도끼 부, 할 위, 바늘 침)

④ 와신-상담(臥薪嘗膽)(명사): 불편한 섶에 몸을 눕히고 쓸개를 맛본다는 뜻으로, 원수를 갚거나 마음먹은 일을 이루기 위하여 온갖 어려움과 괴로움을 참고 견딤을 비유적으로 이르는 말.(누울 와, 섶 신, 맛볼 상, 쓸개 담)

02 ④

'견강부회'는 고집이 세고 자기에게 유리하게 말하는 것을 의미한다. 세상과 타협하고 권력에 굴복하는 것으로 '곡학아세'가 있다.

※ 견강-부회(牽强附會)(명사): 이치에 맞지 않는 말을 억지로 끌어 붙여 자기에게 유리하게 함.≒부회.(끌 견, 강할 강, 붙을 부, 모일 회)

※ 곡학-아세(曲學阿世)(명사): 바른길에서 벗어난 학문으로 세상 사람에게 아첨함.(굽을 곡, 배울 학, 언덕 아, 세대 세)

오답 피하기

① 고굉지신(股肱之臣)(명사): 다리와 팔같이 중요한 신하라는 뜻으로, 임금이 가장 신임하는 신하를 이르는 말.≒고굉, 고장지신, 굉려.(넓적다리 고, 팔뚝 굉, 갈 지, 신하 신)

② 호가호위(狐假虎威)(명사): 남의 권세를 빌려 위세를 부림. ≪전국책≫의 <초책(楚策)>에 나오는 말로 여우가 호랑이의 위세를 빌려 호기를 부린다는 데에서 유래한다.(여우 호, 거짓 가, 범 호, 위엄 위)

③ 요령-부득(要領不得)(명사): 말이나 글 따위의 요령을 잡을 수가 없음.≒부득요령.(중요할 요, 거느릴 령(영), 아닐 부(불), 얻을 득)

⑤ 간담-상조(肝膽相照)(명사): 서로 속마음을 털어놓고 친하게 사귐.(간 간, 쓸개 담, 서로 상, 비출 조)

03 ③

해당 작품은 사랑하는 임을 만나지 못한 현실에 전전긍긍하는 모습이 그려져 있다. 따라서 이런 정서를 가장 잘 표현한 사자성어로는 '전전반측'이 있다.

※ 전전-반측(輾轉反側)(명사): 누워서 몸을 이리저리 뒤척이며 잠을 이루지 못함.≒전전불매.(구를 전, 구를 전, 돌이킬 반, 곁 측)

오답 피하기

① 호가호위(狐假虎威)(명사): 남의 권세를 빌려 위세를 부림. ≪전국책≫의 <초책(楚策)>에 나오는 말로 여우가 호랑이의 위세를 빌려 호기를 부린다는 데에서 유래한다.(여우 호, 거짓 가, 범 호, 위엄 위)

② 목불인견(目不忍見)(명사): 눈앞에 벌어진 상황 따위를 눈 뜨고는 차마 볼 수 없음.≒불인견.(눈 목, 아닐 불(부), 참을 인, 볼 견)

④ 각주구검(刻舟求劍)(명사): 융통성 없이 현실에 맞지 않는 낡은 생각을 고집하는 어리석음을 이르는 말. 초나라 사람이 배에서 칼을 물속에 떨어뜨리고 그 위치를 뱃전에 표시하였다가 나중에 배가 움직인 것을 생각하지 않고 칼을 찾았다는 데서 유래한다.≒각선구검.(새길 각, 배 주, 구할 구, 칼 검)

04 ④

'보리밥 풋나물'은 소박한 음식을 의미하며, 화자는 자연 속에서 만족감을 느끼며 행복해한다. 이런 상황과 가장 잘 어울리는 사자성어로 '안빈낙도'가 있다.

※ 안빈-낙도(安貧樂道)(명사): 가난한 생활을 하면서도 편안한 마음으로 도를 즐겨 지킴.(편안할 안, 가난할 빈, 즐길 낙(락), 길 도)

오답 피하기

① 불립문자(不立文字)(명사): 『불교』 불도의 깨달음은 마음에서 마음으로 전하는 것이므로 말이나 글에 의지하지 않는다는 말.(아닐 불(부), 설 립(입), 글월 문, 글자 자)

② 연목구어(緣木求魚)(명사): 나무에 올라가서 물고기를 구한다는 뜻으로, 도저히 불가능한 일을 굳이 하려 함을 비유적으로 이르는 말.(인연 연, 나무 목, 구할 구, 물고기 어)

③ 언어-도단(言語道斷)(명사): 말할 길이 끊어졌다는 뜻으로, 어이가 없어서 말하려 해도 말할 수 없음을 이르는 말.≒도단, 언어동단.(말씀 언, 말씀 어, 길 도, 끊을 단)

05 ③

'베스 놈의 투지와 용맹을 길러서 금옥이네 누렁이를 꺾고 말겠다는 석구의 노력'과 연결하여 생각해야 하는 장면으로, 참고 노력한다는 의미를 지닌 '와신상담'이 가장 잘 어울린다.

※ 와신-상담(臥薪嘗膽)(명사): 불편한 섶에 몸을 눕히고 쓸개를 맛본다는 뜻으로, 원수를 갚거나 마음먹은 일을 이루기 위하여 온갖 어려움과 괴로움을 참고 견딤을 비유적으로 이르는 말.(누울 와, 섶 신, 맛볼 상, 쓸개 담)

오답 피하기

① 이전-투구(泥田鬪狗)(명사): 「1」 진흙탕에서 싸우는 개라는 뜻으로, 강인한 성격의 함경도 사람을 이르는 말. 「2」 자기의 이익을 위하여 비열하게 다툼을 비유적으로 이르는 말.(진흙 이(니), 밭 전, 싸울 투, 개 구)

② 오월-동주(吳越同舟)(명사): 서로 적의를 품은 사람들이 한자리에 있게 된 경우나 서로 협력하여야 하는 상황을 비유적으로 이르는 말. 중국 춘추 전국 시대에, 서로 적대시하는 오나라 사람과 월나라 사람이 같은 배를 탔으나 풍랑을 만나서 서로 단합하여야 했다는 데에서 유래한다. 출전은 ≪손자(孫子)≫의 <구지편(九地篇)>이다.(성씨 오, 넘을 월, 한가지 동, 배 주)

④ 결초-보은(結草報恩)(명사): 죽은 뒤에라도 은혜를 잊지 않고 갚음을 이르는 말. 중국 춘추 시대에, 진나라의 위과(魏顆)가 아버지가 세상을 떠난 후에 서모를 개가시켜 순사(殉死)하지 않게 하였더니, 그 뒤 싸움터에서 그 서모 아버지의 혼이 적군의 앞길에 풀을 묶어 적을 넘어뜨려 위과가 공을 세울 수 있도록 하였다는 고사에서 유래한다.≒결초.(맺을 결, 풀 초, 갚을 보, 은혜 은)

06 ⑤

㉠: '무시무시한 공포'를 쫓아 버리기 위해 과장되게 표현하였다는 의미이다. 따라서 '허장성세'가 가장 잘 어울린다.
 ※ 허장-성세(虛張聲勢)(명사): 실속은 없으면서 큰소리치거나 허세를 부림.(빌 허, 베풀 장, 소리 성, 형세 세)

㉡: '하루 종일 누워만 있는' 아내에게 소리를 지르는 장면이다. 이와 잘 어울리는 사자성어는 '주야장천'이다.
 ※ 주야-장천(晝夜長川)(명사): 밤낮으로 쉬지 아니하고 연달아.≒장천.(낮 주, 밤 야, 길 장, 내 천)

오답 피하기

①, ④ ㉠: 노심-초사(勞心焦思)(명사): 몹시 마음을 쓰며 애를 태움. 「비슷한말」 노사(勞思), 초로(焦勞), 초심고려(焦心苦慮) (일할 노(로), 마음 심, 탈 초, 생각 사)
 ㉡: 주야불식(晝夜不息)(명사): 밤낮으로 쉬지 아니함.(낮 주, 밤 야, 아닐 불(부), 쉴 식)

② ㉠: 허장-성세(虛張聲勢)(명사): 실속은 없으면서 큰소리치거나 허세를 부림.(빌 허, 베풀 장, 소리 성, 형세 세)
 ㉡: 전전-반측(輾轉反側)(명사): 누워서 몸을 이리저리 뒤척이며 잠을 이루지 못함.≒전전불매. 「비슷한말」 전전(輾轉) (돌아누울 전, 구를 전, 돌이킬 반, 곁 측)

③ ㉠: 절치-부심(切齒腐心)(명사): 몹시 분하여 이를 갈며 속을 썩임.(끊을 절, 이 치, 썩을 부, 마음 심)

07 ①

'우열을 가리기가 힘들다.'라는 의미로 쓰인 것은 '백중지세, 난형난제, 막상막하'이다. '막역지우'는 친한 친구 사이에서 쓰는 말이다. 따라서 ①이 정답이다.
 ※ 막역지우(莫逆之友)(명사): 서로 거스름이 없는 친구라는 뜻으로, 허물없이 아주 친한 친구를 이르는 말.(없을 막, 거스를 역, 갈 지, 벗 우)

오답 피하기

② 백중지세(伯仲之勢)(명사): 서로 우열을 가리기 힘든 형세. 위나라 문제(文帝)의 ≪전론(典論)≫에서 나온 말이다.≒백중세, 백중지간.(맏 백, 버금 중, 갈 지, 기세 세)

③ 난형난제(難兄難弟)(명사): 누구를 형이라 하고 누구를 아우라 하기 어렵다는 뜻으로, 두 사물이 비슷하여 낫고 못함을 정하기 어려움을 이르는 말.(어려울 난, 형 형, 어려울 난, 아우 제)

④ 막상막하(莫上莫下)(명사): 더 낫고 더 못함의 차이가 거의 없음.(없을 막, 위 상, 없을 막, 아래 하)

08 ②

'툭 던지는 한마디'와 '비수가 된다.'는 말이 핵심이다. 이는 아주 간단한 것으로도 남을 감동하게 하거나 남의 약점을 찌를 수 있다는 의미인 '촌철살인'과 가장 잘 어울린다. 따라서 정답은 ②이다.
 ※ 촌철살인(寸鐵殺人)(명사): 한 치의 쇠붙이로도 사람을 죽일 수 있다는 뜻으로, 간단한 말로도 남을 감동하게 하거나 남의 약점을 찌를 수 있음을 이르는 말.(마디 촌, 쇠 철, 죽일 살, 사람 인)

오답 피하기

① '아첨하는 것'과 '툭 던지는 한마디'의 상황이 어울리지 않는다.
 ※ 교언-영색(巧言令色)(명사): 아첨하는 말과 알랑거리는 태도.(교묘할 교, 말씀 언, 명령할 영(령), 빛 색)

③ '말과 행동이 같으냐, 다르냐'를 말하고자 한 상황이 아니다.
 ※ 언행-일치(言行一致)(명사): 말과 행동이 하나로 들어맞음. 또는 말한 대로 실행함.≒언말짓일치.(말씀 언, 다닐 행, 하나 일, 이를 치)

④ '거리의 소문'을 말하고자 한 것이 아니다.
 ※ 가담-항설(街談巷說)(명사): 거리나 항간에 떠도는 소문.≒가담항어, 가담항의, 가설항담.(거리 가, 말씀 담, 거리 항, 말씀 설)

09 ①

'놀라운 성과'를 거둔 우리나라 축구 대표팀이 어수선한 분위기가 분명히 있음에도 하루도 쉬지 않고 훈련, 좋은 성적으로 본선행을 결정지었다는 점을 고려하며 풀어야 한다. 이는 더욱 잘할 수 있도록 장려함을 이르는 말이므로 ①이 정답이다.
 ※ 주마가편(走馬加鞭)(명사): 달리는 말에 채찍질한다는 뜻으로, 잘하는 사람을 더욱 장려함을 이르는 말.(달릴 주, 말 마, 더할 가, 채찍 편)

오답 피하기

② 주마간산(走馬看山)(명사): 말을 타고 달리며 산천을 구경한다는 뜻으로, 자세히 살피지 아니하고 대충대충 보고 지나감을 이르는 말.(달릴 주, 말 마, 볼 간, 메 산)

③ 절치-부심(切齒腐心)(명사): 몹시 분하여 이를 갈며 속을 썩임.(끊을 절, 이 치, 썩을 부, 마음 심)

④ 견문-발검(見蚊拔劍)(명사): 모기를 보고 칼을 뺀다는 뜻으로, 사소한 일에 크게 성내어 덤빔을 이르는 말.(볼 견, 모기 문, 뺄 발, 칼 검)

10 ⑤

이런 상태가 계속 지속되면, 결국 '혼탁한 상태'가 되는 것이라 하며 글을 마무리하였다. 그런데 '파사현정'은 '사견과 사도를 깨고 정법을 드러내는 것'으로 '혼탁한 상태'와 거리가 멀다. '혼탁한 상태'와 가장 잘 어울리는 사자성어로 '거세개탁'이 있다.
 ※ 파사-현정(破邪顯正)(명사): 『불교』 사견(邪見)과 사도(邪道)를 깨고 정법(正法)을 드러내는 일. 삼론종의 근본 교의이다.≒파현.(깨뜨릴 파, 간사할 사, 나타날 현, 바를 정)
 ※ 거세개탁(擧世皆濁)(명사): '온 세상(世上)이 다 흐리다.'는 뜻으로, 지위(地位)의 높고 낮음을 막론(莫論)하고 모든 사람이 다 바르지 않음.(들 거, 인간 세, 다 개, 흐릴 탁)

☑ 오답 피하기

① '주위의 충고를 귀 기울여 듣지 않는다.'라는 말은 결국 결점을 감추는 것과 같으므로, '호질기의'라는 사자성어와 어울린다.

　　※ 호질기의(護疾忌醫)(명사): '병(病)을 숨기고 의원(醫員)에게 보이기를 꺼린다.'라는 뜻으로, '자신(自身)의 결점(缺點)을 감추고 남의 충고(忠告)를 듣지 않음.'을 비유(比喩·譬喩)하는 말.(도울 호, 병 질, 꺼릴 기, 의원 의)

② '진실은 숨길 수 없고, 거짓은 드러나기 마련'이란 말과 '머리는 감추었는데, 꼬리는 드러나 있다.'라는 상황과 유사하므로, '장두노미'라는 사자성어와 잘 어울린다.

　　※ 장두노미(藏頭露尾)(명사): '머리는 감추었는데 꼬리는 드러나 있다.'는 뜻으로, 속으로 감추면서 들통 날까봐 전전긍긍(戰戰兢兢)하는 태도(態度)를 빗대기도 함.(감출 장, 머리 두, 이슬 노(로), 꼬리 미)

③ 주변의 충고를 듣지 않는 지도자는 결국 순리에서 벗어난 판단을 내리게 되고, 이는 '도행역시'의 행동을 한다고 볼 수 있다.

　　※ 도행-역시(倒行逆施)(명사): 차례나 순서를 바꾸어서 행함.(거꾸로 도, 다닐 행, 거스를 역, 베풀 시)

④ '지도자에게 제멋대로 조작되거나 잘못된 내용을 전달하는 것'에서 '윗사람을 농락하고 권세를 마음대로 한다'라는 '지록위마'의 태도를 읽을 수 있다.

　　※ 지록위마(指鹿爲馬)(명사):「1」 윗사람을 농락하여 권세를 마음대로 함을 이르는 말. 중국 진(秦)나라의 조고(趙高)가 자신의 권세를 시험하여 보고자 황제 호해(胡亥)에게 사슴을 가리키며 말이라고 한 데서 유래한다.「2」 모순된 것을 끝까지 우겨서 남을 속이려는 짓을 비유적으로 이르는 말.(가리킬 지, 사슴 록, 할 위, 말 마)

제4회

📍 Answer

| 01 ④ | 02 ④ | 03 ④ | 04 ① | 05 ② |
| 06 ④ | 07 ② | 08 ④ | 09 ④ | 10 ① |

---

01 ④

'망양지탄'은 '학문의 길이 여러 갈래라서 한 갈래의 진리도 얻기 어려움'을 의미한다. 따라서 '부모님이 돌아가신 후 후회하는 상황'과 연결되지 않는다. 해당 의미와 관련된 단어는 '풍수지탄'이다.

※ 망양지탄(亡羊之歎)(명사): 갈림길이 매우 많아 잃어버린 양을 찾을 길이 없음을 탄식한다는 뜻으로, 학문의 길이 여러 갈래여서 한 갈래의 진리도 얻기 어려움을 이르는 말.(망할 망, 양 양, 갈 지, 탄식할 탄)

※ 풍수지탄(風樹之嘆)(명사): 효도를 다하지 못한 채 어버이를 여읜 자식의 슬픔을 이르는 말.(바람 풍, 나무 수, 갈 지, 탄식할 탄)

☑ 오답 피하기

① '연목구어'는 '불가능한 일을 굳이 하는 것'을 의미하므로 '우리가 할 수 없다.'라는 의미와 연결된다.

　　※ 연목구어(緣木求魚)(명사): 나무에 올라가서 물고기를 구한다는 뜻으로, 도저히 불가능한 일을 굳이 하려 함을 비유적으로 이르는 말.(인연 연, 나무 목, 구할 구, 물고기 어)

② '양두구육'은 '겉보기만 그럴듯하고 속은 그렇지 않음'을 의미하므로 '신뢰할 수 없는 상황'과 연결된다.

　　※ 양두-구육(羊頭狗肉)(명사): 양의 머리를 걸어 놓고 개고기를 판다는 뜻으로, 겉보기만 그럴듯하게 보이고 속은 변변하지 아니함을 이르는 말.(양 양, 머리 두, 개 구, 고기 육)

③ '각주구검'은 '융통성 없는, 낡은 생각'과 같이 시대착오적인 어리석음을 의미한다.

　　※ 각주구검(刻舟求劍)(명사): 융통성 없이 현실에 맞지 않는 낡은 생각을 고집하는 어리석음을 이르는 말.(새길 각, 배 주, 구할 구, 칼 검)

---

02 ④

'당랑거철'은 '제 역량을 생각하지 않고, 강한 상대나 되지 않을 일에 덤벼드는 무모한 행동거지를 비유적으로 이르는 말.'을 의미한다. 따라서 무모한 행동을 고려해야 하는데, 선지의 '신중한 태도로 문제의 본질에 접근한다.'는 행동과 어울리지 않는다.

※ 당랑거철(螳螂拒轍)(명사): 제 역량을 생각하지 않고, 강한 상대나 되지 않을 일에 덤벼드는 무모한 행동거지를 비유적으로 이르는 말. 중국 제나라 장공(莊公)이 사냥을 나가는데 사마귀가 앞발을 들고 수레바퀴를 멈추려 했다는 데서 유래한다.≒당랑당거철, 당랑지부.(사마귀 당, 사마귀 랑(낭), 막을 거, 바퀴 자국 철)

☑ 오답 피하기

① '구곡간장'은 '깊은 시름'을 의미한다. 따라서 '슬픔에 빠진 상황'과 잘 어울린다.

　　※ 구곡간장(九曲肝腸)(명사): 굽이굽이 서린 창자라는 뜻으로, 깊은 마음속 또는 시름이 쌓인 마음속을 비유적으로 이르는 말.(아홉 구, 굽을 곡, 간 간, 창자 장)

② '곡학아세'는 '아첨하는 태도'를 의미하는데, 이는 학문의 정도를 걷지 않는 것과 연결된다.

　　※ 곡학아세(曲學阿世)(명사): 바른길에서 벗어난 학문으로 세상 사람에게 아첨함.(굽을 곡, 배울 학, 언덕 아, 인간 세)

③ '구밀복검'은 '겉과 속이 다른 것'을 의미하는데, '이유 없이 친절한 사람과 달리 속은 친절하지 않을 수 있다.'는 상황과 잘 어울린다.

　　※ 구밀복검(口蜜腹劍)(명사): 입에는 꿀이 있고 배 속에는 칼이 있다는 뜻으로, 말로는 친한 듯하나 속으로는 해칠 생각이 있음을 이르는 말.(입 구, 꿀 밀, 배 복, 칼 검)

---

03 ④

'견문발검'은 사소한 일에 크게 성을 낸다는 의미이므로, 앞으로의 자세로 보기에는 적절하지 못하다.

※ 견문-발검(見蚊拔劍)(명사): 모기를 보고 칼을 뺀다는 뜻으로, 사소한 일에 크게 성내어 덤빔을 이르는 말.(볼 견, 모기 문, 뺄 발, 칼 검)

오답 피하기

① '인생사 새옹지마'란 표현과 '경제가 아무리 어려워도 새로운 기술을 개발하고 준비하면 우리에게도 기회가 올 것'이라는 말과 연결되므로 적절한 사자성어이다.

※ 새옹지마(塞翁之馬)(명사): 인생의 길흉화복은 변화가 많아서 예측하기가 어렵다는 말. 옛날에 새옹이 기르던 말이 오랑캐 땅으로 달아나서 노인이 낙심하였는데, 그 후에 달아났던 말이 준마를 한 필 끌고 와서 그 덕분에 훌륭한 말을 얻게 되었으나 아들이 그 준마를 타다가 떨어져서 다리가 부러졌으므로 노인이 다시 낙심하였는데, 그로 인하여 아들이 전쟁에 끌려 나가지 아니하고 죽음을 면할 수 있었다는 이야기에서 유래한다.≒새옹마.(변방 새, 늙은이 옹, 갈 지, 말 마)

② 뒤늦게 후회한다는 의미이므로 '만시지탄'이 잘 어울린다.

※ 만시지탄(晩時之歎/晩時之嘆)(명사): 시기에 늦어 기회를 놓쳤음을 안타까워하는 탄식.≒후시지탄.(늦을 만, 때 시, 갈 지, 탄식할 탄)

③ 나라의 위태로운 지경을 보고 목숨을 바쳐 나라를 지키겠다는 태도와 '견위수명'이 잘 어울린다.

※ 견위수명(見危授命)(명사): '위험(危險)을 보면 목숨을 바친다.'는 뜻으로, 나라의 위태(危殆)로운 지경(地境)을 보고 목숨을 바쳐 나라를 위(爲)해 싸우는 것을 말함.(볼 견, 위태할 위, 줄 수, 목숨 명)

04 ①

㉠: '힘든 일을 이겨낸다.'라는 의미에서 쓴 것이므로 은혜를 갚는다는 '결초보은'이 아니라 '고진감래'를 써야 한다.(①, ②)

※ 고진감래(苦盡甘來)(명사): 쓴 것이 다하면 단 것이 온다는 뜻으로, 고생 끝에 즐거움이 옴을 이르는 말.(괴로울 고, 다할 진, 달 감, 올 래(내))

※ 결초-보은(結草報恩)(명사): 죽은 뒤에라도 은혜를 잊지 않고 갚음을 이르는 말. 중국 춘추 시대에, 진나라의 위과(魏顆)가 아버지가 세상을 떠난 후에 서모를 개가시켜 순사(殉死)하지 않게 하였더니, 그 뒤 싸움터에서 그 서모 아버지의 혼이 적군의 앞길에 풀을 묶어 적을 넘어뜨려 위과가 공을 세울 수 있도록 하였다는 고사에서 유래한다.≒결초.(맺을 결, 풀 초, 갚을 보, 은혜 은)

㉡: '고향이 크게 변화하였다.'라는 말을 고려해 볼 때, '애절하게 기다린다.'는 의미를 지닌 '오매불망'이 아니라 '상전벽해'를 써야 한다.(①, ③)

※ 상전-벽해(桑田碧海)(명사): 뽕나무밭이 변하여 푸른 바다가 된다는 뜻으로, 세상일의 변천이 심함을 비유적으로 이르는 말.≒벽해상전, 상벽, 상전창해, 상해, 상해지변, 창상, 창해상전.(뽕나무 상, 밭 전, 푸를 벽, 바다 해)

※ 오매-불망(寤寐不忘)(명사): [Ⅰ]「명사」자나 깨나 잊지 못함. [Ⅱ]「부사」자나 깨나 잊지 못하여.(깰 오, 잠잘 매, 아닐 불(부), 잊을 망)

정리하자면, ①이 정답이다.

05 ②

'돈이나 권력을 위해서' 동료, 친구, 가족을 배신하는 사람을 가리키는 말로, '견리망의'가 있다. 눈앞의 이익을 보면 의리를 잊어버린다는 의미이다.

※ 견리-망의(見利忘義)(명사): 눈앞의 이익을 보면 의리를 잊음.(볼 견, 이로울 리(이), 잊을 망, 옳을 의)

오답 피하기

① 거안사위(居安思危)(명사): 편안하게 지낼 때도 위기를 항상 생각하며 대비하라는 뜻이다.(거처할 거, 편안 안, 생각 사, 위태할 위)

③ 남우충수(濫竽充數)(명사): 무능(無能)한 사람이 재능(才能)이 체하는 것이나 또는 외람되이 높은 벼슬을 차지하는 것을 말한다.(넘칠 남(람), 피리 우, 채울 충, 셈 수)

④ 마부작침(磨斧作鍼)(명사): '도끼를 갈아 바늘을 만든다.'라는 뜻으로, 아무리 어려운 일이라도 끊임없이 노력(努力)하면 반드시 이룰 수 있음을 이르는 말이다.(갈 마, 도끼 부, 지을 작, 바늘 침)

06 ④

'빈칸에 들어갈 사자성어'는 처음 해외여행을 다녀오면 자신이 본 것보다 훨씬 좋게 말한다는 의미와 유사해야 한다. 따라서 본래보다 과장되게 말한다는 '침소봉대(針小棒大)'가 가장 잘 어울린다.

※ 침소봉대(針小棒大)(명사): 작은 일을 크게 불리어 떠벌림.(바늘 침, 작을 소, 막대 봉, 클 대)

오답 피하기

① 각주구검(刻舟求劍)(명사): 융통성 없이 현실에 맞지 않는 낡은 생각을 고집하는 어리석음을 이르는 말. 초나라 사람이 배에서 칼을 물속에 떨어뜨리고 그 위치를 뱃전에 표시하였다가 나중에 배가 움직인 것을 생각하지 않고 칼을 찾았다는 데서 유래한다.(새길 각, 배 주, 구할 구, 칼 검)

② 권토-중래(捲土重來)(명사):「1」땅을 말아 일으킬 것 같은 기세로 다시 온다는 뜻으로, 한 번 실패하였으나 힘을 회복하여 다시 쳐들어옴을 이르는 말.「2」어떤 일에 실패한 뒤에 힘을 가다듬어 다시 그 일에 착수함을 비유하여 이르는 말.(거둘 권, 흙 토, 무거울 중, 올 래(내))

③ 와신-상담(臥薪嘗膽)(명사): 불편한 섶에 몸을 눕히고 쓸개를 맛본다는 뜻으로, 원수를 갚거나 마음먹은 일을 이루기 위하여 온갖 어려움과 괴로움을 참고 견딤을 비유적으로 이르는 말.(누울 와, 섶 신, 맛볼 상, 쓸개 담)

07 ②

㉠은 '모든 일을 할 수 있다'는 의미가 있는 것이 적절하다. 그래야 '그러한 능력을 가진 것은 아니다.'라는 부정적인 맥락과 어울리기 때문이다. 따라서 ㉠에 들어갈 가장 적절한 단어는 '무소불위'이다. 해당 사자성의 의미는 '하지 못하는 일이 없다.'라는 의미이다.

※ 무소불위(無所不爲)(명사): 하지 못하는 일이 없음.(없을 무, 바 소, 아닐 불(부), 할 위)

① 변화-무쌍(變化無雙)(명사) : 변하는 정도가 비할 데 없이 심함.(변할 변, 될 화, 없을 무, 두 쌍)

③ 선견지명(先見之明)(명사) : 어떤 일이 일어나기 전에 미리 앞을 내다보고 아는 지혜.(먼저 선, 볼 견, 갈 지, 밝을 명)

④ 괄목상대(刮目相對)(명사) : 눈을 비비고 상대편을 본다는 뜻으로, 남의 학식이나 재주가 놀랄 만큼 부쩍 늚을 이르는 말. 즉, 다른 사람의 일이 크게 진보한 것에 대해 경탄하여 인식을 새롭게 한다는 말.(깎을 괄, 눈 목, 서로 상, 대할 대)

08 ④

자기의 기대와 달리 휠체어를 탄 여자가 나와 그대로 멈춰버린 상황이다. 이런 상황에 가장 잘 어울리는 단어는 '우두망찰'이다. '정신이 얼떨떨하여 어찌할 바를 모른다.'는 의미를 지녔다.

① 역지사지(易地思之)(명사) : 처지를 바꾸어서 생각하여 봄.(바꿀 역, 땅 지, 생각 사, 갈 지)

② 황당무계(荒唐無稽)하다(형용사) : 말이나 행동 따위가 참되지 않고 터무니없다.≒황탄무계하다.(거칠 황, 당나라 당, 없을 무, 상고할 계)

③ 자승-자박(自繩自縛)(명사) : 「1」 자기의 줄로 자기 몸을 옭아 묶는다는 뜻으로, 자기가 한 말과 행동에 자기 자신이 옭혀 곤란하게 됨을 비유적으로 이르는 말. 「2」 『불교』 제 마음으로 번뇌를 일으켜 괴로움을 만듦을 비유적으로 이르는 말.(스스로 자, 노끈 승, 스스로 자, 얽을 박)

09 ④

'불필요한 곳에 나태하게 찍혀 있는 쉼표는 글의 논리와 리듬을 망쳐 놓는다'라며, 적절한 곳에 쉼표를 써야 됨을 밝힌다. 이뿐만 아니라 쉼표를 사용할 필요가 없는 빈칸은 '실수가 용납하지 않는, 완벽한' 등의 해석이 가능하므로, ④가 정답이다.

※ 천의무봉(天衣無縫)(명사) : 「1」 천사의 옷은 꿰맨 흔적이 없다는 뜻으로, 일부러 꾸민 데 없이 자연스럽고 아름다우면서 완전함을 이르는 말. 「2」 완전무결하여 흠이 없음을 이르는 말. 「3」 세상사에 물들지 아니한 어린이와 같은 순진함을 이르는 말.(하늘 천, 옷 의, 없을 무, 꿰맬 봉)

① '재능을 발휘할 때 세월만 보낸 것'에 대한 한탄은 제시되지 않았다.
   ※ 비육지탄(髀肉之嘆)(명사) : 재능을 발휘할 때를 얻지 못하여 헛되이 세월만 보내는 것을 한탄함을 이르는 말.(넓적다리 비, 고기 육, 갈 지, 탄식할 탄)

② '적을 유인하는 척한다.'라는 상황을 읽을 수가 없다.
   ※ 성동격서(聲東擊西)(명사) : 동쪽에서 소리를 내고 서쪽에서 적을 친다는 뜻으로, 적을 유인하여 이쪽을 공격하는 체하다가 그 반대쪽을 치는 전술을 이르는 말.(소리 성, 동녘 동, 부딪칠 격, 서녘 서)

③ '쓴 것'과 '단 것'을 구별할 수가 없다.
   ※ 고진감래(苦盡甘來)(명사) : 쓴 것이 다하면 단 것이 온다는 뜻으로, 고생 끝에 즐거움이 옴을 이르는 말.(쓸 고, 다할 진, 달 감, 올 래(내))

10 ①

• 백척-간두(百尺竿頭)(명사) : 백 자나 되는 높은 장대 위에 올라섰다는 뜻으로, 몹시 어렵고 위태로운 지경을 이르는 말.≒간두.(일백 백, 자 척, 낚싯대 간, 머리 두)

• 명명백백-하다(明明白白하다)(형용사) : 의심할 여지가 없이 아주 뚜렷하다.(밝을 명, 밝을 명, 흰 백, 흰 백)

• 백해-무익(百害無益)(명사) : 해롭기만 하고 하나도 이로운 바가 없음.(일백 백, 해로울 해, 없을 무, 더할 익)

• 백중지세(伯仲之勢)(명사) : 서로 우열을 가리기 힘든 형세. 위나라 문제(文帝)의 ≪전론(典論)≫에서 나온 말이다.≒백중세, 백중지간.(맏 백, 버금 중, 갈 지, 기세 세)

이 중에서 밑줄 친 한자어가 같은 것은 '백척간두'의 '백'와 '백해무익'의 '백'이다. 따라서 정답은 ①이다.

CHAPTER **03** 한자어

제**5**회

◎ Answer

01 ③	02 ②	03 ②	04 ①	05 ①
06 ①	07 ④	08 ①	09 ②	10 ①

---

01 ③

• 복선(伏線)(명사) : 「1」 만일의 경우에 대비하여 남모르게 미리 꾸며 놓은 일. 「2」 『문학』 소설이나 희곡 따위에서, 앞으로 일어날 사건을 미리 독자에게 암시하는 것.(엎드릴 복, 선 선)

✅ 오답 피하기

① 갈등(葛藤)(명사) : 「1」 칡과 등나무가 서로 얽히는 것과 같이, 개인이나 집단 사이에 목표나 이해관계가 달라 서로 적대시하거나 충돌함. 또는 그런 상태. 「2」 『문학』 소설이나 희곡에서, 등장인물 사이에 일어나는 대립과 충돌 또는 등장인물과 환경 사이의 모순과 대립을 이르는 말. 「3」 『심리』 두 가지 이상의 상반되는 요구나 욕구, 기회 또는 목표에 직면하였을 때, 선택을 하지 못하고 괴로워함. 또는 그런 상태.≒갈등상태.(칡 갈, 등나무 등)

② 은유(隱喩)(명사) : 『문학』 사물의 상태나 움직임을 암시적으로 나타내는 수사법. 예로는 "내 마음은 호수요." 따위가 있다.=은유법. (숨을 은, 깨달을 유)

④ 반영(反映)(명사) : 「1」 빛이 반사하여 비침. 「2」 다른 것에 영향을 받아 어떤 현상이 나타남. 또는 어떤 현상을 나타냄.(돌이킬 반, 비출 영)

---

02 ②

'자유의사'가 아니라 '자유의지'로 읽어야 한다.

※ 자유의지(自由意志) : 「1」 『법률』 성년자(成年者)로서 정신에 이상이나 장애가 없는 한, 선악에 대하여 자기 스스로 판단할 수 있는 자유로운 정신 상태.(스스로 자, 말미암을 유, 뜻 의, 뜻 지)

✅ 오답 피하기

① • 행위(行爲)(명사) : 「1」 사람이 의지를 가지고 하는 짓.(다닐 행, 할 위)
  • 자(者)(의존 명사) : '놈' 또는 '사람'이라는 뜻을 나타내는 말. 사람을 좀 낮잡아 이르거나 일상적으로 이를 때 쓴다.(놈 자)

③ 책임(責任)(명사) : 「1」 맡아서 해야 할 임무나 의무.≒책.(꾸짖을 책, 맡길 임)

④ 여부(與否)(명사) : 「1」 그러함과 그러하지 아니함. 「2」 ((주로 '있다', '없다'와 함께 쓰여)) 틀리거나 의심할 여지.(더불 여, 아닐 부)

---

03 ②

'諾'은 본음이 '낙'이지만, 속음으로 '락'으로도 난다. 그러나 여기에서는 '승낙'이라고 써야 맞다.

※ 승낙(承諾)(명사) : 「1」 청하는 바를 들어줌. 「2」 『법률』 청약의 상대편이 계약을 성립시키기 위하여 청약자에 대하여 하는 의사 표시. (받들 승, 대답할 낙(락))

✅ 오답 피하기

① '宅'은 본음이 '택'이지만, 속음으로 '댁'으로도 난다. 여기서는 '시댁'으로 써야 맞다.
  ※ 시댁(媤宅)(명사) : '시집'을 높여 이르는 말.(시집 시, 집 댁)

③ '怒'는 본음이 '노'이지만, 속음으로 '로'로도 난다. 여기서는 '분노'로 써야 맞다.
  ※ 분노(憤怒)-하다(동사) : 【…에】 (('…에' 대신에 '…에 대하여'가 쓰이기도 한다)) 분개하여 몹시 성을 내다.≒분하다.(성낼 분, 성낼 노(로))

④ '洞'은 본음이 '동'이지만, 속음으로 '통'으로도 난다. 여기서는 '통찰력'으로 써야 맞다.
  ※ 통찰-력(洞察力)(명사) : '사물이나 현상을 통찰하는 능력.(꿰뚫을 통, 살필 찰, 힘 력)

---

04 ①

㉠ : '복지부 장관'은 '군사를 거느리는 장수'를 의미하지 않고, '행정 각부의 우두머리'를 의미하므로, '길 장'을 써야 한다.
  ※ 장관(長官)(명사) : 「1」 『법률』 국무를 나누어 맡아 처리하는 행정 각부의 우두머리. 「2」 예전에, 한 관아의 으뜸 벼슬을 이르던 말.(길 장, 벼슬 관)

㉡ : '남에게 끼친 피해'를 보상하기 위해서는 '기울 보'를 써야 하지, 은혜를 갚는다는 의미인 '갚을 보'를 쓰지 않는다.
  ※ 보상-하다(補償하다)(동사) : 【…에/에게 …을】 (('…을' 대신에 '…에 대하여'가 쓰이기도 한다)) 남에게 끼친 손해를 갚다.(기울 보, 갚을 상)

㉢ : 해당 단어는 음이 다르다. 운영비와 관련된 것은 '결재'를 써야 하며, 해당 문제에 적혀 있는 음독 그대로 써야 한다.
  ※ 결재(決裁)(명사) : 결정할 권한이 있는 상관이 부하가 제출한 안건을 검토하여 허가하거나 승인함.(결정할 결, 마를 재)

✅ 오답 피하기

②, ④ 장관(將官)(명사) : 「1」 『군사』 군사를 거느리는 우두머리.=장수. 「2」 『군사』 준장, 소장, 중장, 대장을 통틀어 이르는 말. =장군. 「3」 『역사』 대장, 부장(副將), 참장을 통틀어 이르는 말. 「4」 『역사』 조선 말기에, 각 군영에 속한 종구품 초관(哨官) 이상의 군직.(장수 장, 벼슬 관)

②, ③ 보상(報償)-하다(동사) : 【…에/에게 …을】 「1」 남에게 진 빚 또는 받은 물건을 갚다. 「2」 어떤 것에 대한 대가로 갚다.(갚을 보, 갚을 상)

③, ④ 결제(決濟)(명사) : 「1」 일을 처리하여 끝을 냄. 「2」 『경제』 증권 또는 대금을 주고받아 매매 당사자 사이의 거래 관계를 끝맺는 일. (결정할 결, 건널 제)

05 ①

㉠: '대금'은 돈과 관련된 단어이므로 '결제(決濟)하다'를 써야 한다.
　※ 결제(決濟)(명사): 「1」 일을 처리하여 끝을 냄. 「2」『경제』증권 또는 대금을 주고받아 매매 당사자 사이의 거래 관계를 끝맺는 일.(결단할 결, 건널 제)
㉡: '판단하기가 당혹스럽다'라는 의미일 때는 '곤혹(困惑)스럽다.'를 써야 한다.
　※ 곤혹(困惑)-스럽다(형용사): 【…이】【-기가】 곤혹을 느끼게 하는 점이 있다.(곤혹: 곤란한 일을 당하여 어찌할 바를 모름.) (곤할 곤, 미혹할 혹)

☑ 오답 피하기
②, ④ '결재 서류'와 같이 '직원-부장'의 관계가 있는 회사에 쓸 내용일 때 '결재'를 써야 한다.
　※ 결재(決裁)(명사): 결정할 권한이 있는 상관이 부하가 제출한 안건을 검토하여 허가하거나 승인함.(결단할 결, 마를 재)
②, ③ '모욕'에 해당할 때는 '곤욕'을 써야 한다.
　※ 곤욕(困辱)-스럽다(형용사): 【…이】【-기가】 곤욕을 느끼게 하는 데가 있다.(곤욕: 심한 모욕. 또는 참기 힘든 일.≒군욕.)(곤할 곤, 욕될 욕)

06 ①

㉠: '태양'이라는 대상이 나오면, '작열'과 같이 '열기'의 의미가 있어야 한다. '작렬'은 문장에 '포탄' 등이 있어야 한다.
　※ 작열(灼熱)-하다(동사): 「1」 불 따위가 이글이글 뜨겁게 타오르다. 「2」 (비유적으로) 몹시 흥분하거나 하여 이글거리듯 들끓다. 「3」『물리』물체를 700~1,000℃까지의 높은 온도로 가열하다.(불사를 작, 더울 열)
㉡: '비자'와 같이 기간을 연장해야 할 때는 '갱신'을 써야 한다.
　※ 갱신(更新)-하다(동사): 【…을】「1」 이미 있던 것을 고쳐 새롭게 하다.＝경신하다. 「2」『법률』법률관계의 존속 기간이 끝났을 때 그 기간을 연장하다. 계약으로 기간을 연장하는 명시적 갱신과 계약 없이도 인정되는 묵시적 갱신이 있다. 「3」『정보·통신』기존의 내용을 변동된 사실에 따라 변경·추가·삭제하다.(다시 갱, 새 신)
㉢: 수많은 변수가 '끼어들었다'는 의미일 때는 '개재'를 써야 한다.
　※ 개재(介在)-되다(동사): 【…에】 어떤 것들 사이에 끼여 있다.(낄 개, 있을 재)

☑ 오답 피하기
③, ④ '포탄'이 필요하다.
　※ 작렬(炸裂)-하다(동사): 「1」 포탄 따위가 터져서 쫙 퍼지다. 「2」 (비유적으로) 박수 소리나 운동 경기에서의 공격 따위가 포탄이 터지듯 극렬하게 터져 나오다.(터질 작, 찢을 렬(열))
②, ④ '기록'이 필요하다.
　※ 경신(更新)-하다(동사): 【…을】「1」 이미 있던 것을 고쳐 새롭게 하다.≒갱신하다. 「2」 기록경기 따위에서, 종전의 기록을 깨뜨리다. 「3」 어떤 분야의 종전 최고치나 최저치를 깨뜨리다.(고칠 경, 새 신)
②, ③ '게시판'을 생각하면 된다.
　※ 게재(揭載)-되다(동사): 【…에】 글이나 그림 따위가 신문이나 잡지 따위에 실리다.(높이 들 게, 실을 재)

07 ④

'새 기계'를 사용했다는 조건을 고려해 보면 생산량을 어떤 적정 수준 정도로 끌어올렸다는 의미이므로, '재고(再考)하다'가 아니라 '제고(提高)하다'를 써야 맞다.
　※ 재고(再考)-하다(동사): 【…을】(('…을' 대신에 '…에 대하여'가 쓰이기도 한다)) 어떤 일이나 문제 따위에 대하여 다시 생각하다.≒갱고하다.(다시 재, 상고할 고)
　※ 제고(提高)-하다(동사): 【…을】 수준이나 정도 따위를 끌어올리다.(끌 제, 높을 고)

☑ 오답 피하기
① '아이의 소질'이 있는 것으로 보아, '계발하다'를 쓰는 것은 적절하다.
　※ 계발(啓發)-하다(동사): 【…을】 슬기나 재능, 사상 따위를 일깨워 주다.(열 계, 필 발)
② '그가 말한 물건이 실제로 존재한다.'라는 의미로 쓰였으므로 '실재하다'를 쓰는 것은 적절하다.
　※ 실재(實在)-하다(동사): 실제로 존재하다.(열매 실, 있을 재)
③ '상사'와 '부하 직원', 그리고 '서류'가 있는 것을 보아 '결재하다'를 쓰는 것은 적절하다.
　※ 결재(決裁)-하다(동사): 【…을】 결정할 권한이 있는 상관이 부하가 제출한 안건을 검토하여 허가하거나 승인하다.(결정할 결, 마를 재)

08 ①

㉠: '백안시'와 달리 '도외시'는 어떤 대상을 업신여긴 것은 아니다. 맥락상 현실을 상관하지 않는다는 점을 고려해야 하므로 '도외시'를 쓰는 것이 낫다.
　※ 도외-시(度外視)(명사): 상관하지 아니하거나 무시함.(법도 도, 바깥 외, 볼 시)
㉡: '덧붙이는 말' 때문에 신의를 잃은 것이 아니라, 약속한 것을 지키지 않는 것과 관련된다. 따라서 '도로 입속에 넣는다'는 '식언'이 답이 된다.
　※ 식언(食言)(명사): 한번 입 밖에 낸 말을 도로 입속에 넣는다는 뜻으로, 약속한 말대로 지키지 아니함을 이르는 말.(먹을 식, 말씀 언)
㉢: '예리하게 비판하였다는 점, 구조적 문제가 있다는 점'을 고려하여 '모순'을 생각하면 된다.
　※ 모순(矛盾)(명사): 「1」 어떤 사실의 앞뒤, 또는 두 사실이 이치상 어긋나서 서로 맞지 않음을 이르는 말. 중국 초나라의 상인이 창과 방패를 팔면서 창은 어떤 방패로도 막지 못하는 창이라 하고 방패는 어떤 창으로도 뚫지 못하는 방패라 하여, 앞뒤가 맞지 않은 말을 하였다는 데서 유래한다. 「2」『철학』두 가지의 판단, 사태 따위가 양립하지 못하고 서로 배척하는 상태. 두 판단이 중간에 존재하는 것이 없이 대립하여 양립하지 못하는 관계로, 이를테면 '고양이는 동물이지만 동물이 아니다.' 따위이다. 「3」『철학』투쟁 관계에 있는 두 대립물이 공존하면서 맺는 상호 관계. 논리적 모순과 변증법적 모순이 있는데, 논리적 모순이 사유의 영역에만 존재하는 데 비해 변증법적 모순은 사물, 체계 따위의 객관적 실재에 속하며 모든 운동과 변화, 발전의 근원이 된다.(창 모, 방패 순)

☑ 오답 피하기
③, ④ 백안-시(白眼視)(명사): 남을 업신여기거나 무시하는 태도로 흘겨봄. 중국의 ≪진서(晉書)≫ <완적전(阮籍傳)>에서 나온 말로, 진나라 때 죽림칠현의 한 사람인 완적(阮籍)이 반갑지 않은 손님은 백안(白眼)으로 대하고, 반가운 손님은 청안(靑眼)으로 대한 데서 유래한다.(흰 백, 눈 안, 볼 시)

②, ④ 첨언(添言)(명사): 덧붙여 말함.(더할 첨, 말씀 언)

②, ④ 복안(腹案)(명사): 겉으로 드러내지 아니하고 마음속으로만 생각함. 또는 그런 생각.≒속배포, 의안.(배 복, 책상 안)

09 ②

문맥을 고려하면, ㉡은 '그는 자기 집을 팔려고 하다.'라는 의미가 있는 '매도(賣渡)'를 써야 적절하다. '매수(買受)'는 물건을 사서 넘겨 받는 입장이므로 '매도'의 반대 상황이다.

※ 매도(賣渡)-하다(동사): 【…을】 값을 받고 물건의 소유권을 다른 사람에게 넘기다.≒매여하다.(팔 매, 건널 도)

※ 매수(買受)-하다(동사): 【…에서/에게서 …을】(('…에게서' 대신에 '…으로부터'가 쓰이기도 한다)) 물건을 사서 넘겨받다.(살 매, 받을 수)

☑ 오답 피하기

① '전성기를 달린다, 전성기를 칭찬한다.'라는 의미이므로, '구가'를 쓰는 것은 적절하다.

※ 구가(謳歌)-하다(동사): 【…을】 「1」 여러 사람이 입을 모아 칭송하여 노래하다. 「2」 행복한 처지나 기쁜 마음 따위를 거리낌 없이 나타내다.(노래 구, 노래 가)

③ '그들 사이에 의견이 맞지 않아 충돌한다.'라는 의미이므로, '알력'을 쓰는 것은 적절하다.

※ 알력(軋轢)(명사): 수레바퀴가 삐걱거린다는 뜻으로, 서로 의견이 맞지 아니하여 사이가 안 좋거나 충돌하는 것을 이르는 말.(삐걱거릴 알, 칠 력(역))

④ '많은 가르침과 격려'를 의미하므로, '편달'을 쓰는 것은 적절하다.

※ 편달(鞭撻)(명사): 「1」 채찍으로 때림. 「2」 종아리나 볼기를 침.≒편복. 「'비슷한말'」 복달(扑撻) 「3」 경계하고 격려함.(채찍 편, 때릴 달)

10 ①

㉠: 언론에 보도된 내용이 사실과 다르다고 풀어 설명해야 하므로 '해명하다'를 쓰는 것이 적절하다. 유일하게 ①만 있다.

※ 해명(解明)-하다(동사): 【…에/에게 …을】【 …에/에게 -고】(('…을' 대신에 '…에 대하여'가 쓰이기도 한다)) 까닭이나 내용을 풀어서 밝히다.(풀 해, 밝을 명)

㉡: '국회'라는 곳에서 국민의 기본권에 대하여 발표할 기회를 얻었다는 의미이므로 '발언'을 쓰는 것이 적절하다. ①과 ②에 있다.

※ 발언(發言)-하다(동사): 【…을】【 -고】(('…을' 대신에 '…에 대하여'가 쓰이기도 한다)) 말을 꺼내어 의견을 나타내다.≒발어하다.(필 발, 말씀 언)

㉢: 피의자는 뇌물을 받은 적이 없다는 말을 '검사'에게 말하는 상황이므로 '진술'하다가 맞다. ①과 ④가 있다.

※ 진술(陳述)-하다(동사): 【…에/에게 …을】【 …에/에게 -고】(('…을' 대신에 '…에 대하여'가 쓰이기도 한다)) 「1」 일이나 상황에 대하여 자세하게 이야기하다.≒신술하다, 전포하다. 「2」 『법률』 민사 소송에서, 당사자가 법원에 대하여 구체적인 법률 상황이나 사실에 관한 지식을 보고하고 알리다. 「3」 『법률』 형사 소송에서, 당사자·증인·감정인이 관계 사항을 구술 또는 서면으로 알리다.≒공술하다.(베풀 진, 펼 술)

제6회

◎ Answer

01 ④	02 ④	03 ③	04 ④	05 ③
06 ②	07 ①	08 ③	09 ④	10 ②

01 ④

'국어 사용에 대한 깊이 생각하라'라는 의미이므로, '살필 성'과 '살필 찰'을 쓴 '성찰(省察)' 표기만 맞다.

※ 성찰(省察)(명사): 「1」 자기의 마음을 반성하고 살핌. 「2」 『가톨릭』 고해 성사 전에 자신이 지은 죄를 자세히 생각하는 일.(살필 성, 살필 찰)

☑ 오답 피하기

① '공공기관'과 관련될 때는 '함께 공(共)'이 아니라 '공변될 공(公)'을 써야 한다.

※ 공-문서(公文書)(명사): 공공 기관이나 단체에서 공식으로 작성한 서류.≒공문, 공서, 공용문서, 공첩.(공변될 공, 글월 문, 글 서)

② '일정한 범위'란 의미로 쓸 때는 '공변될 공(公)'이 아니라 '빌 공(空)'을 써야 한다.

※ 공간(空間)(명사): 「1」 아무것도 없는 빈 곳. 「2」 물리적으로나 심리적으로 널리 퍼져 있는 범위. 어떤 물질이나 물체가 존재할 수 있거나 어떤 일이 일어날 수 있는 자리가 된다. 「3」 영역이나 세계를 이르는 말.(빌 공, 사이 간)

③ '날마다 반복된 날'이란 의미로 쓸 때는 '생각할 상(想)'이 아니라 '항상 상(常)'을 써야 한다.

※ 일상(日常)(명사): 날마다 반복되는 생활.(날 일, 항상 상)

02 ④

㉣은 '추억'을 한자어로 표현하라고 하였으므로, '쫓을 추(追), 생각할 억(憶)'을 쓴 '추억(追憶)'이 맞다.

※ 기억(記憶)(명사): 「1」 이전의 인상이나 경험을 의식 속에 간직하거나 도로 생각해 냄. 「2」 『심리』 사물이나 사상(事象)에 대한 정보를 마음속에 받아들이고 저장하고 인출하는 정신 기능. 「3」 『정보·통신』 계산에 필요한 정보를 필요한 시간만큼 수용하여 두는 기능.(기록할 기, 생각할 억)

☑ 오답 피하기

① 도착(到着)(명사): 목적한 곳에 다다름.(다다를 도, 붙을 착)

② 불상(佛像)(명사): 『불교』 부처의 형상을 표현한 상. 나무·돌·쇠·흙 따위로 만든, 부처의 소상(塑像)이나 화상(畫像)을 통틀어 이르는 말이다.≒부처, 불체.(부처 불, 모양 상)

③ 경지(境地)(명사): 「1」 일정한 경계 안의 땅. 「2」 학문, 예술, 인품 따위에서 일정한 특성과 체계를 갖춘 독자적인 범주나 부분. 「3」 몸이나 마음, 기술 따위가 어떤 단계에 도달해 있는 상태.(지경 경, 땅 지)

---

03 ③

ⓒ의 '경청(傾聽)'은 귀를 기울여 듣는다는 의미를 지닌 '기울 경(傾)'과 '들을 청(聽)'을 써야 한다. '경청(敬聽)'은 '공경하는 마음으로 듣는다.'인데, 공경하는 상황과 맞지 않는다.
※ 경청(傾聽)-하다(동사): 【…을】 귀를 기울여 듣다.(기울 경, 들을 청)
※ 경청(敬聽)-하다(동사): 【…을】 공경하는 마음으로 듣다.(공경 경, 들을 청)

✅ 오답 피하기

① 체감(體感)-하다(동사): 【…을】 「1」 몸으로 어떤 감각을 느끼다. 「2」 내장의 여러 기관이 자극을 받아 어떤 감각을 느끼다. 배고픔, 목마름 따위의 감각을 느끼는 일이다.(몸 체, 느낄 감)
② 혁파(革罷)(명사): 묵은 기구, 제도, 법령 따위를 없앰.(가죽 혁, 마칠 파)
④ 일몰(日沒)(명사): 해가 짐. ≒일입. 「비슷한말」 일진(日盡), 해넘이 「반대말」 일출(日出) (날 일, 빠질 몰)

04 ④

이때의 '입장'은 '당면하고 있는 상황'을 의미하므로, '들 입(入)'이 아니라 '설 입(立)'을 써야 한다.
※ 입장(立場)(명사): 당면하고 있는 상황.(설 입(립), 마당 장)
※ 입장(入場)(명사): 장내(場內)로 들어가는 것.(들 입, 마당 장)

✅ 오답 피하기

① '보전할 보(保)'와 '보호할 호(護)' 모두 알맞게 잘 표기하였다.
※ 보호(保護)-하다(동사): 【…을】 「1」 위험이나 곤란 따위가 미치지 아니하도록 잘 보살펴 돌보다. 「2」 잘 지켜 원래대로 보존되게 하다.(보전할 보, 보호할 호)
② '공공'과 같은 국가와 관련된 것이고, 힘써 바쳐 애쓸 때는 '받들 봉(奉)'과 '벼슬할 사(仕)'를 써야 한다.
※ 봉사(奉仕)-하다(동사): 【…에/에게】 (('…에/에게' 대신에 '…을 위해'가 쓰이기도 한다)) 국가나 사회 또는 남을 위하여 자신을 돌보지 아니하고 힘을 바쳐 애쓰다.(받들 봉, 벼슬할 사)
③ '경험'은 한자어가 다양하게 있으므로 '경서 경(經)'과 '시험 험(驗)'을 잘 썼는지 확인해야 한다.
※ 경험(經驗)(명사): 「1」 자신이 실제로 해 보거나 겪어 봄. 또는 거기서 얻은 지식이나 기능. 「2」 『철학』 객관적 대상에 대한 감각이나 지각 작용에 의하여 깨닫게 되는 내용.(경서 경, 시험 험)

05 ③

'선율'의 '선'은 '줄 선(線)'이 아니고, '돌 선(旋)'인 '선(旋)'을 써야 한다.
※ 선율(旋律)(명사): 『음악』 소리의 높낮이가 길이나 리듬과 어울려 나타나는 음의 흐름. =가락.(돌 선, 법 율(률))

✅ 오답 피하기

① 맥락상 '감사하다'는 의미에서 보낸 것이므로 해당 '사의'를 쓰는 것이 맞다.
※ 사의(謝儀)(명사): 상대편에게 고마움의 뜻으로 보내는 물품.(사례할 사, 거동 의)
② 상봉(相逢)(명사): 서로 만남. ≒상우.(서로 상, 만날 봉)
④ 액자(額子)(명사): 그림, 글씨, 사진 따위를 끼우는 틀. ≒액면, 액틀.(이마 액, 아들 자)

06 ②

'지향'의 '지'는 '알 지(知)'가 아니라 '뜻 지(志)'를 써야 한다.
※ 지향(志向)-하다(동사): 【…을】 「1」 어떤 목표로 뜻이 쏠리어 향하다. 「2」 『철학』 의식이 어떤 대상을 향하다. 이러한 지향성은 브렌타노(Brentano, Franz)에 의하여 심적 현상의 본질적인 성격이라고 규정되었다.(뜻 지, 향할 향)

✅ 오답 피하기

① '감정이 일어난다는 의미일 때'는 '같을 동(同)'에 '될 화(化)'를 써야 한다.
※ 동화(同化)(명사): 「1」 성질, 양식(樣式), 사상 따위가 다르던 것이 서로 같게 됨. 「반대말」 이화(異化) 「2」 밖으로부터 얻어 들인 지식 따위를 완전히 자기 것으로 만듦. 「4」 『심리』 개인의 사고방식이나 행동이 사회 환경과 일치하는 일. 「5」 『심리』 어린이가 현실을 정신과 비슷한 것으로 만드는 일. 「6」 『심리』 예전부터 가지고 있던 생각에 따라 새로운 사실을 해석하는 일. 「7」 『심리』 감각이나 지각에서, 같은 성질의 것들이 서로 당기는 일. 「8」 『심리』 이전의 정황과 같은 유사한 정황에 대하여 같은 반응을 보이는 일. 「9」 『언어』 말소리가 서로 이어질 때, 어느 한쪽 또는 양쪽이 영향을 받아 비슷하거나 같은 소리로 바뀌는 소리의 변화를 이르는 말. ≒닮음.(한가지 동, 될 화)
③ '감당할 수 있는 어떤 힘'을 드러낼 때, '능할 능(能)'과 '힘 력(力)'을 써야 한다.
※ 능력(能力)(명사): 「1」 일을 감당해 낼 수 있는 힘. ≒역능. 「2」 『법률』 법률 행위를 행사할 수 있는 자격. 권리 능력, 행위 능력, 책임 능력, 범죄 능력 따위이다. 「3」 『심리』 지성·감성·기억 따위의, 정신 현상의 여러 형태. 「4」 『심리』 정신적인 기능이나 신체적 기능의 가능성.(능할 능, 힘 력)
④ '진퇴'는 '나아가고 뒤로 물러나는 행동'을 의미하므로 '나아갈 진(進)'과 '물러날 퇴(退)'를 써야 한다.
※ 진퇴(進退)(명사): 「1」 앞으로 나아가고 뒤로 물러남. 「비슷한말」 추사(趨舍) 「2」 직위나 자리에서 머물러 있음과 물러남.(나아갈 진, 물러날 퇴)

07 ①

'소정의 금액'은 '정해진 금액'을 의미한다.
※ 소정(所定)(명사): ((주로 '소정', '소정의' 꼴로 쓰여)) 정해진 바.(바 소, 정할 정)

✅ 오답 피하기

② 어딘가에 마음이 끌릴 때는 '볼 관(觀)'이 아니라 '빗장 관(關)'을 써야 한다.
※ 관심(關心)(명사): 어떤 것에 마음이 끌려 주의를 기울임. 또는 그런 마음이나 주의. ≒관념.(빗장 관, 마음 심)
※ 관심(觀心)(명사): 『불교』 마음의 본바탕을 바르게 살펴봄.(볼 관, 마음 심)
③ 겉으로 드러낼 때는 '볼 시(視)'가 아니라 '보일 시(示)'를 써야 한다.
※ 표시(表示)(명사): 겉으로 드러내 보임.(겉 표, 보일 시)
④ '지역'의 '역'은 '부릴 역(役)'이 아니라 '지경 역(域)'을 써야 한다.
※ 지역(地域)(명사): 「1」 일정하게 구획된 어느 범위의 토지. 「2」 전체 사회를 어떤 특징으로 나눈 일정한 공간 영역. 「3」 『체육』 구기 경기에서, 경기자가 맡고 있는 일정한 구간.(땅 지, 지경 역)
※ 지역(地役)(명사): 『법률』 남의 땅을 자기의 땅에 이익이 되도록 사용하는 일.(땅 지, 부릴 역)

08 ③

'해결'의 한자어는 '解決'이지 '解結'이 아니다. '결' 부분을 잘못 썼으므로 ③이 정답이다. '결정할 결(決)'을 써야지, '맺을 결(結)'을 쓰면 안 된다. '맺을 결(結)'을 쓴 한자어로 '결과(結果)'가 있다.

※ 해결(解決)(명사): 「1」 제기된 문제를 해명하거나 얽힌 일을 잘 처리함. 「2」 『음악』 안어울림음을 어울림음으로 이끎. 또는 그런 일. (풀 해, 결정할 결)

※ 결과(結果)(명사): 「1」 열매를 맺음. 또는 그 열매.≒과. 「2」 어떤 원인으로 결말이 생김. 또는 그런 결말의 상태. 「3」 『철학』 내부적 의지나 동작의 표현이 되는 외부적 의지와 동작 및 그곳에서 생기는 영향이나 변화.(맺을 결, 열매 과)

오답 피하기
① 만족(滿足)(명사): 「1」 마음에 흡족함. 「2」 모자람이 없이 넉넉함. (찰 만, 발 족)
② 재청(再請)(명사): 「1」 이미 한 번 한 것을 다시 청함. 「2」 회의할 때에 다른 사람의 동의(動議)에 찬성하여 자기도 그와 같이 청함을 이르는 말. 「3」 출연자의 훌륭한 솜씨를 찬양하여 박수 따위로 재연을 청하는 일.=앙코르.(다시 재, 청할 청)
④ 재론(再論)(명사): 이미 논의한 것을 다시 논의함.(다시 재, 논의할 론(논))

09 ④

'일 사(事)'가 아닌 '선비 사(士)'로 고쳐야 한다.

※ 변호-사(辯護士)(명사): 『법률』 법률에 규정된 자격을 가지고 소송 당사자나 관계인의 의뢰 또는 법원의 명령에 따라 피고나 원고를 변론하며 그 밖의 법률에 관한 업무에 종사하는 사람.(말 잘할 변, 보호할 호, 선비 사)

오답 피하기
① 소방-관(消防官)(명사): '소방 공무원'을 일상적으로 이르는 말.(꺼질 소, 막을 방, 벼슬 관)
  ※ 경찰-관(警察官)(명사): '경찰 공무원'을 일상적으로 이르는 말.≒경관, 경찰.(경계할 경, 살필 찰, 벼슬 관)
② 과학-자(科學者)(명사): 과학을 전문으로 연구하는 사람. 주로 자연 과학을 연구하는 사람을 이른다.(품등 과, 배울 학, 놈 자)
③ 연구-원(研究員)(명사): 연구에 종사하는 사람.(갈 연, 궁구할 구, 관원 원)
  ※ 연구-원(研究院)(명사): 전문 분야별로 연구하기 위하여 설치한 기관.(갈 연, 궁구할 구, 집 원)

참고
1) 의사(醫師)(명사):의원 의, 스승 사
2) 교사(教師)(명사): 가르칠 교, 스승 사
3) 간호-사(看護師)(명사): 볼 간, 보호할 호, 스승 사
4) 판사(判事)(명사): 판가름할 판, 일 사
5) 검사(檢事)(명사): 검사할 검, 일 사

10 ②

'노익장(老益壯)'이란 '늙었지만 기력이 더해진다.'라는 의미를 지녔으므로, '더할 익'과 '씩씩할 장'을 쓴 한자어가 맞다. 나머지는 일부의 한자 표기가 틀렸다.

※ 노-익장(老益壯)(명사): 늙었지만 의욕이나 기력은 점점 좋아짐. 또는 그런 상태.≒노당익장.(늙을 로, 더할 익, 씩씩할 장)

오답 피하기
① '백미'의 '백'의 한자 표기가 틀렸다. '흰 눈썹'이란 뜻이어야 하므로 '백 백(百)'이 아니라 '흰 백(白)'을 써야 한다.
  ※ 백미(白眉)(명사): 흰 눈썹이라는 뜻으로, 여럿 가운데에서 가장 뛰어난 사람이나 훌륭한 물건을 비유적으로 이르는 말. 중국 촉한(蜀漢) 때 마씨(馬氏) 다섯 형제가 모두 재주가 있었는데 그중에서도 눈썹 속에 흰 털이 난 마량(馬良)이 가장 뛰어났다는 데서 유래한다.(흰 백, 눈썹 미)
③ '등용문'의 '등'의 한자 표기가 틀렸다. '용문에 오른다.'란 뜻이어야 하므로 '등잔 등(燈)'이 아니라 '오를 등(登)'을 써야 한다.
  ※ 등-용문(登龍門)(명사): 용문(龍門)에 오른다는 뜻으로, 어려운 관문을 통과하여 크게 출세하게 됨. 또는 그 관문을 이르는 말. 잉어가 중국 황허강(黃河江) 중류의 급류인 용문을 오르면 용이 된다는 전설에서 유래한다.(오를 등, 용 용(룡), 문 문)
④ '미봉책'의 '미'의 한자 표기가 틀렸다. '일시적인 계책'이라 두루 꿰매다는 의미를 지녔으므로, 이때의 '미'는 '아닐 미(未)'가 아니라 '두루 미(彌)'를 써야 한다.
  ※ 미봉-책(彌縫策)(명사): 눈가림만 하는 일시적인 계책(計策).≒미봉지책.(두루 미, 꿰맬 봉, 꾀 책)

제7회

Answer

| 01 ② | 02 ③ | 03 ③ | 04 ① | 05 ③ |
| 06 ③ | 07 ⑤ | 08 ④ | 09 ③ | 10 ③ |

01 ②

'보고'의 '고'는 '아뢸 고'이다. 한자로 표기된 '誥'는 아예 없는 단어이다.
※ 보고(報告)(명사): 「1」 일에 관한 내용이나 결과를 말이나 글로 알림. 「2」 보고하는 글이나 문서.=보고서.(갚을 보, 아뢸 고)

오답 피하기
① 이론이 일정한 원리에 따라서 정립이 잘 되었다는 의미이므로 '체계적(體系的)'의 한자 표기는 모두 적절하다.
  ※ 체계-적(體系的)(명사, 관형사): 일정한 원리에 따라서 낱낱의 부분이 짜임새 있게 조직되어 통일된 전체를 이루는 것.(몸 체, 이을 계, 과녁 적)
③ 이미지를 높이 올리기 위한 노력을 한다는 의미이므로 '제고(提高)'의 한자 표기는 모두 적절하다.
  ※ 제고(提高)(명사): 수준이나 정도 따위를 끌어올림.(끌 제, 높을 고)
④ '유명세를 치르다'는 말은 '이름이 널리 알려져 있어서 불편을 겪는다.'라는 의미이다.
  ※ 유명-세(有名稅)(명사): 세상에 이름이 널리 알려져 있는 탓으로 당하는 불편이나 곤욕을 속되게 이르는 말.(있을 유, 이름 명, 세금 세)

02 ③

'곡절'의 한자어는 '曲切, 曲折, 曲節'이 전부이다. 따라서 해당 '절'은 '끊을 절(絶)'이 아니라 '꺾을 절(折)'을 써야 한다.

※ 곡절(曲折)(명사) : 「1」 순조롭지 아니하게 얽힌 이런저런 복잡한 사정이나 까닭.≒위절. 「2」 구불구불 꺾이어 있는 상태. 「3」 글의 문맥 따위가 단조롭지 아니하고 변화가 많음.(굽을 곡, 꺾을 절)

☑ 오답 피하기
① 결과(結果)(명사) : 「1」 열매를 맺음. 또는 그 열매.≒과. 「2」 어떤 원인으로 결말이 생김. 또는 그런 결말의 상태.(맺을 결, 열매 과)
② 초유(初有)(명사) : 처음으로 있음.(처음 초, 있을 유)
④ 서막(序幕)(명사) : 「1」 『연기』 연극 따위에서, 처음 여는 막. 인물과 사건 따위를 예비적으로 보여 준다. 「2」 일의 시작이나 발단.(차례 서, 막 막)

03 ③

'각계의 여론이 비등하다.'란 의미는 물이 끓듯 떠들썩하게 일어나다는 의미이므로 ③이 정답이다.

※ 비등(沸騰)-하다(동사) : 「1」 『화학』 액체가 끓어오르다. 액체가 어느 온도 이상으로 가열되어, 그 증기압이 주위의 압력보다 커져서 액체의 표면뿐만 아니라 내부에서도 기화하는 현상을 이른다. 「2」 물이 끓듯 떠들썩하게 일어나다.(끓을 비, 오를 등)

☑ 오답 피하기
① '작은'이 아니라 이미 '정해진 것'을 의미한다.
　※ 소정(所定)(명사) : ((주로 '소정', '소정의' 꼴로 쓰여)) 정해진 바.(바 소, 정할 정)
② '칭찬하거나 찬양한 것'과 전혀 다른 의미인 '꾸짖고 바로 잡는다'는 의미이다.
　※ 질정(叱正)(명사) : 꾸짖어 바로잡음.(꾸짖을 질, 바를 정)
④ '사건의 본질을 덮는다.'라는 의미이지, 그릇된 길로 이끄는 것과 관련이 없다.
　※ 호도(糊塗)-하다 : [Ⅰ] 「동사」 【…을】 (비유적으로) 명확하게 결말을 내지 않고 일시적으로 감추거나 흐지부지 덮어 버리다. 풀을 바른다는 뜻에서 나온 말이다. [Ⅱ] 「형용사」 사리에 어두워서 흐리터분하다.(풀 호, 진흙 도)

04 ①

'옥고'는 남의 생각, 물건, 일 등을 높여 부르는 말이고, '관견, 단견, 졸고'는 모두 '자기의 생각'과 관련된 표현이다. 따라서 ①이 정답이다.

※ 옥고(玉稿)(명사) : 훌륭한 원고라는 뜻으로, 다른 사람의 원고를 높여 이르는 말.(구슬 옥, 볏짚 고)

☑ 오답 피하기
② 관견(管見)(명사) : 대롱 구멍으로 사물을 본다는 뜻으로, 좁은 소견이나 자기의 소견을 겸손하게 이르는 말. 『장자』의 「추수편(秋水篇)」과 『사기』의 「편작창공열전(扁鵲倉公列傳)」에 나오는 말이다. 「비슷한말」 단견(短見) (대롱 관, 볼 견)
③ 단견(短見)(명사) : 「1」 짧은 생각이나 의견.≒국견. 「2」 자기의 생각이나 의견을 겸손하게 이르는 말. 「비슷한말」 관견(管見) (짧을 단, 볼 견)
④ 졸고(拙稿)(명사) : 「1」 내용이 보잘것없는 원고 「2」 자기나 자기와 관련된 사람의 원고를 겸손하게 이르는 말.≒비고(옹졸할 졸, 볏짚 고)

05 ③

'~ 고립 따위와 같이 다른 것을 불러일으키다.'라는 맥락이므로, '탁한 공기를 맑은 공기로 바꾸는 것'은 동음이의어인 '환기하다'이다.

※ 환기(喚起)-하다(동사) : 주의나 여론, 생각 따위를 불러일으키다. (부를 환, 일어날 기)
※ 환기(換氣)-하다(동사) : 탁한 공기를 맑은 공기로 바꾸다.(바꿀 환, 기운 기)

☑ 오답 피하기
① 내포(內包)-하다(동사) : 어떤 성질이나 뜻 따위를 속에 품다.(안 내, 쌀 포)
② 유도(誘導)(명사) : 「1」 사람이나 물건을 목적한 장소나 방향으로 이끎.≒도유(꾈 유, 이끌 도)
④ 범례(範例)(명사) : 예시하여 모범으로 삼는 것.(법 범, 법식 례)

06 ③

'백안시'하다는 남을 업신여기거나 무시하는 것을 의미하므로, '친밀하고 반가운 감정이 든다'라고 보기가 어렵다.

※ 백안시(白眼視)-하다(동사) : 【…을】 남을 업신여기거나 무시하는 태도로 흘겨보다. 중국의 ≪진서(晉書)≫ <완적전(阮籍傳)>에서 나온 말로, 진나라 때 죽림칠현의 한 사람인 완적(阮籍)이 반갑지 않은 손님은 백안(白眼)으로 대하고, 반가운 손님은 청안(靑眼)으로 대한 데서 유래한다.(흰 백, 눈 안, 볼 시)

☑ 오답 피하기
① '천착하다'가 깊이 파고들어 연구하는 것을 의미한다.
　※ 천착(穿鑿)-하다(동사) : 【…을】 「1」 구멍을 뚫다. 「2」 【…에】 (('…을' 대신에 '…에 대하여'가 쓰이기도 한다)) 어떤 원인이나 내용 따위를 따지고 파고들어 알려고 하거나 연구하다. 「3」 억지로 이치에 닿지 아니한 말을 하다.(뚫을 천, 뚫을 착)
② '소원하다'는 지내는 사이가 멀어짐을 의미한다.
　※ 소원(疏遠)-하다(형용사) : 지내는 사이가 두텁지 아니하고 거리가 있어서 서먹서먹하다.(트일 소, 멀 원)
④ '행복한 삶을 가는 가까운 길'이란 의미이다.
　※ 첩경(捷徑) : [Ⅰ] 「명사」 「1」 멀리 돌지 않고 가깝게 질러 통하는 길.=지름길. 「2」 가장 쉽고 빠른 방법을 비유적으로 이르는 말. =지름길. 「3」 ((주로 '-기가' 구성으로 쓰여)) 어떤 일을 할 때 흔히 그렇게 되기가 쉬움을 이르는 말. [Ⅱ] 「부사」 틀림없이 흔하거나 쉽게.(이기 첩, 지름길 경)
⑤ '진작'이란 어떤 상황을 만들어낸 것과 연결된다.
　※ 진작(振作) : 떨쳐 일어남. 또는 떨쳐 일으킴.(떨친 진, 지을 작)

07 ⑤

'태도나 상황 따위가 튼튼하고 굳음.'이란 의미를 지닌 단어는 '확고하다'이다.

※ 확고(確固)-하다(형용사): 태도나 상황 따위가 튼튼하고 굳다.(굳을 확, 굳을 고)

※ 준엄(峻嚴)-하다(형용사): 「1」 조금도 타협함이 없이 매우 엄격하다.≒준준하다, 초엄하다. 「2」 형편이 매우 어렵고 엄하다.(높을 준, 엄할 엄)

☑ 오답 피하기
① 제반(諸般)(명사): 어떤 것과 관련된 모든 것.(모든 제, 옮길 반)
② 부흥(復興)(명사): 쇠퇴하였던 것이 다시 일어남. 또는 그렇게 되게 함.≒흥복.(다시 부, 일어날 흥)
③ 형안(炯眼)(명사): 「1」 빛나는 눈. 또는 날카로운 눈매.(빛날 형, 눈 안)
④ 응징(膺懲)-하다(동사): 「1」 잘못을 깨우쳐 뉘우치도록 징계하다.(가슴 응, 혼날 징)

08 ④

• 근심(명사): 해결되지 않은 일 때문에 속을 태우거나 우울해함.≒우회.

☑ 오답 피하기
① 어차피(於此彼)(부사): 이렇게 하든지 저렇게 하든지. 또는 이렇게 되든지 저렇게 되든지.≒어차어피, 어차어피에.(어조사 어, 이 차, 이 피)
② 물론(勿論): [Ⅰ]「명사」 (('…은 물론이다' 구성으로 쓰여)) 말할 것도 없음.≒무론. [Ⅱ]「부사」 말할 것도 없이.≒무론.(말 물, 논의할 론(논))
③ 도-대체(都大體)(부사): 「1」 다른 말은 그만두고 요점만 말하자면.≒대체. 「2」 ((주로 부정을 나타내는 말과 함께 쓰여)) 유감스럽게도 전혀. 「3」 전혀 알지 못하거나 아주 궁금하여 묻는 것인데.(도읍 도, 큰 대, 몸 체)

09 ③

✎ 한자어 모음
ⓛ 도-대체(都大體)(부사): 「1」 ((주로 의문을 나타내는 말과 함께 쓰여)) 다른 말은 그만두고 요점만 말하자면.≒대체. 「2」 ((주로 부정을 나타내는 말과 함께 쓰여)) 유감스럽게도 전혀. 「3」 전혀 알지 못하거나 아주 궁금하여 묻는 것인데.(도읍 도, 큰 대, 몸 체)
ⓒ 어차피(於此彼)(부사): 이렇게 하든지 저렇게 하든지. 또는 이렇게 되든지 저렇게 되든지.≒어차어피, 어차어피에.(어조사 어, 이 차, 저 피)
ⓜ 사과(沙果/砂果)(명사): 사과나무의 열매.≒빈파, 평과.(모래 사, 열매 과)

✎ 고유어 모음
㉠ 생각(명사): 「8」 사리를 분별함. 또는 그런 일.
㉣ 도무지(부사): ((주로 부정을 나타내는 말과 함께 쓰여)) 「1」 아무리 해도.≒도시, 도통. 「2」 이러니저러니 할 것 없이 아주.≒도시, 도통.
㉥ 접시(명사): 「1」 운두가 낮고 납작한 그릇. 반찬이나 과일, 떡 따위를 담는 데 쓴다.

10 ③

해당 문제의 핵심은 '사람의 몸을 지시하는 말이 한자어로 표현되었느냐'에 있다. '뿔'은 사람의 몸을 지시하는 말과 관련이 없으므로, 의미와 상관없이 ③이 정답이다.

※ 각축(角逐)(명사): 서로 이기려고 다투며 덤벼듦.≒추축.(뿔 각, 쫓을 축)

☑ 오답 피하기
① '슬'은 무릎을 의미한다.
※ 슬하(膝下)(명사): 무릎의 아래라는 뜻으로, 어버이나 조부모의 보살핌 아래. 주로 부모의 보호를 받는 테두리 안을 이른다.(무릎 슬, 아래 하)
② '수'는 손을, '완'은 팔을 의미한다.
※ 수완(手腕)(명사): 「1」 일을 꾸미거나 치러 나가는 재간. 「2」 손목의 잘록하게 들어간 부분.=손회목.(손 수, 팔 완)
④ '족'은 발을 의미한다.
※ 발족(發足)(명사): 어떤 조직체가 새로 만들어져서 일이 시작됨. 또는 그렇게 일을 시작함.(필 발, 발 족)

CHAPTER **04** 바꿔쓰기

제8회

📍 **Answer**

01 ②	02 ④	03 ③	04 ③	05 ②
06 ②	07 ④	08 ④	09 ③	10 ①

01 ②

'무진장하다'는 '굉장히 많다'는 점을 말한 것이지, '다양성'을 표현하기 위해 쓴 것은 아니다.
※ 무진장(無盡藏)-하다(형용사) : 다함이 없이 굉장히 많다.(없을 무, 다할 진, 감출 장)

☑ 오답 피하기
① '배회하다'는 '이리저리 돌아다니다'는 뜻을 지닌다.
　※ 배회(徘徊)-하다(동사) : 【…에서】【…을】 아무 목적도 없이 어떤 곳을 중심으로 어슬렁거리며 이리저리 돌아다니다.≒방양하다, 지회하다.(노닐 배, 노닐 회)
③ '경청하다'는 '귀를 기울여 듣다'는 뜻을 지닌다.
　※ 경청(傾聽)-하다(동사) : 【…을】 귀를 기울여 듣다.(기울 경, 들을 청)
④ '명기하다'는 '분명히 밝혀 적다'는 뜻을 지닌다.
　※ 명기(明記)-하다(동사) : 【…에 …을】【…에 -고】 분명히 밝히어 적다.(밝을 명, 기록할 기)

02 ④

'발현하다'는 '나타나게 하다' 또는 '드러나게 하다'로 고칠 수 있다. '헤아려 보다'는 '고려(考慮)하다'와 치환된다.
※ 발현(發現)-하다(동사) : 「1」【…을】 속에 있거나 숨은 것이 밖으로 나타나다. 또는 나타나게 하다.≒현발하다. 「2」【…을 …으로】 속에 있는 것이 어떤 모습이나 결과로 나타나다. 또는 그렇게 하다. (필 발, 나타날 현)
※ 고려(考慮)-하다(동사) : 【…을】 생각하고 헤아려 보다.≒고사하다. (상고할 고, 생각할 려(여))

☑ 오답 피하기
① '일정하게 정하여 놓지 않은 때'라는 의미가 바로 '아무 때'이다. 따라서 '아무때나 늘'로 치환하여 쓸 수 있다.
　※ 수시(隨時)(명사) : ((일부 명사 앞에 쓰여)) 일정하게 정하여 놓은 때 없이 그때그때 상황에 따름.(따를 수, 때 시)
② '과'가 '지나다'란 의미이다. 따라서 '과언'은 '지나친 말'로 치환하여 쓸 수 있다.
　※ 과언(過言)(명사) : 지나치게 말을 함. 또는 그 말.≒구과.(지날 과, 말씀 언)
③ '편'은 '치우치다'란 의미이다. 따라서 '편재하다'는 '치우쳐'로 치환하여 쓸 수 있다.
　※ 편재(偏在)-하다 : 【…에】 한곳에 치우쳐 있다.(치우칠 편, 있을 재)

03 ③

'금명간'은 '오늘이나 내일 사이'를 의미하므로 '일찍'과는 무관하다. 따라서 정답은 ③이다.
※ 금명-간(今明間)(명사) : 오늘이나 내일 사이.≒금명.(이제 금, 밝을 명, 사이 간)

☑ 오답 피하기
① '영원히 잠든다'는 의미이므로 '돌아가시다'로 바꾸어 쓸 수 있다.
　※ 영면(永眠)-하다(동사) : 영원히 잠든다는 뜻으로, 사람이 죽는 것을 이르는 말.≒영서하다, 장면하다. 「비슷한말」 잠매하다(潛寐하다)(길 영, 잘 면)
② '남을 속이다'는 의미이므로 '속여서는'으로 바꾸어 쓸 수 있다.
　※ 기망(欺罔)-하다(동사) : 【…을】 남을 속여 넘기다.＝기만하다. (속일 기, 그물 망)
④ '알리다'는 의미이므로 '알렸다'로 바꾸어 쓸 수 있다.
　※ 공지(公知)-하다(동사) : 【…에/에게 …을】【…에/에게 -고】 세상에 널리 알리다.(공평할 공, 알 지)

04 ③

'소정'은 '이미 정해진 것'을 의미한다. 금액이 적은 것을 의미하지 않는다.
※ 소정(所定)(명사) : ((주로 '소정', '소정의' 꼴로 쓰여)) 정해진 바.(바 소, 정할 정)
※ 소액(少額)(명사) : 적은 액수. 「비슷한 말」 저액(低額) 「반대말」 다액(多額) (적을 소, 이마 액)

☑ 오답 피하기
① '상존하다'는 '그대로 존재하다.'라는 의미로, '늘 있다.'라는 말로 바꿀 수 있다.
　※ 상존(尙存)-하다(동사) : 【…에/에게】 아직 그대로 존재하다.(오히려 상, 있을 존)
② '도래'란 '그 시기가 된다.'는 의미로, '65세가 되다.'라는 말로 바꿀 수 있다.
　※ 도래(到來)(명사) : 어떤 시기나 기회가 닥쳐옴.(이를 도, 올 래(내))
④ '제고하다'는 '끌어올리다.'라는 의미로, '편의성을 높이다.'라는 말로 바꿀 수 있다.
　※ 제고(提高)-하다(동사) : 【…을】 수준이나 정도 따위를 끌어올리다.(끌 제, 높을 고)

05 ②

'굴삭 시건장치'란 문 따위를 잠그는 장치를 의미하는데, 쉽게 말해 '잠금장치'라 표현하면 된다. '멈추는 행동'과 '잠그는 행동'은 전혀 연결되지 않으므로 '잠금장치'로 고치는 것이 적절하다.

※ 시건-장치(施鍵裝置)(명사): 문 따위를 잠그는 장치.=잠금장치.(베풀 시, 열쇠 건, 꾸밀 장, 둘 치)

✅ 오답 피하기

① '일부인'은 '날짜를 찍게 만든 도장'을 뜻하는데, '날짜 도장'이라 고치는 것이 더 직관적이다.

※ 일부인(日附印)(명사): 서류 따위에 그날그날의 날짜를 찍게 만든 도장.≒일자인.(날 일, 붙을 부, 도장 인)

③ '불하하다'는 '개인에게 재산을 팔아넘기다.'라는 의미인데, '매각하다'는 의미와 유사하므로 사람들이 이해하기 쉬운 '매각'으로 바꾸는 것이 적절하다.

※ 불하(拂下)-하다(동사): 【…에/에게 …을】 국가 또는 공공 단체의 재산을 개인에게 팔아넘기다.(떨칠 불, 아래 하)

※ 매각(賣却)-하다(동사): 【…에/에게 …을】 물건을 팔아 버리다. (팔 매, 물리칠 각)

④ '지득하다'는 '깨달아 안다.'라는 의미이다. '알게 된 사실'로 바꾸는 것이 사람들이 이해하기 쉬우므로 의미 그대로 적는 것이 적절하다.

※ 지득(知得)-하다(동사): 【…을】 깨달아 알다.(알 지, 얻을 득)

06 ②

'평탄하다'란 '바닥이 평평하다.'라는 의미이므로 '줄을 맞추다.'란 의미와 바꾸어 쓸 수 없다.

※ 평탄(平坦)-하다(형용사): 「1」 바닥이 평평하다. 「2」 마음이 편하고 고요하다. 「3」 일이 순조롭게 되어 나가는 데가 있다.(평평할 평, 평평할 탄)

✅ 오답 피하기

① '방언'은 '사투리'와 의미가 같다.

※ 방언(方言)(명사): 「1」 『언어』 한 언어에서, 사용 지역 또는 사회 계층에 따라 분화된 말의 체계. 「2」 『언어』 어느 한 지방에서만 쓰는, 표준어가 아닌 말. =사투리. 「3」 『기독교』 신약 시대에, 성령에 힘입어 제자들이 자기도 모르는 외국 말을 하여 이방인을 놀라게 한 말. 또는 황홀 상태에서 성령에 의하여 말해진다는, 내용을 알 수 없는 말.(모 방, 말씀 언)

③ '회'와 '귀' 모두 '돌아가다'라는 의미를 공유한다.

※ 회귀(回歸)-하다(동사): 【…으로】 한 바퀴 돌아 제자리로 돌아오거나 돌아가다.(돌아올 회, 돌아올 귀)

④ '상실'이 사라지거나 잃거나를 의미하므로 '잃어버리다'로 바꾸어 쓸 수 있다.

※ 상실(喪失)-하다(동사): 【…을】 「1」 어떤 사람과 관계를 끊거나 헤어지다. 「2」 어떤 것을 아주 잃거나 사라지게 하다.(죽을 상, 잃을 실)

07 ④

'연못 위'를 둥둥 떠다니는 것을 의미하므로 '헤엄치다'로 바꿔 쓰는 것은 적절하지 않다.

※ 부유(浮遊/浮游)-하다(동사): 「1」 【…에】【…을】 물 위나 물속, 또는 공기 중에 떠다니다. 「2」 【…으로】【…을】 행선지를 정하지 아니하고 이리저리 떠돌아다니다.(뜰 부, 놀 유/헤엄칠 유)

✅ 오답 피하기

① '맹종하다'는 '무조건 따른다'는 의미이므로 '무분별하게 따르다.'로 바꿔 쓸 수 있다.

※ 맹종(盲從)-하다(동사): 【…에/에게】【…을】 옳고 그름을 가리지 않고 남이 시키는 대로 덮어놓고 따르다.(맹인 맹, 좇을 종)

② '탈피하다'는 '벗어나다'는 의미이므로 '벗어나'로 바꿔 쓸 수 있다.

※ 탈피(脫皮)-하다(동사): ❶ 「1」 껍질이나 가죽을 벗기다. 「2」 『동물』 파충류, 곤충류 따위가 자라면서 허물이나 껍질을 벗다. ❷ 【…에서】【…을】 일정한 상태나 처지에서 완전히 벗어나다. (벗을 탈, 가죽 피)

③ '제고하다'는 '수준 등을 끌어올린다'는 의미이므로, '끌어올리기'로 바꿔 쓸 수 있다.

※ 제고(提高)-하다(동사): 【…을】 수준이나 정도 따위를 끌어올리다.(끌 제, 높을 고)

08 ④

문맥을 고려해 보면, '우리의 일상적인 식문화에서 가치 있는 것을 추출해 연구했다.'라는 의미이므로, '잘못된 것을 바로잡는다.'는 의미와 관련이 없다.

※ 천착(穿鑿)-하다(동사): 【…을】 「1」 구멍을 뚫다. 「2」 【…에】 ('…을' 대신에 '…에 대하여'가 쓰이기도 한다) 어떤 원인이나 내용 따위를 따지고 파고들어 알려고 하거나 연구하다. 「3」 억지로 이치에 닿지 아니한 말을 하다.(뚫을 천, 뚫을 착)

✅ 오답 피하기

① 문맥을 고려해 보면, '된장과 김치의 가치를 떨어뜨린다.'라는 의미이므로, '폄하하다'로 쓰는 것이 적절하다.

※ 폄하(貶下)-하다(동사): 【…을】 「1」 가치를 깎아내리다. 「2」 『역사』 치적이 좋지 못한 수령을 하등으로 깎아내리다.(낮출 폄, 아래 하)

② 문맥을 고려해 보면, '된장은 암을 유발한다고 해서 그것을 싫어하여 피하다.'라는 의미이므로, '기피하다'로 쓰는 것이 적절하다.

※ 기피(忌避)-하다(동사): 【…을】 「1」 꺼리거나 싫어하여 피하다. ≒위피하다. 「비슷한말」 기휘하다(忌諱하다) 「2」 『법률』 법관, 법원 직원 따위가 한쪽 소송 관계인과 특수한 관계에 있거나 어떠한 사정으로 불공평한 재판을 할 염려가 있다고 여겨질 때 다른 쪽 소송 당사자가 그 법관이나 직원의 직무 집행을 거부하다. (꺼릴 기, 피할 피)

③ 문맥을 고려해 보면, '된장이 항암 효과까지 있다고 흥미가 높다.'라는 의미이므로, '각광'을 쓰는 것이 적절하다.

※ 각광(脚光)(명사): 「1」 사회적 관심이나 흥미. 「2」 『예체능 일반』 무대의 앞쪽 아래에 장치하여 배우를 비추는 광선.≒풋라이트. (다리 각, 빛 광)

09 ③

'거듭나다'는 '새롭게 시작하다.'를 의미하는데, '복귀하다'는 '본래의 상태로 되돌아가다.'를 의미하므로 둘은 바꾸어 쓸 수가 없다.

※ 거듭-나다(동사): 지금까지의 방식이나 태도를 버리고 새롭게 시작하다.

※ 복귀(復歸)-하다(동사): 본디의 자리나 상태로 되돌아가다.(돌아올 복, 돌아올 귀)

✅ 오답 피하기
① '견주다'는 '어떠한 차이가 있는지 알기 위해서 둘 이상의 사물을 서로 대어 보다.'를 의미하고, '비교하다'도 역시 '둘 이상의 사물을 견주어 알아보다.'를 의미하므로 둘은 바꾸어 쓸 수 있다.
  ※ 견주다(동사) : 둘 이상의 사물을 질(質)이나 양(量) 따위에서 어떠한 차이가 있는지 알기 위하여 서로 대어 보다.
  ※ 비교(比較)-하다(동사) : 둘 이상의 사물을 견주어 서로 간의 유사점, 차이점, 일반 법칙 따위를 고찰하다.(견줄 비, 견줄 교)
② '바라다'는 '어떤 일이나 상태가 이루어지거나 그렇게 되었으면 한다.'를 의미하고, '희망하다' 역시 '어떤 일을 이루거나 하기를 바라다.'를 의미하므로 둘은 바꾸어 쓸 수 있다.
  ※ 바라다(동사) : 「1」 생각이나 바람대로 어떤 일이나 상태가 이루어지거나 그렇게 되었으면 하고 생각하다.
  ※ 희망(希望)-하다(동사) : 어떤 일을 이루거나 하기를 바라다.(바랄 희, 바랄 망)
④ '퍼지다'는 '넓은 범위에 미치는 것'을 의미하고, '분포되다' 역시 '일정한 범위에 흩어져 있는 것'을 의미하므로 둘은 바꾸어 쓸 수 있다.
  ※ 퍼지다(동사) : 어떤 물질이나 현상 따위가 넓은 범위에 미치다.
  ※ 분포(分布)-되다(동사) : 일정한 범위에 흩어져 퍼져 있다.(나눌 분, 베 포)

10 ①

• 예측되다(×) → 관측되다(○) : '육안'은 눈을 의미하며 직접 본다는 의미로 쓰인 것이므로 '관측'으로 고쳐야 한다.
  ※ 예측(豫測)-되다(동사) : 【…으로】 미리 헤아려져 짐작되다.≒예료되다, 예탁되다.(미리 예, 잴 측)
  ※ 관측(觀測)-되다(동사) : 「1」 육안이나 기계로 자연 현상 특히 천체나 기상의 상태, 추이, 변화 따위가 관찰되어 측정되다. 「2」【…으로】 어떤 사정이나 형편 따위가 잘 살펴져 그 장래가 헤아려지다.(볼 관, 잴 측)

✅ 오답 피하기
② '마땅히 그렇게 해야 함.'을 의미하므로 '당위'를 쓰는 것이 적절하다.
  ※ 당위(當爲)(명사) : 「1」 마땅히 그렇게 하거나 되어야 하는 것. 「2」 『철학』 마땅히 있어야 하는 것. 또는 마땅히 행하여야 하는 것.≒졸렌.(마땅할 당, 할 위)
③ '사기'와 같은 용기를 북돋워 주는 대상이 있으므로 '고취하다'를 쓰는 것이 적절하다.
  ※ 고취(鼓吹)-하다(동사) : ■ 북을 치고 춤을 추다.=고무하다. ■ 【…에/에게 …을】 「1」 힘을 내도록 격려하여 용기를 북돋우다.=고무하다. 「2」 의견이나 사상 따위를 열렬히 주장하여 불어넣다.(북 고, 불 취)
④ '무관심'과 유사한 의미로 '제멋대로 내버려둔 것'을 의미하므로 '방임'을 쓰는 것은 적절하다.
  ※ 방임(放任)(명사) : 돌보거나 간섭하지 않고 제멋대로 내버려둠.(놓을 방, 맡길 임)

CHAPTER 05 관용 표현

제9회

📍 Answer

| 01 ③ | 02 ④ | 03 ③ | 04 ① | 05 ② |
| 06 ① | 07 ③ | 08 ② | 09 ④ | 10 ③ |

01 ③

'코끼리를 십 보 밖에서 보았는데 그때 동해에서 보았던 것과 방불할 만큼 크게 생겼다.'에서 알 수 있듯이, 코끼리의 모습을 보고 과장되게 표현한 것을 알 수 있다. 특히 '이렇게 엉뚱한 추측이 생길 만하다.'에서 코끼리를 제대로 보지 못하고 엉뚱하게 판단한 것을 알 수 있다.

※ 나무를 보고 숲을 보지 못한다(속담) : 부분만 보고 전체는 보지 못하는 근시안적인 행동을 비유적으로 이르는 말.

☑ 오답 피하기

① 쇠귀에 경 읽기(속담) : 소의 귀에 대고 경을 읽어 봐야 단 한 마디도 알아듣지 못한다는 뜻으로, 아무리 가르치고 일러 주어도 알아듣지 못하거나 효과가 없는 경우를 이르는 말. = 말 귀에 염불, 쇠코에 경 읽기.

② 눈 가리고 아웅(속담) : 「1」 얕은수로 남을 속이려 한다는 말. ≒ 가랑잎으로 눈(을) 가리고 아웅 한다, 눈 벌리고 어비야 한다, 머리카락 뒤에서 숨바꼭질한다. 「2」 실제로 보람도 없을 일을 공연히 형식적으로 하는 체하며 부질없는 짓을 함을 비유적으로 이르는 말. ≒ 귀 막고 아웅 한다, 눈 감고 아웅 한다, 눈 벌리고 아웅.

④ 밤새도록 울다가 누가 죽었느냐고 한다(속담) : 죽었다고 하여 밤새도록 슬피 울었으나 어떤 마누라가 죽었는지도 모르고 있다는 뜻으로, 애써 일을 하면서도 그 일의 내용이나 영문을 모르고 맹목적으로 하는 행동을 비꼬는 말. = 밤새도록 통곡해도 어느 마누라 초상인지 모른다.

02 ④

'천붕우출'이 바로 '하늘이 무너져도 솟아날 구멍'이 있다는 의미이다. 따라서 ④가 정답이다.

※ 하늘이 무너져도 솟아날 구멍이 있다.(속담) : 아무리 어려운 경우에 처하더라도 살아 나갈 방도가 생긴다는 말. ≒ 사람이 죽으란 법은 없다, 죽을 수가 닥치면 살 수가 생긴다.

※ 천붕우출(天崩牛出)(명사) : 하늘이 무너져도 솟아날 구멍이 있다. (하늘 천, 무너질 붕, 소 우, 날 출)

☑ 오답 피하기

① 도둑이 제 발 저리다.(속담) : 지은 죄가 있으면 자연히 마음이 조마조마하여짐을 비유적으로 이르는 말. ≒ 도적은 제 발이 저려서 뛴다.

② 웃는 낯에 침 못 뱉는다.(속담) : 웃는 낯으로 대하는 사람에게 침을 뱉을 수 없다는 뜻으로, 좋게 대하는 사람에게 나쁘게 대할 수 없다는 말. = 웃는 낯에 침 뱉으랴.

③ 모로 가도 서울만 가면 된다.(속담) : 수단이나 방법은 어찌 되었든 간에 목적만 이루면 된다는 말. = 모로 가나 기어가나 서울 남대문만 가면 그만이다.

03 ③

• 금강산 그늘이 관동 팔십 리 (간다)(속담) : 금강산의 아름다움이 관동 팔십 리 곧 강원도 지방에 널리 미친다는 뜻으로, 훌륭한 사람 밑에서 지내면 그의 덕이 미치고 도움을 받게 됨을 비유적으로 이르는 말.

☑ 오답 피하기

① 서 발 막대[장대] 거칠 것 없다(속담) : 「1」 서 발이나 되는 긴 막대를 휘둘러도 아무것도 거치거나 걸릴 것이 없다는 뜻으로, 가난한 집안이라 세간이 아무것도 없음을 비유적으로 이르는 말. ≒ 횡한 빈집에서 서 발 막대 거칠 것 없다. 「2」 주위에 조심스러운 사람도 없고 아무것도 거리낄 것이 없음을 비유적으로 이르는 말.

② 무른 땅에 말뚝 박기(속담) : 「1」 몹시 하기 쉬운 일을 비유적으로 이르는 말. 「2」 세도 있는 사람이 힘없고 연약한 사람을 업신여기고 학대함을 비유적으로 이르는 말.

④ 우물에 가 숭늉 찾는다(속담) : 모든 일에는 질서와 차례가 있는 법인데 일의 순서도 모르고 성급하게 덤빔을 비유적으로 이르는 말. ≒ 보리밭에 가 숭늉 찾는다, 싸전에 가서 밥 달라고 한다.

04 ①

해당 글의 핵심은 '말을 조심하면 상대방도 말을 조심하고, 말을 함부로 하면 상대방도 말을 함부로 한다.'에 있다. 이런 상황과 가장 잘 어울리는 속담은 ①이다. ①~④ 중 ①만이 화자와 상대방의 관계를 고려하는 속담이기 때문이다.

※ 가는 말이 고와야 오는 말이 곱다.(속담) : 자기가 남에게 말이나 행동을 좋게 하여야 남도 자기에게 좋게 한다는 말. ≒ 가는 떡이 커야 오는 떡이 크다, 가는 정이 있어야 오는 정이 있다, 엑 하면 떽 한다.

☑ 오답 피하기

② 말이 말을 만든다.(속담) : 말은 사람의 입을 거치는 동안 그 내용이 과장되고 변한다는 말.

③ 낮말은 새가 듣고 밤말은 쥐가 듣는다.(속담) : 「1」 아무도 안 듣는 데서라도 말조심해야 한다는 말. ≒ 밤말은 쥐가 듣고 낮말은 새가 듣는다. 「2」 아무리 비밀히 한 말이라도 반드시 남의 귀에 들어가게 된다는 말. ≒ 밤말은 쥐가 듣고 낮말은 새가 듣는다.

④ 말은 해야 맛이고 고기는 씹어야 맛이다.(속담) : 마땅히 할 말은 해야 한다는 말.

05 ②

'달면 삼키고 쓰면 뱉는다.'와 어울리는 사자성어는 '고진감래'가 아니라 '감탄고토(甘呑苦吐)'이다.

※ 감탄고토(甘呑苦吐)(명사) : 달면 삼키고 쓰면 뱉는다는 뜻으로, 자신의 비위에 따라서 사리의 옳고 그름을 판단함을 이르는 말.(달 감, 삼킬 탄, 괴로울 고, 토할 토)

※ 달면 삼키고 쓰면 뱉는다.(속담) : 옳고 그름이나 신의를 돌보지 않고 자기의 이익만 꾀함을 비유적으로 이르는 말. ≒ 맛이 좋으면 넘기고 쓰면 뱉는다, 쓰면 뱉고 달면 삼킨다, 추우면 다가들고 더우면 물러선다.

※ 고진감래(苦盡甘來)(명사) : 쓴 것이 다하면 단 것이 온다는 뜻으로, 고생 끝에 즐거움이 옴을 이르는 말.(괴로울 고, 다할 진, 달 감, 올 래(내))

✅ 오답 피하기

① • 도랑 치고 가재 잡는다.(속담): 「1」 일의 순서가 바뀌었기 때문에 애쓴 보람이 나타나지 않음을 비유적으로 이르는 말. 「2」 한 가지 일로 두 가지 이익을 봄을 비유적으로 이르는 말.
   • 일거-양득(一擧兩得)(명사): 한 가지 일을 하여 두 가지 이익을 얻음.≒양득, 일거이득.(하나 일, 들 거, 두 양(량), 얻을 득)

③ • 낫 놓고 기역 자도 모른다.(속담): 기역 자 모양으로 생긴 낫을 보면서도 기역 자를 모른다는 뜻으로, 아주 무식함을 비유적으로 이르는 말.
   • 목불식정(目不識丁)(명사): 아주 간단한 글자인 '丁' 자를 보고도 그것이 '고무래'인 줄을 알지 못한다는 뜻으로, 아주 까막눈임을 이르는 말.(눈 목, 아닐 불(부), 알 식, 고무래 정)

④ • 같은 값이면 다홍치마[검정 송아지/과부 집 머슴살이/처녀](속담): 값이 같거나 같은 노력을 한다면 품질이 좋은 것을 택한다는 말.≒같은 값이면 껌정소 잡아먹는다.
   • 동가-홍상(同價紅裳)(명사): 같은 값이면 다홍치마라는 뜻으로, 같은 값이면 좋은 물건을 가짐을 이르는 말.(같을 동, 값 가, 붉을 홍, 치마 상)

⑤ • 원님 덕에 나팔[나발] 분다.(속담): 사또와 동행한 덕분에 나팔 불고 요란히 맞아 주는 호화로운 대접을 받는다는 뜻으로, 남의 덕으로 당치도 아니한 행세를 하게 되거나 그런 대접을 받고 우쭐대는 모양을 비유적으로 이르는 말. ═사또 덕분에 나팔 분다.
   • 호가호위(狐假虎威)(명사): 남의 권세를 빌려 위세를 부림.≪전국책≫의 <초책(楚策)>에 나오는 말로 여우가 호랑이의 위세를 빌려 호기를 부린다는 데에서 유래한다.(여우 호, 거짓 가, 범 호, 위엄 위)

06 ①

'집 안 망할 자식이 생겼다.'고 몹시 화가 나서 펄쩍 뛰어 올라야 하므로 '콩 튀듯 팥 튀듯'이 있는 ①이 정답이다.
※ 콩 튀듯 팥 튀듯(관용구): 몹시 화가 나서 펄펄 뛰는 모양을 비유적으로 이르는 말.═콩 튀듯.

✅ 오답 피하기

② 콩 본 당나귀같이 흥흥한다.(속담): 자기가 좋아하는 것을 눈앞에 두고 기뻐함을 비유적으로 이르는 말.
③ 콩 볶아 재미 낸다.(속담): 무슨 일을 하여 아기자기하게 재미를 봄을 비유적으로 이르는 말.
④ 콩으로 메주를 쑨다 하여도 곧이듣지 않는다(속담): 아무리 사실대로 말하여도 믿지 아니함을 비유적으로 이르는 말.≒소금으로 장을 담근다 해도 곧이듣지 않는다, 콩 가지고 두부 만든대도 곧이 안 듣는다.

07 ③

'입추의 여지가 없다.'는 말은 '꽉 차 있다.'는 의미이다. 따라서 '돌아서 갈 수 있는 방법이 없다.'는 말과 의미가 다르다.
※ 입추의 여지가 없다.(속담): 송곳 끝도 세울 수 없을 정도라는 뜻으로, 발 들여놓을 데가 없을 정도로 많은 사람들이 꽉 들어찬 경우를 비유적으로 이르는 말.≒벼룩 끓어앉을 땅도 없다, 송곳 모로 박을 곳도 없다, 송곳 세울 틈[자리]도 없다.

✅ 오답 피하기

① 홍역을 치르다.(관용구): 몹시 애를 먹거나 어려움을 겪다.
② 잔뼈가 굵다.(관용구): 오랜 기간 일정한 곳이나 직장에서 일을 하여 그 일에 익숙하다.
④ 어깨를 나란히 하다.(관용구): 「1」 나란히 서거나 나란히 서서 걷다. 「2」 서로 비슷한 지위나 힘을 가지다. 「3」 같은 목적으로 함께 일하다.≒어깨를 같이하다.

08 ②

'호흡을 맞추다'는 '일을 할 때 서로의 행동이나 의향을 잘 알고 처리하여 나가다.'인데, '중간에 연결해 주다'는 의미와 유사하지 않다. '중간에 연결해 주다'는 '다리를 놓다.'로 바꾸어 쓸 수 있다.
※ 다리(를) 놓다(관용구): 일이 잘되게 하기 위하여 둘 또는 여럿을 연결하다.

✅ 오답 피하기

① '가랑이가 찢어질 만큼 가난하다.'는 '가난'과 잘 어울린다.
   ※ 가랑이(가) 찢어지다(관용구): 「1」 몹시 가난한 살림살이를 비유적으로 이르는 말.≒똥구멍(이) 찢어지다[째지다]. 「2」 (비유적으로) 하는 일이 힘에 부치거나 일손이 부족하여 일해 나가기가 몹시 벅차다.
③ '깔보고 비웃는' 행동은 부정적인 행동이다. '코웃음'도 역시 '비웃음'으로 해석되므로 이 둘은 바꾸어 쓸 수 있다.
   ※ 코웃음(을) 치다(관용구): 남을 깔보고 비웃다.
④ '실제보다 비싸다'는 말과 '바가지를 쓰다'는 말은 손해본다는 의미와 연결되므로 이 둘은 바꾸어 쓸 수 있다.
   ※ 바가지(를) 쓰다(관용구): 「1」 요금이나 물건값을 실제 가격보다 비싸게 지불하여 억울한 손해를 보다. 「2」 어떤 일에 대한 부당한 책임을 억울하게 지게 되다.

09 ④

• 그 무엇을 내놓는다고 해도 셰익스피어와는 바꾸지 않는다.(격언): '셰익스피어'는 영국의 극작가이자 시인. 문화 그 자체인 인물이다. 빈칸의 핵심은 '국보 문화재의 힘'이고, '로마는 하루아침에 만들어지지 않는다는 말'을 고려해 볼 때 문화가 얼마나 힘이 있는지 알려주는 글임을 알 수 있다.

✅ 오답 피하기

① 구르는 돌은 이끼가 안 낀다.(속담): 부지런하고 꾸준히 노력하는 사람은 침체되지 않고 계속 발전한다는 말.
② 지식은 나눌 수 있지만 지혜는 나눌 수 없다.: 지식은 배움을 통해서 얻을 수 있지만, 지혜는 스스로 깨달아서 얻어야 한다는 의미이다.
③ 사람은 겪어 보아야 알고 물은 건너 보아야 안다.(속담): 사람의 마음이란 겉으로 언뜻 보아서는 알 수 없으며 함께 오랫동안 지내보아야 알 수 있음을 이르는 말.═사람은 지내봐야 안다.

10 ③

'돈을 받고 자기의 물건을 남에게 빌려주다.'는 '임대하다'란 단어의 의미이다. '세나다'는 '물건 따위가 찾는 사람이 많아서 잘 팔리는 것'을 의미한다.

※ 세나다(동사): 물건 따위가 찾는 사람이 많아서 잘 팔리다.

※ 임대(賃貸)-하다(동사): 【…을 …에/에게】 돈을 받고 자기의 물건을 남에게 빌려주다. 예 국가에서 토지를 농가에 임대하다.(품팔이 임, 빌릴 대)

오답 피하기

① 금을 놓다(관용구): 「1」 물건을 사고팔 때에 값을 부르다. 「2」 어떤 대상의 수준이나 정도를 평가하여 규정하다.

② 에누리(명사): 「1」 물건값을 받을 값보다 더 많이 부르는 일. 또는 그 물건값.≒월가. 「2」 값을 깎는 일. 「3」 실제보다 더 보태거나 깎아서 말하는 일. 「4」 용서하거나 사정을 보아주는 일.

④ 눅다: [Ⅰ]「동사」「1」 굳거나 뻣뻣하던 것이 무르거나 부드러워지다. 「2」 분위기나 기세 따위가 부드러워지다. [Ⅱ]「형용사」「1」 반죽 따위가 무르다. 「2」 열기나 습기가 스며 물렁하다. 「3」 목소리나 성질 따위가 너그럽다. 「4」 날씨가 푸근하다. 「5」 값이나 이자 따위가 싸다.

⑤ 바가지를 쓰다(관용구): 「1」 요금이나 물건값을 실제 가격보다 비싸게 지불하여 억울한 손해를 보다. 「2」 어떤 일에 대한 부당한 책임을 억울하게 지게 되다.

CHAPTER 06 의미 관계

제10회

📍 **Answer**

01 ②	02 ③	03 ④	04 ③	05 ④
06 ③	07 ①	08 ④	09 ③	10 ③

01 ②

• 살다 ↔ 죽다: 상보 반의어, 중간항 ×

☑ 오답 피하기
① 길다 ↔ 짧다: 정도 반의어, 중간항 ○
③ 좋다 ↔ 나쁘다: 정도 반의어, 중간항 ○
④ 춥다 ↔ 덥다: 정도 반의어, 중간항 ○

02 ③

• 길다 ↔ 짧다: 정도 반의어, 중간항 ○
• 밝다 ↔ 어둡다: 정도 반의어, 중간항 ○

☑ 오답 피하기
① 남자 ↔ 여자: 상보 반의어, 중간항 ×
② 스승 ↔ 제자: 방향 반의어
④ 가르치다 ↔ 배우다: 방향 반의어

03 ④

• 있다 ↔ 없다: 상보 반의어, 중간항 ×

☑ 오답 피하기
① 사다 ↔ 팔다: 방향 반의어(=관계 반의어)
② 부모 ↔ 자식: 방향 반의어(=관계 반의어)
③ 동쪽 ↔ 서쪽: 방향 반의어(=관계 반의어)

04 ③

• 성김 ↔ 빽빽함: '성기다'와 '빽빽하다'는 '사이'를 기준으로 서로 반대에 있다.
  ※ 성기다(형용사): 「1」 물건의 사이가 뜨다.≒성글다.
  ※ 빽빽-하다(형용사): 사이가 촘촘하다.

• 넉넉하다≒푼푼하다: 둘 다 '넉넉하다'란 의미이므로 '유의 관계'라고 할 수 있다. 이는 ㉠과 ㉡의 관계라고 말하기가 어렵다.
  ※ 넉넉-하다(형용사): 「1」 크기나 수량 따위가 기준에 차고도 남음이 있다. 「2」 살림살이가 모자라지 않고 여유가 있다.
  ※ 푼푼-하다(형용사): 「1」 모자람이 없이 넉넉하다.≒푼하다.

오답 피하기

① 곱다 ↔ 거칠다: '겉의 느낌'을 기준으로 서로 반대에 있다.
  ※ 곱다(형용사): 「4」 만져 보는 느낌이 거칠지 아니하고 보드랍다.
  ※ 거칠다(형용사): 「1」 나무나 살결 따위가 결이 곱지 않고 험하다.
② 무르다 ↔ 야무지다: '무르다'와 '야무지다'는 '성격의 정도'를 기준으로 서로 반대에 있다.
  ※ 무르다(형용사): 「3」 마음이 여리거나 힘이 약하다.≒연연하다.
  ※ 야무-지다(형용사): 사람의 성질이나 행동, 생김새 따위가 빈틈이 없이 꽤 단단하고 굳세다.
④ 느슨하다 ↔ 팽팽하다: '느슨하다'와 '팽팽하다'는 '줄이 늘어지는 것'의 여부를 기준으로 서로 반대에 있다.
  ※ 느슨-하다(형용사): 「1」 잡아맨 끈이나 줄 따위가 늘어져 헐겁다.
  ※ 팽팽-하다(형용사): 「1」 줄 따위가 늘어지지 않고 힘 있게 곧게 펴져서 튀기는 힘이 있다.[11번 - 6.어휘(어순병렬관계)]

05 ④

• 문 닫고 들어와라.: '문을 닫는 행동' 다음에 '들어오는 행동'을 이어서 할 수 없다. 이는 시간의 순서를 맞지 않게 표현한 것이다. 따라서 ④가 정답이다.

☑ 오답 피하기
① 꽃이 피고 지고 한다.: '자연시간의 순서를 따르는 예'에 해당한다. '지다'라는 단어는 먼저 '펴야'지만 가능하기 때문이다.
② 수입과 지출을 맞추어 보다.: '지출'은 '수입'이 있어야 가능하다.
③ 머리끝부터 발끝까지 달라졌다.: '위쪽이나 앞쪽 그리고 왼쪽과 관련된 용어가 앞서고 아래쪽이나 뒤쪽 그리고 오른쪽과 관련된 용어들이 나중에 온다'를 참고해 보면, '머리'는 '위'에 '발'은 '아래'에 해당한다.

06 ③

• 아수라-장(阿修羅場): [아수라장], '아수라'는 한자어이고, '장'도 한자어이다.
  ※ 아수라-장(阿修羅場)(명사): 「1」 싸움이나 그 밖의 다른 일로 큰 혼란에 빠진 곳. 또는 그런 상태.=수라장. 「2」 『불교』 아수라왕이 제석천과 싸운 마당.=수라장.(언덕 아, 닦을 수, 그물 라(나), 마당 장)

☑ 오답 피하기
① 가윗-돈(加外돈): [가외똔/가웬똔], '가외'는 한자어이고, '돈'은 우리말이다. 사잇소리현상이 있으므로 사이시옷을 표기하여 '가윗돈'이라고 쓴다.
  ※ 가윗-돈(加外돈)(명사): 정해진 기준이나 정도를 넘어서는 돈.(더할 가, 바깥 외)
② 고자-질(告者질): [고ː자질], '고자'는 한자어이고, '질'은 우리말이다.
  ※ 고자-질(告者질)(명사): 남의 잘못이나 비밀을 일러바치는 짓.(아뢸 고, 놈 자)

④ 관자-놀이(貫子놀이) : [관자노리], '관자'는 한자어이고, '놀이'는 우리말이다.
※ 관자-놀이(貫子놀이)(명사) : 귀와 눈 사이의 맥박이 뛰는 곳. 그곳에서 맥박이 뛸 때 관자가 움직인다는 데서 나온 말이다.(꿸 관, 아들 자)

07 ①

• 비지-땀[비지땀] : '비지'와 '땀' 모두 고유어이다.
※ 비지-땀(명사) : 몹시 힘든 일을 할 때 쏟아져 내리는 땀.

☑ 오답 피하기
② 사랑-채(舍廊채)[사랑채] : '사랑'은 한자어이고, '채'는 고유어이다.
※ 사랑-채(舍廊채)(명사) : 사랑으로 쓰는 집채.(집 사, 복도 랑(낭))
③ 쌍동-밤(雙童밤)[쌍동밤] : '쌍동'은 한자어이고, '밤'은 고유어이다.
※ 쌍동-밤(雙童밤)(명사) : 한 껍데기 속에 두 쪽이 들어 있는 밤.(쌍 쌍, 아이 동)
④ 장작-불(長斫불)[장작뿔] : '장작'은 한자어이고, '불'은 고유어이다.
※ 장작-불(長斫불)(명사) : 장작으로 피운 불.(길 장, 벨 작)

08 ④

'점잖다'는 '점(젊)지 아니하다'가 줄어서 된 말이다. 그런데 선지는 '점잖이'에 '하다'가 붙어 형성된 말이라고 한다. 그러나 '점잖이'에 '하다'가 결합하면, '점잖이하다' 또는 '점잖하다'여야 하는데, 이 단어는 사전에 등재되어 있지 않다. 어원을 보면 '젊지 않다'라는 부정문이 준말로 되어 '젊잖다'가 된 것임을 알 수 있다. 이를 '점잖다'로 편하게 바뀐 것이므로, '점잖이'에 '하다'가 붙어 형성된 말은 적절하지 않다. 참고로, '점잖이'는 '점잖-'에 '부사 파생 접미사 -이'가 결합된 단어이다.
※ 점잖다(형용사) : 「1」 언행이나 태도가 의젓하고 신중하다. 「2」 품격이 꽤 높고 고상하다.
※ 점잖-이(부사) : 의젓하고 신중한 언행이나 태도로.
※ 어원 : ←＊점-[<졈다<석상>]+-지+아니+하-

☑ 오답 피하기
① '가난'은 '간난'이란 한자어에서 'ㄴ'이 탈락되어서 된 말이다.
※ 가난(명사) : 살림살이가 넉넉하지 못함. 또는 그런 상태.
※ 간난(艱難)(명사) : 「1」 몹시 힘들고 고생스러움.≒간난. 「2」 '가난'의 원말.(어려울 간, 어려울 난)
※ 어원 : 가난<내훈><艱難
② '어리다'는 '어리석다'라는 의미에서 '나이가 적다'는 의미로 바뀐 말이다.
※ 어리다(형용사) : 「1」 나이가 적다. 10대 전반을 넘지 않은 나이를 이른다. 「2」 나이가 비교 대상보다 적다.≒연유하다. 「3」 동물이나 식물 따위가 난 지 얼마 안 되어 작고 여리다. 「4」 생각이 모자라거나 경험이 적거나 수준이 낮다.
※ 어원 : <<어리다(愚)<용가>
③ '수탉'은 '수ㅎ'이란 ㅎ 종성 체언에 '닭'이 결합된 말이다.
※ 어원 : <수톩<구방>←숳+둙

09 ③

'의미가 상승하다'는 말은 기존보다 의미의 위치가 격상되었다는 뜻이다. 그런데 '어리다'는 '의미가 이동'된 대표적인 예이므로, '의미가 상승하였다'는 말은 적절하지 않다.(의미의 이동)

☑ 오답 피하기
① '겨레'는 과거에는 '종친'을 의미하였는데, 오늘날에는 '동포, 민족'을 뜻하는, '의미가 확대'된 예이다.(의미의 확대)
② '얼굴'은 과거에는 '몸의 형체'를 의미하였는데, 오늘날에는 '얼굴'을 뜻하는, '의미가 축소'된 예이다.(의미의 축소)
④ '계집'은 과거에는 '일반적인 여자 전체'를 의미하였는데, 오늘날에는 '여자와 아내를 낮잡아 이르는 말'을 뜻하는, '의미가 하락'된 예이다.(의미의 하락)

☑ 의미의 변화
1) 의미의 확대 ⑩ 다리, 세수하다, 겨레 등
2) 의미의 축소 ⑩ 마누라, 미인, 얼굴, 중생 등
3) 의미의 이동 ⑩ 방송, 어리다, 어엿브다 등

10 ③

☑ 의미가 확대되는 경우
1) 식구 : 신체 부위(입) → 가족, 사람(확대)
2) 놀부 : 소설 등장인물 → 욕심이 많은 사람(확대)
3) 온 : 100(숫자) → 모든(확대)
4) 손 : 신체 부위(손) → 손(다의어, 확대)

☑ 축소되는 경우
1) 마누라 : 극존칭(상전+귀부인 등) → 아내(일부)
2) 놈 : 평범한 남자 → 비하(일부)
3) 짐승 : 중생(모든 것) → 짐승(일부)
4) 언니 : 남성과 여성 손윗사람 → 여성 손윗사람(일부)
5) 메 : 밥, 진지 → 제사(일부)

☑ 제3의 의미로 바뀌는 경우
1) 인정(人情) : 뇌물 → 사람 사이의 정
2) 어리다 : 어리석다 → 나이가 어리다
3) 외도(外道) : 불교 이외의 종교 → 바람을 피움
4) 방송(放送) : 석방 → 영상, 음성 등 전파와 관련됨

─────────────────────────────────────

이 중에서 ㉠은 '온', ㉡은 '메', ㉢은 '인정'이 알맞게 배치되어 있으므로 ③이 정답이다.

강세진

주요 약력

고려대학교 국어교육과 심화전공 졸업
현) 박문각 공무원 국어 대표 온라인, 오프라인 강사
전) 메가 공무원 소방 국어 대표 온라인, 오프라인 강사
　　메가 공무원 국어 대표 온라인, 오프라인 강사
　　KG 공무원 9공구 9급 공무원 국어 대표 강사
　　메가스터디 대치, 강남 러셀 국어 오프라인 강사
　　스카이에듀 노량진 국어 오프라인 강사

주요 저서

NEW 강세진 국어 기본서 All In One(박문각)
NEW 강세진 국어 기출문제집 All In One(박문각)
강세진 논리 국어 기본서 1권. 국어 문법과 어문 규정(박문각)
강세진 논리 국어 기본서 2권. 문학과 해석(박문각)
강세진 논리 국어 기본서 3권. 독서와 사고 − 어휘력 강화(박문각)
2016~2025 문학 개념서: 더하다
2016~2025 O.V.S 수능특강, 수능완성
EBS EXIT 최종정리(수능특강, 인터넷수능)
EBS EXIT 최종정리(300제, 수능완성)
EBS EXIT 모의고사
EBS EXIT 연계교재 문항집
국어의 혁명 A형/B형

사이트

네이버 밴드 앱: band.us/@kangsejin

New
강세진 국어 ◇✦ 기출문제집 All In One

초판 인쇄 | 2025. 1. 2.　**초판 발행** | 2025. 1. 6.　**편저자** | 강세진

발행인 | 박 용　**발행처** | (주)박문각출판　**등록** | 2015년 4월 29일 제2019−000137호

주소 | 06654 서울시 서초구 효령로 283 서경 B/D 4층　**팩스** | (02)584−2927

전화 | 교재 문의 (02)6466−7202

저자와의
협의하에
인지생략

정가 32,000원
ISBN 979−11−7262−458−3